Méthode explicite **CE1**

Étude de la langue

• Manuel •

Cécile Dalle
Directrice d'établissement primaire
Professeur des écoles

Jean-Christophe Pellat
Professeur de linguistique française

Illustrations : **Caroline Modeste**

la librairie des écoles

 – ISBN : 978-2-36940-520-7
7, place des Cinq Martyrs du Lycée Buffon, 75015 Paris

Sommaire

Unité 1 Du mot dans la phrase p. 8

PÉRIODE 1

SEMAINE 1 Séance 1 Des lettres au mot ... p. 9
Séance 2 Des mots à la phrase ... p. 11
SEMAINE 2 Séance 3 La ponctuation dans la phrase ... p. 13
Séance 4 Des phrases au texte ... p. 15
SEMAINE 3 Séance 5 Ce que j'ai appris ... p. 17
Séance 6 Je révise ... p. 18

Unité 2 Le nom p. 20

PÉRIODE 1

SEMAINE 4 Séance 7 Les noms de personnes et les noms d'animaux ... p. 21
Séance 8 D'autres noms ... p. 23
SEMAINE 5 Séance 9 Le nom commun et le nom propre ... p. 25
Séance 10 Le genre des noms ... p. 27
SEMAINE 6 Séance 11 Le nombre des noms ... p. 29
Séance 12 Ce que j'ai appris ... p. 31
SEMAINE 7 Séance 13 Je révise ... p. 32
Mes rituels quotidiens ... p. 34
Mon projet d'écrivain ... p. 36

Unité 3 Le verbe p. 38

PÉRIODE 2

Séance 14 Reconnaître le verbe ... p. 39
SEMAINE 1 Séance 15 Le passé, le présent, le futur ... p. 41
Séance 16 Le sujet du verbe ... p. 43
SEMAINE 2 Séance 17 Les pronoms personnels *il* et *elle* ... p. 45
Séance 18 Les pronoms personnels *ils* et *elles* ... p. 47

PÉRIODE 2

SEMAINE 3 Séance 19 Les pronoms personnels *je* et *nous* .... p. 49
Séance 20 Les pronoms personnels *tu* et *vous* .... p. 51
SEMAINE 4 Séance 21 La conjugaison du verbe .... p. 53
Séance 22 Ce que j'ai appris .... p. 57
SEMAINE 5 Séance 23 Je révise .... p. 58
Mes rituels quotidiens .... p. 60
Mon projet d'écrivain .... p. 62

Unité 4 Le présent p. 64

PÉRIODE 2

Séance 24 Le présent des verbes en *er* : le singulier .... p. 65
SEMAINE 6 Séance 25 Le présent des verbes en *er* : le pluriel ..... p. 67
Séance 26 Le verbe *être* au présent.................... p. 69
SEMAINE 7 Séance 27 Le verbe *avoir* au présent.................. p. 71
Séance 28 Le verbe *aller* au présent .... p. 73

PÉRIODE 3

SEMAINE 1 Séance 29 Les verbes *faire* et *dire* au présent......... p. 75
Séance 30 Le verbe *venir* au présent.................... p. 77
SEMAINE 2 Séance 31 Ce que j'ai appris .... p. 79
Séance 32 Je révise .... p. 80
Mes rituels quotidiens .... p. 82
Mon projet d'écrivain .... p. 84

Unité 5 L'article et le nom p. 86

PÉRIODE 3

SEMAINE 3 Séance 33 Les articles définis .... p. 87
Séance 34 Les articles indéfinis........................... p. 89
SEMAINE 4 Séance 35 Les féminins particuliers (1) .... p. 91
Séance 36 Les féminins particuliers (2) .... p. 93

Sommaire

PÉRIODE 3

SEMAINE 5 Séance 37 Les pluriels particuliers (1) .... p. 95
Séance 38 Les pluriels particuliers (2) .... p. 97
SEMAINE 6 Séance 39 Ce que j'ai appris .... p. 99
Séance 40 Je révise .... p. 100
Mes rituels quotidiens .... p. 102
Mon projet d'écrivain .... p. 104

Unité 6 Le futur p. 106

P3

SEMAINE 7 Séance 41 Le futur des verbes en *er* : le singulier ...... p. 107
Séance 42 Le futur des verbes en *er* : le pluriel .... p. 109

PÉRIODE 4

SEMAINE 1 Séance 43 Le verbe *être* au futur .... p. 111
Séance 44 Le verbe *avoir* au futur .... p. 113
SEMAINE 2 Séance 45 Ce que j'ai appris .... p. 115
Séance 46 Je révise .... p. 116
Mes rituels quotidiens .... p. 118
Mon projet d'écrivain .... p. 120

Unité 7 L'adjectif p. 122

PÉRIODE 4

SEMAINE 3 Séance 47 L'adjectif .... p. 123
Séance 48 Le genre de l'adjectif (1) .... p. 125
SEMAINE 4 Séance 49 Le genre de l'adjectif (2) .... p. 127
Séance 50 Le genre de l'adjectif (3) .... p. 129
SEMAINE 5 Séance 51 Le nombre de l'adjectif (1) .... p. 131
Séance 52 Le nombre de l'adjectif (2) .... p. 133
SEMAINE 6 Séance 53 Ce que j'ai appris .... p. 135
Séance 54 Je révise .... p. 136
Mes rituels quotidiens .... p. 138
Mon projet d'écrivain .... p. 140

Unité 8 La phrase p. 142

P4

SEMAINE 7 Séance 55 La forme affirmative et la forme négative... p. 143

Séance 56 La phrase déclarative et la phrase interrogative.................... p. 145

PÉRIODE 5

SEMAINE 1 Séance 57 La phrase interrogative (1) .... p. 146

Séance 58 La phrase interrogative (2).................. p. 148

SEMAINE 2 Séance 59 La phrase exclamative et la phrase injonctive.......................... p. 150

Séance 60 Ce que j'ai appris.............................. p. 151

SEMAINE 3 Séance 61 Je révise....................................... p. 152

Mes rituels quotidiens .... p. 154

Mon projet d'écrivain .... p. 156

Unité 9 Les temps du passé p. 158

PÉRIODE 5

Séance 62 L'imparfait des verbes en *er* : le singulier.... p. 159

SEMAINE 4 Séance 63 L'imparfait des verbes en *er* : le pluriel..... p. 161

Séance 64 Le verbe *être* à l'imparfait.................. p. 163

SEMAINE 5 Séance 65 Le verbe *avoir* à l'imparfait................. p. 165

Séance 66 Le passé composé : le singulier .... p. 167

SEMAINE 6 Séance 67 Le passé composé : le pluriel .... p. 169

Séance 68 Ce que j'ai appris.............................. p. 171

SEMAINE 7 Séance 69 Je révise....................................... p. 172

Mes rituels quotidiens .... p. 174

Mon projet d'écrivain .... p. 176

Annexes : Reconnaître les noms, les articles, les verbes et les adjectifs.. p. 178

L'analyse grammaticale .... p. 180

La dictée préparée .... p. 181

Tableaux de conjugaison.................................. p. 182

Présentation du manuel

Chaque unité présente une notion sur plusieurs séances.

Mise en projet

La première séance de chaque unité commence par une grande illustration qui permet de **mettre en projet** la notion travaillée.

Des images tirées de la grande illustration permettent d'**introduire la notion du jour**, de manière simple et visuelle.

Pratique guidée

Chaque séance commence par un **rituel d'analyse** de phrase pour permettre aux élèves d'**acquérir les bons réflexes**.

Les exercices, menés à l'oral, fonctionnent selon une **progression en 3 temps** :
Identifier – Étayer – Utiliser.

1 Identifier : repérer la nouvelle notion.

2 Étayer : approfondir la compréhension de la notion, en l'abordant dans des contextes variés.

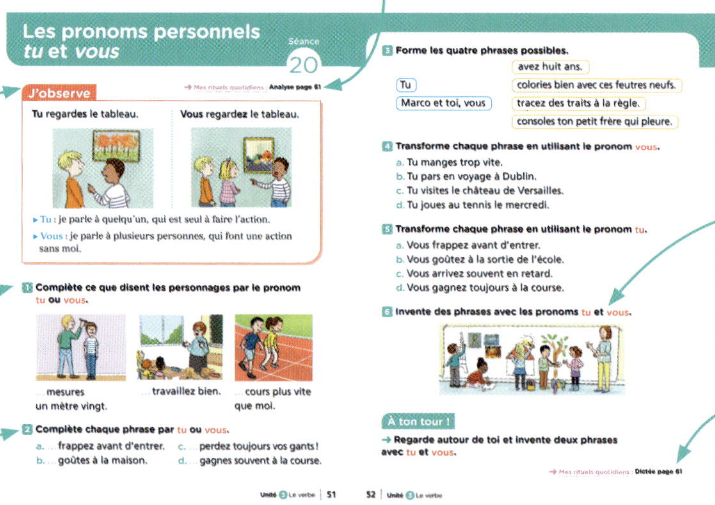

3 Utiliser : se servir de la nouvelle notion pour décrire une image, inventer une phrase, etc.

Chaque séance finit par une **dictée préparé**

À chaque séance du manuel correspond une séance du **cahier d'exercices**, qui permet aux élèves d'appliquer la notion à l'écrit, en **pratique autonome**.

Objectivation

À la fin de chaque unité, les notions étudiées sont présentées de manière visuelle afin de permettre aux élèves de **reformuler** ce qu'ils ont compris et retenu.

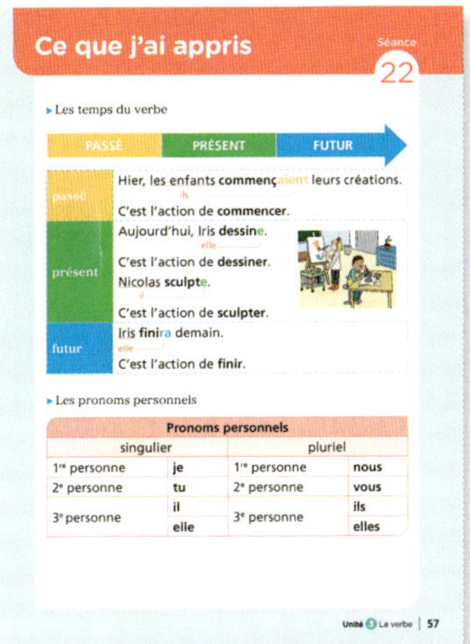
Ce que j'ai appris — Séance 22

▸ Les temps du verbe

PASSÉ	PRÉSENT	FUTUR

passé	Hier, les enfants commençaient leurs créations. C'est l'action de commencer.
présent	Aujourd'hui, Iris dessine. C'est l'action de dessiner. Nicolas sculpte. C'est l'action de sculpter.
futur	Iris finira demain. C'est l'action de finir.

▸ Les pronoms personnels

Pronoms personnels			
singulier		pluriel	
1re personne	je	1re personne	nous
2e personne	tu	2e personne	vous
3e personne	il / elle	3e personne	ils / elles

Unité 3 Le verbe | 57

Rituels quotidiens

Tous les **rituels d'analyse et de dictée préparée** se trouvent dans une double page en fin d'unité.

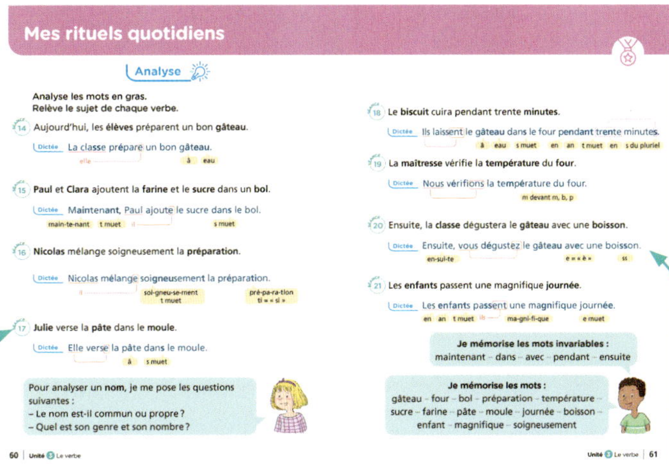
Mes rituels quotidiens

Analyse

Analyse les mots en gras. Relève le sujet de chaque verbe.

14 Aujourd'hui, les **élèves** préparent un bon **gâteau**.
Dictée La classe prépare un bon gâteau.

15 **Paul** et **Clara** ajoutent la **farine** et le **sucre** dans un **bol**.
Dictée Maintenant, Paul ajoute le sucre dans le bol.

16 **Nicolas** mélange soigneusement la **préparation**.
Dictée Nicolas mélange soigneusement la préparation.

17 **Julie** verse la **pâte** dans le **moule**.
Dictée Elle verse la pâte dans le moule.

Pour analyser un nom, je me pose les questions suivantes :
– Le nom est-il commun ou propre ?
– Quel est son genre et son nombre ?

18 Le **biscuit** cuira pendant trente **minutes**.
Dictée Ils laissent le gâteau dans le four pendant trente minutes.

19 La **maîtresse** vérifie la **température** du **four**.
Dictée Nous vérifions la température du four.

20 Ensuite, la **classe** dégustera le **gâteau** avec une **boisson**.
Dictée Ensuite, vous dégustez le gâteau avec une boisson.

21 Les **enfants** passent une magnifique **journée**.
Dictée Les enfants passent une magnifique journée.

Je mémorise les mots invariables : maintenant – dans – avec – pendant – ensuite

Je mémorise les mots : gâteau – four – bol – préparation – température – sucre – farine – pâte – moule – journée – boisson – enfant – magnifique – soigneusement

60 | Unité 3 Le verbe — Unité 3 Le verbe | 61

Le rituel d'**analyse de phrase** de début de séance permet aux élèves de travailler et de réinvestir les notions grammaticales.

Le rituel de **dictée** de fin de séance reprend les notions travaillées jusqu'ici, ainsi que celles acquises lors de la séance.

Révisions

En fin d'unité, une double page de révisions permet de réinvestir les notions apprises.

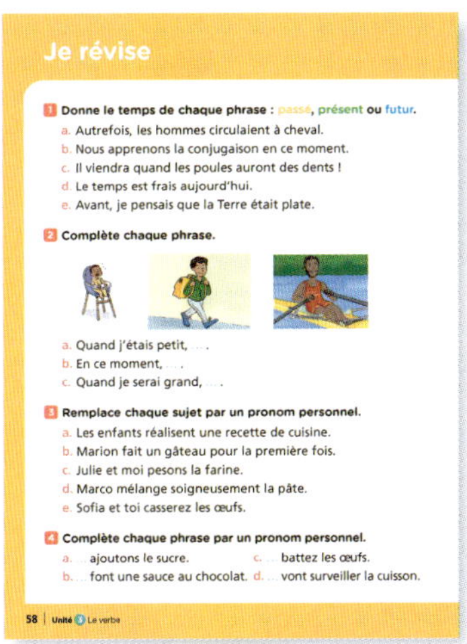
Je révise

1 Donne le temps de chaque phrase : passé, présent ou futur.
a. Autrefois, les hommes circulaient à cheval.
b. Nous apprenons la conjugaison en ce moment.
c. Il viendra quand les poules auront des dents !
d. Le temps est frais aujourd'hui.
e. Avant, je pensais que la Terre était plate.

2 Complète chaque phrase.
a. Quand j'étais petit, …
b. En ce moment, …
c. Quand je serai grand, …

3 Remplace chaque sujet par un pronom personnel.
a. Les enfants réalisent une recette de cuisine.
b. Marion fait un gâteau pour la première fois.
c. Julie et moi pesons la farine.
d. Marco mélange soigneusement la pâte.
e. Sofia et toi casserez les œufs.

4 Complète chaque phrase par un pronom personnel.
a. … ajoutons le sucre. c. … battez les œufs.
b. … font une sauce au chocolat. d. … vont surveiller la cuisson.

58 | Unité 3 Le verbe

Rédaction

À la fin de chaque unité, un **projet d'écriture** est proposé, pour réinvestir de façon concrète et motivante les notions abordées dans l'unité.

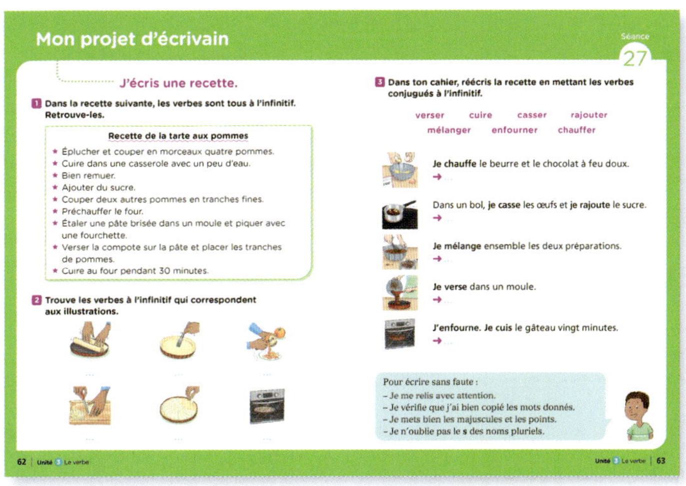
Mon projet d'écrivain — Séance 27

J'écris une recette.

1 Dans la recette suivante, les verbes sont tous à l'infinitif. Retrouve-les.

Recette de la tarte aux pommes
- Éplucher et couper en morceaux quatre pommes.
- Cuire dans une casserole avec un peu d'eau.
- Bien remuer.
- Ajouter du sucre.
- Couper deux autres pommes en tranches fines.
- Préchauffer le four.
- Étaler une pâte brisée dans un moule et piquer avec une fourchette.
- Verser la compote sur la pâte et placer les tranches de pommes.
- Cuire au four pendant 30 minutes.

2 Trouve les verbes à l'infinitif qui correspondent aux illustrations.

3 Dans ton cahier, réécris la recette en mettant les verbes conjugués à l'infinitif.

verser cuire casser rajouter mélanger enfourner chauffer

Je chauffe le beurre et le chocolat à feu doux. → …
Dans un bol, je casse les œufs et je rajoute le sucre. → …
Je mélange ensemble les deux préparations. → …
Je verse dans un moule. → …
J'enfourne. Je cuis le gâteau vingt minutes. → …

Pour écrire sans faute :
– Je me relis avec attention.
– Je vérifie que j'ai bien copié les mots donnés.
– Je mets bien les majuscules et les points.
– Je n'oublie pas le s des noms pluriels.

62 | Unité 3 Le verbe — Unité 3 Le verbe | 63

Unité 1 Du mot à la phrase

Des lettres au mot

Séance 1

J'observe

▶ **École** est un **mot**.

Ce mot contient trois **syllabes** : **é-co-le**.

Il est formé de cinq **lettres** : **é-c-o-l-e**.

▶ **a**, **e**, **i**, **o**, **u**, **y** sont des **voyelles**.

▶ **b**, **c**, **d**, **f**… sont des **consonnes**.

Une consonne ne peut se prononcer qu'avec une ou plusieurs voyelles.

A B C D E F G H I J K L M N O P Q R S T U V W X Y Z

a b c d e f g h i j k l m n o p q r s t u v w x y z

1 Compte les lettres, puis les syllabes de chaque mot.

voiture · arbre · piéton · rue · promenade

vélo · trottoir · récréation · institutrice · cour

2 Complète chaque mot par des voyelles.

b_n_n_

ch_c_l_t

gl_c_

_br_c_t

3 Complète chaque mot par des consonnes.

_a_ _e

_ _e_i_ée

_a_a_é

_e_ê_ _e

4 Lis les syllabes et recompose chaque mot.

lo vé

ble car ta

reau bu

di tri rec ce

tion ra pé o

5 Lis les lettres et recompose chaque mot.

v t u r i o e

a r r b e

l é è e v

é o l c e

6 Forme trois mots avec les syllabes données.

ma fa ci ri ne le mer

Des mots à la phrase

Séance 2

J'observe

Les enfants traversent la rue.

▶ Une **phrase** est une suite organisée de mots, qui a un sens.

▶ Elle commence par une **majuscule** et se termine par un **point**.

1 Compte les mots de chaque phrase.

a. Le jour de la rentrée, les enfants sont inquiets.

b. Le cartable est bien rempli.

c. Les cahiers et les stylos sont tout neufs.

d. Le maître attend ses élèves.

2 Forme trois phrases avec une étiquette de chaque couleur.

La maîtresse	picorent	à la cantine.
Iris et Nicolas	déjeuneront	la fin des classes.
Les pigeons	annonce	les enfants.
La sonnerie	surveille	dans la cour.

3 **Remets les mots dans l'ordre pour faire des phrases.**

Nous | vacances. | racontons | nos

La | distribue | maîtresse | cahiers. | les

pendant | récréation. | la | Un | garçon | tombe

Martine. | maîtresse | Ma | s'appelle

attend | nous | directrice | La | portail. | au

4 **Ajoute une majuscule ou un point si besoin.**

a. Ce matin, Marco est arrivé à l'école à vélo
b. son papa lui demande de porter un casque.
c. il dit qu'il est dangereux de circuler sur la route

d. quand le réveil sonne, maman m'appelle.
e. elle prépare mon petit déjeuner
f. Le matin, je prends des tartines et un chocolat chaud

5 **Complète pour faire deux phrases.**

a. Les élèves …
b. … font des tournois de billes.

6 **Invente trois phrases pour expliquer ce que tu vois sur l'image.**

La ponctuation dans la phrase

Séance 3

J'observe

Sur le trottoir, Julien court après son ballon.
Attention !
Le garçon est-il en danger ?

- La **ponctuation** aide à comprendre la phrase et à lire en mettant le ton.
- La plupart des phrases se terminent par un **point** (.).
- On utilise le **point d'interrogation** (?) à la fin d'une question.
- On utilise le **point d'exclamation** (!) quand on veut exprimer un sentiment (joie, colère, surprise…).
- La **virgule** (,) sert à marquer une pause dans la phrase.

1 Nomme le signe de ponctuation de chaque phrase.

a. Que fais-tu ?
b. Tu es bien sage !
c. Tu lis dans ta chambre.
d. Samuel a disparu !
e. Où est-t-il ?
f. Il est dans la cour.

2 Lis chaque phrase avec l'intonation qui convient.

a. Attendez-moi !
b. Viens-tu chez moi samedi ?
c. Tous les enfants aiment les bonbons.
d. Connais-tu ta leçon ?
e. Fais donc attention !
f. Il fait beau aujourd'hui.

3 **Lis chaque phrase avec l'intonation donnée par la ponctuation.**

Marion a oublié son cartable.

Il pleut.

Marion a oublié son cartable !

Pleut-il ?

Marion a-t-elle oublié son cartable ?

Il pleut !

4 **Choisis le signe de ponctuation qui convient.**

. ! ?

a. Aimes-tu les épinards …

b. Je m'appelle Sarah …

c. Quelle bonne surprise …

d. Comment vas-tu …

e. Sauve qui peut …

f. C'est extraordinaire …

g. Le soleil brille ce matin …

h. Pourquoi es-tu en retard …

5 **Pour chaque dessin, invente une phrase avec la ponctuation donnée.**

.

!

?

6 **Ajoute une virgule au bon endroit.**

a. Ce matin le ciel est gris.

b. Dans la cour les enfants jouent.

c. J'aime les cerises les pommes et les fraises.

7 **Lis ces deux phrases.**
Comprends-tu la différence ?

Il commande une glace au café.

Il commande une glace, au café.

Des phrases au texte

Séance 4

J'observe

Le règlement du piéton ← titre du texte

Je marche toujours sur le trottoir. Je fais attention aux poussettes et je cède le passage aux personnes âgées. ← paragraphe 1

Je traverse sur le passage piéton. Je regarde d'abord à gauche puis à droite avant de traverser. Attention aux vélos qui passent parfois au feu rouge ! ← paragraphe 2

▸ Un texte est formé de plusieurs **phrases**.

▸ Chaque **paragraphe** correspond à une nouvelle idée. Entre deux paragraphes, je passe à la ligne suivante.

La circulation à trottinette

Quand tu circules à trottinette, fais attention aux personnes autour de toi ! Les personnes âgées, les poussettes, les petits enfants ont la priorité.

Portes-tu des protections ? Pour ta sécurité, mets un casque, des genouillères et des coudières.

Pour être mieux vu, colle des bandes réfléchissantes sur ton cartable ou sur tes vêtements.

1 **Compte le nombre de phrases dans le texte ci-contre.**

2 **Dans le texte, trouve :**

- le titre ;
- le nombre de paragraphes ;
- le nombre de phrases dans le paragraphe 1 ;
- le nombre de phrases dans le paragraphe 2.

3 **Lis le texte en soignant bien l'intonation.**
Dans le texte, trouve ensuite :

- le nombre de virgules ;
- le nombre de points ;
- le nombre de points d'exclamation ;
- le nombre de points d'interrogation.

4 **Décris l'image en t'aidant des consignes ci-dessous.**

- Trouve un titre à cette image.
- Paragraphe 1 : invente deux phrases pour décrire le décor.
- Paragraphe 2 : invente deux phrases pour décrire les personnages.

Ce que j'ai appris

Séance 5

▸ Le mot

voiture | v | o | i | | t | u | | r | e |

1 mot – 3 syllabes – 7 lettres

4 voyelles – 3 consonnes

▸ La phrase

vite | trottinette | la | va

La trottinette va vite.

La trottinette va vite !

La trottinette va-t-elle vite ?

▸ Le texte

Un trottoir partagé ← Titre

Sur le trottoir, il faut être prudent pour soi et pour les autres. Les trottinettes et les rollers vont plus vite que toi.

Es-tu assez attentif ? Un danger que l'on oublie souvent, ce sont les sorties de parking ou de garage. Il faut bien vérifier qu'une voiture ne sort pas au moment où tu passes !

paragraphe

Je révise

1 **Remets les étiquettes dans l'ordre pour former des phrases.**

enfants | à | Les | à l'école | partiront | huit | heures.

de courir | dangereux | les passages | sur | piétons. | Il est

à vélo. | quand | on circule | Il est | de porter | important | un casque.

arrête | Le | policier | le | sans | casque. | motard

2 **Observe la page d'écriture de Nicolas.**

La rentrée

Julien arrive en classe. Catastrophe ! Il a oublié son cartable ! Il a peur que la maîtresse le gronde. Soudain, le réveil sonne. Ouf ! Ce n'était qu'un rêve !

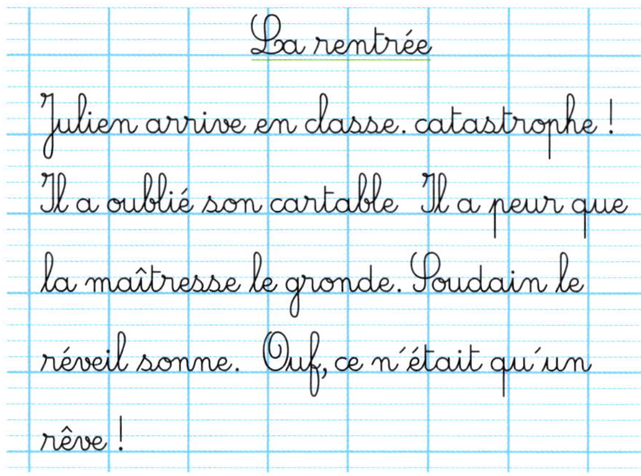
La rentrée

Julien arrive en dasse. catastrophe !
Il a oublié son cartable Il a peur que
la maîtresse le gronde. Soudain le
réveil sonne. Ouf, ce n'était qu'un
rêve !

- Retrouve les cinq erreurs de copie sur la feuille de Nicolas.
- Compte le nombre de mots copiés par Nicolas.
- Trouve :
  un mot d'une lettre,
  un mot de deux lettres,
  un mot de trois lettres,
  un mot de quatre lettres,
  un mot de cinq lettres,
  un mot de six lettres,
  un mot de sept lettres,
  un mot de neuf lettres.
- Compte les syllabes des mots suivants :

catastrophe | cartable | réveil

- À ton tour, recopie le texte... sans faire de faute !

Dans une classe, il y a des règles pour bien vivre ensemble. En classe, les enfants doivent lever le doigt pour demander la parole et être concentrés pendant les leçons.

Dans la cour, les enfants doivent jouer ensemble sans se disputer ! Quand la cloche sonne la fin de la récréation, ils doivent se ranger deux par deux. Et toi, respectes-tu les règles de la classe et de la cour ?

3 **Lis le texte en mettant l'intonation, puis :**

- ... trouve le titre qui convient à ce texte ;
- ... compte le nombre de phrases ;
- ... compte le nombre de paragraphes ;

Pour trouver le nombre de phrases, je compte les points.

4 **Décris l'image en t'aidant des consignes.**

- Trouve un titre à cette image.
- Paragraphe 1 : invente deux phrases pour décrire le décor.
- Paragraphe 2 : invente deux phrases pour décrire les personnages.

Unité 2

Le nom

Les noms de personnes et les noms d'animaux

Séance 7

J'observe

une fille

un garçon

une lionne

un lion

▶ Les mots **fille** et **garçon** nomment des personnes : ce sont des **noms de personnes**.

▶ Les mots **lionne** et **lion** nomment des animaux : ce sont des **noms d'animaux**.

1 **Relève les noms de personnes, puis les noms d'animaux.**

vendeur | moustique | bébé | autruche | girafe | visiteur | écolier | danseuse | hippopotame

2 **Nomme ce que tu vois sur chaque image.**

3 **Nomme chaque animal.**

4 **Nomme chaque personne.**

5 **Complète ce que disent les personnes par un nom d'animal.**

Oh ! C'est un .... .

Regarde la .... .

Je peux voir le .... .

Oh ! L' ... crache de l'eau.

À ton tour !

→ **Nomme trois personnes qui travaillent au zoo.**

→ **Nomme trois animaux que tu peux trouver dans un zoo.**

→ Mes rituels quotidiens : **Dictée page 35**

D'autres noms

J'observe

une cage

le zoo

la peur

- ▸ Le nom **cage** nomme un objet.
- ▸ Le nom **zoo** nomme un lieu.
- ▸ Le nom **peur** nomme un sentiment.

Avec le **nom**, je peux **nommer** beaucoup de choses différentes !

1 Relève les noms d'objets.

peur | billet | chapeau | joie | sac | plage

2 Relève les noms de lieux.

cahier | classe | plage | bonheur | ville | surprise

3 Relève les noms de sentiments.

téléphone | colère | parc | stylo | amitié | rocher

4 Nomme chaque objet.

  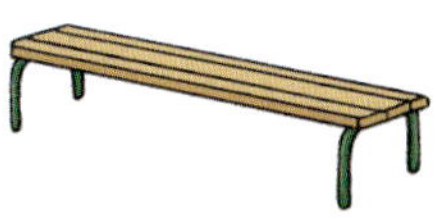  

5 Nomme chaque lieu.

6 Associe chaque image au sentiment éprouvé par Hugo.

colère | joie | tristesse | surprise | dégoût

a.

b.

c.

d.

e.

7 Complète chaque phrase par le nom de lieu qui convient.

a. Paris est la plus grande … de France.
b. Il est tard, je rentre à la … .
c. L'hiver, nous aimons faire du ski à la … .

8 Trouve le nom commun qui convient à chaque colonne.

animaux | lieux | personnes

…	…	…
un tigre une girafe un singe une autruche	une femme un homme un enfant un adolescent	un zoo un parc une montagne une plage

À ton tour !

→ **Trouve trois noms qui nomment ce que tu portes.**
→ **Trouve trois noms qui nomment ce que tu ressens.**

→ Mes rituels quotidiens : **Dictée page 35**

Le nom commun et le nom propre

Séance 9

J'observe

Bao est un panda.

- Le nom **panda** est un **nom commun**. Il désigne tous les animaux de la même espèce.
- Le nom **Bao** est un **nom propre**. Il désigne un animal en particulier. Les noms propres commencent par une majuscule.

1 Relève les noms communs, puis les noms propres.

Julien | zoo | Mélanie | amie | Maroc | gorille
Marseille | Lyon | lion | Afrique | singe | cage

2 Trouve les noms communs, puis les noms propres.

- le musée du Louvre
- l'île de Ré
- le zoo de Beauval
- la ville de Nantes
- le parc du Futuroscope
- le château de Versailles
- la tour Eiffel
- la fontaine de Trevi
- le bois de Vincennes
- l'aquarium de Monaco

3 Complète les phrases par un nom commun.

a. Paris est une .... .

c. L'Australie est un .... .

b. Julie est une .... .

d. Martin est un .... .

4 Trouve le nom commun qui convient à chaque colonne.

continents | prénoms | villes

...	...	...
Léo	Lyon	Océanie
Iris	Marseille	Asie
Nicolas	Londres	Europe
Leila	New York	Afrique
Arthur	Alger	Amérique

À ton tour !

→ **Trouve trois noms communs qui nomment ce que tu vois dans ta classe.**

→ **Trouve trois noms propres qui nomment des personnes de la classe.**

→ Mes rituels quotidiens : **Dictée page 35**

Le genre des noms

Séance 10

J'observe

→ Mes rituels quotidiens : Analyse page 34

le renard

un garçon

la renarde

une fille

- Le nom a un **genre** : il est **masculin** ou **féminin**.
- Devant un nom **masculin**, on peut mettre **un** ou **le**.
- Devant un nom **féminin**, on peut mettre **une** ou **la**.
- Pour écrire un nom féminin, on ajoute souvent un **e** au masculin.

1 Relève les noms masculins.

le manteau | une veste
un anorak | une jupe
le pantalon | un bonnet
un gant | une chaussette

Je regarde s'il y a **le** ou **un** devant le nom.

2 Relève les noms féminins.

un pied | une main
une oreille | une bouche
la jambe | un doigt
le nez | la tête | la main

Je regarde s'il y a **la** ou **une** devant le nom.

3 **Ajoute un ou une devant chaque nom et dis si le nom est masculin ou féminin.**

maison | poussière | mur | chaise | aspirateur | marteau

4 **Ajoute le ou la devant chaque nom et dis si le nom est masculin ou féminin.**

piano | flûte | tambour | violon | clarinette | trompette

5 **Nomme chaque image et dis si le nom est masculin ou féminin.**

6 **Mets chaque nom au masculin.**

la marchande | la mariée | la voisine | une étudiante

7 **Mets chaque nom au féminin.**

un client | un Français | un ami | Valentin | le gagnant

8 **Lis chaque phrase. Parle-t-on d'un homme ou d'une femme ?**

a. Une **invitée** est arrivée en retard.
b. Le pire **ennemi** de Jules César est vaincu.
c. C'est une **amie** d'enfance.
d. Un grand **blessé** est envoyé à l'hôpital.

Je regarde l'article et si le nom se termine par un **e**.

À ton tour !

→ **Donne trois noms féminins de fruits.**
→ **Donne trois noms masculins de sports.**

→ Mes rituels quotidiens : **Dictée page 35**

Le nombre des noms

Séance 11

J'observe

➜ Mes rituels quotidiens : **Analyse page 34**

le singe

une banane

les singe**s**

des banane**s**

- Le nom a un **nombre** : il est **singulier** ou **pluriel**.
- Un nom au **singulier** nomme une **seule** personne, un seul animal, une seule chose.
- Un nom au **pluriel** nomme **plusieurs** personnes, plusieurs animaux, plusieurs choses.
- Pour écrire le pluriel d'un nom, on ajoute souvent un **s** au singulier.

1 Relève les noms au singulier.

un jardin | le lac | des promeneurs | la balade | des visiteurs | deux enfants | une girafe | des pingouins | quatre gardiens

2 Relève les noms au pluriel.

des vélos | une voiture | le train | trois motos | des autocars | cinq avions

les cerises | la figue | la pomme | les abricots | les kiwis | deux melons

Je me demande s'il y en a **un** ou **plusieurs**.

3 **Choisis l'étiquette qui convient pour compléter chaque phrase.**

Iris achète .... .

un bonbon | des bonbons

Leila lit .... .

un livre | des livres

L'ours est attaqué par .... .

une abeille | deux abeilles

4 **Nomme chaque image et dis si le nom est singulier ou pluriel.**

5 **Transforme chaque phrase au pluriel.**

a. Le gardien surveille le tigre.

b. Un éleveur soigne le poulain.

c. Un visiteur achète un billet.

d. Un enfant observe le paon.

6 **Transforme chaque phrase au singulier.**

a. Les koalas grimpent dans les arbres.

b. Les éléphants mangent des arachides.

c. Les gardiens surveillent les fauves.

À ton tour !

→ **Utilise dans des phrases trois noms d'animaux au singulier, puis au pluriel.**

→ Mes rituels quotidiens : **Dictée page 35**

Ce que j'ai appris

Séance 12

▸ Les noms

 **un** garçon nom masculin **singulier**	 **des** garçon**s** nom masculin **pluriel**
 **la** bille nom féminin **singulier**	 **les** bille**s** nom féminin **pluriel**
 **un** renard nom **masculin** singulier	 **une** renard**e** nom **féminin** singulier

Rome est une **ville**.

nom propre   nom commun

Je révise

1 **À partir de l'image, trouve trois noms d'objets, trois noms d'animaux et trois noms de personnes.**

2 **Si tu étais l'enfant devant les ours, quelle émotion ressentirais-tu ?**

3 **Dans chaque série, trouve les noms d'objets, puis les noms d'animaux, et enfin les noms de personnes.**

pigeon | Hugo | classe | gant | fille

policier | crocodile | voiture | libellule

ours | cage | touriste | gardienne | sac

4 **Retrouve le nom commun et le nom propre qui vont ensemble.**

Italie	un chien
Paris	une capitale
Beethoven	un pays
Filou	un compositeur

5 **Trouve les noms féminins.**

un parasol | le soleil | la serviette | une plage | un seau | la mer

le chapeau | le vent | une vague | une bouée | un coquillage

6 **Trouve les noms au pluriel.**

un immeuble | des maisons | trois rues | le trottoir

les magasins | une voiture | six piétons | des vitrines

7 **À partir de l'image, trouve :**

- deux noms féminins singuliers,
- deux noms masculins singuliers,
- deux noms féminins pluriels,
- deux noms masculins pluriels.

8 **Mets les noms masculins au féminin.**

François | le passant | le délégué | un client

le marchand | un ami | le voisin | un étudiant

9 **Mets les noms singuliers au pluriel.**

la balle | un vélo | un nuage | un arbre | la fleur

le parc | la balançoire | un banc | le manège | une fontaine

Mes rituels quotidiens

Analyse

SÉANCE 10 **Donne la nature des mots en gras : nom commun ou nom propre ?**

a. **Marion** achète un **vélo**.

b. La **campagne** en **Espagne** est superbe.

c. Le **lion** fait la **sieste**.

SÉANCE 11 **Donne le genre des mots en gras : masculin ou féminin ?**

a. Le **dentiste** soigne une **dent** cassée.

b. La **tempête** déracine un **arbre**.

c. Un **hippopotame** barbote dans la **boue**.

Exemple :
Léa mange des **abricots**.

J'analyse les noms en gras.
– Le nom est-il commun ou propre ?
– Quel est son genre ?
– Quel est et son nombre ?
Léa est un nom propre féminin singulier.
Abricots est un nom commun masculin pluriel.

Dictées

SÉANCE 7

gn — an

Le vétérinaire soigne un éléphant.

vé-té-ri-nai-re — ph = « f » — éléphante t muet

SÉANCE 8

eu

Un visiteur a peur devant la cage du tigre.

eu — t muet — g = « j »

SÉANCE 9

Paris est la capitale de la France.

nom propre — ca-pi-ta-le nom commun — nom propre — c = « s »

SÉANCE 10

La renarde protège son petit.

petite

SÉANCE 11

Le touriste photographie les girafes et les lions.

pho-to-gra-phie — ph = « f » — g = « j »

Je mémorise les noms :

vétérinaire – éléphant – visiteur – peur – tigre – Paris – capitale – France – renarde – petit – touriste – girafe – lion

Mon projet d'écrivain

J'écris un texte.

Iris est une petite fille. Elle a une chatte qui s'appelle Flory. Ce matin, Flory a accouché d'une portée de trois chatons, qui dorment dans leur panier. Iris leur a donné un nom à chacun : Grisou, Câline et Tigrou.

1 Lis le texte.

- Trouve les noms propres.
  Désignent-ils une personne ou un animal ?
- Trouve les noms communs d'objets.
- Trouve les noms communs de personnes.
- Trouve enfin les noms d'animaux.

2 Modifie le texte à l'oral en changeant les noms d'animaux.

lapine • lapereaux • clapier
oiseau • oisillons • cage

3 **Complète le texte qui parle de Nicolas. Aide-toi des nuages de mots.**

Nicolas • garçon

chienne
chiots • niche

Chocolat • Douce
Caramel • Tigrou • Bandit
Fifi • Zoup • Bob

... est un petit ... . Il a une ...
qui s'appelle ... . Ce matin, ...
a accouché d'une portée de trois
... , qui dorment dans leur ... .
... leur a donné un nom propre
à chacun : ... , ... et ... .

Pour écrire sans faute :
- Je me relis avec attention.
- Je vérifie que j'ai bien copié les mots donnés.
- Je commence chaque phrase par une majuscule et finis par un point.
- Je n'oublie pas les majuscules des noms propres.
- Je n'oublie pas le **e** des noms féminins.
- Je n'oublie pas le **s** des noms pluriels.

Unité 3

Le verbe

Reconnaître le verbe

Séance 14

J'observe

→ Mes rituels quotidiens : Analyse page 60

Nicolas **montre** le tableau.

▶ Le mot **montre** exprime ce que fait Nicolas. C'est un **verbe**.

▶ Le **verbe** est un mot qui exprime ce que fait une personne, un animal ou une chose.

1 Trouve le verbe dans chaque phrase.

a. Léa observe un tableau.
b. Paul aime la peinture.
c. Le gardien surveille la salle.
d. Les touristes écoutent le guide.
e. La maîtresse accompagne les élèves.

2 Complète chaque phrase en ajoutant le verbe qui convient.

écoutons | écrit | visite | posez | montre

a. La classe ... le musée d'art moderne.
b. Nous ... attentivement les explications de la guide.
c. Je ... mon tableau préféré à la maîtresse.
d. Iris ... le titre du tableau dans son carnet.
e. Vous ... des questions à la guide.

3 **Trouve le verbe dans chaque liste.**

bateau — ballon — arbre — visitons

peinture — tableau — regardez — pinceaux

musée — surveille — coloriage — insecte

coupez — cahier — moto — gants

ciseaux — découpons — poussin — canard

4 **Complète chaque phrase par un verbe de ton choix.**

Leila .... .

Lise .... .

Le chat .... .

La fusée .... .

5 **Utilise un verbe pour dire ce que fait chaque personnage.**

6 **Réponds aux questions en utilisant un verbe.**

a. Que fais-tu quand tu rentres de l'école ?
b. Que font tes parents le week-end ?
c. Que fait un bébé qui vient de naître ?
d. Que faisons-nous avant de passer à table ?

À ton tour !

→ **Regarde les personnes qui t'entourent et trouve trois verbes pour dire ce qu'elles font.**

→ Mes rituels quotidiens : **Dictée page 60**

Le passé, le présent, le futur

Séance 15

J'observe

→ Mes rituels quotidiens : **Analyse page 60**

Autrefois, les hommes **habitaient** dans des grottes.

Aujourd'hui, nous **habitons** dans des maisons ou des immeubles.

Plus tard, nous **habiterons** dans des maisons volantes !

- Ce qui s'est passé **avant, autrefois** est passé.
- Ce qui se passe **en ce moment** est **présent**.
- Ce qui se passera **plus tard** est futur.
- Le verbe exprime le moment de l'action : passé, **présent** ou futur.

1 Présent ou passé ?

a. Hier, Julien skiait et il fait une chute.
b. Maintenant, il se repose avec une jambe plâtrée.

2 Présent ou futur ?

a. En ce moment, le bébé hurle car il a faim.
b. Maman donnera un biberon au bébé dans quelques minutes.

3 Choisis le verbe qui convient.

a. Hier, j'ai acheté / j'achète / j'achèterai un nouveau vélo.

b. Demain, j'ai joué / je joue / je jouerai chez mes cousins.

c. En ce moment, j'ai fait / je fais / je ferai mon exercice.

4 Donne le temps de chaque phrase. Comment as-tu fait ?

a. Dans cinq minutes, nous sortirons en récréation.

b. Ce matin, je travaille en classe.

c. L'année prochaine, je serai au CE2.

5 Donne le temps de chaque phrase.

a. Quand j'étais petit, je suçais mon pouce.

b. Maintenant, je porte un appareil dentaire.

c. Quand je serai grand, mes dents seront droites.

6 Lis les phrases, puis range-les dans l'ordre chronologique : passé – présent – futur.

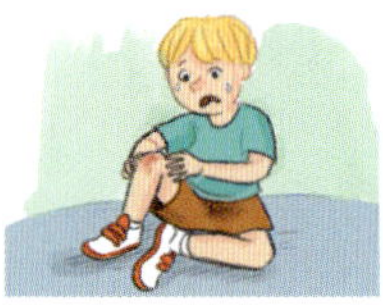

a. L'infirmière soignera sa blessure.

b. Julien courait dans la cour et il est tombé.

c. Il pleure à chaudes larmes.

7 Associe chaque image à une phrase et dis de quel temps il s'agit.

a. 

b. 

c. 

1. Le jardinier a planté une graine dans la terre.
2. La graine germe et pousse.
3. Dans quelques jours, des feuilles se développeront.

→ Mes rituels quotidiens : Dictée page 60

Le sujet du verbe

Séance 16

→ Mes rituels quotidiens : **Analyse page 60**

J'observe

La guide explique le tableau.

Le musée fermera à 17 heures.

Qui explique ? C'est **la guide** qui explique le tableau.

- **La guide** est le sujet du verbe **explique**.
- **Le musée** est le sujet du verbe **fermera**.
- Le sujet est la personne, l'animal ou la chose qui fait l'action exprimée par le verbe.

1 **Trouve le sujet de chaque verbe souligné.**

a. Les enfants <u>regardent</u> le tableau.
b. Le chimpanzé <u>attrape</u> une liane.
c. Baptiste <u>lève</u> le doigt.
d. Marie et Juliette <u>bavardent</u> dans un coin.
e. Dans le refuge, les chiots <u>attendent</u> un maître.
f. Sur un arbre, <u>chante</u> un oiseau.

Je repère d'abord le verbe. Qui fait l'action ?

2 Trouve le sujet de chaque verbe souligné.

a. Aujourd'hui, la neige tombera.
b. Les chansons douces endorment le bébé.
c. L'eau éteint le feu.
d. Le verre casse facilement.
e. Ce matin, le train arrive à l'heure.
f. Le parapluie protège de la pluie.

3 Trouve le verbe, puis le sujet de chaque phrase.

a. Mélanie écrit sur son carnet.
b. Les enfants suivent la guide.
c. Une vitrine protège les œuvres fragiles.
d. La maîtresse compte les élèves.
e. Mon chien dévore ma pantoufle.
f. Les nuages assombrissent le ciel.

4 Trouve le sujet pour chaque image.

... brille.

... dort.

... court.

... lit.

... saute.

5 Choisis le sujet qui convient.

Les enfants | Les chevaux | Julien | Deux touristes

a. ... tombe dans la cour.
b. ... font des opérations.
c. ... galopent dans la prairie.
d. ... prennent des photos.

→ Mes rituels quotidiens : Dictée page 60

Les pronoms personnels *il* et *elle*

Séance 17

J'observe

→ Mes rituels quotidiens : **Analyse page 60**

Nicolas regarde le tableau.
Il admire la peinture.

Le mot **il** remplace **Nicolas**.

Iris écoute la guide.
Elle aime les musées.

Le mot **elle** remplace **Iris**.

▶ Les **pronoms personnels** il et elle remplacent les noms sujets.

▶ On les appelle **pronoms** parce qu'ils évitent de répéter le nom.

Pronoms singuliers	
masculin	féminin
il	elle

1 Relève chaque pronom personnel. Quel nom remplace-t-il ?

a. Nicolas a oublié sa trousse. Il est étourdi ce matin !
b. Le soleil brille. Il éblouit les promeneurs.
c. La jument regarde au loin. Elle surveille son poulain.

2 Choisis il ou elle pour remplacer chaque nom.

un chat | l'arbre | la pluie | une feuille | un renard
le musée | un tableau | la guide | un visiteur | une statue

3 À quel sujet correspond chaque pronom personnel ?

a. Elle a oublié son cartable ! | Marie | Alexandre

b. Il a téléphoné hier. | Mon oncle | Ma tante

c. Elle miaule devant la porte. | Le chat | La chatte

d. Il brille haut dans le ciel. | Le soleil | La lune

4 Remplace chaque sujet par le pronom il ou elle.

a. Le train arrive en gare.

b. Le garçon court vite.

c. La souris mange le fromage.

d. Une pomme mûrit sur l'arbre.

5 Complète chaque phrase par un nom sujet, puis par le pronom personnel il ou elle.

... sent bon.

... est ouvert.

... photographie.

... est garée.

6 Remplace le sujet souligné par il ou elle.

a. Papa allume la cheminée. Papa va rôtir des marrons.

b. Mon cartable est lourd. Mon cartable est rempli de cahiers.

c. Ma cousine vient d'arriver. Ma cousine dort chez moi ce soir.

d. La chienne aboie. La chienne a entendu un bruit dehors.

7 Invente un nom sujet pour remplacer le pronom personnel.

a. **Elle** déteste les brocolis.

Qui est-ce ?

b. **Il** a gagné une médaille à la compétition.

→ Mes rituels quotidiens : **Dictée page 60**

Les pronoms personnels *ils* et *elles*

Séance 18

J'observe

→ Mes rituels quotidiens : Analyse page 61

Les enfants suivent la maîtresse.
Ils veulent tout voir.

Ils remplace **les enfants**.

Iris et Marie sont devant.
Elles regardent les détails.

Elles remplace **Iris et Marie**.

▶ Les **pronoms personnels** ils et elles remplacent les noms sujets.

▶ On les appelle **pronoms** parce qu'ils évitent de répéter les noms.

Pronoms pluriels	
masculin	féminin
ils	elles

1 Relève chaque pronom personnel. Quel nom remplace-t-il ?

a. Les oiseaux volent bas. Ils annoncent un orage.
b. Des gouttes de pluie tombent. Elles mouillent mon cartable.
c. Les enfants courent vers le préau. Ils se mettent à l'abri.

2 Choisis ils ou elles pour remplacer chaque nom.

des canards · les nuages · mes sœurs · les enfants
mes trousses · mes stylos · tes bottes · des statues

3 **À quel sujet correspond chaque pronom personnel ?**

a. Ils sont admirables ! — Les statues / Les tableaux

b. Elles sont parties loin. — Les pigeons / Les hirondelles

c. Ils arrosent des fleurs. — Papa et Julien / Maman et Léa

d. Elles aiment le pollen. — Les abeilles / Les moustiques

4 **Remplace chaque sujet par le pronom personnel ils ou elles.**

a. Les dauphins nagent au loin.

b. Les flammes crépitent dans la cheminée.

c. Les étoiles scintillent dans le ciel.

d. Victor et Hugo boudent.

5 **Complète chaque phrase par un nom sujet, puis par le pronom personnel ils ou elles.**

... sont belles.

... mûrissent vite.

... sont délicieux.

6 **Remplace le sujet souligné par ils ou elles.**

a. Ces chauffeurs roulent vite. <u>Ces chauffeurs</u> sont imprudents.

b. Mes deux sœurs sont malades. <u>Mes deux sœurs</u> sont au lit.

c. Les pâtes sont cuites. <u>Les pâtes</u> sont appétissantes.

d. Mes parents sont au travail. <u>Mes parents</u> rentreront tard.

7 **Invente un nom sujet pour remplacer le pronom personnel.**

<u>Ils</u> partent bientôt en Asie.

Qui est-ce ?

<u>Elles</u> font de la danse classique.

→ Mes rituels quotidiens : **Dictée page 61**

Les pronoms personnels *je* et *nous*

Séance 19

J'observe

→ Mes rituels quotidiens : **Analyse page 61**

Je regard**e** le tableau.

Nous regard**ons** le tableau.

▸ **Je** : c'est moi qui parle. Je suis seul à faire l'action.

▸ **Nous** : désigne plusieurs personnes, dont je fais partie. D'autres font l'action avec moi.

1 **Complète ce que disent les personnages par le pronom je ou nous.**

... arrivons.

... pars !

... avons chaud.

... suis au CE1.

2 **Choisis le pronom qui convient.**

a. Je | Nous chante à la chorale mercredi.

b. Je | Nous marchons vite pour arriver à l'heure.

c. Je | Nous comprenons la leçon.

d. Je | Nous viendrai jouer chez toi demain.

3 Le sujet souligné est-il singulier ou pluriel ?

a. <u>Nous</u> jouons à cache-cache.
b. <u>Je</u> récite ma poésie.
c. <u>Nous</u> participons au tournoi de volley.
d. <u>Je</u> fais la vaisselle du petit déjeuner.
e. <u>Nous</u> faisons des crêpes au sucre.

4 Complète chaque phrase avec je ou nous.

a. Ce soir, … allons au restaurant.
b. … gardons notre petite sœur.
c. Hier, … suis allé au cinéma.
d. … me lève tôt demain.
e. Ce matin, … avons eu beau temps.

5 Complète chaque phrase avec je ou j'.

a. … déjeune à la cantine par jours.
b. … attends mon frère pour partir.
c. … oublie souvent mes affaires.
d. … regarde un documentaire animalier.

6 Transforme chaque phrase en utilisant le pronom nous.

a. Je visite un musée par mois.
b. J'écoute attentivement le guide.
c. J'espère y retourner bientôt.
d. J'aime beaucoup les peintres impressionnistes.
e. Je traverse des salles anciennes.

À ton tour !

→ **Dans la classe, regarde autour de toi et invente deux phrases avec les pronoms je et nous.**

→ Mes rituels quotidiens : **Dictée page 61**

Les pronoms personnels *tu* et *vous*

Séance 20

J'observe

→ Mes rituels quotidiens : Analyse page 61

Tu regard**es** le tableau.

Vous regard**ez** le tableau.

▶ **Tu** : je parle à quelqu'un, qui est seul à faire l'action.

▶ **Vous** : je parle à plusieurs personnes, qui font une action sans moi.

1 **Complète ce que disent les personnages par le pronom tu ou vous.**

… mesures un mètre vingt.

… travaillez bien.

… cours plus vite que moi.

2 **Complète chaque phrase par tu ou vous.**

a. … frappez avant d'entrer.

b. … goûtes à la maison.

c. … perdez toujours vos gants !

d. … gagnes souvent à la course.

3 **Forme les quatre phrases possibles.**

Tu	avez huit ans.
Marco et toi, vous	colories bien avec ces feutres neufs.
	tracez des traits à la règle.
	consoles ton petit frère qui pleure.

4 **Transforme chaque phrase en utilisant le pronom vous.**

a. Tu manges trop vite.
b. Tu pars en voyage à Dublin.
c. Tu visites le château de Versailles.
d. Tu joues au tennis le mercredi.

5 **Transforme chaque phrase en utilisant le pronom tu.**

a. Vous frappez avant d'entrer.
b. Vous goûtez à la sortie de l'école.
c. Vous arrivez souvent en retard.
d. Vous gagnez toujours à la course.

6 **Invente des phrases avec les pronoms tu et vous.**

À ton tour !

→ **Regarde autour de toi et invente deux phrases avec tu et vous.**

→ Mes rituels quotidiens : **Dictée page 61**

La conjugaison du verbe

Séance 21

→ Mes rituels quotidiens : Analyse page 61

J'observe

Les enfants **visitent** le musée.

- ▶ **visitent**, c'est le verbe **visiter**.
- ▶ **Visiter** est un verbe à l'**infinitif**.
- ▶ **Visiter** peut se conjuguer : il change alors selon la personne.

visiter	singulier	pluriel
1re personne	je **visite**	nous **visitons**
2e personne	tu **visites**	vous **visitez**
3e personne	il, elle **visite**	ils, elles **visitent**

1 **S'agit-il de la 1re, 2e ou 3e personne du singulier ?**

- Tu nages.
- Elle joue.
- Je dors.
- Tu attends.
- J'arrive.
- Il trébuche.
- Elle rêve.
- J'aime.

2 **S'agit-il de la 1re, 2e ou 3e personne du pluriel ?**

- Vous balayez.
- Ils portent.
- Vous gardez.
- Nous jouons.
- Elles lisent.
- Nous colorions.
- Ils chantent.
- Elles goûtent.

3 **Donne la personne de chaque verbe, et son nombre.**

Exemple : Elles chantent. → 3e personne du pluriel.

- Vous partagez.
- Elles démarrent.
- Vous courez.
- Il dîne.
- Tu cours.
- Il écrit.
- J'ouvre.
- Tu bois.

4 **Trouve les verbes conjugués, puis les verbes à l'infinitif.**

nous chantons | vous partez | elle demande | appeler
jongler | vous habitez | ranger | elles chantent | dormir
ils cuisinent | regarder | il mange | j'aime | tu lis | parler
danser | nous buvons | tu sautes | marcher | elle lave

5 **Choisis un verbe à l'infinitif pour décrire ce que fait chaque personnage.**

Pour trouver l'infinitif d'un verbe conjugué, je dis : « C'est l'action de… » ou « Il faut… ».

6 **Associe chaque verbe à son infinitif.**

elle marche	grandir
nous lisons	découper
vous découpez	entendre
ils sautent	marcher
j'entends	sauter
elles grandissent	lire

7 **Complète chaque série par le verbe à l'infinitif, comme dans le modèle.**

Il parle. Tu parles. Vous parlez.	→	C'est l'action de **parler**.
Nous cuisinons. Elles cuisinent. Tu cuisines.	→	C'est l'action de … .
Ils écoutent. Nous écoutons. Il écoute.	→	C'est l'action d' … .
Je pêche. Nous pêchons. Vous pêchez.	→	C'est l'action de … .

8 **Trouve l'infinitif de chaque verbe.**

a. Nous finissons.
b. Vous grandissez.
c. Ils dorment.
d. Nous goûterons.
e. Il téléphonera.
f. Tu lisais.
g. Vous buvez.
h. Il cherchait.
i. Vous aimez.
j. J'écris.
k. Elles chantent.

9 Pour chaque phrase, trouve le verbe, puis donne son infinitif.

a. La maîtresse achète les billets d'entrée.
b. Marion réussit son exercice.
c. Julien offre un puzzle à son ami.
d. La jument galope dans la prairie.
e. Le chien dévorera sa pâtée.

10 Complète ce que dit chaque personnage par un verbe à l'infinitif.

Il faut ... la leçon.

Il faut ... la table.

Il faut ... son lit.

11 Explique les actions des personnages en donnant des verbes à l'infinitif.

À ton tour !

→ **Explique ce que font les personnes autour de toi en donnant trois verbes à l'infinitif.**

→ Mes rituels quotidiens : **Dictée page 61**

Ce que j'ai appris

Séance 22

▸ Les temps du verbe

PASSÉ	PRÉSENT	FUTUR

passé	Hier, les enfants **commençaient** leurs créations. (ils) C'est l'action de **commencer**.
présent	Aujourd'hui, Iris **dessine**. (elle) C'est l'action de **dessiner**. Nicolas **sculpte**. (il) C'est l'action de **sculpter**.
futur	Iris **finira** demain. (elle) C'est l'action de **finir**.

▸ Les pronoms personnels

Pronoms personnels			
singulier		pluriel	
1re personne	**je**	1re personne	**nous**
2e personne	**tu**	2e personne	**vous**
3e personne	**il**	3e personne	**ils**
	elle		**elles**

Je révise

1 Donne le temps de chaque phrase : passé, présent ou futur.

a. Autrefois, les hommes circulaient à cheval.
b. Nous apprenons la conjugaison en ce moment.
c. Il viendra quand les poules auront des dents !
d. Le temps est frais aujourd'hui.
e. Avant, je pensais que la Terre était plate.

2 Complète chaque phrase.

a. Quand j'étais petit, … .
b. En ce moment, … .
c. Quand je serai grand, … .

3 Remplace chaque sujet par un pronom personnel.

a. Les enfants réalisent une recette de cuisine.
b. Marion fait un gâteau pour la première fois.
c. Julie et moi pesons la farine.
d. Marco mélange soigneusement la pâte.
e. Sofia et toi casserez les œufs.

4 Complète chaque phrase par un pronom personnel.

a. … ajoutons le sucre.
b. … font une sauce au chocolat.
c. … battez les œufs.
d. … vont surveiller la cuisson.

5 **Lis les phrases, puis range-les dans l'ordre chronologique : passé - présent - futur.**

a. Elle rapporte de bons légumes frais.
b. Ce matin, Maman était au marché.
c. Nous dégusterons une bonne soupe ce soir.

6 **Complète chaque phrase avec l'expression qui convient.**

Dans cent ans | Hier | Maintenant | Autrefois | Demain

a. ... j'étais malade.
b. ... nous voyagerons sur la Lune.
c. ... je travaille en classe.
d. ... les enfants n'allaient pas à l'école le jeudi.
e. ... vous réciterez votre poésie.

7 **Invente cinq phrases à propos de l'image.**

Pour chacune, dis :

- le verbe conjugué et son infinitif,
- le sujet du verbe.

Mes rituels quotidiens

Analyse

**Analyse les mots en gras.
Relève le sujet de chaque verbe.**

SÉANCE 14 Aujourd'hui, les **élèves** préparent un bon **gâteau**.

Dictée La classe prépare un bon gâteau.

elle — â — eau

SÉANCE 15 **Paul** et **Clara** ajoutent la **farine** et le **sucre** dans un **bol**.

Dictée Maintenant, Paul ajoute le sucre dans le bol.

main-te-nant — t muet — il — s muet

SÉANCE 16 **Nicolas** mélange soigneusement la **préparation**.

Dictée Nicolas mélange soigneusement la préparation.

il — soi-gneu-se-ment t muet — pré-pa-ra-tion ti = « si »

SÉANCE 17 **Julie** verse la **pâte** dans le **moule**.

Dictée Elle verse la pâte dans le moule.

â — s muet

Pour analyser un **nom**, je me pose les questions suivantes :
– Le nom est-il commun ou propre ?
– Quel est son genre et son nombre ?

SÉANCE 18 Le **biscuit** cuira pendant trente **minutes**.

Dictée Ils laissent le **gâteau** dans le four **pendant** trente minutes.

â — eau — s muet — en — an — t muet — en — s du pluriel

SÉANCE 19 La **maîtresse** vérifie la **température** du **four**.

Dictée Nous vérifions la température du four.

m devant m, b, p

SÉANCE 20 Ensuite, la **classe** dégustera le **gâteau** avec une **boisson**.

Dictée Ensuite, vous dégustez le gâteau avec une boisson.

en-sui-te — e = « è » — ss

SÉANCE 21 Les **enfants** passent une magnifique **journée**.

Dictée Les **enfants** passent une magnifique journée.

en — an — t muet — ils — ma-gni-fi-que — e muet

Je mémorise les mots invariables :
maintenant – dans – avec – pendant – ensuite

Je mémorise les mots :
gâteau – four – bol – préparation – température – sucre – farine – pâte – moule – journée – boisson – enfant – magnifique – soigneusement

Mon projet d'écrivain

J'écris une recette.

1 Dans la recette suivante, les verbes sont tous à l'infinitif. Retrouve-les.

Recette de la tarte aux pommes

★ Éplucher et couper en morceaux quatre pommes.
★ Cuire dans une casserole avec un peu d'eau.
★ Bien remuer.
★ Ajouter du sucre.
★ Couper deux autres pommes en tranches fines.
★ Préchauffer le four.
★ Étaler une pâte brisée dans un moule et piquer avec une fourchette.
★ Verser la compote sur la pâte et placer les tranches de pommes.
★ Cuire au four pendant 30 minutes.

2 Trouve les verbes à l'infinitif qui correspondent aux illustrations.

...

...

...

...

...

...

3 **Dans ton cahier, réécris la recette en mettant les verbes conjugués à l'infinitif.**

verser **cuire** **casser** **rajouter**
mélanger **enfourner** **chauffer**

Je chauffe le beurre et le chocolat à feu doux.
→ …

Dans un bol, **je casse** les œufs et **je rajoute** le sucre.
→ …

Je mélange ensemble les deux préparations.
→ …

Je verse dans un moule.
→ …

J'enfourne. Je cuis le gâteau vingt minutes.
→ …

Pour écrire sans faute :
- Je me relis avec attention.
- Je vérifie que j'ai bien copié les mots donnés.
- Je mets bien les majuscules et les points.
- Je n'oublie pas le **s** des noms pluriels.

Unité 4

Le présent

Le présent des verbes en *er* : le singulier

Séance 24

→ Mes rituels quotidiens : Analyse page 82

J'observe

Iris **saute**.

Nicolas **saute**.

▶ Le **présent** exprime une action que l'on fait au moment où l'on parle.

▶ **saute**, c'est le verbe **sauter** au **présent**. Il se conjugue ainsi au singulier :

sauter	singulier
1re personne	je **saute**
2e personne	tu **sautes**
3e personne	il, elle **saute**

La terminaison change selon la personne.

Je saute.

radical : saut — terminaison : e

1 **Conjugue chaque verbe au présent avec les personnes je, tu, il et elle.**

gronder — tomber — danser — laver

Je me sers du verbe **sauter** comme modèle.

2 **Choisis le sujet qui convient.**

- Il / Tu gagne.
- Je / Tu lances.
- Tu / Paul attrape.
- Elle / Tu tournes.
- Tu / Je ranges.
- Sofia / Tu marche.

3 Choisis le verbe au présent qui convient.

a. Marie [nage] [nages] vite.

b. Je [règles] [règle] le chronomètre.

c. Tu [allumes] [allume] la lumière.

d. Elle [récite] [récites] sa leçon.

e. J' [aimes] [aime] faire du sport.

4 Complète chaque verbe par la terminaison qui convient.

- Je chant... .
- Elle déménag... .
- Tu regard... .
- Il habit... .
- J'aim... .
- Hugo dessin... .
- Tu colori... .
- Maïssa cuisin... .
- Tu calcul... .

5 Dans chaque phrase, mets le verbe au présent.

a. [aimer] → Tu ... le sport.

b. [rouler] → Juliette ... sur le tatami.

c. [surveiller] → Le professeur ... les élèves sur le trampoline.

d. [observer] → J' ... mes camarades sur la barre.

6 Transforme chaque phrase en changeant le sujet.

a. Moi, j'habite au quatrième étage. → Toi, ...

b. Toi, tu aimes la musique classique. → Moi, ...

c. Toi, tu plonges dans le lac. → Moi, ...

d. Moi, je copie sur mon cahier. → Toi, ...

On appelle verbes en **er** les verbes dont l'infinitif se termine par **er**.

À ton tour !

→ **Invente trois phrases au présent avec des verbes en er et les pronoms je, tu, il ou elle. Aide-toi de l'image page 64.**

→ Mes rituels quotidiens : **Dictée page 82**

Le présent des verbes en *er* : le pluriel

Séance 25

→ Mes rituels quotidiens : **Analyse page 82**

J'observe

Lina et Oscar **sautent**.

▶ **sautent**, c'est le verbe **sauter** au **présent**.
Il se conjugue ainsi au pluriel :

sauter	pluriel
1re personne	nous **sautons**
2e personne	vous **sautez**
3e personne	ils, elles **sautent**

1 Conjugue chaque verbe au présent avec les personnes nous, vous, ils et elles.

monter | glisser | téléphoner | crier

Je me sers du verbe **sauter** comme modèle.

2 Choisis le sujet qui convient.

- Ils / Nous dépassons.
- Vous / Nous rêvez.
- Ils / Vous gardent.
- Vous / Elles mangent.
- Nous / Vous rangez.
- Elles / Nous pensons.

3 Choisis le verbe au présent qui convient.

a. Vous pensez / pensons souvent à nous.

b. Mes parents travaillent / travaillez le samedi.

c. Nous goûtent / goûtons à seize heures.

d. Ils récite / récitent leur leçon.

e. Nicolas et Iris aimes / aiment jouer aux échecs.

4 **Complète chaque verbe par la terminaison qui convient.**

- Nous pleur… .
- Elles boud… .
- Ils pens… .
- Marco et Léa lav… .
- Vous imagin… .
- Nous dessin… .
- Elles colori… .
- Lise et Nora boud… .
- Vous chant… .
- Les chats miaul… .

5 **Dans chaque phrase, mets le verbe au présent.**

a. garder → Les bergers … leur troupeau.

b. pousser → Vous … le chariot dans les rayons du magasin.

c. bavarder → Juliette et Alix … sans cesse en classe.

d. aimer → Maman et moi, nous … les expositions d'art.

e. jouer → Ton oncle et toi, vous … aux échecs.

f. tomber → Les dents de lait … vers sept ans.

6 **Transforme chaque phrase au pluriel en changeant le sujet.**

a. J'aime les épinards. → Nous … .

b. Tu rêves de devenir pilote. → Vous … .

c. Maman rentre du bureau. → Maman et Papa … .

d. Il lance la balle trop loin. → Ils … .

e. Nous chantons bien ensemble. → Vous … .

f. Elle arrive en avance. → Elles … .

À ton tour !

→ **Invente trois phrases au présent avec des verbes en er et les pronoms nous, vous, ils ou elles. Aide-toi de l'image page 64.**

→ Mes rituels quotidiens : **Dictée page 82**

Le verbe *être* au présent

Séance 26

→ Mes rituels quotidiens : **Analyse page 82**

J'observe

Nicolas **est** au CE1.
Nicolas et Iris **sont** au CE1.

▶ **est**, **sont**, c'est le verbe **être** au **présent**. Il se conjugue ainsi :

être	singulier	pluriel
1re personne	je **suis**	nous **sommes**
2e personne	tu **es**	vous **êtes**
3e personne	il, elle **est**	ils, elles **sont**

1 **Conjugue chaque expression à toutes les personnes du présent.**

être fatigué | être en colère | être triste | être heureux

2 **Pour chaque image, fais une phrase avec il est ou elle est.**

3 **Complète chaque phrase par es ou est.**

a. Tu … très en retard.
b. Elle … sûre d'avoir raison.
c. Tu … le deuxième à l'arrivée.
d. Elle … dentiste.
e. Il … garagiste.
f. Léo … en forme ce matin.

4 Complète chaque phrase par le verbe être.

a. Sam … chez ses grands-parents pour les vacances.
b. Nous … dans la même classe cette année.
c. Ils … absents depuis deux jours.
d. Leila et Jules … fatigués cette semaine.
e. Sarah … forte en mathématiques.
f. Maman … au travail.

5 Ajoute un pronom personnel qui convient.

a. … est souvent malade.
b. … sommes cousins éloignés.
c. … sont à Cuba cet été.
d. … suis gardien de but.
e. … êtes forts aux échecs.
f. … es imprudent de rouler vite !

6 Complète chaque phrase par un ou plusieurs noms sujets.

a. … est mon meilleur ami.
b. … sont à l'étranger.
c. … est heureux.
d. … sont des grands sportifs.
e. … est un musicien hors pair.
f. … sont dans la cour.

7 Fais une phrase pour répondre à chaque question.

a. En quelle classe es-tu ?
b. Qui est assis à côté de toi ?
c. Qui sont tes amis ?

À ton tour !

→ **Invente une phrase au présent avec chaque expression.**

être de bonne humeur | être bien élevé | être fou de joie

→ Mes rituels quotidiens : **Dictée page 82**

Le verbe *avoir* au présent

Séance 27

→ Mes rituels quotidiens : **Analyse page 83**

J'observe

Nicolas **a** sept ans.
Nicolas et Iris **ont** sept ans.

▸ **a**, **ont**, c'est le verbe **avoir** au **présent**. Il se conjugue ainsi :

avoir	singulier	pluriel
1re personne	j'**ai**	nous **avons**
2e personne	tu **as**	vous **avez**
3e personne	il, elle **a**	ils, elles **ont**

1 Conjugue chaque expression à toutes les personnes du présent.

avoir raison | avoir deux frères | avoir un chien

2 À partir de l'image, fais des phrases qui commencent par il a ou elle a.

3 Complète chaque phrase par as ou a.

a. Tu ... un chien affectueux.
b. Inès ... un ami japonais.
c. Il ... des cahiers soignés.
d. Tu ... un nouveau stylo plume.
e. Tu ... souvent fini le premier.
f. Paul ... mal aux yeux.

4 Complète chaque phrase par le verbe avoir à la personne qui convient.

a. Marion ... trois frères.
b. Les enfants ... envie de jouer.
c. J'... besoin de ton aide.
d. Vous ... un vrai talent !
e. Tu ... l'air fatigué.
f. Nous ... tennis ce soir.

5 Ajoute un pronom personnel qui convient.

a. ... a de la peine.
b. ... avons peur du noir.
c. ... ont des questions.
d. ... as les mains propres.
e. ... avez de bonnes habitudes.
f. ... ai une faim de loup !

6 Complète chaque phrase par un ou plusieurs noms sujets.

a. ... a un nouveau jeu.
b. ... ont école samedi.
c. ... a un vélo électrique.
d. ... ont des poux !
e. ... a dix-huit ans.
f. ... ont un bateau à voiles.

7 Fais une phrase pour répondre à chaque question.

a. Quel âge as-tu ?
b. As-tu des frères et sœurs ?
c. Quand avons-nous sport ?
d. As-tu ton cartable ?

À ton tour !

→ **Invente une phrase au présent avec chaque expression.**

avoir la chair de poule | avoir de la chance | avoir faim

→ Mes rituels quotidiens : **Dictée page 83**

Le verbe *aller* au présent

Séance 28

➜ Mes rituels quotidiens : **Analyse page 83**

J'observe

Je **vais** au stade.
Nous **allons** au stade.

▸ **vais**, **allons**, c'est le verbe **aller** au **présent**. Il se conjugue ainsi :

aller	singulier	pluriel
1re personne	je **vais**	nous **allons**
2e personne	tu **vas**	vous **allez**
3e personne	il, elle **va**	ils, elles **vont**

1 **Conjugue chaque expression à toutes les personnes du présent.**

aller bien | aller en Chine | aller au marché

2 **Pour chaque image, fais une phrase qui commence par il va ou elle va, ils vont ou elles vont.**

3 **Complète chaque phrase par va ou vont.**

a. Lucie … à la bibliothèque.
b. Les élèves … en cours de sport.
c. Ils … au judo tous les jeudis.
d. L'avion … vers le sud.
e. Les hirondelles … en Afrique.
f. Mes sœurs … au lycée.

4 **Complète chaque phrase par le verbe aller à la personne qui convient.**

a. Nous … au musée.
b. Léa et Paul … au cinéma.
c. Tu … à Oléron cet été.
d. Je … au parc avec mon chien.
e. Julien … à la montagne.
f. Vous … mieux après une sieste.
g. Elles … à la danse mercredi.

5 **Ajoute un pronom personnel qui convient.**

a. … vais chez un ami.
b. … vont à Orléans demain.
c. … allons commencer la leçon.
d. … allons au marché.
e. … allez souvent à Marseille.
f. … va à l'école en trottinette.

6 **Complète chaque phrase par un ou plusieurs noms sujets.**

a. … vont sur la Côte d'Azur.
b. … va mieux ce matin.
c. … vais à la cantine.
d. … allons chez le dentiste.
e. … vont à la bibliothèque.
f. … allez à la piscine.
g. … va chez sa grand-mère.
h. … vas au marché le samedi.

À ton tour !

→ **Invente une phrase au présent avec chaque expression.**

aller de mieux en mieux | aller droit au but | aller de l'avant

→ Mes rituels quotidiens : **Dictée page 83**

Les verbes *faire* et *dire* au présent

Séance 29

→ Mes rituels quotidiens : Analyse page 83

J'observe

Nous **faisons** une course.

Je **dis** le signal de départ.

Les conjugaisons de **faire** et **dire** se ressemblent.

▶ **faisons**, c'est le verbe faire au **présent**. Il se conjugue ainsi :

faire	singulier	pluriel
1re personne	je **fais**	nous **faisons**
2e personne	tu **fais**	vous **faites**
3e personne	il, elle **fait**	ils, elles **font**

▶ **dis**, c'est le verbe dire au **présent**. Il se conjugue ainsi :

dire	singulier	pluriel
1re personne	je **dis**	nous **disons**
2e personne	tu **dis**	vous **dites**
3e personne	il, elle **dit**	ils, elles **disent**

1 **Conjugue chaque expression à toutes les personnes du présent.**

faire du piano — faire un discours — faire la vaisselle

dire des méchancetés — dire la vérité — dire une bêtise

2 Complète chaque phrase par fais ou fait.

a. Julie … ses devoirs.
b. Marco … la course avec Léo.
c. Tu … un cadeau à ta tante.
d. Elle … attention.
e. Tu … la roulade arrière.
f. Je … mes exercices.

3 Complète chaque phrase par dis ou dit.

a. Je … la réponse.
b. Elle … l'heure qu'il est.
c. Tu … le temps qu'il fait.
d. Sofia … le top départ.
e. Je … qu'il faut écouter.
f. Paul … qu'il a toujours raison.

4 Complète chaque phrase par le verbe faire ou le verbe dire à la personne qui convient.

a. dire → Vous … que ce n'est pas la bonne réponse.
b. faire → Vous … des photos.
c. dire → Nous … que nous rentrerons tard.

5 Ajoute un pronom personnel qui convient.

a. … faites une belle fête !
b. … disons au revoir.
c. … disent la vérité.
d. … font du judo le mercredi.
e. … fait un tour dans les bois.
f. … dit à son frère de se dépêcher.

6 Invente une phrase pour répondre à chaque question.

a. Que fais-tu comme activité sportive ?
b. Que dites-vous quand vous faites une bêtise ?

À ton tour !

→ **Invente une phrase au présent avec chaque expression.**

faire le clown | dire bonjour

→ Mes rituels quotidiens : **Dictée page 83**

Le verbe *venir* au présent

Séance 30

→ Mes rituels quotidiens : Analyse page 83

J'observe

Je **viens** chez toi.

▶ **viens**, c'est le verbe **venir** au **présent**. Il se conjugue ainsi :

venir	singulier	pluriel
1re personne	je **viens**	nous **venons**
2e personne	tu **viens**	vous **venez**
3e personne	il, elle **vient**	ils, elles **viennent**

1 **Conjugue chaque expression à toutes les personnes du présent.**

venir au monde | venir en car | venir à pied | venir de loin

2 **Complète chaque phrase par viens ou vient.**

a. Tu … dormir chez moi.
b. Mamie … ce soir.
c. Je … à l'école en bus.
d. Papa … à moto.
e. Tu … me chercher à l'école.
f. Le joueur … de marquer un but.

3 **Complète chaque phrase par le verbe venir.**

a. Le vent … du nord.
b. Nous … du Portugal.
c. Tu … de dire la réponse.
d. Je … à dix-huit heures.
e. Maman … me lire une histoire.
f. Vous … de prendre votre repas.

4 **Ajoute un pronom personnel qui convient.**

a. … viennent de partir.
b. … venez de changer d'avis.
c. … venons t'aider, c'est promis.
d. … viens d'appeler le médecin.
e. … vient de finir le ménage.
f. … viennent de Hong Kong.

5 **Transforme chaque phrase en changeant le sujet.**

a. Je viens te voir. → Nous … .
b. Elles viennent souvent. → Elle … .
c. Martin vient à la maison. → Martin et Julien … .
d. Vous venez lui rendre visite. → Tu … .
e. Papi vient à la maison. → Papi et Mamie … .

6 **Aide-toi du costume pour dire d'où vient chaque personnage.**

Il vient de … . | Elle vient de … .

7 **Fais une phrase pour répondre à chaque question.**

a. À quelle heure viens-tu à l'école ?
b. Qui vient dîner chez toi ?
c. D'où viennent tes parents ?

À ton tour !

→ **Invente une phrase au présent avec chaque expression.**

venir à bout | venir en aide | venir des quatre coins du monde

→ Mes rituels quotidiens : **Dictée page 83**

Ce que j'ai appris

Séance 31

▶ Conjuguer au présent

chanter
je chante
tu chantes
il, elle chante
nous chantons
vous chantez
ils, elles chantent

radical + terminaison

Je chant e

avoir	être	aller
j'ai	je suis	je vais
tu as	tu es	tu vas
il, elle a	il, elle est	il, elle va
nous avons	nous sommes	nous allons
vous avez	vous êtes	vous allez
ils, elles ont	ils, elles sont	ils, elles vont

faire	dire	venir
je fais	je dis	je viens
tu fais	tu dis	tu viens
il, elle fait	il, elle dit	il, elle vient
nous faisons	nous disons	nous venons
vous faites	vous dites	vous venez
ils, elles font	ils, elles disent	ils, elles viennent

Je révise

1 Complète chaque phrase par un verbe en er au présent.

Elle .... .

Elles .... .

Je .... .

Nous .... .

Vous .... .

Il .... .

2 Invente un sujet en regardant bien la terminaison du verbe.

a. ... sont malades.
b. ... venez du Pérou.
c. ... voyagez souvent.
d. ... est toujours fatigué.
e. ... font des sauts en hauteur.
f. ... sortons à seize heures trente.
g. ... travaillent avec application.
h. ... racontes des histoires fabuleuses.

3 Avec les sujets de ton choix, forme trois phrases au présent.

Ils	faire un puzzle.
Vous	avoir a envie d'une glace.
Tu	être heureux en vacances.

4 Mets chaque verbe au présent.

a. faire → Les voisins … beaucoup de bruit.

b. avoir → Les éléphants … une trompe et des défenses.

c. dire → Vous … toujours la vérité.

d. être → Tu … mon meilleur ami.

e. faire → Quand nous rentrons à la maison, nous … nos devoirs.

f. aller → Je … à la danse et mon frère … au tennis.

g. venir → Vous … goûter avec moi.

h. faire → Vous … une grimace !

i. être → Je … content que tu sois là !

j. venir → Mon cousin … de se casser la jambe !

5 À partir de l'image, invente une phrase au présent avec chaque verbe.

faire   dire   venir   aller   être   avoir

Mes rituels quotidiens

Analyse

Analyse les mots en gras.
Relève le sujet de chaque verbe, puis analyse le verbe conjugué.

SÉANCE 24 **Julie** enfile vite sa tenue pour le **sport**.

Dictée Tu enfiles vite ta tenue pour le sport.
vi-te e muet sportif

SÉANCE 25 Tu **lances** souvent le **ballon** trop fort.

Dictée Marco et Hugo lancent le ballon très fort.
ils s muet forte

SÉANCE 26 Vous **jouez** dans une **équipe** très forte.

Dictée Nous sommes dans une équipe très forte.
s muet s muet fort

Exemple :
Jade **vient** à la maison.

J'analyse les verbes en gras.
– Quel est l'infinitif ?
– Quel est son sujet ?
– À quelle personne du singulier ou du pluriel est-il conjugué ?
– À quel temps est-il conjugué ?
vient : verbe venir, conjugué à la 3e personne du singulier ; sujet : **Jade**.

SÉANCE 27 Un joueur **gagne** une belle **coupe**.

Dictée Les joueurs ont une belle coupe.

ils — belle

SÉANCE 28 Les **spectateurs encouragent** les joueurs.

Dictée Un spectateur va au stade pour voir la course.

spec-ta-teur — il — verbe à l'infinitif

SÉANCE 29 Nous **avons** un gentil **professeur** de gymnastique.

Dictée Tu fais des exercices de gymnastique.

x = « gz » — c = « s » — gym-nas-ti-que

SÉANCE 30 Vous **êtes** surpris par la décision de l'**arbitre**.

Dictée Nous venons sur le terrain avec l'entraîneur.

ter-rain — î — eur

Je mémorise les mots invariables :
vite – pour – très – dans

Je mémorise les noms et les adjectifs :
tenue – sport – ballon – équipe – belle – fort – forte – joueur – spectateur – stade – course – exercice – gymnastique – terrain – entraîneur

Mon projet d'écrivain

J'écris un bulletin météo.

1 Lis le bulletin météo.

Aujourd'hui, nous sommes
le mardi 15 octobre.
Le temps est ensoleillé.
Les températures sont douces
pour la saison.
Le ciel est clair. Le vent souffle faiblement.

2 Dans ton cahier,
écris le bulletin météo du jour
sur le même modèle.

Je repère bien :
– les verbes,
– le temps auquel
ils sont conjugués.

Aujourd'hui, nous sommes le … .

lundi • mardi • mercredi • jeudi • vendredi • samedi • dimanche

janvier • février • mars • avril • mai • juin • juillet • août • septembre • octobre • novembre • décembre

– Je me relis avec attention.
– Je vérifie que j'ai bien copié les mots donnés
– Je mets bien les majuscules et les points.
– Je n'oublie pas le **e** des noms féminins.
– Je n'oublie pas le **s** des noms pluriels.

Le temps est … .

ensoleillé

variable

pluvieux

orageux

nuageux

neigeux

Les températures sont … .

froides

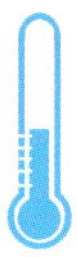

douces

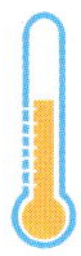

chaudes

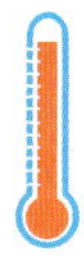

Le ciel est … .

clair

couvert

sombre

Le vent souffle … .

faiblement

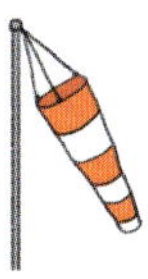

légèrement

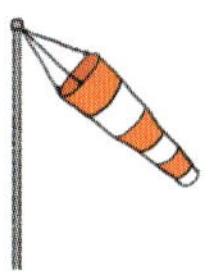

fortement

Unité 5

L'article et le nom

Les articles définis

Séance 33

J'observe

→ Mes rituels quotidiens : Analyse page 102

le panier — les légumes

la fillette — les oies

- **le**, **la**, **les** sont des **articles définis**.
- L'**article** est un petit mot qui accompagne le nom.
  Il indique son **genre** et son **nombre** : on dit qu'il détermine le nom.
- L'**article défini** accompagne un nom précis ou connu.

Quand le nom commence par une voyelle, **le** et **la** deviennent **l'** : **l'**arrosoir.

1 Relève les articles définis dans chaque phrase.

a. La pomme tombe de l'arbre.

b. Les enfants ramassent les châtaignes.

c. Les tomates, les courgettes et l'oignon vont servir à faire la ratatouille.

2 Pour chaque dessin, trouve le nom et l'article défini le, la ou l' qui l'accompagne. Est-il masculin ou féminin ?

3 **Pour chaque dessin, trouve le nom et l'article défini le, la ou les qui l'accompagne. Est-il singulier ou pluriel ?**

4 **Ajoute l'article le, la ou l'.**

- … poireau
- … concombre
- … oignon
- … courgette
- … betterave
- … aubergine

5 **Ajoute l'article le, la ou les.**

- … pommes
- … raisin
- … cerises
- … poire
- … brugnon
- … pastèques

6 **Mets chaque nom et son article au pluriel.**

- la salade
- le melon
- la courge
- l'olive
- l'oignon
- le poivron

7 **Mets chaque nom et son article au singulier.**

- les abricots
- les mûres
- les asperges
- les olives
- les laitues
- les tomates

8 **Complète par les noms de la liste.**

J'aime : … .

Je n'aime pas : … .

raisin • pomme • cassis • banane
citron • orange • pêche • abricot
poire • ananas • cerise • fraise

À ton tour !

→ **Fais la liste de ce qu'il y a dans ton cartable.**
N'oublie pas les articles définis.

Dans mon cartable, je mets … .

→ Mes rituels quotidiens : **Dictée page 102**

Les articles indéfinis

Séance 34

→ Mes rituels quotidiens : Analyse page 102

J'observe

Un coq et une poule ont des poussins.

▶ **un**, **une**, **des** sont des **articles indéfinis**.

▶ L'**article** est un petit mot qui accompagne le nom. Il indique son **genre** et son **nombre** : on dit qu'il détermine le nom.

▶ L'**article indéfini** accompagne un nom imprécis ou inconnu.

1 Relève les articles indéfinis dans chaque phrase.

a. Un ouvrier rentre des moutons dans l'enclos.
b. Une nuit, un renard a attrapé une poule.
c. Des chiens aboient dans le jardin voisin.
d. Un âne et une ânesse broutent dans le pré.

2 Pour chaque dessin, trouve le nom et l'article indéfini un ou une qui l'accompagne. Est-il masculin ou féminin ?

  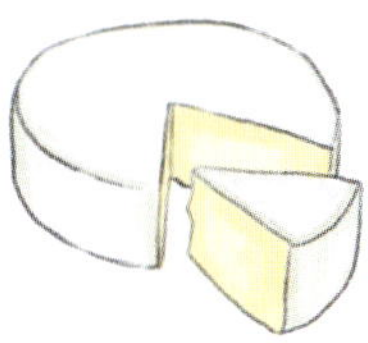  

3 **Pour chaque dessin, trouve le nom et l'article indéfini un, une ou des qui l'accompagne. Est-il masculin ou féminin ?**

4 **Ajoute l'article un ou une.**

- … cerise
- … cerisier
- … noisette
- … noisetier
- … pêche
- … pêcher
- … abricot
- … abricotier

5 **Ajoute l'article un, une ou des.**

- … prairie
- … pâturages
- … bottes de paille
- … brouette
- … râteau
- … tracteur

6 **Mets chaque nom et son article au pluriel.**

- une graine
- une pousse
- un légume
- une feuille
- un fruit
- un champignon

7 **Mets chaque nom et son article au singulier.**

- des bergers
- des bergères
- des ouvriers
- des ouvrières
- des agriculteurs
- des agricultrices

8 **Réponds à chaque devinette en utilisant un article indéfini.**

a. Je suis un mammifère qui bêle et je donne ma laine, je suis … .

b. Je loge dans le poulailler et je donne des œufs, je suis … .

c. Nous ruminons et nous donnons du lait, nous sommes … .

À ton tour !

→ **Fais la liste de ce qu'il y a dans ta trousse. N'oublie pas les articles indéfinis.**

Dans ma trousse, il y a … .

→ Mes rituels quotidiens : **Dictée page 102**

Les féminins particuliers (1)

Séance 35

J'observe

→ Mes rituels quotidiens : Analyse page 102

Cet **homme** est un fermi**er**.

Cette **femme** est une fermi**ère**.

- Les noms **masculins** en **er** forment leur **féminin** en **ère**.
- On change parfois de nom pour passer du masculin au féminin.

Par exemple : **père** et **mère**, **frère** et **sœur**, **oncle** et **tante**, **roi** et **reine**, **garçon** et **fille**, **cheval** et **jument**, **coq** et **poule**...

1 **Pour chaque dessin, trouve le nom masculin en er, puis son équivalent au féminin.**

2 **Pour chaque dessin, trouve le nom féminin en ère, puis son équivalent au masculin.**

3 **Mets chaque nom masculin au féminin.**

- un passager
- un boucher
- un laitier
- un charcutier
- le jardinier
- le premier
- l'épicier
- le berger
- l'ouvrier

4 **Mets chaque nom féminin au masculin.**

- une droitière
- une gauchère
- une crémière
- une étrangère
- une jardinière
- la charcutière
- la sorcière
- l'écolière
- la dernière

5 **Mets le nom souligné et son article au féminin.**

a. Nous allons acheter du bon fromage chez <u>le fromager</u>.
b. <u>Le policier</u> nous rappelle de mettre notre ceinture.
c. <u>Le messager</u> nous apporte une lettre mystérieuse.
d. <u>Le couturier</u> prend les mesures d'<u>un client</u>.

6 **Retrouve chaque paire de noms masculin-féminin.**

père · roi · oncle · frère · cheval · coq

tante · sœur · jument · reine · poule · mère

7 **Transforme chaque phrase en mettant les noms soulignés au féminin.**

a. <u>Mon père</u> est <u>un boulanger</u>.
b. <u>Mon oncle</u> est <u>un cuisinier</u>.
c. <u>Mon frère</u> est <u>un couturier</u>.
d. <u>Le cavalier</u> monte <u>un cheval</u>.
e. <u>Le fermier</u> a <u>un coq</u>.
f. <u>Le roi</u> est <u>un étranger</u>.

À ton tour !

→ **Invente une phrase avec le mot écolier, puis transforme cette phrase au féminin.**

→ Mes rituels quotidiens : **Dictée page 102**

Les féminins particuliers (2)

Séance 36

→ Mes rituels quotidiens : Analyse page 103

J'observe

Le chan**teur** est un ac**teur**.

La chan**teuse** est une ac**trice**.

▶ Certains noms **masculins** en **eur** forment leur **féminin** en **euse**.

▶ Certains noms **masculins** en **teur** forment leur **féminin** en **trice**.

1 **Pour chaque dessin, trouve le nom masculin en eur, puis dis son féminin.**

2 **Pour chaque dessin, trouve le nom féminin en euse, puis dis son masculin.**

3 **Pour chaque dessin, trouve le nom féminin en trice, puis dis son masculin.**

4 **Mets chaque nom masculin au féminin.**

- un rêveur
- un dormeur
- un tricheur
- un voleur
- le joueur
- le bricoleur
- le cambrioleur
- le farceur
- le plongeur
- le promeneur
- le balayeur
- le chercheur

5 **Mets chaque nom masculin au féminin.**

- un directeur
- un lecteur
- un enquêteur
- un moniteur
- le spectateur
- le dessinateur
- le correcteur
- le restaurateur
- l'animateur
- l'explorateur
- l'acteur
- l'inspecteur

6 **Transforme chaque phrase en mettant les noms soulignés au féminin.**

a. L'instituteur est en réunion avec le directeur.
b. L'enquêteur interroge un promeneur.
c. Le spectateur applaudit le jongleur.
d. Le vendeur conseille un acheteur.

7 **Transforme chaque phrase en mettant les noms soulignés au masculin.**

a. La serveuse oublie la commande d'une skieuse.
b. La contrôleuse met une amende à une voleuse.
c. Une illustratrice est une dessinatrice.
d. La chanteuse remercie l'animatrice.

À ton tour !

→ **Invente une phrase avec le mot instituteur, puis transforme cette phrase au féminin.**

→ Mes rituels quotidiens : **Dictée page 103**

Les pluriels particuliers (1)

Séance 37

→ Mes rituels quotidiens : Analyse page 103

J'observe

la brebis — les brebis

l'agneau — les agneaux

- Les noms qui se terminent par **s**, **x** ou **z** au singulier ne changent pas au **pluriel**.
- La pluplart des noms qui se terminent par **eu**, **au** ou **eau** au singulier prennent un **x** au **pluriel**.

1 Le nom est-il singulier ou pluriel ? Explique ton choix.

une lapine | l'oiseau | un hibou | des chats | la dinde | les veaux | les pigeons | une chouette | des taureaux

2 Parmi ces noms, trouve les noms singuliers.

- des souris
- un repas
- le colis
- un compas
- des perdrix
- un prix
- les brebis
- une noix
- des progrès
- le tapis
- des pas
- le bois

3 Trouve les noms qui ne changent pas au pluriel.

- le jardinier
- l'enclos
- le potiron
- le nez
- la noix
- la récolte
- un dos
- un pommier
- un pays
- un sapin
- un concours
- un lapin

4 **Mets chaque nom et son article au pluriel.**

- un feu
- le chapeau
- un noyau
- un lieu
- le drapeau
- un boyau
- un milieu
- le morceau
- un tuyau
- un jeu
- la peau
- un joyau

5 **Mets chaque nom et son article au pluriel.**

- un taureau
- l'agneau
- un chevreau
- une vache
- le chaton
- un souriceau
- un chiot
- le louveteau
- un poulain
- un corbeau
- le raton
- un poussin

6 **Complète chaque nom par s ou x si nécessaire et explique ton choix.**

a. Pour cueillir les légume..., la fermière... prend un panier... .

b. Elle se rend dans le potager... en évitant les flaque... d'eau.

c. Elle rapporte des tomate... et des courgette... pour le repas... .

d. Elle cueille des cassis... et des groseille... pour le dessert... .

7 **Mets chaque nom et son article au pluriel, puis explique ce qui change.**

a. Le chien mange un os. → ... mangent ... .

b. Le fermier soigne le veau. → ... soignent ... .

c. Le fils rentre le mouton. → ... rentrent ... .

d. Le taureau participe à un concours. → ... participent ... .

À ton tour !

→ **Invente une phrase avec le mot oiseau, puis transforme cette phrase au pluriel.**

→ Mes rituels quotidiens : **Dictée page 103**

Les pluriels particuliers (2)

Séance 38

→ Mes rituels quotidiens : **Analyse page 103**

J'observe

un cheval	des chevaux
un chandail	des chandails

▶ Les noms en al font généralement leur pluriel en aux, sauf **bal**, **chacal**, **carnaval**, **festival**, **récital**, **régal** qui font leur pluriel en s.

▶ Les noms en ail font généralement leur pluriel en s, sauf **corail**, **émail**, **soupirail**, **travail** et **vitrail** qui font leur pluriel en aux.

1 Pour chaque dessin, trouve le nom au singulier, puis au pluriel.

2 Mets chaque nom et son article au pluriel.

- le cristal
- le bocal
- le mal
- le total

- un rail
- un détail
- un chandail
- un éventail

- le chacal
- le carnaval
- le vitrail
- le soupirail

3 Mets chaque nom et son article au singulier.

- des locaux
- des généraux
- des hôpitaux
- des canaux
- les métaux
- les journaux
- les signaux
- les animaux
- les bals
- les émaux
- les travaux
- les festivals

4 Mets au pluriel le nom et l'article souligné.

a. Le soir, mon père lit le journal.
b. La fermière met ses légumes dans un bocal.
c. Nous admirons le vitrail de l'église.
d. Ces infirmières travaillent dans un hôpital.
e. Ma grand-mère tricote un chandail.

5 Mets au singulier le nom et l'article souligné.

a. Le tracteur transporte des quintaux de blé.
b. Ce verre est fait avec des cristaux merveilleux.
c. Les agents de circulation mettent des signaux lumineux.
d. Les joueurs rangent le matériel dans les locaux du gymnase.
e. Le 14 juillet, les pompiers organisent des bals.

6 Complète avec le nom qui convient au pluriel.

un signal | un travail | un végétal | un métal | un rail

a. Les ouvriers font des ... de rénovation.
b. Le phare fait des ... lumineux.
c. L'or et l'argent sont des ... précieux.
d. Les ... ont besoin de lumière et d'eau.
e. Les trains circulent sur des ... .

À ton tour !

→ **Invente une phrase avec le mot animal, puis transforme cette phrase au pluriel.**

→ Mes rituels quotidiens : **Dictée page 103**

Ce que j'ai appris

Séance 39

▸ Le **genre** des articles et des noms

masculin	le / un > garçon l' / un > écolier	le / un > nageur	l' / un > instituteur
féminin	la / une > fille l' / une > écolière	la / une > nageuse	l' / une > institutrice

▸ Le **nombre** des articles et des noms

singulier	l' / un > âne la / une > souris	l' / un > agneau	le / un > cheval
pluriel	les / des > ânes les / des > souris	les / des > agneaux	les / des > chevaux

Les enfants jouent.

Les : article défini masculin pluriel, détermine le nom enfants.

Enfants : nom commun masculin pluriel, sujet du verbe jouer.

Je révise

1 Observe l'image.

a. **Trouve des noms et des articles au singulier, puis donne leur pluriel.**

b. **Trouve des noms et des articles au masculin, puis donne leur féminin.**

2 Mets les noms et les articles soulignés au pluriel. Qu'est-ce qui change pour chaque nom ?

a. La lapine et le lapereau gambadent dans la prairie.
➜ … gambadent … .

b. La vendeuse lave un bocal de confiture.
➜ … lavent … .

c. Le voisin apporte un gâteau pour le dessert.
➜ … apportent … .

d. La souris mange un morceau de fromage.
➜ … mangent … .

3 **Mets les noms et les articles soulignés au féminin. Qu'est-ce qui change pour chaque nom ?**

a. L'acheteur appelle le caissier.
b. Un élève aide l'instituteur.
c. Le conducteur dépasse un coureur.
d. Le journaliste est un voyageur infatigable.
e. Un garçon aide un promeneur à marcher.
f. Un boulanger offre un gâteau à un balayeur.

4 **À partir des images, invente une phrase au masculin, puis demande à un camarade de la transformer au féminin.**

cambrioleur • voleur • prisonnier
policier • enquêteur
inspecteur

écolier • garçon • instituteur
dessinateur • travailleur
directeur

Mes rituels quotidiens

Analyse

Analyse les mots en gras.
Relève le sujet de chaque verbe, puis analyse le verbe conjugué.

SÉANCE 33 Aujourd'hui, **des enfants** visitent une **ferme** en **Normandie**.

Dictée Aujourd'hui, la classe découvre la ferme pédagogique.

au-jour-d'-hui — ss — elle — pé-da-go-gi-que — g = « j »

SÉANCE 34 **Le fermier** montre **les animaux**, puis le verger.

Dictée La maîtresse nous montre des moutons, puis le verger.

î — ss — elle — s muet — e = « è » — er = « é »

SÉANCE 35 Dans **un potager**, **la fermière** cultive **des** légumes.

Dictée Dans un enclos, la fermière élève un cheval et une jument.

s muet — en — s muet — fermier — elle — en — t muet

Pour analyser un **article**, je me pose les questions suivantes :
– L'article est-il défini ou indéfini ?
– Quel est son genre et son nombre ?
– Quel nom détermine-t-il ?

Pour analyser un **nom**, je me pose les questions suivantes :
– Le nom est-il commun ou propre ?
– Quel est son genre et son nombre ?

SÉANCE 36 **Les élèves** sont heureux après **une** si **belle** journée.

Dictée Les élèves remercient l'institutrice pour cette belle journée.

ils — double consonne — ins-ti-tu-tri-ce / instituteur — e muet

SÉANCE 37 **Le mouton**, **la** brebis, **les agneaux** habitent dans **une** bergerie.

Dictée Le mouton, la brebis, les agneaux habitent dans une bergerie.

h muet — berger — mots de la même famille — s muet — ils — e = « è » — e muet

SÉANCE 38 Nous faisons **un tour** de **l'écurie** pour admirer **les** chevaux.

Dictée Les élèves font un tour de l'écurie pour admirer les chevaux.

e muet — ils — verbe à l'infinitif / ad-mi-rer — cheval

Je mémorise les mots invariables :
aujourd'hui – puis – dans – pour

Je mémorise les noms et les adjectifs :
ferme – fermier – fermière – verger – enclos – brebis – agneaux – mouton – cheval – jument – écurie – bergerie – journée – pédagogique – belle

Mon projet d'écrivain

J'écris une liste.

1 **Observe l'illustration et écris la liste des animaux de l'enclos.**

un • deux • trois
quatre • cinq

poule • coq
chèvre • bouc • cheval
mouton • âne
taureau

Dans l'enclos, il y a :

– ... – ...
– ... – ...
– ... – ...

2 **Nicolas a visité une ferme avec sa classe. Imagine la lettre qu'il écrit à ses parents pour raconter ce qu'il a vu.**

verger • potager • champ
lapin • poussin • poulailler
tracteur • étable • écurie
clapier • vache • brebis • agneau

J'ajoute les articles.
Je mets les noms
au féminin ou
au pluriel si besoin.

Chers parents,

Aujourd'hui, j'ai visité une ferme avec ma classe.

Nous avons vu :

– ... – ...

– ... – ...

– ... – ...

J'ai préféré ... .

Je vous embrasse,

Nicolas

Unité 6

Le futur

Le futur des verbes en *er* : le singulier

Séance 41

→ Mes rituels quotidiens : **Analyse page 118**

J'observe

Plus tard, je **volerai** dans l'espace.

▶ Le futur exprime une action qui se passera plus tard.

▶ **volerai**, c'est le verbe **voler** au futur. Il se conjugue ainsi avec les personnes du singulier :

voler	singulier
1re personne	je **volerai**
2e personne	tu **voleras**
3e personne	il, elle **volera**

La terminaison change selon la personne.

Je vole rai.

radical terminaison

1 Trouve les verbes au futur.

- Je marcherai.
- Tu glisses.
- Elle déménagera.
- Je partage.
- Il cherchera.
- Elle racontera.
- J'aide.
- Elle aime.
- Tu voyageras.

2 Conjugue chaque verbe au futur avec les pronoms je, tu, il et elle.

manger — travailler — découper — nager

Je me sers du verbe **voler** comme modèle.

3 **Choisis le sujet qui convient.**

a. Je / Il jouerai du piano ce soir.

b. Tu / Julien habiteras sur la planète Mars.

c. Je / J' arriverai la première demain.

d. Elle / Tu marchera plus vite la prochaine fois.

4 **Choisis le verbe au futur qui convient.**

a. Je réciteras / réciterai mes leçons.

b. Tu gardera / garderas ton frère.

c. Maman rentrera / rentreras tard.

d. J' aiderai / aidera mes parents.

5 **Complète le verbe par la terminaison du futur qui convient.**

- Je chante... .
- Elle déménage... .
- Tu regarde... .
- J'aime... .
- Tu casse... .
- Marco cuisine... .

6 **Complète chaque phrase en mettant le verbe au futur.**

a. tomber → Tu ... si tu ne fais pas tes lacets.

b. fêter → Mamie ... bientôt ses soixante-dix ans.

c. gagner → Je ... du temps si je prends le raccourci.

7 **Mets chaque verbe au futur sans oublier le e muet.**

Exemple : jouer → Elle **jouera**.

a. crier → Elle ... dans la cour.

b. étudier → Tu ... la leçon ce soir.

c. oublier → Il ... de faire son cartable.

Pour conjuguer au futur, je peux partir de l'infinitif : jouer → je **jouerai**.

→ Mes rituels quotidiens : **Dictée page 118**

Le futur des verbes en *er* : le pluriel

Séance 42

J'observe

→ Mes rituels quotidiens : **Analyse page 118**

Plus tard, nous **volerons** dans l'espace.

▸ **volerons**, c'est le verbe **voler** au **futur**.
Il se conjugue ainsi avec les personnes du pluriel :

Je distingue bien les terminaisons **rons** et **ront** !

voler	pluriel
1re personne	nous **vole**rons
2e personne	vous **vole**rez
3e personne	ils, elles **vole**ront

1 Trouve les verbes au futur.

- Nous pousserons.
- Vous soignerez.
- Ils changent.
- Nous danserons.
- Vous collerez.
- Ils quittent.
- Vous aimez.
- Vous jouerez.
- Nous jouons.

2 Conjugue chaque verbe au futur avec les pronoms nous, vous, ils et elles.

écouter – rouler – dessiner – bavarder – rentrer – manger

Je me sers du verbe **voler** comme modèle.

3 **Choisis le sujet qui convient.**

a. Ils / Nous inviteront des amis ce soir.

b. Nous / Elles changerons le papier peint du salon.

c. Nous / Vous aiderez cette dame à porter ses valises.

d. Vous / Ils étudierez votre rôle pour le spectacle.

4 **Choisis le verbe au futur qui convient.**

a. Nous taperons / taperont sur le clou avec un marteau.

b. Vous porteront / porterez ce paquet très lourd.

c. Ils glisseront / glisserons sur des plaques de verglas.

d. Elles rentrerons / rentreront à la maison après la danse.

5 **Complète chaque verbe par la terminaison rons ou ront.**

- Elles pense... .
- Nous emporte... .
- Ils abîme... .
- Les étoiles brille... .
- Nous cherche... .
- Les feuilles tombe... .

6 **Complète chaque phrase en mettant le verbe au futur.**

tirer → Vous ... sur le centre de la cible.

souffler → Nous ... nos bougies d'anniversaire.

refuser → Les enfants honnêtes ... de mentir.

7 **Mets chaque verbe au futur sans oublier le e muet.**

Exemple : jouer → Elles **joueront** dans la cour.

distribuer → Vous ... les feuilles d'évaluation.

copier → Nous ... la leçon dans le cahier.

expédier → Mes grands-parents ... un colis pour ma fête.

→ Mes rituels quotidiens : **Dictée page 118**

Le verbe *être* au futur

Séance 43

J'observe

➜ Mes rituels quotidiens : **Analyse page 119**

Je **serai** cosmonaute.

Nous **serons** cosmonautes.

▸ **serai**, **serons**, c'est le verbe **être** au **futur**.
Il se conjugue ainsi :

être	singulier	pluriel
1re personne	je **serai**	nous **serons**
2e personne	tu **seras**	vous **serez**
3e personne	il, elle **sera**	ils, elles **seront**

Les terminaisons du futur sont les mêmes pour tous les verbes.

1 Retrouve les formes du verbe être qui sont au futur.

- Vous êtes.
- Nous serons.
- Nous sommes.
- Ils seront.
- Il est.
- Elle sera.
- Je serai.
- Tu es.
- Elles seront.

2 Conjugue chaque expression au futur à toutes les personnes.

être pompier | être marin | être fleuriste

3 Complète par un pronom personnel qui convient.

a. … sera dentiste plus tard.
b. … serons fatiguées ce soir.
c. … seras gentil de m'aider.
d. … seront en Corse cet été.
e. … serez à la maison demain.
f. … serai chez ma tante samedi.

4 Complète chaque phrase par le verbe être au futur.

a. Tu … au collège dans quelques années.
b. Il … absent demain.
c. Le temps … magnifique dimanche.
d. Nous … toujours amis.
e. Elles … au CE2 en septembre prochain.
f. Bientôt, vous … en vacances.

5 Complète chaque phrase par le verbe être au futur.

a. Nous … en Martinique cet été.
b. Les poissons … multicolores.
c. Julien … triste de ne pas venir avec nous.
d. Tu … en Normandie pendant ce temps.
e. Vous … certains de ne pas avoir trop chaud.
f. Je … heureux quand tu m'enverras une carte postale.

6 Transforme chaque phrase en changeant le sujet.

a. Martin sera pompier. → Martin et Julien … .
b. Tu seras en forme demain. → Vous … .
c. Je serai toujours courageux. → Nous … .

7 Mets chaque phrase au futur.

a. Paul est absent. → Demain, … .
b. Mes parents sont au restaurant. → Samedi prochain, … .
c. Nous sommes en récréation. → Bientôt, … .

À ton tour !

→ **Invente deux phrases au futur.**

Plus tard, je serai … .

Bientôt, il sera l'heure de … .

→ Mes rituels quotidiens : **Dictée page 119**

Le verbe *avoir* au futur

Séance 44

→ Mes rituels quotidiens : Analyse page 119

J'observe

Plus tard, tu **auras** une fusée.
Plus tard, vous **aurez** une fusée.

▶ **auras**, **aurez**, c'est le verbe avoir au **futur**. Il se conjugue ainsi :

avoir	singulier	pluriel
1re personne	j'**aurai**	nous **aurons**
2e personne	tu **auras**	vous **aurez**
3e personne	il, elle **aura**	ils, elles **auront**

1 Retrouve les formes du verbe avoir qui sont au futur.

- Nous avons.
- J'aurai.
- Nous aurons.
- Vous aurez.
- Ils ont.
- Elles auront.
- Il aura.
- Tu as.
- J'ai.

2 Conjugue chaque expression au futur à toutes les personnes.

avoir vingt ans | avoir un cheval | avoir une voiture

3 Complète par un pronom personnel qui convient.

a. … aurons des invités.
b. … aurai rendez-vous avec toi.
c. … auras une belle maison.
d. … aurez de nouveaux amis.
e. … aura un contrôle demain.
f. … auront le temps de jouer.

4 **Complète chaque phrase par le verbe avoir au futur.**

a. Tu … besoin d'un nouveau cahier.
b. Elle … bientôt un petit frère.
c. Eliott … huit ans l'an prochain.
d. Nous … un nouveau cartable.
e. Elles … un cours de dessin ce soir.
f. Vous … une bonne note en chant.

5 **Complète chaque phrase par le verbe avoir au futur.**

a. Vous … votre cours de sport dans une heure.
b. Mes parents … beaucoup de travail cette semaine.
c. Tu … mal au ventre si tu manges toutes ces frites.
d. J' … une maison et un jardin quand je serai grande.
e. Nous … des exercices à faire seuls ensuite.
f. Martin … un accident s'il ne fait pas attention en traversant.

6 **Transforme chaque phrase en changeant le sujet.**

a. Nicolas aura une fête mercredi. → Nicolas et Iris … .
b. Tu auras froid sans manteau. → Nous … .
c. J'aurai besoin d'aide pour cet exercice. → Nous … .

7 **Mets chaque phrase au futur.**

a. Lucie a un chien. → L'année prochaine, … .
b. Manon et Alex ont trois enfants. → Plus tard, … .
c. Nous avons faim. → Bientôt, … .

À ton tour !

→ **Invente deux phrases au futur.**

Plus tard, j'aurai … .

Plus tard, les élèves auront … .

→ Mes rituels quotidiens : **Dictée page 119**

Ce que j'ai appris

Séance 45

▸ Conjuguer au futur

chanter
je chanterai
tu chanteras
il, elle chantera
nous chanterons
vous chanterez
ils, elles chanteront

radical + **terminaison**

Je chante rai

être	avoir
je serai	j'aurai
tu seras	tu auras
il, elle sera	il, elle aura
nous serons	nous aurons
vous serez	vous aurez
ils, elles seront	ils, elles auront

À présent, en ce moment :	Plus tard, l'an prochain, dans le futur :
Je **suis** au CE1.	Je **serai** au CE2.
J'**ai** sept ans.	J'**aurai** huit ans.
Je **travaille** à l'école.	J'**apprendrai** le violon.

Je révise

1 Trouve les verbes au futur.

- Nous marcherons.
- Vous bouderez.
- Ils jouent.
- Elle rencontre.
- Je suis.
- Je quitterai.
- Il plantera.
- Nous serons.
- Ils danseront.
- Vous gagnerez.
- Elles pleurent.
- Tu goûtes.
- Nous crierons.
- Vous participez.
- Elle hurlera.

2 Complète chaque phrase par un verbe au futur.

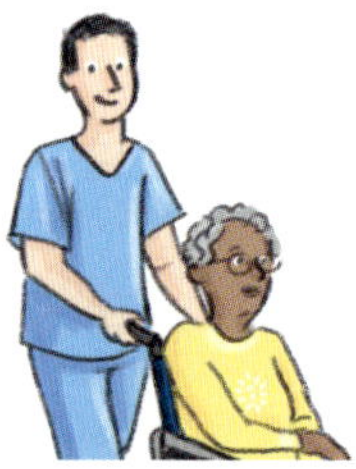

a. Plus tard, il ... les malades.

b. Quand je serai grand, je ... à l'opéra.

c. Plus tard, ils ... souvent.

d. Quand tu seras grand, tu ... dans un grand restaurant.

3 **Complète chaque phrase en mettant le verbe au futur.**

a. attraper → Charles ... son train de justesse.

b. rouler → La conductrice ... prudemment sur la petite route.

c. être → Mon père ... heureux de voir mon bon travail.

d. préparer → Le cuisinier ... une tarte au citron pour ce soir.

e. avoir → Nous ... bientôt des fourmis dans les jambes.

4 **Mets chaque phrase au futur.**

a. Julie marche à grands pas.
b. Le feu brûle dans la cheminée.
c. Nous écoutons un concerto pour violon.
d. Ils assistent à un spectacle de cirque.

5 **Conjugue la phrase au futur à toutes les personnes.**

Quand je serai grand, j'aurai une famille formidable.

6 **Invente trois phrases comme celle de l'exemple, puis conjugue-les à toutes les personnes.**

Exemple : Quand je **serai** grand, j'**aurai** la main verte.

7 **Réponds à chaque question.**

a. Que ferez-vous demain ?
b. Que ferons-nous après le déjeuner ?
c. Que feront les feuilles en hiver ?

Mes rituels quotidiens

Analyse

Analyse les mots en gras.
Relève le sujet de chaque verbe, puis analyse le verbe conjugué.

SÉANCE 41 **Les hommes** rêvent de marcher sur **la lune**.

elle

Dictée Plus tard, Iris visitera des planètes lointaines.

s muet | tardif | s = « z » | pla-nè-tes | loin-tai-ne lointain

SÉANCE 42 Le canard **vole** à **l'**arrivée **des chasseurs**.

ils

Dictée Les canards s'envoleront à l'arrivée des chasseurs.

canardeau | s' | ar-ri-vée | e muet | ss | eu

L'**article** est-il défini ou indéfini ?
Quel est son genre et son nombre ?
Quel nom détermine-t-il ?

Le **nom** est-il commun ou propre ?
Quel est son genre et son nombre ?

À quel temps le **verbe** est-il conjugué ?
À quelle personne est-il conjugué ?
Quel est son infinitif ?

SÉANCE 43 Les astronautes **resteront des mois** dans **la fusée.**

verbe être au futur — lettres muettes — s = « z »

Dictée : L'astronaute sera longtemps dans la fusée.

as-tro-nau-te — il — long-temps — é — e muet

SÉANCE 44 Quand tu **étudieras le piano,** tu joueras du **Mozart.**

verbe avoir au futur

Dictée : Quand vous aurez un piano, vous jouerez du Mozart.

d muet — nom propre — t muet

Je mémorise les mots invariables :

plus tard – longtemps – quand

Je mémorise les noms et les adjectifs :

planète – lointaine – canard – arrivée – chasseur – astronaute – fusée – piano – Mozart

Mon projet d'écrivain

J'écris un projet d'avenir.

1 Lis le projet d'avenir d'Inès. Quels sont les verbes au futur ?

Quand je serai grande, je serai danseuse et j'étudierai à l'opéra Garnier.
J'aurai des costumes à paillettes et je me coifferai d'un chignon haut.

2 Invente des phrases sur les projets d'avenir des personnes de ton choix, selon le modèle.

Exemple : Quand il sera grand, mon frère visitera le pôle Nord.

- mon frère
- mon cousin
- ma sœur
- ma cousine

- naviguer sur un paquebot
- sauter en parachute
- visiter le pôle Nord
- fabriquer un robot
- photographier des tigres
- étudier les volcans

3 Raconte le projet de Manon.

Quand je serai grande ….

4 Rédige le projet de Manon en conjuguant les verbes au futur.

être aviateur | habiter une maison avec un beau jardin

voyager souvent | avoir beaucoup d'enfants

Quand je serai grande, ….

Pour écrire sans faute :
- Je me relis avec attention.
- Je vérifie que j'ai bien copié les mots donnés.
- Je commence chaque phrase par une majuscule et fini par un point.
- Je n'oublie pas le **e** des noms féminins.
- Je n'oublie pas le **s** des noms pluriels.

Unité 7

L'adjectif

L'adjectif

Séance 47

J'observe

→ Mes rituels quotidiens : Analyse page 138

un clown **habile**

un **beau** costume

▶ L'**adjectif qualificatif** donne des précisions sur le nom qu'il accompagne. On dit qu'il **qualifie** le nom (sa couleur, sa taille, sa forme, son apparence, son caractère…).

1 Trouve les adjectifs qualificatifs.

- une fleur jaune
- des grandes chaussures
- la peinture rouge
- des cheveux bruns
- un gros nez
- un numéro amusant

2 Trouve les adjectifs qualificatifs qui indiquent la couleur, la taille, la forme, l'apparence ou le caractère.

- un pantalon orange
- la perruque verte
- des nez rouges
- le grand chapiteau
- un petit poney
- l'animal immense
- une piste ronde
- un chapeau pointu
- des lignes droites
- un beau spectacle
- la belle cavalière
- un somptueux décor
- un clown farceur
- des jongleurs sérieux
- l'acrobate rieuse

3 Trouve les adjectifs : quels noms qualifient-ils ?

Exemple : Le **grand** singe **poilu** dort dans sa cage **sombre**.

Comment est le singe ? Grand et poilu.
Comment est la cage ? Sombre.

a. Un bruit étrange et inquiétant résonne sous le chapiteau.
b. Le clown farfelu fait des plaisanteries amusantes.
c. Les trapézistes agiles s'élancent pour un numéro dangereux.

4 Ajoute un adjectif pour qualifier chaque nom.

une boisson …
et une boisson …

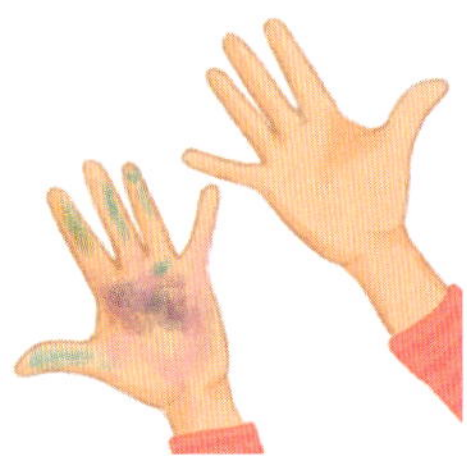

une main …
et une main …

un … animal
et un … animal

5 Trouve un nom qui peut être qualifié par chaque adjectif.

immense | difficile | gourmand | joli | cher | sombre

6 Pour décrire l'image, trouve des noms avec des adjectifs qui qualifient :

- la couleur,
- la forme, la taille,
- l'apparence, le caractère.

→ Mes rituels quotidiens : **Dictée page 138**

Le genre de l'adjectif (1)

Séance 48

→ Mes rituels quotidiens : Analyse page 138

J'observe

un funambule élégant
une funambule élégant**e**
le jongleur **agile**
la jongleuse **agile**

▶ L'**adjectif qualificatif** s'accorde en **genre** avec le **nom** qu'il qualifie.

▶ On forme en général le **féminin** des adjectifs en ajoutant un **e** au masculin.

▶ Certains adjectifs sont **identiques** au **masculin** et au **féminin**.

1 Trouve l'adjectif : est-il masculin ou féminin ?

- un cheval élégant
- une artiste gaie
- un chien intelligent
- une spectatrice amusée
- la piste centrale
- le gradin confortable
- la caissière aimable
- le jongleur étourdi

2 Accorde l'adjectif avec le nom.

- une robe … court
- l'acrobate … délicat
- un présentateur … énergique
- une … ballerine joli
- un chien … dressé
- un clown … amusant
- la jument … dompté
- un enfant … étonné

3 **Mets chaque adjectif au féminin.**

- une lumière ... allumé
- une feuille ... froissé
- une visite ... guidé
- une feuille ... mort
- une ourse ... solitaire
- une maison ... rangé
- une olive ... noir
- une peau ... clair
- une planche ... découpé
- une histoire ... étonnant
- une confiture ... excellent
- une personne ... aimable

4 **Mets chaque nom, son article et son adjectif au féminin.**

- un mauvais cuisinier
- un garçon déçu
- un dompteur habitué
- un cheval brun
- un lapin gris
- un homme poli

5 **Pour décrire l'image, utilise des noms et des adjectifs et dis s'ils sont féminins ou masculins.**

6 **Transforme la phrase au féminin et explique ce qui change.**

Un homme bienfaisant adopte un petit lapin abandonné.

À ton tour !

→ **Choisis un camarade et utilise le plus d'adjectifs possible pour le décrire : son caractère, sa taille, son apparence...**

→ Mes rituels quotidiens : **Dictée page 138**

Le genre de l'adjectif (2)

Séance 49

→ Mes rituels quotidiens : Analyse page 138

J'observe

une dresseuse courag**euse**
une cavalière lég**ère**
une foule admira**trice**

▶ Les adjectifs qui se terminent par **er** au masculin font leur **féminin** en **ère**.

▶ Les adjectifs qui se terminent par **eur** et **eux** au masculin font leur **féminin** en **euse**.

▶ Certains adjectifs qui se terminent par **teur** au masculin font leur **féminin** en **trice**.

1 Relève les adjectifs féminins, puis les adjectifs masculins.

boudeur | moqueuse | songeur | rêveur | protectrice
migrateur | grossier | fière | forestière | cher | première

2 Associe chaque nom à un adjectif pour former 7 groupes.

un cheval | un sportif
une trapéziste
une joueuse | un animal
une pianiste | une personne

courageux | talentueux
prodigieuse | tricheuse
nerveux | malicieuse
affectueux | gracieuse

3 **Trouve un adjectif en eux ou euse pour qualifier chaque nom.**

une fille …

un garçon …

une botte …

un paysage …

4 **Mets chaque adjectif au féminin.**

a. un gâteau délicieux → une glace …
b. un garçon rêveur → une fille …
c. un dresseur courageux → une dresseuse …
d. un père protecteur → une mère …
e. un artiste talentueux → une artiste …

5 **Mets chaque adjectif au féminin.**

a. un bâton léger → une plume …
b. un dernier conseil → une … idée
c. un plan routier → une carte …
d. un goût amer → une saveur …

6 **Mets les noms soulignés au masculin et fais toutes les transformations nécessaires.**

a. C'est une <u>femme</u> mystérieuse.
b. Ma <u>mère</u> est soucieuse ces jours-ci.
c. La <u>cavalière</u> est légère sur sa <u>jument</u>.
d. Une <u>amie</u> moqueuse et rieuse aime faire des plaisanteries.

7 **À partir de chaque nom, trouve l'adjectif en eux.**

Exemple : harmonie → harmonieux

mélodie | aventure | chatouille | honte

→ Mes rituels quotidiens : **Dictée page 138**

Le genre de l'adjectif (3)

Séance 50

→ Mes rituels quotidiens : Analyse page 139

J'observe

un chien mignon avec
un costume violet

une chienne mignonne avec
une robe violette

▸ Pour former le **féminin** des adjectifs en **el**, **eil**, **en**, **on**, **et**, on double la dernière consonne du masculin et on ajoute un **e**.

▸ Pour former le **féminin** de certains adjectifs terminés par **s**, **l**, **t**, on double cette consonne et on ajoute un **e**.

1 Relève les adjectifs féminins, puis les adjectifs masculins.

bon · gentille · épais · grosse · habituel
bas · grasse · muette · breton · paysanne

2 Associe chaque nom à un adjectif pour former 6 groupes.

un chateau · une poule · une fille · un gant · une fleur · un livre

italien · épais · coquette · ancien · violette · violet · mignonne · gentille

3 Choisis l'adjectif qui convient et mets-le au féminin si nécessaire.

grognon | gros | ancien | coquet

une fille …

un garçon …

un … chien

une montre …

4 Mets chaque adjectif au féminin.

a. un vieil homme → une … femme
b. un gros gâteau → une … part
c. un touriste indien → une touriste …
d. un monsieur coquet → une dame …
e. le goût parisien → la mode …
f. un lit douillet → une couette …

5 Mets les noms soulignés au masculin et fais toutes les modifications nécessaires.

a. Ma chienne est gloutonne.
b. La grosse poule est un peu sotte mais très gentille.
c. La lionne a l'air cruelle.
d. Ma sœur cadette est coquette.
e. La chatte grise de ma voisine est mignonne.
f. La spectatrice est muette de surprise !

À ton tour !

→ **Invente une phrase avec les adjectifs qualificatifs :**

muet ou muette

bon ou bonne

→ Mes rituels quotidiens : **Dictée page 139**

Le nombre de l'adjectif (1)

Séance 51

→ Mes rituels quotidiens : Analyse page 139

J'observe

le grand cheval gris
les grand**s** chevaux **gris**

▶ L'**adjectif qualificatif** s'accorde en **nombre** avec le **nom** qu'il qualifie.

▶ On forme en général le **pluriel** des adjectifs qualificatifs en ajoutant un **s** au singulier.

▶ Les adjectifs terminés en **s** et en **x** ne changent pas au **pluriel**.

1 Dis si le nom et son adjectif sont au singulier ou au pluriel.

- une maison blanche
- des biches gracieuses
- un pas majestueux
- des animaux herbivores
- des roulottes anciennes
- un chat tigré
- l'escargot baveux
- des prédateurs rusés

2 Accorde l'adjectif avec le nom.

- des affiches … colorée
- un singe … amusant
- deux … cages grande
- un public … émerveillé
- une artiste … fabuleuse
- cinq poneys … nain

3 Observe chaque nom et choisis l'adjectif qui convient.

• des trapézistes	voltigeur	voltigeurs
• des chevaux	dressé	dressés
• un chien	savant	savants

4 Mets chaque adjectif au pluriel.

• les … biscuits …	petit	salé
• les … chocolats …	bon	chaud
• des … insectes …	superbe	volant
• des … sportifs …	grand	entraîné

5 Mets chaque nom, son article et son adjectif au pluriel.

- un numéro amusant
- une grande affiche
- une roulotte ancienne
- l'enfant endormi
- l'âne gris
- l'équilibriste agile

6 Trouve les adjectifs et dis quels noms ils qualifient.

a. Julien admire les énormes hippopotames.
b. Les spectateurs admiratifs poussent des cris perçants.
c. Mes grands frères imitent les grimaces amusantes du singe.

7 Pour décrire l'image, utilise des noms et des adjectifs pluriels.

8 Transforme la phrase au pluriel et explique ce qui change.

Un chat dressé marche sur un gradin.

→ Mes rituels quotidiens : **Dictée page 139**

Le nombre de l'adjectif (2)

Séance 52

→ Mes rituels quotidiens : **Analyse page 139**

J'observe

le beau cheval
le nouveau numéro spécial

les beau**x** chevaux
les nouveau**x** numéros spéci**aux**

- Les adjectifs **beau** et **nouveau** prennent un x au pluriel.
- La plupart des adjectifs terminés en al ont leur pluriel en aux, sauf : **banal**, **bancal**, **fatal** qui prennent un s.

1 Relève les adjectifs au singulier, puis les adjectifs au pluriel.

nationaux | idéal | nouveau | féodal | beaux | oraux

2 Mets chaque adjectif au pluriel.

a. un parc régional → des parcs …
b. un appartement royal → des appartements …
c. un geste brutal → des gestes …
d. un château médiéval → des châteaux …
e. un plat régional → des plats …
f. un sel minéral → des sels …
g. un exercice oral → des exercices …
h. un sourire amical → des sourires …
e. un tabouret bancal → des tabourets …
f. un récit banal → des récits …

3 **Associe chaque nom à un adjectif pour former 4 groupes.**

un château	musical
un spectacle	jumeaux
des exploits	nouveaux
des frères	impérial

4 **Mets chaque nom, son article et son adjectif au singulier.**

- des beaux chevaux
- des hivers glaciaux
- des journaux locaux
- des frères jumeaux
- des traits verticaux
- des cortèges royaux
- des nouveaux compagnons
- des numéros originaux

5 **Remplace les mots soulignés par un adjectif.**

Exemple : les journaux <u>de la région</u> → les journaux **régionaux**

- les palais <u>du roi</u>
- les dîners <u>de famille</u>
- des vents <u>d'hiver</u>
- les chemins <u>du département</u>
- les peuples <u>de l'Orient</u>
- les fruits <u>des tropiques</u>

6 **Mets les adjectifs au masculin ou au féminin pluriel.**

a. mental → des images … • des calculs …

b. estival → des mois … • des températures …

c. médical → des avis … • des consultations …

d. amical → des paroles … • des gestes …

e. loyal → des amis … • des amies …

À ton tour !

→ **Invente une ou deux phrases avec musicaux et musicales.**

→ Mes rituels quotidiens : **Dictée page 139**

Ce que j'ai appris

Séance 53

▸ Les adjectifs qualificatifs

une rose …

rouge

éclose

ouverte

magnifique

grosse

parfumée

gros / le joli / gentil — cheval — noir, rapide, joyeux, joueur, fier, spécial	gros**se** / la joli**e** / gentil**le** — jument — noir**e**, rapide, joy**euse**, jou**euse**, fi**ère**, spécial**e**
gros / les joli**s** / gentil**s** — chev**aux** — noir**s**, rapide**s**, joyeux, joueur**s**, fier**s**, spéci**aux**	grosse**s** / les jolie**s** / gentille**s** — jument**s** — noire**s**, rapide**s**, joyeuse**s**, joueuse**s**, fière**s**, spéciale**s**

Je révise

1 **À partir de l'image, trouve des noms, puis un ou deux adjectifs pour les qualifier.**

2 **Trouve le plus d'adjectifs possible pour décrire la funambule.**

3 **Donne le genre et le nombre de chaque nom et adjectif.**

- une vitre cassée
- des barrières protectrices
- le public émerveillé
- une lionne terrifiante
- un léopard endormi
- les artistes entraînés
- des singes farceurs
- des animaux féroces
- des boissons aromatisées
- un perroquet bavard
- trois ourses majestueuses
- la météo locale
- des jardins tropicaux
- la chanteuse enrhumée

4 Accorde chaque adjectif en genre et en nombre.

- des cheveux ... et ... — lavé, coiffé
- des ... livres ... — nouveau, illustré
- une carotte ... et ... — cru, râpé
- les histoires ... et ... — triste, émouvant
- des pompiers ... et ... — courageux, rapide
- une ... souris ... — petit, gris
- une amie ... et ... — solidaire, consolateur
- une robe ... et ... — bleu, violet
- une ... fleur ... — joli, printanier
- des ... compagnons ... — nouveau, amical

5 Mets les phrases au pluriel.

a. Un petit clown amusant lance un ballon rouge.
→ Des ... .

b. Un vétérinaire courageux soigne un jeune éléphant blessé et brutal.
→ Des ... .

c. La petite spectatrice ravie encourage le jongleur joyeux et farceur.
→ Les ... .

d. Le spectacle musical démarre pendant la saison estivale.
→ Les ... .

Mes rituels quotidiens

Analyse

Analyse les mots en gras.
Relève le sujet de chaque verbe, puis analyse le verbe conjugué.

SÉANCE 47 Un élégant **présentateur** dirige la **parade** sous le grand **chapiteau**.

Dictée Un élégant présentateur dirige la parade sous le chapiteau.

élégante — pré-sen-ta-tri-ce — il — s muet

SÉANCE 48 Le singe **dressé** fait des farces à une spectatrice **amusée**.

Dictée Le singe dressé fait des farces à une spectatrice amusée.

il — g = « j » — ss — c = « s » — spec-ta-tri-ce — e muet

SÉANCE 49 Une **courageuse** funambule porte une ombrelle **dorée**.

Dictée Une courageuse funambule porte une ombrelle légère.

courageux cou-ra-geu-se — m devant m, b, p — elle — m devant m, b, p — léger

Quel nom l'**adjectif** qualifie-t-il ?
Quel est son genre et son nombre ?

Le **nom** est-il masculin ou féminin ?
Est-il singulier ou pluriel ?

À quel temps le **verbe** est-il ?
À quelle personne est-il ?
Quel est son infinitif ?

SÉANCE 50 La **gentille** caissière a une clientèle **nombreuse**.

Dictée La gentille caissière a sa clientèle **habituelle**.

gentil – ss – elle – h muet – habituel

SÉANCE 51 Les **habiles** trapézistes attraperont la main de leur **jolie** partenaire.

tt

Dictée Les **habiles** **trapézistes** **attraperont** la **balançoire**.

h muet – ils – ç = « s »

SÉANCE 52 Les juments **blanches** font une **belle** cavalcade.

Dictée Sur la piste, les **beaux** chev**aux** font des cavalcades.

ils

Je mémorise les mots invariables :

sous – sur

Je mémorise les noms et les adjectifs :

élégant – dressé – amusée – courageuse – légère – gentille – habituelle – beau – habile – présentateur – chapiteau – singe – farce – spectatrice – funambule – ombrelle – caissière – clientèle – trapéziste – balançoire – cavalcade

Mon projet d'écrivain

Je décris.

1 Lis la description. Quels adjectifs qualifient la funambule ?

- son apparence
- sa tenue
- son caractère

La belle funambule est souple et agile. Elle porte une grande ombrelle dorée. Sa robe bleue est étincelante. Elle porte un chapeau rond avec un nœud rose.
Elle est souriante et heureuse.

2 À toi de décrire le clown. Choisis des adjectifs et accorde-les.

<table>
<tr><th>Noms à qualifier</th><th>Adjectifs</th></tr>
<tr><td>les cheveux</td><td>hirsute • ébouriffé • décoiffé • brun</td></tr>
<tr><td>le nez</td><td>gros • rouge • rond</td></tr>
<tr><td>les yeux</td><td>écarquillé • maquillé</td></tr>
<tr><td>un sourire, une bouche</td><td>large • gai • joyeux • maquillé</td></tr>
<tr><td>un chapeau</td><td rowspan="7">vert • jaune • rouge • vert • bleu • jaune • blanc

grand • déformé • immense • énorme • minuscule • rond • pointu</td></tr>
<tr><td>un nœud papillon</td></tr>
<tr><td>un pantalon</td></tr>
<tr><td>des boutons</td></tr>
<tr><td>des chaussures</td></tr>
<tr><td>des gants</td></tr>
<tr><td>une chemise</td></tr>
<tr><td>un clown</td><td>amusant • souriant • drôle • farfelu • farceur • beau</td></tr>
</table>

Son apparence :

Il a des cheveux … .

Son nez est … .

Ses yeux sont … .

Sa bouche est … et son sourire est … .

Sa tenue :

Il porte un chapeau … .

Son pantalon est … et les boutons sont … .

Ses chaussures sont … .

Ses gants sont … .

Sa chemise est … .

Son caractère :

Il est … .

Pour écrire sans faute :

– Je me relis avec attention.
– Je vérifie que j'ai bien copié les mots modèles.
– Je vérifie que j'ai bien mis les majuscules et les points.
– J'accorde bien les adjectifs avec les noms qu'ils qualifient.

Unité 8

La phrase

La forme affirmative et la forme négative

Séance 55

J'observe

→ Mes rituels quotidiens : Analyse page 154

Iris vient à la fête de Nicolas.

Louis **ne** vient **pas** à la fête de Nicolas.

- La **phrase affirmative** **affirme** quelque chose.
- La **phrase négative** **nie** quelque chose.
- Pour transformer une phrase affirmative en phrase négative, on encadre le verbe par les mots suivants : **ne … pas, ne … plus, ne … jamais, ne … rien.**

1 Trouve les phrases affirmatives, puis les phrases négatives.

a. Lucie vient à ton anniversaire.

b. Abel n'a pas invité beaucoup d'amis.

c. Il n'a pas réussi à souffler toutes les bougies.

d. Samuel offre un joli cadeau.

2 Relève les mots de négation.

a. Il n'oublie jamais ses affaires.

b. Je ne comprends rien.

c. Nous n'avons jamais voyagé loin.

d. Tu n'aides plus ta sœur à faire ses devoirs.

e. Martin n'a plus faim.

f. Sarah ne veut rien pour son dessert.

3 Transforme la phrase affirmative en phrase négative avec ne … pas.

a. Vous goûtez à seize heures.
b. L'oiseau vole haut dans le ciel.
c. Vous aimez les balades à vélo.
d. La pluie transperce mon cartable.
e. Des enfants restent à l'étude.
f. Nous rangeons notre casier le matin.
g. Tu épluches les pommes pour le dessert.

Devant une voyelle, on écrit **n'** à la place de **ne**.

4 Associe chaque phrase négative à la phrase affirmative correspondante.

Vous ne partez jamais en Corse l'été.

Tu n'es plus en colère.

Il n'a rien compris à l'histoire.

Tu es encore en colère.

Il a tout compris à l'histoire.

Vous partez toujours en Corse l'été.

5 Réponds par une phrase affirmative ou une phrase négative.

a. La Loire coule-t-elle en France ?
b. Est-ce que l'escargot avance vite ?
c. Le mont Blanc est-il le plus haut sommet d'Europe ?
d. Est-ce que New York est en Afrique ?

À ton tour !

→ Invente deux phrases négatives avec ne … plus et ne … jamais.

Exemple : Je ne veux plus de soupe.

→ Mes rituels quotidiens : **Dictée page 154**

La phrase déclarative et la phrase interrogative

Séance 56

J'observe

→ Mes rituels quotidiens : Analyse page 154

« Un paquet est arrivé pour toi, Nicolas.
– Qui m'envoie un cadeau ? »

▶ La **phrase déclarative** donne une information, elle se termine par un **point** (.).

▶ La **phrase interrogative** pose une question, elle se termine par un **point d'interrogation** (?).

1 Trouve les phrases déclaratives, puis les phrases interrogatives.

a. Il pleut aujourd'hui.
b. Marion a-t-elle mal au ventre ?
c. L'épicerie ferme à 20 h.
d. As-tu fini ton exercice ?
e. Est-ce qu'il fera beau demain ?
f. Nous irons à la piscine.

2 Transforme chaque phrase interrogative en phrase déclarative.

Exemple : Emma est-elle malade ? → Emma est malade.

a. Marco vient-il à ma fête ?
b. La mer est-elle salée ?
c. Le gâteau sent-il bon ?
d. Le soleil brille-t-il ?

3 À partir de l'image, invente une phrase déclarative et une phrase interrogative.

→ Mes rituels quotidiens : Dictée page 154

La phrase interrogative (1)

Séance 57

J'observe

→ Mes rituels quotidiens : Analyse page 155

Est-ce que tu lis ?

Lis-tu ?

verbe sujet

Est-ce qu'il écoute ?

Écoute-**t**-il ?

verbe sujet

▸Pour former une **phrase interrogative**, on peut utiliser l'expression **Est-ce que… ?** ou **inverser** le sujet et le verbe.

1 **Transforme chaque phrase déclarative en phrase interrogative selon le modèle.**

Exemple : Tu veux aller à la piscine.

→ **Est-ce que** tu veux aller à la piscine ?

a. Ils sont partis.
b. Julien fête son anniversaire.
c. Vous allez à Lyon.
d. Tu comprends vite.
e. Elle coupe les légumes.
f. Les autruches volent.
g. Elle veut devenir juge.
h. Ils partent bientôt.

2 **Transforme chaque phrase déclarative en phrase interrogative selon le modèle.**

Exemple : Vous partez. → Partez-vous ?

- Tu aimes.
- Elles chantent.
- Vous lisez.
- Il part.
- Elle peut.
- Vous aimez.
- Elles dorment.
- Vous dansez.
- Ils chassent.
- Tu voyages.
- Nous partons.
- Tu écoutes.

3 Transforme chaque phrase déclarative en phrase interrogative selon le modèle.

Exemple : Elle écoute. ➜ Écoute-**t**-elle ?

- Il joue.
- Elle traîne.
- Il chuchote.
- Elle téléphone.
- Elle cuisine.
- Il navigue.
- Elle travaille.
- Il voyage.

Si le verbe se termine par une voyelle, il faut mettre un **-t-** avant les pronoms **il** et **elle**.

4 Transforme chaque phrase déclarative en deux phrases interrogatives différentes.

Exemple : Tu lis un livre. ➜ **Est-ce que** tu lis un livre ?
➜ Lis-tu un livre ?

a. Tu aimes les frites.
b. Vous êtes fatigués.
c. Vous parlez anglais.
d. Ils lisent beaucoup.
e. Elle réfléchit à la leçon.
f. Il aime chasser.
g. Nous partirons ce soir.
h. Tu joues aux échecs.

5 Joue au jeu du Qui est-ce ?

<u>Règles du jeu</u>
Pense à un personnage.
Tes camarades doivent deviner de qui il s'agit. Ils te posent des questions auxquelles tu ne peux répondre que par **oui** ou **non**.
Exemples : Est-ce que c'est un garçon ? Est-il blond ?

a. 

d. 

b. 

e. 

c. 

f. 

➜ Mes rituels quotidiens : **Dictée page 155**

La phrase interrogative (2)

Séance 58

J'observe

→ Mes rituels quotidiens : Analyse page 155

Combien y a-t-il d'enfants ?
Qui fête son anniversaire ?
Pourquoi y a-t-il huit bougies ?
Où sont les cadeaux ?
Quand arrivez-vous ?
Comment ont-il décoré la pièce ?

▸ Lorsque la question demande un renseignement précis, la **phrase interrogative** commence par un **mot interrogatif** : **qui, où, quand, pourquoi, comment, combien…**

1 Trouve le mot interrogatif de chaque phrase.

a. Quand les vacances commencent-elles ?
b. Combien ce livre coûte-t-il ?
c. Qui vient au parc avec moi ?
d. Où veux-tu aller ce week-end ?
e. Pourquoi n'avez-vous pas pris de dessert ?
f. Julien, quand est ton anniversaire ?
g. Comment les Inuits vivent-ils ?

2 Trouve la question que pose chaque personnage.

3 **Ajoute le mot interrogatif qui convient : pourquoi, où, quand ou combien.**

a. … vas-tu en vacances cet été ?
b. … de frères as-tu ?
c. … Louis XVI est-il mort ?
d. … es-tu encore en retard ?

4 **Associe chaque question à sa réponse.**

Comment vas-tu ? | Qui vient dîner ce soir ? | Où sont les parents de Mathilde ? | Quand Léo arrive-t-il ?

Les parents de Mathilde sont au cinéma. | Léo arrive à 7 h. | Je vais bien, merci. | Oncle Tom vient dîner.

5 **Pour chaque réponse, invente une question qui commence par un mot interrogatif.**

où | comment | qui | combien | pourquoi

a. Je pars en vacances **en train**.
b. Ce gâteau coûte **six euros**.
c. Yann part **en Bretagne**.
d. **Le jardinier** a tondu la pelouse.
e. Je pleure **parce que mon vélo est cassé**.

6 **À partir de l'image, invente trois phrases interrogatives qui commencent par un mot interrogatif.**

→ Mes rituels quotidiens : **Dictée page 155**

La phrase exclamative et la phrase injonctive

Séance 59

→ Mes rituels quotidiens : Analyse page 155

J'observe

« Hourra, j'ai encore un cadeau !
– Dépêche-toi de l'ouvrir. »

- La **phrase exclamative** exprime une **émotion** (joie, colère…). Elle se termine par un **point d'exclamation** (!).
- Une **phrase injonctive** donne un **conseil**, un **ordre**. Elle peut se terminer par un **point** (.) ou un **point d'exclamation** (!).

1 Trouve les phrases déclaratives, puis les phrases injonctives.

a. Jean a fini son travail.
b. Va te laver les dents.
c. Vous partez tôt à l'école.
d. Finis ton travail.
e. Tu te laves les dents.
f. Partez tôt à l'école.

2 Parmi ces phrases exclamatives, lesquelles sont injonctives ?

a. Cette médaille est superbe !
b. Fais tes devoirs en rentrant !
c. Fais plus attention !
d. Montre ta médaille à ta sœur !
e. Tu as peu de devoirs ce soir !
f. Tu dois faire plus attention !

À ton tour !

Invente une phrase de chaque type à dire à tes camarades.

→ Mes rituels quotidiens : Dictée page 155

Ce que j'ai appris

Séance 60

▸ Les types de phrase

Phrase déclarative Tu souffles les bougies.	**Phrase interrogative** Souffles-tu les bougies ?
Phrase exclamative Tu souffles les bougies !	**Phrase injonctive** Souffle les bougies.

▸ Poser une question…

Vous partez. → Partez-vous ?
→ **Est-ce que** vous partez ?
Elle aime la piscine. → Aime-**t**-elle la piscine ?
→ **Est-ce qu'**elle aime la piscine ?

Les mots interrogatifs	
Qui	**Qui** vient dîner ?
Où	**Où** allons-nous ?
Combien	**Combien** êtes-vous ?
Pourquoi	**Pourquoi** es-tu en retard ?
Quand	**Quand** partez-vous ?
Comment	**Comment** vas-tu ?

▸ … et y répondre

Phrase affirmative	**Phrase négative**
Oui, nous partons. Oui, elle aime la piscine.	Non, nous **ne** partons **pas**. Non, elle **n'**aime **pas** la piscine.

Je révise

1 De quel type de phrase s'agit-il ?

phrase déclarative | phrase exclamative | phrase interrogative | phrase injonctive

a. Donne à manger au chien, s'il te plaît.

b. Où les oiseaux sont-ils partis ?

c. Les montagnes sont enneigées en hiver.

d. Il va encore pleuvoir aujourd'hui !

2 À partir de l'image, invente une phrase de chaque type. Donne une réponse à la question que tu as inventée.

3 Complète chaque bulle par une phrase qui convient à la ponctuation.

4 **Transforme chaque phrase affirmative en phrase négative.**

a. Le train arrive en gare.
b. Julien distribue des bonbons.
c. Vous nagez très bien.
d. Nous écrivons souvent à nos grands-parents.
e. Tu voyages pendant les vacances.
f. Mes parents sont arrivés.

5 **Complète chaque bulle.**

6 **Complète la conversation téléphonique : invente des questions et leurs réponses.**

Nicolas : Allô ? …
Iris : …
Nicolas : …
Iris : …
Nicolas : … . Au revoir, Iris.
Iris : Au revoir, Nicolas.

Mes rituels quotidiens

Analyse

Analyse les mots en gras.
Relève le sujet de chaque verbe, puis analyse le verbe conjugué.

SÉANCE 55 **Nicolas** préparera **une** fête pour son **anniversaire**.

Dictée Nicolas n'invite pas **beaucoup d'amis**.

ne · il · ne … pas · p muet · s du pluriel

SÉANCE 56 Ses **meilleurs amis** aideront pour **les** préparatifs.

Dictée Sa meilleure amie Iris aidera pour les préparatifs.

double consonne meil-leu-re · elle · pré-pa-ra-tifs

L'**article** est-il défini ou indéfini ?
Quel est son genre et son nombre ?
Quel nom détermine-t-il ?

Le **nom** est-il commun ou propre ?
Quel est son genre et son nombre ?

Quel nom l'**adjectif** qualifie-t-il ?
Quel est son genre et son nombre ?

À quel temps le **verbe** est-il ?
À quelle personne est-il ?
Quel est son infinitif ?

SÉANCE 57 Les parents gonfleront **des gros ballons multicolores.**

Dictée Papa gonflera-t-il de gros ballons multicolores ?

il – grosse – **double consonne** bal-lon – mul-ti-co-lo-re

SÉANCE 58 **La pâtissière** cuisinera **un énorme** gâteau au chocolat.

pluriel – il

Dictée Combien de gâteaux au chocolat le pâtissier préparera-t-il ?

m devant m, b, p – â – **t muet** cho-co-la-t – ss pâ-tis-sier

SÉANCE 59 Après la fête, nous rangerons **le terrible** désordre de la **maison.**

Dictée Après la fête, nous rangerons le terrible désordre !

s muet – **double consonne** ter-ri-ble – s = « z » dés-or-dre

Je mémorise les mots invariables :
beaucoup – combien – après

Je mémorise les noms et les adjectifs :
meilleure – gros – multicolore – terrible – fête – préparatif – gâteau – chocolat – pâtissier – ballon – désordre

Mon projet d'écrivain

J'écris un dialogue.

1 Lis le dialogue.

« Allô ? Est-ce bien la boulangerie *Les Petits Croquants* ?
– Oui, madame, c'est bien la boulangerie *Les Petits Croquants.*
– Puis-je commander un gâteau d'anniversaire pour mon fils Nicolas ?
– Oui, bien sûr, vous pouvez commander un gâteau d'anniversaire. Pour quand le voulez-vous ?
– Samedi.
– Quel parfum souhaitez-vous ?
– Chocolat, s'il vous plaît.
– C'est noté, madame. Bonne journée.
– Merci, au revoir monsieur, à samedi. »

- Qui parle en premier ?
- Que demande cette personne ?
- Qu'est-ce qui indique qu'on change de personne dans le dialogue ?

Pour écrire un dialogue, une conversation, il faut aller **à la ligne** à chaque fois qu'un personnage parle et commencer par un **tiret**. Il faut aussi mettre des guillemets au début et à la fin du dialogue.

2 À toi d'écrire le dialogue entre Nicolas et Sarah.

Recopie les questions de Nicolas, puis rédige les réponses de Sarah.

Réponds **oui** ou **non** et fais des phrases affirmatives ou négatives.

Pour la dernière question, aide-toi des nuages de mots.

Allô, Sarah, viens-tu à mon anniversaire ?

Oui, …

Aimes-tu le gâteau au chocolat ?

…

Porteras-tu un déguisement ?

…

Quels jeux préfères-tu ?

…

la pêche à la ligne • la course en sac
le parcours d'obstacles
les batailles d'eau • l'atelier cuisine
du trampoline

– Je relis mes phrases.
– Je vérifie que j'ai bien recopié les questions.
– Je vérifie que j'ai bien mis les majuscules et les points.
– Je réponds bien par des phrases affirmatives ou négatives.

Unité 9 Les temps du passé

L'imparfait (1)

Séance 62

→ Mes rituels quotidiens : Analyse page 174

J'observe

Le dragon **gardait** la princesse.

- En général, l'imparfait exprime une action dans le passé qui se répète ou qui dure.
- **gardait**, c'est le verbe **garder** à l'imparfait.
- Le verbe **garder** se conjugue ainsi au singulier :

garder	singulier
1re personne	je **gardais**
2e personne	tu **gardais**
3e personne	il, elle **gardait**

Je retiens les terminaisons : ais – ais – ait.

Je gard ais.
radical terminaison

1 Dans chaque série, trouve les verbes à l'imparfait.

- Je bavarde.
- Elle arrivait.
- Il préparera.
- Tu travailles.

- Je bavardais.
- Elle arrive.
- Il préparera.
- Tu travaillais.

- Je bavarderai.
- Elle arrivera.
- Il préparait.
- Tu travailleras.

2 Conjugue chaque verbe à l'imparfait avec les pronoms je, tu, il et elle.

galoper — sauver — tirer — danser

Je me sers du verbe **garder** comme modèle.

3 Choisis le sujet qui convient.

a. Tu / Elle explorait le donjon.

b. Je / J' avalais ma soupe pendant que papa lisait l'histoire.

c. Elle / Tu marchais sur le pont-levis.

d. J' / Il habitait un petit château médiéval.

4 Choisis le verbe à l'imparfait qui convient.

a. Tu frappais / frappait le dragon.

b. La sorcière surveillais / surveillait la princesse.

c. La prisonnière pleurait / pleurais souvent.

d. J' aimais / aimait les contes quand j'étais petit.

5 Complète chaque verbe par la terminaison de l'imparfait qui convient.

- Je gliss… .
- Elle retrouv… .
- Tu espér… .
- Il rencontr… .
- J'oubli… .
- Yanis décid… .
- Tu cass… .
- Nora répét… .
- Tu calcul… .

6 Mets le verbe à l'imparfait dans chaque phrase.

a. trembler → La princesse … de froid.

b. grogner → Le dragon … à l'approche d'un étranger.

c. rêver → Je … de m'évader de la prison.

d. espérer → Tu … le secours du chevalier.

À ton tour !

→ **Invente deux phrases qui commencent par Quand j'étais petit…**

→ Mes rituels quotidiens : **Dictée page 174**

L'imparfait (2)

Séance 63

J'observe

→ Mes rituels quotidiens : Analyse page 174

Les soldats **gardaient** le château.

▸ **gardaient**, c'est le verbe **garder** à l'**imparfait**.

▸ Le verbe **garder** se conjugue ainsi au pluriel :

garder	pluriel
1re personne	nous **gardions**
2e personne	vous **gardiez**
3e personne	ils, elles **gardaient**

Je retiens les terminaisons : ions – iez – aient.

1 **Dans chaque série, trouve les verbes à l'imparfait.**

- Nous gambaderons.
- Ils cachaient.
- Vous réalisiez.
- Elles craquent.
- Les soldats tiraient.

- Nous gambadons.
- Ils cachent.
- Vous réalisez.
- Elles craquaient.
- Les soldats tirent.

- Nous gambadions.
- Ils cacheront.
- Vous réaliserez.
- Elles craqueront.
- Les soldats tireront.

2 **Conjugue chaque verbe à l'imparfait avec les pronoms nous, vous, ils et elles.**

jouer — souffler — tambouriner — marcher

Je me sers du verbe **garder** comme modèle.

3 **Choisis le sujet qui convient.**

a. Vous / Nous délivrions les prisonniers.

b. Vous / Ils dégustiez les viandes rôties du banquet.

c. Nous / Ils aimaient écouter les troubadours.

d. Vous / Elles sautaient les obstacles à cheval.

4 **Choisis le verbe à l'imparfait.**

a. Nous détestions / détestons les jours pluvieux.

b. Ils portent / portaient des sacs lourds.

c. Vous changez / changiez de monture.

d. Les dames tricotaient / tricotent près de la cheminée.

5 **Complète le verbe par la terminaison de l'imparfait qui convient.**

- Nous aim… .
- Ils brod… .
- Vous cherch… .
- Vous demand… .
- Vous chant… .
- Elles dessin… .
- Ils roul… .
- Nous mont… .
- Ils aid… .

6 **Mets le verbe à l'imparfait dans chaque phrase.**

a. capturer → Les envahisseurs … des prisonniers.

b. tomber → Nous … dans les pièges les plus simples.

c. refuser → Vous … de vous rendre sans combattre.

d. parfumer → Les viandes rôties … les salles du château.

À ton tour !

→ **Invente une phrase à l'imparfait qui commence par Autrefois, puis par Il était une fois.**

→ Mes rituels quotidiens : **Dictée page 174**

Le verbe *être* à l'imparfait

Séance 64

J'observe

→ Mes rituels quotidiens : Analyse page 174

Quand Nicolas **était** petit, il rêvait d'être chevalier.

▶ **était**, c'est le verbe **être** à l'**imparfait**.
Il se conjugue ainsi :

être	singulier	pluriel
1re personne	j'**ét**ais	nous **ét**ions
2e personne	tu **ét**ais	vous **ét**iez
3e personne	il, elle **ét**ait	ils, elles **ét**aient

1 **Parmi les formes du verbe être, retrouve celles qui sont à l'imparfait.**

- Je suis.
- Ils étaient.
- Tu es.
- Je serai.
- Ils sont.
- Tu étais.
- J'étais.
- Ils seront.
- Tu seras.
- Nous sommes.
- Elle était.
- Vous êtes.

2 **Conjugue l'expression à toutes les personnes.**

Quand j'étais petit, j'étais frileux.

3 Choisis le sujet qui convient.

a. Vous / Nous étions effrayés par les contes de fées.

b. Nous / Elles étaient passionnées par l'histoire.

c. Vous / Ils étiez impatients de connaître la fin.

4 Choisis la forme du verbe être à l'imparfait qui convient.

a. Les enfants étaient / était courageux.

b. J' étais / était prisonnier du dragon dans mon rêve.

c. La fée était / étaient la marraine de Cendrillon.

5 Complète chaque phrase par le verbe être à l'imparfait.

a. La pluie ... forte, mais j'avais mon parapluie.

b. Tu avais envie d'aller au musée, mais il ... fermé.

c. Quand vous aviez soif, vous ... contents d'avoir votre gourde.

6 Transforme chaque phrase en changeant le sujet.

a. J'étais en Bretagne hier. → Vous ... .

b. Nous étions en vacances au bord de la mer. → Tu ... .

c. Mon grand-père était médecin. → Mes grands-parents ... .

À ton tour !

→ **À partir de l'image, invente des phrases avec le verbe être à l'imparfait.**

L'imparfait est très utile pour décrire des scènes du passé.

salle du trône
couple royal
chevalier

→ Mes rituels quotidiens : **Dictée page 174**

Le verbe *avoir* à l'imparfait

Séance 65

J'observe

→ Mes rituels quotidiens : **Analyse page 175**

Iris **avait** une robe du Moyen Âge pour le Carnaval.

▶ **avait**, c'est le verbe **avoir** à l'**imparfait**.
Il se conjugue ainsi :

avoir	singulier	pluriel
1re personne	j'**avais**	nous **avions**
2e personne	tu **avais**	vous **aviez**
3e personne	il, elle **avait**	ils, elles **avaient**

1 Parmi les formes du verbe avoir, retrouve celles qui sont à l'imparfait.

- J'ai.
- Ils ont.
- Nous avions.
- Il a.
- Vous aviez.
- Tu as.
- J'avais.
- Vous avez.
- Nous aurons.
- Nous avons.
- Ils auront.
- Ils avaient.

2 Conjugue l'expression à toutes les personnes.

Quand j'étais petit, j'avais peur du noir.

3 Choisis le sujet qui convient.

a. J' / Nous avais un cours de natation tous les samedis.

b. Tu / Il avait l'air fatigué hier.

c. Ils / Il avaient un pneu de vélo crevé.

d. Elles / Vous aviez des courbatures après le sport.

4 **Choisis la forme du verbe avoir à l'imparfait qui convient.**

a. Tu avais / avait mal au ventre hier.

b. Vous aviez / avaient des fourmis dans les jambes.

c. Elle avais / avait une faim de loup.

d. Nous avions / aviez envie de voir notre champion.

5 **Complète chaque phrase par le verbe avoir à l'imparfait.**

a. Hier, vous … besoin de bottes pour aller sous la pluie.

b. Tu … un rhume la semaine dernière.

c. L'année dernière, nous … des leçons de natation.

d. Autrefois, les gens … des chevaux pour se déplacer.

e. Mes grands-parents … une maison de vacances.

6 **Transforme chaque phrase en changeant le sujet.**

a. Tu avais une poésie à réciter hier. → Vous … .

b. Elles avaient raison encore une fois ! → Elle … .

c. Maman avait besoin de moi. → Mes parents … .

À ton tour !

→ **À partir de l'image, invente des phrases avec le verbe avoir à l'imparfait.**

un heaume
des gantelets
une tunique
des chausses
une épée

→ Mes rituels quotidiens : **Dictée page 175**

Le passé composé (1)

Séance 66

→ Mes rituels quotidiens : **Analyse page 175**

J'observe

Le chevalier **a délivré** la princesse.

▶ **a délivré**, c'est le verbe **délivrer** au passé composé. Il est composé de deux mots :

Il (a) (délivré).

avoir au présent → a ; le participe passé du verbe → délivré

▶ Le verbe **délivrer** au passé composé se conjugue ainsi au singulier :

délivrer	singulier
1re personne	j'**ai délivré**
2e personne	tu **as délivré**
3e personne	il, elle **a délivré**

Avoir est une aide pour conjuguer au passé composé : on l'appelle l'**auxiliaire**.

1 Dans chaque série, trouve le verbe au passé composé.

Je cherchais.	J'ai cherché.	Je cherche.
Elle travaille.	Elle travaillera.	Elle a travaillé.
Il chuchotera.	Il a chuchoté.	Il chuchote.
Tu avouais.	Tu as avoué.	Tu avoues.

2 Conjugue chaque verbe au passé composé avec les pronoms je, tu, il et elle.

gagner — danser — jouer

Je me sers du verbe **délivrer** comme modèle.

3 **Choisis la forme de l'auxiliaire avoir qui convient.**

a. J'(ai) (as) **mangé** un croissant au beurre.

b. La sorcière (ai) (a) **empoisonné** la pomme.

c. Il (a) (as) **nagé** dans la piscine.

d. Tu (a) (as) **chanté** très faux.

4 **Choisis le participe passé du verbe.**

a. Elle **a** (crié) (crier).

b. Tu **as** (pleurer) (pleuré).

c. J'**ai** (éternué) (éternuer).

d. Il **a** (sifflé) (siffler).

5 **Mets le verbe au passé composé dans chaque phrase.**

a. (lancer) → J' … … le ballon chez les voisins.

b. (participer) → Tu … … à un tournoi de football.

c. (noter) → La maîtresse … … le travail des élèves.

d. (décoller) → L'avion … … à l'heure d'Orly.

6 **Mets le verbe à l'infinitif au passé composé.**

a. Nicolas **se promenait** dans le parc quand l'orage (éclater).

b. Iris **regardait** un documentaire quand le téléphone (sonner).

c. Le paysan **labourait** la terre quand il (trouver) un trésor.

À l'**imparfait**, le verbe décrit une action passée qui dure. Le verbe au **passé composé** exprime une action importante dans le passé.

À ton tour !

→ **Réponds à chaque question.**

a. Qu'as-tu fait le week-end dernier ?

b. Qu'as-tu mangé au petit déjeuner ?

→ Mes rituels quotidiens : **Dictée page 175**

Le passé composé (2)

Séance 67

→ Mes rituels quotidiens : Analyse page 175

J'observe

Les chevaliers **ont délivré** le château.

▶ **ont délivré**, c'est le verbe **délivrer** au passé composé. Il est composé de deux mots : Ils **ont** **délivré**.

avoir au présent — le participe passé du verbe

▶ Le verbe **délivrer** au passé composé se conjugue ainsi au pluriel :

délivrer	pluriel
1re personne	nous **avons délivré**
2e personne	vous **avez délivré**
3e personne	ils, elles **ont délivré**

1 Dans chaque série, trouve le verbe au passé composé.

Ils marchent.	Ils ont marché.	Ils marchaient.
Vous avez parlé.	Vous parliez.	Vous parlerez.
Nous goûtons.	Nous goûterons.	Nous avons goûté.
Elles éternuaient.	Ils éternueront.	Ils ont éternué.

2 Conjugue chaque verbe au passé composé avec les pronoms nous, vous, ils et elles.

gagner — danser — grimper — jouer

Je me sers du verbe **délivrer** comme modèle.

3 **Choisis la forme de l'auxiliaire avoir qui convient.**

a. Nous avons ont **sellé** notre monture.

b. Les soldats avez ont **jeté** des pierres du haut de la tour.

c. Elles ont avons **tremblé** de peur.

d. Vous avons avez **soufflé** dans le cor.

4 **Choisis le participe passé du verbe.**

a. Vous avez admirer admiré.

b. Ils ont terminé terminer.

c. Nous avons penser pensé.

d. Vous avez joué jouer.

5 **Mets le verbe au passé composé dans chaque phrase.**

a. aimer → Nous … … les histoires du Moyen Âge.

b. préférer → Vous … … les récits de bataille.

c. enfoncer → Les chevaliers … … la porte du château.

d. rêver → Les élèves … … des banquets royaux.

6 **Mets le verbe à l'infinitif au passé composé.**

a. Les gardes **dormaient** quand les chevaliers attaquer.

b. Le pont-levis **était** levé, alors le chevalier escalader la muraille.

c. Vous **visitiez** le grenier quand vous trouver une armure.

À ton tour !

→ **Pose des questions à tes camarades.**

Qu'as-tu … ? Qu'avez-vous … ?

→ Mes rituels quotidiens : **Dictée page 175**

Ce que j'ai appris

Séance 68

▸ Conjuguer à l'imparfait et au passé composé

Nicolas **dessinait** quand il a cassé la mine de son crayon.

Imparfait
dessiner
je dessinais
tu dessinais
il, elle dessinait
nous dessinions
vous dessiniez
ils, elles dessinaient

Passé composé
casser
j'ai cassé
tu as cassé
il, elle a cassé
nous avons cassé
vous avez cassé
ils, elles ont cassé

▸ Conjuguer **être** et **avoir** à l'imparfait

Imparfait
être
j'étais
tu étais
il, elle était
nous étions
vous étiez
ils, elles étaient

Imparfait
avoir
j'avais
tu avais
il, elle avait
nous avions
vous aviez
ils, elles avaient

Passé	Présent	Futur
je chantais j'ai chanté	je chante	je chanterai

Je révise

1 **À partir de l'image, invente des phrases avec des verbes en er à l'imparfait et au passé composé.**

2 **Dans chaque phrase, trouve le verbe à l'imparfait et celui au passé composé.**

a. Je somnolais quand mon voisin a frappé à la porte.
b. L'oiseau a volé très haut dans le ciel car il cherchait son nid.
c. Le dragon était furieux quand le chevalier a frappé son dos.
d. Maman a acheté des bonbons car nous étions sages.
e. Sam dégustait un caramel quand il a avalé de travers.
f. Je pensais à ma grand-mère quand elle a téléphoné !

3 **Donne l'infinitif, puis le temps de chaque verbe.**

a. j'ai roulé | je roule | je roulais | je roulerai
b. nous volerons | nous avons volé | nous volons | nous volions
c. vous dansiez | vous avez dansé | vous danserez | vous dansez
d. ils ont collé | ils collaient | ils colleront | ils collent
e. tu parles | tu parlais | tu as parlé | tu parleras

4 Conjugue chaque verbe comme dans l'exemple.

	imparfait	passé composé	présent	futur
jouer	je jouais	j'ai joué	je joue	je jouerai
goûter	tu …	tu …	tu …	tu …
sauter	il, elle …	il, elle …	il, elle …	il, elle …
voler	nous …	nous …	nous …	nous …
danser	vous …	vous …	vous …	vous …
monter	ils, elles …	ils, elles …	ils, elles …	ils, elles …

5 Transforme chaque phrase au temps demandé.

a. Mon grand-père pêche le dimanche. → Imparfait

b. Adam a mangé trop vite. → Présent

c. Le chevalier a sauvé la dame. → Futur

d. La France gagne le match. → Passé composé

e. Les élèves écoutaient les histoires. → Présent

6 Mets le verbe de chaque phrase au temps qui convient.

a. Hier matin, le papa de Sarah nous (proposer) … d'aller en forêt.

b. Comme d'habitude, nous (être) … fous de joie.

c. Aujourd'hui, nous (marcher) … dans un sentier magnifique.

d. La semaine prochaine, j'espère que nous y (retourner) … .

Mes rituels quotidiens

Analyse

Analyse les mots en gras.
Relève le sujet de chaque verbe, puis analyse le verbe conjugué.

SÉANCE 62 Les **jeunes enfants** aiment beaucoup **les histoires** du Moyen Âge.

Dictée Enfant, il aimait **beaucoup** les contes médiév**aux**.

p muet — mé-di-é-vaux — médiéval

SÉANCE 63 Les **garçons** porteront une **superbe armure** pour **le** spectacle.

Dictée Les garçons portaient un costume bl**eu** pour le spectacle.

ils — eu — spec-ta-cle

SÉANCE 64 Iris et **Nicolas** visiteront **une forteresse gigantesque** cet été.

Dictée Les élèves ont a**pp**récié la vi**s**ite de la forteresse médiévale.

ils — s = « z » — for-te-res-se — ss — mé-dié-va-le

L'**article** est-il défini ou indéfini ?
Quel est son genre ? Quel est son nombre ?
Quel nom détermine-t-il ?

Le **nom** est-il commun ou propre ?
Quel est son genre ? Quel est son nombre ?

Quel nom l'**adjectif** qualifie-t-il ?
Quel est son genre ? Quel est son nombre ?

À quel temps le **verbe** est-il ?
À quelle personne ?
Quel est son infinitif ?

SÉANCE 65 Quand j'**étais petite**, j'avais **un beau** livre de contes de **fées**.

Dictée Quand j'étais petit, j'avais un beau livre de contes.

d muet — petite — s du pluriel

SÉANCE 66 Quand nous **écoutions l'histoire**, j'espérais **une** fin **heureuse**.

Dictée Le chevalier a délivré la princesse prisonnière du dragon.

er = « é » che-va-lier — il — c = « s » — ss — pri-son-niè-re prisonnier

SÉANCE 67 **La maîtresse a expliqué** la vie **des** gens autrefois et elle a comparé avec aujourd'hui.

ils

Dictée Les élèves ont expliqué la vie des hommes d'autrefois.

au-tre-fois — s muet

Je mémorise les mots invariables :

beaucoup – quand – autrefois

Je mémorise les noms et les adjectifs :

médiéval – bleu – petit – beau – conte – costume – spectacle – forteresse – chevalier – princesse – prisonnière – homme

Mon projet d'écrivain

J'écris un texte au passé.

1 Lis la rédaction de Nicolas sur la visite du château. Trouve les verbes à l'imparfait et les verbes au passé composé.

Avec la classe, nous avons visité un château du Moyen Âge !
Nous avons écouté le guide attentivement. Il était en tenue d'époque. J'ai admiré la reconstitution de la vie au château avec des personnages en cire. J'écoutais les explications et je suivais la tête en l'air pour admirer les tours, quand j'ai trébuché. J'ai renversé une armure authentique ! Mais plus de peur que de mal, je n'ai rien cassé.
À la fin de la visite, le guide a félicité la classe. Il nous a dit que nous étions sages.

2 **En choisissant des éléments ci-dessous, écris la rédaction d'Iris.**

description : imparfait	**avoir**	cinq tours • un donjon • un chemin de ronde • des meurtrières • des murs épais
	être	magnifique • bien restauré • immense • protégé par un pont-levis
passé composé	**essayer**	une armure • une tunique • une épée et un bouclier • un lit à badalquin
	préférer	la salle du banquet • le tournoi reconstitué • les oubliettes • la salle des armes

Pour écrire sans faute :
– Je me relis avec attention.
– Je vérifie que j'ai bien mis les majuscules et les points.
– Je vérifie que j'ai bien conjugué les verbes à l'imparfait et au passé composé.

Reconnaître les noms, les articles, les verbes et les adjectifs

Pour reconnaître		je me pose les bonnes questions :
le nom	commun	• Est-ce un mot qui désigne un animal, une personne, une chose **en général** ? ▶ Les noms communs sont accompagnés d'un **article**. Exemples : **un** village, **le** village.
	propre	• Est-ce un mot qui désigne une personne, un animal ou un lieu **particulier** ? ▶ Les noms propres commencent par une **majuscule**. Ils peuvent aussi être accompagnés d'un article. Exemples : **J**ules, **P**aris, la **F**rance, les **A**lpes.
l'article	défini	• Est-ce que le nom qu'il accompagne désigne une personne, un animal ou un lieu **connu** ? Exemple : **Le** chat de Louise miaule devant **la** porte.
	indéfini	• Est-ce que le nom qu'il accompagne désigne une personne, un animal ou un lieu qui n'est **pas connu** ? Exemple : **Un** chat miaule devant une porte.

Pour reconnaître	je me pose les bonnes questions :
l'adjectif qualificatif	• Est-ce un mot qui donne des précisions sur le **nom** ? • Comment est… ? Comment sont… ? ▶ L'adjectif précise la taille, la couleur, la forme, le caractère du nom qu'il qualifie. Exemple : Le **petit** chat **noir** miaule.
le verbe	• Quel mot donne des informations sur **ce que font** les animaux, les personnes ou les choses ? • Ce mot se conjugue-t-il ? • Puis-je changer son temps ? ▶ Quelques verbes n'expriment pas une action mais un **état**, comme **être**, **paraître**, **sembler**, **devenir**. Exemple : Iris **est** appliquée. • **Qui** ou **qu'**est-ce qui fait l'action exprimée par le verbe ? Quel est le **sujet** du verbe ? ▶ Je sais reconnaître le sujet quand il s'agit : • d'un ou de plusieurs **noms**. • d'un **pronom personnel**. Exemples : **Nicolas** écoute la maîtresse. **Il** écoute la maîtresse.

L'analyse grammaticale

Pour analyser	je me pose les bonnes questions :
un article	• L'article est-il défini ou indéfini ? • Quel est son genre ? • Quel est son nombre ? • Quel nom détermine-t-il ?
un nom	• Le nom est-il commun ou propre ? • Quel est son genre ? • Quel est son nombre ?
un verbe	• Quel est l'infinitif du verbe ? • À quel temps est-il conjugué ? • À quelle personne est-il conjugué ?
un adjectif	• Quel est son genre et son nombre ? • Quel nom qualifie-t-il ?

Coralie est une écolière appliquée.

Coralie : nom propre.

est : verbe **être**, présent, 3e personne du singulier.

une : article indéfini, féminin, singulier.
Il détermine le nom **écolière**.

écolière : nom commun, féminin, singulier.

appliquée : adjectif féminin, singulier.
Il qualifie le nom **écolière**.

La dictée préparée

Je prépare une dictée à la fin de chaque séance.

1. Je lis la dictée préparée dans mon manuel et je fais attention aux difficultés soulignées.

Coralie est une écolière appliquée.

elle — écolier — ap-pli-quée

2. Je retiens l'orthographe des mots en mémorisant les difficultés soulignées.

écolière ➜ Je reconnais le féminin des noms en er : ère.
Je n'oublie pas l'accent aigu sur le premier e.

appliquée ➜ **appliquée** est un adjectif. Il s'accorde avec **écolière** donc il est féminin : je n'oublie pas le e.
Attention, il y a deux p, comme dans beaucoup de mots qui commencent par ap : **appartenir, approfondir, apprendre**…

3. Je coupe les mots longs en syllabes. Je m'entraîne à les épeler.

Co-ra-lie é-co-li-è-re ap-pli-quée

4. Je les écris ensuite plusieurs fois de mémoire.

écolière – écolière – écolière – écolière

appliquée – appliquée – appliquée – appliquée

5. J'écris la phrase de mémoire en veillant à mettre une majuscule et un point.

Coralie est une écolière appliquée.

Tableaux de conjugaison

Les verbes en er

cuisiner	
présent	**imparfait**
je cuisine	je cuisinais
tu cuisines	tu cuisinais
il, elle cuisine	il, elle cuisinait
nous cuisinons	nous cuisinions
vous cuisinez	vous cuisiniez
ils, elles cuisinent	ils, elles cuisinaient
futur	**passé composé**
je cuisinerai	j'ai cuisiné
tu cuisineras	tu as cuisiné
il, elle cuisinera	il, elle a cuisiné
nous cuisinerons	nous avons cuisiné
vous cuisinerez	vous avez cuisiné
ils, elles cuisineront	ils, elles ont cuisiné

Nous cuisinons.

Le verbe être

présent	imparfait
je suis	j'étais
tu es	tu étais
il, elle est	il, elle était
nous sommes	nous étions
vous êtes	vous étiez
ils, elles sont	ils, elles étaient

futur
je serai
tu seras
il, elle sera
nous serons
vous serez
ils, elles seront

Elle est chinoise, il est mexicain…

Tableaux de conjugaison (suite)

Le verbe avoir

présent	imparfait
j'ai	j'avais
tu as	tu avais
il, elle a	il, elle avait
nous avons	nous avions
vous avez	vous aviez
ils, elles ont	ils, elles avaient

futur
j'aurai
tu auras
il, elle aura
nous aurons
vous aurez
ils, elles auront

Il a un oiseau sur la tête !

Le verbe aller

présent	imparfait
je vais	j'allais
tu vas	tu allais
il, elle va	il, elle allait
nous allons	nous allions
vous allez	vous alliez
ils, elles vont	ils, elles allaient

futur
j'irai
tu iras
il, elle ira
nous irons
vous irez
ils, elles iront

Ils vont à l'école.

Tableaux de conjugaison (suite)

Le verbe dire

présent	imparfait
je dis	je disais
tu dis	tu disais
il, elle dit	il, elle disait
nous disons	nous disions
vous dites	vous disiez
ils, elles disent	ils, elles disaient

futur
je dirai
tu diras
il, elle dira
nous dirons
vous direz
ils, elles diront

Elle dit l'histoire du tableau.

Le verbe faire

présent	imparfait
je fais	je faisais
tu fais	tu faisais
il, elle fait	il, elle faisait
nous faisons	nous faisions
vous faites	vous faisiez
ils, elles font	ils, elles faisaient

futur
je ferai
tu feras
il, elle fera
nous ferons
vous ferez
ils, elles feront

Ils font une grande affiche.

Tableaux de conjugaison (suite)

Le verbe pouvoir

présent	imparfait
je peux	je pouvais
tu peux	tu pouvais
il, elle peut	il, elle pouvait
nous pouvons	nous pouvions
vous pouvez	vous pouviez
ils, elles peuvent	ils, elles pouvaient

futur
je pourrai
tu pourras
il, elle pourra
nous pourrons
vous pourrez
ils, elles pourront

Je peux faire du vélo sans les pieds !

Le verbe vouloir

présent	imparfait
je veux	je voulais
tu veux	tu voulais
il, elle veut	il, elle voulait
nous voulons	nous voulions
vous voulez	vous vouliez
ils, elles veulent	ils, elles voulaient

futur
je voudrai
tu voudras
il, elle voudra
nous voudrons
vous voudrez
ils, elles voudront

Je veux jouer avec toi.

Tableaux de conjugaison (suite)

Le verbe prendre

présent	imparfait
je prends	je prenais
tu prends	tu prenais
il, elle prend	il, elle prenait
nous prenons	nous prenions
vous prenez	vous preniez
ils, elles prennent	ils, elles prenaient
futur	
je prendrai	
tu prendras	
il, elle prendra	
nous prendrons	
vous prendrez	
ils, elles prendront	

Tu prends le bus.

Le verbe voir

présent	imparfait
je vois	je voyais
tu vois	tu voyais
il, elle voit	il, elle voyait
nous voyons	nous voyions
vous voyez	vous voyiez
ils, elles voient	ils, elles voyaient

futur
je verrai
tu verras
il, elle verra
nous verrons
vous verrez
ils, elles verront

Elle voit l'ours polaire.

PEFC
10-31-2065

IMPRIM'VERT®

Conception de la couverture : Primo & Primo

Illustration de la couverture : Rebecca Romeo

Conception de la maquette intérieure et mise en page : Nord Compo

Illustrations : Caroline Modeste

Relecture : Astrid Rogge

Édition : Véronique Pommeret

Achevé d'imprimer en février 21 en France par l'imprimerie Pollina - 13178
Numéro éditeur : LDESI20200071 - Dépôt légal : Février 2021

Raum · Zeit · Gesellschaft

2

Rheinland-Pfalz
Gesellschaftslehre

Moderatoren:
Peter Kirch
Jürgen Nebel

Autoren:
Sascha Henninger
Peter Kirch
Norma Kreuzberger
Jörg Manner
Jürgen Nebel

westermann

Auf verschiedenen Seiten dieses Buchs befinden sich Verweise (Links) auf externe Internet-Adressen.
Haftungshinweis: Trotz sorgfältiger inhaltlicher Kontrolle wird die Haftung für die Inhalte der externen Seiten ausgeschlossen. Für den Inhalt dieser externen Seiten sind ausschließlich deren Betreiber verantwortlich. Sollten Sie bei dem angegebenen Inhalt des Anbieters dieser Seite auf kostenpflichtige, illegale oder anstößige Inhalte treffen, so bedauern wir dies ausdrücklich und bitten Sie, uns umgehend per E-Mail unter www.westermann.de davon in Kenntnis zu setzen, damit beim Nachdruck der Verweis gelöscht wird.

Druck A[1] / Jahr 2010
Alle Drucke der Serie A sind im Unterricht parallel verwendbar.

Verlagslektorat: Brigitte Mazzega
Lay-out-Konzept: Thomas Schröder
Umschlaggestaltung: Andrea Heissenberg
Herstellung: Meike Lorenz, Berlin
Druck und Bindung: westermann druck GmbH, Braunschweig

ISBN 978-3-14-**114207**-5

Zeichenerklärung

Kennzeichnung von Teilkapiteln

Gewusst wie Hier werden wichtige Methoden erklärt.

Projekt Hier werden Vorschläge für ein Projekt vorgestellt.

Vertiefung Diese Seiten dienen in besonderer Weise der Anbahnung des „qualifizierten Sekundarabschlusses“.

Alles klar? Die beiden letzten Seiten jedes Hauptkapitels enthalten Rätsel und Aufgaben, um das Wissen zu überprüfen. Die Schülerinnen und Schüler müssen selbst aktiv werden. Die Grundbegriffe des Kapitels sind nochmals zusammengestellt.

Kennzeichnungen in den Texten

Grundbegriff Wichtige Fachbegriffe sind im Buch fett gedruckt. Diese Begriffe sind am Ende jeder Doppelseite und am Ende jedes Kapitels nochmals zusammengestellt. Im alphabetischen Minilexikon am Schluss des Buches werden sie erklärt. Das Minilexikon unterstützt die Selbstständigkeit der Schülerinnen und Schüler bei der Erarbeitung von Unterrichtsinhalten.

Info Texte mit diesem Titel enthalten Informationen und Erklärungen.

Quelle Der unter dieser Überschrift stehende Text ist eine Quelle.

Merke Hier werden die wichtigsten Inhalte der Doppelseite zusammengefasst.

Bei Aufgaben mit diesem Zeichen muss man besonders nachdenken.

Inhaltsverzeichnis

Bürger, Ritter, Bauersleut' 6

Lebendige Vergangenheit . . . 8
Karl der Große – „Vater Europas“ . . . 10
Gewusst wie: Eine Geschichtsquelle auswerten . . . 13
Leben auf dem Land . . . 14
Die Stadt im Mittelalter . . . 18
Vertiefung: Mittelalterliche Stadt Cochem . . . 24
Jeder gehört zu einem Stand . . . 26
Das Klosterleben . . . 28
Leben auf einer Burg . . . 30
Von Rittern und Edelfrauen . . . 32
Burgenland Rheinland-Pfalz . . . 34
Alles klar? . . . 36

Die Stadt – Motor und Spiegel gesellschaftlicher Entwicklung 38

Die Bedeutung von Städten – Beispiel Hamburg . . . 40
Gewusst wie: Mit Modellen arbeiten . . . 42
Hafenstadt Hamburg . . . 44
Vertiefung: Hamburg zur Zeit der Hanse . . . 46
Hamburg – Partner anderer Metropolen . . . 48
Projekt: Stadtplanung – Bürger wirken mit . . . 50
Alles klar? . . . 52

Unser Heimatraum Rheinland-Pfalz 54

Mit der Regio-Bahn unterwegs . . . 56
Weinbau in Gunstgebieten . . . 58
Das Rheintal als Durchgangsregion . . . 62
Die Eifel – Zukunft einer Region . . . 66
Maare, Bims und Mineralquellen . . . 68
Keramik-Industrie – Hightech im Westerwald . . . 70
Euler und Kannenbäcker . . . 72
Ballungsraum Ludwigshafen-Mannheim . . . 74
Der Hunsrück – Profil einer Entwicklungsregion . . . 78
Auf Schinderhannes Spuren . . . 80

Die Erde verändert sich 82

Erdbeben und Vulkanausbrüche . . . 84
Erdplatten bewegen sich . . . 86
An der „Erdbebenspalte“ Kaliforniens . . . 88
Der Ätna – größter Vulkan Europas . . . 90
Tsunami – Riesenwelle nach einem Seebeben . . 92
Projekt: Ein Vulkanmodell bauen . . . 94
Innere und äußere Kräfte der Erde . . . 96
Vertiefung: Die Gesteine . . . 98
Wasser und Eis gestalten die Landschaft . . . 100
Hochwasser – auch vom Menschen verursacht . . . 102
Vertiefung: Herr Tulla begradigt einen Fluss . . . 104
Alles klar? . . . 106

Die Erde – ein Planet der Sonne 108

Die Erde im Sonnensystem . . . 110
Gewusst wie: Mit dem Internet arbeiten . . . 112
Tageszeiten und Zeitzonen . . . 114
Jahreszeiten . . . 116

Wetter, Klima, Klimaschutz 118

Unser Wetter . . . 120
Gewusst wie: Klimadiagramme lesen . . . 126
Vertiefung: Temperaturmessung früher . . . 128
Klimazonen im Überblick . . . 130
Klima und Vegetation ergänzen sich . . . 132
Unsere Lufthülle – vielfach belastet . . . 134
Klimaschutz – eine Aufgabe für alle . . . 138
Projekt: Unser Beitrag zum Klimaschutz . . . 140
Alles klar? . . . 142

Zusammenleben – nicht ganz einfach 144

Typisch Junge, typisch Mädchen? . . . 146
Frauenbilder, Männerbilder . . . 148
Vertiefung: Familien früher . . . 150
Gewusst wie: Ein Rollenspiel durchführen . . 152
Gewalt in der Schule . . . 154
Konflikte und ihre Bewältigung . . . 156
Alles klar? . . . 158

Welt im Umbruch 160

Auftakt in eine neue Zeit ... 162
Das Weltbild im Wandel ... 166
Entdeckungen und Eroberungen ... 168
Gewusst wie: Eine Bildquelle auswerten ... 178
Mittel- und Südamerika ... 179
Vertiefung: Folgen des Kolonialismus heute ... 182
Alles klar? ... 184

Vom Absolutismus zur Revolution 186

„Der Staat bin ich!" ... 188
Der Baumeister des Königs ... 190
Stützen der Macht ... 192
Der Aufbau der französischen Gesellschaft ... 194
Die Französische Revolution ... 196
Vertiefung: Menschenrechte heute ... 204
Gewusst *wie:* Ein Lernplakat erstellen ... 206
Gewusst wie: Eine geschichtliche Karikatur auswerten ... 208
Auswirkungen der Französischen Revolution ... 210
Alles klar? ... 212

Deutsche und Franzosen – eine bewegte Nachbarschaft 214

Nachbarn in Kontakt – Frankreich bei uns ... 216
Von Napoleon bis zum Deutschen Reich ... 218
Feinde in Weltkriegen ... 220
Versöhnung und Partnerschaft ... 222
Projekt: Eine Fahrt nach Frankreich ... 224

Industriegesellschaft 226

Die Industrielle Revolution ... 228
Das Ruhrgebiet im Wandel ... 236
Gewusst wie: Eine Tabelle auswerten ... 241
Industriegebiete in Deutschland ... 242
Gestaltung und Zukunft der Arbeitsgesellschaft ... 244
Vertiefung: Tarifverhandlungen ... 248
Alles klar? ... 250

Die große Wanderung 252

Aussiedler kommen nach Deutschland ... 254
Arbeiten in der Fremde ... 256
Rückkehr nach Hause ... 258
Berlin – größte türkische Stadt außerhalb der Türkei ... 260
Vertiefung: Auswanderung in die USA ... 262
Probleme und Notwendigkeit der Eingliederung ... 264
Wege für ein friedfertiges Zusammenleben ... 268
Projekt: Beitrag der Schule zur Integration ... 270
Rassismus – nicht bei uns! ... 272
Gewusst wie: Ein Interview führen ... 274
Alles klar? ... 276

Medienkonsum – bewusst 278

Im Zeitalter der Massenmedien ... 280
Probleme und Folgen des Medienkonsums ... 282
Gewusst wie: Umfrage zum Medienverhalten ... 283
Vertiefung: Regionalzeitungen ... 284
Massenmedium Internet – Chancen und Gefahren ... 286
Alles klar? ... 288

Viele Wünsche – reicht das Geld? 290

Bedürfnisse und ihre Befriedigung ... 292
Schuldenfalle Handy ... 296
Einkaufen im Supermarkt ... 298
Alles klar? ... 300

Anhang 302

Arbeitsmethoden aus dem Band 1 ... 302
Minilexikon ... 304
Zeitleisten aus den Bänden 1 und 2 ... 310
Bildquellen ... 312

Bürger, Ritter, Bauersleut'

Lebendige Vergangenheit

Karl der Große – „Vater Europas“

Eine Geschichtsquelle auswerten

Leben auf dem Land

Die Stadt im Mittelalter

Mittelalterliche Stadt Cochem

Jeder gehört zu einem Stand

Das Klosterleben

Leben auf einer Burg

Von Rittern und Edelfrauen

Burgenland Rheinland-Pfalz

M1 *So stellt sich ein Zeichner den Markttag in einer mittelalterlichen Stadt vor. Bauersleute verkaufen den Bürgern ihre Waren.* ▶

Lebendige Vergangenheit

M1 *Mit großer Begeisterung und viel Arbeit gestaltet die 7a mit ihren Lehrerinnen und Lehrern sowie Familienangehörigen ein mittelalterliches Fest. Spiele und Gesang, nachgebaute Handwerksstände und Gerichte nach alten Rezepten sind die Hauptattraktionen.*

Projektvorschlag:
Entwickelt in den nächsten Wochen eine Wandzeitung mit eigenen Ideen zum Thema Mittelalter.

Das Mittelalter

Das **Mittelalter** ist ein Abschnitt unserer Geschichte. Geschichtsforscher bezeichnen damit ungefähr die Zeit von 500 bis 1500 nach Christus. Das ist die Zeitspanne zwischen dem Untergang des römischen Reiches und der Entdeckung des bis dahin noch unbekannten Kontinents Amerika. Man findet allerdings auch andere Abgrenzungen des Mittelalters.

Den Zeitabschnitt vor dem Mittelalter nennen wir Antike oder Altertum. Nach dem Mittelalter beginnt die Neuzeit. Noch heute sieht man in vielen Städten Bauten aus dem Mittelalter wie den Trierer Dom. Damals wurden Kirchen zum Beispiel im **gotischen Stil** erbaut. Typisch dafür sind die Spitzbögen. Durch sie konnte man hohe Fenster in die Mauern einfügen. Die Kirchen wirken so höher und heller.

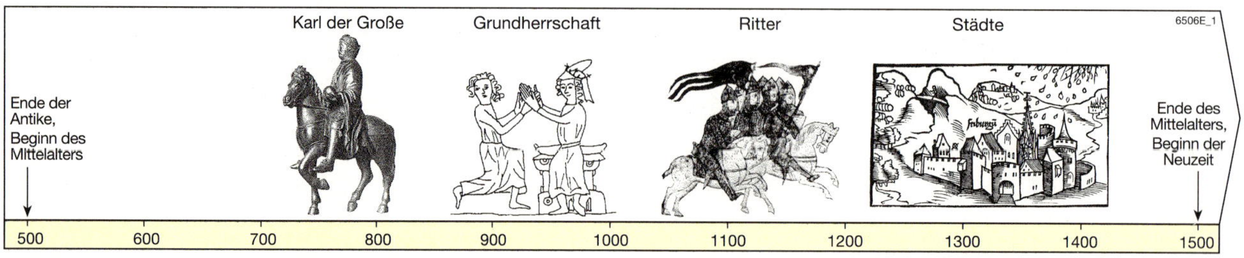

M2 *Zeitleiste des Mittelalters*

M3 *Der Trierer Dom, die älteste Bischofskirche Deutschlands*

M4 *„Arme Ritter“ waren noch in den 1950er Jahren – allerdings mit grauem Brot – ein Essen für arme Leute. „Arme Ritter backen“ ist ein althergebrachter Ausdruck für „sich in Not befinden“.*

M5 *Manche Straßenschilder sind ein Wegweiser in die Vergangenheit.*

Aufgaben

1 Lokalisiere mittelalterliche Gebäude in deinem Ort (Rathaus, Ortsgeschichte): Um was für Gebäude handelt es sich? Mache Fotos und ermittle das Alter der Gebäude.

2 Wann wurde dein Ort gegründet?

3 Informiere dich über mittelalterliche Feste und Märkte in der Umgebung. Schreibe darüber einen Bericht.

4 Wo liegt in deiner Nähe eine mittelalterliche Burg? Plane den nächsten Wandertag dorthin.

5 Stelle eine Liste zusammen mit Büchern, Filmen oder Fernsehserien, die im Mittelalter spielen (Internet Adressen dazu: www.rittertum.de; www.tempus-vivit.net).

Merke
Das Mittelalter ist ein Abschnitt in der europäischen Geschichte. Es dauerte etwa von 500 bis 1500 nach Christus.

Grundbegriffe
- Mittelalter
- gotischer Stil

Karl der Große – „Vater Europas"

M1 *Reiterstandbild Karls des Großen aus Bronze (9. Jh.). Wie ein römischer Kaiser lässt sich Karl auf einem Pferd darstellen.*

Karl der Große – Ein Herrscher im Mittelalter

Im Mittelalter herrschten die Stämme der Sachsen, Bayern und Franken im heutigen Deutschland. Die Anführer der Stämme hatten eine große Macht. **Karl der Große** regierte das Gebiet der Franken von 771 bis zu seinem Tod 814. Mit nur 29 Jahren übernahm er die Alleinherrschaft über das Frankenreich, das er in vielen Feldzügen erweiterte. Er nahm Norditalien und Bayern ein und eroberte schließlich Sachsen. Der Krieg gegen die Sachsen dauerte 30 Jahre. Als er Sachsen eingenommen hatte, ließ er 10 000 Menschen ins Frankenreich umsiedeln.

Aufgaben

1 Begründe, warum Karl der Große die Pfalzen brauchte.

2 Erkläre, welches Ziel Karl der Große hatte, als er 10 000 Menschen aus Sachsen umsiedeln ließ.

3 Betrachte M3 und bestimme die heutigen Namen der Länder, in denen Karl der Große sich aufgehalten hat (Atlas, Karte: Europa – Staaten).

4 Entwickle einen Steckbrief von Karl dem Großen (M1, M2, Quelle).

Karl, der Reisekönig

Das Frankenreich hatte keine Hauptstadt. Karl der Große reiste mit seinem Hofstaat, der rund tausend Personen umfasste, durch sein Reich und machte jeweils für einige Wochen Station in einer **Pfalz**. So nannte man die im Land verteilten großen Königshöfe.

Die Reisen waren keine Vergnügungsfahrten, sondern politische Notwendigkeit: Karl musste persönlich anwesend sein, um seine Herrschaft auszuüben. Aachen mit seinen Heilquellen entwickelte sich zu Karls Lieblingspfalz.

Karl der Große wird heute auch „Vater Europas" genannt, weil er als erster einen Großteil des heutigen Europas beherrschte. Er war ein bedeutender Feldherr und musste nur eine einzige Niederlage hinnehmen.
Zeitgenossen nannten Karl auch „Haupt der Welt" und „Zierde des Volkes".

M2 *„Vater Europas"*

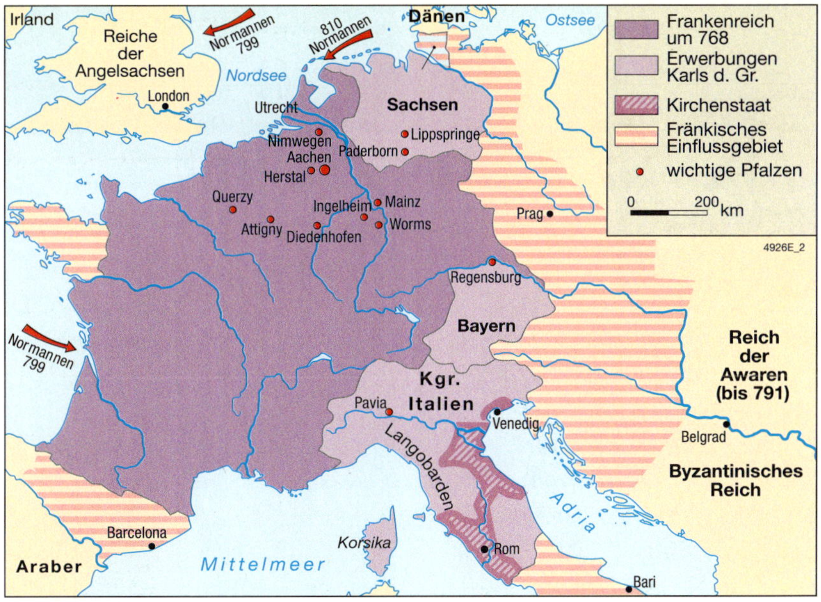

M3 *Das Reich Karls des Großen*

① Pfalzkapelle
② Königshalle
③ Gärten der Pfalz
④ Wohnbezirk der Kaufleute
⑤ Grenze des Pfalzbezirks
⑥ Ställe und Vorratshäuser
⑦ Verbindungsgang

M4 *Zeichnung der Pfalz Karls des Großen in Aachen*

M5 *Karl legte viel Wert auf Bildung seiner Untertanen. Deshalb richtete er viele Schulen ein und schuf die Einheitsschrift „Karolingische Minuskel", die Urform der heutigen Schrift.*
Die Übersetzung zu oben lautet: In diesem Jahr feierte der Kaiser Ostern in Aachen.

Quelle

Einhard, ein enger Vertrauter des Königs, berichtet über Karl
„Er war von breitem und kräftigem Körperbau und von hervorragender Größe. Seine Augen waren sehr groß und lebendig, die Nase ging etwas über das Mittelmaß. Er hatte schöne weiße Haare und ein freundliches, heiteres Gesicht. So war seine Gestalt, mochte er sitzen oder stehen, höchst würdig und stattlich. Ständig übte er sich im Reiten, Jagen und Schwimmen. Er konnte Lateinisch und Deutsch sprechen und konnte rechnen. Auch zu schreiben versuchte er, brachte es aber darin nicht sehr weit, weil er zu spät angefangen hatte."

Merke
Karl der Große war der bedeutendste Herrscher des Mittelalters. Er reiste von Pfalz zu Pfalz.

Grundbegriffe
- Karl der Große
- Pfalz

Karl der Große – „Vater Europas"

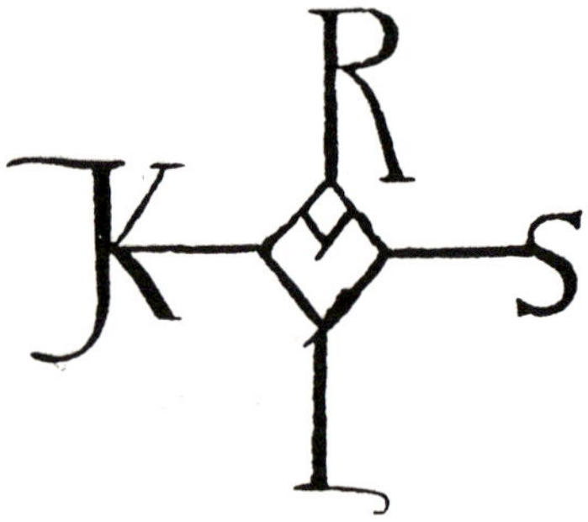

M1 *Das kreuzförmige Namenszeichen (Monogramm) enthält die Buchstaben des lateinischen Namens Karolus. Wenn Karl unterschrieb, brachte er nur den Haken für das L an.*

M3 *Karl wurde im Jahr 800 zum Kaiser gekrönt.*

Aufgaben

1 Begründe, warum der Papst Karl zum Kaiser gekrönt hat.

2 Mit der Annahme der Kaiserkrone verpflichtete sich Karl zu einer wichtigen Aufgabe. Erläutere diese.

Die Kaiserkrönung Karls des Großen

Das Reich Karls des Großen umfasste einen großen Teil Europas und war das Gebiet der römisch-katholischen Christen. Im Jahr 800 bat Papst Leo III. im Kirchenstaat Karl den Großen um Hilfe in einem Streit, den er mit den Römern hatte. Diese wollten seinen Einfluss als Papst verringern. Karl reagierte sofort: Er zog mit einem Heer nach Rom und es gelang ihm, die Macht des Papstes wieder zu festigen.

Da geschah eine Sensation. Beim weihnachtlichen Festgottesdienst in Rom setzte der Papst dem Frankenkönig eine goldene Krone auf und machte ihn damit zum Kaiser. Karls Titel lautete nun: „Karl, der erhabene, von Gott gekrönte, große und Friede bringende Kaiser, der das römische Reich regiert, und durch das Erbarmen Gottes König der Franken und Langobarden."

Karl nahm die Kaiserkrone an und verpflichtete sich damit, die Kirche zu schützen und den christlichen Glauben weiterzuverbreiten. Er war von nun an sowohl römischer Kaiser als auch König der Franken und der norditalienischen Langobarden. Jeder Untertan leistete einen Eid, in dem er Karl Treue und Gehorsam versprach.

> Im 10. Jahrhundert bildete sich unter der Herrschaft der sogenannten Ottonen (benannt nach Otto I. der Große 912–973, Kaiser ab 962) aus dem ehemaligen Ostfrankenreich das **Heilige Römische Reich**. Es heißt so, weil die Kaiser den Anspruch hatten, das römische Reich der Antike fortzuführen.
> Im späten 15. Jahrhundert erhielt dieses Reich noch den Zusatz „Deutscher Nation".
> Dieses Reich wurde nie ein Staat, sondern bestand aus einzelnen Fürstentümern, denen ein Kaiser mit wenigen Einflussmöglichen vorstand.

M2 *Was geschah nach Karl dem Großen?*

Eine Geschichtsquelle auswerten

Quelle

Über Kaiser und Könige

Der Kaiser ist das Oberhaupt des römisch-deutschen Reiches und gilt zugleich als Schirmherr der Christenheit. Das Recht, Kaiser zu werden, hat allein der König. Er empfängt die Kaiserwürde mit der Salbung und der Krönung durch den Papst.

Ist ein deutscher König zum Kaiser gekrönt, kann er noch zu seinen Lebzeiten den Weg freimachen für einen neuen deutschen König. Dieses Amt ist nicht erblich: Der König wird von den deutschen Fürsten gewählt. In der Regel versuchen die Kaiser, einen ihrer Söhne zum König wählen zu lassen.

(Nach H. Pleticha: Die Deutschen im Mittelalter: Nur jeder 50. ist Ritter. In: PM: Die Welt der Ritter, 1992, S. 27)

Bericht, Urkunde oder Rede?

Zeitzeuge oder später verfasst?

Augenzeuge?

Sachlicher Bericht oder gefühlsbetont?

Absicht des Autors?

So wertest du eine geschichtliche Textquelle aus

1. Schritt: Lies die Quelle sorgfältig durch.

2. Schritt: Schreibe alle unbekannten Wörter heraus. Schlage sie in einem Lexikon nach und erkläre sie anschließend selbst.

3. Schritt: Lies die Quelle ein zweites Mal durch. Beantworte nun folgende Fragen:

a) Handelt es sich um einen Bericht, eine Rede, ein Gesetz, eine Urkunde oder etwas anderes?

b) Sind die Autorin oder der Autor Zeitzeuge oder wurde die Quelle später geschrieben?

c) War die Autorin oder der Autor selbst anwesend, also ein Augenzeuge, als das Ereignis geschah?

d) Gibt die Autorin oder der Autor eine eigene Meinung wieder oder handelt es sich um einen nüchternen und sachlichen Bericht?

e) Verfolgt die Autorin oder der Autor bestimmte Absichten? Soll damit eine bestimmte Wirkung beim Leser erreicht werden? Denn einer geschichtlichen Quelle kann man nicht immer trauen! Es kommt darauf an, wer sie in damaliger Zeit geschrieben hat. Ein Freund wird anders schreiben als ein Feind!

Aufgaben

3 Lies die Quelle durch und werte sie aus. Gehe dabei schrittweise vor nach dem Text „So wertest du eine geschichtliche Textquelle aus".

4 Schildere in drei Versionen ein bestimmtes Ereignis an deiner Schule:
a) Schreibe einen sachlichen Bericht, ohne dabei Gefühle auszudrücken.
b) Du bist selbst begeistert von dem Ereignis. Schreibe so den Text.
c) Du findest das Ereignis unmöglich und schreibst den Text entsprechend.
d) Schau dir die unterschiedliche Wortwahl bei den drei Texten an. Liste die Unterschiede auf.

Info

Quelle

Eine geschichtliche Quelle informiert über die Vergangenheit. Die wichtigsten Quellen sind Texte. Sie stammen entweder direkt aus einer anderen Zeit oder sie berichten über die vergangene Zeit.

Zu den geschichtlichen Quellen können aber auch Bauwerke und Denkmäler, Kunstwerke, Waffen, Schmuck, Geräte, Münzen, Wappen, Siegel und einiges mehr gehören.

Merke

Karl wurde vom Papst in Rom zum Kaiser gekrönt. Er schützte die Kirche und verbreitete den christlichen Glauben.

Grundbegriff

- Heiliges Römisches Reich

Leben auf dem Land

M2 *Bauernhaus im Mittelalter*

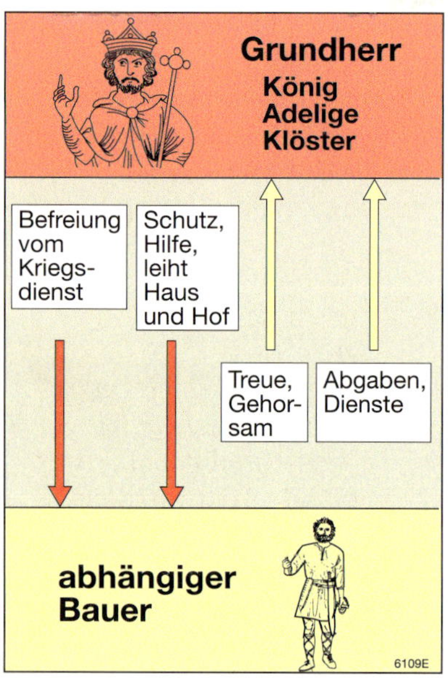

M1 *Wer ist von wem abhängig?*

Bauern im Mittelalter

Im Mittelalter war die überaus große Mehrheit der Menschen Bauern. Sie lebten in Dörfern oder Einzelhöfen. Die Häuser waren sehr einfach gebaut. Holz, Lehm und Stroh waren die Baumaterialien. Zuerst wurde ein Gerüst aus Balken erstellt. Danach wurden die Zwischenräume mit einem Geflecht aus Weidenruten, Lehm und Stroh gefüllt. Ein solches **Fachwerkhaus** hatte meist nur ein oder zwei Räume. Glasfenster gab es nicht. Die wenigen Öffnungen waren mit Tierhäuten bespannt. Die Menschen lebten mit ihren Tieren unter einem Dach.

M3 *In Bauernfamilien mussten alle mithelfen (um 1515).*

Es war nicht leicht, ein Bauer zu sein

Die Bauern arbeiteten von Sonnenaufgang bis Sonnenuntergang. Dem Grundherrn gehörte das Land, das sie bewirtschafteten. Dies nennen wir **Grundherrschaft**. Mehrmals im Jahr leisteten die Bauern Abgaben an den Grundherrn in Form von Nahrungsmitteln. Als Gegenleistung bot der Grundherr ihnen Schutz und Freistellung vom Militärdienst. Die Bauern versorgten das Vieh, bearbeiteten die Felder und Wiesen und mussten ohne Bezahlung zusätzliche Dienste leisten. So mussten sie unter anderem Besorgungen erledigen und bei der Renovierung oder dem Umbau der Burg helfen.
Ein großer Teil der Bauern war vom Grundherrn persönlich abhängig, das heißt sie waren **Leibeigene** (auch **Hörige** genannt). Ohne die Genehmigung des Grundherren durften sie zum Beispiel nicht heiraten.

Quelle

Bericht aus dem Mittelalter

Der Bauer wird wie das dumme Vieh in aller Unwissenheit erzogen. Er muss von morgens bis abends auf dem Acker arbeiten. Nachts muss er auf dem Feld wachen, damit das Wild nicht die Saat frisst. Zusätzlich wird er unaufhörlich mit Diensten, Botengängen, als Treiber auf der Jagd sowie mit Arbeiten auf der Burg geängstigt.

(Nach Franz, G.: Quellen zur Geschichte des deutschen Bauernstandes in der Neuzeit. Darmstadt 1963, S. 262)

Aufgaben

1 Beschreibe das Bauernhaus (M2). Was ist das Besondere bei diesem Haus?

2 Die Bauern waren von den Grundherren abhängig. Begründe diesen Satz (M1).

3 Betrachte die beiden Bilder (M3). Welche Tätigkeiten üben die Menschen aus?

Merke
Das Leben der Bauern war hart und entbehrungsreich. Sie waren unfrei und mussten für den Grundherrn arbeiten.

Grundbegriffe
- Fachwerkhaus
- Grundherrschaft
- Leibeigener (Höriger)

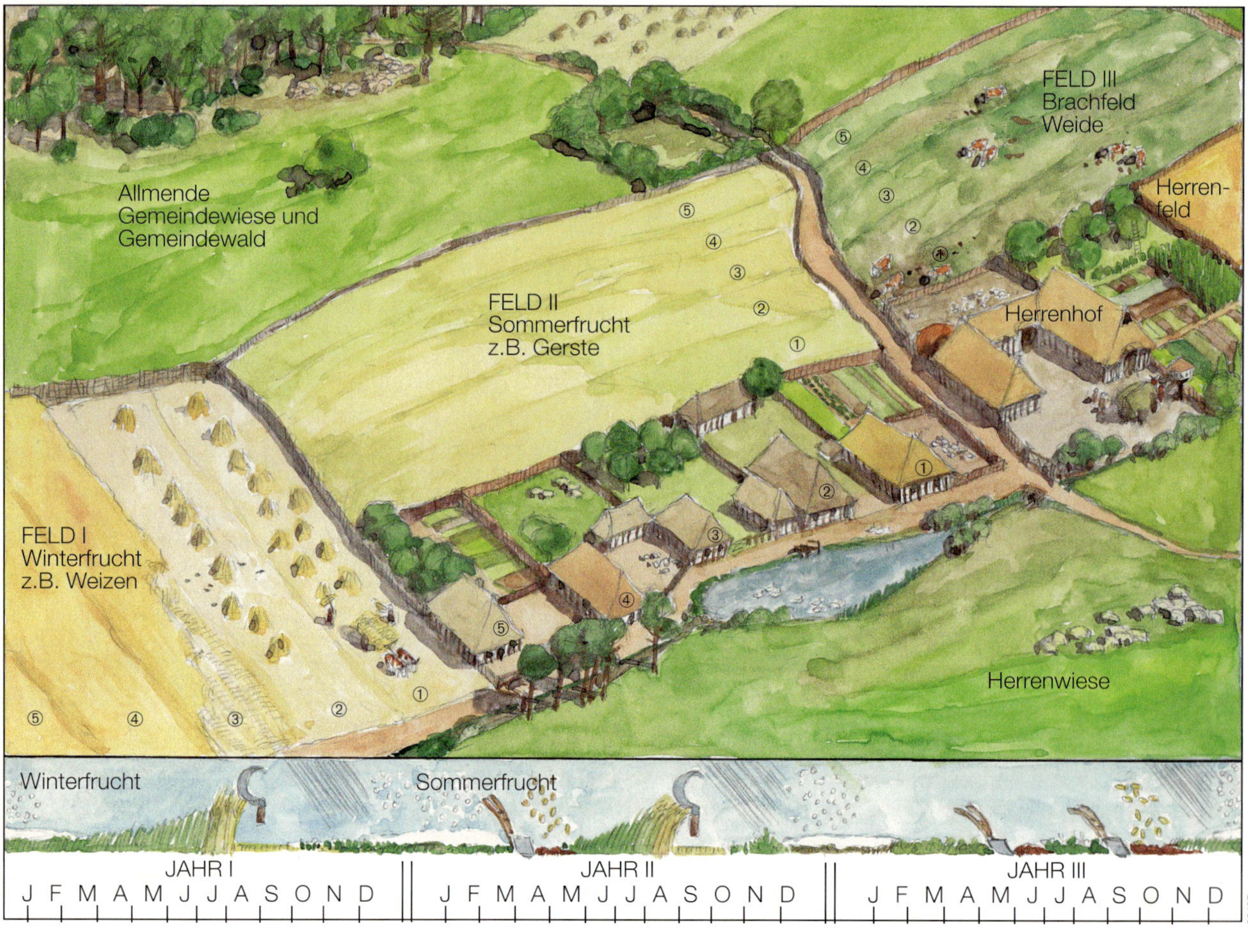

M1 *Dreifelderwirtschaft*

Die Dreifelderwirtschaft

Eine Ernte erbrachte damals nur das Dreifache der Aussaat. Davon musste der Bauer ein Drittel als Saatgut für das nächste Jahr zurücklegen und die hohen Abgaben an den Grundherrn bezahlen. Lediglich vom Rest konnte die Familie leben. Oft führten Unwetter, Kälte, Hitze, Ungeziefer-Plagen oder Kriege zu Missernten und damit zum Hungertod in ganzen Landstrichen.

Zwischen dem 7. und 14. Jahrhundert gab es wenig Seuchen in Europa. Dadurch wuchs die Bevölkerung auf 73 Millionen Menschen um das Jahr 1300. Sie alle mussten ernährt werden. Dies war nur möglich mit höheren Ernteerträgen und mehr Ackerland.

Die Einführung der **Dreifelderwirtschaft** mit Fruchtwechsel steigerte die Ernte. Früher ließ man die Hälfte des Bodens brachliegen, damit er sich erholen konnte. Nun teilte man das Ackerland in drei Teile und bepflanzte zwei davon; nur noch ein Drittel blieb ohne Anbau. Im Herbst säten die Bauern die Winterfrucht (Weizen, Dinkel, Roggen), im Frühjahr die Sommerfrucht (Hafer, Gerste und Anpflanzen von Gemüse).

Aufgaben

1 Erkläre anhand von M1 die Dreifelderwirtschaft.

2 Berichte über wichtige Erfindungen und Fortschritte in der Landwirtschaft (M1 – M4, Text).

3 Vergleiche die Arbeit von Bauern im Mittelalter mit der Arbeit von Landwirten heute.

M2 *Fortschritte in der Landwirtschaft*

Die alte Zweifelderwirtschaft

1. Jahr	Getreide	kein Anbau
2. Jahr	kein Anbau	Getreide
3. Jahr	Getreide	kein Anbau

Die neue Dreifelderwirtschaft

1. Jahr	Sommergetreide	Wintergetreide	kein Anbau
2. Jahr	kein Anbau	Sommergetreide	Wintergetreide
3. Jahr	Wintergetreide	kein Anbau	Sommergetreide

M3 *Ertragssteigerung durch die Dreifelderwirtschaft*

M4 *Neue Sense aus Eisen*

Technischer Fortschritt

Um neues Ackerland zu gewinnen, rodeten die Menschen Waldgebiete und legten Sümpfe und Moore trocken.

Eine große Hilfe im Ackerbau war die Erfindung des sogenannten Wendepfluges. Er hatte ein eisernes Pflugmesser, mit dem der Bauer die Erde wenden, lockern und gleichzeitig das Unkraut untergraben konnte. Der Pflug hatte vorn Räder, ließ sich lenken und konnte auch schwere Böden bearbeiten. Das Pflugmesser drang tief in den Boden ein, sodass Ackerfurchen von 15 Zentimetern und mehr entstanden.

Der neue Pflug war sehr schwer. Bisher hatte man Ochsen vor den Pflug gespannt. Sie haben jedoch weniger Kraft als Pferde. Durch die Erfindung des Kummets konnten jetzt auch Pferde als Zugtiere eingesetzt werden. Ein Kummet ist ein gepolsterter Kragen, der die Last gleichmäßig auf Schultern und Brust des Tieres verteilt. Ein Pferd erbrachte viermal mehr Arbeitskraft als ein Ochse.

Neuartige Sensen aus Eisen und hölzerne Dreschflegel erleichterten zusätzlich die Arbeit der Bauern.

Merke
Technischer Fortschritt sowie die Einführung der Dreifelderwirtschaft in der Landwirtschaft vergrößerten die Ernteerträge. Es konnten mehr Menschen ernährt werden als früher.

Grundbegriff
- Dreifelderwirtschaft

Die Stadt im Mittelalter

M1 *Plan einer typischen mittelalterlichen Stadt*

Städte entstehen

Die ältesten Städte in Deutschland sind die Römerstädte an Rhein, Mosel und Donau. Seit dem 11. Jahrhundert nahm die Zahl der **Stadtgründungen** rasch zu, weil die Bevölkerung wuchs.

Einige Städte wurden von Königen und Fürsten planmäßig gegründet, andere entstanden in der Nachbarschaft von Burgen und Klöstern oder an Kreuzungen alter Handelswege sowie an Meeresbuchten oder seichten Flussübergängen (Furten). In den Städten war der Marktplatz der Mittelpunkt des Handels.

Manche Städte verwalteten sich selbst und waren freie Städte. Dann hatten sie ein Rathaus.

Mit den Fortschritten in der Landwirtschaft brauchte man nicht mehr so viele Bauern. Andere Berufe entstanden. Handwerker siedelten sich in den Städten an und trugen zum Aufblühen der Städte bei.

Info

Freie Städte

Freie Städte waren Städte, die von den Bürgern selbst verwaltet wurden. Sie waren von keinem Herrn abhängig.
Rathaus und Stadtsiegel waren Kennzeichen einer freien Stadt. Die Bürger wählten einen Stadtrat und einen Bürgermeister. Der Bürgermeister besaß die Schlüssel zu den Stadttoren, leitete die Gerichtsverhandlungen und die Ratsversammlungen.

M2 *Ratsversammlung einer mittelalterlichen Stadt*

Das Leben in der Stadt

In der Stadt fühlten sich die Menschen sicher. Eine Stadtmauer mit Türmen und Toren schützte die Bewohner und die Waren der Kaufleute. Nachts wurden die Stadttore geschlossen. Nachtwächter gingen mit Laternen durch die Gassen, um Diebe abzuschrecken. In der Stadt herrschte Friedenspflicht. Keiner durfte Waffen tragen, und Streitigkeiten musste ein Gericht klären.

Viele Bewohner der Städte waren **Bürger**. Man wurde Bürger, wenn man einem bestimmten Stand angehörte. Bürger konnten über ihr Eigentum selbst verfügen und sich durch ihre Arbeit Wohlstand erwerben. Allerdings musste jeder, der etwas besaß, an die Stadtverwaltung Steuern bezahlen.

Das Aussehen der Stadt

In einer mittelalterlichen Stadt war wenig Platz. Wegen der Stadtmauer konnte sie nicht ins Umland wachsen. Die Häuser wurden eng aneinandergebaut. In den Gassen war es dunkel und stickig.

Das eindrucksvollste Gebäude war das Rathaus. Hier tagte der Stadtrat und beschloss wichtige Angelegenheiten. Oberster Vertreter der Stadt war der Bürgermeister. Zudem verfügten viele Städte über Getreidespeicher, die die Nahrungsmittelversorgung sicherten.

Die gleichen Handwerker wohnten oft in derselben Straße. So weisen noch heute Straßennamen auf Handwerkeransiedlungen in der Stadt hin, wie zum Beispiel Weber- oder Färbergasse.

Für kranke und alte Bewohner der Stadt gab es meist ein Spital, das durch Geldspenden von reichen Bürgern unterhalten wurde.

Aufgaben

1 Erkläre den damals entstandenen Satz „Stadtluft macht frei."

2 Besucht das Rathaus eurer Gemeinde und informiert euch über die Aufgaben der Bürgermeisterin oder des Bürgermeisters.

3 Erkläre, warum viele neue Städte ab dem 11. Jahrhundert entstanden sind.

4 Nenne wichtige Gebäude in einer mittelalterlichen Stadt. Wofür dienten sie?

5 Menschen mit gleichen Berufen wohnten oft in der gleichen Straße. Nenne fünf Beispiele in M1.

Merke
Freie Städte im Mittelalter waren ein sicherer Wohnort für ihre Bürger. Sie wurden von einem Bürgermeister und einem Stadtrat geführt.

Grundbegriffe
- Stadtgründung
- Bürger

Die Stadt im Mittelalter

0915B

M1 *Bevölkerungsschichten in der Stadt (Bürgerrechte hatten nur die Ober- und die Mittelschicht.)*

Menschen in der Stadt

1. „Ich wohne mit meiner Frau und den Kindern in einem kleinen Fachwerkhaus in der Töpfergasse. Als Handwerker gehöre ich zur ***...schicht***. Meine Werkstatt habe ich im Erdgeschoss. Oben essen und schlafen wir. Ich habe einen Gesellen und einen Lehrling. Sie haben es gut bei mir, geschlagen habe ich noch keinen. Nächsten Monat wird der Geselle auf Wanderschaft gehen. Er will auch bei anderen Meistern noch etwas lernen."

2. „Ich bin Kaufmann und handle mit Gewürzen und Pelzen. In der Schule lernte ich, wie man Briefe schreibt und wie man als Kaufmann rechnet. Früher kaufte ich selbst in ganz Europa Waren ein. Inzwischen erledige ich alle Geschäfte von meinem Kontor (Büro) aus. Ich habe mich mit anderen Kaufleuten zusammengeschlossen. Gemeinsam sorgen wir dafür, dass unsere Waren sicher befördert werden. Ich bin Angehöriger der ***...schicht***."

3. „Ich gehöre zum ‚fahrenden Volk' und damit zu einer ***...gruppe***. Als Musikant unterhalte ich an Markttagen die Leute. Oft sind noch Jongleure, Akrobaten und eine Handleserin da. Die Menschen freuen sich über unsere Unterhaltung, halten uns aber für unehrlich. Jeden Abend müssen wir deshalb die Stadt verlassen. Unser Lager ist außerhalb der Stadtmauer. Bald ziehen wir weiter. Hoffentlich habe ich bis zum Winter so viel Geld verdient, dass ich mir wärmere Kleidung kaufen kann."

4. „Meine Frau und ich zählen zu den reichsten Familien der Stadt. Wir sind adelige Patrizier und bilden die oberste Gruppe der ***...schicht***. Unser Haus ist mit prächtigen Giebeln und Glasfenstern ausgestattet."

5. „Als Angehöriger einer nichtchristlichen Religion gehöre ich zu den ***...gruppen***. Wir müssen in einem eigenen Teil der Stadt leben und sind häufig vom städtischen Leben ausgeschlossen."

6. „Ich habe Glück, dass mich der Bäcker als Magd aufgenommen hat. So habe ich genug zu essen und der Meister erlaubt, dass ich meiner Familie ab und zu ein altes Brot bringe. Mein Vater findet nur selten Arbeit als Knecht, weil er alt ist. Meine Mutter ist krank und schwach. Ich habe noch acht jüngere Geschwister, die bei meinen Eltern in einer kleinen Hütte an der Stadtmauer wohnen. Alle Leute, die so arm sind wie wir, haben kein Bürgerrecht. Wir dürfen nicht ohne Erlaubnis heiraten und sind immer von den Reichen abhängig, deshalb gehöre ich zur ***...schicht***."

M2 *Einwohner in der Stadt*

Aufgaben

1 a) Ordne die Aussagen 1.–6. den Personen auf den Bildern (a)–(f) in M2 zu.
b) Welchen Bevölkerungsschichten gehören die Personen aus den Texten 1.–6. an (M1)?

2 Vergleiche die Situation des Fernhandelskaufmanns mit der der Magd. Schreibe Unterschiede auf.

3 Warum geht der Töpfergeselle auf Wanderschaft?

Merke
Die Menschen in der Stadt gehören verschiedenen Bevölkerungsschichten an.

M1 *Handwerk und Handel (Holzschnitte, 1568)*

Aufgabe

1 a) Ordne die fünf Zunftwappen (M2) den Handwerker-Bildern (M1) zu.
b) Ein Zunftwappen fehlt in M2. Entwirf ein Wappen für das fehlende Handwerk.

Harte Arbeit, strenge Regeln – die Zunft

Die Handwerker der einzelnen Berufe schlossen sich zu **Zünften** mit eigenen Zunftzeichen zusammen. Nur wer Mitglied einer Zunft war, durfte seinen Beruf ausüben. Die Zünfte legten die Löhne und die Preise der Waren fest. Die Zünfte empfanden sich als „große Familie“. Hochzeiten fanden im Zunfthaus statt. Nach dem Tod eines Handwerkers kümmerte sich die Zunft um Frau und Kinder.

M2 *Zunftwappen*

M3 *Marktszene*

Der Markt

Neben der Stadtmauer, dem Rathaus und der Stadtkirche war der Marktplatz das besondere Kennzeichen einer Stadt. Das Recht, **Markt** zu halten, war wichtig, denn der Markt zog Menschen und ihr Geld an. An den festgelegten Markttagen herrschte lebhaftes und lautstarkes Treiben. Bauern aus der Umgebung kamen mit Geflügel, Eiern, Honig, Gemüse und Vieh in die Stadt. Handwerker boten Töpfe, Schuhe, Messer und Äxte an. Bäcker und Schlachter arbeiteten an ihren Verkaufsständen. Fernhändler verkauften kostbare Gewürze wie Pfeffer, Ingwer und Muskat, wertvolle Seidenstoffe aus China und Pelze aus Russland. Hier auf dem Markt traf man Bekannte und erfuhr Neuigkeiten.

Voraussetzung für das geschäftige Marktgeschehen waren Frieden und Sicherheit. Deshalb erließ der Stadtrat eine **Marktordnung**. So war zum Beispiel das Tragen von Waffen in der Stadt verboten. Wer dagegen verstieß, musste eine hohe Geldstrafe zahlen.

Quelle

Marktordnung

„Wir verordnen, dass außerhalb des öffentlichen Marktes kein Verkauf stattfinden darf. Wer dagegen verstößt, soll der Stadt 6 Schillinge und dem Richter 60 Pfennige zahlen. Hat er kein Geld, so wird ihm die Hand abgeschlagen.
Wir ordnen ferner an, dass zwei gute und mittelgroße Würste für 1 Pfennig verkauft werden. Sie dürfen nur aus reinem Schweinefleisch hergestellt werden. Von krankem Fleisch dürfen keine Würste gemacht werden. Wer dagegen verstößt, soll 1 Pfund Pfennige zahlen und für die Dauer eines Jahres vom Handwerk ausgeschlossen werden.
Lotterbuben aller Art und fahrende Schüler mit langem Haar halten wir fern. Die Leute, die sie über eine Nacht hinaus beherbergen, verurteilen wir zu 1 Pfund Pfennige." [1 Pfund Pfennige = 240 Pfennige = 8 Schillinge]

(Nach Quellen zur Wirtschafts- und Sozialgeschichte mittel- und süddeutscher Städte im Spätmittelalter; ausgewählt und übersetzt von G. Möncke, Darmstadt 1982, S. 49ff)

Aufgaben

2 a) Betrachte die Marktszene auf den Seiten 6/7 und suche darin den Ausschnitt M3.
b) Nenne Waren, die auf dem Bild Seiten 6/7 verkauft werden.

3 Der Markt war ein Treffpunkt. Erläutere (M4).

4 a) Wozu diente die Marktordnung (Quelle)?
b) Hältst du bei einem Verstoß die Strafen für sinnvoll?

5 Projektvorschlag:
Befragt in Gruppen verschiedene Handwerker in eurer Umgebung, wie sich ihre Tätigkeit im Laufe der Zeit verändert hat.
Schreibt darüber Berichte.

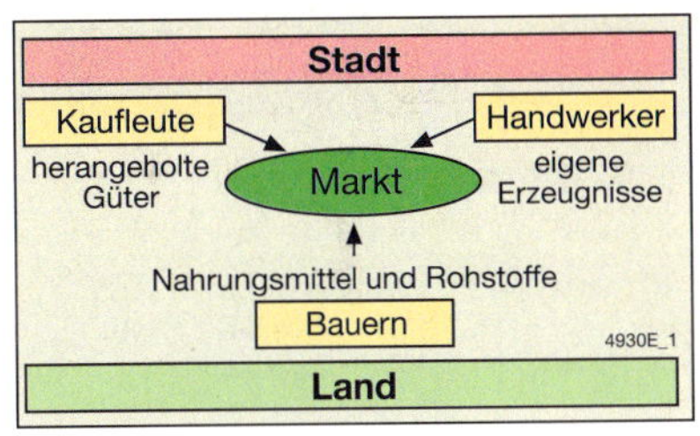

M4 *Treffpunkt Markt*

Merke
Städte waren bedeutende Handelsplätze. Der Markt war Treffpunkt und Mittelpunkt des Stadtlebens. Die Handwerker waren in Zünften organisiert.

Grundbegriffe
- Zunft
- Markt
- Marktordnung

Vertiefung

Mittelalterliche Stadt Cochem

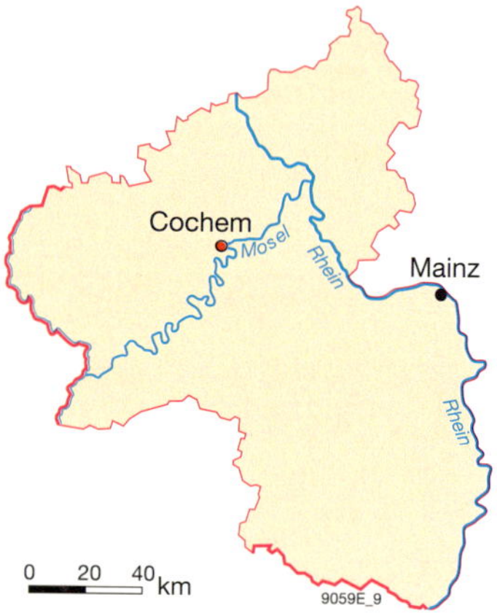

M1 *Lage von Cochem in Rheinland-Pfalz*

M4 *Die Cochemer Reichsburg thront über der Stadt.*

M2 *Enge Gassen*

Schmale, verwinkelte Gassen, Fachwerkhäuser, Reste der früheren Stadtmauer, alte Kirchen und Burgen – der Stadtkern von Cochem gehört zu den schönsten Zeugnissen des Mittelalters.
Doch viele der Fachwerkhäuser genügen nicht den Ansprüchen der Menschen an gute Wohnverhältnisse. Die Häuser sind oft schmal und die Fenster schlecht isoliert. Heizungen, elektrische Leitungen, Toiletten und Bäder müssen dringend erneuert werden.
Daher wird in der Altstadt eine **Stadtsanierung** durchgeführt. Hierbei bekommen die Hausbesitzer Zuschüsse für die Modernisierung. Um das Stadtbild zu erhalten, werden oft aufwendige Arbeiten durchgeführt. Teilweise werden die Mauern völlig abgetragen, sodass nur das Fachwerkgerüst bestehen bleibt; in diesem erfolgt der Neubau. In andere Häuser werden größere Fenster, neue Wände und Treppen eingebaut.

M5 *Leben und wohnen in der Altstadt*

- **866:** Erste urkundliche Erwähnung als „villa chuchema".
- **Um 1000:** Bau der Burg Cochem.
- **1240:** Bau der Winneburg.
- **1332:** Cochem erhält Stadtrechte; Bau der Stadtbefestigung.
- **1423–1425:** Die Pest wütet in der Stadt.
- **1689:** Zerstörung der Winneburg und großer Teile der Stadt durch ein Feuer.
- **1877:** Cochem erhält einen 4 205 m langen Eisenbahntunnel.
- **2010:** Kreisstadt (Landkreis Cochem-Zell); rund 5 100 Einwohner.

M3 *Daten zur Stadtgeschichte*

M6 *Die Pestkapelle*

Quelle

Das Programm zur Stadterneuerung

Das rheinland-pfälzische Innenministerium hat der Stadt Cochem 347 200 Euro aus dem Sanierungsprogramm des Landes bewilligt. Die Stadt kann damit städtebauliche Maßnahmen im Sanierungsgebiet in der Innenstadt durchführen.
Das Programm des Landes Rheinland-Pfalz zur Stadterneuerung ist ein wertvolles Instrument zur Stärkung der örtlichen Zentren. Wichtigste Ziele sind die Steigerung der Attraktivität und die Verbesserung der Wettbewerbsfähigkeit der Innenstädte. Sie sollen als attraktive Wohn-, Handels-, Dienstleistungs-, Einkaufs-, Kultur- und Freizeitstandorte erhalten werden.

(Nach: Ministerium des Inneren und für Sport Rheinland-Pfalz vom 19.10.2007)

Aufgaben

1 Cochem ist eine mittelalterliche Stadt. Eläutere, wie sich das am Stadtbild zeigt (M2, M4–M6, M8, M9).

2 Erörtere die Vor- und Nachteile des Wohnens in einem mittelalterlichen Stadtkern.

3 Begründe, warum das Land Rheinland-Pfalz Geld zur Sanierung von mittelalterlichen Stadtkernen zur Verfügung stellt (Quelle).

So wie Cochem gibt es auch in deiner Umgebung andere Orte, die einen mittelalterlichen Ursprung haben. Viele Städte haben eine historisch geprägte Mitte, selbst wenn Gebäude abgerissen wurden, alte Stadtmauern verschwunden sind und neue Straßen sowie Grünanlagen entstanden sind.
Suche dir eine Stadt in der Umgebung aus und lege mithilfe des Internets eine Dokumentation an:
- Beschreibe in Grundzügen die Stadtgeschichte.
- Berichte über einzelne alte Gebäude – zum Beispiel das Rathaus, eine Kirche, eine Fabrik. Hier ein Beispiel:

Die Reichsburg Cochem ist das Wahrzeichen der Stadt. 1151 erklärte sie König Konrad III. zur Reichsburg. 1689 zerstörten französische Truppen die Burganlage. Fast 180 Jahre war sie eine Ruine, bis …

M7 *Spurensuche*

Merke
Cochem ist eine mittelalterliche Stadt an der Mosel. Dort werden Stadtsanierungsarbeiten durchgeführt, die den typischen Charakter der Altstadt erhalten und die Wohnqualität erhöhen.

Grundbegriff
- Stadtsanierung

M8 *Stadttor aus dem Mittelalter*

M9 *Fachwerkhäuser am Markplatz*

Jeder gehört zu einem Stand

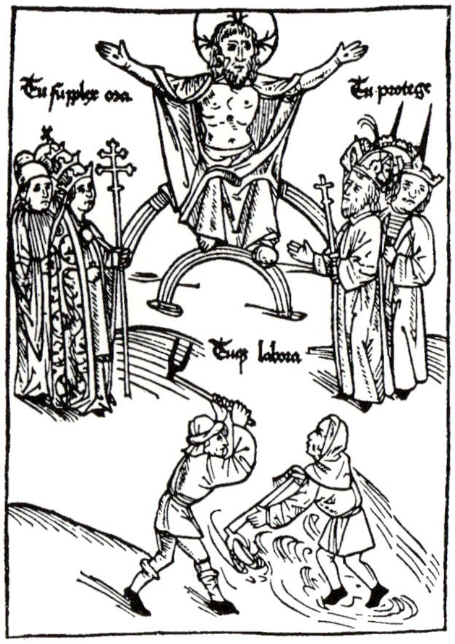

M1 *Ständeordnung*
Christus befiehlt den Ständen:
Du bete demütig! (links)
Du schütze! (rechts)
Und du arbeite! (unten)
(Stich, 1492)

Die Ständeordnung

Im Mittelalter gehörte jeder Mensch einem Stand an. Es gab drei Stände: Geistliche, Adlige sowie Bürger und Bauern. Wer als Bauernkind geboren war, konnte nicht in einen höheren Stand aufsteigen. Dies war nach der Lehre der Kirche von Gott so gewollt.

Quelle 1

Der Bischof von Leon zur Ständeordnung (1016)

Das Haus Gottes ist dreigeteilt: Die einen beten, die anderen kämpfen, die dritten endlich arbeiten. Diese drei miteinander lebenden Schichten … können nicht getrennt werden.
Die Dienste des einen sind die Bedingung für die Werke der beiden anderen. Jeder trachtet danach, das Ganze zu unterstützen.

(Nach Otto Gerhard Oexle: Die funktionelle Dreiteilung der Gesellschaft bei Adalbert von Leon. In: Mentalitäten im Mittelalter. Sigmaringen 1987, S. 83)

Quelle 2

Der Bischof von Worms zur Ständeordnung (1010)

Wegen der Sünde des ersten Menschen ist dem Menschengeschlecht als Strafe Knechtschaft auferlegt worden. Gott hat jenen, für die die Freiheit nicht passt, in großer Barmherzigkeit die Knechtschaft auferlegt … Die einen hat er zu Knechten, die anderen zu Herren eingesetzt.

(Nach: Ständelehre des Burchard von Worms. Geschichte in Quellen. Mittelalter. München 1975, S. 711 ff.)

Aufgaben

1 Beschreibe anhand der Zeichnung M2 die mittelalterliche Ständeordnung.

2 Beschreibe M1. Welchem Stand befiehlt Christus zu beten, welchem zu schützen und welchem zu arbeiten?

3 Erkläre mit eigenen Worten anhand des Textes, des Info-Textes und des Schaubildes M4 das Lehnswesen.

4 Berichte, wie der Graf seine Vasallen belehnt (Quelle 3).

5 Interpretiere die Abbildung aus dem Sachsenspiegel (M3).

6 Quelle 3 und M3 ergänzen sich. Erkläre.

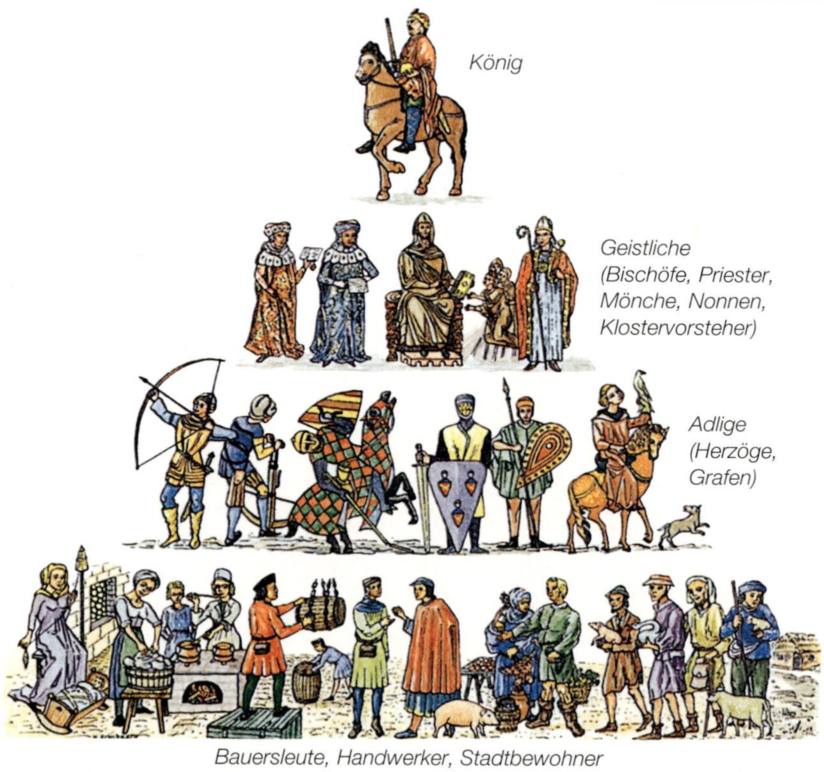

M2 *Ständeordnung im Mittelalter (heutige Zeichnung)*

Das Lehnswesen

An der Spitze der Gesellschaft stand der König. Er war für die Verwaltung und den Schutz seines Landes zuständig. Außerdem gehörte ihm der größte Teil des Grund und Bodens. Bei seiner Arbeit halfen ihm die weltlichen und geistlichen Adligen, die Herzöge, Grafen und Bischöfe. Als Gegenleistung für gehorsame Dienste bekamen sie vom König Land geliehen, ein sogenanntes **Lehen**, mit Burgen, Dörfern und Bauern. Nach ihrem Tod fiel das Land an den König zurück.

Im Laufe der Zeit konnten die weltlichen und geistlichen Adligen aber das Land behalten und vererbten es an ihre Söhne weiter. Die Adligen verliehen oft einen Teil ihres Landes an Ritter, die für sie dann Kriegsdienste leisten mussten. Dieses System heißt Lehnswesen.

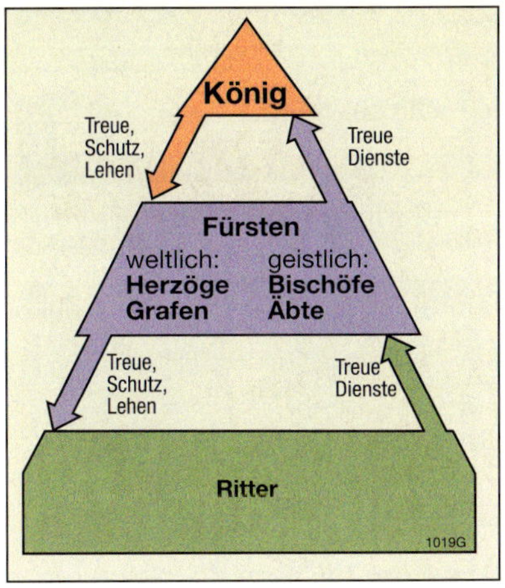

M4 *Das Lehnswesen*

Quelle 3

Übergabe eines Lehens durch den Grafen von Flandern

Der Graf fragte den zukünftigen **Vasallen**, ob er ohne Vorbehalt sein Mann werden wolle, und dieser antwortete: „Ich will es." Alsdann umschloss der Graf die zusammengelegten Hände des anderen mit seinen Händen, und sie besiegelten den Bund durch einen Kuss. Zweitens gab der Vasall dem Grafen mit folgenden Worten sein Treueversprechen: „Ich verspreche bei meiner Treue, von nun an dem Grafen Wilhelm treu zu sein, aufrichtig und ohne Trug." Drittens bekräftigte er sein Versprechen durch einen Eid.

(Nach Walter Koschorrek: Der Sachsenspiegel in Bildern. Frankfurt/M. 1976, S. 118)

Info

Vasall

Im Mittelalter war der Begriff Vasall eine andere Bezeichnung für den Lehnsmann. Der Adlige begab sich in den Schutz eines mächtigen Herrn, erhielt von ihm ein Stück Land – ein Lehen – zum Unterhalt und verpflichtete sich dafür zu Rat und Hilfe.

M3 *Ein Vasall mit zwei Lehnsherren (Darstellung aus dem sogenannten Sachsenspiegel, einer Sammlung von Gesetzen aus dem 13. Jahrhundert). Der Ast und die Fahne sind Symbole für ein Lehen.*

Merke

Im Mittelalter gehörte jeder Mensch zu einem Stand. An der Spitze stand der König. Er vergab Lehen an Geistliche und Adlige. Dafür erhielt er Unterstützung.

Grundbegriffe
- Lehen
- Vasall

Das Klosterleben

M1 *Eintritt ins Kloster*

M2 *Nonnen beim Gebet (mittelalterliche Buchmalerei)*

„Bete und arbeite!"

Der Glaube an Gott und die Vorstellung, dass es Himmel und Hölle gibt, spielten im Mittelalter eine wichtige Rolle. Für das Seelenheil nach ihrem Tod schenkten deshalb viele Menschen ihren Besitz der Kirche. Manche Eltern schickten ihre Söhne und Töchter in ein Kloster, damit diese für sie beten sollten oder traten selbst einem geistlichen Orden bei.

529 n.Chr. gründete Benedikt von Nursia in Monte Cassino südlich von Rom das erste abendländische **Kloster** und gab der Mönchsgemeinschaft die „Regel des heiligen Benedikt". Diese Regel wurde Grundlage des ersten Mönchsordens, der Benediktiner, und auch vieler später gegründeter Orden.

Das Leben in einem Kloster war hart. Der Grundsatz lautete: „Ora et labora"; das bedeutet: „Bete und arbeite".

Quelle

Aus der Regel des Benedikt von Nursia (529 n. Chr.)

Der Abt, der würdig ist, ein Kloster zu leiten, soll stets daran denken, wie er genannt wird (abbas = Vater). Er soll den Namen eines Oberen durch seine Taten rechtfertigen, denn er gilt als Stellvertreter Christi im Kloster.
Niemand darf ohne Erlaubnis des Abtes etwas verschenken oder annehmen. Man darf nichts Eigenes besitzen, überhaupt keine Sache: weder ein Buch noch eine Schreibtafel noch einen Griffel; sondern überhaupt gar nichts. Es ist nicht erlaubt, über seinen Leib und seinen Willen frei zu verfügen. Alles Nötige soll man vom Abt des Klosters erhoffen. Und alles sei allen gemeinsam.
Müßiggang ist der Feind der Seele. Daher müssen sich die Brüder mit ihrer Hände Arbeit, zu bestimmten Stunden mit heiliger Lesung beschäftigen.

(Nach Benedikt von Nursia: Die Regel des heiligen Benedikt. Beuron 1990, S. 26)

M3 *Ein Mönch und ein weltlicher Helfer arbeiten in der Schreibstube. (Buchmalerei um 1040)*

M4 *Krankenzimmer im Mittelalter*

Das Kloster – ein Ort mit vielen Aufgaben

Die Menschen der Umgebung wurden im Kloster medizinisch versorgt. Die Nonnen und Mönche pflegten alte Menschen und versorgten Arme mit Essen, Trinken und Unterkunft.

Im Mittelalter waren die Mönche lange Zeit die einzigen Menschen, die lesen und schreiben konnten. In den Bibliotheken der großen Klöster standen neben der Bibel auch naturkundliche Werke. Die Mönche gaben ihr Wissen an die Bevölkerung weiter.

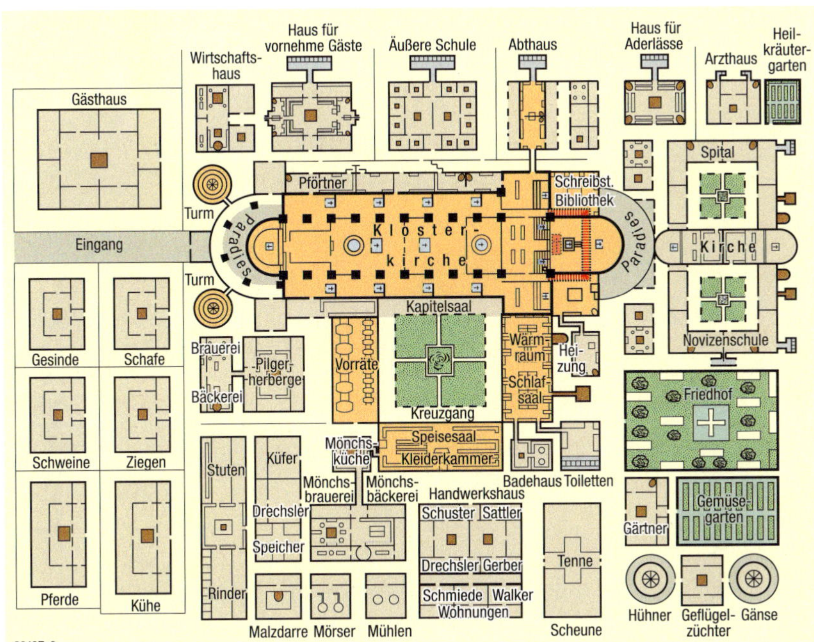

M5 *Bauplan des Klosters St. Gallen aus dem 9. Jahrhundert*

Aufgaben

1 Lies den Quellentext. Fasse den Inhalt mit eigenen Worten zusammen.

2 Beschreibe anhand er Abbildungen den Grundsatz der Benediktiner „Bete und arbeite".

3 Du bist Novize (Neuankömmling) in einem Kloster und beschreibst in einem Brief an deine Familie die Klosteranlage (M5). Kläre zunächst unbekannte Begriffe.

5 Erstelle eine Liste von Handwerksberufen, die auf dem Plan (M5) verzeichnet sind.

6 Informiere dich, ob es in deiner Umgebung ein Kloster gibt oder gab. Ermittle, zu welchem Orden es gehört oder gehörte.

- mehrstöckige Gebäude
- einstöckige Gebäude
- offene Feuerstelle, Lichtöffnung
- Grünanlagen
- Altäre
- Heiligengrab

Merke
529 n.Chr. gründete Benedikt von Nursia das erste Kloster in Europa. Die Mönche übernahmen Wohltätigkeitsaufgaben. Das Klosterleben war hart.

Grundbegriff
- Kloster

Leben auf einer Burg

Burgen

Im Mittelalter lebten die Grundherren (die Besitzer des Landes) und die **Ritter** in **Burgen**, während die abhängigen Bauern kleine Häuser bewohnten und das Land bearbeiteten.

Die Ritter waren Berufskrieger. Ihre Burgen dienten zur Verteidigung und zum Schutz der Bewohner, denn in Kriegszeiten fanden auch die abhängigen Bauern dort Zuflucht und Sicherheit. Oft wurden die Burgen von Feinden lange Zeit belagert.

Bildlegende:

① Eingang der Burg mit Zugbrücke, Fallgitter und Wassergraben

② Die Torwächter halten Wache.

③ Pferdeställe

④ Der Brunnen ist sehr wichtig für die Wasserversorgung der Burgbewohner.

⑤ Burgschmiede. Hier werden Waffen geschmiedet.

⑥ Vorratskeller. Vorräte sind bei einer Belagerung lebenswichtig.

⑦ Burgküche

⑧ Die Burgbrauerei liefert täglich frisches Bier.

⑨ Toiletten

⑩ Senkgrube

⑪ Zisterne. Hier wird Regenwasser aufgefangen.

⑫ Der Wehrgang verläuft oben über die gesamte Burgmauer. Hier wird gekämpft.

⑬ Der Bergfried ist der mächtigste Turm der Burg. Er bietet den meisten Schutz.

⑭ Raum des Burgverwalters

⑮ Wohnzimmer des Burgherrn

⑯ Burgkapelle

⑰ Der Rittersaal dient als Versammlungsraum der Ritter.

⑱ Wendeltreppe als Aufstieg zum Wehrgang

⑲ Burgverlies mit den Gefangenen

Merke
Burgen dienten im Mittelalter als Wohnung der Ritter und Grundherren sowie ihren Bediensteten. Eine Burg bot Schutz vor Feinden.

Grundbegriffe
- Ritter
- Burg

M1 *Heutige Zeichnung einer Ritterburg*

Aufgabe

1 Du bist ein Spion und sollst das Innere dieser Burg ausspionieren. Schleiche dich anhand der in der Legende angegebenen Nummern durch diese Burg und schreibe einen Bericht für deinen Auftraggeber.

Von Rittern und Edelfrauen

Aufgaben

1 Ritter waren in voller Rüstung kaum auseinanderzuhalten. Belege dies mithilfe von M1.

2 Berichte als Reporter in einer „Live-Reportage“ von einem Ritterturnier.

3 Zeichne nach deinen Vorstellungen einen Schild für einen Ritter (M7).

M3 *Ritterturnier*

Jedem Herrscher seine Burg

M1 *In voller Rüstung*

Die Ritter waren Berufskrieger. Sie trafen sich mehrmals im Jahr zu Ritterspielen, den **Turnieren**. Diese Turniere waren oft mehrtägige Feste, auf die sich Edelfrauen und Ritter gleichermaßen freuten. Die Edelfrauen nutzten die Gelegenheit, ihre prachtvollen Gewänder vorzuführen. Die Männer erprobten im Wettkampf ihre Reitkünste und den Umgang mit den Waffen. Für alle Beteiligten boten die Turniere eine willkommene Abwechslung vom eintönigen Burgleben; sie waren aber auch Übung für den Ernstfall. Obwohl Ritter bei einem Tunier mit geschützten Lanzen kämpften, wurden sie häufig verletzt oder sogar getötet.

Nicht nur im Kampf erwartete man von einem Ritter faires, anständiges und vorbildhaftes Benehmen. Mit diesem Amt waren auch die Treue gegenüber seinem Herrn, der Schutz aller Schwachen und die respektvolle Haltung gegenüber jeder Frau verbunden.

M2 *Hölzerner Gegner: Ritter üben den Kampf an einer Holzpuppe*

M4 *Kopfschmuck adeliger Damen*

Aufgabe

4 Trage in eine Tabelle ein:
a) Eigenschaften, die adelige Frauen im Mittelalter haben sollten.
b) Eigenschaften, die Ritter haben sollten.
c) Vergleiche mit heutigen Erwartungen an Frauen und Männer.

Angebetet und verehrt

Während die Jungen als Page oder als Knappe dienten, erlernten die Mädchen hauptsächlich, wie man einen Haushalt führt. Kochen, Spinnen und Weben musste jede adelige Dame beherrschen. Viele lernten Lesen und Schreiben, einige sogar Fremdsprachen wie Französisch und Latein. Die Pflege der Kranken und Verwundeten gehörte ebenso zu den Aufgaben einer Burgherrin wie die Verwaltung der Burg in Abwesenheit des Ritters. Außerdem war sie für die Bewirtung und Unterbringung der Gäste zuständig.

Schon im Alter von etwa 14 Jahren wurde ein Mädchen verheiratet. Den Ehemann suchten die Eltern aus und gaben ihrer Tochter eine Mitgift, eine standesgemäße Aussteuer. Nach ihrer Hochzeit hatte die Frau Dienstboten für die Hausarbeit und Ammen für die Kinder. Sie genoss hohes Ansehen, sobald sie einen Erben zur Welt gebracht hatte.

Die adeligen Damen wurden von den Rittern verehrt. Ihnen widmeten die Ritter oft Gedichte und Lieder, in denen sie ihre Anbetung ausdrückten. Wenn die Ritter tugendhaft waren, mussten sie auf die Damen verzichten. Auch den Frauen war es nicht erlaubt, die Gefühle zu erwidern.

M7 *Schild eines Ritters*

M5 *Schmuck*

M6 *Evangeliar*

Merke
Ritter waren Berufskrieger. Auf Turnieren erprobten sie den Umgang mit Waffen.
Ihre Ehefrauen und Töchter lernten Lesen und Schreiben, widmeten sich Armen und Kranken und verwalteten die Burg in Abwesenheit des Ritters.

Grundbegriff
- Turnier

Burgenland Rheinland-Pfalz

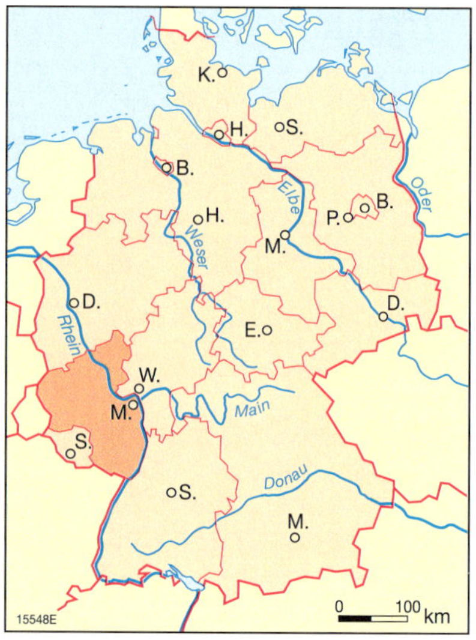

M1 *Lage von Rheinland-Pfalz in Deutschland*

Jedem Herrscher seine Burg

Das Gebiet des heutigen Rheinland-Pfalz gehörte im Mittelalter vielen weltlichen und geistlichen (kirchlichen) Landesherren. Eheschließungen und Erbteilungen führten zu weiteren Zersplitterungen, sodass schließlich ein regelrechter Flickenteppich von Herrschaftsgebieten entstanden war.

Jeder Landesherr, der etwas auf sich hielt, wollte mit einem großartigen Bauwerk auf seine Bedeutung hinweisen, sei es mit einer Burg oder einem Schloss. Vor allem die Mittelgebirge und die Flusstäler von Rhein und Mosel sind heute von Burgen gesäumt. Zwar wurden viele von ihnen durch Kriege immer wieder zerstört, doch aus den Trümmern entstanden häufig neue Burgen, die noch weitaus prächtiger waren.

Da es in Eifel, Hunsrück und Westerwald sehr viele Berge gibt, finden wir in Rheinland-Pfalz überwiegend die sogenannten **Höhenburgen**. Sie liegen meist hoch oben über den Ortschaften und waren aufgrund ihrer Lage gut zu verteidigen.

M2 *Burgen-Karte von Rheinland-Pfalz. Die Auswahl der bekanntesten und am besten erhaltenen mittelalterlichen Burganlagen zeigt, warum Rheinland-Pfalz auch als „Burgenland" bezeichnet wird.*

Verschiedene Arten von Burgen

Äußerlich sehen sich viele Burgen recht ähnlich: Sie haben mindestens einen großen Turm und zum Schutz ein dickes Mauerwerk.

Allerdings gibt es auch Burgen, die besonders gut befestigt wurden. Dies war dann der Fall, wenn der Herrscher seinen Untertanen nicht traute. Ein solcher Herrscher galt als ungerecht und forderte zu hohe Abgaben von seinen Untertanen. Diese besonders geschützten Burgen nennt man **Zwingburgen**.

Eine andere Art von Burgen sind die **Zollburgen**. Diese waren geschickt an wichtigen Handelswegen und Grenzen platziert. An diesen Stellen durften Reisende erst passieren, wenn sie dafür bezahlt hatten. Zolleinnahmen waren im Mittelalter die Haupteinnahmen der Burgherren. Zoll wurde nicht nur an den Grenzen der Herrschaftsgebiete erhoben, sondern als Wegezoll, Brückenzoll und Torzoll auch im Binnenland.

Diese Zölle leben heute in Form von Autobahn-, Brücken- und Tunnelgebühren wieder auf.

M3 *Zwei Burgen in Rheinland-Pfalz (Lage siehe M2)*

Info

Höhenburgen und Hangburgen
Es gibt zwei Arten von Höhenburgen:
Die *Gipfelburg* thront auf dem Gipfel, der höchsten Stelle eines Berges.
Die *Spornburg* liegt auf einem „Bergsporn", einer Art Vorsprung am Berg.
Beide Burgtypen sind gut zu verteidigen.
Die *Hangburg* befindet sich am Hang eines Berges. Sie liegt tiefer als die Gipfel- und Spornburg. Extrem dicke Mauern schützen diese Burg vor Angreifern.

Aufgaben

1 Schau dir die Burgen-Karte (M2) an und ordne fünf Burgen deiner Wahl einer Landschaft in Rheinland-Pfalz zu. Nutze hierfür den Atlas.

2 Suche in M2 fünf Burgen heraus und recherchiere, um welchen Typ von Burg es sich handelt (Info).

3 Ermittle, welche Burg (oder welche Burgen) deinem Wohnort am nächsten liegen. Schreibe mithilfe des Internets einige Kennzeichen dieser Burg (oder Burgen) auf.

Merke
In Rheinland-Pfalz gibt es viele Burgen. Aufgrund der Lage und ihres Nutzens können mehrere Burgtypen unterschieden werden.

Grundbegriffe
- Höhenburg
- Zwingburg
- Zollburg

Bürger, Ritter, Bauersleut'

1. Die Pfalz Karls des Großen

Aus welchen Teilen besteht die Pfalz? Schreibe die Ziffern mit den entsprechenden Begriffen in deine Mappe oder dein Heft.

2. Die Dreifelderwirtschaft

a) Zeichne die untere Abbildung ab oder lege Transparentpapier darauf und übertrage sie. Schreibe die fehlenden Feldfrüchte hinein.

b) Worin unterscheidet sich die Dreifelderwirtschaft von der alten Zweifelderwirtschaft? Warum kann man sie als Fortschritt bezeichnen?

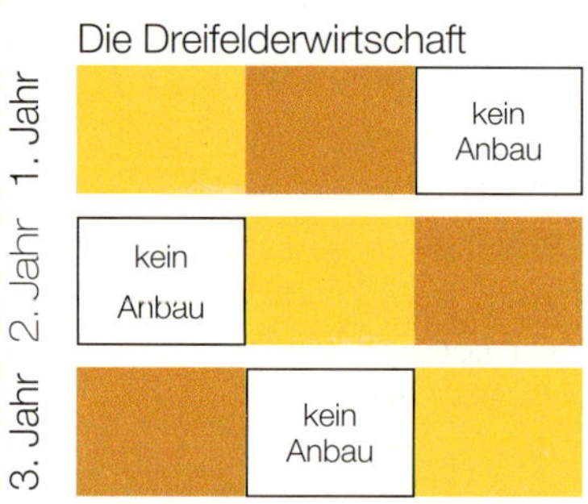

3. Stadtgründungen

Erkläre mithilfe der Abbildung, welche Orte sich besonders für eine Stadtgründung eigneten.

4. Das Leben in der Stadt

a) Erkläre, wie man Bürger einer Stadt wurde.

b) Notiere die Rechte und Pflichten eines Bürgers.

c) Stelle aus den nachfolgenden Buchstaben Begriffe zusammen, die zu einer Stadt im Mittelalter passen.

TE – LEU – KER – ZÜNF – ADT – HAND – KAUF – CHER – DE – ER – GAS – GE – HA – MAU – SPEI – RAT – WER – SEN – SPI – ST – TE – TAL – TREI – US

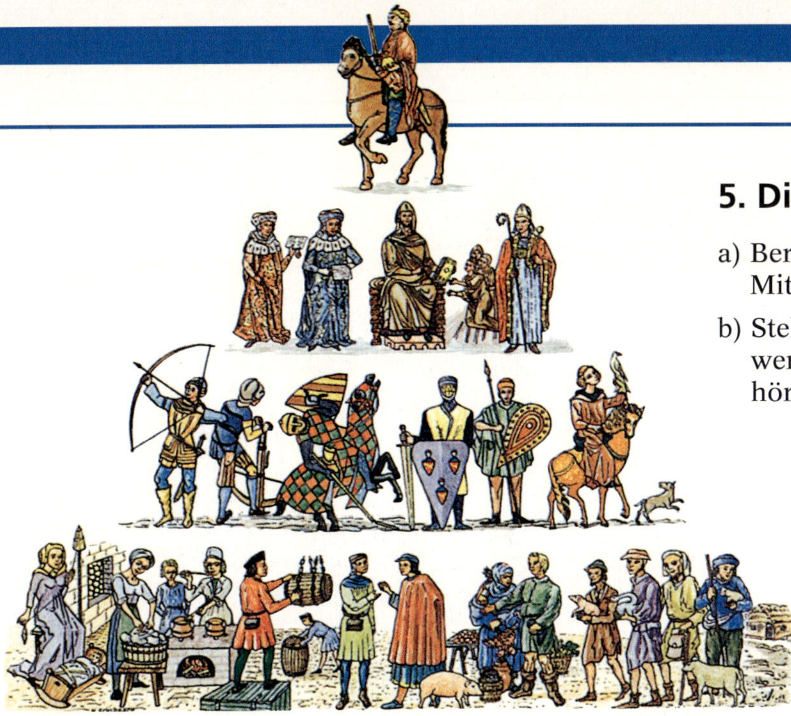

5. Die Ständeordnung

a) Berichte über die Ständeordnung im Mittelalter.

b) Stelle in einer Tabelle zusammen, wer zu den einzelnen Ständen gehörte.

6. Aufgaben für Experten

a) Erkläre das Lehnswesen. Fertige dazu auch eine Skizze an.

b) Erläutere den Begriff „Hörige“ und notiere, wie das Leben eines Hörigen aussah.

c) Freie Städte waren von keinem Herrn abhängig. Notiere die Kennzeichen einer freien Stadt.

d) Erkläre die Bedeutung des Marktes für eine mittelalterliche Stadt.

e) Fertige eine Skizze an, in der du den Markt als Verbindung zwischen Stadt und Land darstellst.

f) Berichte über das Leben eines Ritters.

g) Schildere, wie adlige Mädchen erzogen wurden.

h) Burg ist nicht gleich Burg. Erkläre.

i) Beschreibe, wie eine Bauernfamilie im Mittelalter lebte.

j) Erkläre, warum es für einen Handwerker wichtig war, zu einer Zunft zu gehören.

k) Zeichne ein Zunftzeichen deiner Wahl und bezeichne es.

Grundbegriffe
- Mittelalter
- gotischer Stil
- Karl der Große
- Pfalz
- Heiliges Römisches Reich
- Fachwerkhaus
- Grundherrschaft
- Leibeigener (Höriger)
- Dreifelderwirtschaft
- Stadtgründung
- Bürger
- Zunft
- Markt
- Marktordnung
- Stadtsanierung
- Lehen
- Vasall
- Kloster
- Ritter
- Burg
- Turnier
- Höhenburg
- Zwingburg
- Zollburg

Die Stadt – Motor und Spiegel gesellschaftlicher Entwicklung

Die Bedeutung von Städten – Beispiel Hamburg

Mit Modellen arbeiten

Hafenstadt Hamburg

Hamburg zur Zeit der Hanse

Hamburg – Partner anderer Metropolen

Stadtplanung – Bürger wirken mit

M1 *Im Hamburger Hafen* ▶

49

Die Bedeutung von Städten – Beispiel Hamburg

M1 *Stadtwappen von Hamburg*

In der Stadt leben

Städte sind im Vergleich zu ländlichen Gebieten dichter besiedelt und bebaut. Daraus erfolgt ein größeres Aufkommen an Gebäuden, an Verkehr, an Wirtschaft und Handel in einem kleineren Raum. Die meisten Bewohner einer Stadt wohnen in ruhigeren Gebieten am Stadtrand und pendeln regelmäßig in die City. Viele Erwachsene haben dort ihren Arbeitsplatz, Kinder ihren Bildungsplatz: die Schule. In den zahlreichen Geschäften der City, aber auch den Läden und Einkaufszentren der Gewerbegebiete versorgen sich die Bewohner mit den Waren des täglichen Bedarfs. Die Stadt bietet ein breitgefächertes Angebot, sich zu bilden und seine Freizeit zu verbringen. Alle diese menschlichen Grundbedürfnisse nennt man **Grunddaseinsfunktionen**. Sie werden von allen Menschen in Anspruch genommen und sollten überall auf der Welt menschenwürdig erfüllt werden. In einer Stadt geschieht das auf engstem Raum.

Ein dichtes Netz an öffentlichen Verkehrsmitteln in der Stadt (Bus, Straßenbahn, S-Bahn oder U-Bahn), aber auch Taxidienste helfen den Bewohnern bei der Erfüllung der Grunddaseinsfunktionen und erleichtern dabei, größere Entfernungen schnell zu überwinden.

M2 *Grunddaseinsfunktionen*

Apotheke – Architekt – Baumarkt – Bausparkasse – Druckerei – Diskothek – Feuerwehr – Flugzeughersteller – Gebäudereinigung – Hausmeisterservice – Immobilienmakler – Kaufhaus – Krankenhaus – Kindergarten – Kirche – Maschinenbau – Musikschule – Museum – Partei – Polizei – Reitstall – Restaurant – Schwimmbad – Sporthalle – Tierheim – Universität – Zahnarzt

M3 *Abschnitte im Branchenverzeichnis (Auswahl)*

Aufgaben

1 Hat dein Wohnort ein Wappen? Finde heraus, wie es aussieht und was es bedeutet.

2 In einem Branchenverzeichnis findest du viele Adressen, die zu den Grunddaseinsfunktionen passen. Ordne die Beispiele in M3 den Grunddaseinsfunktionen in Abbildung M2 zu.

3 Liste in einer Tabelle die Entfernungen auf, die du zurücklegen musst, um die Daseinsgrundfunktionen an deinem Wohnort zu erfüllen.

4 Erkläre die Aussage „Manch einer hat Angst vor der Großstadt."
Welche Ängste könnten das sein?

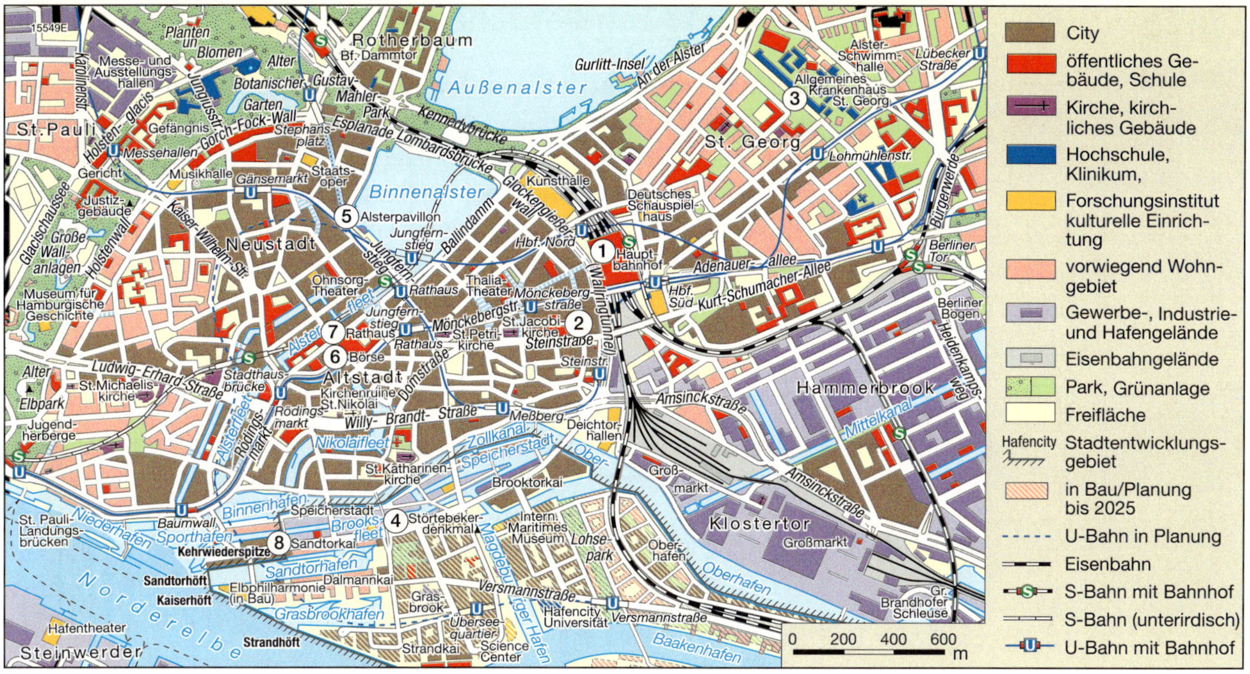

M4 *Karte der Hamburger Innenstadt*

Hallo Taxi!

Der Taxi-Chauffeur Tarik (48 Jahre) sagt: „Von einem Taxifahrer erwarten die Leute, dass er sich auskennt." Er hat den Hamburger Stadtplan im Kopf. Seit zwölf Jahren fährt der gebürtige Iraner Einheimische und Fremde durch die Stadt. „Für viele Touristen bin ich der erste Hamburger, mit dem sie sprechen. Die fragen mich dann alles Mögliche, zum Beispiel nach den Mietpreisen in der neuen Hafencity oder dem Tabellenstand des HSV."

Tarik hat auf alles eine Antwort. „Ich gebe den Leuten ein gutes Gefühl für Hamburg. Busse und Bahnen sind zwar billiger, aber ich fahre sofort los und bringe meine Gäste bis vor die Haustür."

06:55 Uhr:	Tarik beginnt seine Schicht am **(1)**.
07:15 Uhr:	Eine junge Frau steht vor der **(2)**. Sie ist hochschwanger. Tarik fährt sie in das **(3)**.
09:30 Uhr:	Am **(4)** steigen zwei Touristen ein. Die Fahrt geht zum **(5)**.
12:05 Uhr:	Am **(1)** steigt ein Geschäftsmann aus den USA in Tariks Taxi ein. Er will zur **(6)**.
12:20 Uhr:	Am **(7)** warten schon die nächsten Fahrgäste. Ein junges Paar will sich Wohnungen am **(8)** anschauen.

M5 *Mit Tarik unterwegs (siehe M4).*

Aufgabe

5 Tariks Taxifahrten (M5) durch Hamburg kannst du in der Karte M4 „nachfahren" und die Start- und Zielpunkte bestimmen. Schreibe Tariks komplette Fahrten auf.

Merke
In der Stadt können Menschen auf engem Raum ihre Grundbedürfnisse erfüllen. Verkehrsmittel ermöglichen es, die Grundbedürfnisse schnell miteinander zu verbinden.

Grundbegriff
- Grunddaseinsfunktion

Mit Modellen arbeiten

Info

Modell
In einem Modell wird die Wirklichkeit vereinfacht dargestellt. Es beschränkt sich auf die wichtigsten Merkmale und hilft, schwierige Zusammenhänge besser zu verstehen.

Stadt und Land ergänzen sich

Stadt und Land sind aufeinander angewiesen: Die Stadt bietet für die Bewohner ihres Umlandes Arbeitsplätze, Einkaufsmöglichkeiten und viele andere Einrichtungen. Das Land bietet für die Städter unter anderem Erholungsmöglichkeiten in der Natur und Wohnraum für Pendler. Diesen Sachverhalt kann man ohne viele Worte auch zeichnerisch darstellen: in einem **Modell** (M3, M4).

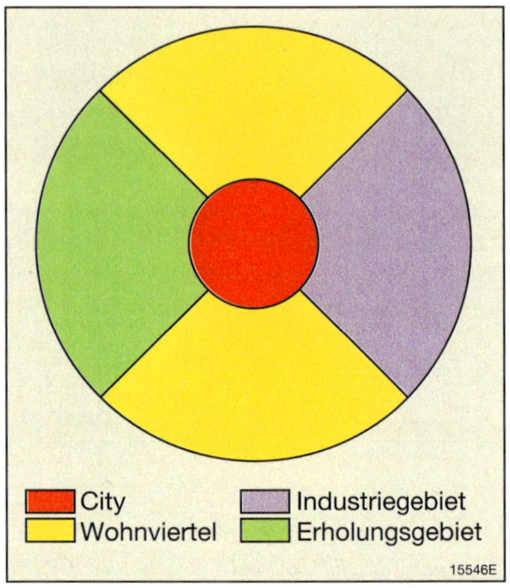

M1 *Modell der Stadtgliederung*

Erläuterung des Modells M1

Für die Stadt ist die Form einer Kreisfläche gewählt worden. In der Mitte befindet sich ein roter Kern. Damit wird deutlich gemacht, dass die Stadt ein Zentrum hat: die City. Um den roten Kern sind verschiedene Farbflächen angeordnet. Es sind die Stadtviertel. Diese Viertel haben unterschiedliche Nutzungen, nämlich Wohnen, Industrie sowie Erholung.
Der Betrachter der Zeichnung erkennt weiterhin, dass die unterschiedlichen Nutzungen im Stadtgebiet nicht durcheinandergewürfelt sind, sondern dass sie getrennt voneinander vorkommen. Denn in Wirklichkeit sind die Städte ebenfalls in Viertel mit verschiedenen Nutzungen gegliedert („Industriegebiet“, „Wohnviertel“ usw.).

1. Bildungseinrichtungen, Kinos, Theater	D – Büros
2. Sporteinrichtungen, Parks	D – Stadtviertel
3. Baumärkte, Spezialgeschäfte	L – Wohnen
4. Banken, Versicherungen	S – Kultur
5. Autobahnanschlüsse, Straßenbahnen	M – Geschichte
6. Jahr der Gründung, Entwicklung der Stadtfläche	T – Verkehr
7. hohe Einwohnerzahl, Nationalitäten	E – Medizin/Soziales
8. City, Wohnviertel usw.	O – Bevölkerung
9. Krankenhäuser, Pflegeeinrichtungen	T – Freizeit/Erholung
10. verschiedene Fabriken	A – Einkaufen
11. Mehrfamilienhäuser, Einfamilienhäuser	L – Industrie

M2 *Merkmale einer Stadt*

Aufgaben

1 Verbinde in M2 die Merkmale einer Stadt mit dem dazugehörigen Oberbegriff. Von oben nach unten gelesen erhältst du ein Lösungswort.

2 Vergleiche das Modell M1 mit der Flächennutzung von Hamburg (Seite 41 M4).
Finde Gemeinsamkeiten und Unterschiede.

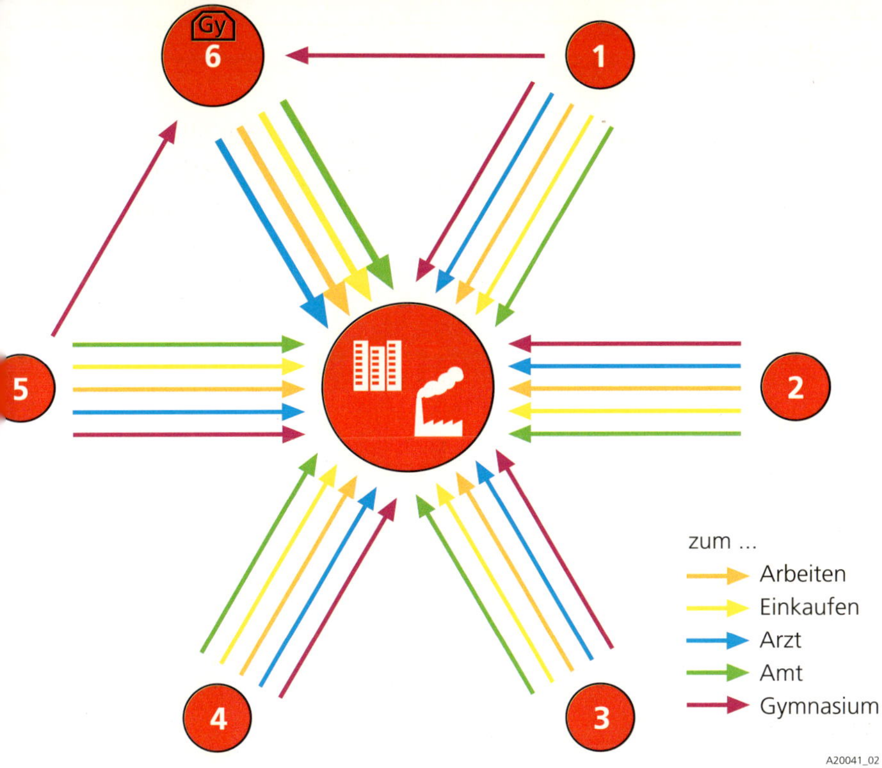

M3 *Verkehr zwischen Stadt und Land am Vormittag eines Wochentags*

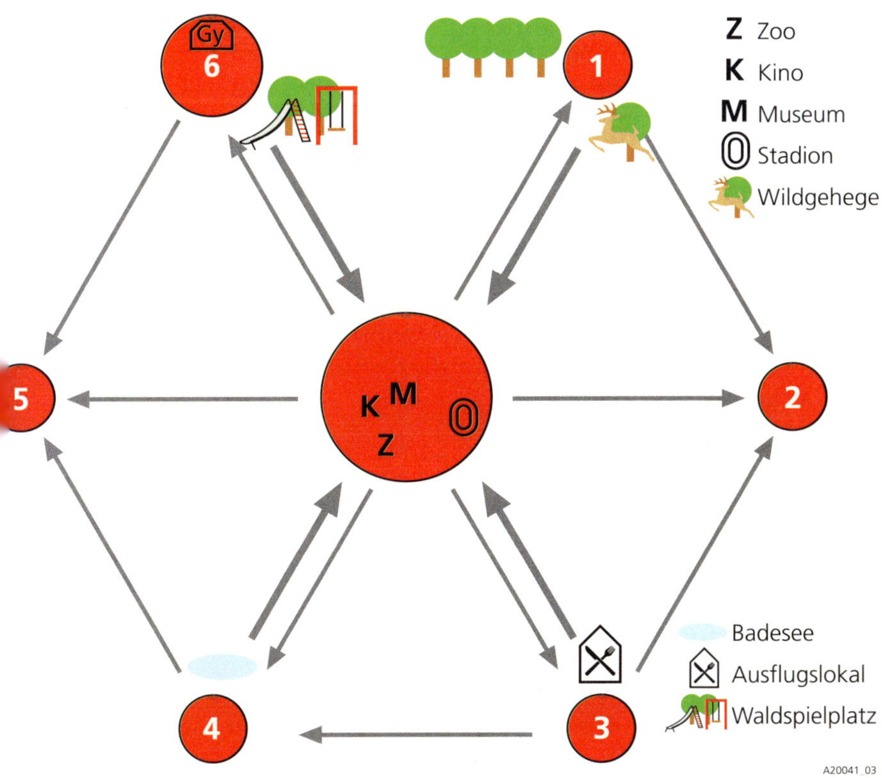

M4 *Verkehr zwischen Stadt und Land am …*

Aufgaben

3 Erkläre das Modell über den Verkehr zwischen Stadt und Land am Vormittag eines Wochentages (M3).

4 a) Für welche Zeit gilt das Modell M4? Verfasse eine komplette Unterschrift für M4.
b) Zu welcher Tageszeit verlaufen die Pfeile in die andere Richtung? Zeichne für diesen Zeitraum das Modell.

5 Manche der Pfeile in den Modellen M3 und M4 passen zu deiner Familie oder treffen auf deine Region zu. Erkläre einige Pfeile der Modelle an konkreten Beispielen.

6 Fasse nun deine Arbeit mit diesen Modellen zusammen: Welche Bedeutung hat die Stadt für das Land? Welche Bedeutung hat das Land für die Stadt? Schreibe dazu einen Text mit der Überschrift „Stadt und Land ergänzen sich".

Merke
Ein Modell dient dazu, die Wirklichkeit einfach und anschaulich darzustellen. Es verdeutlich Zusammenhänge.

Grundbegriff
- Modell

Hafenstadt Hamburg

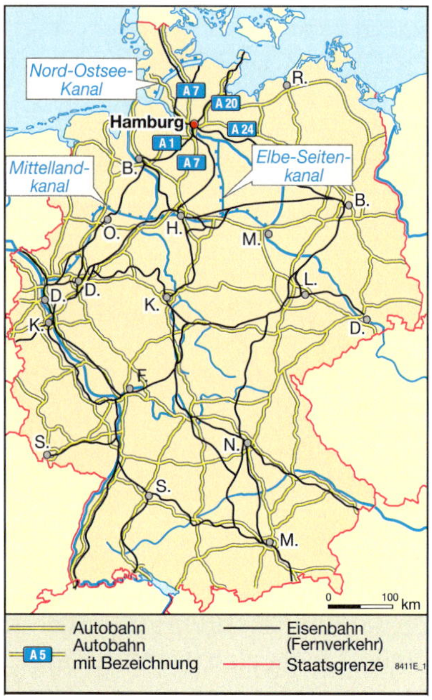

M1 *Hamburg und seine Verbindungen ins Hinterland*

M2 *Ein Containerschiff fährt in den Hamburger Hafen ein.*

WWW

www.hafen-hamburg.de

Heimathafen Hamburg

Ein Ozeanriese läuft elbaufwärts den Hamburger Hafen an. Es ist die unter deutscher Flagge fahrende „Colombo-Express“, eines der größten **Containerschiffe** der Welt. Sie ist 335 Meter lang, 43 Meter breit und kann mehr als 100 000 Tonnen schleppen. Sie kommt aus Shanghai, dem größten Hafen Chinas. Die Reise war für die Besatzung nicht ungefährlich, seit Piraten vor der Küste Somalias die Gewässer unsicher machen und selbst die größten Handelsschiffe überfallen. Die Fahrt war teuer; allein die Passage durch den Suezkanal kostete mehr als 400 000 Euro an Gebühren. Die Hamburger Reederei überlegt deshalb, ihre Schiffe auf den deutlich längeren Weg rund um Afrika zu schicken. Dennoch ist die Containerschifffahrt ein lukratives Geschäft. Im Welthandel erzielen die in Fernost hergestellten Waren auf den Märkten Europas ein Vielfaches an Gewinn.

In den Containern der „Colombo-Express“ befinden sich vor allem Maschinenteile, Elektronikartikel, Textilien und Spielzeug. Es sind **Stückgüter** in Containern. Ihre genaue Position an Bord wurde beim Laden in einen Computer eingegeben. Für sie wird nun ein Platz im Containerterminal Waltershof gesucht.

Massengüter haben eigene Terminals, in denen zum Beispiel Kohle und Erz mit Schaufelradbaggern und Kränen „gegriffen“ werden oder in denen Flüssiggüter, wie Mineralöl, in Tanks gepumpt werden.

Nachdem die Güter „gelöscht“, das heißt entladen, sind, werden sie mit Binnenschiffen, der Eisenbahn oder Lkws weitertransportiert.

Aufgaben

1 Die Verpackung von Stückgütern in Containern hat Vorteile. Nenne sie. (Containergröße: 6,05 m lang, 2,44 m breit und 2,60 m hoch)

2 Beschreibe den Weg, den die „Colombo-Express“ von Shanghai nach Hamburg zurückgelegt hat (M3, Atlas).

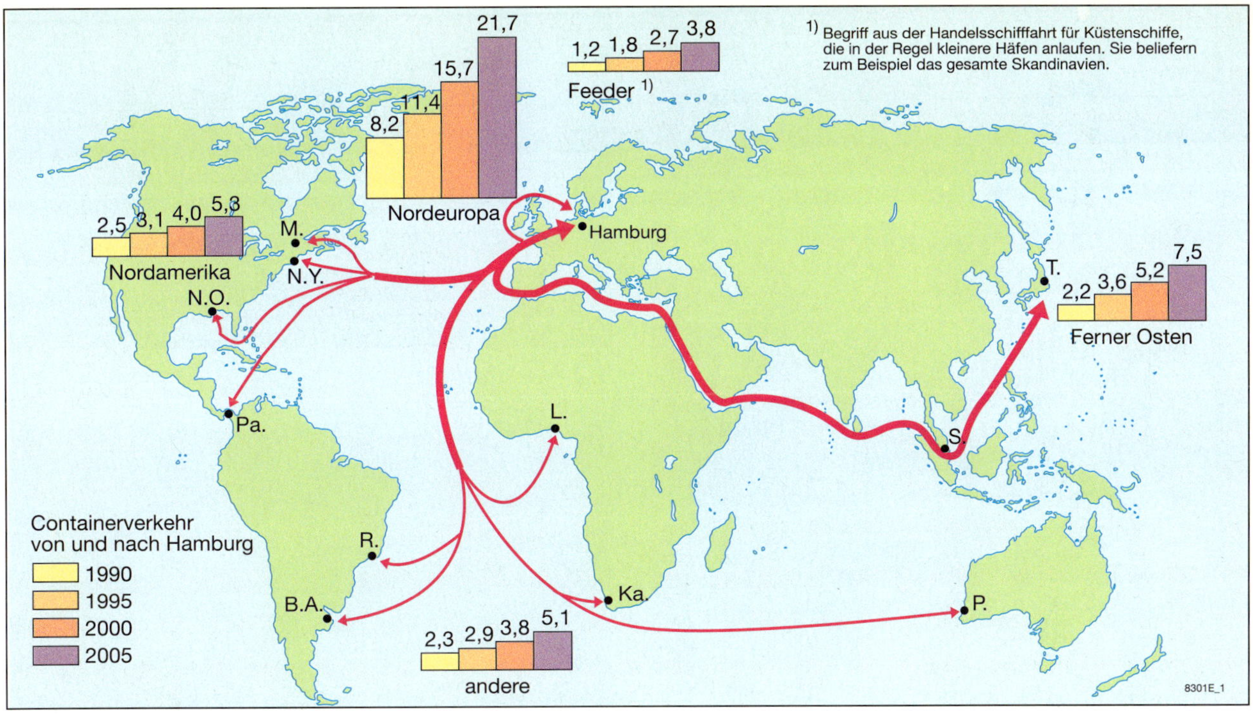

M3 *Weltweite Handelsströme des Containerverkehrs*

Der Hafen sichert Arbeitsplätze

Im Hamburger Hafen haben sich zahlreiche Handelshäuser und Speditionen niedergelassen, die auf den weltweiten Transport von Waren spezialisiert sind. Sie betreiben das Geschäft mit dem **Import**, der Einfuhr, und dem **Export**, der Ausfuhr von Waren.

Im Hafen werden Güter aber nicht nur „umgeschlagen", das heißt weitertransportiert, sondern auch verarbeitet. Das gilt für die Werften, in denen Schiffe gebaut oder repariert werden, für die Verarbeitung von Erdöl, für Kaffeeröstereien, Getreidemühlen und Stahlwerke. Auch zahlreiche Behörden, die den Warenverkehr kontrollieren, haben im Hafen ihren Sitz. Insgesamt bietet der Hamburger Hafen mehr als 100 000 Arbeitsplätze in den Betrieben.

M4 *Containerbrücke im Terminal Hamburg-Waltershof*

Aufgaben

3 Bestimme die Häfen, mit denen Hamburg verbunden ist, und die Länder und Kontinente, in denen sie liegen (M3).

4 Skizziere wirtschaftliche Entwicklungen, die die Arbeitsplätze im Hamburger Hafen gefährden.

Merke
Der Hamburger Seehafen ist Umschlagsplatz für Güter aus aller Welt. Sie werden gelagert, weiterverarbeitet oder ins Binnenland transportiert.

Grundbegriff
- Containerschiff
- Stückgut
- Massengut
- Import
- Export

Vertiefung

Hamburg zur Zeit der Hanse

M1 *Hafenszene zur Zeit der Hanse mit Kaufleuten, Zollbeamten, Seemännern (Buchmalerei von 1497)*

M2 *Nachbildung einer Kogge*

M3 *Hinrichtung von Vitalienbrüdern*

Aufgaben

1 Heutige Autokennzeichen zeigen die einstige Zugehörigkeit zur Hanse: HH, HB, HL, HRO, HST, HWI.
Finde heraus, um welche Städte es sich handelt.

2 Beschreibe, was die Hanse war, welche Aufgaben sie hatte und welche Waren umgeschlagen wurden.

3 Für die Zugehörigkeit einer Stadt zur Hanse war ihre Lage entscheidend. Finde Beispiele für diese Aussage mithilfe von M5 und dem Atlas. Bedenke, welche Verkehrsmittel damals zur Verfügung standen.

Begehrte Waren, ein schneller Umschlag dieser Waren und damit gute Geschäfte – das war es, was im Hamburger Hafen bereits vor 700 Jahren zählte. Damals brachten die Händler englische Stoffe, russische Pelze oder Holz aus Schweden in die Stadt, um es nach Süd- und Mitteleuropa weiterzuverkaufen. In umgekehrter Richtung gelangten Metallwaren und Gewürze über Hamburg in die Staaten Nordeuropas und das Baltikum. Da es nur wenige gute Straßen gab, auf denen ein Pferdefuhrwerk kaum mehr als 30 km am Tag schaffte, war der Weg über das Wasser für die Händler am günstigsten. Die Kogge, ein schneller Hochseesegler, konnte bis zu 300 Tonnen transportieren.
Die Stadt Hamburg mit ihren reichen Kaufleuten war führendes Mitglied der **Hanse**, einem Bund, dem zeitweise bis zu 200 Städte angehörten. Ziel der Hanse war es, Konkurrenz zu vermeiden und die Transportwege zu sichern. Die Hanse beherrschte mehrere Hundert Jahre den Handel im Nord-und Ostseeraum. Die Farben der Hanse (weiß und rot) finden sich auch heute noch in den Stadtwappen vieler Hansestädte.
Die Hanse bestand bis Mitte des 17. Jahrhunderts. Dann veränderten sich die Handelswege durch die Einbeziehung Amerikas in den Handel.

M4 *Die Hanse – ein Bund von Handelsstädten*

M5 *Hansestädte und Handelsrouten*

Die Bezeichnung „Hansestadt“, die einige deutsche Städte führen, hat heute vor allem symbolische Bedeutung. Sie erinnert daran, dass den Bewohnern die Handelsfreiheit immer wichtig war.
Im 14. Jahrhundert hatte der Bund der Hanse ständig Streit mit den Fürsten. Um ihre Niederlassungen zu sichern, führte die Hanse Krieg gegen Dänemark und eroberte Kopenhagen.
Die größte Bedrohung für die Hanse waren jedoch die sogenannten „Vitalienbrüder“ oder „Likedeeler“, die bis zu 2000 Mann umfassten. Sie waren Piraten, die jahrelang die „hanseatischen Pfeffersäcke“ bekämpften. Der Herzog von Mecklenburg, ein Gegner der Hanse, hatte sie mit „Kaperbriefen“ ausgestattet. Das bedeutete, die Vitalienbrüder hatten die offizielle Erlaubnis zur Seeräuberei und zum freien Verkauf der erbeuteten Waren. Sie waren auf Nord- und Ostsee unterwegs und legten zeitweise den Warenverkehr in der gesamten Ostsee lahm. Der Kampf endete mit Gefangennahme und Hinrichtung der Piraten.
Um einen ihrer Anführer, Klaus Störtebeker, ranken sich bis heute Legenden. So könnte sein Namen ein aus dem Niederdeutschen abgeleiteter Spitzname sein von „Stürz den Becher“. Er soll nämlich einen Vier-Liter-Becher Wein oder Bier in einem Zug ausgetrunken haben. In Hamburg erinnert ein Störtebeker-Denkmal an ihn und auf Rügen werden alljährlich die Störtebeker-Festspiele veranstaltet.

M6 *Die Hanse wurde bekämpft.*

Aufgabe

4 Piraterie damals und heute:
a) Gib das Stichwort „Piraterie“ in eine Suchmaschine ein. Nenne zwei heutige Beispiele (Region der Erde/Meer).
b) Nenne die heutigen Zielobjekte von Piratenangriffen.
c) Erläutere die Gemeinsamkeiten der Piraterie zur Zeit der Hanse und heute.

Merke
Die Hanse war eine Vereinigung von Kaufleuten, die über mehrere Jahrhunderte den Handel im Nord-und Ostseeraum beherrschte.

Grundbegriff
- Hanse

Hamburg – Partner anderer Metropolen

Chicago _ Dresden _ León _ Marseille_
Osaka _ Prag _ Shanghai _ St. Petersburg

We are Friends

M1 *Logo zu den Städtepartnerschaften Hamburgs*

Hamburg – die Metropole des Nordens

Im Norden Deutschlands ist Hamburg mit 1,8 Mio. Einwohnern die größte Stadt und hat eine große wirtschaftliche und kulturelle Bedeutung. Hamburg ist eine **Metropole**. Die meisten Arbeitsplätze in Hamburg gibt es im Bereich der Dienstleistungen, zum Beispiel bei Banken und Versicherungen, im Handel, in der Verwaltung, in Schulen und Krankenhäusern. Im Stadtteil Eppendorf befindet sich eine der modernsten Universitätskliniken Europas, in der jährlich 120 000 Patienten behandelt werden.

2009 besuchten mehr als vier Millionen Menschen die Stadt. Bis 2011 entstehen 26 neue Hotelbauten. Neben dem Hafen ist das Vergnügungsviertel im Stadtteil St.Pauli die größte Attraktion der Metropole. Rund um die weltbekannte Straße Reeperbahn gibt es Kneipen, Restaurants, Kinos, Theater, Clubs, Diskotheken und das „Rotlichtviertel". Eine wichtige Rolle spielt auch der Sport mit den Fußball-Clubs HSV und FC St.Pauli. Daneben gibt es im Handball, im Tennis und in der Leichtathletik Veranstaltungen von internationalem Rang.

Auch in der Musikindustrie und bei den Medien hat Hamburg die Funktion einer Metropole. Von hier aus starteten die Beatles Anfang der 1960er Jahre ihre Karriere. Neben dem Norddeutschen Rundfunk, der zweitgrößten Sendeanstalt der ARD, ist Hamburg Sitz bedeutender Verlage. Nachrichtenmagazine wie „Der Spiegel" und „Stern", aber auch die Wochenzeitschrift „Die Zeit" erscheinen in Hamburg.

Info

Metropole

Als Metropole bezeichnet man eine Großstadt, die eine überragende Bedeutung für eine größere Region hat. Diese Bedeutung kann sich auch auf bestimmte Bereiche beziehen. So bezeichnet man zum Beispiel Frankfurt, das Sitz der Europäischen Zentralbank und der Deutschen Bundesbank ist, als Finanzmetropole. Auch gibt es unter anderem Kunst- und Industriemetropolen.

Aufgaben

1 Hamburg hat acht Partnerstädte (M1). Liste diese auf und ergänze, in welchen Ländern und auf welchen Kontinenten sie liegen (M1, Atlas).

2 Bestimme in M2 die genannten Funktionen einer Metropole. Ergänze weitere für andere Metropolen der Erde.

3 Chicago oder Shanghai? In welcher Stadt würdest du ein Jahr verbringen wollen? Begründe.

M2 *Funktionen einer Metropole (hier Hamburg)*

M3 *Friends – die beiden Hamburger Jamie Mayer und Li-Kou Vesper beteiligen sich an einer Partnerschafts-Plakataktion. Sie stammen aus Hamburgs Partnerstädten Chicago und Shanghai, leben und arbeiten aber seit vielen Jahren in Hamburg.*

Chicago
Hamburgs Partnerstadt ist mit 2,8 Millionen Einwohnern die drittgrößte Stadt der USA. Hier befindet sich einer der größten Flughäfen und einer der größten Eisenbahnknoten der Welt. Chicago ist ein Zentrum für Dienstleistungen. Es gibt mehr als 400 Banken, zwei große Börsen und jährlich Hunderte von Messen.

Shanghai
Hamburgs Partnerstadt ist mit ca. 16 Millionen Einwohnern die zweitgrößte Stadt Chinas und eine der größten Industrie- und Finanzmetropolen in Asien. Shanghai hat den Hafen mit dem größten Umschlag der Welt. Die Stadt ist Motor für die wirtschaftliche Entwicklung in China, seit die Regierung 1990 die Grenzen öffnete.

Freunde in aller Welt

Städtepartnerschaften bildeten sich in Deutschland nach dem Zweiten Weltkrieg aus dem Wunsch nach Frieden und Völkerverständigung. Die Partnerschaften werden heute auf verschiedene Weise gepflegt. Geschäftsleute knüpfen Handelsbeziehungen. Universitäten betreiben gemeinsame Forschungen und Austauschprogramme für Studenten. Bürger besuchen sich gegenseitig, es finden Sportwettkämpfe, Konzerte und Feiern statt. Und oft werden private Freundschaften zwischen den Bürgern der Partnerstädte geschlossen.

Wie Hamburg selbst, so haben auch die Partnerstädte der Hansestadt in ihrem jeweiligen Land eine herausragende Stellung. Die meisten von ihnen sind Millionenstädte und haben wie Hamburg die Funktion einer Metropole.

Merke
Die Metropole und Millionenstadt Hamburg ist die größte Stadt in Norddeutschland. Sie unterhält mit anderen Metropolen weltweit Städtepartnerschaften.

Grundbegriff
- Metropole

Projekt

Stadtplanung – Bürger wirken mit

M1 *Wie wird dieser Platz einmal aussehen?*

Info 1

Flächennutzungsplan (FNP)
Der FNP legt fest, wie sich eine Gemeinde die Nutzung ihrer Flächen vorstellt. In den Plan ist mit verschiedenen Farben eingezeichnet, wo Wohnungen, Industrie und Gewerbeflächen, wo Verkehrsflächen, Grünflächen oder Flächen für Versorgungseinrichtungen entstehen sollen. Der FNP ist Grundlage für einen Bebauungsplan, an den sich die Bauherren halten müssen.

Aufgaben

1 Beschreibe, welche Folgen es hätte, wenn es keinen verbindlichen Flächennutzungsplan geben würde.

2 Kennt ihr in eurem Ort einen Platz, den ihr neu gestalten würdet? Startet das Projekt und macht es wie die Klasse 8b. Bedenkt dabei, wessen Interessen von euren Ideen berührt werden. Stellt eure Ergebnisse in einer Wandzeitung dar.

Ein Bebauungsvorhaben in unserer Stadt

Seit vielen Monaten gibt es mitten in der Stadt ein riesiges Loch. Über den Abriss der Häuser, die dort vorher standen, ist man sich einig gewesen. Aber um die neue Gestaltung dieses zentralen Platzes entsteht Streit zwischen der Stadtverwaltung und einer Gruppe von Bürgern.

Schülerinnen und Schüler der Klasse 8b müssen an diesem Platz jeden Tag mit dem Bus vorbeifahren. Das bringt sie auf die Idee, im GL-Unterricht ein Projekt zu beginnen, in dem sie ihre eigenen Pläne für die Bebauung des Platzes aufstellen. Ziel ist es, dem Stadtrat einen Vorschlag der Klasse zu unterbreiten und in der Bevölkerung dafür zu werben. Die Lehrerin weist die Schülerinnen und Schüler darauf hin, dass mit der Neugestaltung des Platzes auch der **Flächennutzungsplan (FNP)** der Stadt geändert werden muss.

Zunächst malt jeder in der Klasse ein Bild und beschreibt in einem kurzen Text seine Vorstellungen. Im nächsten Schritt wird über die Vorschläge diskutiert: „Wie wird das aussehen?“ – „Wen interessiert das?“ – „Wer soll das bezahlen?“ – „Was sind die Folgen?“

In der Klasse bilden sich schließlich zwei Hauptmeinungen heraus: Bau eines Einkaufszentrums oder hübsche Gestaltung einer Grünanlage. Die Schüler führen vor Ort eine Umfrage durch und zählen die Antworten. Dann konkretisieren sie das Projekt.

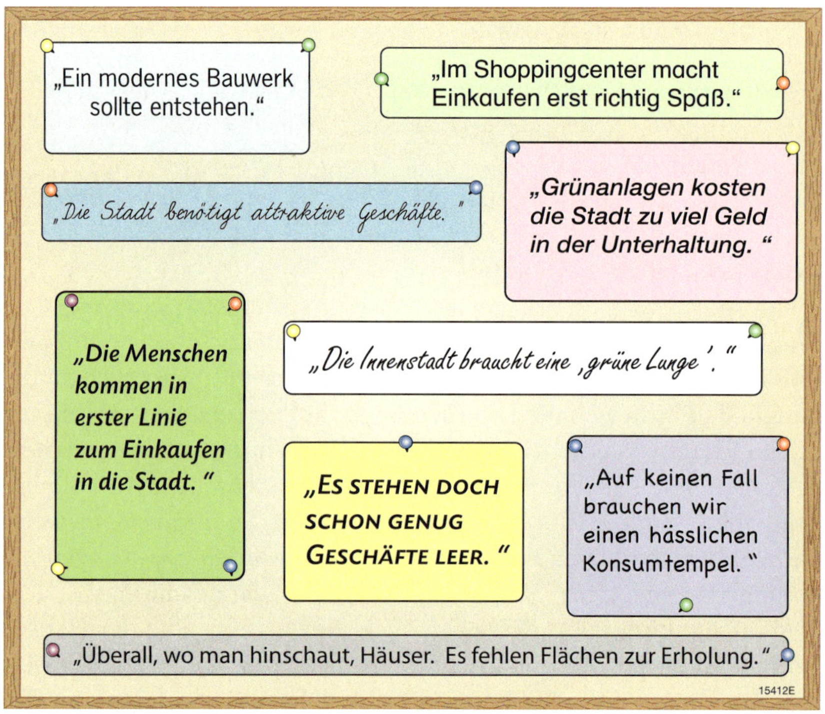

M2 *Einige Meinungen zur Bebauung des Platzes*

M3 *Der Bebauungsentwurf für ein neues Einkaufscenter*

M4 *Der Bebauungsvorschlag der Bürgerinitiative*

Info 2

Investor
So bezeichnet man eine Person oder einen Betrieb, der Geld in einem bestimmten Projekt anlegt; er investiert. Der Investor erhofft sich aus seiner Investition einen Gewinn.
Ein Investor kann zum Beispiel ein Immobilienunternehmen sein, das Gebäude vermietet oder verkauft.

Info 3

Bürgerinitiative
Eine Bürgerinitiative ist eine spontan gegründete Gemeinschaft. Sie bildet sich aus gleichgesinnten Personen, um eine bestimmte Forderung beim Staat, dem Land oder der Gemeinde durchzusetzen, zum Beispiel mit Unterschriftenaktionen, Demonstrationen und Leserbriefen.

Der Stadtrat entscheidet

Die Verantwortlichen der Stadt haben sich dieselben Fragen wie die Schülerinnen und Schüler gestellt. Und auch die Bürgerinnen und Bürger beteiligen sich. In der Lokalzeitung erscheinen Leserbriefe; es finden Diskussionsrunden statt; lokale Radio- und Fernsehsender berichten über die zukünftigen Gestaltungsmöglichkeiten des Platzes.

Die politischen Parteien haben unterschiedliche Ansichten. Die Mehrheit im Stadtrat ist der Meinung, dass ein großes Einkaufscenter mit Museum und öffentlicher Bibliothek die beste Lösung sei, zumal die Stadtkasse nicht belastet wird. Man hat einen **Investor** gefunden, der das aufwendige Projekt finanzieren will.

Doch zahlreiche Bürger haben andere Interessen; sie wollen eine Grünfläche – einen Erholungsraum für die Stadtbewohner. Sie organisieren sich in einer **Bürgerinitiative** und sammeln mehr als 20 000 Unterschriften gegen die geplante Bebauung. Der Oberbürgermeister bleibt davon unbeeindruckt, aber einige Stadträte werden skeptisch.

Nach einer langen öffentlichen Diskussion und zahlreichen Sitzungen wird im Stadtrat abgestimmt. Die Mehrheit entscheidet über die Zukunft des Platzes.

Aufgabe

3 Stelle die Unterschiede heraus: Welche Interessen hat die Bürgerinitiative? Welche Interessen hat der Investor?

Merke
Der Flächennutzungsplan ist die Grundlage der Nutzung von Gemeindeflächen. Auf der Basis des FNP wird ein Bebauungsplan erstellt.
Über unterschiedliche Interessen der Bürger wird im Stadtrat demokratisch entschieden.

Grundbegriffe
- Flächennutzungsplan (FNP)
- Investor
- Bürgerinitiative

1. Aufgaben und Einrichtungen einer Stadt

Im Innenkreis der Abbildung sind die Grunddaseinsfunktionen eingetragen.

Übertrage die Skizze in deine Mappe oder dein Heft und notiere Einrichtungen der Stadt, die zu der jeweiligen Grunddaseinsfunktion passen.

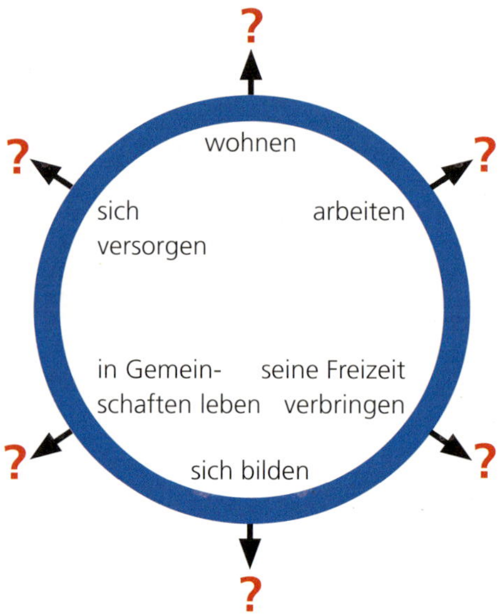

2. Hamburg – eine Metropole

a) Erkläre, warum man Hamburg als Metropole bezeichnen kann.

b) Plane eine Reise nach Hamburg. Was würdest du dort am liebsten besichtigen?

c) Notiere eine Stadt in deinem Bundesland, die du als Metropole kennzeichnen würdest. Begründe.

3. Mit Schiffen über die Weltmeere

a) Die Abbildungen zeigen zwei Schiffstypen. Benenne sie.

b) Der Transport von Gütern über die Meere hat sich verändert. Erkläre mithilfe der Abbildungen.

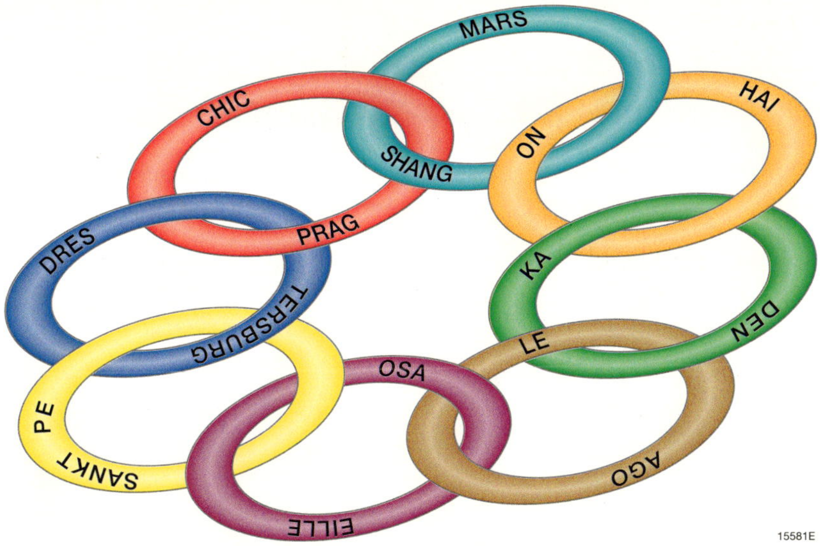

4. Hamburgs Patenstädte

a) Notiere die Namen der acht Patenstädte. Die Ringe helfen dir.

b) Ergänze die Namen der Staaten, in denen diese Städte liegen.

c) Erkläre die Bedeutung von Städtepartnerschaften für die beteiligten Städte.

5. Begriffs-Chaos

a) Setze die Buchstaben in die richtige Reihenfolge und finde die gesuchten Begriffe.

b) Erkläre die Begriffe.

VEINORST

FLENTZUSPLNGANÄCHNU

BÜRINITIVTIAEGER

POTROLEME

6. Stadtmodell

a) Übertrage das Modell in deine Mappe oder dein Heft und beschrifte es.

b) Erkläre, was das Modell darstellt.

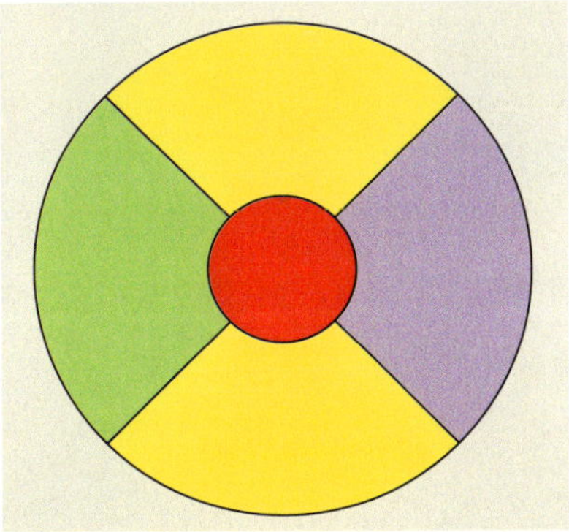

c) Zeichne ein Modell des Pendlerstroms zwischen Stadt und Umland am Morgen und am Abend.

Grundbegriffe
- Grunddaseinsfunktion
- Modell
- Containerschiff
- Stückgut
- Massengut
- Import
- Export
- Hanse
- Metropole
- Partnerstadt
- Flächennutzungsplan (FNP)
- Investor
- Bürgerinitiative

Unser Heimatraum Rheinland-Pfalz

Mit der Regio-Bahn unterwegs

Weinbau in Gunstgebieten

Das Rheintal als Durchgangsregion

Die Eifel – Zukunft einer Region

Maare, Bims und Mineralquellen

Keramik-Industrie –
Hightech im Westerwald

Euler und Kannenbäcker

Ballungsraum
Ludwigshafen-Mannheim

Der Hunsrück –
Profil einer Entwicklungsregion

Auf Schinderhannes Spuren

M1 *Regionalbahn im Hauptbahnhof Kaiserslautern: Nahverkehr in der Region Pfalz* ▶

Kusel ⟷ K´lautern
trans regio
trans regio
VT 007

Mit der Regio-Bahn unterwegs

M1 *Logos rheinland-pfälzischer Regionalbahnen (Auswahl)*

M3 *Abfahrtstafel mit Hinweisen auf Regionalbahnen*

Aufgaben

1 Notiere mithilfe des Internets die Strecken der Regionalbahnen in M1. Gib Folgendes in eine Suchmaschine ein: Regionalbahnen Rheinland-Pfalz.

2 Bestimme in M2 alle Städte, Flüsse und Regionen (Atlas).

Die Alsenzbahn fährt ab

16:38 Uhr, Gleis 5 im Hauptbahnhof Kaiserslautern: Die silberweißen Triebwagen mit den auffällig gelben Türen setzen sich in Bewegung. Die „Alsenzbahn“ fährt in Richtung Bingen ab. Aus der **Region** Westpfalz führt die Strecke dieser Regionalbahn bis Bad Münster entlang der Alsenz, die dort in die Nahe mündet. Dann führt die Trasse weiter über die Weinregion des Nahelandes bis zum Binger Hauptbahnhof.

Wie die Alsenzbahn fahren zahlreiche Bahnen und Busse der regionalen Verkehrsbetriebe in die vielfältigen und landschaftlich schönen Regionen unseres Heimatraumes Rheinland-Pfalz. „Transregio“ („durch das Land fahren“) steht auf den Triebwagen. Ob auf Mittelgebirgsstrecken, entlang der Trassen in den Flusstälern oder durch Weinbaugebiete und Stadtlandschaften – die Regionalbahnen sind überall im Land Rheinland-Pfalz unterwegs. Fahr doch mal mit!

M4 *Die Regio-Bahn fährt ab.*

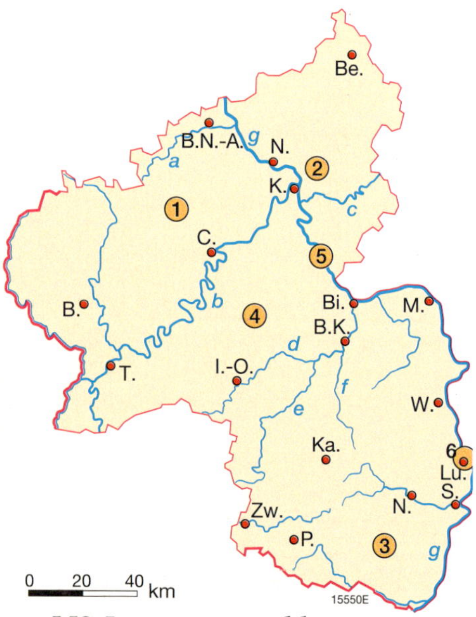

M2 *Lage ausgewählter Regionen in Rheinland-Pfalz (siehe auch Aufgabe 3)*

Info

Region

„Region“ ist ein geographisches Wort für ein nicht genau abgrenzbares Gebiet, einen Raum. Der Begriff Region wird oft für ein Gebiet mit einer bestimmten Nutzung (z.B. Weinbauregion) oder für eine typische Landschaftsform verwendet (z.B. Mittelgebirgsregion, Flussregion).

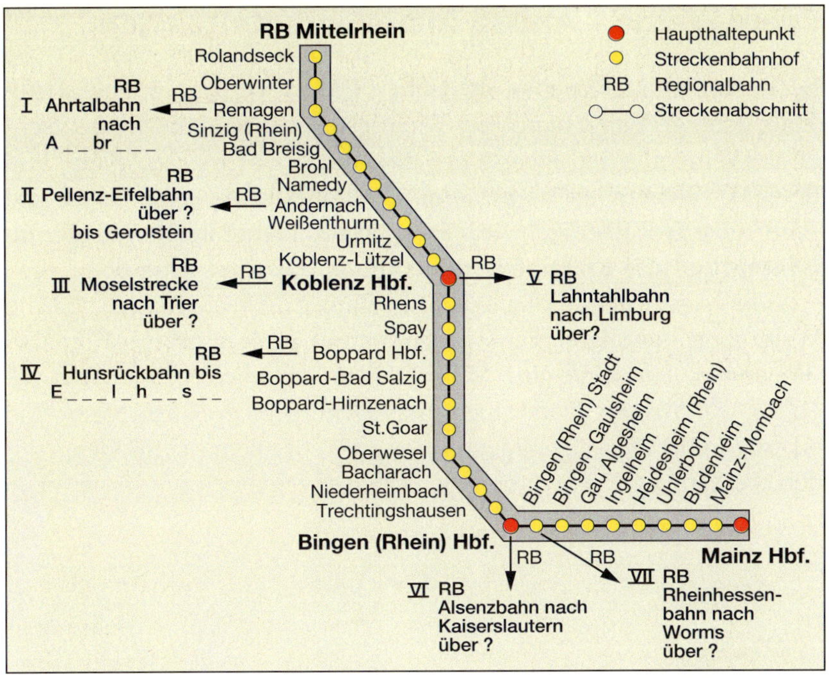

M5 *Strecke der Mittelrheinbahn und anderer Regionalbahnen in Rheinland-Pfalz (Auswahl)*

Aufgaben

3 Ordne den Regionen in M2 in der Reihenfolge 1–6 die passenden Bildausschnitte aus M6 zu. Bei richtiger Zuordnung erhältst du ein Lösungswort.

4 Bestimme in M5 die Haltestationen der sieben regionalen Bahnstrecken (Autoatlas).

Merke
Von Region spricht man im Zusammenhang mit einer vorrangigen Nutzung eines Raumes oder einer Landschaftsform.

Grundbegriff
- Region

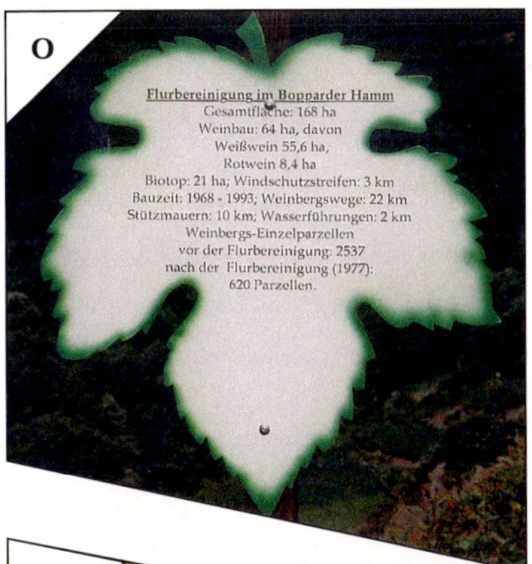

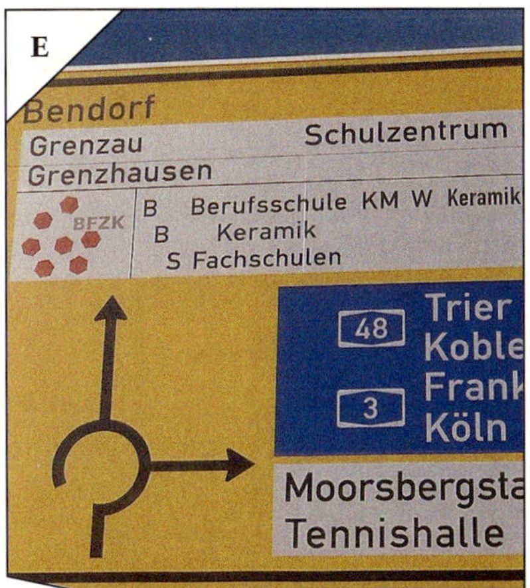

M6 *Sechs Richtige: Regionen-Rätsel Rheinland-Pfalz*

Weinbau in Gunstgebieten

M1 *Weinbauland Rheinland-Pfalz*

Edele Weine – Anbau in bevorzugten Lagen

Sechs von zehn Flaschen deutschen Weins werden in Rheinland-Pfalz erzeugt. Es ist damit das wichtigste Weinbauland in Deutschland. Weine aus den Flusstälern der Ahr, der Mosel, der Nahe und dem Mittelrhein erreichen eine Spitzenqualität. Aber auch die Weine der großflächigen Anbauzonen des Nahehügellands, Rheinhessens und der Rheinpfalz stehen in der Qualität ganz oben.

Wein ist eine empfindliche **Kulturpflanze**, die nicht überall gedeiht. Weinreben benötigen für Wachstum und Reife günstige Klimabedingungen. Um eine gute Weinqualität zu erzielen, brauchen die Reben viel Wärme. Daher baut man Wein nicht in Norddeutschland an, und in den Mittelgebirgen eignen sich vor allem die Südhänge für den Weinanbau. Hier werden die Böden durch die Sonne erwärmt.

Aufgabe

1 Nenne die Flüsse, an denen der Weinbau in Rheinland-Pfalz verbreitet ist.

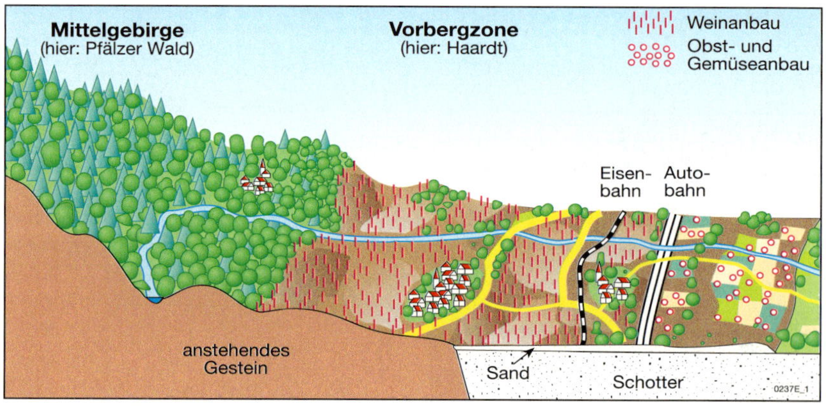

M3 *Weinbau am Rand eines Mittelgebirges*

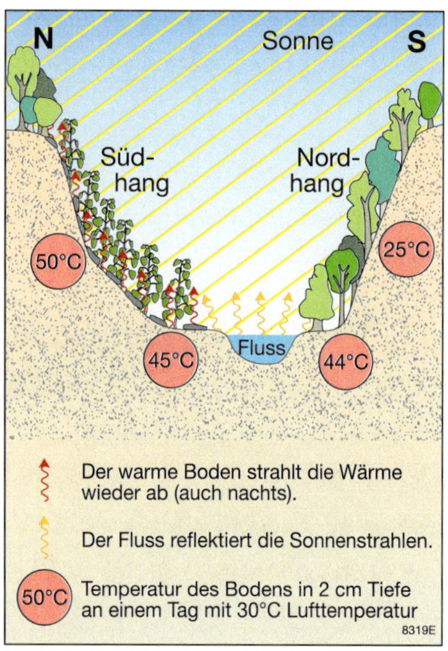

M2 *Sonneneinstrahlung und Temperaturen*

Die Weinberge des Anbaugebiets von Rheinhessen liegen in der flachwelligen, hügeligen Ebene des nördlichen Oberrheingrabens. Weiter südlich, im Anbaugebiet Rheinpfalz, gedeiht der Wein auf den Hügeln der Vorbergzone des Pfälzer Waldes, genannt „die Haardt".

Extreme Steillagen, wie in den Flusstälern, gibt es in diesen weiten Anbaugebieten nicht. Die Weinlese (Weinernte) geschieht hier meist maschinell mit speziellen Vollerntern. Das sind Erntemaschinen, die zwischen den Weinstockreihen hindurchfahren und dabei die Trauben vom Weinstock zupfen. Durch die **Mechanisierung** der Ernte kann die Weinlese in wenigen Tagen ohne fremde Erntearbeiter erfolgen.

Im Vergleich dazu sind die Arbeiten der Winzer an den Steilhängen von Rhein, Ahr und Mosel, in sogenannten Steillagen, deutlich schwerer. Im steilen Gelände können kaum Maschinen einsetzt werden. Die Arbeiten im Weinberg erfolgen überwiegend von Hand. Pro Hektar Land stehen etwa 5000 bis 6000 Weinstöcke, die das ganze Jahr über gepflegt werden müssen. Die **Sonderkultur** Wein stellt also nicht nur hohe Ansprüche an das Klima, sondern fordert auch einen hohen Arbeitseinsatz von den Winzern.

Schneiden

Düngen

Gipfeln

Spritzen

Maschinelle Weinlese mit Vollernter

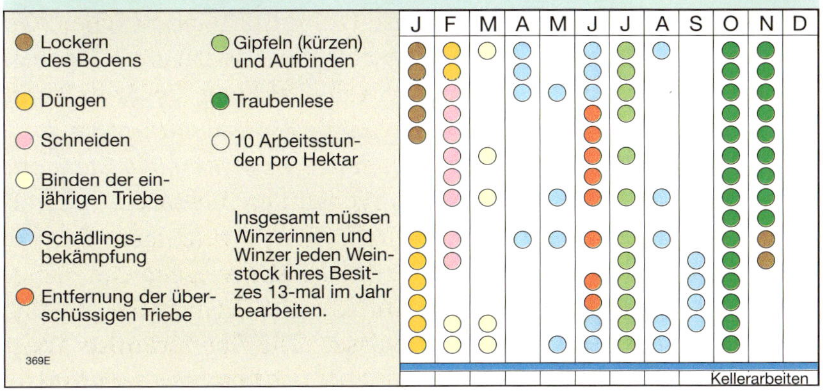

M4 *Arbeitsjahr eines Winzers*

Info

Sonderkulturen

Sonderkulturen sind Nutzpflanzen, die mit hohem Aufwand an Arbeitskraft und Geld meist auf kleinen Flächen angebaut werden. Dies können mehrjährige Pflanzen sein, wie Obstbäume, Wein, Hopfen und Spargel, aber auch einjährige Pflanzen, wie Tabak oder Gemüse.

Aufgaben

2 Erläutere, warum Wein vor allem an Südhängen angebaut wird. Erkläre dazu M2.

3 a) Beschreibe das Arbeitsjahr eines Winzers (M4).
b) Berechne, wie viele Arbeitsstunden der Winzer für die Pflege der Weinberge bis zur Lese leisten muss (M4 unten).

4 Nenne Gründe, warum in den Anbaugebieten des Oberrheingrabens Erntemaschinen eingesetzt werden.

5 Erkläre, warum der Wein als „Sonderkultur" bezeichnet wird.

Merke

Rheinland-Pfalz ist das größte Weinbauland in Deutschland. Wein ist eine Sonderkultur. Die empfindliche Kulturpflanze kann nur mit einem hohen Arbeitsaufwand angebaut werden.

Grundbegriffe
- Kulturpflanze
- Mechanisierung
- Sonderkultur

Weinbau in Gunstgebieten

Info

Lage (Weinlage)
Eine Lage ist eine bestimmte Rebfläche (Einzellage) oder die Zusammenfassung solcher Flächen (Großlage). Die Lage hat einen Namen. Aus den Erträgen einer Lage werden gleichwertige Weine mit gleichartiger Geschmacksrichtung hergestellt.

Deidesheimer Hofstück
Anbaugebiet: Pfalz
Großlage von 1400 ha
Höhe: 104–190 m ü.M.
Boden: sandiger Lehm, Kies
Erste urkundliche Nennung: 1310

M1 *Beispiel für eine Lage*

Die Weinrebe – das „Sprachrohr" des Bodens

Sie heißen „Winninger Uhlen", „Mussbacher Eselshaut" oder „Dernauer Pfarrwingert". Die Weinnamen stehen für mehr als 1000 Lagen in sechs regionalen Anbaugebieten von Rheinland-Pfalz.

Ein wichtiger Gesichtspunkt für die Qualität des Weines ist – neben der Rebsorte (z. B. Riesling) und der Anbaumethode (z. B. biologischer Anbau) der Weinrebe – „die Lage" der Weinflächen. Damit verbunden ist die Art des Bodens, in dem die Weinreben wurzeln.

Gerade das Weinbauland Rheinland-Pfalz hat sehr unterschiedliche Böden. Die sandigen Böden in der Vorderpfalz bringen andere Geschmacksrichtungen im Wein hervor als die rheinhessischen Lehm- oder Lössböden. Weine auf kalkreichen Böden im Naheland schmecken wiederum anders als die Weine auf brüchigen Schieferterrassen und Steillagen an Mosel und Ahr.

Boden, Klima und Rebsorte sind untrennbar miteinander verbunden. Jeder Winzer muss erkennen, welche Rebsorte unter welchen klimatischen Bedingungen für seinen Wein am besten geeignet ist.

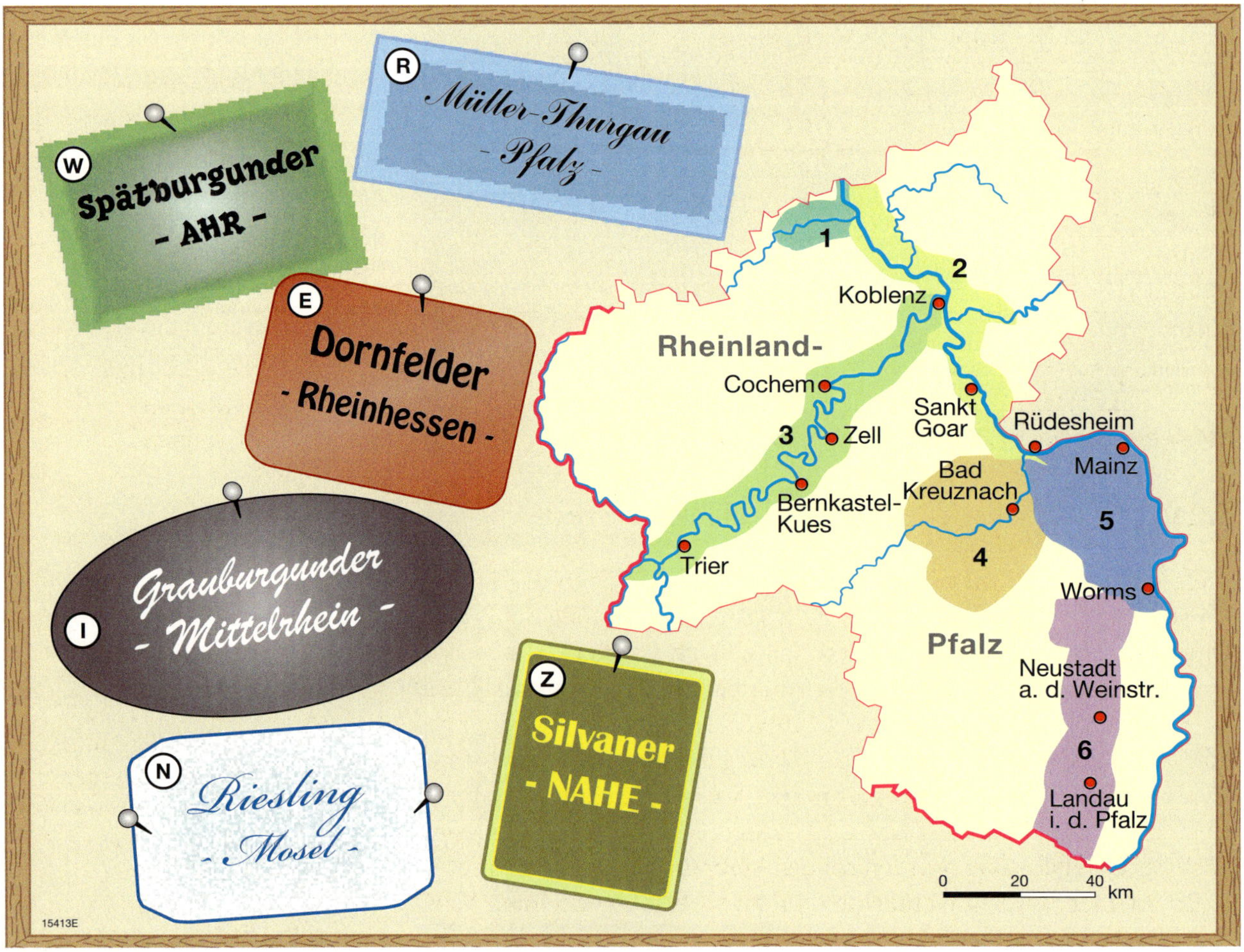

M2 *Etikettenrätsel: Die Weinanbaugebiete von Rheinland-Pfalz*

Reben, so weit das Auge reicht, verteilt auf über 1000 sanften Hügeln – das ist Rheinhessen. Es ist das größte Weinanbaugebiet in Deutschland. 26 000 Hektar Rebfläche erstrecken sich zwischen Alzey, Worms, Bingen und Mainz. Schon die Römer haben hier am großen Rheinbogen Wein angebaut. In Rheinhessen herrscht ideales Klima für den Weinanbau: niederschlagsarm, sommerwarm und wintermild. Hunsrück und Taunus schützen das Weinland vor nachteiligen Witterungseinflüssen. Mehr als 3700 rheinhessische Winzer produzieren mehr als zwei Millionen Hektoliter Wein im Jahr. „Roihessewoi" ist bei den Käufern gefragt. Neben dem weißen Silvaner erzeugen die Weinbaubetriebe zunehmend Rotweine der Rebsorten Dornfelder und Spätburgunder. Die Anbaufläche an Rotweinen nimmt in Rheinhessen mittlerweile ein Drittel der Rebfläche ein.

M3 *Im Weinbaugebiet Rheinhessen (Bodenheim)*

Anbaugebiet	Weinerzeugung (in %)	Qualitätsweine (in %)	Prädikatsweine (in %)
Ahr	0,5	94,5	3,1
Mittelrhein	0,3	55,9	43,1
Mosel	15,5	67,6	25,4
Nahe	3,0	53,7	45,5
Pfalz	19,4	67,6	24,9
Rheinhessen	28,7	62,4	27,2
Deutschland	100	64,4	30,0

(Anmerkung: Neben der überwiegenden Produktion von Qualitäts- und Prädikatsweinen erzeugen die Winzer geringere Mengen an Tafelweinen oder Sekt.)

M4 *Weinerzeugung 2009 nach Anbaugebieten*

Ausgezeichnet – Wein aus Rheinland-Pfalz

Viele Winzer haben sich in den sechs Weinbau-Regionen des Landes Rheinland-Pfalz zu **Winzergenossenschaften** zusammengeschlossen. Dies sind Erzeugergemeinschaften. Sie keltern („keltern": „auspressen") gemeinsam die geernteten Weintrauben in einer Zentralkelterei zu Traubenmost. Dieser wird zu Wein vergoren und in Flaschen gefüllt. Auch der Verkauf wird in der Winzergenossenschaft organisiert.

Ein Großteil der rheinland-pfälzischen Weine erreicht als Qualitätswein ein hohes Niveau. Aber auch ausgezeichnete Prädikatsweine höchster Qualitätsstufen werden bei den Verbrauchern immer beliebter.

Ein kleiner Teil der Weinernte wird zu wohlschmeckenden Winzersekten verarbeitet oder geht als preisgünstiger Tisch- oder Tafelwein mit einer geringeren Qualität auf den Markt.

Aufgaben

1 Ordne in M2 jedem Weinanbaugebiet in der Karte das jeweilige Weinschild zu. Die Reihenfolge 1–6 ergibt ein Lösungswort.

2 a) Ermittle, wie hoch 2009 die Weinerzeugung rheinhessischer Winzer war (M4).
b) Nenne die beiden Anbauregionen, die 2009 die höchsten Anteile
– an Prädikatsweinen
– an Qualitätsweinen
hatten (M4).

3 Erkläre den Begriff Winzergenossenschaft.

Merke
Rheinland-Pfalz ist das größte Weinerzeugerland in Deutschland. In sechs Anbaugebieten erzeugen die Winzer in sehr unterschiedlichen Lagen Weine höchster Güte.

Grundbegriff
- Winzergenossenschaft

Das Rheintal als Durchgangsregion

Aufgaben

1 Finde die Namen der 16 Städte und der Flüsse a–f in M2 (Atlas).

2 Beschreibe die Lage des Mittelrheintales (Atlas).

3 Erkläre die Flächennutzung des Mittelrheintales.

4 Wie entstand das Rheintal? Beschreibe (M4).

Entstehung und Nutzung des Mittelrheins

Bei der Stadt Bingen erreicht der Rhein das Rheinische Schiefergebirge. Der Fluss zwängt sich hier durch ein enges Tal, das erst nach 130 km bei Bonn endet. Der Rhein hat in mehreren Millionen Jahren dieses Tal selbst gestaltet. Er durchfloss zunächst eine ebene Landschaft. Während der Heraushebung des Rheinischen Schiefergebirges hat sich der Fluss immer tiefer in das Gestein eingeschnitten. Dabei entstanden **Mäander** (Flussschlingen). Die Kraft des fließenden Wassers formte steile **Prallhänge** und flache **Gleithänge**. Auf diese Weise durchbrach der Rhein das Gebirge. Wir sprechen deshalb auch von einem Durchbruchstal.

Auf der Talsohle befinden sich an beiden Ufern schmale Ebenen, die „Flussauen“. Sie werden bei Hochwasser überflutet.

Etwas höher schließen sich die „Niederterrassen“ des Rheintals an. Sie bilden den Siedlungsraum für Dörfer und kleine Städte. Straßen und Schienenwege begleiten hier den Fluss. Auf halber Talhöhe verlaufen die „Mittelterrassen“. Ihre sonnenbeschienenen Hänge eignen sich vor allem für den Weinbau. Der Wein aus dieser Region ist weit über die Grenzen Deutschlands hinaus bekannt.

Auf den „Hochterrassen“ beiderseits des Rheins liegen viele Dörfer. Die Flächen werden landwirtschaftlich genutzt oder sind bewaldet.

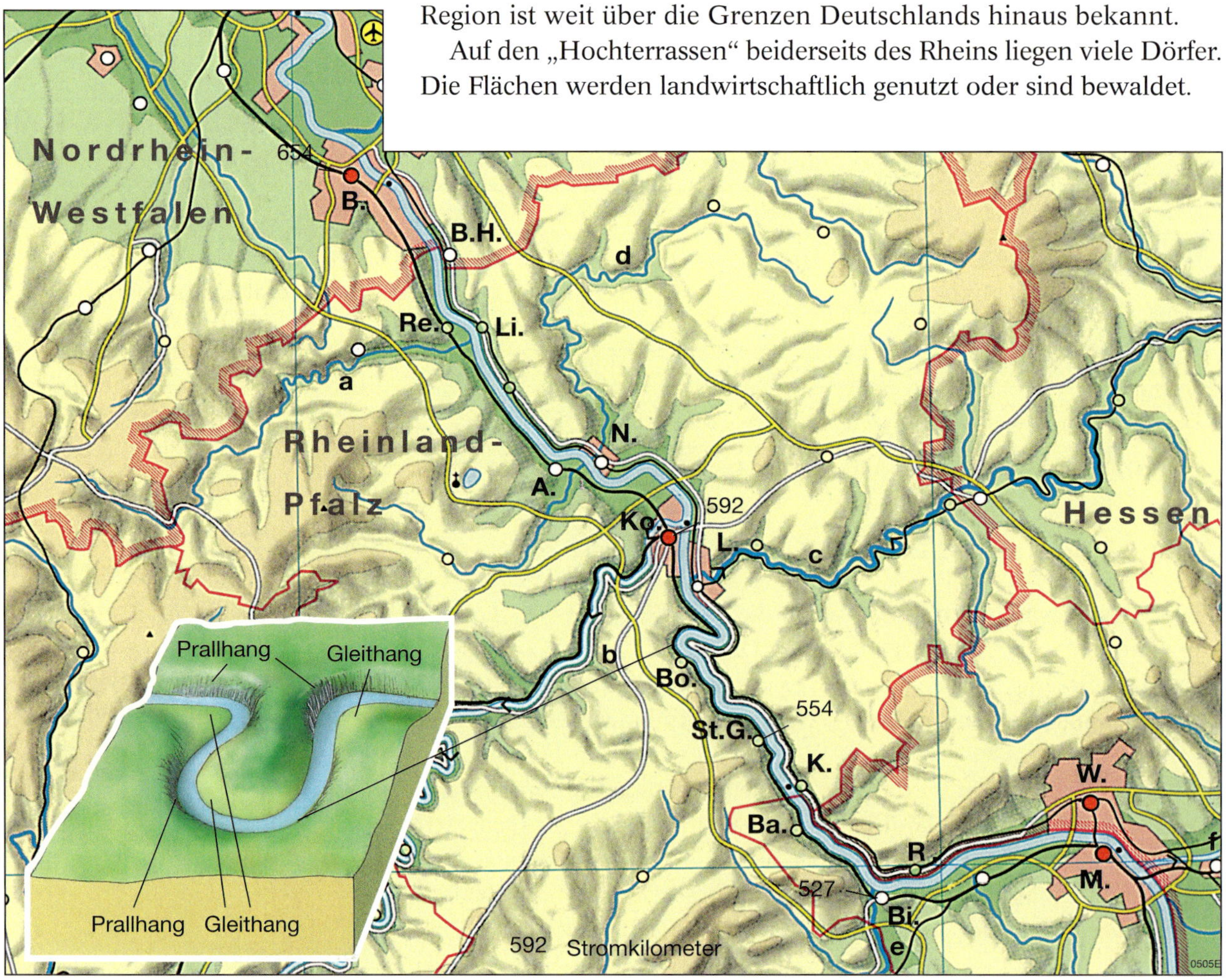

M1 *Flussschlinge (Mäander)*

M2 *Das Mittelrheintal: Übungskarte*

M3 *Bopparder Hamm: Rheinschleife bei Boppard*

M5 *Rheinterrassen*

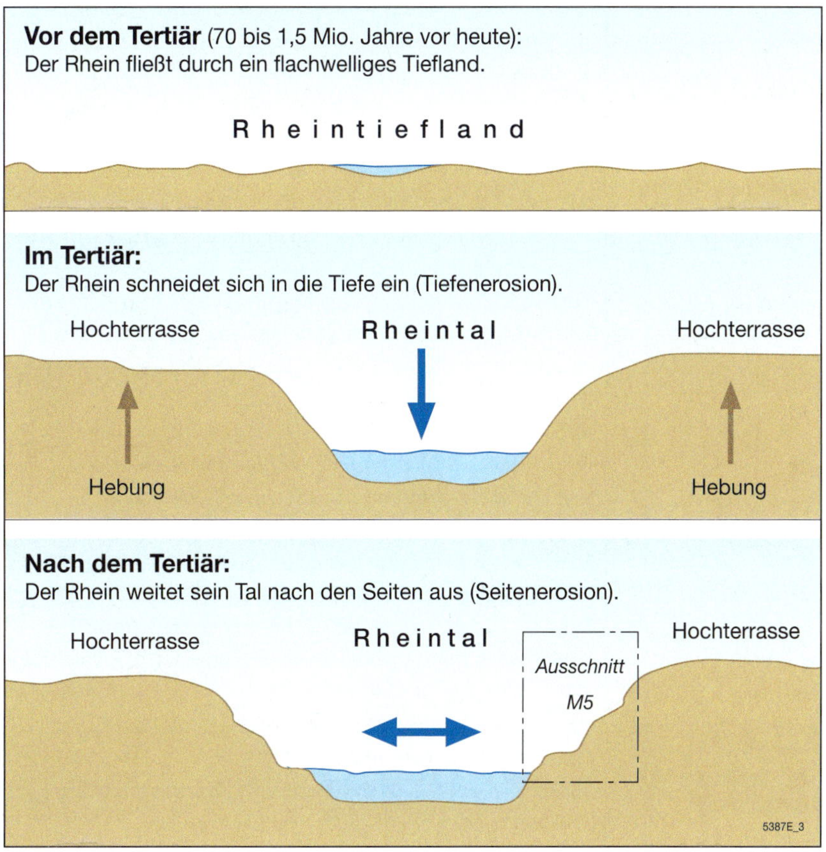

M4 *Die Entstehung des Durchbruchstals am Mittelrhein*

Aufgaben

5 Nenne Gründe, warum jährlich Millionen von Touristen das Rheintal besuchen.

6 a) Entscheide, welche Rheinterrassen in M3 zu sehen sind. Vergleiche mit M5.
b) Wie werden diese genutzt?

Merke
Das Mittelrheintal erstreckt sich zwischen Bingen und Bonn. In Millionen von Jahren schuf der Rhein ein Durchbruchstal mit terrassenförmigen Flussufern. Die Terrassen sind Nutzungsraum für Siedlungen, Verkehr und Landwirtschaft.

Grundbegriffe
- Mäander
- Prallhang
- Gleithang

Das Rheintal als Durchgangsregion

Oberes Mittelrheintal – 2000 Jahre bewegte Geschichte

Stromkilometer 526: der Rhein bei Bingen, *Stromkilometer 555:* der Rhein an der Lorelei, *Stromkilometer 593:* der Rhein bei Koblenz.

Diese drei Kilometerangaben des schiffbaren Rheins markieren das obere Mittelrheintal zwischen Bingen und Koblenz. Das enge Flusstal ist der schönste Teil der bedeutendsten Wasserstraße Europas. Die rund 70 Kilometer lange Rheinstrecke führt an zahlreichen Schlössern und Burgen, malerischen Städten, schroffen Felsen, sonnigen Weinhängen und bewaldeten Abhängen vorbei.

Die Landschaft zieht jährlich Zehntausende von Touristen aus der ganzen Welt an. Sie alle wollen per Schiff oder von den Ufern aus dieses Welterbe der Kultur erleben. Überall sind hier die kulturellen Zeugen aus vergangenen Zeiten sichtbar. Sie beweisen, dass das Mittelrheintal schon vor über 2000 Jahren eine **Durchgangsregion** zahlreicher Völker und Sitz vieler weltlicher und geistlicher Herrscher war.

M1 *Burgen und Schlösser am Mittelrhein*

50 v.Chr.: Die römischen Truppen Cäsars erreichten den Rhein. Die Römer bauten Städte wie z. B. Confluentes (Koblenz), Baudobrigorum (Boppard) oder Bingum (Bingen).

Um 450 n.Chr.: Germanische Stämme zwangen die Römer zum Rückzug aus dem Mittelrheingebiet.

Um 500: Gründung eines Fränkischen Reiches. Die Menschen am Mittelrhein sprachen einen fränkisch-romanischen Dialekt.

9. Jh.: Unter der Herrschaft Karls des Großen entwickelte sich das Rheinland zur Kernlandschaft des Frankenreiches. Zahlreiche vom König eingesetzte Grafen und Erzbischöfe übernahmen die Herrschaft am Rhein.

12. und 13. Jh.: Weltliche und geistliche Herren stritten um die Macht. Sie errichteten im Rheintal zahlreiche Burgen.

Um 1510: Die Reformation Martin Luthers beendete am Mittelrhein die Einheit der Kirche. Die Erzbistümer Trier und Mainz hielten am alten Glauben fest. Weltliche Herrschaften wurden weitgehend Lutheraner.

1794: Frankreich erklärte nach der Revolution (siehe Seiten 196–209) Österreich und Preußen den Krieg. Die Franzosen bekamen 1795 das linke Rheinufer zugesprochen.

1918: Nach dem Ende des Ersten Weltkriegs wurde das Rheinland zur entmilitarisierten Zone erklärt. Von 1923–1929 regierten die Franzosen das Land.

1945: Nach dem Zweiten Weltkrieg übernahm Frankreich die Verwaltung am Mittelrhein.

1946: Das Mittelrheintal wurde Teil des neu gegründeten Bundeslandes Rheinland-Pfalz.

2002: Das obere Mittelrheintal zwischen Bingen und Koblenz wird zum UNESCO-Welterbe der Kultur erklärt.

M2 *Zeittafel einer Durchgangsregion*

M3 *Im Rheintal: Loreley-Felsen*

Aufgaben

1 Nenne Völker, Stämme und Herrscher, die sich im Laufe der Geschichte im oberen Mittelrheintal niederließen (M2).

2 a) Wann wurde das obere Mittelrheintal zum UNESCO-Welterbe der Kultur erklärt (M2)?
b) Informiere dich über das Welterbe der Kultur unter: www.welterbe-oberes–Mittelrheintal.de. Fertige einen kurzen Bericht an.

3 Beschreibe die Flusslandschaft an der Stelle der Lorelei mit eigenen Worten (M3).

4 Erläutere, was mit „Rheinromantik" gemeint ist.

An der Stelle, an der das Rheintal nur 113 m eng ist, ragen zu beiden Seiten hohe, schroffe Felswände empor. Hier bildet der Rhein schäumende Wirbel.
Schiffer in früheren Zeiten fanden dies unheimlich – zumal einigen dort in Gedanken eine schöne Nixe erschienen war – die Loreley.

Mit goldenem Kamm durchstrich sie ihr langes, blondes Haar und sang eine Melodie: „Ich weiß nicht, was soll es bedeuten, dass ich so traurig bin ...".
Mancher, der sich von ihr locken ließ, den Fels zu erklimmen, fand dabei den Tod in den Wellenwirbeln.

M4 *Die Loreley-Sage*

Sagenhafter Rhein

Alte Geschichten aus dem Rheintal erzählen von Riesen, Feen und Nixen, von Drachen und Rittern. Eine häufig gelesene Sage ist die von den „feindlichen Brüdern". Sie entstand um 1590 und handelt von den direkt nebeneinander liegenden Burgen Sterrenberg und Liebenstein bei Kamp-Bornhofen.

Untrennbar mit dem Rhein verbunden sind seit jeher auch die Sagen von der schönen Loreley und dem Binger Mäuseturm.

Um 1800 entdeckte man in Literatur und Malerei erneut das Mittelrheintal. Es war die Geburt der „Rheinromantik". So schilderte der Dichter Friedrich Schlegel das Mittelrheintal bewundernd als raue und wilde Gegend.

Merke
Die Durchgangsregion des Rheintals zwischen Bingen und Koblenz zog in ihrer Geschichte zahlreiche Stämme, Völker und Herrschaften an. Heute ist das obere Mittelrheintal ein Welterbe der Kultur.

Grundbegriffe
- Durchgangsregion

Die Eifel – Zukunft einer Region

M1 *Lage der Eifel in Rheinland-Pfalz*

M3 *Die Eifel – ein waldreiches Mittelgebirge (Elzbachtal mit Burg Pyrmont)*

Vorurteile aus alten Zeiten

Das raue, wenig ackerbaufreundliche Klima der dünn besiedelten Eifel führte vor allem im 19. Jahrhundert zu großen Hungersnöten unter den Bewohnern. Viele Menschen gaben damals ihre Höfe auf und verließen das Mittelgebirge. Sie zogen in das wirtschaftlich besser gestellte Ruhrgebiet oder wanderten in die USA aus. Damals hatte die Eifel den Beinamen „Armenhaus des Rheinlands“. Noch heute kämpft die Region mit den alten Vorurteilen.

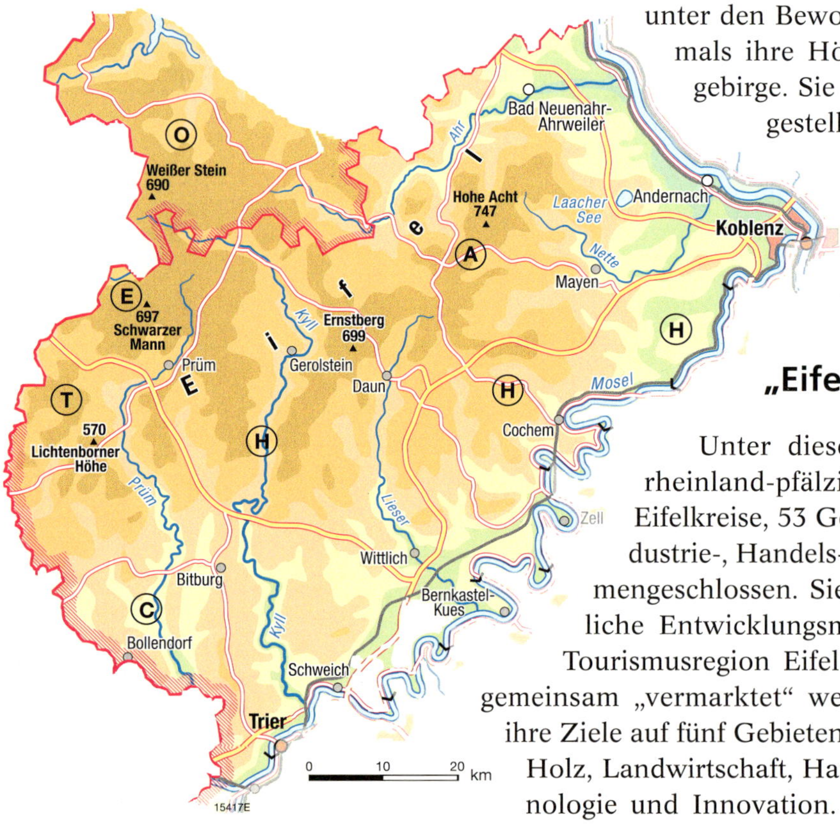

M2 *Landschaftliche Gliederung der Eifel und ihres Vorlandes*

„Eifel – wir sind Zukunft“

Unter diesem Leitspruch haben sich zehn rheinland-pfälzische und nordrhein-westfälische Eifelkreise, 53 Gemeinden sowie acht regionale Industrie-, Handels- und Handwerkskammern zusammengeschlossen. Sie alle wollen durch gemeinschaftliche Entwicklungsmaßnahmen die Wirtschafts- und Tourismusregion Eifel stärken. Die Eifel soll zukünftig gemeinsam „vermarktet“ werden. Die Gemeinschaft verfolgt ihre Ziele auf fünf Gebieten: Kultur und Tourismus, Wald und Holz, Landwirtschaft, Handwerk und Gewerbe sowie Technologie und Innovation. Alle Teilnehmer dieses Eifelprojektes verpflichten sich zur nachhaltigen Entwicklung des Wirtschaftsraumes Eifel.

M4 *Tausende von Besuchern bei „Rock am Ring“*

Die Eifel – mehr als nur Land- und Forstwirtschaft

Die Land- und Forstwirtschaft prägt das Bild der **Kulturlandschaft** Eifel. Über vierzig Prozent der Region sind bewaldet. Deshalb spielen die Wälder und die Holzwirtschaft noch immer eine bedeutende Rolle für die Wirtschaft der Region. Die Wälder im **Nationalpark** Eifel locken Wanderfreunde und Erholungsuchende.

Die Landwirtschaft ist in der Eifel nach wie vor der wichtigste Wirtschaftsbereich. Sie ist jedoch – wie auch in anderen Landesteilen von Rheinland-Pfalz – einem starken Wandel unterworfen. Immer mehr Landwirte vermarkten ihre Produkte auf Hofläden selbst oder schließen sich mit anderen Landwirten zu regionalen Vermarktungsgesellschaften zusammen. Großabnehmer landwirtschaftlicher Produkte ist die ansässige Nahrungs- und Genussmittelindustrie.

Auch ländliche Tourismusformen wie „Urlaub auf dem Bauernhof“, Bauernhof-Cafés und Kulturscheunen sind mittlerweile überall in der Eifel anzutreffen. Mehr als zwei Millionen Tagestouristen und Kurzurlauber finden in der Region um die Hohe Acht ein vielfältiges Angebot. Rad- und Wanderwege, eine ausgeprägte Burgenlandschaft und der weit über die deutschen Grenzen hinaus bekannte Nürburgring mit den Autorennen der Formel 1 sowie „Rock am Ring“ locken die Touristen in die Eifel.

Die Motorsportsaison dauert wetterbedingt jedoch nur von April bis Oktober. Deshalb wurde am Nürburgring mit etwa 300 Millionen Euro aus Landesmitteln ein riesiger Freizeit- und Erlebnispark geschaffen. Die Finanzierung liegt bei der landeseigenen Investitions- und Strukturbank. Eine private Betriebsgesellschaft soll für die Übernahme des Freizeitparks Pacht zahlen, mit der die Investitionen finanziert werden.

Aufgaben

1 Ordne den folgenden Landschaften mithilfe einer Karte von Rheinland-Pfalz die richtigen Kennbuchstaben aus M2 zu: Kyllwald (…), Rureifel (…), Voreifel (…), Schneifel (…), Hohe Eifel (…), Bitburger Land (…), Maifeld (…), Islek (…).
In dieser Reihenfolge erhältst du ein „gebirgiges“ Lösungswort.

2 Benenne Sehenswürdigkeiten in der Eifel.

3 Erkläre, warum der Nürburgring ein Motor für die Wirtschaft in der Eifel ist.

Merke
Die Eifel ist eine land- und forstwirtschaftlich geprägte Region. Zahlreiche Projekte, wie der „Freizeitpark Nürburgring“, versuchen die Wirtschaft der Eifel zu fördern.

Grundbegriffe
- Kulturlandschaft
- Nationalpark

Maare, Bims und Mineralquellen

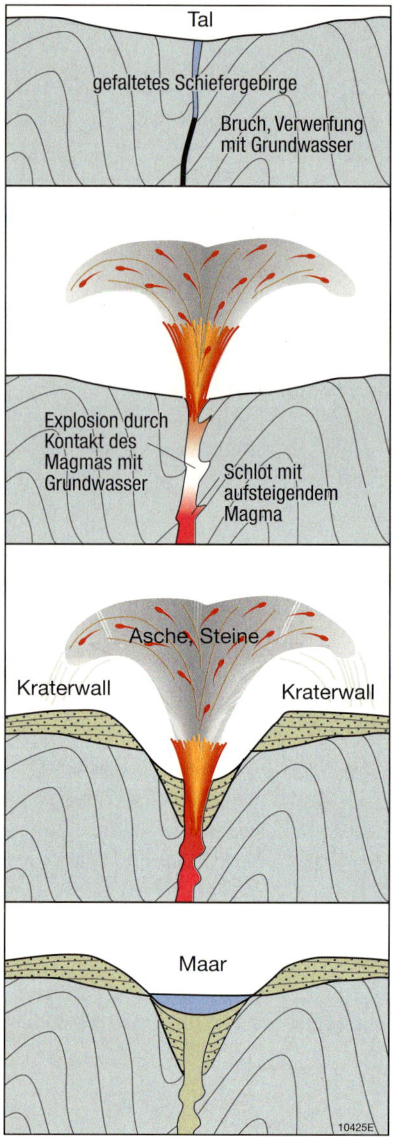

M1 *So entsteht ein Maar.*

Vulkane prägen die Landschaft

Wenn man die Autobahn A48 von Koblenz in Richtung Trier fährt, sieht man eine hügelige Landschaft. Sie besteht aus einzelnen Kuppen und blaugrün schimmernden Seen.

Dies sind die Reste von Vulkanausbrüchen vor bis zu 10 000 Jahren. Die oft nahezu kreisrunden Seen nennt man **Maare**. Aus der Tiefe der Erde stieg glutflüssiges Magma, ein heißer Gesteinsbrei, an die Erdoberfläche. Noch bevor er aus dem Boden herausschießen konnte, traf er auf kaltes Grundwasser. Es kam zu einem unterirdischen explosionsartigen Dampfausbruch. Herausgeschleudertes vulkanisches Material lagerte sich ringförmig um einen herausgesprengten Krater an. Im Laufe der Zeit füllte sich der Krater mit Wasser.

Experiment

Dampfexplosion

Eine Dampfexplosion kannst du nachstellen; allerdings musst du vorsichtig sein: Erhitze eine Herdplatte. Träufele mit einer Pipette Wassertropfen auf die Herdplatte. Beobachte, was geschieht.

M2 *Dauner Maare*

Aufgaben

1 Schreibe einen Bericht zur Entstehung der Dauner Maare (M1, M2).

2 Plane einen Ausflug in die Vulkaneifel. Zeichne dazu eine Karte. Trage darin die Reiseroute ein und die Maare, die du besichtigen willst (Autoatlas).

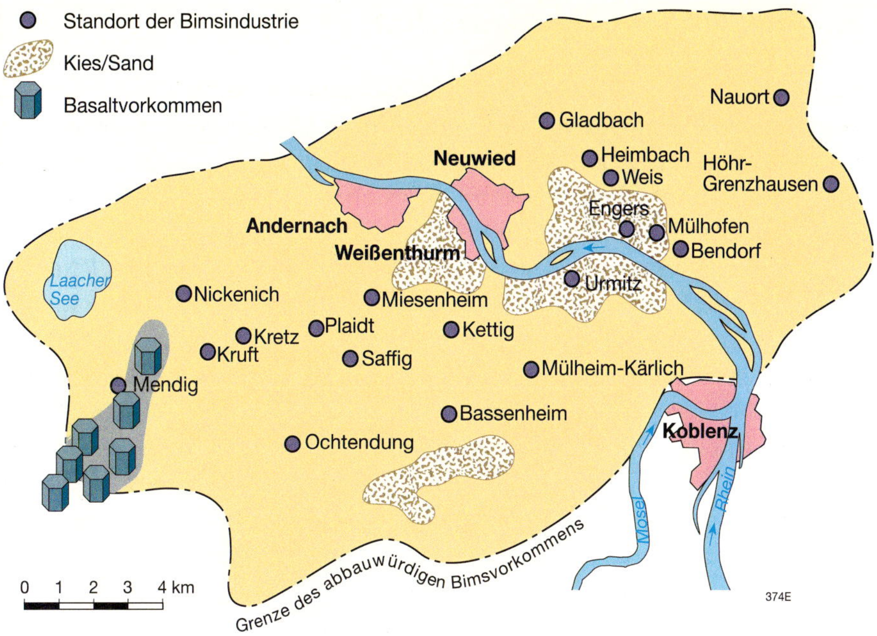

M3 *Verbreitung von Bims und Basalt im nördlichen Rheinland-Pfalz*

Aufgaben

3 Beschreibe, in welchen Gebieten von Rheinland-Pfalz
a) der Bims,
b) der Basalt
verbreitet ist (M3, Atlas).

4 Welche Entwicklung zeichnet sich über die Jahre in der Bimsindustrie ab (M6)? Erkläre.

5 Nenne drei Kurorte in der Eifel (Atlas).

Jahr	Beschäftigte	Betriebe	Produktion in 1000 Tonnen
1950	5790	793	3350
1970	2550	200	4930
1990	540	72	2580
2008	450	32	1530

M6 *Entwicklung in der Bimsindustrie*

M4 *Abbau bei Mendig*

M5 *Etiketten verschiedener Mineralwässer*

Nutzung vulkanischer Rohstoffe

Im Gebiet der Osteifel und im Mittelrheinischen Becken lagern vulkanische Steine wie der **Basalt** und vulkanische Aschen wie der **Bims**. Sie werden als Baustoffe genutzt. Bims ist ein poröses Gestein, das wärmedämmend wirkt. Große Mengen von Bims sind nach dem Ausbruch des Laacher-See-Vulkans vor rund 10 500 Jahren entstanden. Man findet sie heute vor allem bei Nickenich, Kruft und Mendig. Sie haben sich aus den vulkanischen Aschen gebildet.

Außerdem entstanden in der Eifel vulkanische **Mineralquellen**. Kalte Wasserquellen sind die Grundlage der Mineralwasserindustrie. Warme Quellen (Thermalquellen) werden als Heilwässer in Kurorten genutzt.

Merke
Der Vulkanismus hat die Landschaft der Eifel mitgestaltet. Vulkankuppen und Maare sind Zeugen dieser Entwicklung. Basalt, Bimsstein und andere vulkanische Aschen dienen als Baustoffe.

Grundbegriffe
- Maar
- Basalt
- Bims
- Mineralquelle

Keramik-Industrie – Hightech im Westerwald

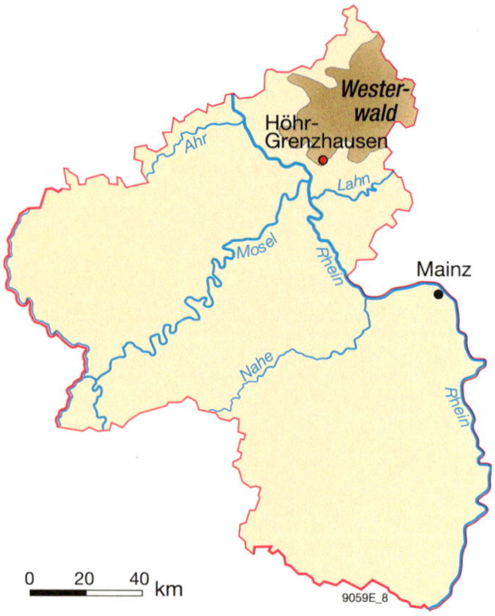

M1 *Lage des Westerwaldes in Rheinland-Pfalz*

Keramische Produkte aus dem Westerwald

So könnte es sein: Die NASA benötigt eilig hitzebeständige Kacheln für den Raumgleiter Columbia. Sie bestellt sie bei einem Betrieb im Kannenbäckerland, zum Beispiel in Höhr-Grenzhausen oder in Ransbach-Baumbach.

Das Kannenbäckerland ist eine Region im Mittelgebirge Westerwald. Es hat seinen Namen, weil es ein Zentrum der keramischen Industrie ist. Hier stellten „Kannenbäcker" (Töpfer) schon im 18. Jahrhundert Kannen, Töpfe und Schalen her. Das Material dafür war **Ton**, der hier im Boden vorhanden ist. Heute werden aus diesem Rohstoff weit mehr keramische Gegenstände als nur für den Hausgebrauch hergestellt.

In Hightech-Laboren werden extrem feuerfeste, harte und verschleißfreie Produkte erforscht und zur Produktion gebracht. Technische Keramikprodukte finden sich unter anderem in den Zündkerzen der Autos. Auch in der Medizin, der Wärmedämmung, in der Abgasreinigung und Katalysatortechnik werden keramische Bauteile aus dem Westerwald eingesetzt.

M2 *Produkte der Keramik-Industrie aus dem Kannenbäckerland: links: Bauteile für den Maschinenbau mit keramischer Beschichtung; rechts: Hüftgelenke, die einer starken Beanspruchung ausgesetzt sind*

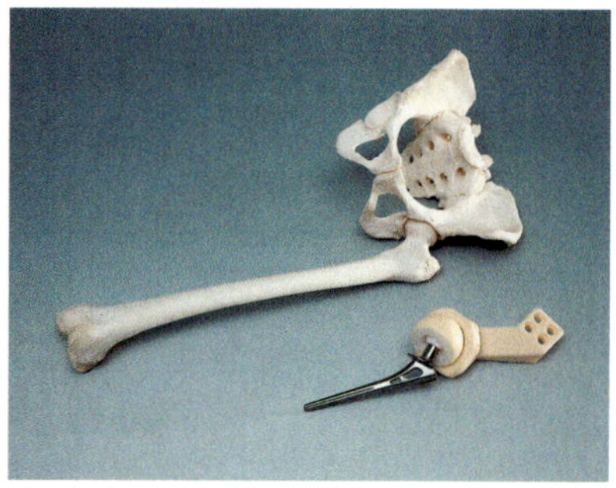

BFZK

Höhr-Grenzhausen im südlichen Westerwald hat sich zu einem weltweit anerkannten Bildungs- und Forschungszentrum für Keramik (BFZK) entwickelt. Informationen findest du im Internet unter www.bfzk.de.

- Um die keramische Industrie auf dem Weltmarkt zu stützen, wurde ein „Europäisches Zentrum für Feuerfest-Technologien" entwickelt. Institute, Forschungsgemeinschaften und der Sitz des Verbandes der Feuerfest-Industrie haben sich in Höhr-Grenzhausen niedergelassen.
- In Höhr-Grenzhausen hat auch das neue „CeraTechCenter", ein Gründerzentrum für keramische Technologie und Werkstoffe, seinen Sitz. Junge, erfindungsreiche Unternehmen bekommen hier finanzielle Starthilfen.
- Ein wichtiges „Standbein" ist die Fachhochschule. Am Standort Höhr-Grenzhausen befinden sich das Institut für Werkstofftechnik, Glas und Keramik sowie das Institut für Künstlerische Keramik.

M3 *Höhr-Grenzhausen – Zentrum der Hightech-Keramik*

Aufgaben

1 Erläutere den Namen „Kannenbäckerland".

2 a) Erstelle eine Liste von Produkten aus Keramik.
b) Welche Produkte der Keramikindustrie befinden sich bei dir zu Hause?

Info

Ton im Westerwald

Der im Kannenbäckerland lagernde Ton wird oft auch als „weißes Gold" bezeichnet. Er ist vor etwa 40 Millionen Jahren durch die Verwitterung von Gesteinen entstanden. Die Gesteine des Festlandes wurden durch das damals herrschende feuchtheiße Klima schnell abgetragen und zersetzt. Dann überflutete ein Meer das Gebiet des Westerwaldes. Im Wasser lagerten sich die feinen Tonteilchen in den Mulden ab. Dann zog sich das Meer wieder zurück. Die Lagerstätten des weißen, grauen oder rotbraunen Tons blieben zurück.

Der Tonabbau erfolgt im Tagebau. Dazu werden moderne Maschinen eingesetzt: Schaufelradbagger, Elektrospaten, Tonpflüge und Tonstechmaschinen. Von über fünf Millionen Tonnen Ton, die jährlich in Deutschland gewonnen werden, kommt etwa die Hälfte aus dem Westerwald. Hier sind in rund 60 Abbaubetrieben etwa 500 Menschen beschäftigt.

M5 *CTC-Technologie-Zentrum für junge Unternehmen*

Aufgaben

3 Beurteile mithilfe von M3 die Bedeutung der Stadt Höhr-Grenzhausen für die keramische Industrie.

4 Beschreibe nach dem Foto in der Info den Abbau von Ton.

M4 *Keramikmuseum in Höhr-Grenzhausen. Rund um Höhr-Grenzhausen ist das Töpferhandwerk verbreitet. Auf den Spuren der ursprünglichen Kannenbäckerkunst kann man zahlreiche Töpfereien und Keramikbetriebe besichtigen oder im Keramikmuseum in die Vergangenheit des Töpferhandwerks blicken.*

Merke

Das Kannenbäckerland im südlichen Westerwald ist ein Zentrum der deutschen Hightech-Keramikindustrie. Doch auch das traditionelle Töpferhandwerk wird weiterhin praktiziert.

Grundbegriff

- Ton

Euler und Kannenbäcker

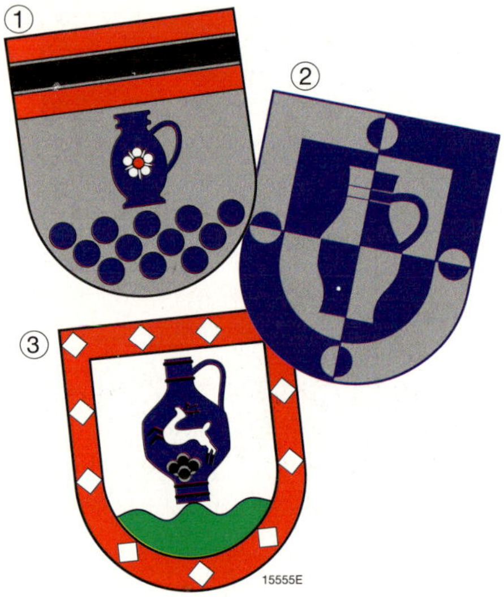

M1 *Gemeindewappen von …?*

M3 *Aus einem Werbeprospekt für das Kannenbäckerland*

Info

Euler oder Kannenbäcker
Die im Kannenbäckerland arbeitenden Töpferinnen und Töpfer werden von alters her Eulerinnen und Euler genannt (lateinisch „aula“: „Topf“). Das ist ein anderes Wort für Kannenbäcker.

„Eulerei“ im Kannenbäckerland

Im Kannenbäckerland wurde der Rohstoff Ton schon vor 250 Jahren abgebaut und verarbeitet. Im Jahr 1771 gab es hier mehr als 600 Eulerinnen und Euler.

Bis in unsere Zeit hinein wurde die Handwerkskunst der Euler im Kannenbäckerland bewahrt. Einige Familienbetriebe produzieren die Tonkannen und Tonkrüge noch in echter Handarbeit ohne große technische Hilfsmittel. Wenn man heute eine Eulerei besucht, fühlt man sich daher wie in eine andere Zeit zurückversetzt. 1982 wurde die letzte große nach traditioneller Art arbeitende Eulerei geschlossen.

M2 *Eulerin (Töpferin) formt einen „Grühl“.*

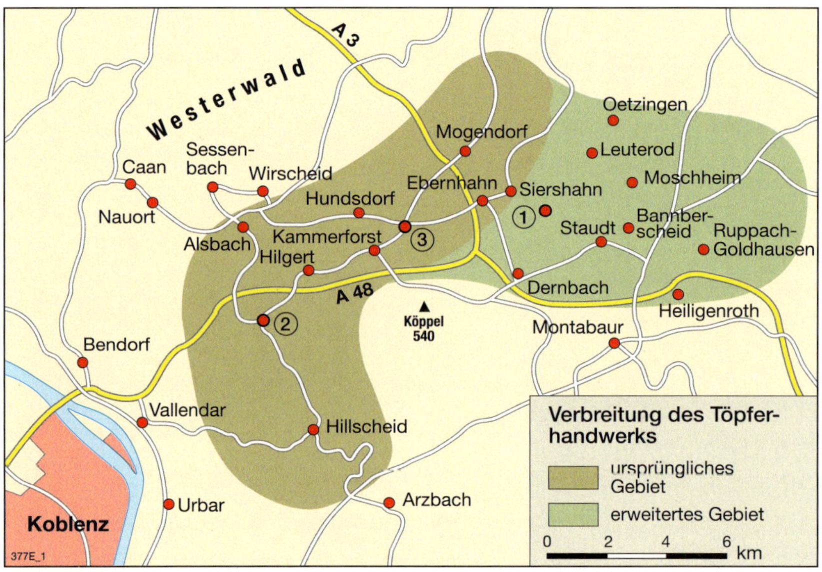

M4 *Töpferhandwerk im Kannenbäckerland*

M5 *Euler beim „Stochen" am „Stochloch"*

M8 *Frau beim „Blauen"*

Im „Schlondes" – heißer Arbeitsplatz der Kannenbäcker

Die Arbeit der Eulerinnen und Euler im 18. und 19. Jahrhundert war sehr schwer. Es reichte nicht, mit großem Kraftaufwand den Ton zu kneten und ihn zu einem Krug zu formen. Ein wichtiger Arbeitsschritt war, den getrockneten „Grühl" oder „Döppe" in den Kannofen zu stellen, damit der Ton gehärtet wurde. Um die Hitze im „Stochloch" zu halten, musste ständig mit „Schnittchen" „gestocht" werden. Im „Schlondes" herrschten Temperaturen von 500 °C. Teilweise wurden die „Stollertchen" mit bloßen Händen aus dem Ofen geholt. Handschuhe und Schutzanzüge gab es lange Zeit nicht.

Döppe:	Topf
Grühl:	Krug, Kanne
Stollertchen:	Milchkännchen
Kannofen:	Brennofen der Euler
Schlondes:	Vorraum zum Ofen
Schnittchen/ Ringelchen:	Holz/Brennhilfsmittel
Stochloch:	Feuerung
stochen:	dafür sorgen, dass das Feuer weiter brennt
blauen:	bemalen von Tongefäßen mit blauer Farbe

M6 *„Eulerisch" – eine seltsame Sprache*

M7 *Töpferei im 16. Jahrhundert*

Aufgaben

1 a) Aus welchen Orten (Verbandsgemeinden) stammen die Wappen 1–3 (M1)? Löse die Aufgabe mithilfe von M4 und einer Karte.
b) Schreibe zehn Orte des Töpferhandwerks im Kannenbäckerland auf (M4).

2 Nenne Merkmale, die die Euler-Tradition kennzeichnen (M1–M3, Text).

3 Erläutere die Tätigkeiten des Eulers und der Eulerin in M5 und M8.

4 a) Übersetze den Text „Im Schlondes" mithilfe von M6.
b) Stelle Vermutungen an, warum die Euler eine eigene Sprache hatten.

Merke
Das Töpferhandwerk des Kannenbäckerlandes wird auch als „Eulerei" bezeichnet. Die Eulerinnen und Euler hatten eigene Fachausdrücke.

Ballungsraum Ludwigshafen-Mannheim

M1 *Lage und Wappen von Ludwigshafen*

1853:	**367 ha**
1899:	**2175 ha**
1938:	**6898 ha**
1774:	**7734 ha**
heute:	**7768 ha**

M2 *Entwicklung der Stadtfläche Ludwigshafens*

M3 *Doppelstadt Ludwigshafen-Mannheim – Ballungsraum an Rhe*

Ludwigshafen – junger Teil einer Doppelstadt

Erst 1853 entstand auf der linken Rheinseite die Gemeinde Ludwigshafen. Auf der rechten Rheinseite lag die kurfürstliche Residenzstadt Mannheim. 1865 wurde das Chemiewerk der Badischen Anilin- und Sodafabrik (BASF) gegründet.

Durch Eingemeindungen umliegender Bauerndörfer dehnte sich Ludwigshafen rasch aus. Heute ist es mit 164 000 Einwohnern nach Mainz die zweitgrößte Stadt und zugleich wichtigste Industriestadt in Rheinland-Pfalz. Zusammen mit Mannheim, das im Bundesland Baden-Württemberg liegt, bildet Ludwigshafen einen **Ballungsraum** mit rund einer halben Million Einwohner.

Info

Ballungsraum
Ein Ballungsraum ist ein großflächiges Gebiet mit dichter Besiedlung und Bebauung. Oft besteht der Ballungsraum aus mehreren Orten.

...d Neckar (Schrägluftbild)

Aufgaben

1 a) Zeichne eine Orientierungsskizze zum Schrägluftbild M3. Gehe dabei wie in M4 vor. Klebe anschließend die Skizze in deine Mappe oder dein Heft.
b) Beschreibe das Luftbild.

2 Zeichne zu M2 ein Säulendiagramm. Je 0,5 cm der Säulenhöhe sollen 500 Hektar Stadtfläche entsprechen.

3 Finde mithilfe des Atlas einen weiteren Ballungsraum zu einer rheinland-pfälzischen Stadt.

Merke
Ludwigshafen am Rhein ist eine noch junge Stadt. Sie ist die größte Industriestadt in Rheinland-Pfalz und der linksrheinische Teil der Doppelstadt Ludwigshafen-Mannheim.

Grundbegriff
- Ballungsraum

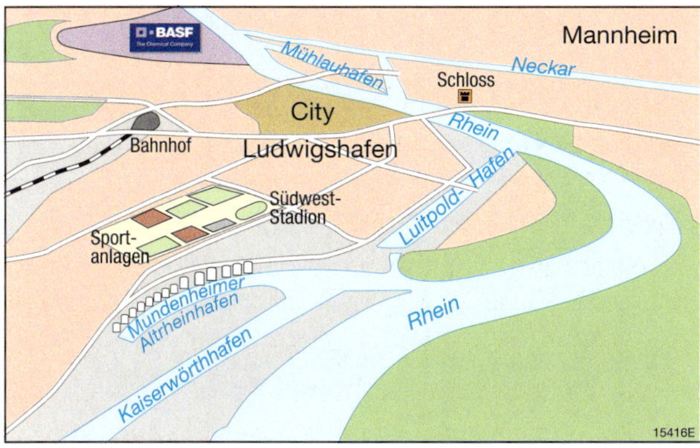

So gehst du vor
- Lege auf das Foto transparentes Zeichenpapier.
- Zeichne den Bildrahmen als Begrenzung ein.
- Ziehe dann alle Hauptlinien nach, wie Flussufer, Verkehrswege, Inseln usw.
- Trage einzelne, auffällige Einrichtungen ein. Ihre Namen, zum Beispiel Stadion oder Schloss, findest du in einem Stadtplan.
- Beschrifte deine Skizze und färbe sie ein.

M4 *Orientierungsskizze zum Luftbild*

Ballungsraum Ludwigshafen-Mannheim

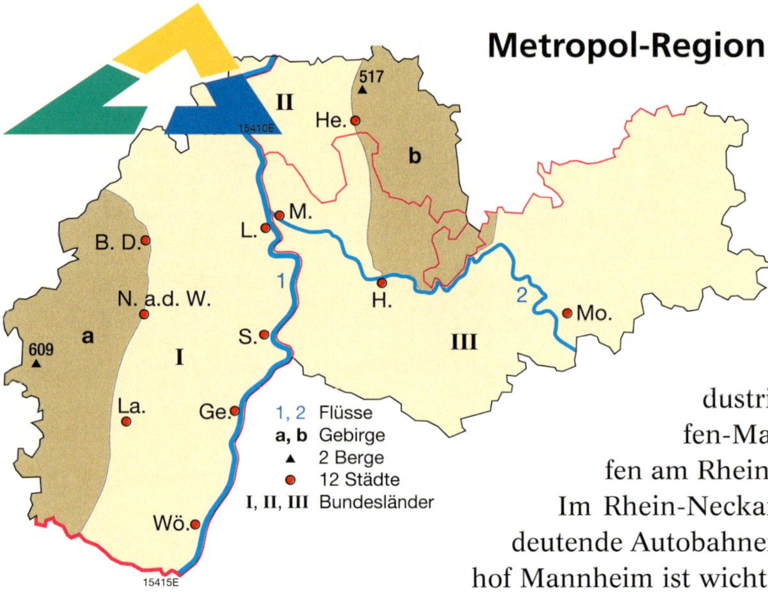

M1 *Die Metropol-Region Rhein-Neckar (mit Logo)*

Metropol-Region an Rhein und Neckar

2005 wurde die **Metropol-Region** Rhein-Neckar gegründet. Sie umfasst 5637 km². In ihrer Mitte liegt die Doppelstadt Ludwigshafen-Mannheim. Der Schiffsverkehr auf Rhein und Neckar hat über Jahrhunderte zum Wachstum der Wirtschaft in dieser Region beigetragen. Der Industrie- und Handelshafen von Ludwigshafen-Mannheim ist der zweigrößte Binnenhafen am Rhein (nach Duisburg).

Im Rhein-Neckar-Dreieck kreuzen sich zahlreiche bedeutende Autobahnen und Schnellstraßen. Der Hauptbahnhof Mannheim ist wichtigster Bahnhof der Region. Er ist einer der größten Eisenbahnknotenpunkte in Süddeutschland. Von hier führen schnelle ICE-Verbindungen in alle Teile Deutschlands. Eine wichtige Fernverkehrsstrecke führt über Kaiserlautern und Saarbrücken nach Paris, andere Strecken führen nach Norden und Süden. Durch S-Bahnen sind die Städte der Metropol-Region bis weit in ihr ländliches **Umland** verbunden.

Zahlreiche Industrie- und Handelsunternehmen sind in der Metropol-Region Rhein-Neckar angesiedelt. Mit etwa 2,4 Millionen Einwohnern ist sie der siebtgrößte Wirtschaftsraum in Deutschland. Täglich sind Hunderttausende von **Pendlern** aus dem Umland in die städtischen Zentren zu den dort ansässigen Unternehmen unterwegs.

Info

Metropol-Region

Eine Metropol-Region ist eine dicht besiedelte und bebaute Region, die sich um eine Großstadt oder mehrere Großstädte herum entwickelt hat. Sie gilt als Motor der gesellschaftlichen und wirtschaftlichen Entwicklung.

Aufgaben

1 Bearbeite M1 (Atlas, Karte: Deutschland – südlicher Teil).

2 Nenne zehn Städte auf der Autobahnstrecke Mannheim–Hamburg (Atlas).

3 Erläutere Form und Farben-Zahl des Logos in M1.

4 a) Berechne die Gesamtzahl der Arbeitsplätze der in M2 aufgeführten Unternehmen.
b) Ermittle in M2, welche Betriebe und Produkte sich hinter den genannten Firmen verbergen (Internet).

BASF The Chemical Company	John Deere		ABB	DAIMLER
Ludwigshafen	Mannheim	Bruchsal	Mannheim	Mannheim
33600	2700	700	4250	8500

Heidelberg		HeidelbergCement	SAP
Heidelberg	Wiesloch	Heidelberg/Leimen	Walldorf
2300	6500	1000	11500

Stand 2009

Diese sieben Unternehmen in der Metropol-Region Rhein-Neckar sind international tätig. Sie haben eine hohe wirtschaftliche Bedeutung und schaffen zusammen Zehntausende von Arbeitsplätzen.

15566E

M2 *Firmenstandorte und Beschäftigte in der Region*

„BASF SE – der Chemieriese am Rhein"

Europäische Gesellschaft oder „Societas Europaea" (SE) nennt sich seit dem 14.1.2008 die Badische Anilin- und Sodafabrik (BASF) in Ludwigshafen. Das 140 Jahre alte Unternehmen unterstreicht damit seine führende Stellung in der Chemie-Industrie in Europa. Die BASF überragt alle anderen Unternehmen der Metropol-Region Rhein-Neckar. Allein 32 600 Arbeitsplätze befinden sich am pfälzischen Hauptsitz in Ludwigshafen. Tausende von „Anilinern", wie die Arbeitnehmer der BASF volkstümlich genannt werden, pendeln täglich aus dem Umland in die BASF.
Das Werksgelände am linken Rheinufer umfasst mehr als zweitausend Gebäude auf einer Stadtfläche von rund zehn km². Das Werk in Ludwigshafen ist die Unternehmenszentrale und der größte Produktionsstandort der BASF. Hier werden unter anderem hergestellt: Chemikalien (z. B. Leime, Weichmacher, Vorprodukte für Farben), Kunststoffe (z. B. PVC, synthetische Fasern), Veredelungsprodukte (z. B. für Reinigung, Pflege) sowie Erzeugnisse für Pflanzenschutz und Ernährung (z. B. Herbizide, Vitamine).
Ein weiteres wichtiges „Standbein" der BASF ist an anderen Standorten die Förderung, Speicherung und der Transport von Erdöl und Erdgas.
Gemessen an ihrem Umsatz ist die BASF der größte Chemiekonzern der Welt. In etwa 170 Ländern sind 97 000 Arbeitskräfte tätig.

M3 *Die BASF – Gigant der Metropol-Region*

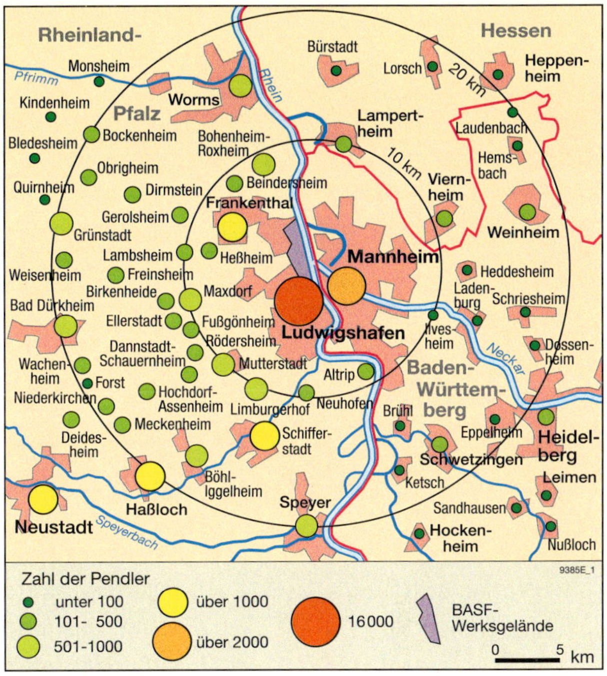

M5 *Pendler zur BASF*

Aufgabe

5 a) Liste auf: Aus welchen Gemeinden pendeln täglich mehr als 500 Arbeitnehmer in die BASF?
b) Beurteile den Stellenwert der BASF als Arbeitgeber für die Region.

M4 *Werksgelände der BASF in Ludwigshafen am Rhein*

Merke
Die Metropol-Region Rhein-Neckar mit der Doppelstadt Ludwigshafen-Mannheim bildet den siebtgrößten Wirtschaftsraum in Deutschland. Hier leben 2,4 Millionen Menschen.

Grundbegriffe
- Metropol-Region
- Umland
- Pendler

Der Hunsrück – Profil einer Entwicklungsregion

M1 *Landschaft des Hunsrück (Gemeinde Külz)*

M2 *Lage des Hunsrück*

Hunsrück – Landschaft zwischen Mosel und Nahe

„Hundsbuckel“, so nennen die Einheimischen oft ihre Heimatregion, das Mittelgebirge Hunsrück. Die sanftwellige Landschaft trennt den südlichen vom nördlichen Teil des Bundeslandes Rheinland-Pfalz.

Den Kern des Hunsrück bildet eine weiträumige Hochfläche südlich der bewaldeten Höhenzüge. Hier prägen Ackerbau und Viehwirtschaft das Landschaftsbild. Die Landwirtschaft, vor allem die Erzeugung von Milch, verliert jedoch zunehmend an Bedeutung.

Einige mittelständische Bergbaubetriebe bauen in großen Steinbrüchen Quarzit, Basalt und Schiefer ab. Die Edelsteinindustrie um Idar-Oberstein beschränkt sich heute auf kleinere Werkstätten.

Im Vergleich mit den übrigen Regionen in Rheinland-Pfalz gehört der Hunsrück zu den wirtschaftlich schwachen Gebieten. Größere Industriebetriebe sind nur in geringem Maße vorhanden.

Entwicklung mit dem Flughafen

Vorgeschichte: Ehemaliger amerikanischer Militärflughafen Hahn. Ab 1993 Umwandlung in einen Zivilflughafen.
Heute: Bedeutender Passagier- und Frachtflughafen für „Billigfluggesellschaften“ wie Ryanair aus Irland.
Passagieraufkommen: 4 Millionen.
Luftfracht: 340 000 Tonnen (viertgrößter Frachtflughafen in Deutschland).
Umfeld: Ansiedlung von 120 Betrieben mit über 3200 Mitarbeitern, darunter Speditionen, Call-Center oder Ersatzteillager.
Ehemalige Kasernen werden als Hotels und Landespolizeischule genutzt.
Zukunft: Land Rheinland-Pfalz beteiligt sich ab 1.1.2009 als Gesellschafter des Flughafens. Schaffung weiterer Arbeitsplätze rund um den Flughafen.
Informationen: www.hahn-airport.de

M3 *Flughafen Frankfurt-Hahn (nahe Hermeskeil)*

Region im Aufbruch

Ein Großteil der Hunsrücker arbeitet im Rhein-Main-Gebiet, in Koblenz, Trier und Luxemburg. Aber in den letzten Jahren haben sich entlang der Autobahn A61 und der Hunsrückhöhenstraße B50 zahlreiche Industrie- und Handwerksbetriebe sowie Gewerbeparks angesiedelt. Hier haben viele Bewohner Arbeit gefunden. Das Land Rheinland-Pfalz unterstützt mit seinem **Landesentwicklungsprogramm** zahlreiche Wirtschaftsprojekte, um Arbeitsplätze im Hunsrück zu erhalten.

Entwicklung mit Industrie

1957 wurde die Bopparder Maschinenbaugesellschaft (BOMAG) gegründet. Das Werk am Rand des Hunsrücks stellt Walzen und Verdichtungsgeräte für den Straßenbau her. Mit der BW 60, einer Kleinwalze, begann die Erfolgsgeschichte. Heute ist die BOMAG das größte Industrieunternehmen in der gesamten Hunsrückregion. Mehr als 2000 Mitarbeiter, davon 1450 in Boppard, produzieren Spezialmaschinen für den Straßenbau.
Mit sechs Niederlassungen in Deutschland und elf Tochtergesellschaften in elf Ländern ist aus dem Hunsrücker Walzenbetrieb ein weltweites Unternehmen geworden.

M4 *BOMAG – Weltunternehmen aus dem Hunsrück*

Entwicklung mit einem Gewerbepark

Der Gewerbepark Waldlaubersheim liegt außerhalb der wirtschaftlichen Ballungszentren. Die Landesregierung unterstützt ihn mit Geldern aus dem Landesentwicklungsprogramm.
Der Gewerbepark liegt verkehrsgünstig unmittelbar an der A61 und in der Nähe von zwei weiteren Autobahnen.
Er hat eine Fläche von rund 870 Hektar.
Zahlreiche Industrie- und Handwerksbetriebe haben sich hier angesiedelt, ebenso ein Autohof mit Restaurant und Tankstelle.

M5 *Gewerbepark Waldlaubersheim mit günstiger Verkehrsanbindung*

Info

Landesentwicklungsprogramm Rheinland-Pfalz (LEP)
Dieses Programm legt die Entwicklung des Landes Rheinland-Pfalz und seiner Teilräume fest. So werden benachteiligte Räume unterstützt, zum Beispiel bei der Ansiedlung von Industrie und Gewerbe, aber auch durch Verkehrsprojekte.

Aufgaben

1 Schreibe den folgenden Satz ab und ergänze die Textlücken (M2): Der Hunsrück wird von vier Flüssen begrenzt. Es sind: im Norden die …, im Süden die …, im Osten der ... und im Westen die … .

2 Begründe, warum der Flughafen Frankfurt-Hahn für die wirtschaftliche Entwicklung des Hunsrücks ein besonders wichtiges Projekt ist (M3).

3 Informiere dich über die Baumaschinen von BOMAG im Internet: www.bomag.com. Suche dir eine Baumaschine aus und erstelle dazu einen Steckbrief (M4).

4 Liste die Städte auf, die vom Gewerbepark Waldlaubersheim erreichbar sind (M5):
a) in einer Stunde,
b) in zwei stunden,
c) in drei Stunden.

Merke
Der Hunsrück ist ein Mittelgebirge zwischen dem nördlichen und südlichen Rheinland-Pfalz. Die Wirtschaft wird durch verschiedene Projekte gestärkt. Das Land unterstützt einige Vorhaben finanziell.

Grundbegriff
- Landesentwicklungsprogramm

Auf Schinderhannes Spuren

M1 *Schinderhannes-Turm in Simmern*

Quelle

Es lebte einst im Lande ein junger Tunichtgut,
der Hauptmann einer Bande, der reinsten Teufelsbrut.
Im Hunsrück, bei den Köhlern fand er ein gut Versteck,
was er den Wucherern raubte, gab er an Arme weg.
Als Schinderhannes war er bekannt, der Räuber überall im Land.

(Aus einem von vielen Schinderhannes-Liedern)

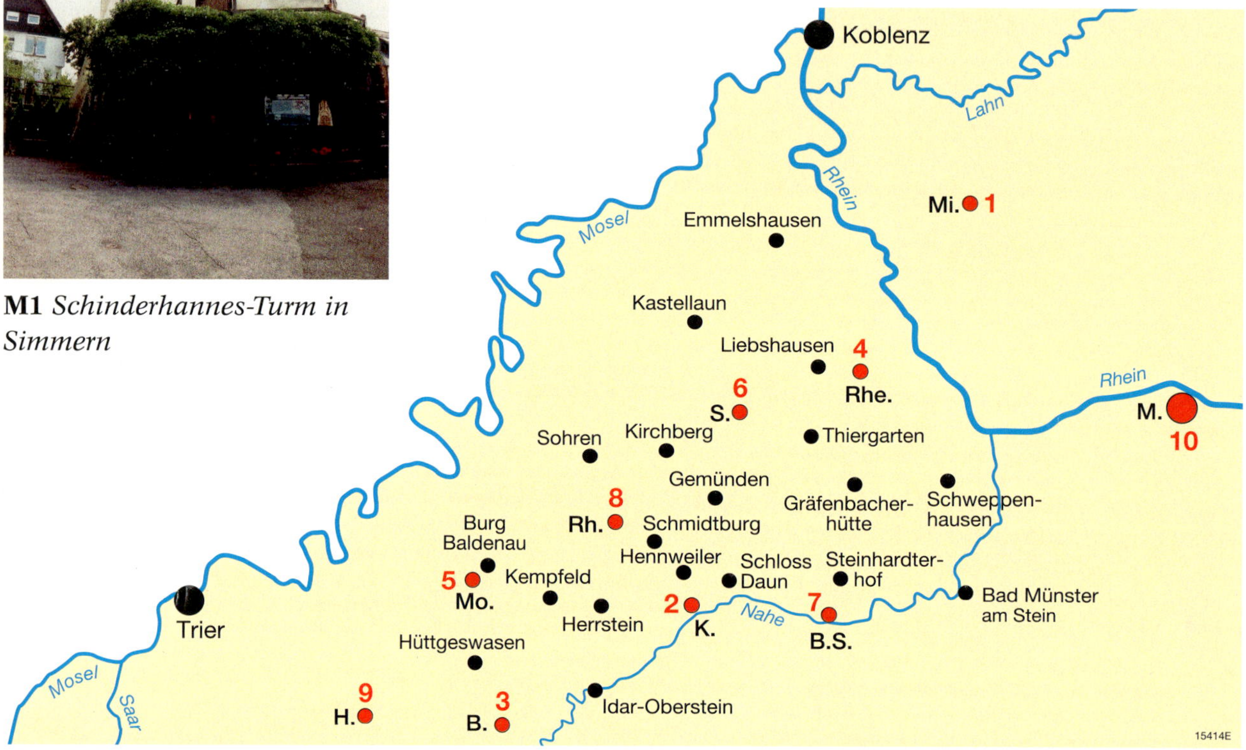

M2 *Das Revier des Schinderhannes: seine Aufenthaltsorte im Hunsrück*

Johannes Bückler, genannt „Schinderhannes"

1: 1779 Johannes Bückler wird geboren in **?**

2: 1796 Er muss wegen Pferdediebstahls ins Gefängnis in **?**

3: 1797 Er begeht einen Tuchdiebstahl in **?**

4: 1797 Er verbringt mit Freunden den Sommer bei **?**

5: 1797 Schinderhannes und seine Kumpane erschlagen den Ganoven Niklas Rauschenberger, der ein Mädchen misshandelt hat, bei **?**

6: 1799 Schinderhannes flieht aus dem Gefängnisturm in **?**

7: 1800 Er überfällt den Juden Samuel Ely, raubt ihn aus und schießt auf ihn am Steinhardter Hof nahe **?**

8: 1800 Schinderhannes und seine Kumpane hausen auf der Schmidtburg bei **?**

9: 1801 Die Schinderhannes-Bande begeht einen Raubmord in der Nähe von **?**

10: 1803 Johannes Bückler wird am 21.11. enthauptet in **?**

M3 *Zehn Stationen eines Räuberlebens*

Schinderhannes – Schurke und Volksheld

Johannes Bückler war von seiner Ausbildung her „Schinder“ oder „Abdecker“. Er hatte sich um die Verwertung toter Tierkörper zu kümmern, die die Bauern in der Abdeckerei ablieferten. Die Knochen wurden den Seifensiedern, die verfaulten Fleischmassen den Salpetersiedern und die Häute den Gerbern zur Lederherstellung zur Verfügung gestellt.

Bevor Johannes Bückler in Mainz hingerichtet wurde, hat man seinen Fall eineinhalb Jahre lang untersucht. Über vierhundert Zeugen wurden verhört. Zur Gerichtsverhandlung kamen Zehntausende Menschen, um den berühmten Räuberhauptmann aus der Nähe zu sehen. Im Prozess wurden Schinderhannes 130 Straftaten nachgewiesen, darunter Diebstahl, schwerer Raub, Erpressung, Körperverletzung mit Todesfolge und vierfacher Mord. Er hatte 93 Mittäter.

M6 *Weinetikett aus der Region – Vermarktung des bekannten Räubers*

Was gibt es nicht alles zum Schinderhannes: Festspiele und Filme, Bier und Brot, Radwege und Restaurants. Im Hunsrück wird der Name des berühmten Räuberhauptmannes heute vielfältig vermarktet.

M4 *„Schinderhannes“ – überall bekannt im Hunsrück*

Trotz seiner unbestreitbaren Straftaten galt Schinderhannes schon zu Lebzeiten als „guter Räuber“. Seine „Verherrlichung“ hatte mehrere Gründe:

- ***Persönlichkeit:*** Johannes Bückler war sehr wortgewandt und verstand es, sich selbst als gerecht darzustellen. In Wirklichkeit war er kein gerechter Räuber. Er beraubte die Reichen, verteilte aber das Diebesgut unter seinen Kumpanen, so wie es ihm gerade passte.
- ***Entzug der Festnahme:*** Schinderhannes, der fast sieben Jahre nicht gefasst wurde und für den kein Gefängnis sicher genug war, wurde damals als freiheitsliebender Mensch fast heldenhaft verehrt.
- ***Judenfeindliche Grundstimmung:*** Schinderhannes nutzte die judenfeindliche Stimmung der Landbevölkerung auf seinen Beutezügen aus. Er überfiel oft wohlhabende Juden.
- **Hass gegen die Franzosen:** Das Volk sah in Johannes Bückler einen Rebell gegen die Franzosen, der er in Wirklichkeit nicht war.

M5 *Warum wurde Schinderhannes verehrt?*

Aufgaben

1 Erläutere: Wie kam es zum Namen „Schinderhannes“?

2 Finde in M3 die mit Fragezeichen markierten Stationen. Nutze dazu M2 und eine Rheinland-Pfalz-Karte.

3 Warum nennt sich Simmern im Hunsrück auch die „Schinderhannes-Stadt“ (M3)? Welche Bedeutung hatte der Turm (M1)?

4 Begründe, weshalb Schinderhannes noch heute im Hunsrück so beliebt ist und sein Name oft verwendet wird (M4–M6).

5 Die Wahrheit über Schinderhannes. Schreibe dazu einen kurzen Bericht.

Merke
Johannes Bückler war vor über zweihundert Jahren Anführer einer Bande im Hunsrück, die eine Vielzahl von Straftaten beging. Er wurde als „Schinderhannes“ berühmt.

Die Erde verändert sich

Erdbeben und Vulkanausbrüche

Erdplatten bewegen sich

An der „Erdbebenspalte“ Kaliforniens

Der Ätna – größter Vulkan Europas

Tsunami – Riesenwelle nach einem Seebeben

Ein Vulkanmodell bauen

Innere und äußere Kräfte der Erde

Die Gesteine

Wasser und Eis gestalten die Landschaft

Hochwasser – auch vom Menschen verursacht

Herr Tulla begradigt einen Fluss

M1 *Ausbruch des Vulkans Ätna auf Sizilien (rechts im Hintergrund die Stadt Catania)* ▶

Erdbeben und Vulkanausbrüche

M1 *Lage von Yogyakarta auf Java (Indonesien)*

Ein schweres Erdbeben hat am 27.05.2006 die Indonesische Insel Java im Indischen Ozean erschüttert. Bei den Erdstößen nahe der beliebten Touristenstadt Yogyakarta sind mehr als 5 000 Menschen getötet und mehrere Tausend Menschen verletzt worden.

(Nach: dpa vom 28.05.07)

M2 *Pressemeldung*

Gewaltige Naturereignisse

Wir hören oft Meldungen über **Naturereignisse** wie zum Beispiel **Erdbeben** und **Vulkanausbrüche**. Ursachen hierfür sind vor allem natürliche Vorgänge im Erdinneren. Eine Vorhersage solcher Ereignisse ist nur schwer möglich.

Naturereignisse werden dann zu **Naturkatastrophen**, wenn ihre Auswirkungen verheerend für die Menschen sind.

M4 *Nach dem Erdbeben auf der Insel Java am 27.05.2006*

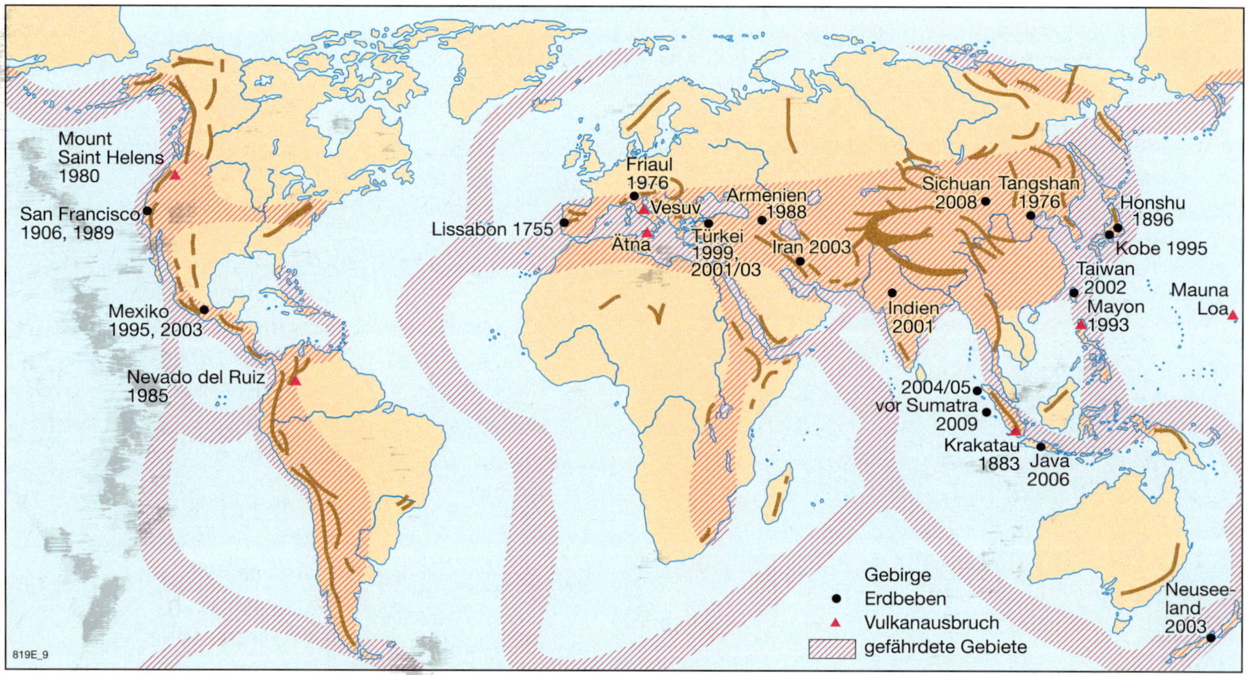

M3 *Durch Erdbeben und Vulkanausbrüche gefährdete Gebiete auf der Erde*

Helfer verzweifelt – Dauerregen behindert Rettungsarbeiten

Die Verzweiflung der Helfer auf Java nach dem Erdbeben der Stärke 6,3 auf der Richterskala (siehe Seite 13) wächst. Tausende Menschen verbrachten die Nacht unter freiem Himmel. Angesichts von mehr als 470 Nachbeben hatten die Bewohner Angst, in den noch unzerstört gebliebenen Häusern zu übernachten. 200 000 Menschen wurden durch das Erdbeben obdachlos.
Rettungskräfte suchen weiter verzweifelt nach Überlebenden. Die Arbeiten werden jedoch durch starken Regen und anhaltende Stromausfälle behindert. Unterdessen traf der erste Hilfsflug aus Europa im Katastrophengebiet ein. Er brachte Wasser, Zelte, Öfen und Kochgeschirr für die Obdachlosen von Java.

(Nach: www.spiegel.de/panorama vom 29.05.2006)

M5 *Pressemeldung im Internet*

Erdbeben erschüttert Rheinland

Andernach/Koblenz. Mehrere heftige Erdstöße erschütterten am 3.8.2007 gegen 4:58 Uhr den Rhein-Sieg-Kreis und die Region um Andernach bei Koblenz. Die Erdbebenwarte in Bensberg registrierte 4,0 auf der Richterskala. Im Gebiet um das Epizentrum schwankten Schrankwände, in Koblenz glaubte man, dass ein schwerer Zug am Haus vorbeifuhr. Insgesamt blieben jedoch größere Schäden aus. Menschen wurden nicht verletzt.

M6 *Nachrichten-Meldung zum Erdbeben in Rheinland-Pfalz*

Datum	Ort/Gebiet	Ursache	Opfer
24.08.0079	Pompeji/Italien	Ausbruch des Vesuvs	ca. 10 000 Tote
01.11.1755	Lissabon/Portugal	Erdbeben	ca. 42 000 Tote
27.08.1883	Krakatau/Indonesien	Explosion des Krakataus	ca. 36 000 Tote
15.06.1896	Honshu/Japan	Seebeben mit Flutwelle	ca. 27 000 Tote
17.04.1906	San Francisco/USA	Erdbeben	ca. 1 000 Tote
27.07.1976	Tangshan/China	Erdbeben	ca. 240 000 Tote
13.11.1985	Nord-Anden/ Kolumbien	Ausbruch des Nevado del Ruiz	ca. 23 000 Tote
07.12.1988	Armenien	Erdbeben	ca. 25 000 Tote
17.01.1995	Kobe, Osaka/Japan	Erdbeben	ca. 5 500 Tote
17.08.1999	Türkei	Erdbeben	ca. 20 000 Tote
26.01.2001	Indien	Erdbeben	ca. 100 000 Tote
26.12.2003	Iran	Erdbeben	ca. 36 000 Tote
26.12.2004	vor Sumatra	Erdbeben (Seebeben) mit Flutwelle	ca. 230 000 Tote
27.05.2006	Java/Indonesien	Erdbeben	ca. 5 000 Tote
12.05.2008	Sichuan/China	Erdbeben	ca. 80 000 Tote
30.09.2009	vor Sumatra	Erdbeben (Seebeben) mit Flutwelle	ca. 3 000 Tote

M7 *Erdbeben und Vulkanausbrüche aus zwei Jahrtausenden*

Aufgaben

1 Naturereignisse – Naturkatastrophen: Erläutere den Unterschied.

2 Bei einem Erdbeben entscheiden wenige Sekunden über Leben und Tod. Überprüfe diese Aussage (M5).

3 Wähle aus M7 jeweils drei Erdbeben und Vulkanausbrüche aus. Lege eine Tabelle an und ordne den Orten/Gebieten die Kontinente zu.

4 Sammle Zeitungsausschnitte über Erdbeben oder Vulkanausbrüche über einen längeren Zeitraum und lege eine Mappe oder eine Wandzeitung an.

5 Informiere dich im Internet über ein Erdbeben im Rheinland. Ermittle die Erdbebenstärke, das Zentrum des Bebens, Uhrzeit und Datum (www.seismo.uni-koeln.de).

Merke
Erdbeben und Vulkanausbrüche gehören zu den Naturereignissen. Sie kommen verstärkt in bestimmten Gebieten der Erde vor. Dazu gehört auch Südostasien. Sie werden zu Naturkatastrophen, wenn viele Menschen betroffen sind.

Grundbegriffe
- Naturereignis
- Erdbeben
- Vulkanausbruch
- Naturkatastrophe

Erdplatten bewegen sich

Wenn die Erde bebt oder Vulkane ausbrechen, stellen die Menschen Fragen:
Was sind die Ursachen?
Warum sind immer dieselben Gebiete betroffen?

Die Antworten hängen mit dem Aufbau der Erde zusammen.

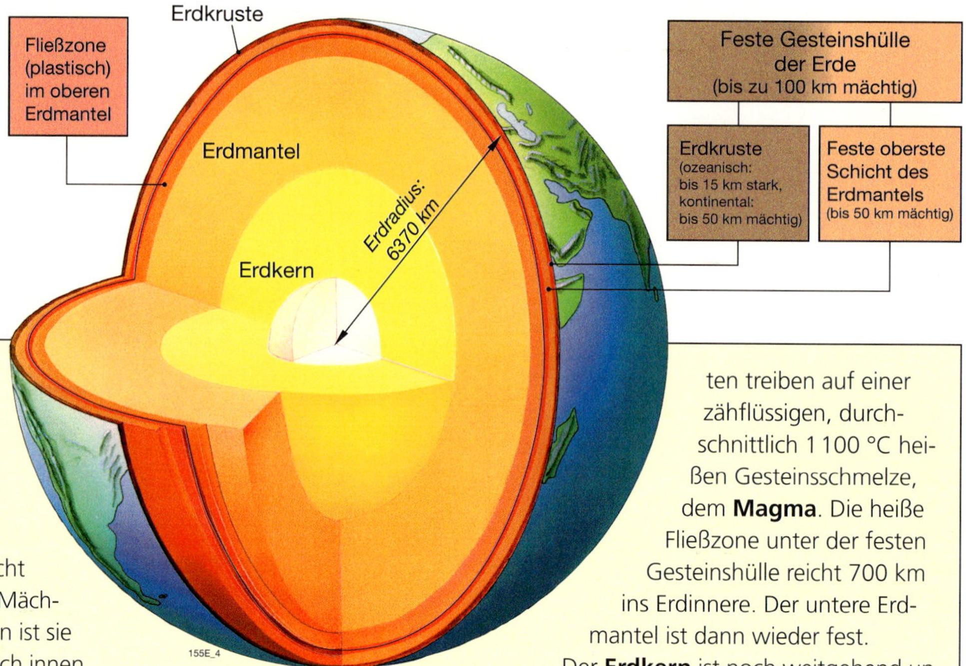

Die Erde ist in mehrere Schalen gegliedert. Die äußere „dünne Haut" der Erde besteht aus festem Gestein und wird **Erdkruste** genannt. Unter den Gebirgen erreicht die Erdkruste ihre größte Mächtigkeit, unter den Ozeanen ist sie am dünnsten. Der sich nach innen anschließende **Erdmantel** reicht bis in eine Tiefe von 2900 Kilometern. Seine oberste Schicht besteht auch aus festem Gestein. Diese bildet zusammen mit der Erdkruste die feste, aber brüchige Gesteinshülle der Erde. Sie reicht bis in 100 km Tiefe.

Wärme aus dem Erdinneren hat die Gesteinshülle verformt und in einzelne Erdplatten zertrennt. Die Platten treiben auf einer zähflüssigen, durchschnittlich 1100 °C heißen Gesteinsschmelze, dem **Magma**. Die heiße Fließzone unter der festen Gesteinshülle reicht 700 km ins Erdinnere. Der untere Erdmantel ist dann wieder fest.

Der **Erdkern** ist noch weitgehend unerforscht. Er besteht aus einem äußeren und einem inneren Bereich. Man vermutet, dass der bis in etwa 5000 km Tiefe reichende äußere Teil flüssig, der innere Kern dagegen fest ist.

M1 *Der Schalenbau der Erde*

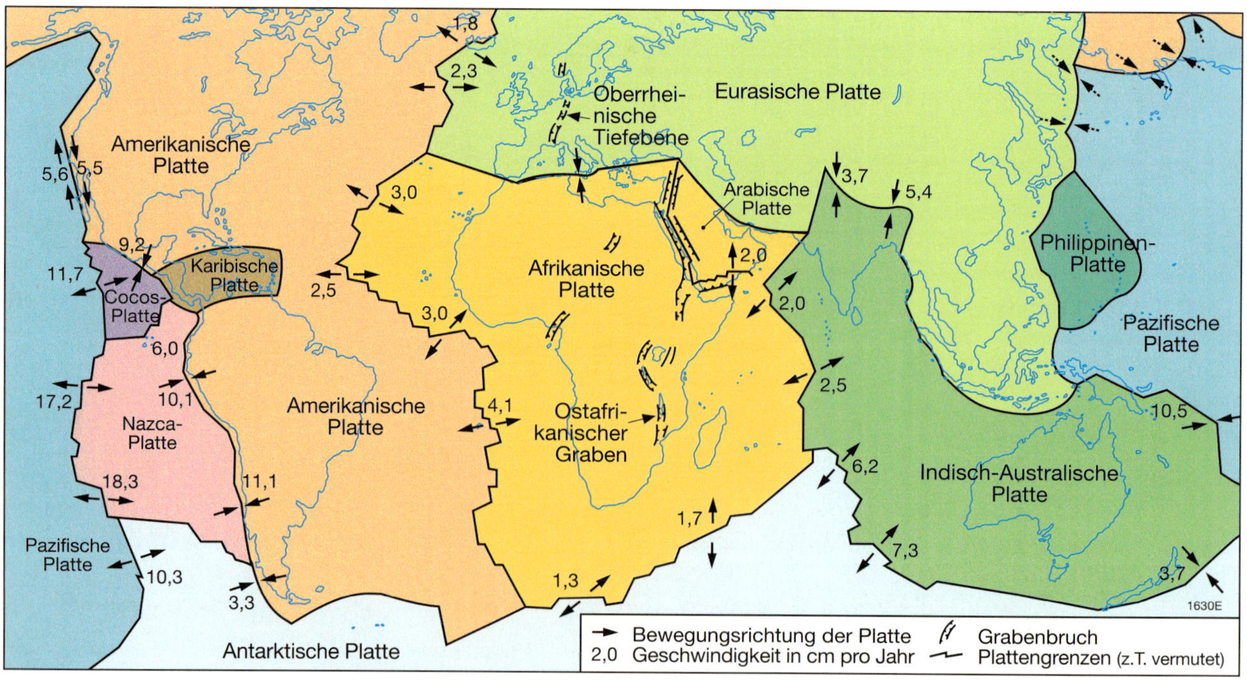

M2 *Erdplatten und ihre Bewegungen*

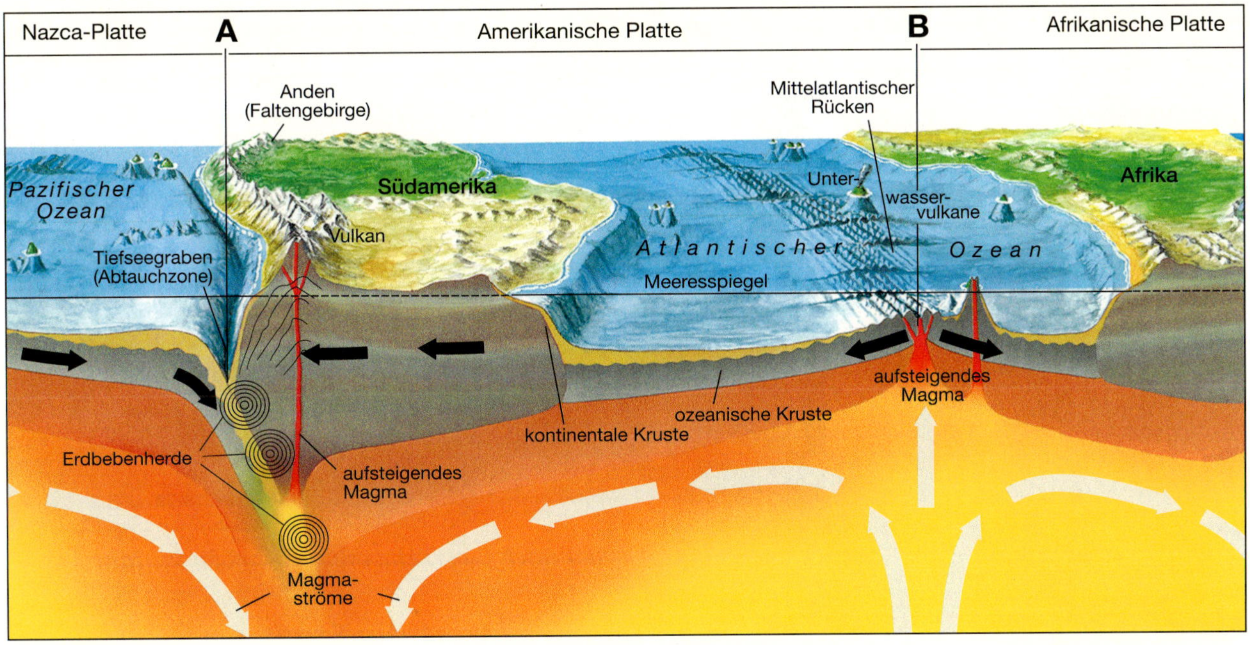

M3 *Modell der Plattentektonik*

Die feste Gesteinshülle der Erde bewegt sich

Erdplatten bewegen sich in verschiedene Richtungen. Driften sie aufeinander zu, entstehen im Laufe von Millionen Jahren an den Grenzen Faltengebirge und Tiefseegräben. In den Tiefseegräben sinkt der Ozeanboden ab und das Gestein wird in der Tiefe aufgeschmolzen (M3 A).

Die Platten der Gesteinshülle der Erde treiben an anderen Stellen auseinander (M3 B). So erstreckt sich in Nord-Süd-Richtung durch den ganzen Atlantik an der Grenze der Amerikanischen und Afrikanischen Platte eine riesige Erdspalte. Diese wird ständig mit aufsteigendem Magma gefüllt. Hier liegt ein ausgedehntes untermeerisches Gebirge, der Mittelatlantische Rücken. Im Bereich Kaliforniens gleiten die Erdplatten aneinander vorbei (siehe Seite 89, M5).

An den Plattengrenzen treten häufig Erdbeben auf und hier liegen die meisten tätigen Vulkane.

Info

Plattentektonik

Wissenschaftlerinnen und Wissenschaftler erkunden die Gesteinshülle dort, wo sie besonders dünn ist, von den Böden der Ozeane aus. Sie entwickelten aus ihren Untersuchungen die Lehre von der **Plattentektonik**.

Diese erklärt den Bau der Erdplatten und deren Bewegungen. Als „Motor" der Plattenbewegungen gelten Ströme im Magma. Diese entstehen durch Temperaturunterschiede.

Aufgaben

1 a) Erkläre den Schalenbau der Erde (M1).
b) In welchen „Schalen" liegt die feste Gesteinshülle der Erde?
c) Bis in welche Tiefen reicht sie?

2 Im Bereich welcher Plattengrenzen liegen folgende Vulkanberge: Cotopaxi, Popocatépetl, Ätna, Fujisan (M2; Atlas-Register und Atlas-Karten)?

Merke

Die Erde ist in mehrere Schalen gegliedert. Die äußere, feste Gesteinshülle ist in Platten zerbrochen, die sich auf einer zähflüssigen Gesteinsschmelze, dem Magma, bewegen.

Grundbegriffe
- Erdkruste
- Erdmantel
- Magma
- Erdkern

An der „Erdbebenspalte“ Kaliforniens

M1 *Lage von Kalifornien*

M3 *In San Francisco nach dem schweren Erdbeben im Jahr 1989*

Aufgaben

1 Beschreibe die Zerstörungen durch Erdbeben (Text, M2–M4).

2 Wo lauern im Falle eines Erdbebens für Stadtbewohner die größten Gefahren (M2)?

Ein Erdbeben erschüttert die Stadt

San Francisco, 17. Oktober 1989, 17:04 Uhr: In den nächsten 20 Sekunden erschüttert ein schweres Erdbeben der Stärke 7,1 auf der **Richterskala** die Großstadt am Pazifik. Das **Epizentrum** liegt westlich der San-Andreas-Spalte bei San José. Wie beim Erdbeben 1906 kostet auch dieses Beben Menschenleben und Verletzte und verursacht Schäden in Milliardenhöhe. Die meisten der 67 Todesopfer sterben durch den Einsturz einer doppelstöckigen Schnellstraße. Ein solches Beben kann sich jederzeit wiederholen.

1. Sekunde: Ein leises Grollen.
3. Sekunde: Die Erde bebt. Glasfronten bersten. Häuserwände brechen ein.
6. Sekunde: Hochhäuser schwanken bis zu drei Meter.
8. Sekunde: Auf einer Länge von 1600 Metern stürzt die obere Fahrbahn einer Schnellstraße ein.
12. Sekunde: Stromausfall in der Stadt. Menschen schreien in steckengebliebenen Fahrstühlen, U-Bahnzüge bleiben stehen.
16. Sekunde: Gasleitungen platzen und verursachen Brände. Mehrere Stadtteile stehen in Flammen. Die Menschen rennen um ihr Leben.
20. Sekunde: Urplötzlich unheimliche Stille. Todesstille!

M2 *Verlauf des Erdbebens*

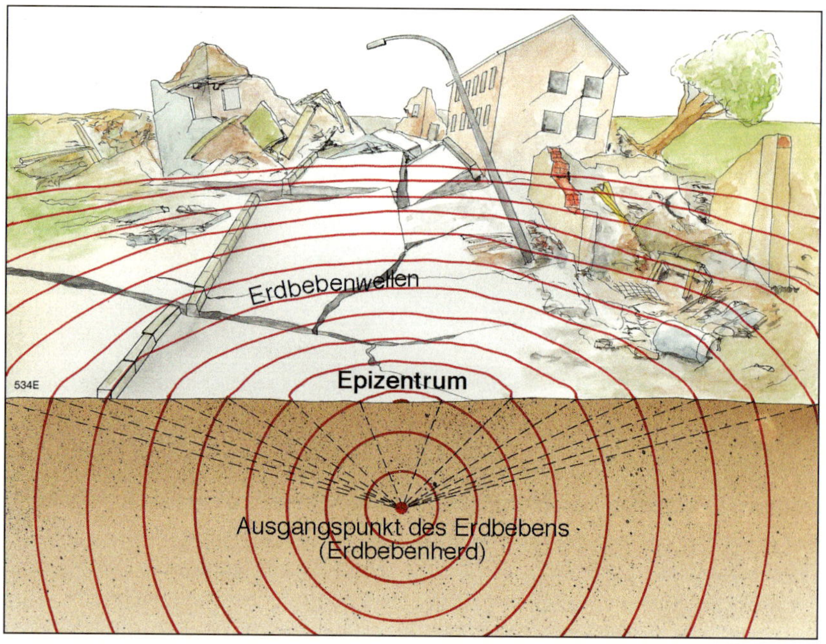

M4 *Ausbreitung von Erdbebenwellen (nicht maßstabsgetreu)*

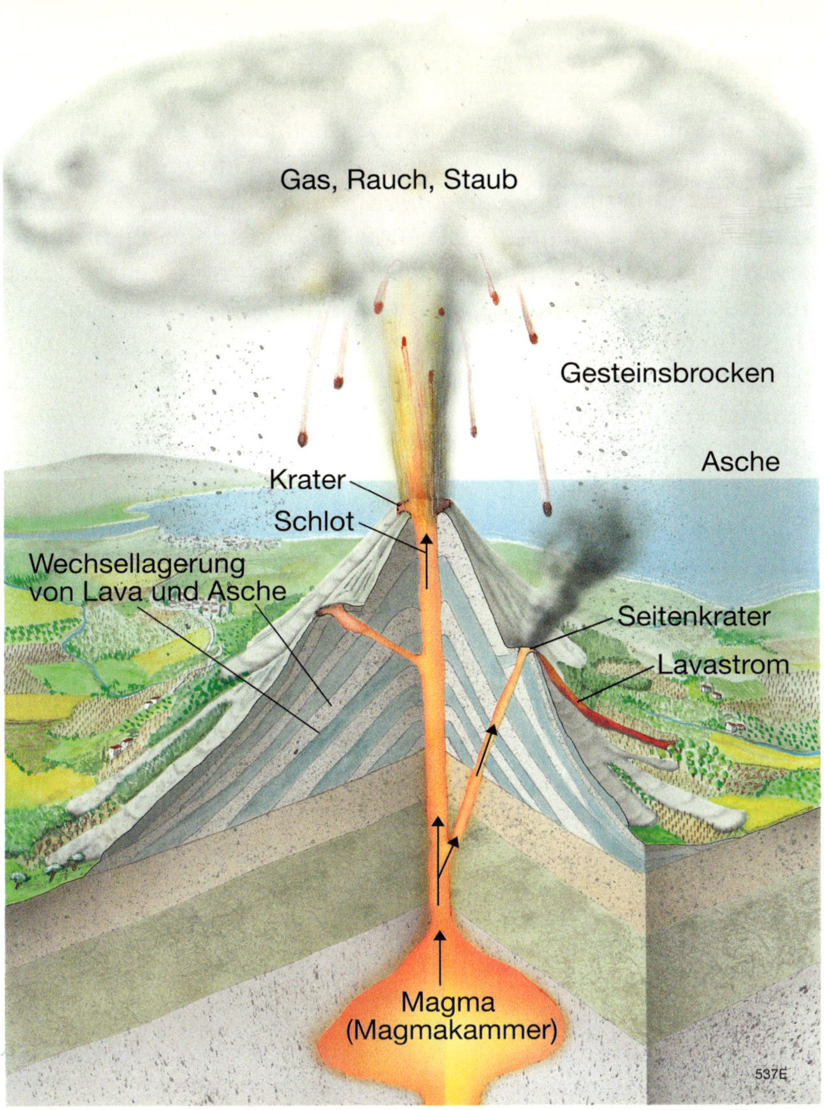

M6 *Blockbild eines Schichtvulkans*

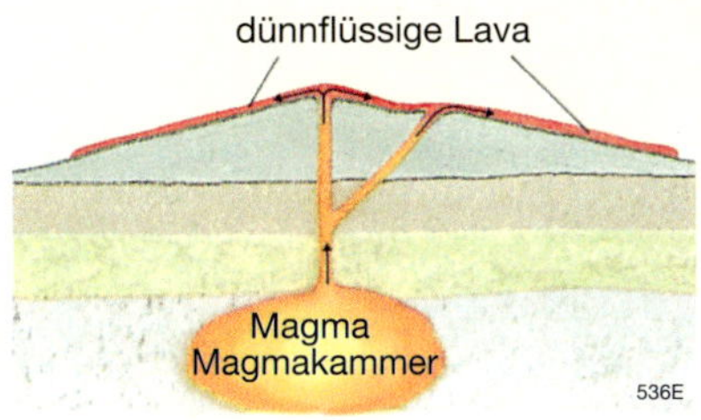

M8 *Schnitt durch einen Schildvulkan*

Aufgaben

1 Bestimme in M1 alle Städte sowie die Namen von den drei weiteren italienischen Vulkanen (Atlas, Karte: Südwesteuropa – physisch).

2 Beschreibe den Aufbau eines Schichtvulkans. Wie unterscheidet er sich von einem Schildvulkan (M6, M7, M8)?

3 „Der Ätna nimmt und gibt." Was ist damit gemeint?

4 „Der Ätna schläft nicht, er döst nur", sagen die Einheimischen.
Nimm Stellung zu diesem Ausspruch.

Trotz der ständigen Unruhe stufen Forscherinnen und Forscher den **Schichtvulkan** Ätna als harmloseren Vulkan ein. Da sein Gesteinsbrei dünnflüssig ist, kann das darin enthaltene Gas leicht entweichen. Im Schlot bilden sich keine Verstopfungen.
Auch am Mauna Loa auf Hawaii besteht kaum Explosionsgefahr. Er ist ein **Schildvulkan**. Sein Krater ist mit dünnflüssigem Magma gefüllt.
Es schwappt oft über den Kraterrand und läuft als dünner Lavabrei aus.
Daher sind seine Flanken flach.
Weitaus gefährlicher ist dagegen der Vesuv. Er ist wie der Ätna ein Schichtvulkan. Jedoch ist das Magma des Vesuvs dickflüssig. Es erstarrt oft schon im Schlot und verstopft den Krater. Über viele Jahre scheint der Vulkan erloschen. Doch unter dem Magmapfropf staut sich aufsteigendes Gas, das sich zuletzt 1944 mit einer gewaltigen Explosion entlud.

M7 *Vulkantypen*

Merke
Schichtvulkane und Schildvulkane sind verschiedene Vulkantypen. Schichtvulkane sind in der Regel gefährlicher als Schildvulkane.
Die Böden, die sich nach Jahrzehnten auf der Lava bilden, sind sehr fruchtbar.

Grundbegriffe
- Lava
- Schichtvulkan
- Schildvulkan

Tsunami – Riesenwelle nach einem Seebeben

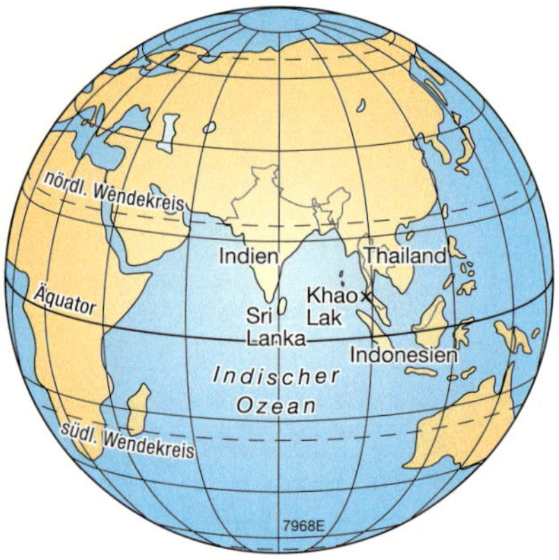

M1 *Lage des Indischen Ozeans*

Katastrophe am Indischen Ozean

Am 26.12.2004 ereignete sich im Indischen Ozean vor Indonesien ein schweres Seebeben mit der Stärke 9,0. Durch dieses Beben wurde ein **Tsunami** ausgelöst, der nach wenigen Minuten an die Küste der indonesischen Insel Sumatra gelangte. Der ganze Küstenstreifen der Insel wurde von der Welle zerstört.

Insgesamt wurden 13 Staaten am Indischen Ozean von der Flutwelle erreicht. Am schlimmsten traf es Indonesien, Thailand, Sri Lanka und Indien. Selbst an der afrikanischen Ostküste sorgte die Flutwelle noch für Zerstörungen. Der Tsunami riss etwa 230 000 Menschen in den Tod, 1,7 Millionen wurden obdachlos.

Info

Tsunami

Das Wort Tsunami kommt aus dem Japanischen und bedeutet „große Welle im Hafen". Ein Tsunami ist eine am Meeresboden durch ein Erdbeben (Seebeben) oder einen Vulkanausbruch ausgelöste Welle im Meer. An der Küste erreicht sie mit Höhen von bis zu 30 Meter eine große Zerstörungskraft.

Eine Wand aus Wasser

Ein Tsunami entsteht direkt am Seebebenherd, dem Epizentrum. Durch das Seebeben wird das Wasser in heftige Bewegung versetzt. An der Wasseroberfläche bildet sich eine Art Berg, aus dem sich die Meereswellen kreisförmig ausbreiten (M3). Diese sind auf dem offenen Meer kaum zu erkennen. Erst an der Küste, wenn der flacher werdende Meeresboden die erste Welle abbremst und sich die anderen Wellen hinter der ersten anstauen, bildet sich eine große „Mauer" aus Wasser. Ein Tsunami kann bis zu zwei Kilometer ins Landesinnere eindringen und verheerende Zerstörungen anrichten.

Datum	Region	Stärke Richter-skala	Wellen-höhe	Opfer
2006	Java	7,7	4,00 m	700
2004	Indonesien, Thailand, Sri Lanka, Indien u. a.	9,0	34,90 m	230 000
1998	Papua-Neu Guinea	7,0	15,00 m	2 182
1992	Südpazifik, Indonesien	7,5	26,20 m	1 000
1976	Philippinen	8,1	5,00 m	5 000
1964	Alaska	9,2	70,00 m	123
1960	Chile	9,5	25,00 m	1 260
1958	Alaska (Berghänge rutschten ins Meer)	8,3	520,00 m	5
1956	Griechenland	7,5	20,00 m	50
1946	Alaska	7,3	35,00 m	165

M2 *Tsunamis (Auswahl) im 21. und 20. Jahrhundert*

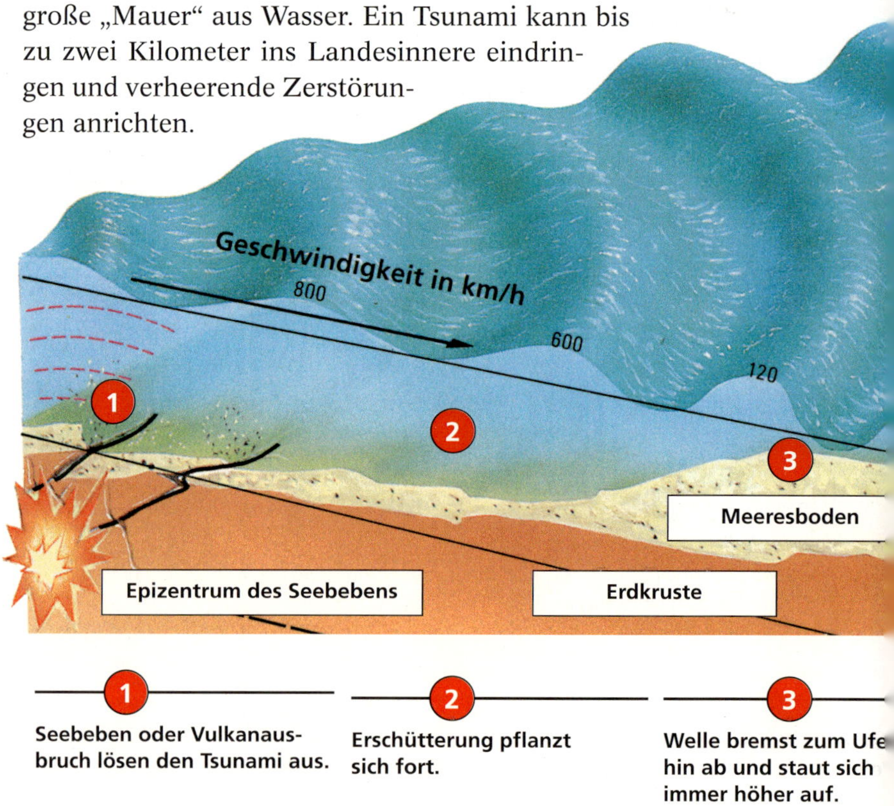

M3 *Die Entstehung eines Tsunami*

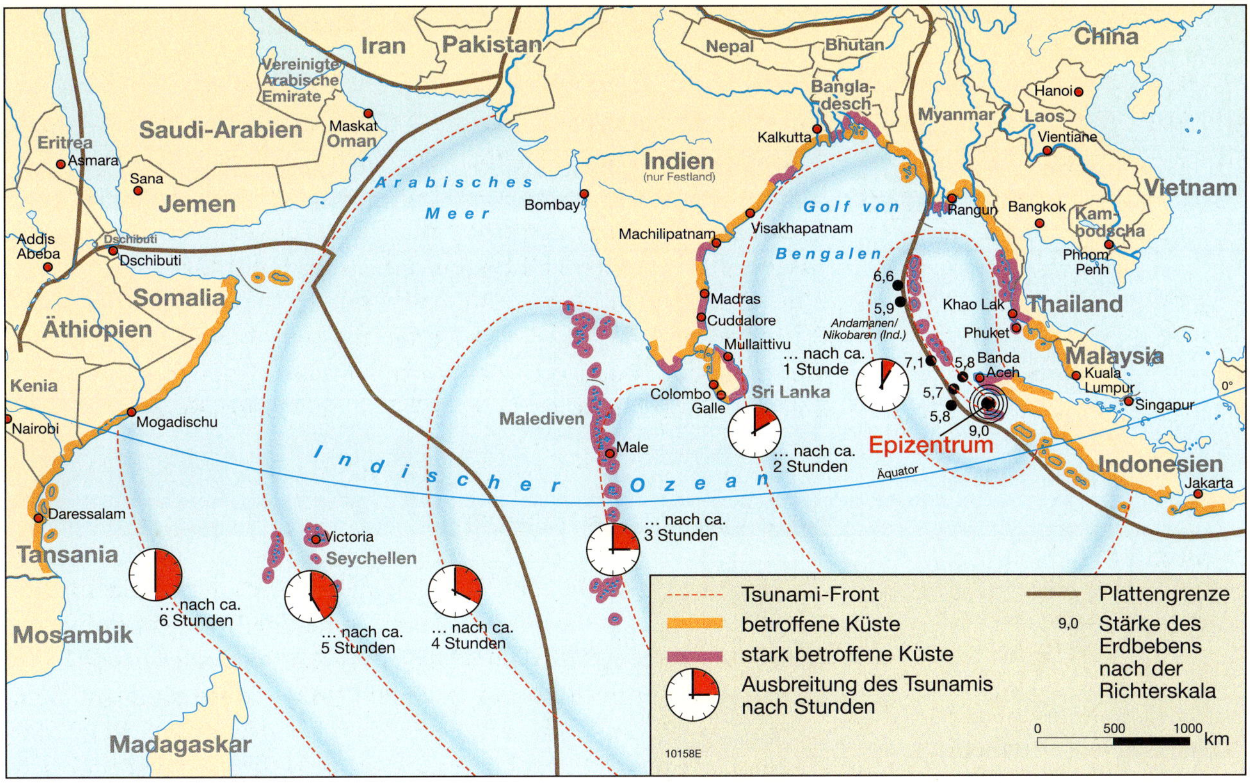

M4 *Ausbreitung des Tsunamis am 26.12.2004. Als vor der Insel Sumatra (Indonesien) die Erde bebt, ist in Thailand, Sri Lanka oder auf den Seychellen noch nichts zu spüren.*

4

elle erreicht bis zu 30 Meter Höhe;
ellenkamm bricht an der Küste.

Aufgaben

1 Erläutere, wie ein Tsunami entsteht und sich ausbreitet (M3).

2 Lokalisiere die Küstengebiete der Erde, die durch Tsunamis besonders gefährdet sind und schreibe ihre Namen auf (Atlas, Karte: Erde – Plattentektonik).

Merke

Ein Tsunami ist eine extrem hohe Welle von großer Zerstörungskraft an der Küste. Sie wird am Meeresboden zum Beispiel durch ein Erdbeben ausgelöst.

Grundbegriff

- Tsunami

Ein Vulkanmodell bauen

So gehen wir vor

Arbeitsmittel:

1 Styroporplatte 50 x 100 cm (Stärke 2 cm) als Grundplatte,

3 Styroporplatten 50 x 100 cm (Stärke 5 cm) zum Bau des Vulkans,

Styroporkleber, 1 Styroporschneider, 1 Federmesser,

1 Formsäge, 2 kg Gips, Filzstifte,

Eimer, Wasser, Zollstock, Papier, dünne Holzspieße,

Farben (z. B. Deckfarben oder Vollton- bzw. Abtönfarben), verschiedene Pinsel

1. Arbeitsschritt:
Bearbeiten des Styropors

Aus den 5 cm dicken Styroporplatten (50 x 100 cm) werden folgende Stücke geschnitten: 2 Platten 50 x 70 cm, 1 Platte 40 x 60 cm, 2 Platten 30 x 50 cm, 1 Platte 20 x 30 cm, 1 Platte 10 x 10 cm.
Diese Stücke werden Schicht auf Schicht treppenförmig zu einem Berg aufgebaut, aber noch nicht verklebt. Dabei liegen die beiden größten Stücke von 50 x 70 cm unten übereinander, darüber jeweils das nächstkleinere Stück. Ganz oben liegt die 10 x 10 cm große Platte. Dann wird jede Platte des Berges halbiert, damit wir später in den Vulkan hineinsehen können. Der Vulkan besteht also aus zwei Hälften.
Jede Hälfte wird Schicht für Schicht verklebt. Eine Vulkanhälfte wird zum Schluss auf die Grundplatte geklebt, die andere Hälfte nicht. Sie wird neben die aufgeklebte Hälfte gestellt.

M1 *Aus Styropor entsteht die rohe Form.*

M2 *Mit Gips formen wir die Oberfläche.*

M3 *Mit Farben malen wir das Modell an.*

M4 *Das fertige Modell wird beschriftet.*

2. Arbeitsschritt:
Die Oberfläche wird geformt

Beide Hälften sind zusammengeschoben. Mit einem Federmesser schneiden wir alle treppenförmigen Kanten etwas ab, damit wir beim Gipsen nicht so viel Material verbrauchen.
In einem Eimer rühren wir 2 kg Gips mit etwa 1,5 l Wasser an. Mit dem Gipsbrei formen wir die Oberfläche unseres Vulkanberges. Damit die beiden Hälften durch den Gips nicht zusammenkleben, stecken wir Papier dazwischen.

3. Arbeitsschritt:
Anmalen des Modells

Nach dem Trocknen der Gipsschicht (Fingerprobe) wird das Vulkanmodell außen und innen bemalt, zum Beispiel in roten Farben die Lava und in rotgelben das Magma. Grüne Farbtöne brauchen wir für Wald, Wiesen und Obstbäume bzw. Wein, Braun für Ackerbau, Grau für die Ascheschichten, Schwarz für Konturen usw. (M6 auf Seite 91 hilft euch bei der Farbwahl.)

4. Arbeitsschritt:
Beschriften des Vulkanmodells

Aus Papier und Holzspießen stellen wir Fähnchen her. Sie werden anschließend beschriftet und an die richtigen Stellen gesteckt (wichtige Begriffe siehe M6 Seite 91). Im Inneren des Vulkans können die Begriffe auch aufgeklebt werden, damit der Vulkan wieder zusammengefügt werden kann.
Zusätzlich können wir aus Holzresten kleine Häuser bauen, Straßen zeichnen, Hochspannungsleitungen legen …
Eure Fantasie ist gefragt!

Innere und äußere Kräfte der Erde

Info

Verwitterung
Verwitterung nennt man den Zerfall von Gesteinen auf der Erdoberfläche durch die Einwirkungen von Wasser, Eis, Sonneneinstrahlung und Wind.

Erosion
Die Abtragung von Boden und Gestein nennt man Erosion. Diese geschieht durch Wasser (z. B. Flüsse, Meeresbrandung), Eis und Wind. An anderer Stelle kommt es zur Ablagerung des abgetragenen Materials.

Das Zusammenspiel der Kräfte

Die Oberflächenformen der Erde entstehen im Zusammenspiel der **erdinneren Kräfte** und der **erdäußeren Kräfte**. Von den inneren Kräften werden zum Beispiel Vulkanausbrüche ausgelöst oder Gebirge aufgefaltet. Zu den äußeren Kräften zählen alle Einwirkungen auf die Erdoberfläche, zum Beispiel **Verwitterung** und **Erosion**. Verursacht werden sie unter anderem durch Wasser und Sonneneinstrahlung.

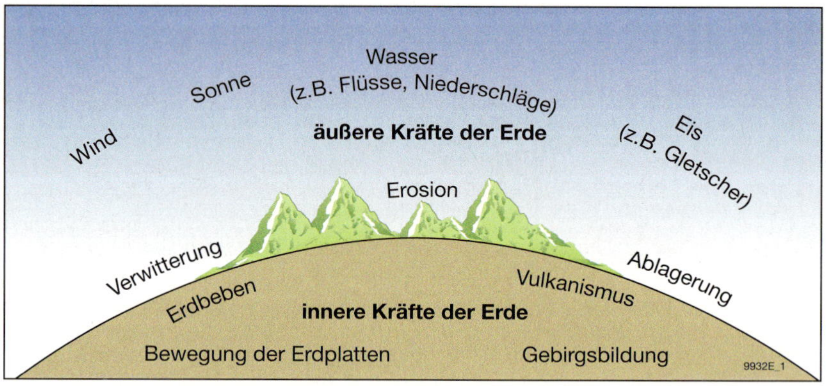

M1 *Erdinnere und erdäußere Kräfte*

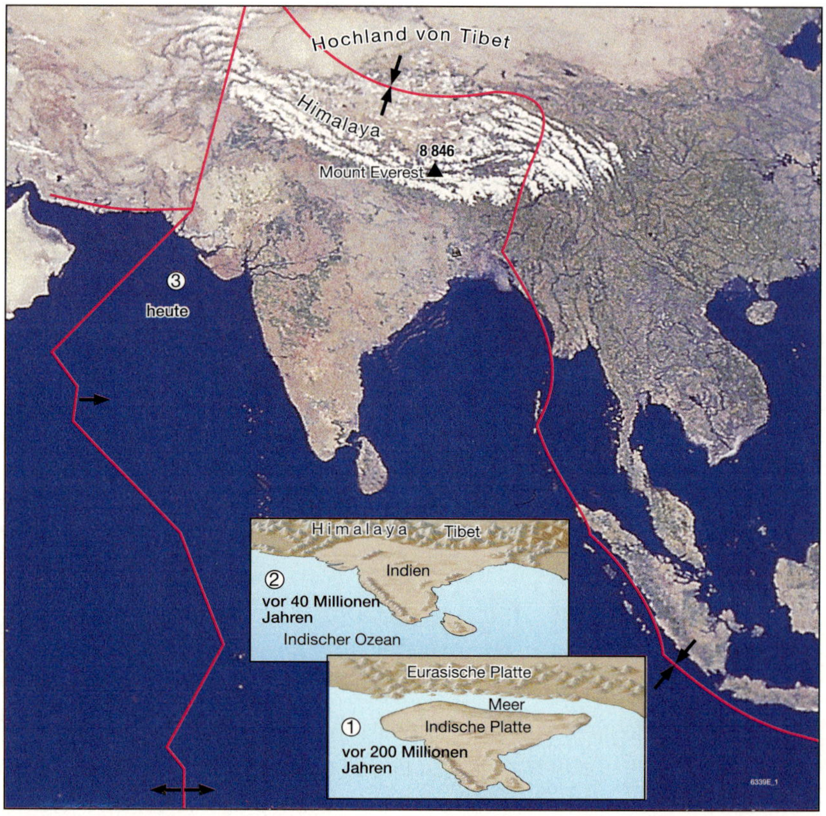

M2 *Der Himalaya – entstanden durch erdinnere Kräfte*

Aufgaben

1 Erläutere anhand von M1 das Zusammenwirken der erdinneren und erdäußeren Kräfte.

2 Schreibe mithilfe des Textes und von M2 und M5 einen Bericht zur Entstehung des Himalaya.

3 Experiment zu einem Faltengebirge: Halte mehrere übereinander gelegte farbige Handtücher an der einen Seite fest und schiebe sie zur Mitte hin zusammen.
Beschreibe deine Beobachtung.

4 Nenne drei Beispiele für folgende Aussage: „Die großen Gebirge der Erde entstehen an Plattengrenzen.“

M3 *Im Himalaya findet man vielfältige Bergformen.*

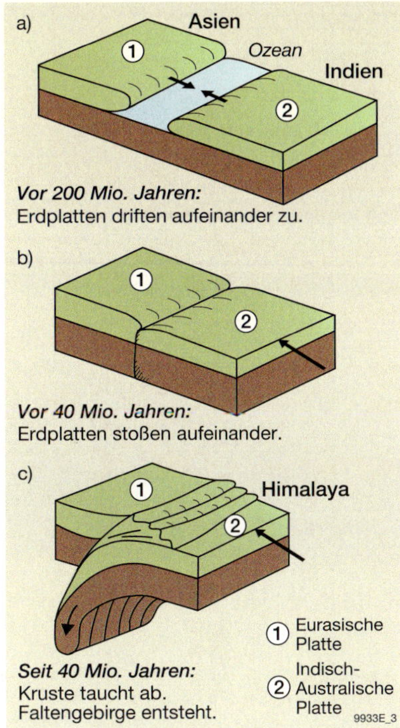

M5 *Der Himalaya – ein Faltengebirge entsteht.*

Innere und äußere Kräfte am Himalaya

Der Himalaya ist das höchste Gebirge der Welt. Erdinnere Kräfte bewirkten, dass vor etwa 200 Millionen Jahren die Indische Platte nach Norden in Richtung der Eurasischen Platte driftete. Vor etwa 40 Millionen Jahren kam es zum Zusammenstoß der beiden Platten. Die Gesteinsschichten schoben sich zusammen und falteten sich hoch auf. Der Himalaya, ein **Faltengebirge**, entstand.

Die Hebung dauert bis heute an. Das Gebirge wächst jedes Jahr um rund fünf Zentimeter. Doch die Berge werden nicht höher. Hierfür sorgen die erdäußeren Kräfte. Verwitterung und Erosion setzen ein. Millionen Tonnen von Gesteinsmaterial werden an der Erdoberfläche zerkleinert und abgetragen. Flüsse transportieren das Material zum Teil bis in den Indischen Ozean.

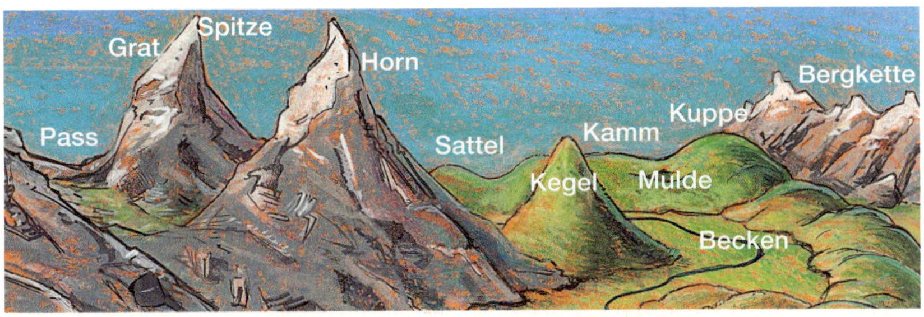

M4 *Bergformen – gestaltet durch erdäußere Kräfte*

Merke

Die Oberflächenformen der Erde entstehen durch das Zusammenwirken von erdinneren und erdäußeren Kräften. Der Himalaya entstand durch den Zusammenstoß zweier Erdplatten. Verwitterung und Erosion wirken von außen auf ihn ein.

Grundbegriffe

- erdinnere Kraft
- erdäußere Kraft
- Verwitterung
- Erosion
- Faltengebirge

Vertiefung

Die Gesteine

Info

Arten der Verwitterung
- Physikalische Verwitterung durch Sonneneinstrahlung und Kälte,
- chemische Verwitterung durch Lösung mit Chemikalien in fließendem Wasser,
- biologische Verwitterung durch mechanischen Druck von Pflanzenwurzeln.

M2 *Pflanzenwurzeln sprengen Gestein.*

Aufgaben

1 Liste die Gesteinsgruppen auf (M1, M5). Schreibe dahinter Namen der Gesteine. Ergänze, wie sie entstanden sind.

2 Erkläre anhand von M1 den Kreislauf der Gesteine.

Die erdinneren Kräfte werden von Fachleuten endogene Kräfte genannt; die erdäußeren Kräfte heißen exogene Kräfte. Die Erdoberfläche ist einer ständigen Veränderung durch Verwitterung, Erosion sowie Ablagerung der erodierten Materialien ausgesetzt. Die exogenen Kräfte Wasser, Sonne, Eis (Gletscher) sowie Pflanzenwurzeln zersetzen alle Gesteine. Wasser, Eis, Wind oder Schwerkraft transportieren die Verwitterungsprodukte. Ihre endgültige Ablagerung im Meer ist eine Voraussetzung für die Bildung neuer Gesteine.

M3 *Veränderung der Erdoberfläche*

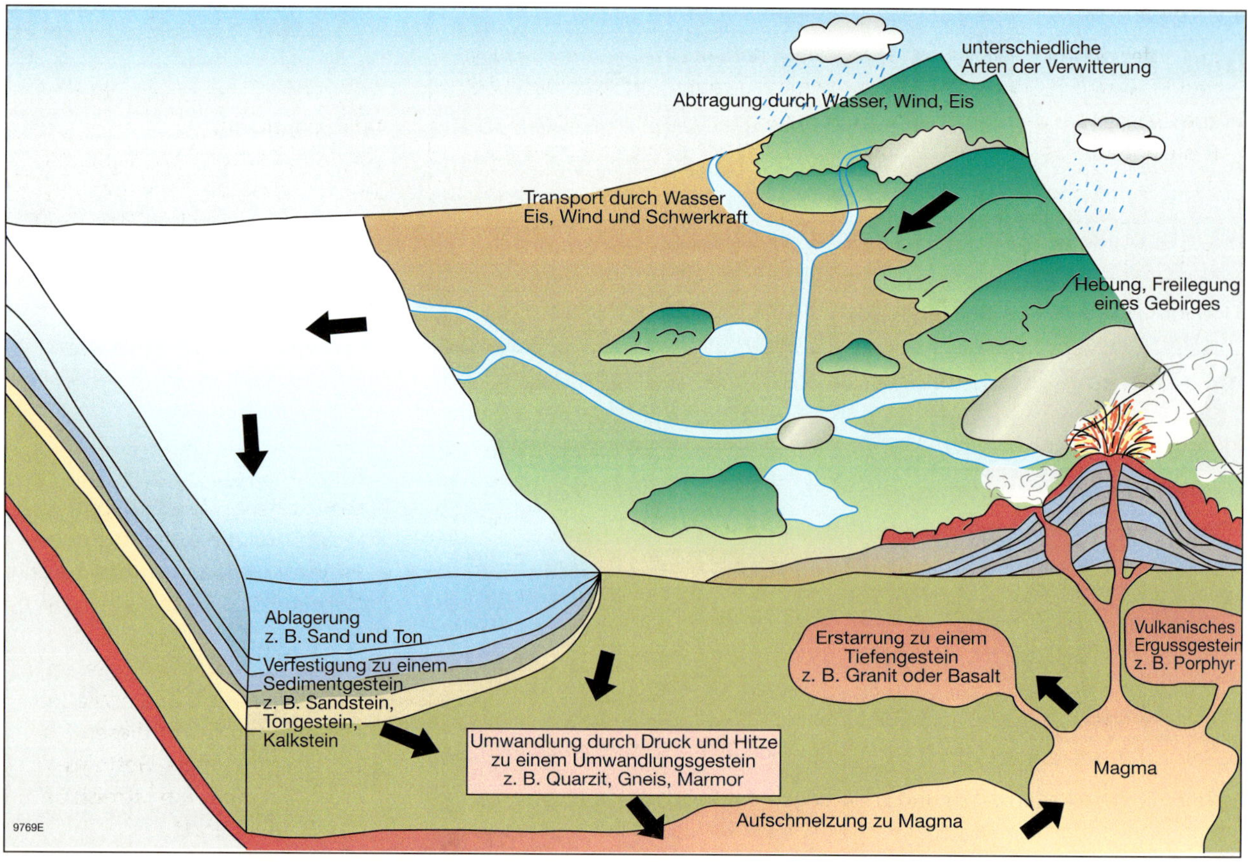

M1 *Kreislauf der Gesteine*

Granit

- magmatisches Tiefengestein
- regellos körnige Struktur
- Mineralzusammensetzung: Feldspat – weiß oder rötlich Quarz – farblos, erscheint grau Glimmer – schwarz, glänzend
- große Härte
- Nutzung: als Baumaterial

Basalt

- magmatisches Ergussgestein
- dichte einheitliche Grundmasse, schwarz
- als Fels meist säulenartige Ausbildung
- sehr große Härte
- Nutzung: meist als Schotter

Sandstein

- Trümmergestein (mechanisches Sedimentgestein)
- grauer Sandstein: ursprünglich im Meer (z.B. Elbsandsteingebirge)
- schichtartige Struktur
- Ausgangssediment: Sand
- Nutzung: Baustein und Werkstein

M4 *Gesteine*

Im Laufe von Jahrmillionen entstehen unter hohem Druck aus den abgelagerten Gesteinsstücken, den Sedimenten, verfestigte „Sedimentgesteine", zum Beispiel Sand- oder Kalkstein. Oft findet man im Sedimentgestein Reste abgestorbener Pflanzen und Tiere als Versteinerungen (Fossilien) oder als Abdrücke.
Gesteinspakete, die durch endogene Kräfte durch Abtauchen einer Erdplatte weit in den Erdmantel hinabtransportiert werden, werden aufgeschmolzen und es entstehen „Tiefengesteine" wie Granit. Steigen sie als Magma wieder nach oben, entstehen dabei „Ergussgesteine" wie Basalt.

M5 *Entstehung von Gesteinen*

Aufgabe

3 Lege ein großes Schaubild über die Gesteine an.
Überlege vorher, nach welchen Gesichtspunkten du sie ordnen willst. Schau dazu in M3 und M5 nach. Nutze auch M1.

Redensarten

Den ersten Stein auf jemanden werfen, jemandem einen Stein in seinen Garten werfen, jemandem einen Stein in den Weg legen, jemandem alle Steine aus dem Weg räumen, ein Stein des Anstoßes sein, zwischen die Mühlsteine geraten, so hart sein wie Stein, einen Stein statt des Herzens in der Brust haben, einem Stein sein Leid klagen, Steine predigen, Stein und Bein schwören, es hat Stein und Bein gefroren, steinhart sein, einen Stein bei jemandem im Brett haben, den Stein des Sisyphus wälzen, viel Steine gab's und wenig Brot, Steine verdauen, kleine Steine forttragen können ...

Tipp: Weitere Redensarten und Erklärungen der Redensarten findest du bei Lutz Röhrich im „Lexikon der sprichwörtlichen Redensarten".

M6 *Steine in Sprichwörtern*

Merke
Die exogenen (erdäußeren) Kräfte und die Wurzeln der Pflanzen zerkleinern alle festen Gesteine. Die Sedimente werden transportiert und abgelagert. Aus den abgelagerten Sedimenten entstehen wieder neue Gesteine. Aus diesen bilden sich weitere Gesteinsarten. Es findet ein „Kreislauf" der Gesteine statt.

Wasser und Eis gestalten die Landschaft

„Zuerst einmal möchte ich mich vorstellen: Ich bin ein riesiger Gesteinsblock. Man nennt mich Alter Schwede, weil ich schon sehr alt bin und aus Schweden komme. Taucher hatten mich auf dem Grund der Elbe entdeckt. Ich wiege über 80 Tonnen und bin der siebtgrößte **Findling** in Norddeutschland.
Entstanden bin ich vor ca. 1,7 bis 1,8 Millionen Jahren. So etwa vor 18 000 Jahren wurde es in meiner Heimat Schweden immer kälter und große, dicke Eismassen schoben sich vom Nordpolarmeer her. Bald bedeckten sie ganz Skandinavien. Sie umschlossen mich und nahmen mich mit auf ihrem Weg über die Ostsee nach Süden. Als das Eis nicht mehr weiter wanderte, befand ich mich in einer völlig fremden Umgebung. Dann schmolzen die Eismassen und ich versank in einem Flussbett. Mit der Zeit wuchsen Gräser und Pflanzen. An den Ufern grasten Mammuts und Rentiere. Später kamen dann die ersten Menschen an den Fluss. Ich beobachtete ihr Treiben viele Tausend Jahre, bis sie mich 1999 entdeckten und aus dem Fluss, den sie Elbe nennen, heraushoben. Jetzt befinde ich mich hier im Hamburger Hafen und alle bestaunen mich, den Alten Schweden.“ (Nach einer Schularbeit von Jan-Hendrik Torborg, 14 Jahre)

M1 *Der Alte Schwede, ein Findling im Hamburger Hafen*

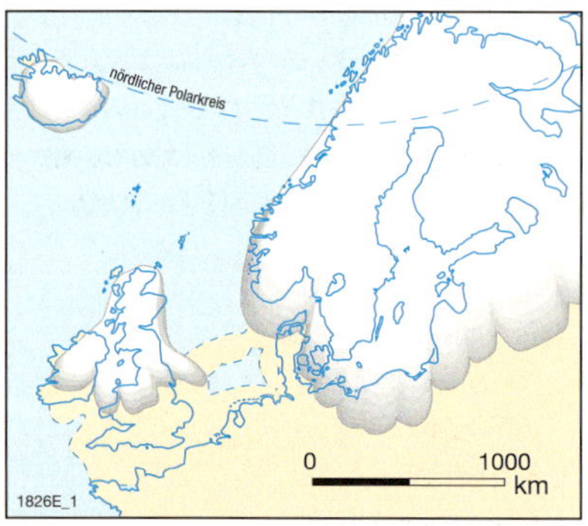

M2 *Eisbedeckung in Nordeuropa*

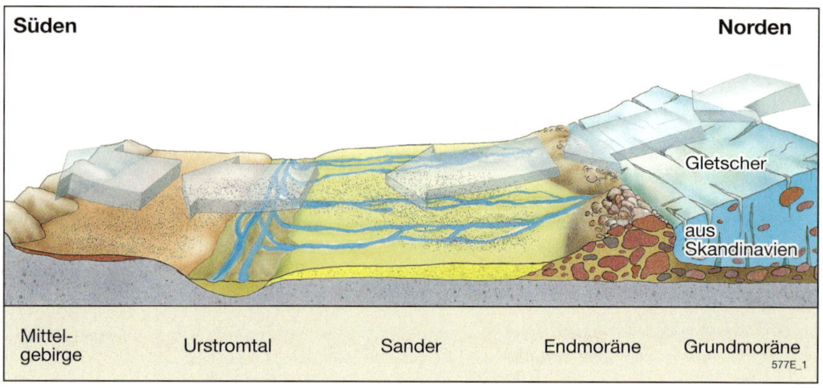

M3 *Die glaziale Serie während der Eiszeit*

M4 *Entstehung eines Trogtals*

Gletschereis formte Landschaften

Vor 18 000 Jahren begann die letzte **Eiszeit**. In Nordeuropa hobelte das Eis **Trogtäler** aus.

Die polaren Gletscher schoben sich bis nach Norddeutschland vor. Hier entstand durch das Eis eine Abfolge von Landschaftsformen, die man **glaziale Serie** nennt: Unter dem Gletscher lagerten sich Sand und mitgeführte Steine ab, die sogenannte ***Grundmoräne***. An seinem Ende schob der Gletscher Gesteinsschutt zur ***Endmoräne*** zusammen. Beim Abschmelzen des Eises vor 10 000 Jahren wurden aus der Endmoräne Sande ins Vorland gespült. Sie bilden den ***Sander***. Im ***Urstromtal*** liefen die Schmelzwässer des Gletschers zusammen und flossen ab.

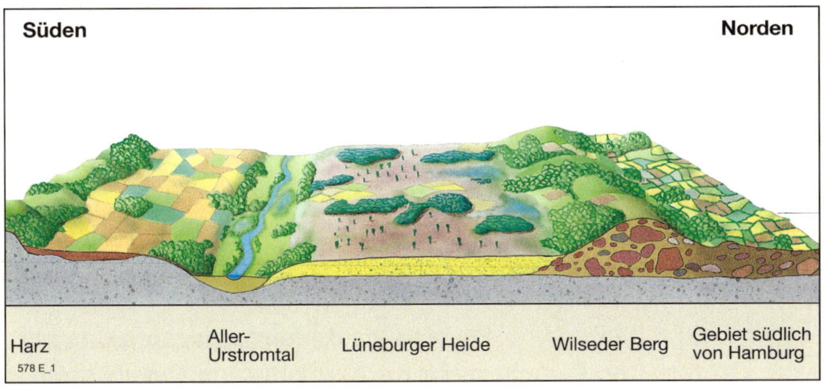

M5 *Landschaft der glazialen Serie heute*

Aufgaben

1 Beschreibe den Weg des Alten Schweden von seiner Heimat bis zur Elbe (Atlas, Karte: Nordeuropa-physisch).

2 Findlinge sind Zeugen der Eiszeit. Erkläre.

3 Erläutere mit eigenen Worten die Entstehung eines Trogtals (M4).

4 a) Ordne den verschiedenen Bereichen und Begriffen der glazialen Serie in Norddeutschland die heutigen Landschaften zu (M3, M5).
b) Untersuche, welcher Bereich der glazialen Serie heute landwirtschaftlich genutzt wird (M3, M5; Atlas, Karte Deutschland – Landwirtschaft).

Merke

Von vor 18 000 Jahren bis vor 10 000 Jahren gab es die letzte Eiszeit. Das Gletschereis schob sich vom Nordpolarmeer über Nordeuropa bis nach Norddeutschland vor. In Nordeuropa entstanden Trogtäler und in Norddeutschland die glaziale Serie. Findlinge sind Zeugen der Eiszeit.

Grundbegriffe
- Findling
- Eiszeit
- Trogtal
- glaziale Serie

Hochwasser – auch vom Menschen verursacht

M1 *Einzugsgebiet des Rheins: Der Rhein und seine Nebenflüsse*

M2 *„Land unter" in Koblenz.*
Am 30. Januar 1995 stand der Rhein in Koblenz 9,21 m hoch. Dies war einer der höchsten Wasserstände seit Beginn der Messungen. Ein Zehntel der gesamten Stadtfläche war überschwemmt. 7000 Personen waren in ihren Häusern eingeschlossen. Wasser stand in den Kellern und im Erdgeschoss.

Aufgaben

1 Beschreibe den Verlauf des Rheins mit seinem Einzugsgebiet: Nenne alle Bundesländer und Staaten (M1, Atlas).

2 Miss in M3 die Länge des Rheins zwischen den Punkten A und B mithilfe eines Fadens: um 1800 und heute.

3 a) Trenne die Ursachen des Entstehens von Hochwasser nach naturbedingten und durch den Menschen bedingten Ursachen (M4).
b) Erläutere, warum das Hochwasser am Rhein vor allem im Winter auftritt.

Hochwasser – auch vom Menschen verursacht

Die Flutwellen in Koblenz kommen vom Oberrhein. Bis 1817 floss der Strom dort in vielen Flussschlingen, auch Mäander genannt. Dadurch war er weitverzweigt. Dann wurde er begradigt und auf langen Strecken in ein betoniertes Flussbett gezwängt. Der Flusslauf ist dadurch stark verkürzt worden. Ein Teil der nun trockenen Uferflächen wird landwirtschaftlich genutzt, auf anderen Flächen baute man Straßen und Häuser. Fachleute bezeichnen das Betonieren und Asphaltieren von Flächen als **Bodenversiegelung**. Versiegelte Flächen stehen nicht mehr als Überlauf- und Versickerungsflächen für Fluss- und Regenwasser zur Verfügung.

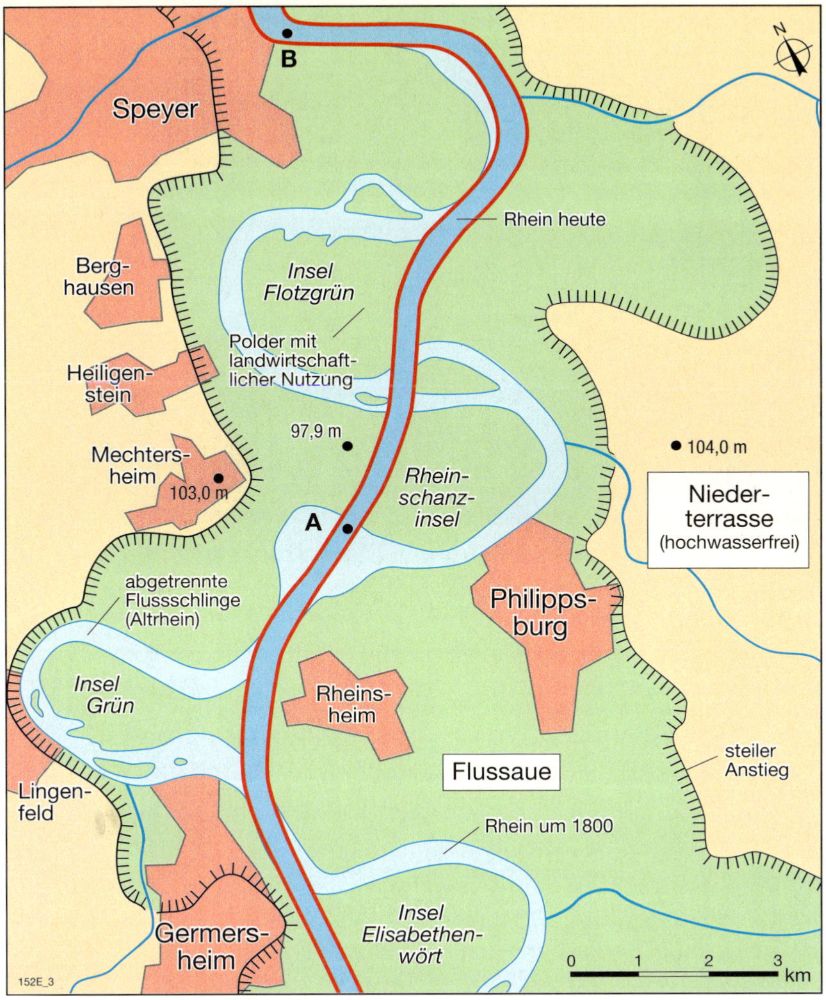

M3 *Rheinverlauf früher und heute*

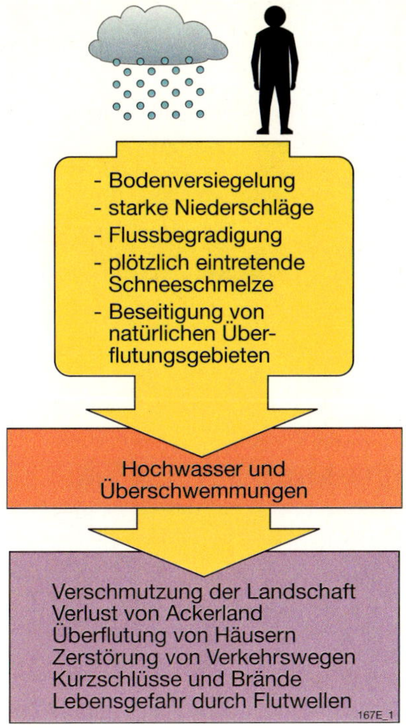

M4 *Ursachen und Folgen des Hochwassers*

Aufgabe

4 Man baut Polder am Rhein, um sich vor Hochwasser zu schützen. Kennzeichne die Zusammenhänge.

WWW

Hochwasserhinweise zum Rhein und seinen Nebenflüssen findest du unter: www.wasser.rlp.de

Durch die Begradigung wurden die Flutwellen bei Hochwasser größer und schneller. Von Basel bis Karlsruhe brauchten sie früher 65 Stunden. Heute legen sie diese Strecke in 30 Stunden zurück.

Bei den im Winter auftretenden Überschwemmungen kommt meist erschwerend hinzu, dass vorher große Niederschlagsmengen gefallen sind. Deutschland liegt klimatisch im „Winterregengebiet". So kann auch der unversiegelte Boden kaum noch Wasser aufnehmen. Außerdem ist in den Wintermonaten der Boden häufig gefroren und wirkt dadurch wie eine versiegelte Fläche.

Um die verheerenden Folgen des Hochwassers zu vermeiden, wurden an einigen Stellen **Polder** angelegt, in denen sich die Wassermassen ausbreiten können.

Merke

Heute fließt der Rhein schneller als früher. Der Flusslauf wurde begradigt und verkürzt. Die Mäander wurden abgetrennt. Durch die Flussbegradigung kommt es zu größeren und schnelleren Flutwellen. Sie bedrohen die Städte am Mittel- und Unterlauf durch zeitweise auftretende Hochwasser. Überlaufzonen (Polder) mildern die Auswirkungen.

Grundbegriffe
- Bodenversiegelung
- Polder

Herr Tulla begradigt einen Fluss

Info

Gottfried von Tulla (1770–1828)

Der in Karlsruhe geborene Ingenieur leitete zu Beginn des 19. Jahrhunderts die Begradigung und Schiffbarmachung des Rheins.

M2 *Flusslandschaft des Rheins um 1800 (von Peter Birmann)*

Aufgaben

1 Beschreibe die Rheinlandschaft des Gemäldes (M2).

2 Betrachte den Tulla-Brunnen (M1). Was stellt die Sandsteinskulptur dar?

M1 *Erinnerung an Tulla: Brunnen in Ludwigshafen*

Der Rhein um 1800

Vor 200 Jahren floss der Rhein durch das Oberrheinische Tiefland zwischen Basel und Mainz als ungezähmter, wild ausufernder Strom. Unzählige Schlingen und Seitenarme sowie viele Inseln und Sandbänke prägten die Flusslandschaft.
Jedes Hochwasser veränderte den Fluss und der Rhein wechselte ständig seinen Lauf. Die Wälder der Flussauen und die tief liegenden Ackerflächen waren oft überschwemmt. Ganze Dörfer wurden bei schweren Hochwassern vernichtet oder von der Außenwelt abgeschnitten. Immer wieder kam es zu Malaria-Epidemien.

Der Rhein um 1825

Ab 1818 legte Gottfried von Tulla Pläne zur **Flussbegradigung** des Rheins vor, die dann auch durchgeführt wurden:

- „Abschneiden" der Flussschlingen, der Mäander,
- Einengung des Flussbettes auf 200–250 m,
- Vertiefung des Flussbettes,
- Bau von Dämmen.

Der Rheinlauf verkürzte sich zwischen Basel und Mainz um rund 80 Kilometer. Der Rhein floss nun schneller und grub sich stärker in die Tiefe ein. Der Grundwasserspiegel sank. Wälder und Sümpfe trockneten aus. Dadurch konnten neue Äcker und Wiesen für die Landwirtschaft entlang des Rheins gewonnen werden. Immer mehr Menschen zogen hierher. Der Rhein wurde schiffbar.

Der Rhein heute

Der Rhein ist durch befestigte Flussufer auf ein enges Bett begrenzt. Die Flussauen gingen weitestgehend als natürlicher Überschwemmungsbereich verloren.
Zahlreiche Altrheinarme dienen als Naherholungsgebiet und Freizeitattraktion, wie zum Beispiel die „Blaue Adria" südlich von Ludwigshafen.
Durch das Anlegen von Dämmen und Deichen wurden die Überflutungsflächen immer mehr verkleinert. Trockengelegte Flächen entlang des „neuen Rheins" dienen den Landwirten als ackerbauliche Nutzflächen.
Brücken und Fähren verbinden die linksrheinischen Städte im Elsass (Frankreich) und in Rheinland-Pfalz mit den badischen Gemeinden der rechten Rheinseite (Baden-Württemberg).

M3 *Das Rheintal bei Speyer (Satellitenbild aus 90 km Höhe)*

Aufgaben

3 Betrachte das Satellitenbild in M3.
a) Ermittle die Zahl der durchstochenen Mäander.
b) Liste die Gründe auf, die diese Maßnahmen hatten.
c) Bewerte das Projekt.

4 Nenne die größeren Städte, die beiderseits des Rheins mit der Fähre in M4 verbunden sind.

M5 *Ehemalige Flussschlinge Flozgrün bei Speyer*

M4 *Rheinfähre zwischen Leimersheim (Rheinland-Pfalz) und Leopoldshafen-Eggenstein (Baden-Württemberg)*

Merke
Gottfried von Tulla führte zu Beginn des 19. Jahrhunderts die Begradigung und Schiffbarmachung des Rheins durch. Der Oberrhein wurde um rund 80 Kilometer verkürzt.

Grundbegriff
- Flussbegradigung

Die Erde verändert sich

1. Der Schalenbau der Erde

Schreibe den Text ab und ergänze dabei die fehlenden Begriffe. Die Erde ist in mehrere ... gegliedert. Die äußere „dünne Haut" der Erde besteht aus ... und wird ... genannt. Nach innen schließt sich der ... an. Seine oberste Schicht besteht auch aus ... . Die Gesteinshülle der Erde besteht aus mehreren einzelnen ... . Diese treiben auf einer zähflüssigen Gesteinsschmelze, dem ... . Der ... ist noch weitgehend unerforscht.

2. Für Tüftler!

a) Lege Transparentpapier auf das Rätsel und notiere darauf die Lösungswörter. In der rot umrandeten Spalte ergibt sich (von oben nach unten gelesen) ein Lösungswort.
b) Um was handelt es sich? Der Atlas hilft.

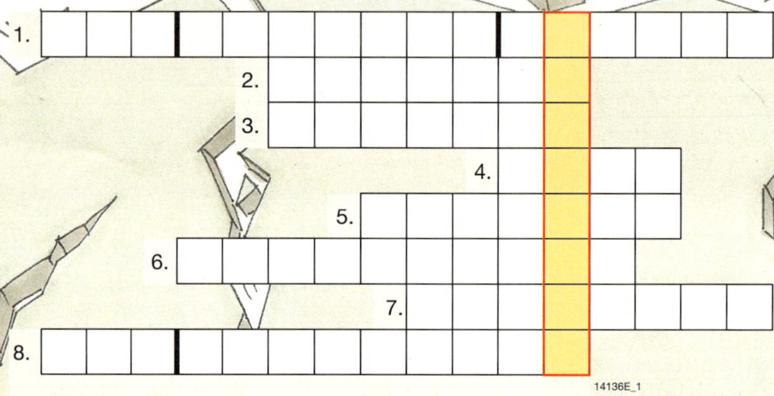

1. Name der Plattengrenze, die durch San Francisco und Los Angeles verläuft
2. Eine durch ein Seebeben ausgelöste Welle
3. Das um den Erdmittelpunkt herum gelegene Erdinnere
4. Heißer Gesteinsbrei, der an die Oberfläche tritt
5. Nachname des Mannes, der die Energieskala erdacht hat, mit der man die Erdbebenstärke messen kann
6. Punkt an der Erdoberfläche, der direkt über einem Erdbebenherd liegt
7. Gefährliche Erschütterung an der Erdoberfläche
8. Erdbebengefährdete Stadt in Kalifornien

3. Plattentektonik

a) Was zeigen die Abbildungen 1 und 2?
b) Erkläre beide Vorgänge.

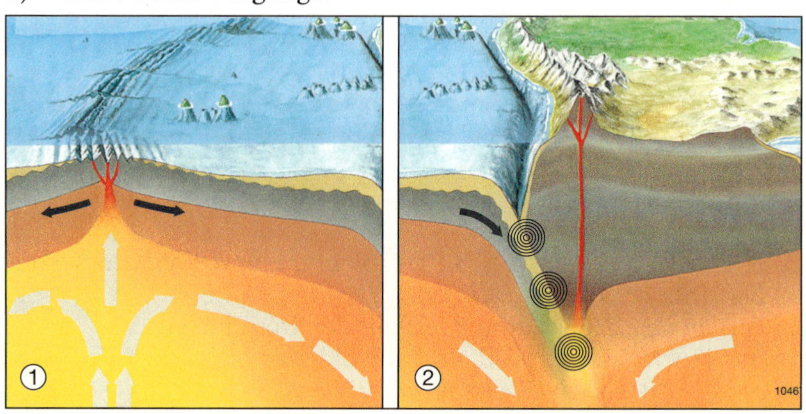

4. Norddeutschland in der Eiszeit

Die Abbildung zeigt die glaziale Serie in Norddeutschland. Notiere die fehlenden Begriffe.

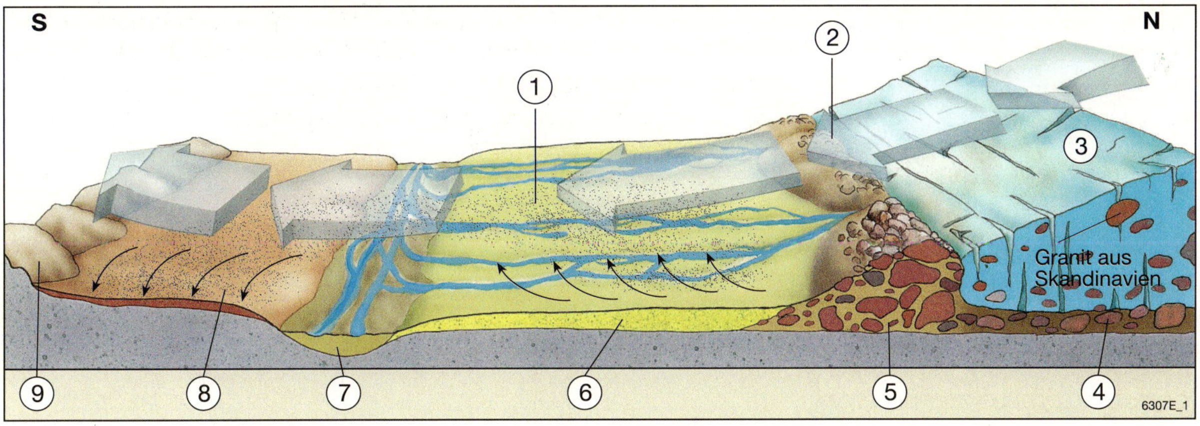

5. So ein Durcheinander!

Diese Begriffe bezeichnen endogene und exogene Kräfte oder die Auswirkungen dieser Kräfte. Ordne die Begriffe diesen beiden Kräften zu. Lege eine Tabelle an.

6. Fragen für Experten

a) Zeichne eine Skizze eines Schichtvulkans und beschrifte sie.
b) Erkläre den Unterschied zwischen einem Naturereignis und einer Naturkatastrophe.
c) Berichte, warum Menschen trotz der Gefahr eines Vulkanausbruchs am Ätna wohnen.
d) Nenne mindestens drei Bergformen, die durch äußere Kräfte der Erde entstehen.
e) Fertige eine Skizze zum Kreislauf der Gesteine an.
f) Das Hochwasser des Rheins in Koblenz wird durch Eingriffe des Menschen am Oberrhein verursacht. Erkläre.

Grundbegriffe
- Naturereignis
- Erdbeben
- Vulkanausbruch
- Naturkatastrophe
- Erdkruste
- Erdmantel
- Magma
- Erdkern
- Plattentektonik
- Richterskala
- Epizentrum
- Lava
- Schichtvulkan
- Schildvulkan
- Tsunami
- erdinnere Kraft
- erdäußere Kraft
- Verwitterung
- Erosion
- Faltengebirge
- Sediment
- Findling
- Eiszeit
- Trogtal
- glaziale Serie
- Bodenversiegelung
- Polder
- Flussbegradigung

Die Erde – ein Planet der Sonne

Die Erde im Sonnensystem

Mit dem Internet arbeiten

Tageszeiten und Zeitzonen

Jahreszeiten

M1 *Erde und Mond im Weltall* ▶

Die Erde im Sonnensystem

Die Erde – ein Planet der Sonne

Das **Weltall** ist so groß, dass wir uns das nicht mehr vorstellen können. Hier gibt es unzählige **Sterne**, auch **Sonnen** genannt. Einer dieser Sterne ist unsere Sonne. Sie ist der Mittelpunkt unseres **Sonnensystems**. Ein Stern (bzw. eine Sonne) leuchtet selbst. Unsere Sonne hat einen Durchmesser von etwa 1400000 km.

Acht **Planeten** umkreisen unsere Sonne. Früher waren es neun, aber 2006 haben Wissenschaftler dem Pluto die Bezeichnung „Planet“ aberkannt; er ist nur noch ein „Zwergplanet“. Die Planeten leuchten nicht selbst. Man sieht sie nur, weil sie von der Sonne angestrahlt werden. Einer der Planeten ist die Erde. Die Erde braucht ein Jahr, um die Sonne einmal zu umkreisen.

Die meisten Planeten werden von **Monden** umkreist. Auch sie leuchten nicht selbst. Der Mond der Erde braucht etwa einen Monat, um die Erde zu umkreisen.

Aufgaben

1 Analysiere M4:
a) Welches ist der größte und welches der kleinste Planet?
b) Nenne die Planeten mit den meisten und den wenigsten Monden.

2 Nenne die Namen aller Planeten in der Reihenfolge der Entfernung von der Sonne und schreibe sie auf. Die „Eselsbrücke“ hilft dir dabei.

3 a) Ein Stecknadelkopf mit einem Durchmesser von einem Millimeter soll die Erde sein. Wie groß muss dann die Sonne sein (Text und M4)?
b) Stellt die Entfernung von der Sonne zur Erde auf dem Schulhof nach.

M1 *Die Sonne mit ihren Planeten im Weltraum*

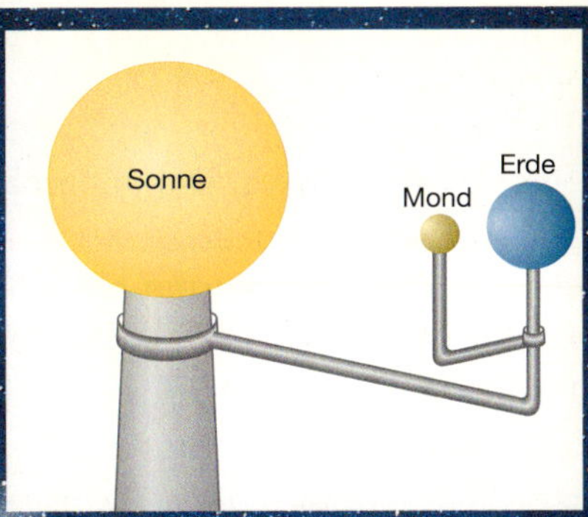

M2 *Modell: Sonne, Erde, Mond*

M3 *Merkhilfe*

Planet	Durchmesser	Monde	Abstand zur Sonne
Jupiter	143 000 km	63	779 Mio. km
Saturn	120 000 km	47	1 432 Mio. km
Uranus	51 100 km	27	2 884 Mio. km
Neptun	49 500 km	13	4 509 Mio. km
Erde	12 760 km	1	150 Mio. km
Venus	12 100 km	–	108 Mio. km
Mars	6 970 km	2	228 Mio. km
Merkur	4 800 km	–	58 Mio. km

M4 *Die Planeten des Sonnensystems, geordnet nach ihrer Größe*

Merke

Sterne (oder Sonnen) im Weltall leuchten selbst. Unsere Sonne wird von der Erde – als einem der acht Planeten unseres Sonnensystems – in einem Jahr umkreist.

Der Mond umrundet die Erde in etwa einem Monat.

Grundbegriffe

- Weltall
- Stern (Sonne)
- Sonnensystem
- Planet
- Mond

Mit dem Internet arbeiten

Info

Begriffe aus dem Internet

Katalog
In einem Katalog wurden die aufgelisteten Seiten von Redakteuren auf ihren Inhalt überprüft und bestimmten Themen zugeordnet. Deshalb liegen die gefundenen Seiten meistens wesentlich näher am Thema, als das bei Suchmaschinen der Fall ist.

Wichtige Kataloge:
www.yahoo.de
www.web.de

Suchmaschine
Suchmaschinen schicken Programme durch das Internet, die sich durch die verschiedenen Seiten wühlen und das Suchergebnis an eine Datenbank melden. Diese Suchmaschinen funktionieren automatisch und liefern deshalb nicht immer die besten Ergebnisse.

Wichtige Suchmaschinen:
www.google.de
www.fireball.de
www.altavista.de

Link-Liste
Das Suchergebnis in einem Katalog oder einer Suchmaschine ist eine Link-Liste. In einer Link-Liste kannst du durch das Klicken auf die optisch hervorgehobenen Adressen oder Namen direkt in eine neue Seite springen.

Wikipedia-Lexikon
www.wikipedia.de
Wikipedia ist ein Internet-Lexikon, in dem jeder einen Beitrag schreiben kann, ohne dass dieser auf Richtigkeit überprüft wird. Anders als herkömmliche Lexika im Internet ist Wikipedia kostenlos. Außerdem darf jeder die Beiträge mit Angabe der Quelle und der Autoren frei kopieren und verwenden.

Laura recherchiert im Internet

Laura muss ein Poster gestalten zum Thema: „Die Erde – ein Planet im Weltall“. Im Erdkundebuch hat sie sich informiert. Den Begriff „Planet“ kennt sie bereits. Jetzt will sie im Internet recherchieren.

Sie ruft die **Suchmaschine** Google auf. Hier gibt sie die beiden Begriffe „Erde“ und „Weltall“ ein. In weniger als einer Sekunde erhält sie über 900 000 Treffer. Diese kann sie unmöglich alle anschauen. Die Suchmaschine liefert jedoch die am meisten besuchten Internet-Seiten zuerst. Daher klickt Laura den ersten Treffer an: „Die Blinde Kuh: Weltall – Unser Planet Erde“. Laura ist zufrieden mit dem Ergebnis und der umfangreichen **Link-Liste**. Sie stellt beim Weiterklicken fest, dass hier der Pluto richtig als „Zwergplanet“ genannt ist.

Laura sucht weiter im Internet. Sie „geht“ auf die Kinderseiten der NASA, der US-Weltraumbehörde. Wie im Flug vergeht die Zeit. Sie lädt sich wichtige Seiten auf ihren Computer und druckt sie aus. Anschließend überlegt sie, welche Begriffe unbedingt auf dem Poster sein müssen und welche Abbildungen sie einfügen will.

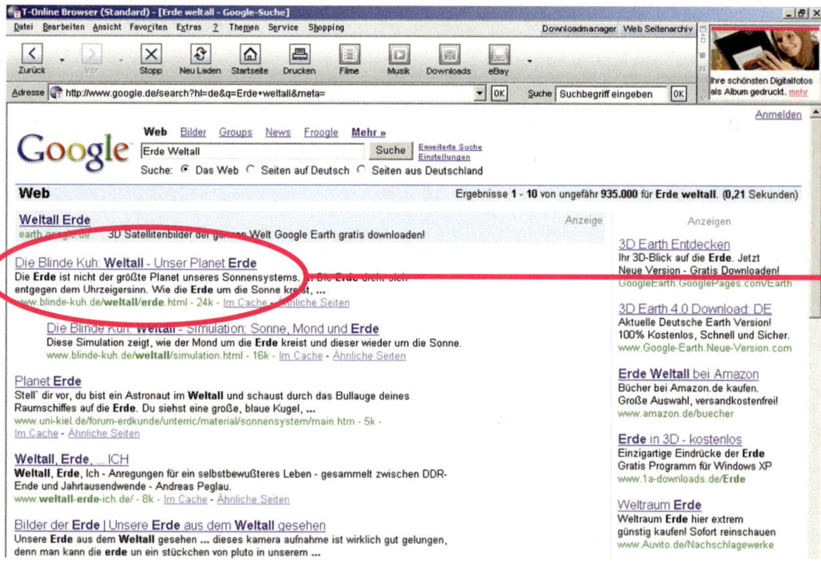

M1 *Ergebnisse einer Suchmaschine (Link-Liste)*

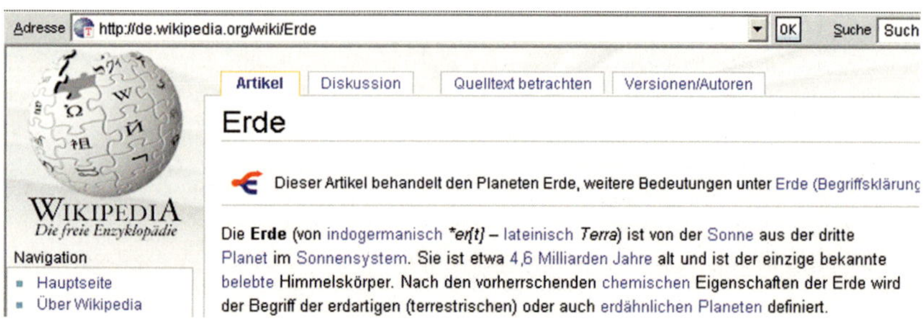

M2 *Internet-Lexikon Wikipedia: Ergebnis „Erde“*

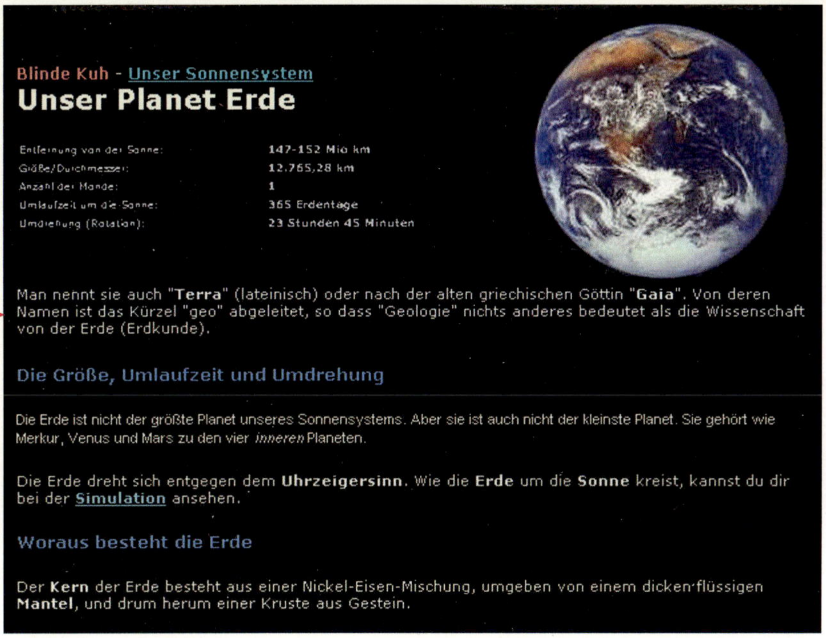

M3 *Internet-Seite*

Blinde-Kuh.de ist in Anlehnung an das gleichnamige Spiel der Name einer Suchmaschine für Kinder im Internet. Sie besteht seit 1997. Seit 2004 wird das Projekt vom Bundesministerium für Familie, Senioren, Frauen und Jugend gefördert.

M4 *Was ist „Blinde Kuh"?*

Suchmaschinen

Mithilfe einer Suchmaschine kannst du das Internet nach Begriffen durchsuchen.

So gehst du vor

1. Den Suchbegriff eingeben
Gibt man in das Schreibfeld einen Suchbegriff oder mehrere ein, liefert die Suchmaschine eine Liste von Verweisen (Links) auf „Internet-Seiten", auf denen der eingegebene Begriff steht.

In der Liste werden die „Seiten" meistens mit dem Titel und einem kurzen Auszug, in dem der eingegebene Begriff vorkommt, dargestellt. Der eingegebene Begriff ist durch Fettdruck, eine besondere Farbe oder Unterstreichungen in dem Text gekennzeichnet.

2. Keine Angst vor vielen Treffern
Die zuerst genannten Seiten der Link-Liste sind die am meisten besuchten und daher oft sehr hilfreich bei der Informationssuche. Findest du aber hier nicht das Richtige, musst du die Suche verfeinern. In einigen Suchmaschinen, wie zum Beispiel Google, kannst du zwei oder drei Begriffe eingeben. Es erscheinen dann nur noch Links, die alle diese Begriffe enthalten. In anderen Suchmaschinen muss man die verschiedenen Begriffe mit „und" verbinden.

3. Die Ergebnisse speichern (Festplatte, USB-Stick)
So kannst du zu einem späteren Zeitpunkt die gefundenen Seiten lesen und verarbeiten, ohne mit dem Internet verbunden zu sein.

Aufgaben

1 Gestalte ein Poster zum Thema „Die Erde – ein Planet im Weltall" und nutze dafür verschiedene Suchmaschinen und das Internet-Lexikon „Wikipedia".

2 Recherchiere in den drei Suchmaschinen (Info) die Begriffe „Erde" und „Weltall".
Welche Ergebnisse sind besonders hilfreich?

3 Schreibe einen Text zum Begriff Milchstraße (Galaxis). Nutze das Internet.

Merke
Im Internet findet man viele Informationen zu einem bestimmten Thema.

Grundbegriffe
- Suchmaschine
- Link-Liste

Tageszeiten und Zeitzonen

Tag-Nacht-Experiment

Benötigte Materialien:
- Globus
- Overheadprojektor
- Verdunklung im Raum

Der eingeschaltete Overheadprojektor soll die Sonne darstellen und der Globus die Erde. Drehe den Globus entgegen dem Uhrzeigersinn, wenn du von oben schaust.

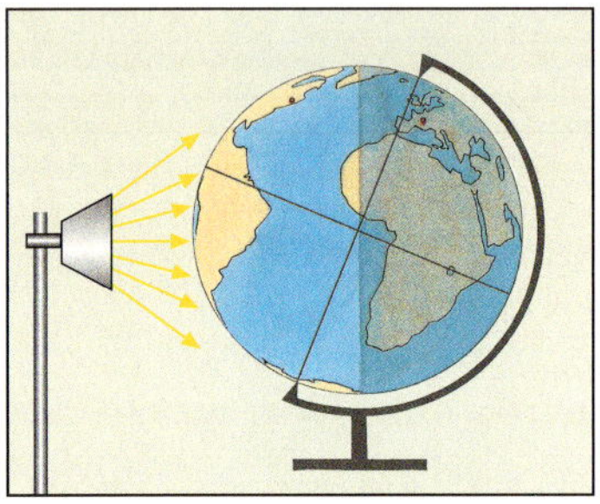

Wie entstehen Tag und Nacht?

Das Licht der Sonne bestrahlt die Erde. Dabei dreht sich die Erde einmal in 24 Stunden um ihre eigene Achse. Diese Bewegung nennt man **Erdrotation**. Sie geschieht entgegen dem Uhrzeigersinn von West nach Ost. Da die Erde etwa die Gestalt einer Kugel hat, wird immer nur eine Hälfte von ihr angestrahlt. Dort ist dann Tag. Die andere Hälfte liegt im Dunkeln. Dort ist Nacht. In 24 Stunden ist es also überall auf der Erde einmal Tag und einmal Nacht.

Jede Zeit hat ihre Zone

Durch die Drehung der Erde um ihre eigene Achse erreicht die Sonne über jedem Längengrad einmal am Tag ihren höchsten Stand. Dort ist es dann 12 Uhr Mittags. Bei 360 Längengraden braucht die Erde vier Minuten von einem Längengrad zum anderen. In einer Stunde ziehen also 15 Längengrade an der Sonne vorbei. Jeder Ort der Erde hätte somit seine eigene Zeit. In Berlin erreicht die Sonne fast eine halbe Stunde früher ihren Höchststand als in Mainz.

Im Jahr 1883 haben sich die Länder der Erde auf sogenannte **Zeitzonen** geeinigt. Das sind Gebiete der Erde, die die gleiche Zeit haben. Eine Zeitzone umfasst in der Regel 15 Längengrade. Bei der Festlegung wurde aber auch der Verlauf von Staatsgrenzen berücksichtigt. Manche Länder oder Regionen haben ihre eigene Zeit.

In östliche Richtung musst du für jede Zeitzone eine Stunde dazuzählen, in westliche Richtung eine Stunde abziehen.

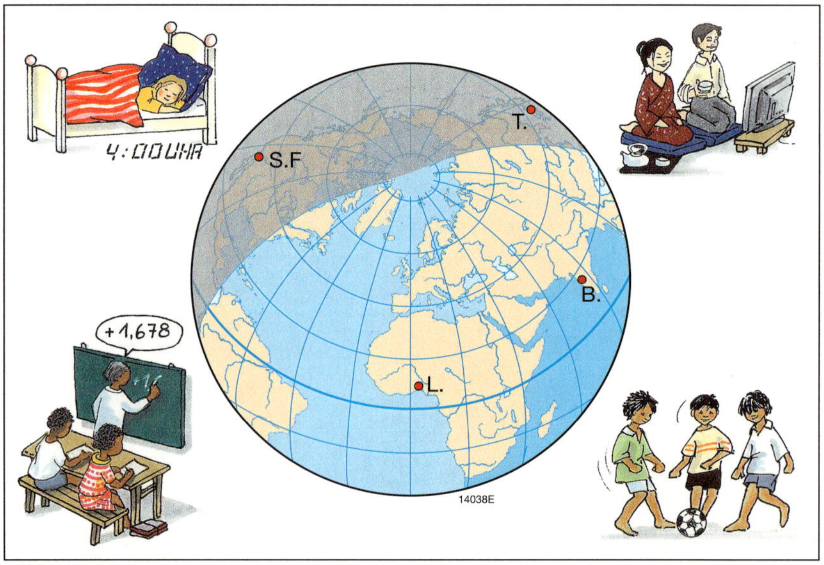

M1 *Zur selben Zeit auf der Erde. Ermittle mithilfe von M3: Wie viel Uhr ist es in den vier Städten? (Bedenke: Indien hat eine Zwischenzeit!)*

Aufgaben

1 a) Führe das Experiment durch. Erkläre, wie Tag und Nacht entstehen.
b) Stelle folgende Situation nach: Die Sonne steht über dem Null-Meridian. Suche die Städte Kalkutta und Caracas auf dem Globus. In welcher der beiden Städte geht die Sonne auf und in welcher geht sie unter?

2 a) Du fliegst auf dem kürzesten Weg von Berlin nach New York. Musst du die Uhr vor- oder zurückstellen (M3)?
b) Wann musst du den Fernseher einschalten, um live ein Rockkonzert um 20 Uhr in Melbourne/Australien zu sehen (M3)?

3 Erkläre, warum es auf der Erde eine Datumsgrenze geben muss?

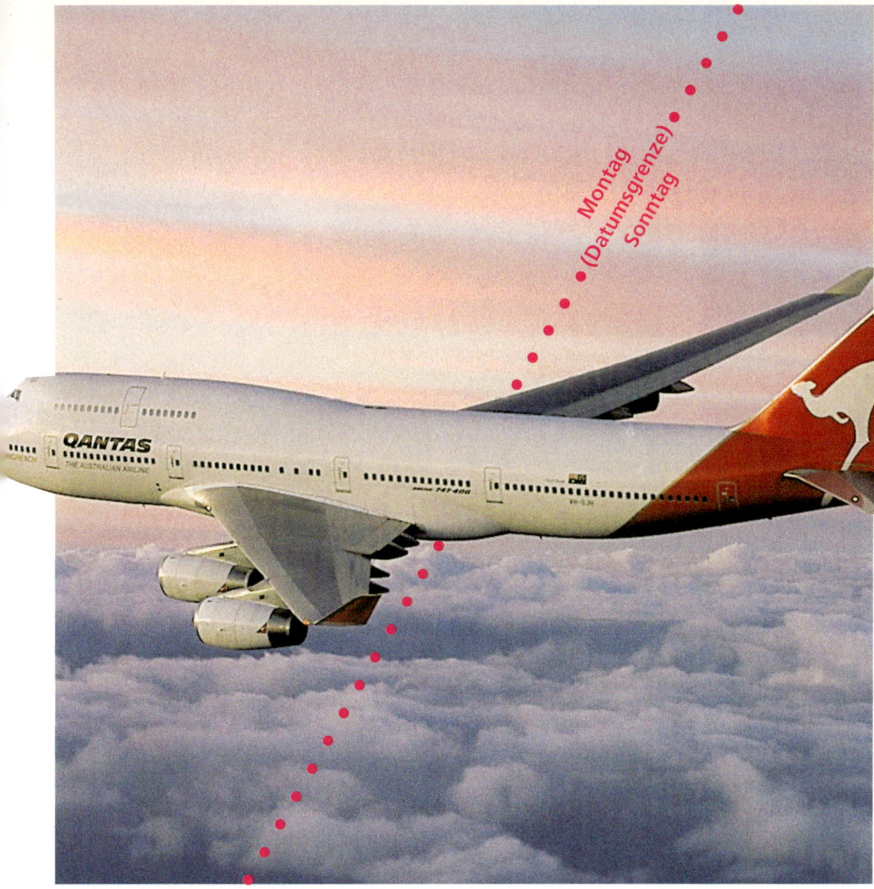

M2 *Gleiche Uhrzeit – anderer Wochentag: Flug von Osten nach Westen*

Fliegt man von Berlin in westlicher Richtung um die Erde wieder zurück nach Berlin, durchquert man alle 24 Zeitzonen. Man müsste die Uhr 24 Mal um eine Stunde zurückstellen (Sonderzeiten nicht berücksichtigt). Bei der Ankunft in Berlin würde der Kalender dann einen Wochentag später anzeigen, als es tatsächlich ist. Dieses Problem wurde mit der Festlegung der **Datumsgrenze** gelöst.

Merke
Tag und Nacht entstehen durch die Erdrotation. Auf der Erde gibt es 24 Zeitzonen. Im Pazifik liegt die Datumsgrenze.

Grundbegriffe
- Erdrotation
- Zeitzone
- Datumsgrenze

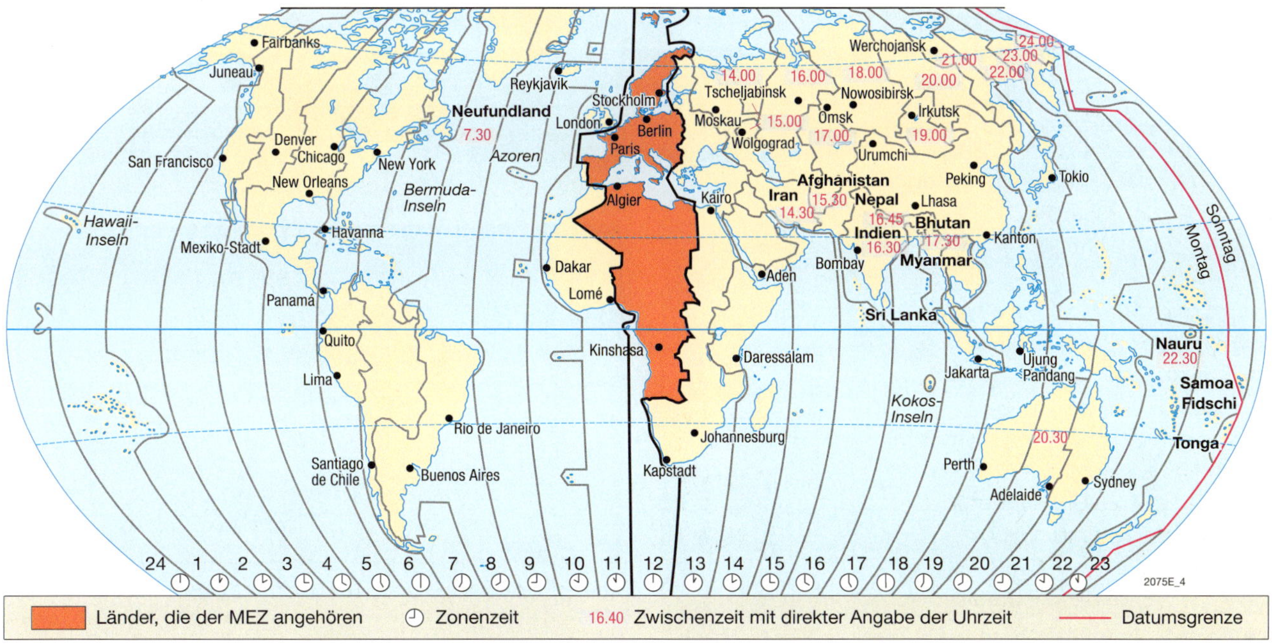

M3 *Die 24 Zeitzonen der Erde (schematisch)*

M1

M2

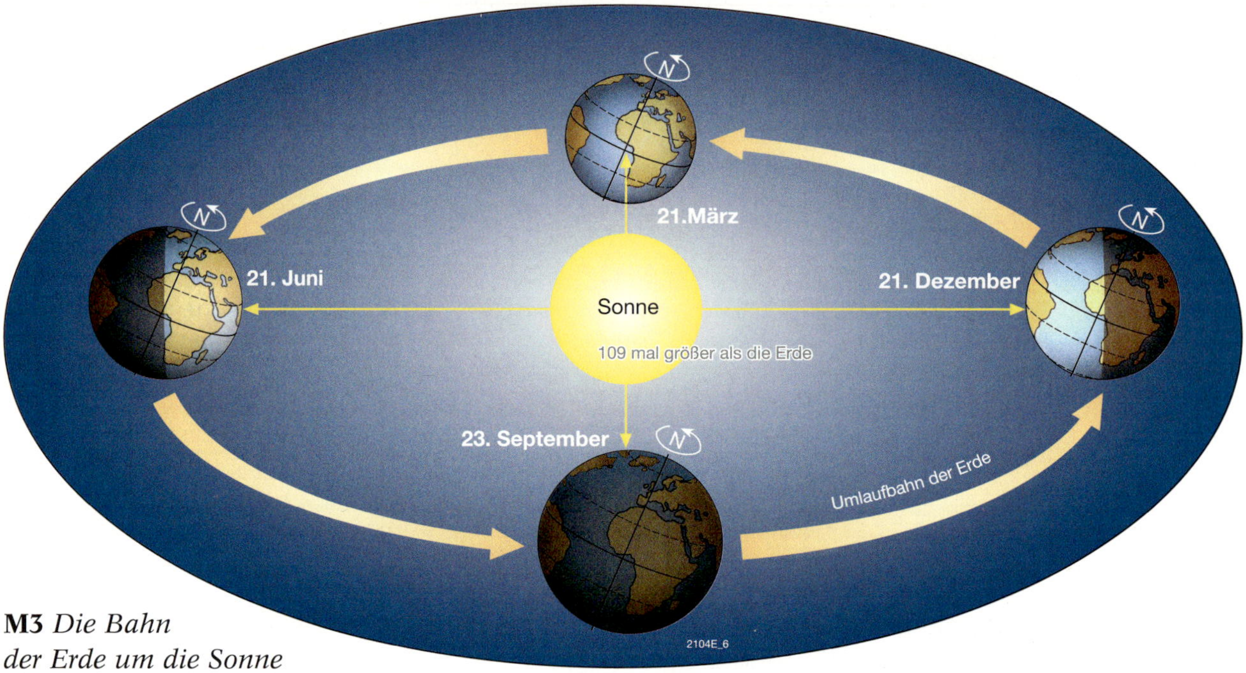

M3 *Die Bahn der Erde um die Sonne*

M4

M5

Wie entstehen die Jahreszeiten?

In unseren Breiten gibt es außer den Tageszeiten noch die **Jahreszeiten**. Auch sie hängen mit der Bestrahlung der Sonne und der Bewegung der Erde zusammen. Die Erde dreht sich im Verlauf eines Jahres um die Sonne. Dabei ist die Achse der Erde gegenüber der Umlaufbahn um 23,5° geneigt. Auf ihrem Weg um die Sonne bleibt die Erde immer in derselben schrägen Lage. Dadurch werden Teile von ihr mal länger und mal kürzer und mal gar nicht bestrahlt. Einmal ist der Nordpol und einmal der Südpol mehr zur Sonne geneigt. Wird die Nordhalbkugel stärker von der Sonne beschienen, so ist bei uns Sommer; wird die Südhalbkugel stärker von der Sonne beschienen, ist bei uns Winter.

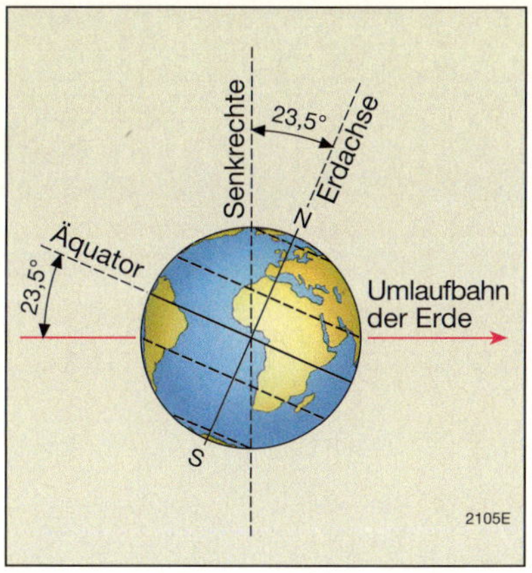

M6 *Die Erde „steht schief“*

Experiment zu den Jahreszeiten

Benötigtes Material:
- eine starke Lichtquelle (Diaprojektor oder Overheadprojektor)
- einen Rollwagen
- einen Globus

Durchführung:
Ein Globus (Standglobus mit geneigter Erdachse) wird auf einen kleinen Tisch gestellt.
Der Projektor wird auf einen Rollwagen gestellt und angeschaltet.
Der Raum wird verdunkelt.
Zwei Kinder umrunden mit dem Rollwagen den Globus.
Sie stellen anschließend noch einmal den 21. Juni, den 21. März, den 21. Dezember und den 23. September nach.
Beobachtet genau, welche Teile der Erde der Sonne jeweils zugewandt sind.

Aufgaben

1 Betrachte M3.
a) Die Abbildung enthält vier Datumsangaben. Was bedeuten sie?
b) Ordne M1, M2, M4 und M5 den Datumsangaben in M3 zu.
c) Die vier Datumsangaben sind bei uns die Anfänge von Jahreszeiten. Welche sind es (Kalender)?

2 Erkläre den Begriff „Wendekreis“.

3 Beschreibe, wie Sommer und Winter auf der Nordhalbkugel entstehen.

4 Erläutere, warum es am Äquator keine Jahreszeiten gibt.

Woher haben die Wendekreise ihre Namen?

Am 21. Juni wird der Breitenkreis 23,5° n. B., der sogenannte nördliche **Wendekreis**, um 12 Uhr mittags senkrecht von oben beschienen; man sagt: Die Sonne steht im **Zenit**. Jetzt „wendet“ die Sonne scheinbar in ihrem Lauf und steht am 21. Dezember über dem Breitenkreis 23,5° s. B., dem südlichen Wendekreis, um 12 Uhr im Zenit. Nun „wendet“ die Sonne ihren Lauf scheinbar wieder nach Norden. Auf ihrem Weg zwischen den Wendekreisen steht sie am 21. März und am 23. September jeweils über dem Äquator im Zenit.

Am Äquator spielt die Neigung der Erdachse kaum eine Rolle. Dort ist es ständig warm und die Tage sind das ganze Jahr über fast gleich lang. Hier gibt es keine Jahreszeiten.

Merke
Die Jahreszeiten bei uns entstehen durch die Drehung der Erde um die Sonne in einem Jahr und die Schrägstellung der Erdachse.

Grundbegriffe
- Jahreszeit
- Wendekreis
- Zenit

Wetter, Klima, Klimaschutz

Unser Wetter

Klimadiagramme lesen

Temperaturmessung früher

Klimazonen im Überblick

Klima und Vegetation ergänzen sich

Unsere Lufthülle – vielfach belastet

Klimaschutz – eine Aufgabe für alle

Unser Beitrag zum Klimaschutz

Unser Wetter

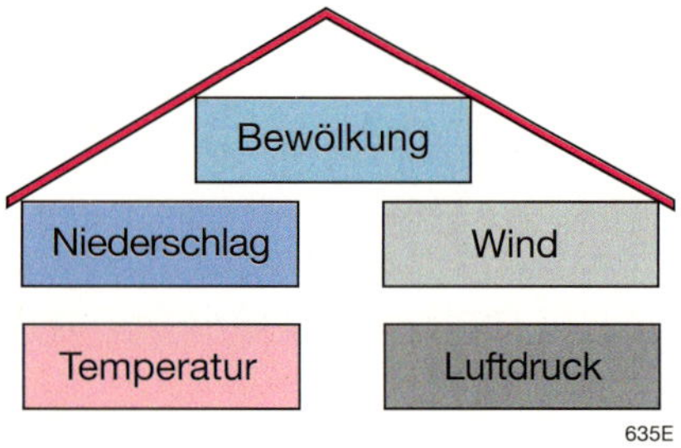

M1 *Die Bausteine des Wetters nennt man „Wetterelemente“.*

Info 1

Wetter
So bezeichnet man das Zusammenwirken der Wetterelemente zu einem bestimmten Zeitpunkt an einem Ort.

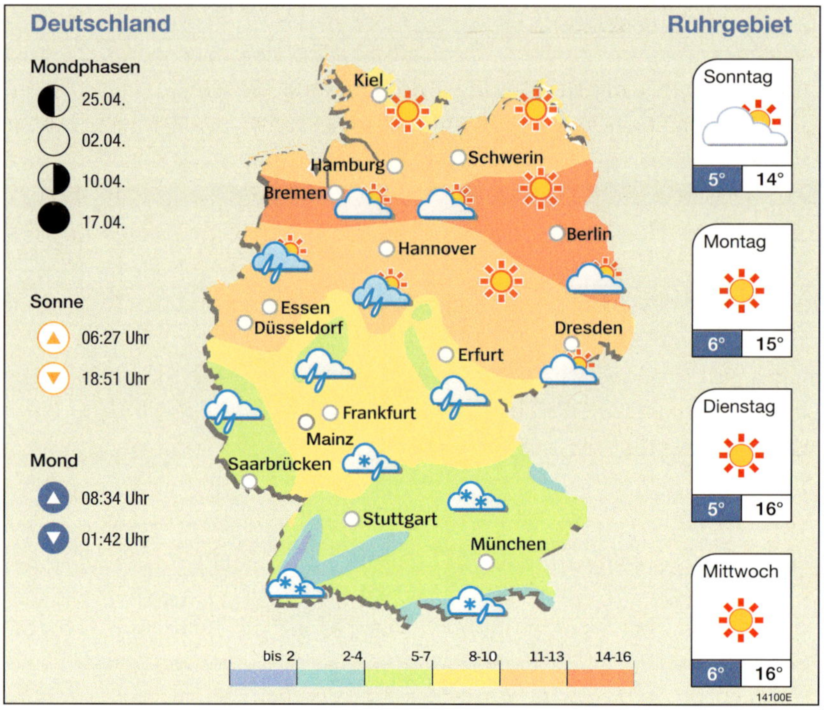

M2 *Aus einer Tageszeitung vom 24.03.2010*

„Heiter bis wolkig, kein Regen!“

Täglich informieren sich Millionen von Menschen über das **Wetter** im Fernsehen, in der Zeitung (M2) oder im Internet. Das Wetter ist ein ganz wichtiger Gesprächsstoff, weil es unser Leben stark beeinflusst. Bei Regenwetter werden zum Beispiel Klassenausflüge oder Geburtstagspartys verschoben und Fußballspiele abgesagt, bei Eis und Schnee kann der Zugverkehr „lahmgelegt“ werden.

Das Wetter kann mehrere Tage hintereinander gleich bleiben. Es kann sich aber auch innerhalb weniger Minuten ändern. Dafür sind die **Wetterelemente** verantwortlich.

M3 *Wetter – Was ist schön, was schlecht?*

Aufgaben

1 a) Ordne folgende Aussagen je einem der Wetterelemente zu (M1):
– „Alles grau in grau heute!“
– „Meine Ohren sind zu!“
b) Schreibe je zwei Sätze auf, die zu den anderen Wetterelementen passen.

2 Werte M2 im Hinblick auf das Wetter in Mainz aus.

3 Nicht alle Menschen sind vom warmen, sonnigen Wetter begeistert. Erkläre (M3).

4 a) Nehmt eine Wettervorhersage im Fernsehen auf (Video). Notiert: Über welche Wetterelemente wurde berichtet? Was wurde dazu gesagt?
b) Berichtet, ob die Wettervorhersage gestimmt hat.

Die Lufttemperatur

„Guten Abend meine Damen und Herren. Morgen dringt warme Luft vom Mittelmeer nach Deutschland vor. Die **Temperaturen** steigen." Wenn in der Wettervorhersage im Fernsehen über die Temperatur berichtet wird, ist damit die Lufttemperatur im Schatten in einer Höhe von zwei Metern über dem Boden gemeint. Das Messinstrument für die Temperatur ist das Thermometer. Es gibt in °C an, wie warm oder wie kalt die Luft ist.

Das Röhrchen eines Thermometers ist mit einer gefärbten Flüssigkeit gefüllt. Wenn es wärmer wird, dehnt sich die Flüssigkeit aus und steigt in dem Röhrchen an. Wird es kälter, zieht sich die Flüssigkeit zusammen und fällt in dem Röhrchen ab.

Info 2

Grad Celsius (°C)

Bei uns in Deutschland wird die Temperatur in Grad Celsius (°C) gemessen. Anders Celsius (1701–1744) war ein schwedischer Wissenschaftler. Er hat das Thermometer in 100 Grad eingeteilt. Bei null Grad gefriert Wasser zu Eis; bei 100 Grad kocht es und wird zu Wasserdampf.

	Mo	Di	Mi	Do	Fr	Sa	So
Temperatur in °C	16	17	20	21	21	19	17
Bewölkung							

M4 *Max hat die Temperatur jeden Tag um 14 Uhr aufgeschrieben. Er hat auch beobachtet, ob es wolkig war oder nicht.*

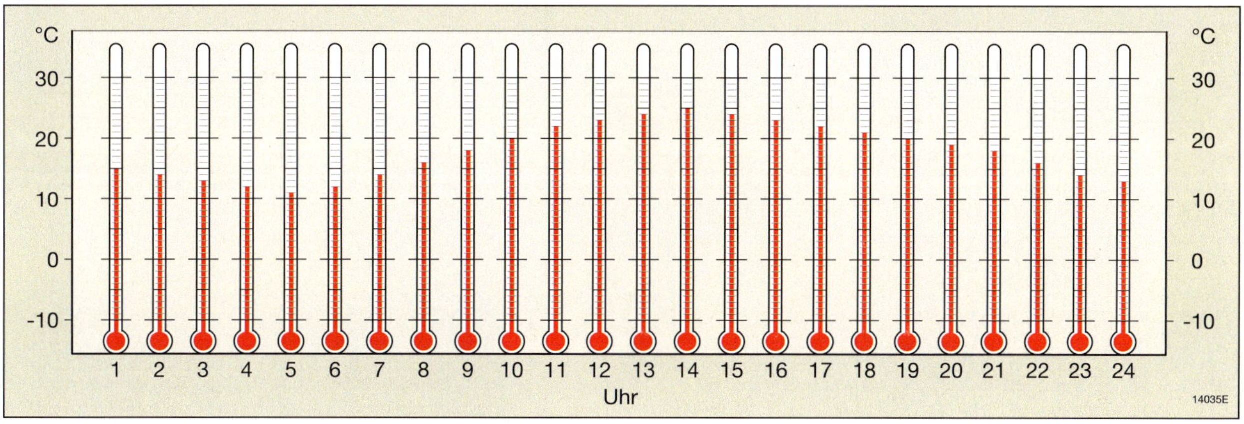

M5 *Lufttemperatur an einem sonnigen Tag*

Aufgaben

5 Testet, ob ihr die Lufttemperatur gut einschätzen könnt.
Geht mit der Klasse auf den Schulhof. Jeder schreibt seinen Namen und die geschätzte Temperatur auf einen Zettel. Benutzt danach ein Thermometer.

6 Lege einen Beobachtungsbogen für eine Woche an (wie in M4). Notiere die Temperatur und die Bewölkung immer zur gleichen Zeit. Schreibe am Ende einen Text über den Verlauf.

7 a) Beschreibe in M5, wie sich die Lufttemperatur im Laufe des Tages verändert hat.
b) Zu welcher Uhrzeit war es am wärmsten, wann war es am kältesten? Gib die Temperaturen an.

Merke
Das Wetter besteht aus mehreren Wetterelementen. Eines davon ist die Temperatur.

Grundbegriffe
- Wetter
- Wetterelement
- Temperatur

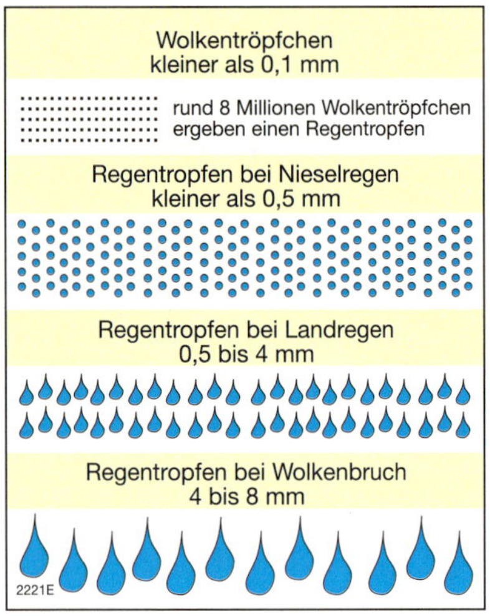

M1 *So groß sind Wassertropfen in der Luft.*

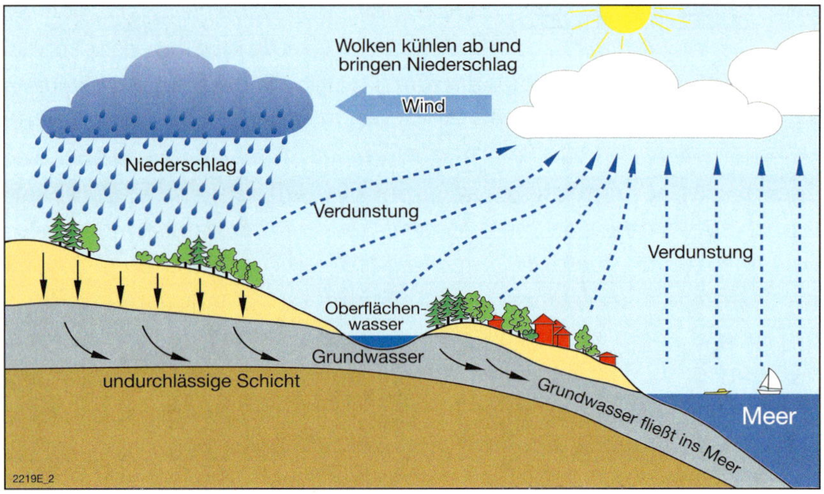

M2 *Der Kreislauf des Wassers*

Aus Wasserdampf wird Regen

Typisches „Aprilwetter“: Nadine ist pitschnass geworden, weil sie keinen Schirm mitgenommen hatte. Auf der Straße stehen große Pfützen. Doch dann hört es auf zu regnen und die Sonne scheint wieder. Nach wenigen Stunden ist keine Pfütze mehr zu sehen. Das Wasser ist verdunstet.

Wenn Wasser verdunstet, entsteht Wasserdampf. Er steigt mit warmer Luft nach oben.

Auf dem Weg in die höheren Luftschichten kühlt die Luft ab, denn in der Höhe ist es kälter als am Boden. Aus dem Wasserdampf bilden sich nun kleine Wassertröpfchen. Diesen Vorgang nennt man **Kondensation**.

Durch Kondensation entstehen Wolken. In einer Wolke vergrößern sich die Wassertropfen. Sie werden immer schwerer. Schließlich fallen sie zur Erde: Es regnet! Es fällt **Niederschlag**.

Aufgaben

1 Erkläre den Wasserkreislauf (M2).

2 Übertrage das folgende Schaubild in deine Mappe oder dein Heft und benenne die Niederschlagsarten A bis F mithilfe von M3.

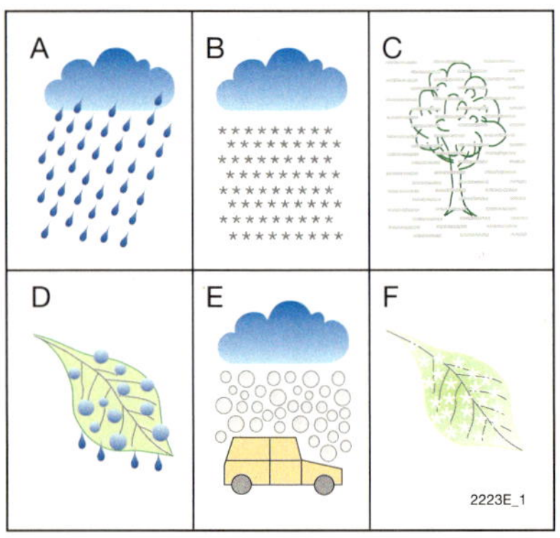

M3 *Es gibt verschiedene Arten von Niederschlag.*

M4 *Wolken verraten viel über das Wetter.*

Material: leere Flasche, Trichter (Durchmesser: 16 cm), Sprudelkiste, Knete, Messglas.
Durchführung: Flasche in die Kiste stellen, Trichter bis zum Hals in die Flasche stecken und in Höhe der Flaschenöffnung mit Knete gut verschließen. Kiste auf dem Schulhof aufstellen.
Hinweise: Niederschläge jeden Tag zur gleichen Zeit messen (z.B. in der großen Pause): Dafür Niederschläge in das Messglas füllen und Menge in Millimeter notieren.

M5 *So könnt ihr die Niederschläge messen.*

Wenn die Sonne scheint sehr bleich, ist die Luft an Regen reich.

Wenn der Himmel gezupfter Wolle gleicht, das schöne Wetter bald dem Regen weicht.

Wenn Schäfchenwolken am Himmel stehen, kann man ohne Schirm spazieren gehen.

M6 *Bauernregeln; sie wurden nach langjährigen Wetterbeobachtungen aufgestellt.*

Aufgaben

3 a) Beschreibe die Form und Farbe der Wolken in M4.
b) Welche Bauernregeln (M6) passen zu welchen Wolkenformen? Erkläre.

4 Fotografiere Wolken am Himmel und beobachte, wie sich das Wetter entwickelt. Schreibe deine Beobachtungen auf und klebe die Fotos dazu.

5 Messt die Niederschläge mindestens eine Woche lang. Legt einen Beobachtungsbogen an (ähnlich M4 Seite 121).

Merke
Wolken entstehen durch Kondensation. Sie bestehen aus Wassertröpfchen. Niederschlag fällt, wenn die Tröpfchen zu schwer sind.
Es gibt verschiedene Wolkenformen.

Grundbegriffe
- Kondensation
- Niederschlag

M1 *Das Barometer (Luftdruckmesser)*

Luft – so leicht wie eine Feder?

Unsere Erde ist von einer rund 1000 km mächtigen Lufthülle umgeben. Diese wird **Atmosphäre** genannt. Die Luft ist ein unsichtbares Gas. Sie besteht aus winzig kleinen Teilchen, den Luftmolekülen. Eine Billion (eine 1 mit zwölf Nullen) Luftmoleküle hätten in einem Stecknadelkopf Platz.

Jedes Luftmolekül hat ein Gewicht. Alle Luftmoleküle, das heißt die Luft, drücken mit ihrem Gewicht auf die Erdoberfläche. Den **Luftdruck** spüren wir Menschen normalerweise nicht.

Info

Luftdruck

Der Luftdruck ist das Gewicht der Luft. Es wird der Druck der Luftsäule auf 1 m^2 der Erdoberfläche gemessen. Als Messinstrument nutzt man das Barometer. Die Maßeinheit ist Hektopascal (hPa). „h" steht für „hundert", „Pa" ist die Abkürzung für „Pascal", den Familiennamen des französischen Wissenschaftlers Blaise Pascal (1623–1662).

Auf Höhe des Meeresspiegels beträgt der mittlere Luftdruck 1013 Gramm oder 1013 hPa.

Aufgaben

1 a) Lege dir einen Beobachtungsbogen zum Eintragen des Luftdrucks an.
Lies eine Woche lang jeden Tag zur gleichen Zeit den Luftdruck auf einem Barometer ab (M1). Notiere auch jedes Mal, wie das Wetter ist (z. B. schön, trüb, regnerisch).
b) Werte den Beobachtungsbogen aus. Wie war das Wetter bei hohem Luftdruck, wie bei niedrigem Luftdruck?

2 Bestimme die Windstärke in M6 mithilfe von M4.

3 Bei uns in Deutschland herrschen Westwinde vor. Überprüfe diese Aussage (M5).

M3 *Wetter bei hohem Luftdruck (Hochdruckwetter)*

Material: Dünner Stab, zwei Luftballons, Schnur, breiter Tesafilm, Nadel, Schere.

Durchführung: Schnur in der Mitte des Stabes festbinden.
Luftballons aufblasen; beide sollen gleich groß sein. Je einen Ballon an einem Ende des Stabes festkleben. Auf einen Luftballon einen drei Zentimeter langen Streifen Tesafilm aufkleben. An der Schnur den Stab hochheben. Der Stab mit den Luftballons soll waagerecht hängen.
Mit der Nadel vorsichtig durch den Tesafilmstreifen stechen. Der Klebestreifen verhindert, dass der Ballon platzt.

Hinweise zur Auswertung: Beobachtet die Luftballons, während die Luft aus einem Ballon entweicht. Erklärt eure Beobachtungen.

M2 *Versuch zum Thema „Luft"*

Manchmal mehr als bloß ein Lüftchen

Der Luftdruck auf der Erde ändert sich laufend. Es gibt hohen Luftdruck (Hoch: H) und niedrigen Luftdruck (Tief: T). Luftdruckunterschiede in der Atmosphäre machen sich als **Wind** bemerkbar. Stürme und Orkane sind besonders starke Winde. Einzelne Orkane fegen mit Geschwindigkeiten von über 200 km/h über das Land und richten oft große Schäden an. 2008 kam im Westerwald bei dem Orkan Emma ein Mensch ums Leben. Er wurde von einem entwurzelten Baum erschlagen.

M6 *Bei Wissen im Westerwald 2008*

Woher weht der Wind?

Ein Wind wird nach der Himmelsrichtung benannt, ***aus*** der er weht. Weht ein Wind aus dem Westen, nennt man ihn Westwind. Ein Ostwind kommt aus dem Osten.

Mit einer Windfahne und einem Kompass kannst du feststellen, aus welcher Himmelsrichtung der Wind weht. Probiere die Windfahne (M5) auf einem freien Platz aus. Denn Häuser, Mauern und Bäume verändern die Windrichtung.

Windstärke	Bezeichnung	Windgeschwindigkeit in Kilometer pro Stunde (km/h)	Auswirkungen
0	Windstille	0 bis 0,7	Rauch steigt senkrecht auf.
1	Zug	0,8 bis 5,4	Rauch wird leicht getrieben.
2–5	Brise	5,5 bis 38,5	Größere Zweige bewegen sich, Staub und Papier wird aufgewirbelt, kleine Laubbäume schwanken.
6–8	Wind	38,6 bis 74,5	Äste oder Bäume bewegen sich, Zweige werden abgerissen, Regenschirm schwierig zu benutzen.
9–11	Sturm	74,6 bis 117,4	Schäden an Häusern, Bäume werden entwurzelt.
12–17	Orkan	117,5 und mehr	Verwüstungen

M4 *Übersicht zur Windstärke*

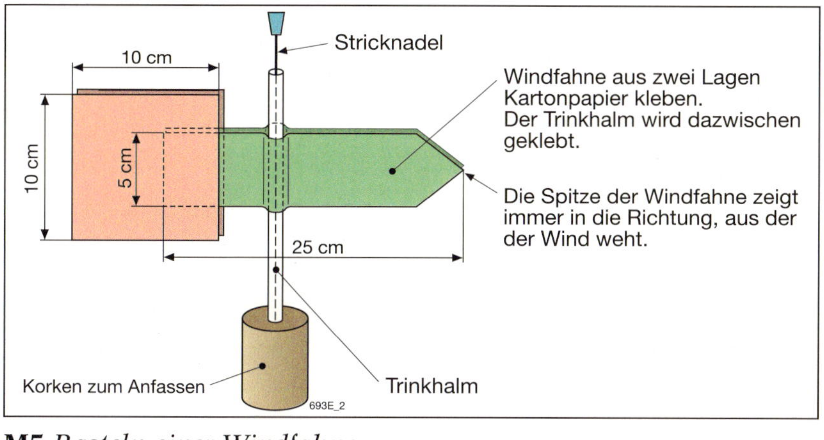

M5 *Basteln einer Windfahne*

Aufgabe

4 Blase einen Luftballon auf und halte die Öffnung des Ballons zu. Im Ballon sind nun viele Luftmoleküle. Der Luftdruck im Luftballon ist hoch. Im Ballon herrscht ein Hoch. Um den Ballon herum ist der Luftdruck niedriger. Es herrscht ein Tief.
Lass die Luft aus dem Ballon langsam heraus.
Ergänze nun folgenden Merksatz: „Der Wind weht vom … zum …"

Merke
Luftdruck und Wind sind zwei wichtige Wetterelemente.
Der Wind wird nach der Himmelsrichtung benannt, aus der er weht. Den Luftdruck misst man in hPa.

Grundbegriffe
- Atmosphäre
- Luftdruck
- Wind

Gewusst wie

Klimadiagramme lesen

Info 1

Klima
Das Zusammenwirken von Temperatur, Niederschlag, Bewölkung, Wind und Luftdruck über einen längeren Zeitraum nennt man Klima.
Das Klima eines Ortes ergibt sich aus den langjährigen Durchschnittswerten der Wetterelemente.

Das Klima

Wetter- und Klimakundler (Meteorologen) messen Temperaturen und Niederschläge und berechnen die Mittelwerte (siehe Info). Diese Mittelwerte für einen Zeitraum von mindestens 30 Jahren geben Auskunft über das **Klima** eines Ortes. Sie werden in einem **Klimadiagramm** dargestellt.

Die Temperaturkurve

Die Temperaturen der einzelnen Monate stellt man zeichnerisch als Temperaturkurve (rot) dar. Dazu muss man zunächst die Tagesmittel aller Tage eines Monats in Grad Celsius (°C) und daraus dann das Monatsmittel errechnen. Mithilfe der Monatsmittel wird die Jahresmitteltemperatur errechnet.

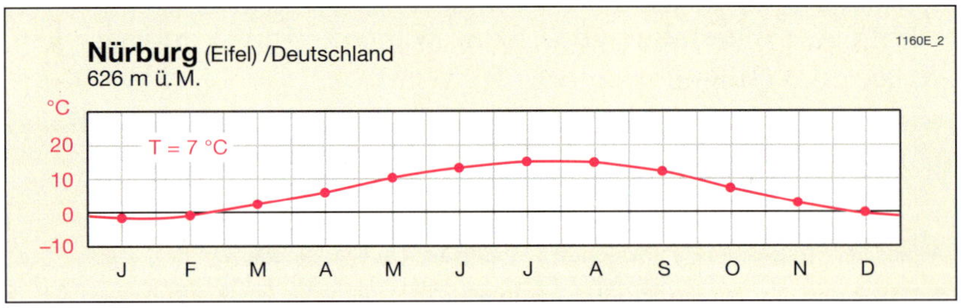

M1 *Temperaturkurve der Klimastation „Nürburg"*

Die Niederschlagssäulen

Bei den Niederschlägen zählt man die Niederschlagsmengen aller Tage eines Monats zusammen. Dann erhält man den Monatsniederschlag in Millimetern. (Man teilt nicht durch die Zahl der Tage eines Monats!) Die Monatsniederschläge zeichnet man als Niederschlagssäulen (blau).

Die Niederschlagsmengen der zwölf Monate eines Jahres ergeben zusammengezählt den Jahresniederschlag.

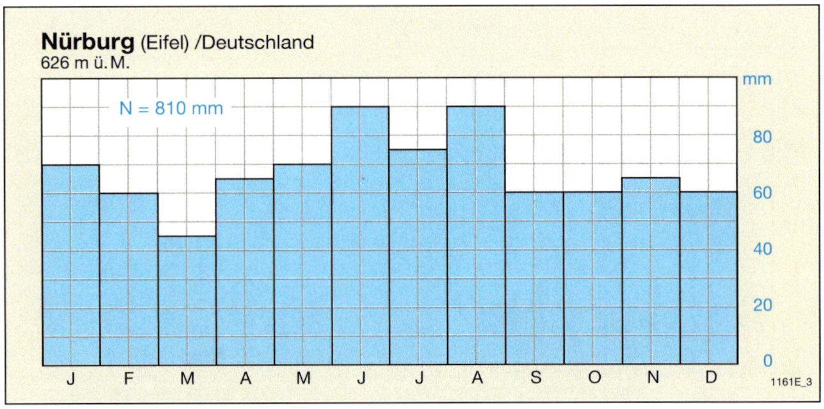

M2 *Niederschlagssäulen der Klimastation „Nürburg"*

Info 2

Wie errechnet man Mitteltemperaturen?
Tagesmittel: Meteorologen messen stündlich die Temperatur. Sie addieren die Messwerte und teilen die errechnete Zahl durch 24, denn ein Tag hat 24 Stunden. So erhalten sie das Tagesmittel der Temperatur.

Monatsmittel: Aus den Tagesmitteln errechnet man das Monatsmittel. Zuerst zählt man alle Tagesmitteltemperaturen eines Monats zusammen. Danach teilt man die Zahl durch die Anzahl der Tage des Monats (31, 30, 28 oder 29).

Jahresmittel: Aus den zwölf Monatsmitteln errechnet man das Jahresmittel. Zuerst zählt man alle Monatsmitteltemperaturen zusammen. Danach teilt man die Zahl durch die Anzahl der Monate (12).

So liest du die Temperaturkurve

a) Beginne mit dem Januar (J). Lege deinen Finger auf den Buchstaben J (Januar).

b) Fahre mit dem Finger senkrecht nach oben, bis du auf die Kurve triffst.

c) Lies die Zahl waagerecht am linken Rand ungefähr ab (→ Monatsmittel für den Januar).

d) Tue dasselbe bei den übrigen Monaten.

e) Lies die Jahresmitteltemperatur ab (rote Zahl oben links im Diagramm).

So liest du die Niederschlagssäulen

a) Beginne mit dem Januar (J). Lege deinen Finger auf den Buchstaben J (Januar).

b) Fahre mit dem Finger senkrecht nach oben, bis du an das obere Ende der Säule gelangst.

c) Lies die Zahl waagerecht am rechten Rand ungefähr ab (→ Monatsniederschlag Januar).

d) Tue dasselbe bei den übrigen Monaten.

e) Lies den Jahresniederschlag ab (blaue Zahl oben links im Diagramm).

Das Klimadiagramm

In einem Klimadiagramm sind die Temperaturkurve und die Niederschlagssäulen zusammen eingezeichnet. Mithilfe des Klimadiagramms kannst du zum Beispiel folgende Fragen beantworten:
- Welches ist der wärmste, welches ist der kälteste Monat im Jahr?
- Wie viele Niederschläge fallen in den einzelnen Monaten?
- Wie hoch ist die Jahresmitteltemperatur und wie viele Niederschläge fallen im Durchschnitt in einem Jahr?

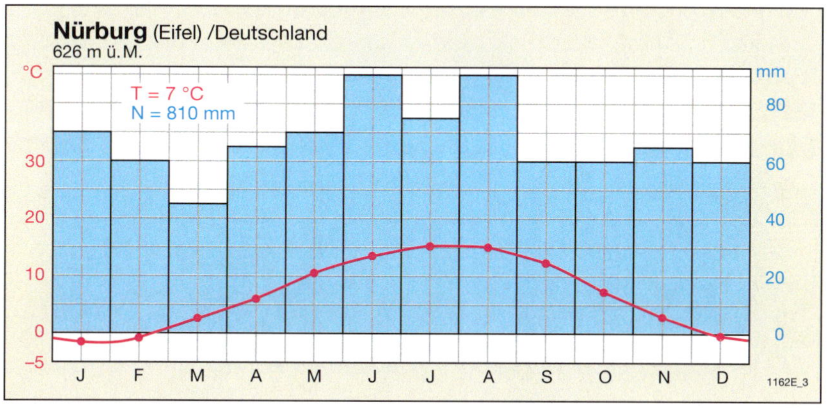

M3 *Klimadiagramm der Klimastation „Nürburg"*

M4

Aufgaben

1 Berechne auf Seite 121 M5 das Tagesmittel der Lufttemperatur.

2 Erkläre, wie das Jahresmittel der Temperatur für 30 Jahre errechnet wird.

3 a) Welcher Monat ist der wärmste in Nürburg (M3)?
b) Wie hoch ist ungefähr die Mitteltemperatur dieses Monats (M3)?

4 a) Wie viel Millimeter Niederschlag fallen im Durchschnitt im Monat Mai in Nürburg (M3)?
b) In welchem Monat fallen die meisten Niederschläge (M3)?

Merke
Ein Klimadiagramm informiert über die Temperaturen und die Niederschläge im langjährigen Mittel, in der Regel 30 Jahre.

Grundbegriffe
- Klima
- Klimadiagramm

Temperaturmessung früher

M1 *Galileo Galilei stellt 1596 sein Thermoskop auf einer Sitzung der Akademie der Wissenschaften in Florenz vor (Wandmalerei in Florenz).*

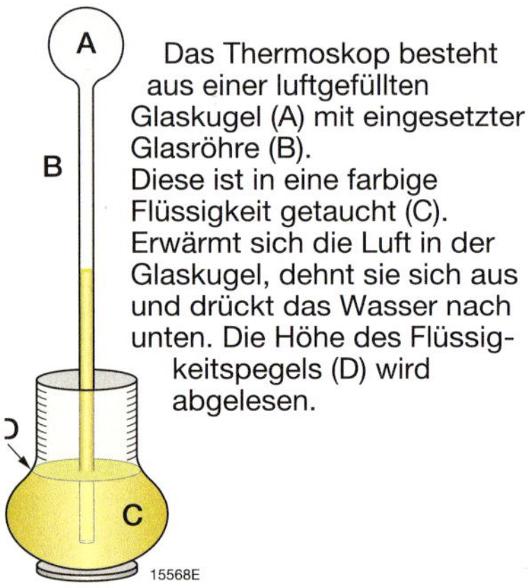

M2 *So funktioniert ein Thermoskop.*

M3 *Thermoskop mit spiralförmiger Steigröhre (17. Jh.)*

Schon kleine Kinder können zwischen warm und kalt unterscheiden. Der Mensch hat aber nicht die Fähigkeit, einem Gegenstand genaue Temperaturwerte zuzuordnen. Die Abschätzung einer Temperatur ändert sich deutlich bei unterschiedlichen Temperaturen der Umgebung. So werden 20 °C im Sommer als kühl empfunden, in den kalten Wintermonaten jedoch eher als warm.
Um ein Gerät zur eindeutigen Messung von Temperaturen zu entwickeln, nutzte der Mensch die Eigenschaften von Gasen und Flüssigkeiten, sich je nach Temperatur auszudehnen oder zusammenzuziehen. Als Vorläufer des heutigen Thermometers gilt das **Thermoskop**.
Die erste Beschreibung eines solchen Geräts stammt aus dem Jahr 1593. Damals beschrieb der Gelehrte Galileo Galilei in Padua einen von ihm erfundenen Apparat, der Temperaturveränderungen anzeigte (M2): „Wenn sich die Luft in der Kugel durch die Kälte zusammenzieht, steigt der Wein in der Röhre, um den Platz der Leere zu ersetzen. Und wenn die Luft erwärmt wird, verdünnt sie sich und nimmt mehr Raum ein, sodass sie hinausstreben will und den Wein hinunterdrückt. Daraus folgt, dass Kälte nichts anderes als die Abwesenheit der Wärme ist."
Eine Messung der Temperatur war mit diesem Thermoskop noch nicht möglich, auch wenn es bereits eine Skala besaß.
Im Laufe der Jahrhunderte wurde die Technik verbessert. So war die über einen Meter lange Glasröhre unpraktisch und zerbrechlich. Daher wurde sie zu einer Spirale weiterentwickelt (M3).
Bis es ein industriell gefertigtes Temperatur-Messgerät gab, vergingen 250 Jahre.

M4 *Das Thermoskop – ein Vorläufer des Thermometers*

Um auf einem Thermometer die Temperatur ablesen zu können, braucht man eine Temperaturskala. Man entwickelt sie mithilfe von Fixpunkten, deren Temperatur eindeutig zu bestimmen ist. Die Wahl dieser Fixpunkte ist willkürlich. Der Zwischenraum wird dann in gleiche Teile geteilt, um eine Messskala zu erhalten.
Eine der ersten Temperaturskalen wurde von Daniel Gabriel Fahrenheit im 18. Jahrhundert entwickelt. Die Fahrenheit-Skala wird bis heute im englischsprachigen Raum benutzt. Wenn Bekannte aus den USA zurückkommen und von angenehmen Temperaturen um die 90° erzählen, brauchen wir uns nicht zu wundern. Den Nullpunkt legte Fahrenheit auf die tiefste von ihm erzeugbare Temperatur. Er erreichte sie mit einem Gemisch aus Eis, Wasser und Salz. (0 °F entspricht –17,78 °C). Zudem verwendete er als Fixpunkte den Schmelzpunkt des Eises und die Wärme des gesunden menschlichen Körpers (37 °C).

M5 *Die Temperaturskala nach Fahrenheit*

Bei uns werden üblicherweise Thermometer verwendet, die eine Temperaturskala in Grad Celsius haben.
Anders Celsius (siehe Seite 121 Info 2) hat die 100 Grad-Einteilung unseres Thermometers entwickelt. Er benutzte zur Ausdehnung Quecksilber. Als Fixpunkte wählte er den Siedepunkt und den Gefrierpunkt von Wasser. Die Strecke dazwischen teilte er in 100 Teile. Allerdings bezeichnete er den Siedepunkt als Nullpunkt und gab den Gefrierpunkt mit 100 an.
Erst seine Nachfolger drehten die Skala um. Von da an lagen der Gefrierpunkt des Wassers bei 0 °C und der Siedepunkt bei 100 °C. Vereinfacht können mit dem Faktor 2,8 aus Fahrenheit-Temperaturen Celsius-Temperaturen gemacht werden. Hier ein Beispiel:
90 °F : 2,8 ≙ 32 °C bzw. 32°C x 2,8 ≙ 90 °F.

M6 *Die Grundlage unserer Temperaturmessung*

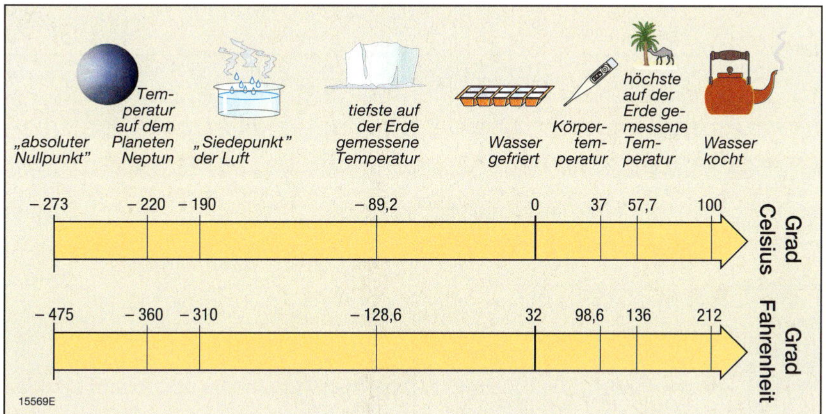

M7 *Vergleich der Temperaturskalen von Fahrenheit und Celsius*

Aufgaben

1 Erläutere den Unterschied zwischen einem Thermoskop und einem Thermometer.

2 Erörtere die Vor- und Nachteile der Temperaturskalen von Fahrenheit und Celsius.

3 Verfasse mithilfe des Internets kurze Lebensläufe von:
a) Anders Celsius,
b) Daniel Gabriel Fahrenheit.

4 Erarbeite einen Text über die Geschichte des Thermometers (www.thermometermuseum.de).

Fixpunkte bei Celsius sind der Siede- und der Gefrierpunkt von Wasser. Im Verlauf der Jahrhunderte gab es viele solcher Fixpunkte. So wurde zum Beispiel 1695 ein niederländisches Temperatur-Messgerät in 15 Grad unterteilt. 0 Grad: Temperatur in einem sehr tiefen Keller; 15 Grad: wenn Butter in der Sonne zu schmelzen beginnt.

M8 *Verschiedene Fixpunkte*

Merke
Thermoskope dienten zur Erfassung von Temperaturänderungen. Erst die Erfindung des Thermometers mit einer genauen Skaleneinteilung durch Fahrenheit und Celsius ermöglichte die genaue Messung der Temperatur.

Grundbegriffe
- Thermoskop
- Fixpunkt

Klimazonen im Überblick

Aufgaben

1 a) Beschreibe die Landschaften (M2–M5). Verwende dabei folgende Wörter: kalt, warm, trocken, gemäßigt, hohe Niederschläge.
b) Ordne die Landschaftsbilder (M2–M5) mithilfe von M1 einzelnen Klimazonen zu.

2 a) Die Klimadiagramme (M6–M9) passen zu den Fotos (M2–M5). Ordne zu.
b) Begründe deine Zuordnung.

Merke
Auf der Nord- und Südhalbkugel gibt es Zonen mit ähnlichem Klima.

Grundbegriff
• Klimazone

Kalt, warm, gemäßigt

Temperatur und Niederschlag sind die Hauptmerkmale des Klimas. Landschaften mit einem ähnlichen Klima werden zu einer **Klimazone** zusammengefasst. Auf der Erde gibt es mehrere Klimazonen.

In den Polarzonen ist es das ganze Jahr über kalt. Der Niederschlag fällt meistens als Schnee. Die Polarzonen werden ungefähr von den Polarkreisen sowie dem Nordpol und Südpol begrenzt.

In den gemäßigten Zonen ist es nicht so kalt wie in den Polarzonen und nicht so warm wie in der tropischen Zone. Die Temperaturen sind gemäßigt. Das ganze Jahr fallen Niederschläge. Die gemäßigten Zonen liegen zwischen der tropischen Zone und den Polarzonen.

In der tropischen Zone ist es das ganze Jahr über warm. Es fallen hohe Niederschläge. Die Zone liegt am Äquator. Sie reicht etwa vom nördlichen bis zum südlichen Wendekreis.

Außer diesen drei Klimazonen gibt es Übergangszonen mit der Vorsilbe „sub“: die Subpolarzone und die subtropische Zone.

Die Klimazonen ziehen sich wie Gürtel um die Erde. Sie folgen aber nicht genau den Breitenkreisen. Das liegt zum Beispiel an den kalten und warmen Meeresströmungen, die das Klima beeinflussen.

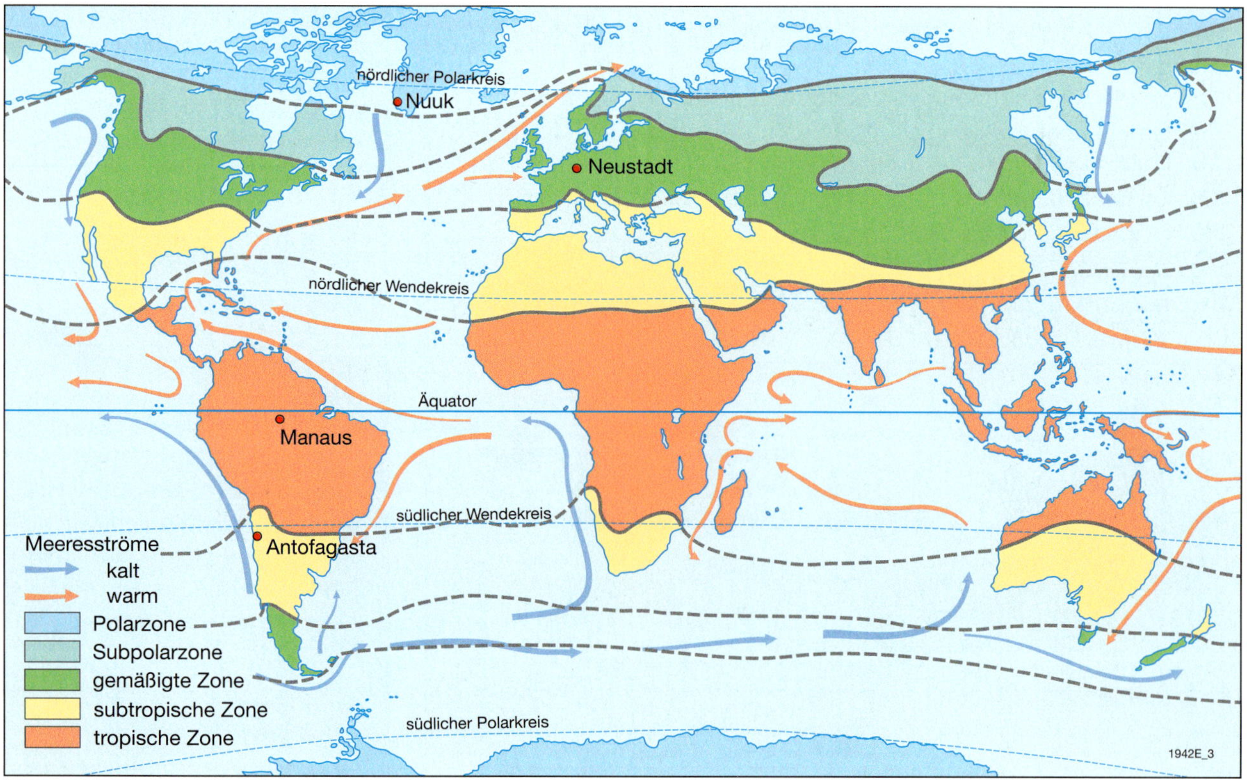

M1 *Klimazonen auf der Erde*

M2 *In Grönland*

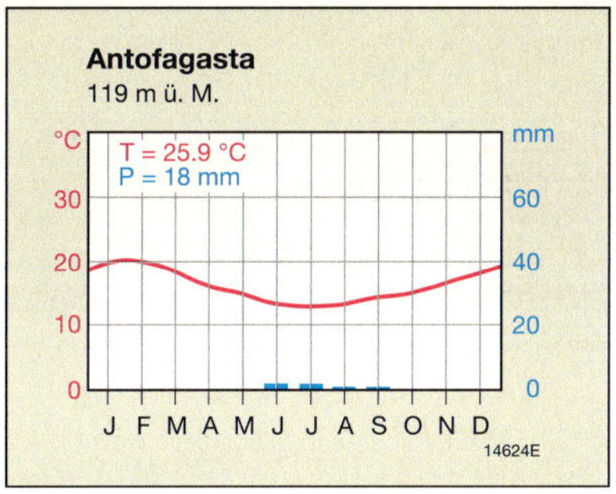

M6

M3 *An der Weinstraße*

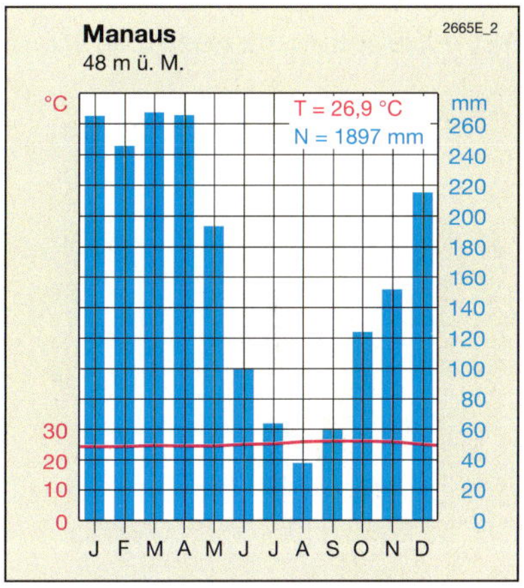

M7

M4 *In der Atacama*

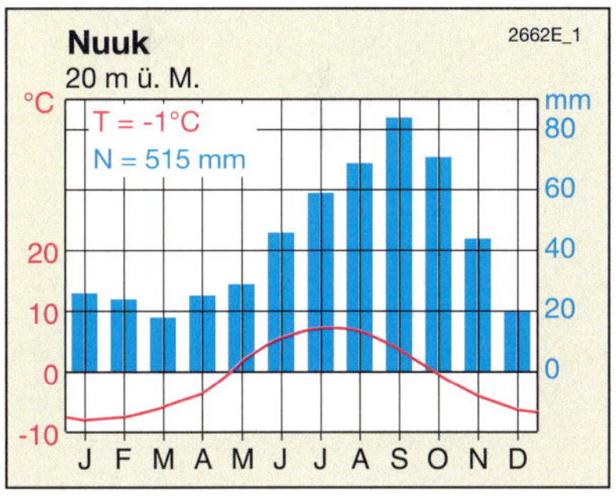

M8

M5 *Am Amazonas*

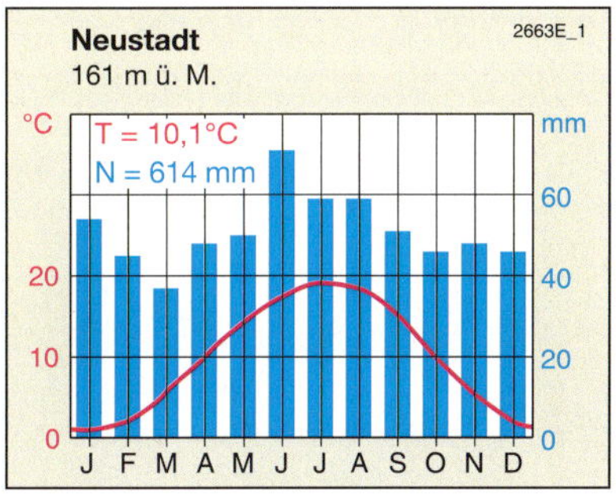

M9

Klima und Vegetation ergänzen sich

Klimazone	Polarzone (kalte Zone)	Subpolarzone (kalte Zone)	gemäßigte Zone	
Vegetationszone	polare Kältewüste und Tundra	nördlicher Nadelwald (in Russland Taiga genannt)	sommergrüner Laub- und Mischwald	Steppe Grasland
Pflanzendecke 1943E				

M1 *Das Klima beeinflusst die Pflanzendecke.*

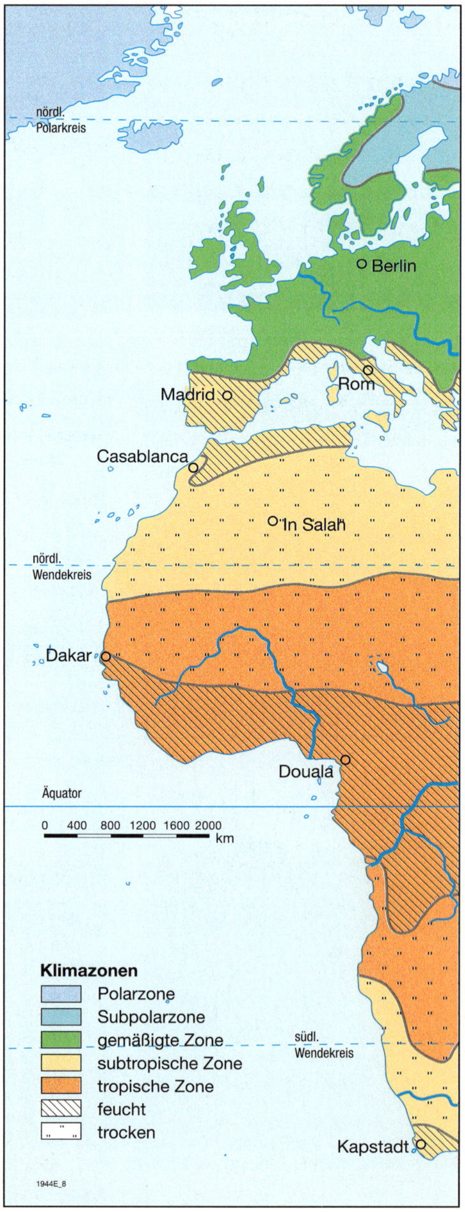

M2 *Klimazonenkarte und Vegetationszonenkarte* ▷

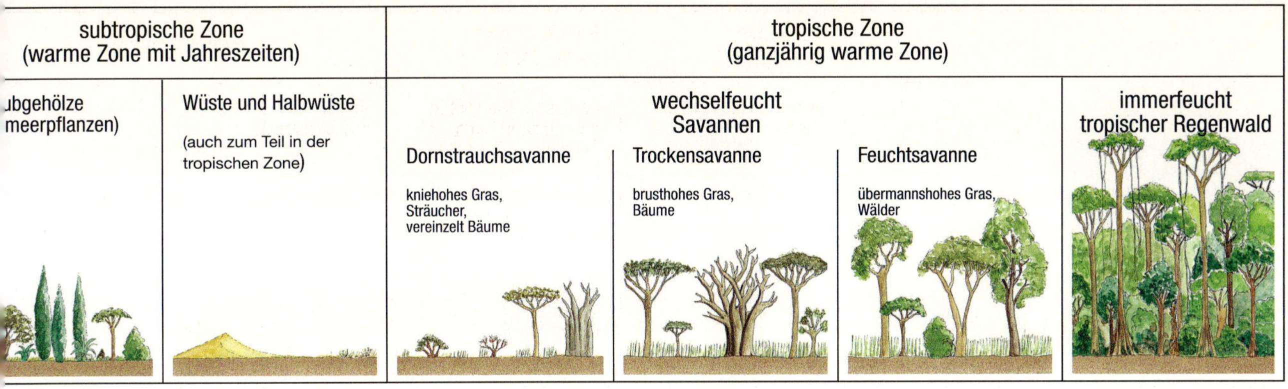

Unterschiedliches Klima – verschiedene Pflanzen

In den Wäldern der gemäßigten Zone wachsen Laubbäume, wie zum Beispiel Buchen oder Eichen. Diese Bäume könnten in anderen Klimazonen nicht überleben. In der Polarzone wäre es für Laubbäume zu kalt und sie würden erfrieren. In der subtropischen Zone wäre es zu heiß und in den Wüsten vor allem zu trocken. Auch das warme und feuchte tropische Klima vertragen die Bäume und andere Pflanzen der gemäßigten Zone nicht.

In den Klimazonen der Erde wachsen verschiedene Pflanzen, die sich an das jeweilige Klima angepasst haben. Daher gibt es entsprechend den Klimazonen auch verschiedene **Vegetationszonen** auf der Erde.

M3 *Bilder aus zwei Vegetationszonen*

Aufgaben

1 Ordne die Vegetationszonen (M2 rechte Karte) den Klimazonen (M2 linke Karte) zu.

2 Beschreibe, wie sich die Pflanzendecke (Vegetation) von Nordeuropa bis nach Südafrika verändert (M1, M2 rechte Karte).

3 Lokalisiere, in welcher Klimazone und in welcher Vegetationszone die folgenden Länder liegen: Portugal, Schweden, Namibia, Deutschland, Tschad (M2, Atlas).

4 Ordne die beiden Fotos in M3 den passenden Vegetationszonen (M1) zu.

Merke
Die Vegetation (Pflanzenwelt) hat sich den jeweiligen Klimabedingungen auf der Erde angepasst. Die Vegetationszonen entsprechen den Klimazonen.

Grundbegriff
- Vegetationszone

Unsere Lufthülle – vielfach belastet

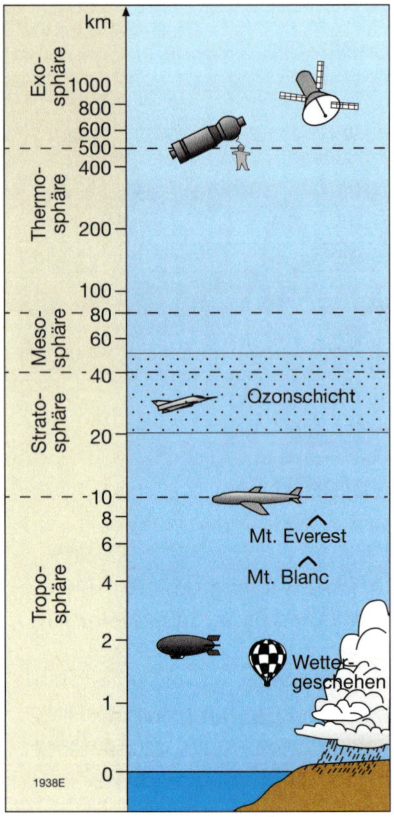

M1 *Aufbau der Atmosphäre*

Melbourne, 30. September 2009: Fast alle Australier schauen sich jetzt jeden Tag den Wetterbericht im Fernsehen an. Darin wird bis Ende November gezeigt, wie stark die Sonneneinstrahlung am nächsten Tag ist. Dann weiß jeder, wie stark er sich vor der Sonne schützen muss. Sonnencremes mit dem Lichtschutzfaktor 20 gehören schon lange zum Gepäck der Schulkinder. Cremes mit dem Schutzfaktor 45 gibt es auf Rezept. Viele Menschen befolgen den Rat der Meteorologen und Ärzte: „Between eleven and three slip under a tree."

M2 *Wenn die Sonne zum Feind wird*

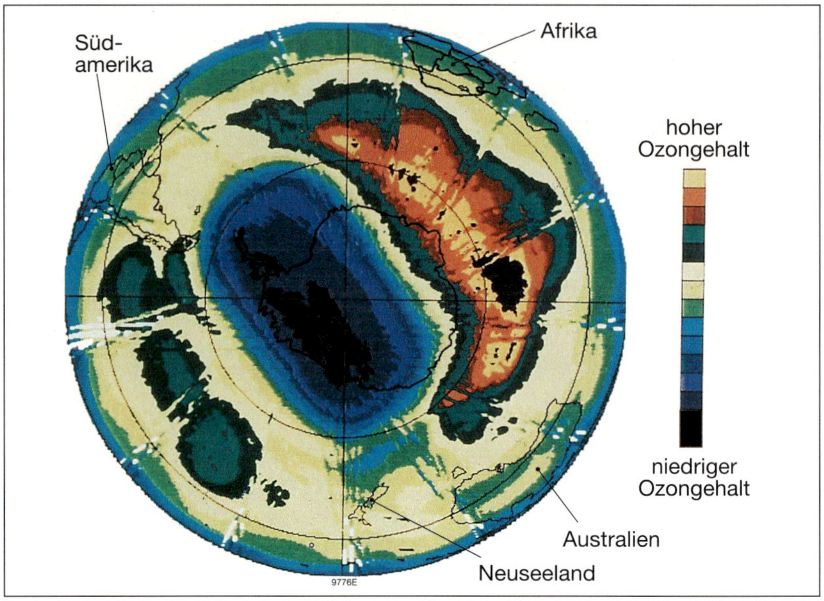

M3 *Satellitenbild von der Südhalbkugel der Erde: Über der Antarktis ist die Ozonschicht von September bis November sehr dünn (schwarzer und blauer Bereich). Dieses Ozonloch war im Jahr 2009 rund 28000000 km² groß (zum Vergleich Rheinland-Pfalz: 19800 km²).*

„Ozonschicht dünner als je zuvor – Gefahr für die Menschheit"

Diese Schlagzeile konnte man erstmals im Oktober 1985 in vielen Tageszeitungen lesen. Forscher einer britischen Antarktis-Station hatten Unglaubliches entdeckt: Über der Antarktis war die **Ozonschicht** an manchen Stellen nur noch wenige Kilometer dick. Warum ist das problematisch? Die Ozonschicht umspannt in 20 bis 50 km Höhe die Erde. Sie ist eine Schutzhülle. Sie „schluckt" den größten Teil der ultravioletten Sonnenstrahlung (UV-Strahlung), die für die Menschen, Tiere und Pflanzen schädlich sein kann. Dünnt die Ozonschicht aus, verliert sie an Wirkung. Je dünner sie ist, umso mehr UV-Strahlen gelangen bis zur Erdoberfläche.

M4 *Plakat in Melbourne (Australien): „Ich lasse mich nicht braten."*

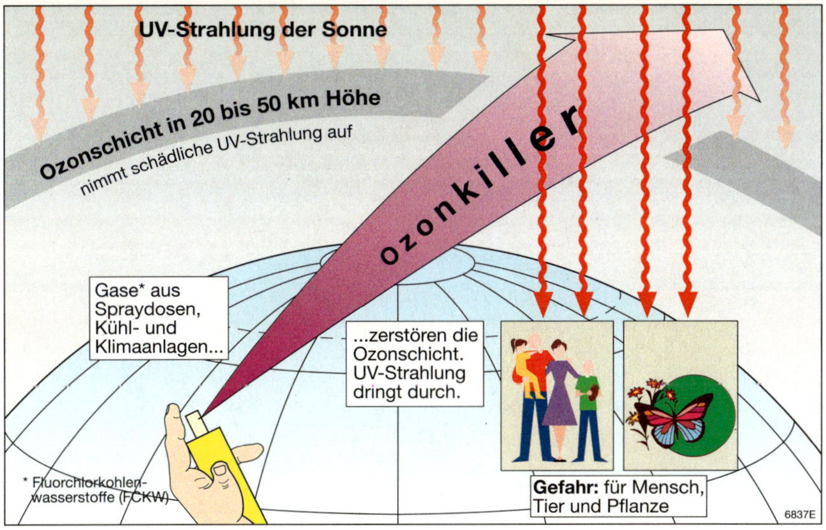

M5 *Zerstörung der Ozonschicht*

Die Ozonschicht – Schutzschild in Gefahr

Hauptverursacher des **Ozonlochs** sind die vom Menschen freigesetzten Fluor-Chlor-Kohlenwasserstoffe (FCKW). Das sind Gase, die zum Beispiel als Treibmittel in Spraydosen oder als Reinigungsmittel für Textilien verwendet werden.

Gelangen FCKW in die Atmosphäre, steigen sie langsam bis zur Ozonschicht auf. Dazu brauchen sie mindestens 10 bis 20 Jahre. Sind die FCKW in der Ozonschicht angelangt, zerstören sie das Ozon. Ihre zerstörerische Wirkung ist bei niedrigen Temperaturen größer als bei höheren Temperaturen.

Klimatologen haben festgestellt, dass ein Anstieg der Temperatur in der Troposphäre (Treibhauseffekt) zu einer Abkühlung der Ozonschicht führt. Sie fordern deshalb, dass der Ausstoß von Treibhausgasen so schnell wie möglich verringert wird.

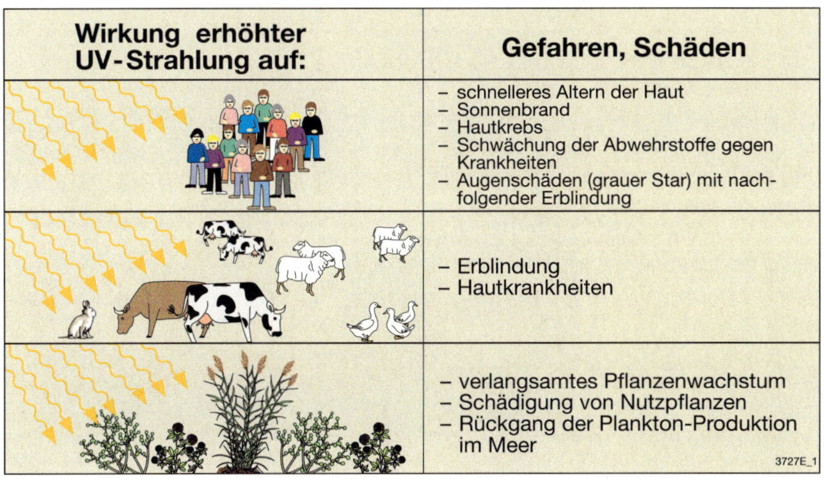

M6 *Gefahren der UV-Strahlung für Menschen, Tiere und Pflanzen*

Jahr	FCKW-Menge
1968	1,3 Mio. t
1978	5,2 Mio. t
1988	13,3 Mio. t
1998	19,1 Mio. t
2008	16,9 Mio. t
2038*	12,8 Mio. t
2298*	1,1 Mio. t

M7 *FCKW-Menge in der Atmosphäre (*Schätzung)*

Aufgaben

1 Die Ozonschicht ist ein Schutzschild. Erkläre (M1, M5).

2 Erläutere, warum die Sonne in Australien für einige Monate im Jahr zum „Feind" wird (M2–M4).

3 Auch über der Nordhalbkugel der Erde wurde ein Ozonloch entdeckt. Über Deutschland ist der Ozongehalt um 15 % niedriger als noch vor Jahren. Entwirf ein Plakat mit Hinweisen auf mögliche Gefahren und Schäden der UV-Strahlung (M6).

4 Inzwischen ist die Produktion von FCKW auf der Erde weitgehend verboten. Trotzdem bleibt die UV-Strahlung für lange Zeit eine Gefahr. Erläutere (M7).

Merke
Die Ozonschicht umspannt die Erde in 20–50 km Höhe. Sie hält die für Menschen und Tiere schädliche UV-Strahlung der Sonne zurück. Forscher haben ein Ozonloch festgestellt. Ursache sind FCKW.

Grundbegriffe
- Ozonschicht
- Ozonloch

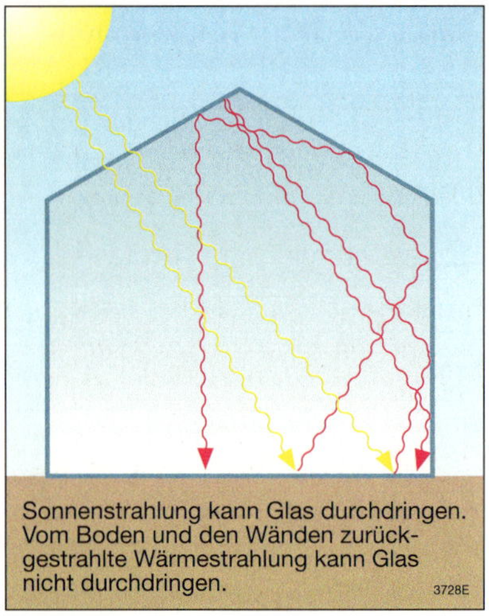

M1 *Erwärmung in einem Treibhaus*

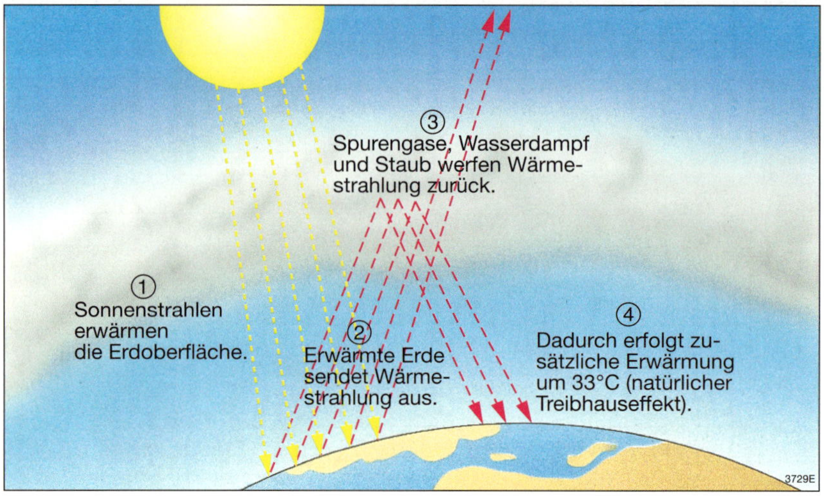

M3 *Der natürliche Treibhauseffekt auf der Erde*

Treibhaus Erde

Stellt euch das mal vor: Es ist Hochsommer in Deutschland. Die Menschen tragen Wollmützen, Schals, dicke Mäntel und Handschuhe. Draußen ist es bitterkalt, wie immer zu dieser Jahreszeit.

Wenn es in der Atmosphäre keine Gase gäbe und damit auch nicht den **natürlichen Treibhauseffekt**, dann wäre es auf der Erde -18°C kalt. Die Gase, wie Kohlenstoffdioxid (CO_2) oder Wasserdampf, wirken wie ein Treibhaus. Sie werden deshalb auch **Treibhausgase** genannt. Diese lassen die Sonnenstrahlung weitgehend ungehindert bis zur Erdoberfläche durch. Sie verhindern aber, dass die von der Erde ausgehende Wärmestrahlung (Infrarot-Strahlung) vollkommen ins Weltall entweicht. Dadurch werden die unteren Luftschichten der Erdatmosphäre erwärmt. Die Durchschnittstemperatur der Luft beträgt in Bodennähe rund 15°C. Erst durch diesen sogenannten natürlichen Treibhauseffekt ist Leben auf unserem Planeten möglich.

Aufgaben

1 a) Beschreibe die Wirkung eines Treibhauses (M1).
b) Viele Familien pflanzen bereits im Frühjahr in einem Treibhaus Salat an. Erkläre.

2 Erläutere den Begriff „natürlicher Treibhauseffekt" mithilfe von M3.

Das brauchst du dazu:
zwei Einmachgläser, drei Thermometer, drei feste Unterlagen (z.B. Karton), ein Holzklötzchen, drei Stück weißes Papier

So führst du den Versuch durch:
1. Stelle ein Einmachglas mit der Öffnung nach oben und das andere mit der Öffnung nach unten auf eine Unterlage in die Sonne (siehe Abbildung).
2. Stelle je ein Thermometer in die Gläser hinein. Lehne das dritte Thermometer an das Holzklötzchen an.
3. Decke die Thermometerfühler mit je einem Stück weißem Papier ab.
4. Lies die Temperatur auf den drei Thermometern nach zehn Minuten ab. Vergleiche die Temperaturen.
5. Übertrage deine Ergebnisse auf das „Treibhaus Erde".

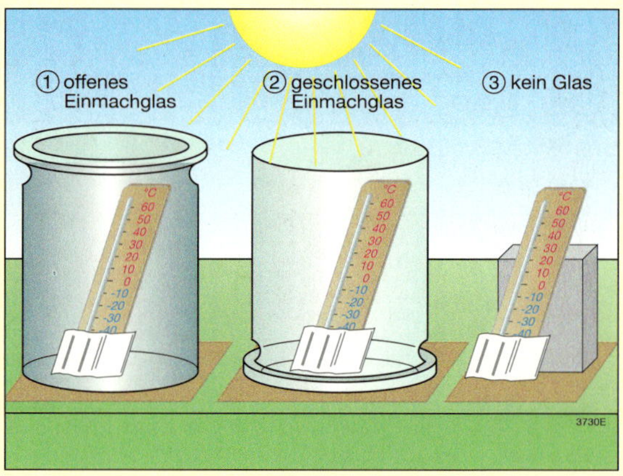

M2 *Versuch zum Treibhauseffekt*

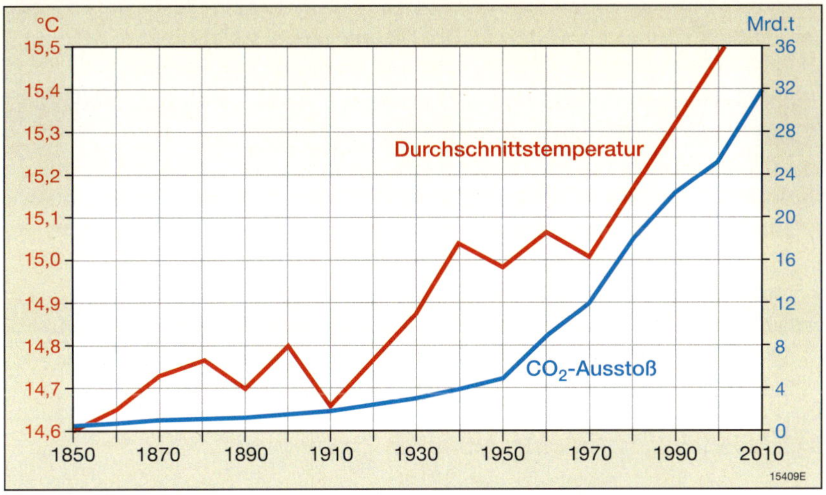

M4 *Durchschnittstemperaturen der Erde und CO_2-Ausstoß*

Aufgaben

3 Stelle dar, wie es zum zusätzlichen Treibhauseffekt (M5) kommt.

4 Erkläre, welche der Abbildungen in M2 mit dem natürlichen Treibhauseffekt vergleichbar ist.

5 Klimatologen sagen, dass es einen Zusammenhang zwischen dem Energieverbrauch und der Temperaturentwicklung auf der Erde gibt (M4). Berichte.

Wird die Erde zum „Schwitzkasten"?

Klimaforscher haben festgestellt, dass die Durchschnittstemperatur auf der Erde ansteigt. Sie führen den Temperaturanstieg auch auf die zunehmende Luftverschmutzung durch den Menschen zurück. Seit Beginn der Industrialisierung im 19. Jahrhundert ist der Verbrauch von Kohle, Erdöl und Erdgas stark angestiegen. Diese Energierohstoffe werden verbrannt, um zum Beispiel Energie zu gewinnen. Dabei entstehen Treibhausgase wie Kohlenstoffdioxid (CO_2). Sie gelangen in die Luft (Emission) und verstärken den natürlichen Treibhauseffekt.

Steigt die Temperatur auf der Erde weiter an, verändern sich die Lebensbedingungen. Eine Erhöhung von nur 0,2 °C führt dazu, dass die Wüste Sahara um 100 km vordringt. Wie stark der durch den Menschen verursachte **zusätzliche Treibhauseffekt** zur Erwärmung der Atmosphäre beiträgt, ist jedoch umstritten.

Merke
Der natürliche Treibhauseffekt ermöglicht erst Leben auf der Erde. Der zusätzliche Treibhauseffekt trägt zur globalen Erwärmung bei.

Grundbegriffe
- natürlicher Treibhauseffekt
- Treibhausgas
- zusätzlicher Treibhauseffekt

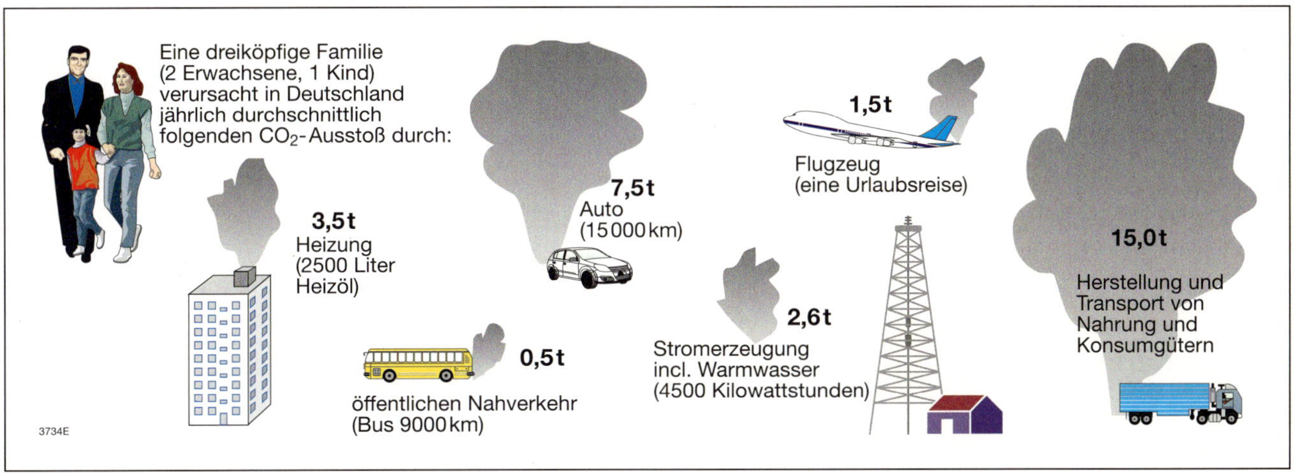

M5 *Durchschnittlicher CO_2-Ausstoß einer dreiköpfigen Familie in Deutschland*

Klimaschutz – eine Aufgabe für alle

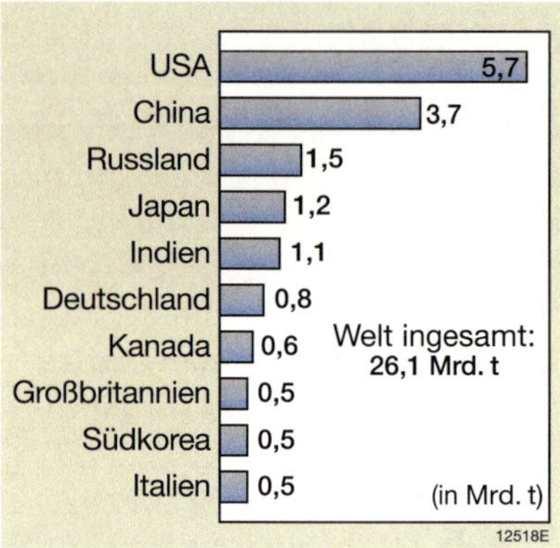

M1 *Länder mit den weltweit höchsten CO_2-Emissionen*

- Gletscher schmelzen weiter ab. Der Meeresspiegel steigt bis zum Jahr 2050 um 30 bis 50 cm. Küstenstädte wie Hamburg, London und New York wären von Überflutungen bedroht. Ein Viertel des dicht besiedelten Staates Bangladesch (Asien) stünde unter Wasser.
- Extreme Witterungsbedingungen treten häufiger auf. Lang anhaltende sintflutartige Regenfälle wechseln sich mit monatelangen Dürreperioden ab. Wüsten wie die Sahara werden größer. In vielen Ländern kommt es zu Missernten und Hungerkatastrophen. Millionen von Menschen flüchten deshalb aus ihrer Heimat.
- Die Luft über dem Land erwärmt sich noch stärker als über dem Meer. Die Temperaturunterschiede zwischen Land und Meer werden größer. Es kommt deshalb häufiger zu Orkanen und Wirbelstürmen.

M3 *Mögliche Folgen einer weiteren Erwärmung der Erde*

Internationaler Klimaschutz

Zahlreiche Politiker sind davon überzeugt, dass ein wirksamer Klimaschutz nur durch internationale Vereinbarungen garantiert werden kann. Ein erster Schritt dazu war das **Kyoto-Protokoll**, das im Jahr 1997 beschlossen wurde und 2005 in Kraft trat.
In diesem internationalen Abkommen wollen die Industrieländer den Ausstoß von Treibhausgasen bis zum Jahr 2012 insgesamt um 5,2 Prozent gegenüber 1990 verringern. Für die Entwicklungsländer und die Schwellenländer wie China und Indien gibt es keine derartige Zielvorgabe. Auch Staaten, die das Abkommen ablehnen (M2), gehen keinerlei Verpflichtungen zum Klimaschutz ein.

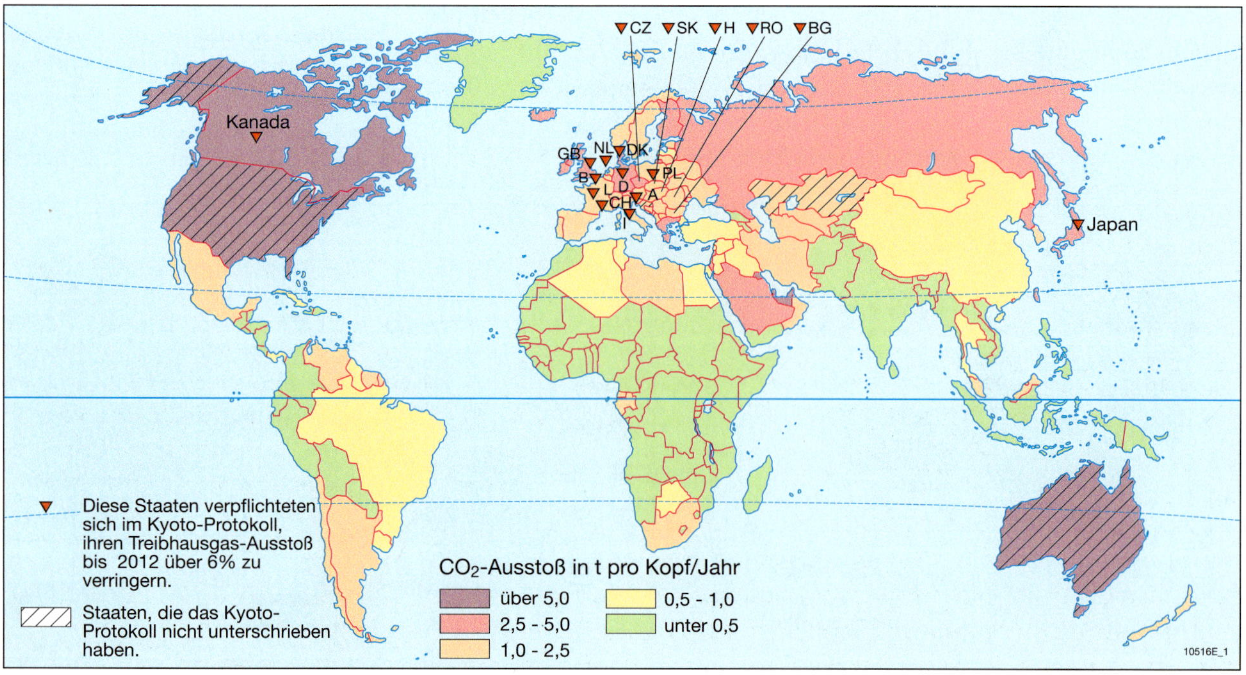

M2 *Ausstoß von Kohlenstoffdioxid in Tonnen pro Person und Jahr*

M4 *Karikatur*

Deutschlands Beitrag zum Kyoto-Protokoll

Deutschland hat sich verpflichtet, seine Treibhausgas-Emissionen bis zum Jahr 2012 um 21 Prozent zu verringern (Bezugsjahr 1990). Die Regierung will dieses Ziel zum Beispiel durch den **Emissionshandel** für Kohlenstoffdioxid (M5) erreichen; der Emissionsanteil von CO_2 an allen Treibhausgasen macht 85 Prozent aus. Darüber hinaus hat Deutschland mit Mexiko im Jahr 2005 ein erstes Abkommen geschlossen, wonach Deutschland in Mexiko Projekte zur Verminderung des CO_2-Ausstoßes in Höhe von 2,5 Mrd. Euro finanziert. Dabei sollen neueste deutsche Umwelttechnologien (z. B. Solar- und Windkraftanlagen) eingesetzt werden.

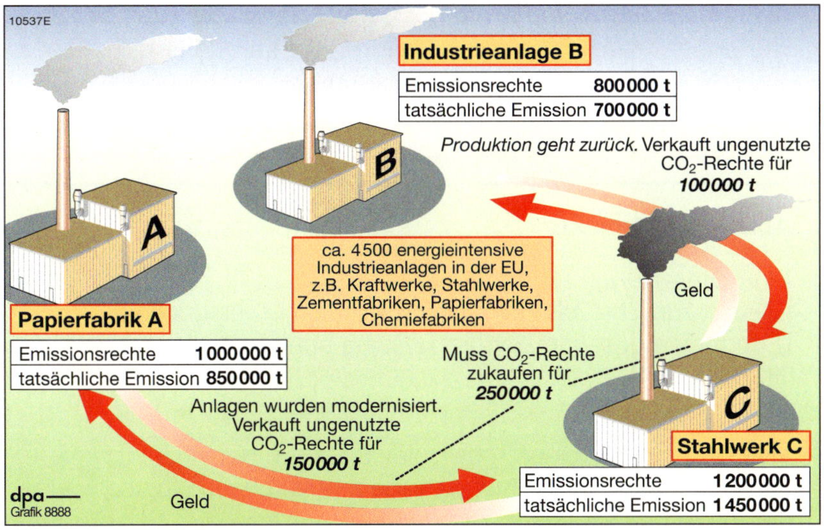

M5 *Emissionshandel für Kohlenstoffdioxid: In Deutschland besitzen rund 1200 Unternehmen Emissionsrechte in Höhe von 495 Mio. Tonnen pro Jahr. Im Jahr 2005 haben diese Betriebe 474 Mio. Tonnen CO_2 ausgestoßen. Emissionsrechte im Umfang von 21 Mio. Tonnen konnten verkauft bzw. gekauft werden.*

Aufgaben

1 „Die Erde heizt sich immer mehr auf." Mit diesem Satz beginnt ein Leserbrief in einer Zeitung. Schreibe den Brief zu Ende (M3).

2 Erkläre, wie der Emissionshandel funktioniert (M5).

3 Kann deiner Meinung nach das Klima durch das Kyoto-Protokoll wirkungsvoll geschützt werden (M1, M2)?

4 Bereite zu dem Thema „Klimaschutz in Deutschland" ein kurzes Referat vor (www.bmu.de).

Merke
Das Kyoto-Protokoll ist ein erster Schritt zu einem wirksamen Klimaschutz. Deutschland will durch den Emissionshandel einen weiteren Beitrag dazu leisten.

Grundbegriffe
- Kyoto-Protokoll
- Emissionshandel

Projekt

Unser Beitrag zum Klimaschutz

M1 *Aussagen von Schülerinnen und Schülern*

Klimadetektive unterwegs

Die meisten Treibhausgase, vor allem das Kohlenstoffdioxid, stammen aus eurem direkten Lebensumfeld: Energie, Verkehr, Haushaltsartikel und -geräte. Einen großen Teil eurer Zeit verbringt ihr in der Schule. Auch dort wird unter anderem für Heizung, Beleuchtung und elektrische Geräte Energie verbraucht. In einem Projekt könnt ihr als Detektive untersuchen, wie ihr in der Schule durch Senkung des Energieverbrauchs zum Klimaschutz beitragen könnt. Die Ergebnisse können in einer „Energiespar-Hausordnung" zusammengefasst werden. Diese Untersuchung könnt ihr auch zu Hause durchführen.

Unterrichtsräume sollten 20 °C warm sein; Flure, Toiletten und Nebenräume 15 °C; Treppenhäuser 10 °C.
Schon für 1 °C höhere Temperaturen müssen 5 – 6 % mehr Heizkosten angesetzt werden.

M2 *Raumtemperaturen*

Ablauf des Projekts

1. Vorbereitung
Gliedert zunächst das Thema Energiesparen in verschiedene Unterthemen wie zum Beispiel Heizung und Strom und bildet Gruppen (M1).

2. Durchführung
Jede Gruppe stellt einen Arbeitsplan (M4) auf. Nach der Informationsbeschaffung werden Vorschläge ausgearbeitet, wo und wie die Schule Energie sparen kann.

3. Auswertung
Jede Gruppe stellt ihre Ergebnisse in der Klasse vor. Überlegt im Klassengespräch, welche Vorschläge besonders sinnvoll sind und sich für eine Umsetzung eignen.

Tatbestand / Täter	Wo entdeckt?	Besondere Vorkommnisse (Beispiele)
Sinnlos brennendes Licht	...	Raum ist leer, Tageslicht wäre hell genug.
Verhinderte Lichtausbreitung	...	Lampen sind verschmutzt, Abdeckungen halten Licht zurück, Reflektoren fehlen.
Lichtschaltung ist nicht sinnvoll	...	Lampen können nicht einzeln (z.B. Fensterseite – Wandseite – Tafel) geschaltet werden.
Beleuchtung zu hell / zu dunkel	...	Genau notieren! Defekte Lampen notieren!
Elektroboiler zu heiß eingestellt	...	Spurensicherung: Temperaturen messen!
Elektroboiler sinnlos in Betrieb	...	Wer nutzt wann die Boiler?
Elektrische Heizgeräte	...	Radiatoren, Heißlüfter usw. Achtung: Wann sind diese Geräte in Betrieb? Leistung bestimmen (Typenschild bzw. messen)!
Geräte im Stand-by-Zustand	...	Welche Geräte (z.B. TV, Video)? Spurensicherung: Leistung messen! Wann und wie lange werden die Geräte genutzt?
Geräte sinnlos in Betrieb	...	Welche Geräte (z.B. Kopierer, Computer, Drucker) sind angeschaltet, ohne dass sie genutzt werden? Leistung messen!
Herde, Warmhaltegeräte	...	Sind die Geräte länger eingeschaltet als notwendig?
Kühl-/Gefrierschrank	...	Was steht in dem Gerät? Sinnlos in Betrieb?
Spülmaschine	...	Läuft sie bei halber Auslastung?

M3 *Arbeitsbogen: Dem Stromverbrauch auf der Spur*

was ?	wie ?	wo ?	wer ?	wann ?
Heizung: • Art der Heizung • Verbrauch • Heizkosten • Heizperiode • Raumtemperatur • Isolierung der Wände/Fenster	Erkundungs- und Fragebogen	Hausmeisterin oder Hausmeister Schulträger Bauamt Schulleiterin oder Schulleiter	Namen der Gruppenmitglieder	Zeiteinteilung der Arbeit: • Planen • Erkunden/ Befragen • Ergebnisdarstellung

M4 *Arbeitsplan der Gruppe „Heizung“*

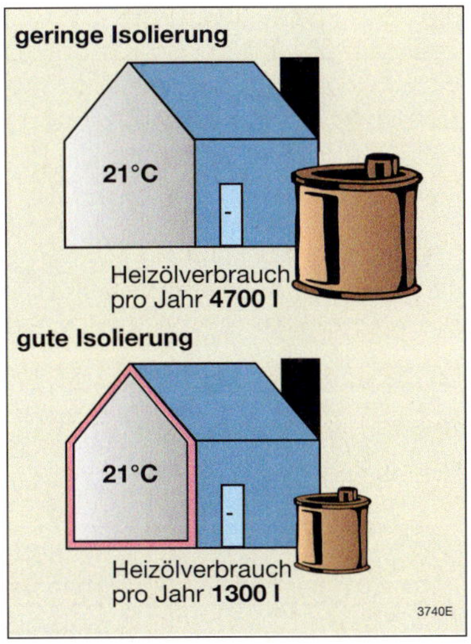

M5 *So kann man Energie sparen.*

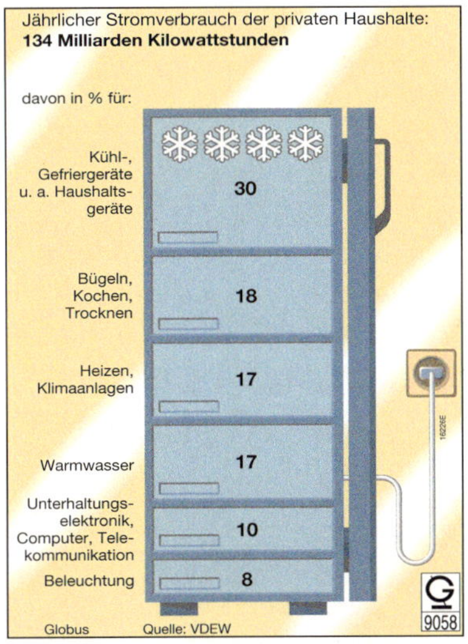

M6 *Stromverbrauch im Haushalt*

Info

CO_2-Verursacher

Jede Kilowattstunde elektrischer Leistung, die in deutschen Kraftwerken erzeugt wird, setzt 682 g CO_2 in die Atmosphäre frei. Beim Autofahren ist diese Menge bei einem modernen Mittelklassewagen nach ca. 4,5 Kilometern Fahrt erreicht.

Wetter, Klima, Klimaschutz

Spur 1:
In New York ließ der Räuber Richy sein Handy mit fünf Bildern zurück, die er auf seiner Flucht aufgenommen hat. Wenn man die Bilder in der Reihenfolge 1–5 den Buchstaben der jeweiligen Aufnahmeorte zuordnet, erhält man den ersten Teil des Aufenthaltsortes.

①

②

③

④

⑤

Dem Täter auf der Spur

Interpol sucht Räuber – Wer kennt den Aufenthaltsort?

In den tropischen Regenwäldern auf Borneo wurde die Wunderpflanze „Eznalfprednuwa" gestohlen. In Verdacht steht ein gewisser Richy, der Interpol schon lange bekannt ist. Der Gangster war an mehreren internationalen Diebstählen beteiligt und hinterlässt an den Tatorten sein Zeichen: einen verknoteten Schnürsenkel. Interpol bittet, bei der Verfolgung des Täters zu helfen!

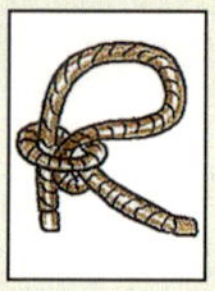

Spur 2:
Interpol konnte folgenden verschlüsselten Funkspruch von Richy an seine Bande empfangen. Es handelt sich um Hafenstädte, die der Gangster bei seiner weiteren Flucht aufgesucht hat. Man findet den zweiten Teil des Aufenthaltsortes, wenn man die ersten Buchstaben der Städte zusammenfügt. (Achtung: Die Städte sind als Punkte in der Karte eingetragen!)
STOP --- MELBE --- STOP --- JADINAB --- STOP --- DANLAU --- STOP --- TAKKALUT --- STOP --- LIDAEDAE --- STOP --- GANASIKA --- STOP

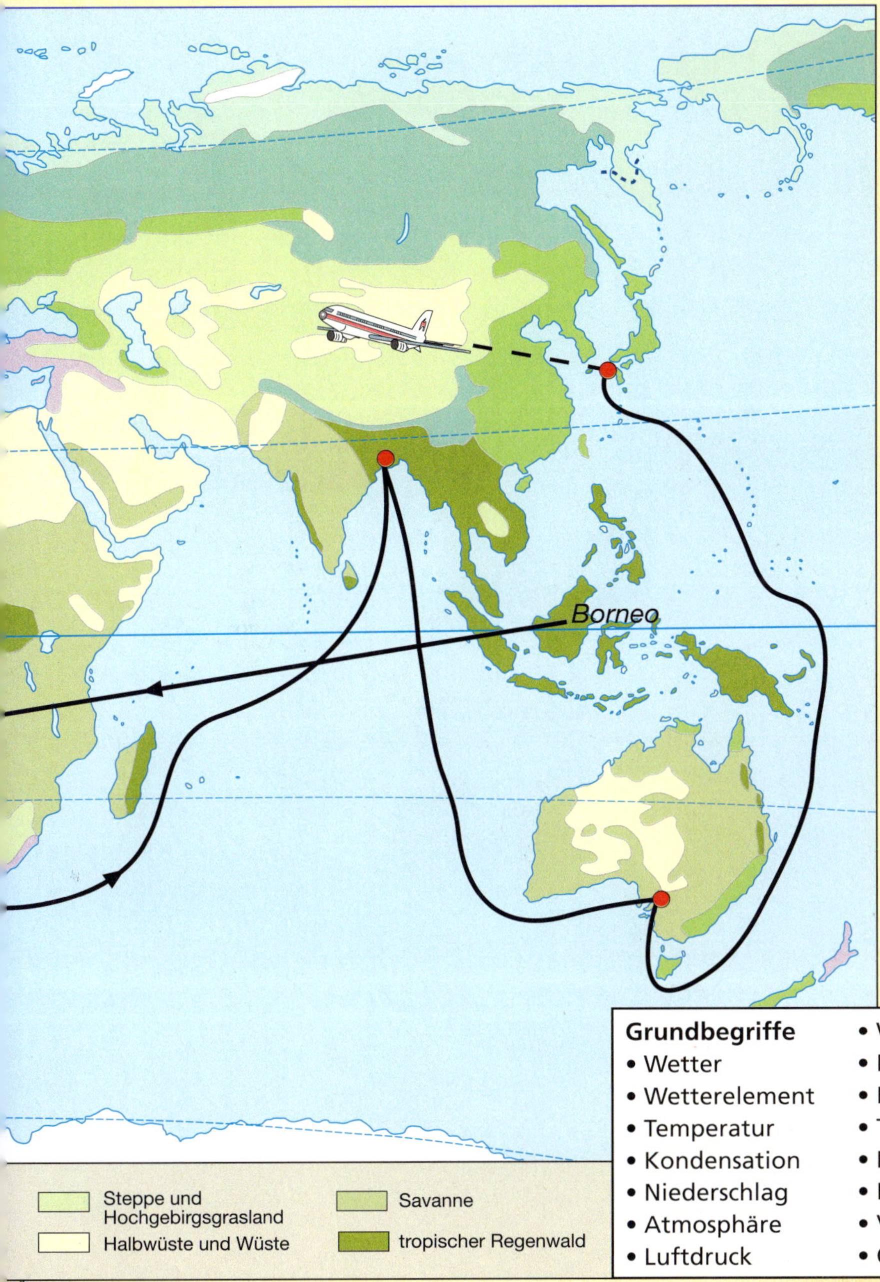

Spur 3:
Jetzt musst du die folgenden Fragen richtig beantworten bzw. die Sätze richtig ergänzen. Der jeweils angegebene Buchstabe ergibt dann den letzten Teil des Verstecks von Richy.

a) In welcher Klimazone wachsen die abgebildeten Pflanzen? (3. Buchstabe)

b) Welchen Savannentyp zeigt die Abbildung? (2. Buchstabe)

c) Temperatur und Niederschlag sind die Hauptmerkmale des ... (2. Buchstabe)

d) In welcher Klimazone ist es nicht so kalt wie in der Polarzone und nicht so warm wie in der tropischen Zone? (1. Buchstabe)

e) In welcher Vegetationszone liegen die meisten Fluchtorte von Richy? (2. Buchstabe)

f) Wie heißt die Zone des nördlichen Nadelwalds in Russland? (5. Buchstabe)

g) In welcher Vegetationszone gibt es viele Büsche mit Dornen? (1. Buchstabe)

Grundbegriffe
- Wetter
- Wetterelement
- Temperatur
- Kondensation
- Niederschlag
- Atmosphäre
- Luftdruck
- Wind
- Klima
- Klimadiagramm
- Thermoskop
- Fixpunkt
- Klimazone
- Vegetationszone
- Ozonschicht
- Ozonloch
- natürlicher Treibhauseffekt
- Treibhausgas
- zusätzlicher Treibhauseffekt
- Kyoto-Protokoll
- Emissionshandel

Zusammenleben – nicht ganz einfach

Typisch Junge, typisch Mädchen?

Frauenbilder, Männerbilder

Familien früher

Ein Rollenspiel durchführen

Gewalt in der Schule

Konflikte und ihre Bewältigung

M1 *Gesellschaftslehre in der 8b* ▶

Wenn ich ein Junge wäre, würde ich ...
Wenn ich ein Mädchen wäre, würde ich ...
THE NEW OXFORD SCHOOL ATLAS

Typisch Junge, typisch Mädchen?

„Ich wünsche mir von Mädchen, dass sie nicht tuscheln und kichern."
„Ich wünsche mir von Mädchen, dass sie in der Schule nicht so schleimen und bei jeder Kleinigkeit gleich anfangen zu heulen."

„Ich wünsche mir von Jungen, dass sie beim Streiten nicht ausrasten."
„Ich wünsche mir von Jungen, dass sie uns besser behandeln und sich nicht ständig beim Sport über uns aufregen."

M1 *Ich wünsche mir …*

Jeder Mensch spielt viele Rollen

In unserem Leben werden uns viele **Rollen** zugewiesen. Wir sind zum Beispiel gleichzeitig Schülerin oder Schüler, Tochter oder Sohn, Mitglied eines Sportvereins, Freundin oder Freund usw. Alle Rollen sind mit bestimmten Erwartungen an unser Verhalten verknüpft, die wir erfüllen müssen, wenn wir uns nicht der Missbilligung der Mitmenschen aussetzen wollen. Eine Rolle, die wir unser ganzes Leben lang übernehmen, ist die Geschlechterrolle. Die Erwartungen, die an das Verhalten der beiden Geschlechter gestellt werden, haben sich durch Erziehung und Umwelteinflüsse tief im Leben eines jeden Menschen festgesetzt. Sie werden von Generation zu Generation weitervermittelt. Noch vor 50 Jahren wurden in der Regel Jungen und Mädchen unterschiedlich auf das spätere Leben vorbereitet: Jungen für den „Außendienst", das heißt Beruf und finanzielle Absicherung der Familie, Mädchen für den „Innendienst", das heißt Haushaltsführung und Kindererziehung. Die Erziehung zum Rollenverhalten beginnt mit der Geburt und zieht sich durch das ganze Leben.

M2 *Schon bei kleinen Kindern zeigen sich Unterschiede in den Geschmacksvorlieben bei Mädchen und Jungen.*

Aufgaben

1 Untersucht, ob sich Mädchen und Jungen in eurer Klasse typisch „mädchenhaft" bzw. „jungenhaft" verhalten. Beschreibt, worin sich so ein Verhalten zeigt.

2 a) Liste verschiedene Rollen auf, die du im Laufe deines Lebens einnimmst.
b) Stelle dar, was wohl geschieht, wenn du die Rollenerwartungen nicht erfüllst.

3 Schreibe Texte zu den Denkblasen im Foto Seite 144/145.

Mädchen und Jungen – sehr unterschiedlich

Bei einer Befragung von Kindern (8 – 14 Jahre) wählten die Jungen am häufigsten Blau als Lieblingsfarbe, die Mädchen hingegen Rosa/Pink. Bei den Berufen zeigte sich: Jungen stehen auf Action, Wettbewerb und Technik. 27 Prozent der Jungen wollten Profisportler werden, elf Prozent Polizist und neun Prozent Mechaniker. 15 Prozent der Mädchen wären dagegen am liebsten Tierärztin, je zehn Prozent Lehrerin und Frisörin. Unterschiede gab es auch bei den Geschmacksvorlieben bei Eis. Die roten Früchte, also Himbeere und Erdbeere sagen stärker den Mädchen zu. 45 Prozent der Mädchen mögen Himbeer-Eis, das bei den Jungen kaum in die engere Wahl kommt. Cola-Eis dagegen ist mit 46 Prozent Zustimmung eindeutig die Sorte der Jungen.

Das starke Geschlecht ist schwach

Männer wurden bisher als das starke Geschlecht bezeichnet. Neuere Forschungen zeigen jedoch: Dies stimmt nicht. Männer sind in unserer Gesellschaft kränker als Frauen, sie sterben früher und sind unzufriedener. Der Grund liegt in der Männerrolle, die die Gesellschaft den Jungen vermittelt: über die Erziehung in der Familie, im Kindergarten, in der Schule, im Sport und durch die Medien. Männer führen ein gefährliches Leben. Immer mehr Männer erkennen dies und beginnen, die ihnen von der Gesellschaft zugewiesene Rolle zu verändern.

sich schön machen	Auto fahren	Angst haben
streiten	schmusen	tanzen
jammern	hart arbeiten	Fahrrad reparieren
lange schlafen	über Sex reden	singen
telefonieren	sich entschuldigen	Briefe schreiben
Fußball spielen	romantisch sein	schreien

M3 *Was trifft eher auf Jungen, was auf Mädchen zu?*

Quelle 1

Schorschi hat sich beim Spiel verletzt. Er hat ein Loch in der Stirn, das genäht werden muss. Wir gehen zum Arzt; Schorschi liegt auf einem Tisch, als der Arzt den Raum betritt. Er redet sehr sanft mit Schorschi, streichelt ihn, bezeichnet ihn als Mädchen und fragt, wie er heißt. Da stellt sich heraus, dass Schorschi ein Junge ist. Der Arzt ist wie ausgewechselt. Er entschuldigt sich gleich mal heftig bei Schorschi dafür, dass er ihn für ein Mädchen hielt, und schlägt dann einen kräftigen Ton gegenüber Schorschi an; er spricht von da an mit ihm sozusagen von Mann zu Mann, auf du und du. Er betont, dass Schorschi jetzt tapfer sein müsse, weil es sehr weh täte.

(Nach M. Grabrucker: Typisch Mädchen. Frankfurt/Main 1994, Seite 146.)

Quelle 2

Sonjas Traum

Sonja will zur Feuerwehr. Die anderen im Dorf denken: „Feuer löschen ist Männersache. Das ist eine Tradition." Trotzdem will Sonja Feuerwehrfrau werden. Die anderen Mädchen aus ihrer Klasse finden das blöd, aber das ist ihr egal. In ihrer Familie wird über ihren Wunsch heftig gestritten. Die Mutter findet das gut und sagt: „Jungen und Mädchen müssen die gleichen Rechte haben. Lass dir das auf keinen Fall gefallen!" Ihr Vater sieht das ganz anders: „Das hat gerade noch gefehlt! Das ist viel zu gefährlich für Mädchen!" Verbieten will er es aber nicht. Als Sonja dann den Feuerwehrhauptmann im Dorf fragt, ist sie sehr enttäuscht, denn er sagt: „Nein, du kannst nicht zu den Feuerwehrleuten gehören. Mädchen können das nicht." Sonja ist wütend, aber sie gibt nicht auf. Sie geht zum Kreisbrandmeister und beschwert sich.

(Nach: Bundesministerium für Familie, Senioren, Frauen und Jugend: Die Rechte der Kinder von Logo einfach erklärt, Berlin 2001, Seite 26)

Aufgaben

4 Nenne deine Erwartungen und Wünsche an Mädchen oder Jungen (M1).

5 a) Schreibe auf, was Schorschi für seine „Rolle" im Leben lernt (Quelle 1).
b) Nimm Stellung zum Verhalten des Arztes (Quelle 1).

6 „Das starke Geschlecht ist schwach." Erläutere diese Textüberschrift.

7 a) Sonja unterscheidet sich von den übrigen Kindern in ihrer Klasse (Quelle 2). Erkläre.
b) Sie hat dadurch Nachteile und Vorteile. Liste sie auf.
c) Schreibe die Geschichte weiter bis zu einer Lösung und begründe diese.

8 Zeichne zu dem Text „Mädchen und Jungen – sehr unterschiedlich" passende Stabdiagramme.

Merke
Wir spielen in unserem Leben verschiedene Rollen. Die Geschlechterrolle prägt uns für das ganze Leben.

Grundbegriff
- Rolle

Info

Elterngeld

Eltern von neugeborenen Kindern können 12 bis 14 Monate lang nach der Geburt ihres Kindes ihre Berufstätigkeit unterbrechen und Elterngeld erhalten. Die Höhe des Elterngeldes richtet sich nach dem Einkommen. Es werden 67 % des Nettoverdienstes, mindestens aber 300 Euro und höchstens 1800 Euro gezahlt. Beide, d.h. Mutter und Vater, oder auch nur ein Elternteil können das Elterngeld in Anspruch nehmen.

M1 *Familienidylle*

Rollenverteilung in Familie und Beruf

Vor dem Gesetz sind Frauen und Männer gleich (Art. 3, GG). Obwohl im Jahr 2009 77 % der Frauen (bei den Männern waren es 85 %) einen Beruf ausübten, sind immer noch mehr Männer in Führungspositionen und mehr Frauen in Pflegeberufen tätig. Immer noch nehmen weniger Männer „Elternzeit“ und weniger Frauen arbeiten auf dem Bau. Die Aufgabenverteilung im Haushalt geht noch häufig zulasten der Frauen. Allerdings ist erkennbar, dass sich die traditionelle Rollenverteilung im Umbruch befindet.

Es gibt heute schon in vielen Bereichen Netzwerke und Organisationen, die sich besonders um die Förderung von Frauen im Beruf kümmern. Zum Beispiel begleiten sie Frauen beim beruflichen Wiedereinstieg nach der Elternzeit oder beim Aufbau einer Karriere.

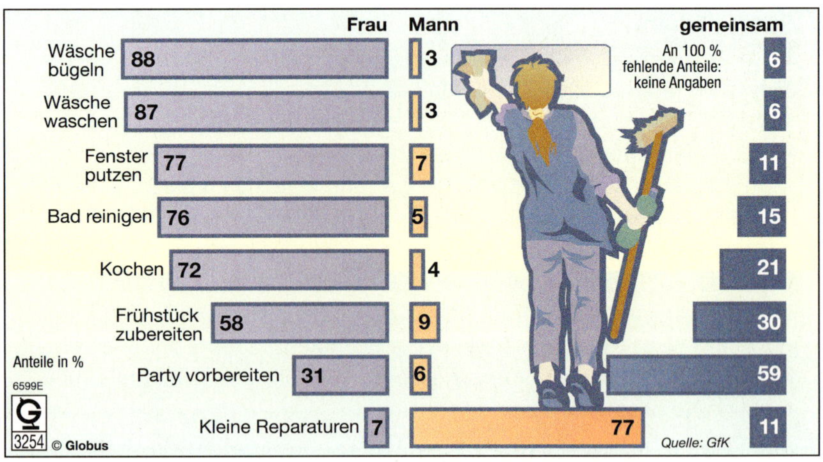

M2 *Wer macht die Hausarbeit?*

Aufgaben

1 a) Beschreibe die Karikatur (M1) und vergleiche mit der Statistik (M2).
b) Notiere treffende Aussagen zur Aufgabenverteilung in Haushalt und Kindererziehung und nimm Stellung.

2 Berichte aus deinem eigenen Erfahrungsbereich, wo die traditionelle Rollenverteilung zwischen Mann und Frau noch zutrifft und wo nicht.

Quelle 1

Familie Müller im Jahre 2020?

Mittwochmorgen, 7 Uhr: Familie Müller frühstückt. Frau Müller liest den Börsenteil der Zeitung, Herr Müller schenkt ihr Kaffee nach und richtet das Pausenbrot für die beiden Kinder. Er fragt seine Frau, wann sie heute Abend nach Hause kommt. Frau Müller greift geistesabwesend nach ihrer Tasse und murmelt: „Das weiß ich noch nicht. Es kann sehr spät werden." Der Hund springt an Herrn Müller hoch und möchte Gassi geführt werden. Tochter Susi findet ihren Turnbeutel nicht. Es wird hektisch. Frau Müller nimmt ihre Aktentasche, gibt ihrem Mann einen flüchtigen Kuss und rennt aus dem Haus. Nachdem auch die Kinder zur Schule gegangen sind und der Hund gefüttert ist, findet Herr Müller endlich Zeit für eine Tasse Kaffee. Dabei überlegt er sich, was heute zu tun ist: Die Fenster haben es mal wieder nötig, der Wäschekorb quillt über, der Hund muss zum Tierarzt, der große Hausputz steht an. Er beschließt, erst einkaufen zu gehen. Vielleicht trifft er dabei Herrn Maier, dem er sein Eintopfrezept versprochen hat. Er seufzt: „Das wird wieder eine Schlepperei, meine Frau hat ja das Auto." Spät am Abend unterhält sich Ehepaar Müller über den vergangenen Tag. Frau Müller berichtet über die Probleme am Arbeitsplatz und mit den Kollegen, Herr Müller zuckt die Schultern und sagt: „Bei mir war's wie immer. Haushalt und Kinder ..."

(Nach Rosemarie Portmann: Gleich verschieden. Hrsg. v. d. Arbeitsgemeinschaft Jugend und Bildung e.V., Wiesbaden 1999, S. 69)

M5 *Normalität?*

Bildet reine Mädchen- und reine Jungengruppen mit maximal je 3 Personen. Beide Gruppen setzen folgenden Erzählanfang fort: Sabine, 27, und Jonas, 29, beide attraktiv und beliebt, haben gerade ihre Meisterprüfung zum Landschaftsgärtner beendet und beide ihre Ausbildung mit 1,0 bestanden. Beschreibt die Karriere der jungen Frau und des jungen Mannes. Vergleicht die Ergebnisse.

M3 *Ein Vergleich in der Klasse*

M4 *Eine Kfz-Mechatronikerin*

Quelle 2

Die Alpha-Mädchen

Sie sind pragmatischer als ihre Mütter, sie sind ehrgeiziger, zielstrebiger, gebildeter als die Männer. Sie glauben nicht mehr an die Versorgung durch die Ehe, sondern an den Erfolg. Eine junge Frauengeneration macht sich auf den Weg an die Macht – und lässt die Männer hinter sich.

(Spiegel Special, Nr. 1/2008, Seite 18)

Aufgaben

3 Nimm Stellung, ob wirklich eine neue Generation junger Frauen heranwächst, wie in Quelle 2 beschrieben.

4 Suche im Internet nach Informationen zu Frauen in Männer- und Männer in Frauenberufen und werte sie aus. (www.destatis.de)

5 Deine Zukunft als Frau/als Mann. Wie stellst du dir deine Rolle in der Familie vor? Gestalte einen Text oder eine Collage oder ein Gedicht.

Merke
Vor dem Gesetz sind Frauen und Männer gleich. Die traditionelle Rollenverteilung befindet sich im Umbruch. Allerdings wird die Hausarbeit noch überwiegend von den Frauen erledigt.

Familien früher

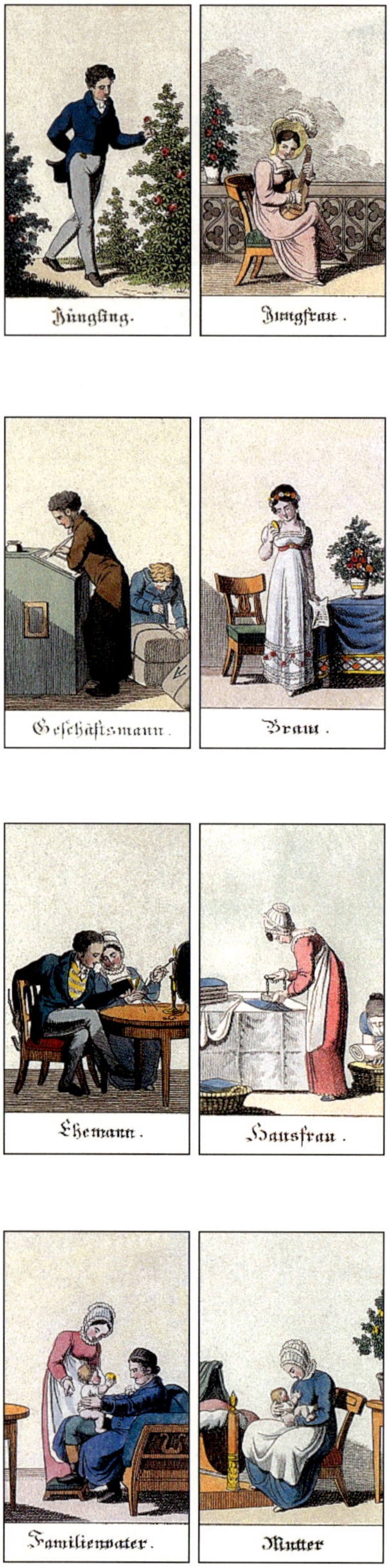

M1 *Lebensläufe*

M2 *Eine vornehme Familie in der Stadt, Gemälde von 1821*

Im Laufe der Geschichte haben sich die Zusammensetzung der Familie und die Aufgaben der einzelnen Familienmitglieder verändert. Noch vor hundert Jahren lebten in den meisten Familien Kinder und Eltern, Großeltern und manchmal auch unverheiratete Geschwister der Eltern zusammen. Sie bildeten eine Großfamilie.
Zum Haus einer reichen Familie in der Stadt gehörten auch Gesellen, Gehilfen und das Gesinde. Alle zusammen bildeten eine Haushaltsfamilie. Diese konnte ihren Mitgliedern alles bieten, was zum Leben notwendig war. Die Familie lebte nicht nur zusammen, sie arbeitete auch gemeinsam im Haus. Kinder und alte Menschen halfen mit. Nur der Vater hatte öfter außer Haus zu tun.

M3 *Alle unter einem Dach*

Quelle

Eine Hausfrau aus einer vornehmen Familie erzählt

Ich stehe um sechs Uhr auf und ziehe mich an, schreibe oder lese für mich allein bis halb acht. Nach dem Frühstück gehe ich in meine Küche und ordne an, seh' alle Arbeit im Haus nach, schreib' meine Hausrechnung. Um halb eins gehen wir zu Tisch. Um zwei Uhr, wo Kaffee getrunken wird bis drei, wo die Briefe kommen, bleiben wir zu allerlei Unterredung beisammen. Um fünf Uhr gehe ich wieder in die Küche und ordne das Abendessen. Um sieben Uhr kommen meine Söhne, die bei mir Französisch, die Geschichte und Geographie lesen.

(Nach Sophie von la Roche: Geschichte des Fräuleins von Sternheim. In: Maurer, M. (Hrsg.): Ich bin mehr als Herz und Kopf. München 1983, S. 259)

M4 *In einer Berliner Mietswohnung im Jahr 1911*

In der Zeit zwischen 1815 und 1915 ist die Bevölkerungszahl in den großen Städten Deutschlands stark gewachsen. Viele Menschen sind vom Land in die Stadt gezogen, denn hier gab es Arbeit in den neu entstandenen Fabriken. Allein Berlin ist in diesen Jahren von 200 000 auf über zwei Milionen Einwohner gewachsen.
Ein Facharbeiter musste um 1900 etwa zwölf Stunden am Tag arbeiten. Trotzdem reichte der Lohn oft nicht aus, um die Familie zu ernähren. Viele Familien erwarben durch Heimarbeit ein zusätzliches Einkommen. Hierbei arbeiteten häufig auch die Kinder mit. Heimarbeit wurde jedoch schlecht bezahlt. Der Arbeitskräfteandrang war riesig. Die Unternehmer konnten die Löhne ständig senken und fanden immer noch genügend Frauen, die bereit waren, für diesen geringeren Lohn zu arbeiten. Heimarbeit um 1910 war in erster Linie Arbeit für die Bekleidungsindustrie, zu deren Zentrum sich das schnell wachsende Berlin entwickelt hatte.
Der Besitz einer Nähmaschine war unumgänglich, um überhaupt Konfektionsheimarbeit aufnehmen zu können. Da Kleidung immer mehr zu einem Massenartikel wurde, der modischen Schwankungen unterlag, wollten die Unternehmer der wechselnden Nachfrage möglichst schnell nachkommen. Während geübte Handnäherinnen etwa 50 bis 60 Stiche in der Minute schafften, nähten Maschinennäherinnen 600 bis 1000 Stiche. In M3 näht die Mutter ein Kleidungsstück. Die Kinder helfen beim Annähen der Knöpfe. Die älteren Geschwister und eine Verwandte bügeln. In diesem Zimmer lebt ein Ehepaar mit sechs Kindern. In den dunklen und feuchten Wohnungen wurden viele Menschen krank.

M5 *Menschen ziehen vom Land in die Stadt.*

Aufgaben

1 Betrachte M1. Stelle dir vor, dass du der Jüngling oder die Jungfrau bist. Beschreibe, wie dein Leben verläuft.

2 Betrachte M2.
a) Beschreibe die Einrichtung des Raumes.
b) Nenne die Tätigkeiten der einzelnen Familienmitglieder.
c) Beschreibe ihre Kleidung.
d) Nimm Stellung zu der Haltung des Vaters.

3 Bearbeite M4 entsprechend der Punkte a) bis c) in Aufgabe 2.

4 Erläutere die Schwierigkeiten einer Arbeiterfamilie um das Jahr 1900 in den Städten (M5).

5 Begründe die Notwendigkeit, eine Nähmaschine zu besitzen, für die Heimarbeiterinnen in Berlin um das Jahr 1900 (M5).

6 Analysiere die Folgen für das Familienleben, wenn sechs bis acht Personen in einem Zimmer zusammenleben müssen.

Merke
Vor etwa 100 Jahren kümmerte sich in den reichen Familien die Frau um den Haushalt und die Erziehung der Kinder. Der Mann sorgte für den Unterhalt der Familie und kümmerte sich um sein Geschäft. Dagegen war das Leben der vielen armen Menschen vom Kampf um das Überleben geprägt.

Ein Rollenspiel durchführen

Info

Rollenspiel
Bei einem Rollenspiel spielen Schülerinnen und Schüler andere Personen. Sie spielen Ereignisse nach, zum Beispiel wie ein Konflikt entsteht, wie er ausgetragen und gelöst wird.
Hierbei versuchen die Darstellerinnen und Darsteller jeweils „ihre" Interessen durchzusetzen. Verlauf und Ergebnis des Spiels werden zum Schluss in der Klasse diskutiert.

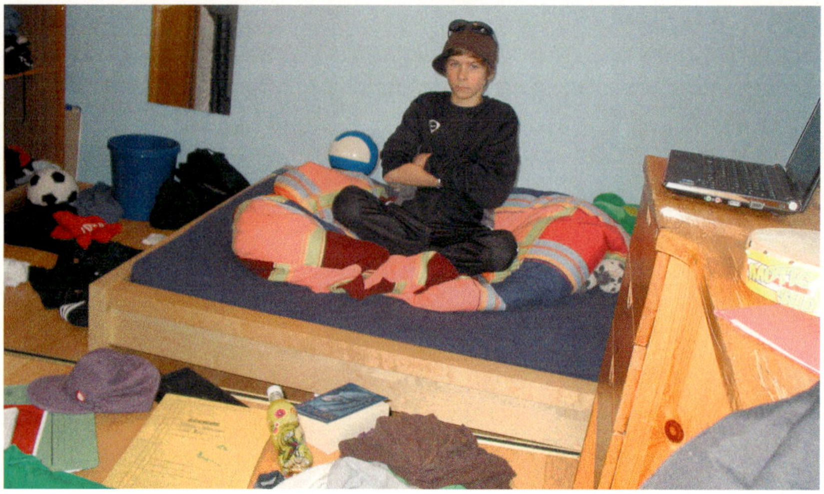

M1 *„Ich finde mein Zimmer ganz o.k."*

Mein Zimmer geht niemanden etwas an!

Mirko hat sich mit seinen Freunden nach dem Mittagessen zum Fußballspielen verabredet. Er packt seine neuen Fußballschuhe und den Trainingsanzug ein und will gerade das Haus verlassen. Da hält seine Mutter ihn auf: „Du hast dein Zimmer wieder nicht aufgeräumt. Du kannst jetzt nicht gehen."

„Ich räume nachher auf. Ich bin um 18:00 Uhr wieder zurück."

„Das kommt überhaupt nicht in Frage. Du hast mir schon letzte Woche versprochen aufzuräumen und heute Abend machst du es sicher auch wieder nicht. Du räumst jetzt sofort auf!"

„Das geht nicht. Das musst du verstehen. Ich bin verabredet."

Da kommt Mirkos Schwester Tina dazu und fragt:

„Ich suche schon seit Tagen meine CD von Justin Timberlake. Die liegt sicherlich bei dir rum. Die brauche ich jetzt unbedingt."

Die Auseinandersetzung nimmt ihren Lauf. Plötzlich geht die Tür auf. Vater kommt nach Hause ...

So könnt ihr vorgehen

Ein Rollenspiel gliedert sich in drei Abschnitte:
1. Vorbereitung: Überlegt in der Klasse, welches Problem ihr im Spiel darstellen wollt. Bildet mehrere Spielgruppen und eine Beobachtungsgruppe. Die Spielgruppen beschäftigen sich mit dem Problem aus der Sicht verschiedener Personen. Jeweils ein Mitglied der Gruppe übernimmt die Rolle einer Person. Die Beobachtungsgruppe bespricht, worauf sie während der Vorführungen der Spielgruppen besonders achten will (z. B.: Wie wird gespielt – sachlich, witzig, langweilig, überzeugend? Wie ist der Inhalt des Spiels – glaubwürdig, nichtssagend, verworren, klar? Wer hat besonders gut gespielt?).
2. Durchführung: Die einzelnen Gruppen spielen ihre Szene der Klasse vor. Die Beobachtungsgruppe macht sich Notizen.
3. Auswertung: Die Klasse spricht über Inhalt und Verlauf des Rollenspiels. Die Spielgruppen und die Beobachtungsgruppe diskutieren ihre Auffassungen.

Aufgaben

1 Spielt das Stück „Mein Zimmer geht niemanden etwas an":
a) Stellt zunächst drei Gruppen mit jeweils vier Schülerinnen und Schülern zusammen. Einigt euch, wer Mirko, Tina, Mutter und Vater spielt. Die übrigen Schülerinnen und Schüler bilden die Beobachtungsgruppe.
b) Besprecht in eurer Spielgruppe den Verlauf der Geschichte und eine mögliche Lösung. Legt genau fest, wie sich die vier Personen verhalten müssen, damit es zu dem gewünschten Ergebnis kommt. Die Beobachtungsgruppe legt fest, auf was sie beim Spiel achtet.
c) Jede Gruppe spielt ihre Geschichte vor und die Beobachtungsgruppe macht sich Notizen.
d) Anschließend wird diskutiert: Welche Lösung war besonders überzeugend und wäre auch in der Wirklichkeit möglich?

2 Ein Vater – vier Meinungen:
a) Nimm Stellung zu den verschiedenen Ansichten (M2).
b) Der Vater kommt abends heim. Spielt die Szene als Rollenspiel.

M2 *Ein Vater – vier Meinungen: Der Schriftsteller Max Kruse schildert einen Vater aus der Sicht der verschiedenen Mitglieder seiner Familie.*

Gewalt in der Schule

M1 *Anlass für eine Schlägerei?*

„Den machen wir fertig!"

In der großen Pause wird der Wasserhahn am Waschbecken im Klassenzimmer der 7a abgeknickt. Herr Bräuer, der Klassenlehrer, versucht, die Täter zu ermitteln. Auf seine Frage meldet sich niemand. Herr Bräuer ist verärgert. Mirko hält es nicht mehr aus. Er muss es einfach sagen. Er hat genau gesehen, dass Alexander und Michael den Wasserhahn verbogen haben.

Herr Bräuer geht mit den dreien zur Schulleiterin. Noch auf dem Gang vereinbaren Michael und Alexander, dass sie es dem blöden Mirko nach der Schule schon zeigen werden. Später werden auch Andreas und Lars zur Rauferei „eingeladen". Sie sind stark und bei Auseinandersetzungen immer gern dabei.

Es klingelt. Alle stürmen hinaus. Andreas, Lars, Michael und Alexander warten schon auf Mirko. Zu viert fallen sie über ihn her: Michael würgt Mirko. Zusammen mit Andreas nimmt er ihn in die Zange. Mirko wehrt sich. Alexander wartet auf eine Gelegenheit ...

M2 *Schlagzeilen zum Thema „Gewalt in der Schule"*

Aufgaben

1 a) Erläutere den Text „Den machen wir fertig". Benutze dabei die Begriffe Konflikt, Aggression, Gewalt.
b) Begründe, warum die einzelnen Jungen bei der Schlägerei mitmachen.
c) Stelle dar, wie der Konflikt weitergehen könnte.

2 Die Schlagzeilen in M2 berichten von Gewalt an Schulen. Vergleiche mit deiner Schule.

3 Erfinde eine Schlagzeile, die ein Zeitungsreporter zum Vorfall mit Mirko geschrieben haben könnte.

4 M4 gibt Auskunft über die Häufigkeit von aggressivem Verhalten an Schulen.
a) Arbeite heraus, welche drei Verhaltensweisen am häufigsten und welche drei am seltensten vorkommen.
b) Welche kennst du von deiner Schule?

5 Führt eine Befragung über aggressives Verhalten an eurer Schule durch. M4 kann als Grundlage dienen.

Info

Konflikt

Das Wort **Konflikt** kommt aus dem Lateinischen (conflictus) und bedeutet Streit, Unstimmigkeit, Zusammenstoß. Ein Konflikt entsteht, wenn zwei oder mehrere Personen aufeinandertreffen, die unterschiedliche Bedürfnisse oder Verhaltensweisen haben. Dann kann ein Konflikt darüber entstehen, wer sich durchsetzt.

Aggression

Aggression (Angriff) ist eine feindselige, gegen andere gerichtete Haltung oder Handlung. Sie zeigt sich in Worten oder auch in Taten (z. B. durch Schlagen, Prügeln). Es ist erwiesen, dass die Bereitschaft zu aggressivem Verhalten durch Enttäuschung oder Minderwertigkeitsgefühle gefördert wird.

Gewalt

Der Begriff **Gewalt** ist umfassender als Aggression. Er beinhaltet jegliche Anwendung von Zwang gegenüber Menschen mit dem Ziel, den eigenen Willen durchzusetzen und den anderen Schaden zuzufügen.

M3 *„Eine Schule nach unseren Wünschen" – eine Maßnahme gegen Gewalt*

Quelle

Fragen, die mit dem Ausmaß an Zerstörungen in Schulen zusammenhängen:

a) Hat jede Klasse ihren eigenen Klassenraum?
b) Können die Schülerinnen und Schüler ihre Klassen- und Aufenthaltsräume selbst gestalten?
c) Macht der Unterricht Spaß?
d) Werden die Schülerinnen und Schüler an der Unterrichtsplanung beteiligt?
e) Wie werden Konflikte ausgetragen: Unter den Schülerinnen und Schülern selbst? Zwischen Schülern und Lehrern? Zu Hause?
f) Sind die Möbel stabil und schulgemäß?
g) Werden Zerstörungen und Schmierereien von den Lehrern verfolgt und die Verursacher zur Verantwortung gezogen?

(Nach: Erfahrungen mit Sachbeschädigungen. München 1997)

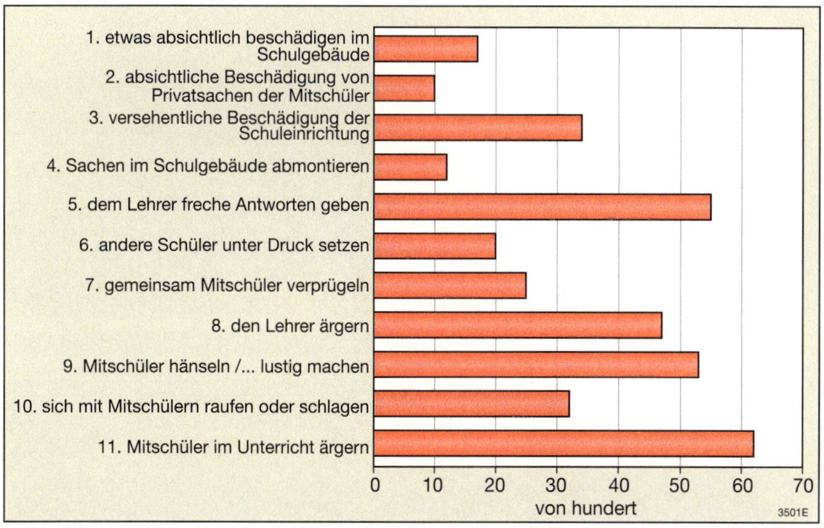

M4 *Ergebnisse einer Umfrage unter 100 Schülerinnen und Schülern der Klassen 5–9 auf die Frage, ob sie in den letzten vier Wochen eine oder mehrere dieser Handlungen selbst ausgeführt haben.*

Merke
Gewalt an Schulen äußert sich in unterschiedlicher Form. Ein Konflikt kann sich verschärfen und zu gewalttätigem Handeln führen.

Grundbegriffe
- Konflikt
- Aggression
- Gewalt

Konflikte und ihre Bewältigung

Info

Eskalation, Gewaltspirale

Der Begriff **Eskalation** kommt aus dem Französischen (Treppe/Leiter). Er bedeutet „stufenweise Steigerung, Verschärfung“.
Im Verlauf eines Konflikts kann es zu einer „Eskalation der Gewalt“ oder zu einem „Hochschrauben“ der Gewalt kommen. Deshalb spricht man außer von einer Eskalation der Gewalt auch von einer **Gewaltspirale**. Sie ist ab einem bestimmten Punkt nicht mehr kontrollierbar.

M1 *Ein Konflikt entsteht: Streit um eine Sache …*

Gewalt kann Gegengewalt erzeugen

Wenn Menschen in einen Konflikt verwickelt sind, reagieren sie häufig nach dem gleichen Muster.
1. Stufe: Zunächst geht es um eine Sache oder eine Meinung.
2. Stufe: Dann kommen persönliche Angriffe hinzu.
3. Stufe: Es wird Gewalt angewandt.
Gegebenenfalls 4. Stufe: Es kommt zu Gegengewalt.

Diese Eskalation kann überall passieren: in der Klasse, in der Familie, zwischen Kindern, zwischen Erwachsenen und zwischen Staaten. Im Lauf der Auseinandersetzung wird der andere nicht mehr als (empfindlicher) Mensch wahrgenommen. Das Gegenüber hat keine Seele, keine Gefühle. Es ist nur noch Zielscheibe der Gewalt bzw. der Gegengewalt. Der Konflikt endet oft so, dass alle Beteiligten einen großen Schaden haben.

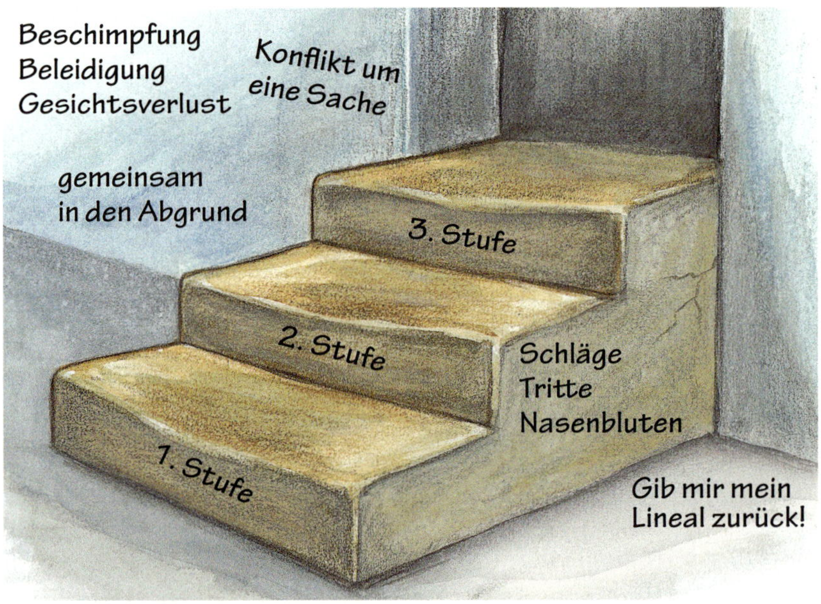

M2 *Eskalation der Gewalt*

Aufgaben

1 Schreibe eine Geschichte zum Thema: „Streit um ein Lineal“. Nutze M1 und M2. Verwende die Begriffe Wut, Eskalation bzw. Gewaltspirale.

2 Zeichne eine Treppe mit drei Stufen in deine Mappe oder dein Heft. Ordne den Stufen die Aussagen in M2 zu. Schreibe die Aussagen so auf die Stufen, dass jeweils die Eskalation der Gewalt deutlich wird.

Quelle 1

Wie entsteht Wut?

Wut baut sich auf. Sie ist wie ein Wirbelwind, der sich immer schneller dreht. Zuerst sind oft Kränkung, Enttäuschung, Angst oder Hilflosigkeit da, dann entsteht Wut, die sich nach und nach steigert. Man muss sich bei einem Konflikt selbst beobachten. Dann ist es möglich, in einem frühen Stadium aus der Gewaltspirale auszusteigen, bevor man der Wut freien Lauf lässt. So können Verletzungen aller Beteiligter vermieden werden.

(Nach Ortrud Hagedorn: Konfliktlotsen. Stuttgart 1996, S. 75)

Quelle 2

Deeskalation

Die Auflösung von Spannungs- oder Gewaltsituationen nennt man **Deeskalation**. Man erreicht sie zum Beispiel durch Zurückweichen, ruhiges Sprechen oder Trennen der Streithähne. Für Deeskalation gibt es Trainingsprogramme, die von Fachleuten wie Pädagogen, Polizisten oder Psychologen durchgeführt werden. Wenn man Deeskalationsverhalten geübt hat, kann man es im Ernstfall anwenden.

(Nach: Arbeitsgemeinschaft Jugend & Bildung e.V.(Hrsg.): Basta – Nein zur Gewalt. Wiesbaden 1999, S. 7)

Der Schwerterkampf

Zwei aus eurer Klasse „kämpfen“ mit Schwertern aus Zeitungspapier, ohne sich gegenseitig wehzutun. Die anderen bilden einen Kreis. Eine Runde dauert zwei Minuten (Stoppuhr, Kampfrichter).

1. Runde: Die Klasse beobachtet den Kampf. Sie gibt keine Kommentare.
2. Runde: Die Klasse feuert einen der beiden Kämpfer an.
3. Runde: Die Klasse feuert den anderen Kämpfer an.
4. Runde: Die Klasse ruft: „Aufhören“, „Schluss“.

Nach jeder Runde beantworten die Kämpfer folgende Fragen:
Wie habt ihr euch gefühlt?
Wie hat sich das Verhalten der Klasse auf euch ausgewirkt?

M3 *Schwerterkampf in der Klasse*

Aufgaben

3 Erläutere die Begriffe Eskalation und Deeskalation.

4 Erinnere dich an einen Streit, den du gehabt hast.
a) Schreibe auf, was du gesagt und getan hast. Stelle dar, an welcher Stelle du noch aussteigen konntest und ab wann es kein Zurück mehr gab.
b) Zeichne die drei (bzw. vier) Stufen der Gewalt (und Gegengewalt).

5 Führt einen „Schwerterkampf" in der Klasse durch. Arbeite heraus, wann das Verhalten der Klasse eine Eskalation, wann eine Deeskalation bewirkte.

Merke

Ein Konflikt verläuft in Form einer Eskalation bzw. Gewaltspirale. Aus ihr kann man am Anfang noch aussteigen. Auch wenn andere streiten, kann man sich für eine Deeskalation einsetzen.

Grundbegriffe
- Eskalation
- Gewaltspirale
- Deeskalation

Zusammenleben – nicht ganz einfac

1. „Akrostichon“ zum Thema Gewalt

a) Bei einem Akrostichon schreibt man einen Begriff senkrecht auf und sucht für jeden Buchstaben einen Begriff oder Ausdruck. Hier siehst du ein Beispiel, das folgende Frage beantworten soll: Wie äußert sich Gewalt in der Schule?
Schreibe das Akrostichon ab und fülle die Zeilen aus.

b) Erstelle ein Akrostichon zum Begriff Konflikt.

G _ _ _ _ _ sam Mitschüler v _ _ p _ _ _ _ _ _

E _ _ en Mitschüler _ än _ _ _ _

W _ _ _ _ bekritzeln

A _ si _ _ t _ i _ _ etwas be _ _ _ ä _ _ gen

L _ hr _ _ ä _ g _ _ _

T _ _ le tt _ _ be _ _ _ ä _ _ _ e _

2. Begriffe – kennst du dich aus?

Erkläre diese Begriffe.

Konflikt Aggression Gewalt

3. Die Gewaltspirale: Rätsel

a) In diesem Rätsel sind Begriffe „versteckt“, die alle etwas mit der Gewaltspirale zu tun haben. Kannst du sie finden? *Tipp:* Du musst die Vokale A, E, I, O, U und den Umlaut Ä an der richtigen Stelle einsetzen. Der Begriff auf der Treppe bezeichnet die stufenweise Verringerung von Spannungen, die bei der Gewaltspirale entstehen. Wie heißt er?

b) Verfasse einen kurzen Text, in dem die Begriffe aus dem Rätsel vorkommen.

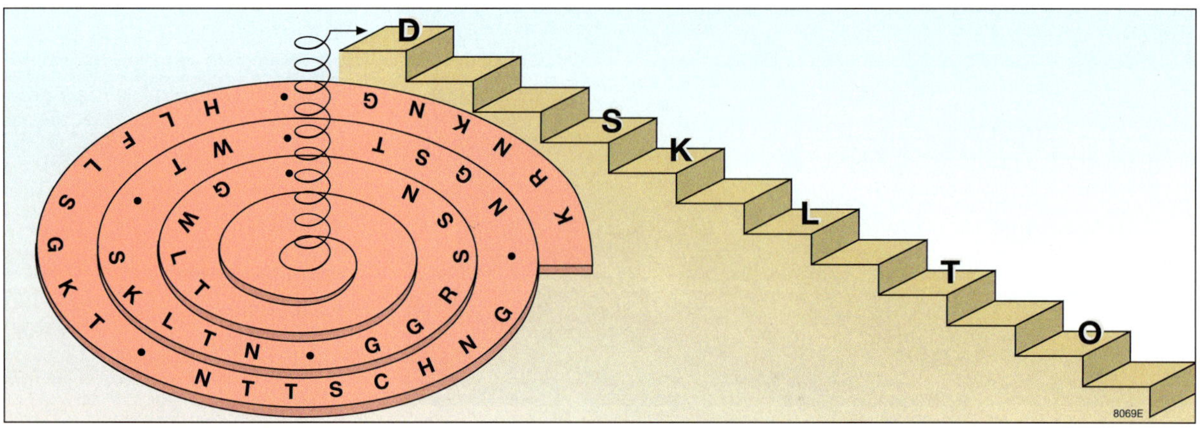

4. Gleichberechtigung?

Beschreibe und deute die Karikatur.

5. Starke Frauen

a) Entwirf ein Schaubild, das die Rolle der Frau in Deutschland und ihre beruflichen Möglichkeiten seit dem 19. Jahrhundert veranschaulicht.
b) In Grundschulen gibt es fast ausschließlich Lehrerinnen. Nimm Stellung zu dieser Situation.
c) Vergleiche deine Stellungnahme mit der einer Klassenkameradin oder eines Klassenkameraden.

6. Alles eine Ansichtssache?

Nimm jeweils Stellung zu den acht Aussagen.

① Frauen regieren die Welt.
② Männer machen Erziehungsurlaub.
③ Frauen sind im Beruf erfolgreicher.
④ Männer sind Hausmänner.
⑤ Frauen sind stark.
⑥ Männer putzen gerne.
⑦ Frauen verdienen mehr als Männer.
⑧ Männer kümmern sich um die Kinder.

7. Männlichkeit?

Männlichkeit = Macht, Kontrolle, Stärke, Führung, Erfolg, Ehrgeiz und Konkurrenz?

a) Überprüfe, welche Eigenschaften deiner Meinung nach auf den abgebildeten Mann zutreffen. Begründe.
b) Erkläre, was deiner Meinung nach „männlich“ ist.
c) „Bodybuilding ist ein Sport, den auch Frauen ausüben sollen.“ Nimm Stellung zu dieser Aussage.

Grundbegriffe
- Rolle
- Konflikt
- Aggression
- Gewalt
- Eskalation
- Gewaltspirale
- Deeskalation

Welt im Umbruch

Auftakt in eine neue Zeit

Das Weltbild im Wandel

Entdeckungen und Eroberungen

Eine Bildquelle auswerten

Mittel- und Südamerika

Folgen des Kolonialismus heute

M1 *Am 12. Oktober 1492 landete Christoph Kolumbus auf der Karibik-Insel San Salvador (Filmszene).* ▶

Auftakt in eine neue Zeit

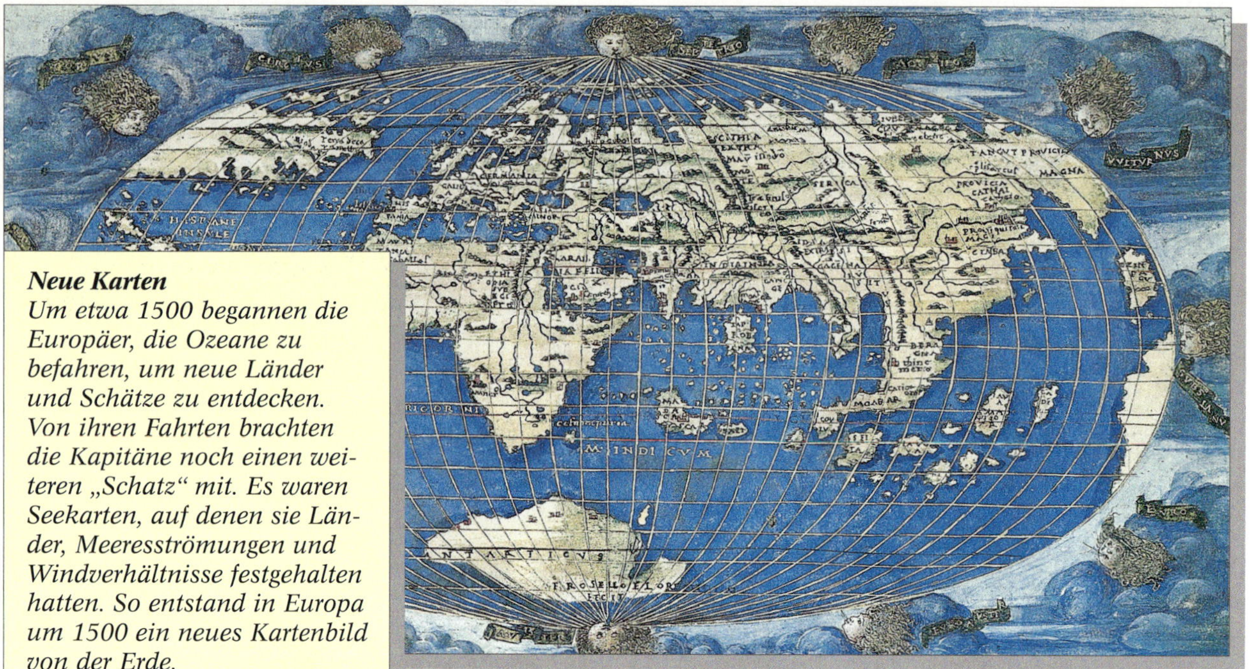

Neue Karten

Um etwa 1500 begannen die Europäer, die Ozeane zu befahren, um neue Länder und Schätze zu entdecken. Von ihren Fahrten brachten die Kapitäne noch einen weiteren „Schatz" mit. Es waren Seekarten, auf denen sie Länder, Meeresströmungen und Windverhältnisse festgehalten hatten. So entstand in Europa um 1500 ein neues Kartenbild von der Erde.

M1 *Weltkarte des Francesco Rosselli (um 1508)*

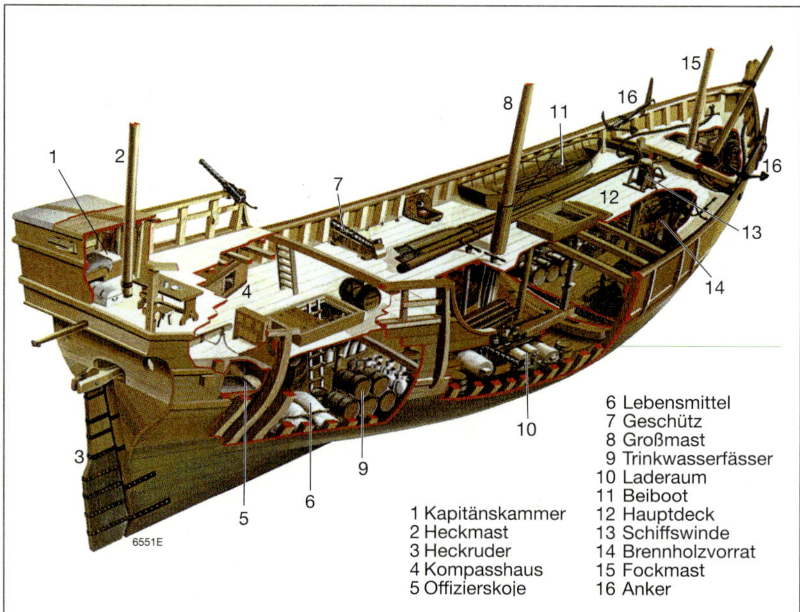

M2 *Die Karavelle war mit ca. 21 Meter Länge und 7 Meter Breite ein schnelles und gut steuerbares Hochseeschiff, das mit ca. 40 Mann Besatzung ab dem 15. Jahrhundert die Weltmeere befuhr.*

Neue Wege

Von Ländern weit im Osten hörte man in Europa um 1500 Erstaunliches. Dort sollte es ungeheure Mengen an Gold und Silber geben. Alte Handelswege über Land zu den fernen Ländern Asiens wurden jedoch durch islamische Völker versperrt. Somit mussten die Seefahrer neue Wege suchen. Sie konnten sich auf See besser orientieren, weil es große Fortschritte in der Schiffbaukunst gab und moderne Navigationsgeräte erfunden wurden.

Neue Ideen
Ende des 15. Jahrhunderts gab es zahlreiche neue wissenschaftliche Erkenntnisse und Erfindungen. Sie führten dazu, dass wir diese Zeit heute als das Ende des Mittelalters und als Beginn der Neuzeit bezeichnen.
Die Ärzte begannen, Krankheiten zu erforschen und den menschlichen Körper zu erkunden. Bisher galt er als „Gottes Werk“ und es war verboten, ihn aufzuschneiden. Bereits um 1455 gelang dem Mainzer Goldschmied Johannes Gutenberg auf einem anderen Gebiet eine bahnbrechende Erfindung: der Buchdruck mit beweglichen Buchstaben.

M4 *Buchdruckerwerkstatt um 1500. Ein Kunde bespricht mit dem Meister den Druckauftrag. Ein Drucker schwärzt mit zwei Stempeln die Druckform mit den eingesetzten Buchstaben.*

Aufgaben

1 Beurteile die Genauigkeit der Weltkarte Rossellis gegenüber einer heutigen Weltkarte (M1; Atlas, Karte: Erde – Topographie).

2 Liste sieben technische Erfindungen der letzten Jahrzehnte auf und beschreibe, inwieweit sie dein Leben veränderten.

Merke
Um 1500 endet das Mittelalter. Die Neuzeit beginnt.
Neue Erfindungen verändern das Weltbild. Seefahrer entdecken neue Erdteile.

M3 *Darstellungen des menschlichen Körpers nach den Studien des Dr. Vesalius*

Neuer Glaube
Die meisten Christen in Deutschland gehören heute der katholischen und der evangelischen Glaubensgemeinschaft an. Um 1500 gab es in unserem Raum nur eine christliche Kirche, die katholische Kirche. Doch vielen Gläubigen passten damals die Zustände in der Kirche nicht. Unter Martin Luther kam es zur Spaltung der Kirche und es entstand eine neue Glaubenslehre, die seit etwa 1520 als evangelischer Glaube bezeichnet wird.

Auftakt in eine neue Zeit

Die Kleidung wohlhabender Bürger und Bürgerinnen

Von Italien aus breitete sich die Renaissance als Kunststil zunächst in Malerei, Architektur und Dichtung, später auch in Musik, Tanz und Kleidung nach West- und Mitteleuropa aus. Die Renaissance-Kunst verstand sich als Wiederbelebung der klassischen Formen. So zeichnet sich die Architektur zum Beispiel durch Säulenfassaden an Häusern, durch Hallen- und Kuppelbauten aus. Allen Renaissance-Künstlern gemeinsam war das Streben nach Harmonie und idealen Proportionen (Formen). Als eines der bekanntesten Renaissance-Bauwerke gilt der große Kuppelbau der Peterskirche in Rom.

Der Kuppelbau des „Tempietto San Pietro in Montorio" in Rom verdeutlicht, dass die Baumeister Bauformen nach den Gesetzen der Geometrie anstreben.

M1 *Der Renaissance-Stil – eine Kunstepoche in Europa*

Schauplatz: Italien um 1400

Viele Gelehrte und Künstler in dieser Zeit nahmen sich die Werke von Philosophen, Dichtern, Wissenschaftlern und Baumeistern aus der griechischen und römischen Antike als geistiges Vorbild. Sie bezeichneten sich selbst als **Humanisten** nach dem lateinischen Wort „humanus" (menschlich, gebildet). Im Gegensatz zum Mittelalter rückten die Humanisten nun den einzelnen Menschen in den Mittelpunkt; das Individuum wurde zum Maß aller Dinge. So bildeten sich Geisteshaltungen heraus, die unser Leben bis heute beeinflussen, zum Beispiel die Betonung der Freiheit jedes einzelnen Menschen, der Selbstständigkeit und des Selbstbewusstseins. Viele Gelehrte wendeten sich nun den Naturwissenschaften und der Forschung zu und zeigten offen ihre kritische Haltung gegenüber der Kirche.

Die Humanisten waren davon überzeugt, dass der Mensch durch die Aufnahme der klassischen Vorbilder des Altertums in gewisser Weise „wiedergeboren" wurde. So nennt man heute die Zeit, in der der einzelne Mensch und seine Umgebung in den Mittelpunkt von Kunst und Wissenschaft rückten, **Renaissance**.

M2 *Florenz, die italienische Stadt am Arno, gilt als Hochburg der Renaissance. Die Stadt war um 1400 eine der mächtigsten Handelsmetropolen Europas. Sie hatte zu dieser Zeit um 100 000*

Während der Renaissance sahen sich viele Künstler nicht mehr als bloße Handwerker, so wie sie es in der mittelalterlichen Vergangenheit getan hatten. Sie suchten nach neuen Wegen des Gestaltens. Als ein Ergebnis wurden gemalte Bilder wie ein Blick durch ein Fenster gesehen, das man öffnet, um die natürliche Welt zu betrachten. So widmeten sich viele Renaissance-Maler der Wiedergabe von Landschaften, der Darstellung von Bäumen, Blumen, Pflanzen, Tieren und Bergen. Doch vor allem sahen es Künstler wie Leonardo da Vinci, Raffael und Michelangelo als ihre Aufgabe, Menschen – zum Teil in ihrer Bedeutung überhöht – ins Zentrum ihrer Kunst zu rücken.

M3 *Natur und Mensch – Mittelpunkte der Malerei*

M4 *Zwei Künstler haben das gleiche Bildmotiv gemalt: die Madonna mit dem Jesuskind. Beide Maler stammen aus der Nähe von Florenz. Das linke Bild wurde 1260 von einem Künstler des ausgehenden Mittelalters angefertigt, dessen Name unbekannt blieb. Das rechte Bild wurde 1465 von dem Mönch Fra Filippo Lippi gemalt. Es ist ein Beispiel der Renaissance-Malerei.*

Aufgaben

1 Informiere dich in Nachschlagewerken oder im Internet über Malerei, Architektur, Kleidung und Musik der Renaissance. (Internet-Adresse: www.renaissance.de)

2 Vergleiche die beiden Bilder in M4:
a) Erarbeite die Unterschiede in der Darstellung der Gesichter, der Körper und der Kleidung.
b) Beschreibe die Gestaltung des Bildhintergrunds.
c) Erläutere die Wirkung der beiden Bilder auf dich.

Einwohner. Im weltoffenen Florenz gab es eine breite Schicht geschäftiger Bürger und ihrer Familien, die durch Handel zu großem Reichtum gekommen waren.

Projektvorschlag:
Stellt unter dem Thema „Leben in der Renaissance" eine Werkschau mit Gemälden, Skulpturen, Gebäuden, Grundrissen, Fassaden, Stadtansichten usw. in der Schule aus.

Info

Renaissance
Die Renaissance ist eine **Kulturepoche** in Europa, die sich über etwa 200 Jahre von 1400–1600 erstreckt. Zentrum der Renaissance war Italien. Der Epochen-Begriff der „Renaissance" (französisch: „Wiedergeburt, Erneuerung") wurde 1550 erstmals von dem italienischen Kunsthistoriker Vasari gebraucht. Er beschreibt mit dem italienischen Wort „Rinascimento" die Erneuerung der Malerei nach der „barbarischen" dunklen Gotik des Mittelalters.

Merke
Die Renaissance ist eine Kulturepoche in Europa. Sie dauerte etwa von 1400–1600. Wissenschaft und Forschung entwickelten eine kritische Haltung gegenüber der Kirche. Mensch und Natur standen im Mittelpunkt der Kunst.

Grundbegriffe
- Humanist
- Renaissance
- Kulturepoche

Das Weltbild im Wandel

Aufgaben

1 Die Auffassungen über die Form der Erde haben sich verändert. Schreibe einen kurzen Text. Benutze die Begriffe: Scheibe, Kugel, abgeplattet, ausgedehnt.

2 Gestalte ein Poster zum Thema: Das Weltbild im Wandel. Übertrage hierzu die Zeitleiste aus der Abbildung unten in dein Heft oder deine Mappe und ergänze sie mit Fotos und Informationen zu Thales von Milet, Ptolemäus, Kopernikus und Hubble (Internet).

Die Erde – Scheibe oder Kugel

Welche Form hat die Erde? Diese für uns einfache Frage war lange Zeit ein Problem und führte zu Auseinandersetzungen unter den Wissenschaftlern. Bereits im Altertum gab es zwei Auffassungen. Thales von Milet, ein griechischer Wissenschaftler, vertrat die Auffassung, dass die Erde eine flache Scheibe sei, die auf dem Wasser schwimmt. Der griechische Naturforscher Ptolemäus hingegen nahm an, dass die Erde eine Kugel sei. Als Beweis für die Krümmung der Erdoberfläche nannte er folgende Beobachtung: Bei Schiffen, die den Hafen verlassen, verschwindet zuerst der Bootskörper aus dem Blickfeld, dann der Mast und zuletzt die Mastspitze.

Seine Annahme von der Kugelgestalt der Erde setzte sich schließlich durch. Auch im Mittelalter vertraten die meisten Wissenschaftler diese Auffassung, wenn auch das Volk großenteils noch die Erde als Scheibe sah. Bewiesen wurde die Kugelgestalt schließlich mit der Umsegelung der Erde durch den Portugiesen Magellan im Jahr 1521. Heute wissen wir, dass die Erde nicht genau die Form einer Kugel hat. Sie ist an den Polen abgeplattet und auf der Südhalbkugel etwas ausgedehnter als auf der Nordhalbkugel.

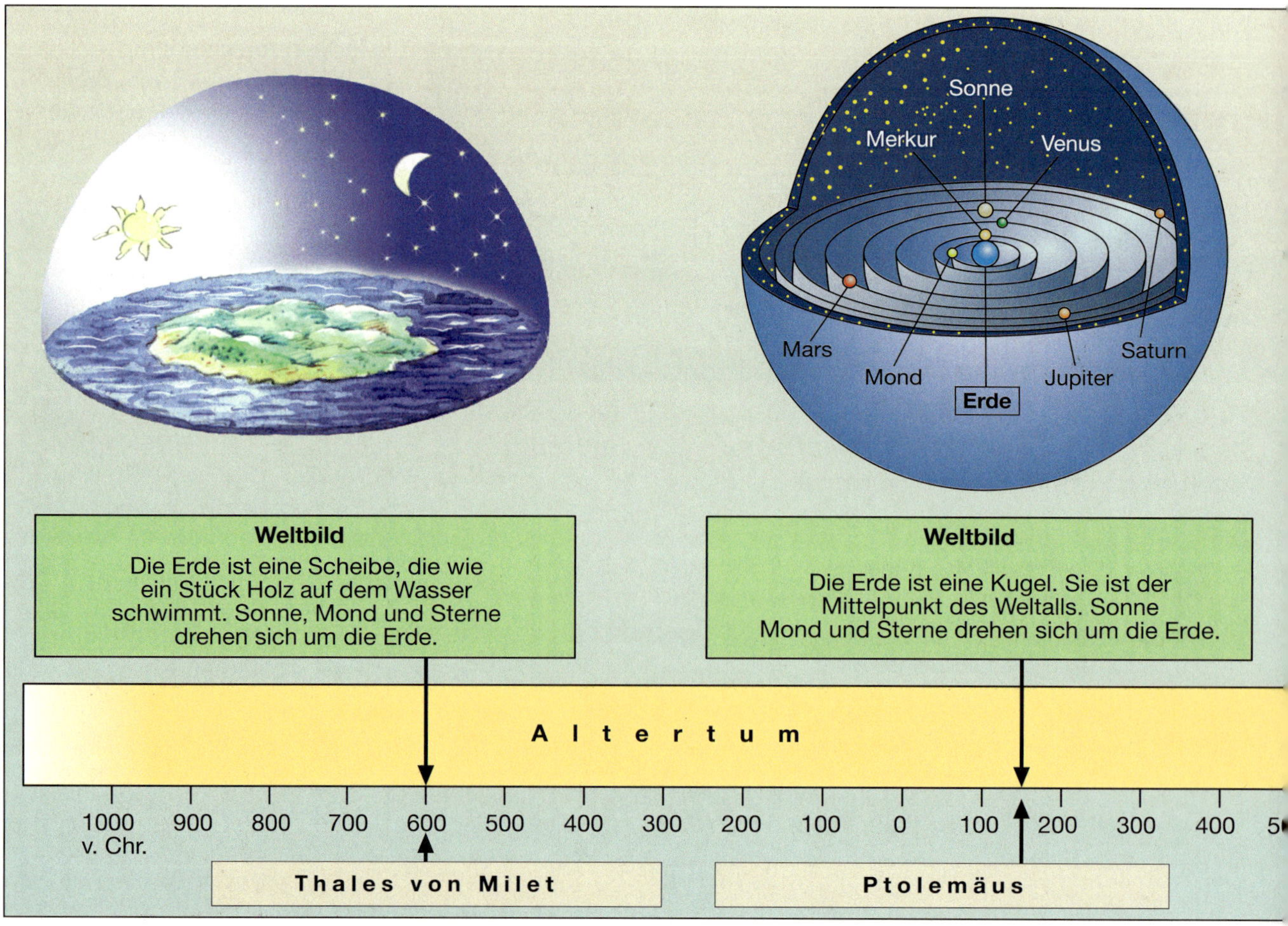

Die Erde – Mittelpunkt des Weltalls?

Lange Zeit glaubten die Menschen, dass sich Sonne, Mond und Sterne um die fest stehende Erde drehen würden. Diese Auffassung vertraten auch Ptolemäus und die katholische Kirche.

Im Jahr 1543 kam es dann zu einer wissenschaftlichen Revolution. Der polnische Priester Nikolaus Kopernikus verkündete, dass die Sonne der Mittelpunkt des Weltalls sei und die Erde lediglich ein Planet der Sonne wäre. Im Jahr 1632 stellte der italienische Mathematiker Galileo Galilei in einem Buch dieses neue Weltbild vor. Die katholische Kirche ließ das Buch jedoch verbieten und Galilei musste seine Auffassung wiederrufen.

Inzwischen weiß man, dass die Sonne nur ein winzig kleiner Stern am Rand unserer **Milchstraße (Galaxis)** ist. 1923 konnte der amerikanische Forscher Hubble nachweisen, dass es neben unserer Milchstraße noch zahllose weitere Galaxien im Weltall gibt.

Heute nehmen die Wissenschaftlerinnen und Wissenschaftler an, dass das Weltall durch einen „Urknall“, eine gewaltige Explosion, vor etwa 14 Milliarden Jahren entstanden ist. Seitdem dehnt es sich mit **Lichtgeschwindigkeit** aus.

Info

Lichtgeschwindigkeit
Das Licht bewegt sich mit einer Geschwindigkeit von 300 000 Kilometern in der Sekunde. Ein Lichtjahr sind 9 460 800 000 000 Kilometer.

Merke
Bereits im Altertum setzte sich die Auffassung von der Kugelgestalt der Erde durch.

Grundbegriffe
- Milchstraße (Galaxis)
- Lichtgeschwindigkeit

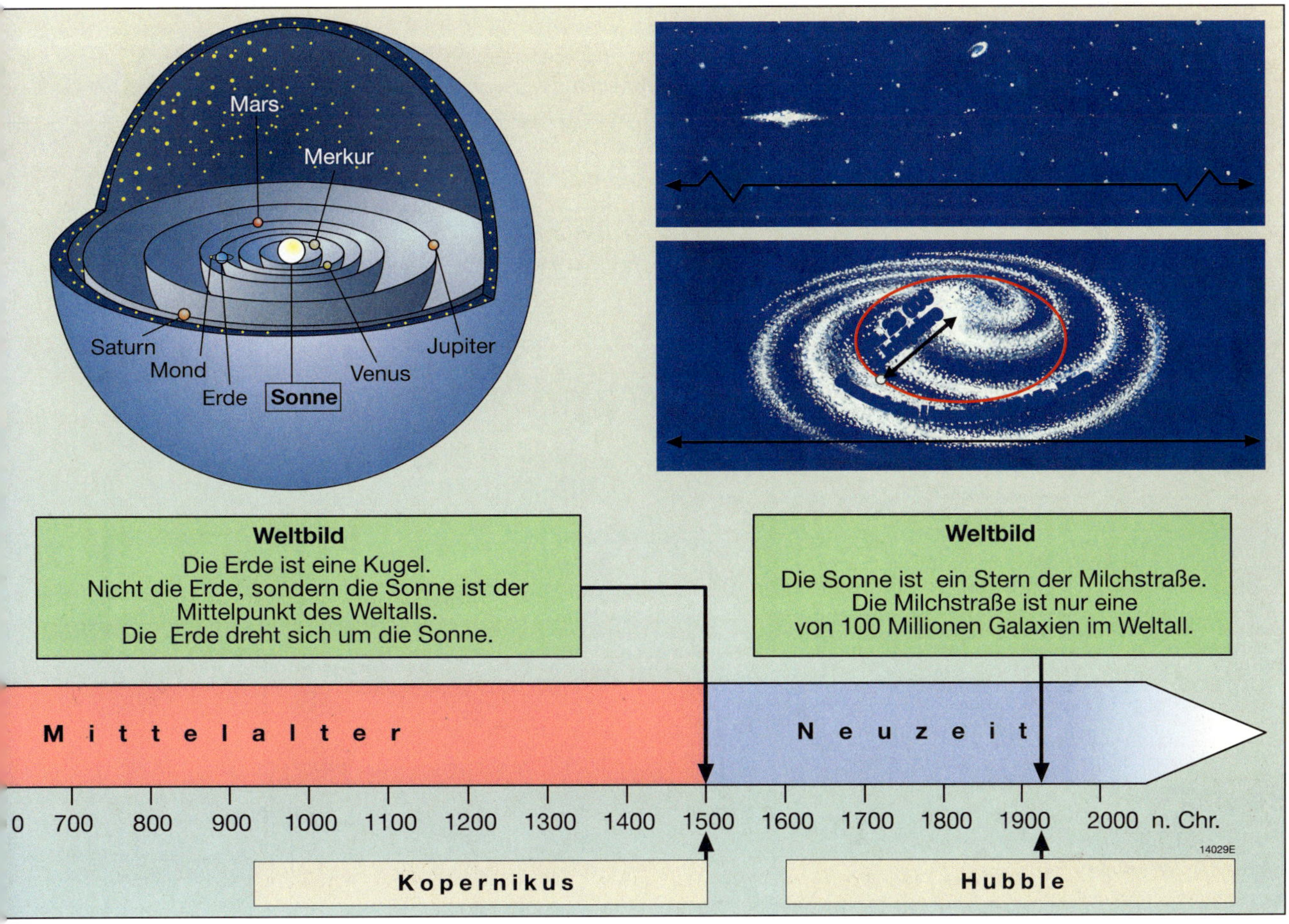

Entdeckungen und Eroberungen

Info

Pfeffer

Pfeffer ist ein bis zu neun Meter hoch wachsender Kletterstrauch. Er wird in den Tropen angebaut. Die Fruchtstände ähneln den roten Johannisbeeren.
Im Handel wird unterschieden zwischen
- grünem Pfeffer (den unreif geernteten und eingelegten Beeren),
- schwarzem Pfeffer (den getrockneten unreifen Beeren),
- weißem Pfeffer, den man aus den reifen Beeren gewinnt. Das rote Fruchtfleisch wird entfernt, und das weiße Korn bleibt übrig.

Kolumbus hat eine wagemutige Idee

Die Zeit Ende des 15. Jahrhunderts markiert für uns heute den Übergang vom Mittelalter zur Neuzeit. Damals brachten die Menschen aus Indien und China unter anderem Gold und Gewürze nach Europa. Man kannte nur den Landweg quer durch Asien und den Seeweg um die Südspitze Afrikas herum nach Osten. Diese Reiseroute war gefährlich und lang.

Christoph **Kolumbus** war ein italienischer Seefahrer, der 1476 nach Portugal gekommen war. Dort arbeitete er in Lissabon als Kartenzeichner. Dabei erweiterte er sein Wissen über die Erde. Er hörte davon, dass die Erde möglicherweise eine Kugel sei. Er dachte sich Folgendes: Um nach Indien und China zu kommen, müsste man auf dem Atlantischen Ozean nach Westen segeln.

Quelle 1

Warum waren Gewürze so wichtig?
In vielen Teilen Europas ernährte man sich im ausgehenden Mittelalter äußerst eintönig. Die Menschen aßen wenig Gemüse und Salat. Stattdessen verzehrten sie Getreidebrei, Brot und sehr viel Fleisch. Das Fleisch wurde mit Salz gepökelt, um es haltbar zu machen. Pökelfleisch schmeckte fad und war häufig zäh. Um es genießbar zu machen, brauchte man Gewürze – und zwar Gewürze, die in unserem Klima nicht gedeihen, sondern zum Beispiel in Indien. Vanille, Pfeffer, Muskatnuss und Gewürznelken waren im Mittelalter wertvoll und teuer. Eine Muskatnuss soll in Venedig einmal mit Gold aufgewogen worden sein.
(Nach Nikolaus Piper: Geschichte der Wirtschaft. Weinheim/Basel 2005, S. 63)

M1 *Kolumbus betritt die heutige Insel San Salvador.*

Die Reise über den Atlantik nach Westen

Am 3. August 1492 starteten Kolumbus und seine Mannschaft im Dienst des spanischen Königs die Seereise nach Indien in westlicher Richtung. Wochen vergingen, ohne dass der Matrose im Ausguck oben am Mast Land erblickte. Angst beschlich die Mannschaft. Segelten sie vielleicht doch ans Ende der Erdscheibe direkt in den Abgrund?

Am 12. Oktober schließlich der Schrei: „Tierra“ – „Land“. Die Schiffe waren an der Küste der heutigen mittelamerikanischen Insel San Salvador gelandet (siehe Seite 170 M1). Seitdem gilt Kolumbus als „Entdecker“ Amerikas.

Kolumbus dachte, die Insel sei Indien vorgelagert. Deshalb nannte er die Einwohner Indianer.

Quelle 2

Was für ein Handel!

Kolumbus handelte mit den Indianern. Aber was war das für ein Handel! Die Indianer hatten keine Vorstellung vom Eigentum und von den Preisen europäischer Produkte. Für sie war Handeln ein Austausch von Geschenken und Gegengeschenken. Sie gaben den Fremden alles, was sie hatten: Gold, Edelsteine und Gewürze. Dankbar nahmen sie dafür die Glasperlen, Glöckchen und andere wertlose Gegenstände von den Spaniern an. Kolumbus bekam schließlich ein schlechtes Gewissen und verbot seinen Matrosen wenigstens, den Indianern Scherben und Bindfäden anzudrehen.

(Nach Nikolaus Piper: Geschichte der Wirtschaft. Weinheim/Basel 2005, S. 63)

Quelle 3

Da nun das Gold, welches diese Inselbewohner an ihren Armen und Beinen tragen, tatsächlich echtes Gold ist, da ich es mit dem meinigen verglichen habe und hiermit ein Beweis vorliegt, dass es auf diesen Inseln vorkommen muss, so wird es mir mit Gottes Hilfe gelingen müssen, den Ort seines Vorkommens ausfindig zu machen.

(Nach Christopher Columbus: Bordbuch. Wiesbaden 2005, S. 100)

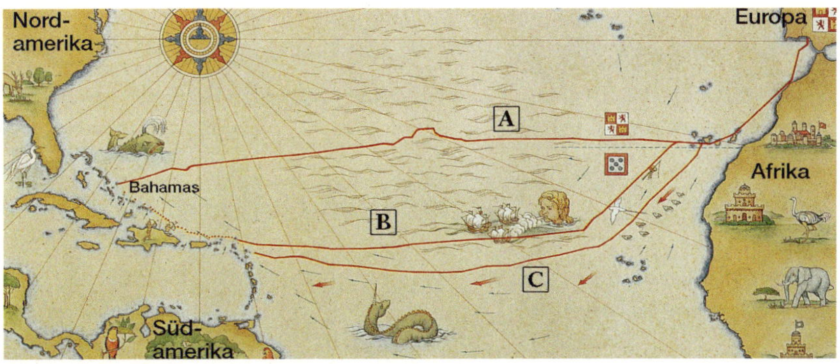

M2 *Vermuteter Reiseweg des Kolumbus (entweder Route A, B oder C)*

Aufgaben

1 Beschreibe das von Kolumbus anerkannte Weltbild des Kopernikus (Seite 267).

2 Von Europa aus um Afrika herum nach Indien. Beschreibe diesen Seeweg (Atlas).

3 Verfolge auf M2 und im Atlas die Fahrtrouten der Schiffe. Warum sind drei verschiedene Routen eingetragen?

4 Kolumbus nutzte die Indianer aus. Erläutere (Quellen 2 und 3).

Merke
Kolumbus suchte einen Seeweg in westlicher Richtung nach Indien. Dabei entdeckte er 1492 Amerika. Die Menschen dort nannte er Indianer.

Grundbegriff
- Kolumbus

Entdeckungen und Eroberungen

Kolumbus

Ein spannender Augenblick in der Geschichte

Christoph Kolumbus und seine Männer betraten im Morgengrauen des 12.10.1492 die Insel Guanahani (heute San Salvador), eine von über 700 Inseln der Bahamas. Kolumbus war in einer bis dahin „unbekannten Welt" gelandet, die man später **Neue Welt** nannte. Er ließ hölzerne und steinerne Kreuze errichten. Damit wollte er den christlichen Glauben Europas verbreiten.

M1 *Besitznahme in der Neuen Welt*

Seit 1415: Portugiesische Kapitäne erkunden im Auftrag von Heinrich dem Seefahrer die Westküste Afrikas.
1485: Entdeckung der Kongomündung durch den Portugiesen Diego Cão und den Deutschen Martin Behaim bei einer gemeinsamen Fahrt.
1486: Der Portugiese Bartholomeu Diaz umfährt als Erster das Kap der Guten Hoffnung.
1492: Entdeckung von Amerika durch Christoph Kolumbus.
1498: Der Portugiese Vasco da Gama umfährt mit drei Schiffen die Südspitze Afrikas und erreicht auf dem Seeweg Indien.
1513: Der Spanier Vasco de Balboa erreicht als erster Europäer den Pazifischen Ozean, den er „Südsee" nennt.
1519–1522: Weltumsegelung des Portugiesen Fernando Magellan.

M2 *Zeittafel der Entdeckungsfahrten*

Der Irrtum des Kolumbus

Kolumbus begab sich später auf weitere Reisen in die Karibik. Er wusste allerdings bis zu seinem Tod 1506 nicht, dass er auf den Inseln oder an der Küste eines neuen Erdteils angekommen war. Er war sich sicher, in Indien oder Japan gelandet zu sein.

Amerigos Amerika

Von 1497–1504 unternahm der Seefahrer Amerigo Vespucci in spanischen und portugiesischen Diensten Fahrten ins heutige Südamerika. Er allerdings erkannte, dass die Länder einem eigenständigen, bis dahin unbekannten Erdteil angehören mussten. Deshalb wurde der neue Kontinent auch nach ihm benannt. Amerika ist die lateinische Form für den Namen des Seefahrers Amerigo.

Aufteilung der neu entdeckten Gebiete

Sowohl Spanien als auch Portugal waren in jener Zeit Mächte, die die Seefahrt beherrschten. Mit den Entdeckungen neuer Gebiete kam es zu Spannungen zwischen beiden Ländern um die Aufteilung der Neuen Welt. Im Teilungsvertrag von Tordesillas (1594) grenzten die beiden Seemächte schließlich ihre Einflussbereiche ab.

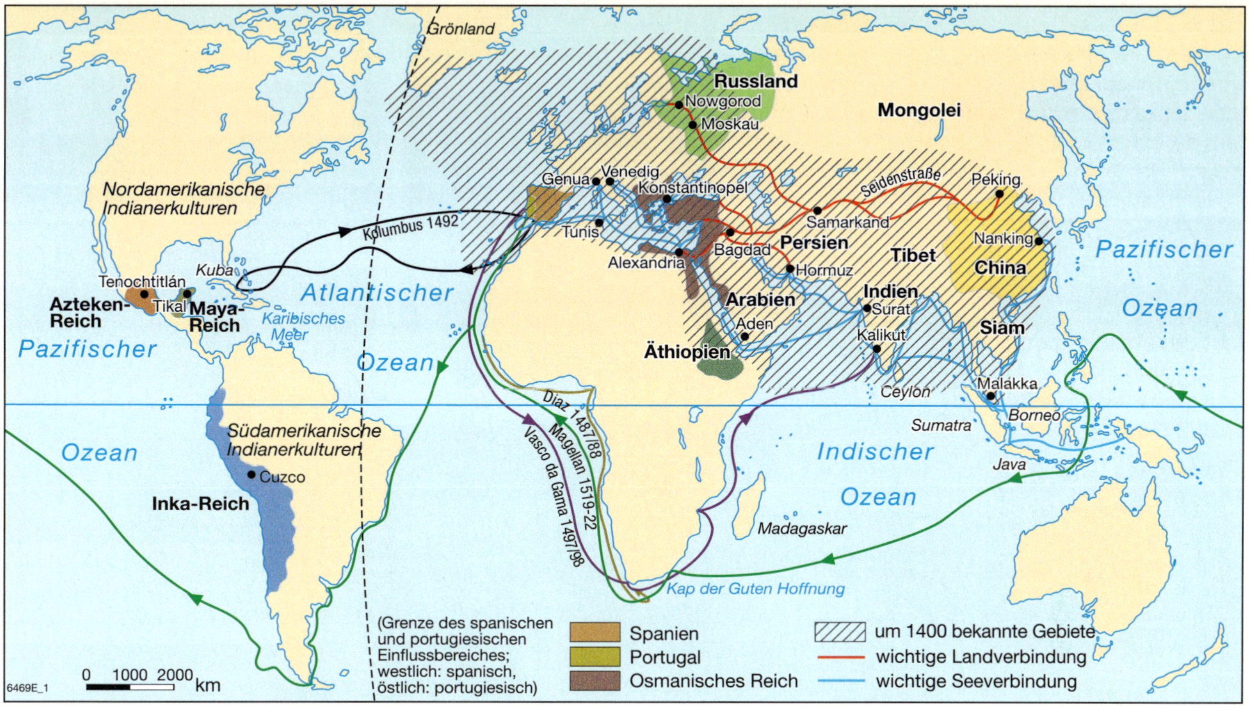

M3 *Seefahrer und Entdecker finden Wege zu unbekannten Kontinenten.*

Der Vertrag von Tordesillas

Am 7. Juni 1494 schlossen die Königreiche Portugal und Spanien in der Stadt Tordesillas folgenden ***Teilungsvertrag:***

„Hiermit wird bekundet, dass Spanien alle Gebiete erhält, die 370 Seemeilen (ca. 700 km) westlich der Inselgruppe der Azoren liegen; Portugal soll alle Gebiete erhalten, die östlich dieser Linie liegen.

Anno domini 1494

8083E

M4

Spanische und portugiesische Kapitäne unternahmen weitere Entdeckungsfahrten. Das neue Kartenbild der Erde verfestigte sich mehr und mehr. Um 1519 setzte sich die Erkenntnis durch, dass man China auf dem westlichen Seeweg nur erreichen kann, wenn man Amerika umfährt und dann den Pazifik von Osten nach Westen durchquert.

Dies gelang dem portugiesischen Kapitän Fernando Magellan, der im Dienst Spaniens stand. Mit seiner Fahrt war die Kugelgestalt der Erde bewiesen. Er selbst erlebte das Ende der Reise nicht. Er starb 1521 auf den Philippinen.

Aufgaben

1 Bestimme in M1 die heutigen Namen der eingetragenen Staaten und Städte.

2 a) Berichte über drei „Entdeckungsfahrten" (M2, M3, Lexikon).
b) Erläutere, welche Aufträge die Seefahrer hatten.

Merke
1492 landete Christoph Kolumbus in Amerika. Der Name des Kontinents stammt von dem Seefahrer Amerigo Vespucci, der die Neue Welt ebenfalls bereiste. Magellan umsegelte als Erster die Erde und bewies damit ihre Kugelgestalt.

Grundbegriff
- Neue Welt

M1 *„Platz der drei Kulturen" in Mexiko-Stadt*

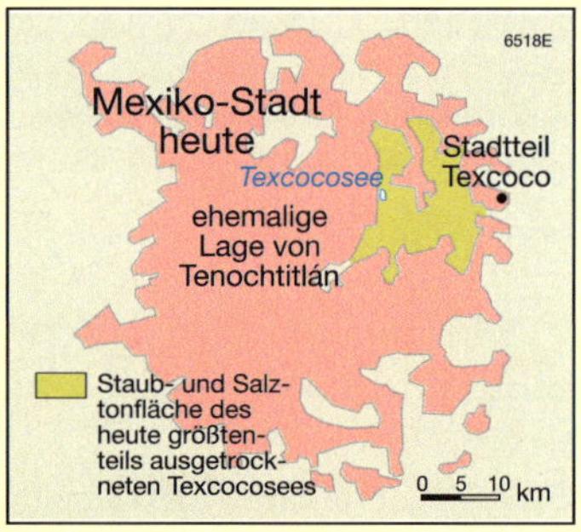

Seit 1325 hatten die Azteken eine Insel im Texcocosee zu ihrer Hauptstadt Tenochtitlán gemacht. Hier lebten über 300 000 Azteken. Die Häuser der Oberschicht (Priester, Kaufleute, Krieger) waren zweistöckig und hatten Innenhöfe mit Gärten. Die Bauern lebten in Lehmhütten. Sie hatten ihre Felder auf dem Festland. Auf Märkten boten Händler Lebensmittel, aber auch Stoffe, Kleidung, Tongefäße und Goldschmuck an. Die Azteken kannten kein Geld und tauschten ihre Waren.

M2 *Tenochtitlán*

Die indianische Welt um 1500

Vor etwa 20 000 Jahren wanderten Völker aus Nordasien über die Inselkette der Alëuten im Beringmeer auf den Kontinent Amerika. Es waren Jäger und Sammler, die nach Süden hin den Kontinent besiedelten. Vor 12 000 Jahren erreichten einige dieser Völker das heutige Mittel- und Südamerika. Die Völker der Azteken und Mayas siedelten sich in Mittelamerika im Sumpfland an der Küste und auf den Ebenen des Hochlandes an. Die Inkas verbreiteten sich in Südamerika vor allem im Hochgebirge. Viele Siedlungen entwickelten sich zu großen Städten. In den Zentren der Städte befanden sich die Tempel sowie die Paläste der Herrscher und der Oberschicht. Das einfache Volk lebte in den Außenbezirken der Städte.

Die Städte konnten sich so prachtvoll entfalten, weil die Landwirtschaft hoch entwickelt war und die Nahrungsversorgung vom Land in die Stadt klappte. Durch Pflanzenzucht und ausgeklügelte Bewässerungssysteme waren die Ureinwohner Amerikas zur Zeit der Entdeckung durch Kolumbus die fortschrittlichsten Ackerbauern der Welt. Ihnen verdanken wir zum Beispiel Mais, Kartoffeln, Tomaten, Bohnen und Kürbisse. Ackerbau, Jagd und Fischfang waren die Grundlagen der indianischen **Hochkultur**, die vor ungefähr 3000 Jahren entstand.

Die Azteken und die Inkas schufen mächtige Reiche, die sie von den Hauptstädten Tenochtitlán und Cuzco aus regierten.

Machu Picchu

Ungefähr 80 Kilometer nordwestlich von Cuzco liegt die Inka-Festung Machu Picchu. Sie wurde um 1450 erbaut und erst 1911 von dem Amerikaner Hiram Bingham entdeckt. Er gab ihr den Namen Machu Picchu (deutsch: „alte Bergspitze").

Die Anlage liegt etwa 600 Meter über dem Fluss Urubamba auf einem Bergsporn. Vom Tal aus ist sie nicht zu erkennen, oben stößt man plötzlich auf Treppen, Türme, Tempel und Häuser aus Stein. Alle Gebäude zeugen vom hohen technischen und handwerklichen Können ihrer Erbauer. Die Ruinenstadt wird vom fast senkrecht aufsteigenden Berg Huaya Picchu überragt.

M3 *Machu Picchu – Ruinenstadt der Inkas in den Anden*

Mittelpunkt von Tenochtitlán war ein großer, gepflasterter Platz. Hier standen mehrere Tempel, das Schloss des Azteken-Herrschers Moctezuma sowie Paläste der Priester.
Das Bild zeigt die Doppelpyramide des Sonnengottes Huitzilopochtli und des Regengottes Tlaloc, weiterhin Heiligtümer anderer Götter, Teile eines Gerichtssaales und eines Ballspielplatzes (beides unten rechts). Moctezuma war einer der Könige der Azteken. Das Volk verehrte ihn wie einen Gott.

Der Tempelbezirk von Tenochtitlán (Rekonstruktion)

M4 *Der Tempelbezirk – Zentrum der Azteken-Hauptstadt*

Aufgaben

1 Das Reich der Azteken war eine Hochkultur. Begründe (M2, M4, Text).

2 Bestimme, in welchen heutigen Staaten Lateinamerikas sich die Reiche der Azteken, Mayas und Inkas (Atlas, Karten: Amerika – Staaten und Geschichte) erstrecken.

Merke
Die Azteken und Inkas schufen mächtige Reiche. Sie entwickelten Hochkulturen und regierten von ihren Hauptstädten Tenochtitlán und Cuzco aus.

Grundbegriff
- Hochkultur

Einer der Eroberer war Hernán Cortés. Im Februar 1517 setzte er im Auftrag des spanischen Königshauses mit etwa 600 Soldaten und elf Schiffen von Kuba aus nach Mexiko über. Die Gier nach Gold, Silber und anderen Schätzen trieb ihn von der Halbinsel Yucatán ins Landesinnere. Damit die indianische Bevölkerung ihr Gold hergab, behaupteten die Spanier, sie hätten eine Krankheit, die nur mit Gold heilbar sei.
Wenn Eingeborene Widerstand leisteten, wurden sie erbarmungslos niedergemetzelt.
Cortés machte von Anfang an reiche Beute und sandte gewaltige Schiffsladungen mit Gold- und Silbergegenständen nach Spanien. Auf seinem Beutezug wurde Cortés von Kriegern anderer indianischer Stämme, die die Azteken unterworfen hatten, unterstützt. Kenntnisse über Land und Leute erhielt Cortés durch Malinche, der Tochter eines verstorbenen Indianerhäuptlings. Cortés hatte sie von besiegten Indianern geschenkt bekommen. Malinche und Cortés hatten einen Sohn.
Der aztekische Herrscher Moctezuma versuchte vergeblich, die Spanier zu verzaubern. Dann schickte er Cortés Gesandte mit Geschenken entgegen: Schmuck und einem kostbaren Federkopfputz. Es half nicht, er konnte die Spanier nicht zur Umkehr bewegen. Am 8. November 1519 erreichte Cortés mit seinen Soldaten Tenochtitlán, die Hauptstadt des Aztekenreiches.

Aztekische Goldmaske

M1 *Der Beutezug des Hernán Cortés*

M2 *Cortés und Moctezuma*

Unbekannte Menschen

Als die europäischen Seefahrer nach Amerika kamen, wussten sie nicht, dass dieser Kontinent von Völkern mit Hochkulturen besiedelt war, die große Reiche beherrschten, herrliche Bauwerke geschaffen hatten und bei denen die Religion das ganze Leben bestimmte.

M3 *Spanische Soldaten ermorden unbewaffnete Indianer.*

Aufgabe

1 Bewerte, mit welchen Erwartungen sich Moctezuma und Cortés begegneten.

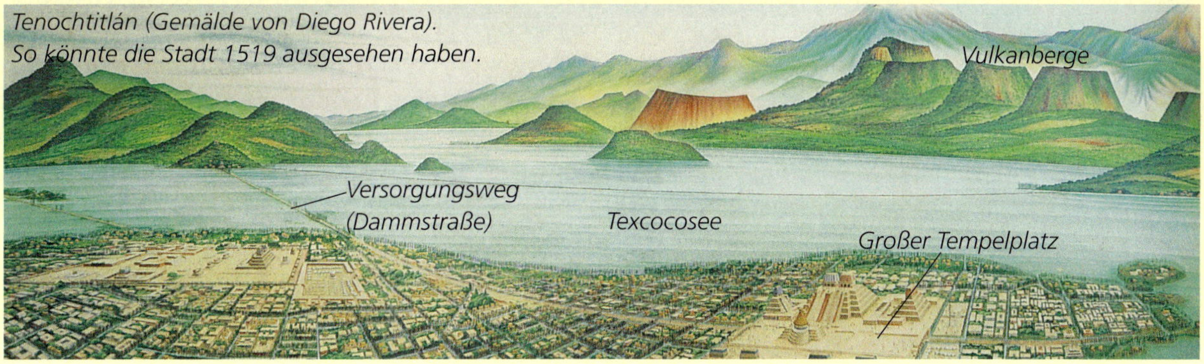

Als Cortés mit seinen 600 Soldaten in Tenochtitlán ankam, hatte er einen Vorteil: Die Azteken hielten ihn für den erwarteten Gottkönig Quetzalcoatl, als dessen Kennzeichen eine weiße Haut, helle Haare und ein Bart galten. Beim Eintreffen in der Hauptstadt begrüßte der Azteken-Herrscher Moctezuma Cortés mit prächtigen Geschenken wie Gold, Edelsteinen und kunstvollem Federschmuck. Moctezuma erkannte zu spät, dass Cortés kein Gott war. Bereits einige Tage nach dem Eintreffen in Tenochtitlán wurde er von Cortés als Geisel genommen. Die Soldaten zerstörten die Götterbilder und richteten unter den Einwohnern ein Massaker an. Als 1520 die spanischen Eroberer aztekische Priester töteten, löste das einen Aufstand aus. Moctezuma, der Nachsicht gegenüber den Spaniern zeigte, wurde vermutlich von eigenen Landsleuten getötet.

Die Spanier versuchten am 30. Juni 1520, aus Tenochtitlán zu fliehen, doch Azteken schnitten ihnen die Fluchtwege ab. Viele Spanier kamen um oder versanken mitsamt ihrer Beute im Texcocosee.
Cortés konnte fliehen, kam jedoch ein Jahr später mit verstärkten Truppen und treuen Indio-Kriegern zurück und begann im Mai 1521 mit der Belagerung der Hauptstadt. Er ließ Schiffe bauen, die in Teile zerlegt zum See geschafft wurden. So konnten die spanischen Truppen die Versorgungswege zur Hauptstadt unterbinden und die Bevölkerung aushungern. Nach erbitterten Kämpfen und von den eingeschleppten Krankheiten der Spanier geschwächt, fiel am 13. August 1521 Tenochtitlán in die Hände der Spanier.
Die Stadt wurde vollständig zerstört.

M4 *Die Eroberung der Azteken-Hauptstadt Tenochtitlán*

Ebensowenig kannten die Menschen Amerikas die anderen Erdteile und deren Bewohner. Sie ahnten nicht, dass die angekommenen Fremdlinge **Konquistadoren** (spanisch: „Eroberer“) waren, die in wenigen Jahren ihre Reiche zerstören und viele von ihnen wegen des Goldes und anderer Schätze ermorden würden.

Aufgabe

2 Erkläre mithilfe von M4, wie und warum die Spanier Tenochtitlán einnehmen konnten.

Quelle

Ein Begleiter von Cortés schrieb über die Zerstörung von Technochtitlán:
„Dreiundneunzig Tage hatte die Belagerung gedauert, Tag und Nacht hörte der Lärm nicht auf:
Da waren das Pfeifen und das Schlachtgeschrei der Feinde, die auf der Straße mit uns kämpften. ... Dazwischen gellten die höllische Musik der Trommeln und der Muscheltrompeten sowie der grauenhafte, schauerliche Ton der großen Pauke vom Haupttempel ..., der zuletzt keinen Augenblick aufhörte.“

(Nach Bernal Diaz del Castillo: Geschichte der Eroberung von Mexiko. Frankfurt 1988)

Merke
Europäische Konquistadoren plünderten die Schätze der indianischen Hochkulturen. Der bekannteste von ihnen war Hernán Cortés. Er zerstörte Tenochtitlán und ermordete die Bevölkerung.

Grundbegriff
- Konquistador

Info

Kolonie
Der Begriff wurde im 16. Jahrhundert aus dem lateinischen Wort „colonia": „Länderei, Ansiedlung, Niederlassung" gebildet.
Er bezeichnet ein in Übersee liegendes Gebiet, das ein europäischer Staat als eigenen Besitz ausgab.
Kolonien entstanden durch Besetzung bzw. militärische Eroberung. Häufig entwickelten sie sich aus der Gründung von Handelsniederlassungen oder Militärstützpunkten.

1570 :	40000
1650 :	850000

M1 *Zahl schwarzafrikanischer Sklaven in Lateinamerika*

Indianer-Reiche werden europäische Kolonien

Der Feldzug von Cortés gegen die Azteken war nur der Anfang weiterer spanischer Eroberungen. In den Jahren 1532/33 plünderte und vernichtete der Spanier Pizarro das Reich der Inkas im heutigen Peru. Die Mayas wurden von den Spaniern 1542 besiegt. Weite Teile Mittel- und Südamerikas gerieten nach und nach unter spanische Herrschaft. Man zwang die einheimische Bevölkerung zur Annahme des katholischen Glaubens. Die indianischen Siedlungsgebiete wurden zu überseeischen Besitztümern, zu **Kolonien** Spaniens, erklärt. Als die Eroberer die Schätze der Indianer durch Gewalt oder Tauschhandel an sich gebracht hatten, nahmen sie auch die Gold- und Silberminen in Besitz.

Bald schon erkannten die Spanier, dass sich auch mit einheimischen Nutzpflanzen Geld verdienen ließ. Sie führten in den Kolonien die **Plantagenwirtschaft** ein. Auf großen Flächen wurde der Urwald gerodet und man baute in **Monokultur** zum Beispiel Zuckerrohr, Kaffee oder Kakao an. Zehntausende Indios starben aufgrund der unmenschlichen Arbeitsbedingungen in den Bergwerken und auf den Plantagen sowie durch Krankheiten. Sie wurden durch dunkelhäutige Afrikaner ersetzt, die als Sklaven mit Schiffen nach Südamerika verschleppt wurden. Zwischen 1500 und 1800 entwickelte sich ein **Dreieckshandel**. Dabei machten die Kaufleute aus Europa riesige Gewinne.

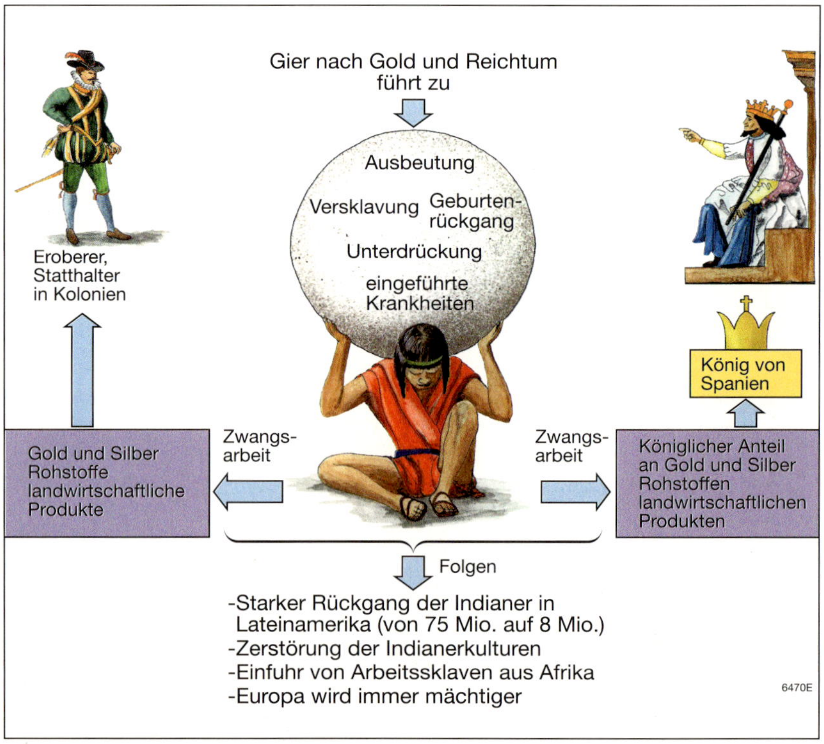

M2 *Die Folgen der Europäisierung*

Aufgaben

1 Erkläre den Dreieckshandel (M4).

2 Begründe, warum Schwarzafrikaner nach Amerika verschleppt wurden.

3 Erläutere mithilfe von M2 die Folgen der Europäisierung.

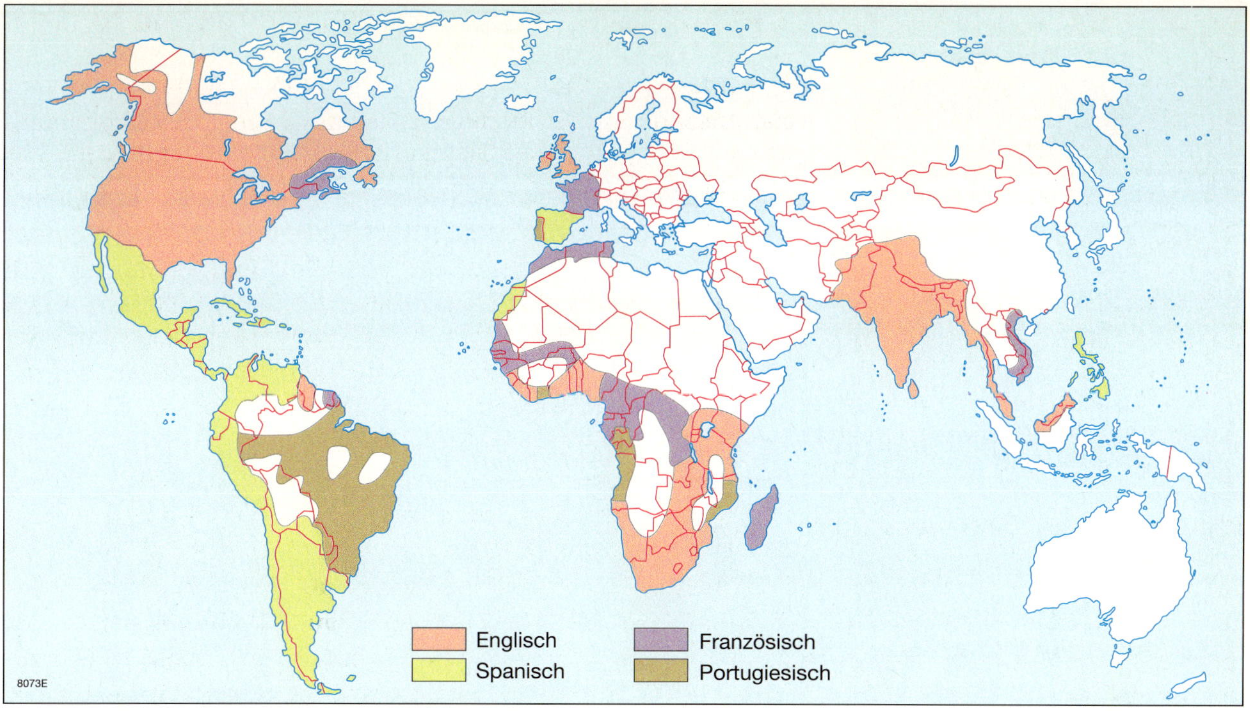

M3 *Die Sprachgebiete der Kolonialmächte um 1700*

Vom 16. bis 18. Jahrhundert fand ein Handel der Europäer mit Afrika und Amerika statt. Sie wollten die eigene Wirtschaft mit billigen Rohstoffen versorgen und gleichzeitig Fertigprodukte in die Kolonien exportieren (ausführen). Dieser Dreieckshandel verlief folgendermaßen: Fertigwaren wurden von Europa nach Afrika transportiert. Dort wurden sie gegen Sklaven eingetauscht. Die Sklaven wurden nach Amerika verschifft. Hier tauschten die Europäer die Sklaven gegen Rohstoffe ein, die wiederum nach Europa gebracht wurden. Weit über zehn Millionen Afrikaner wurden auf diese Weise versklavt. Sie wurden zumeist zur Zuckerrohr-, Tabak- und Baumwollgewinnung eingesetzt. Unzählige Menschen kamen dabei ums Leben. Der Dreieckshandel fand erst mit der Abschaffung der Sklaverei ab 1772 ein Ende.

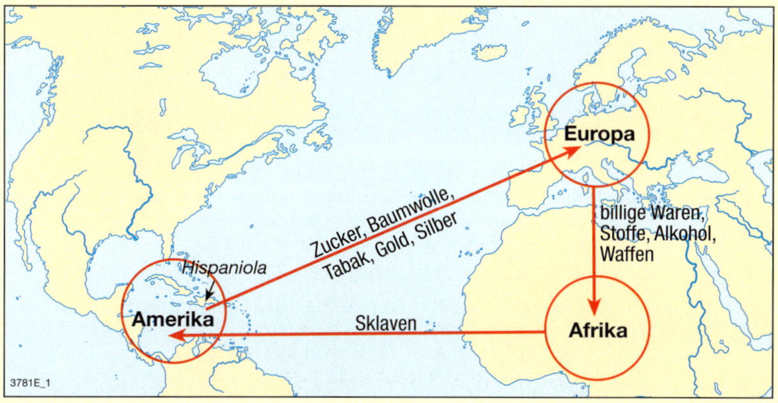

M4 *Der Dreieckshandel*

Aufgabe

4 Bestimme, in welchen heutigen Staaten um 1700 die Sprachen der Kolonialmächte verbreitet waren (M3; Atlas, Karte: Erde – politisch).

Merke
Um die eigene Wirtschaft anzukurbeln, handelten die Europäer mit Sklaven, Rohstoffen und Fertigprodukten zwischen Afrika, Amerika und Europa. Dieser Dreieckshandel forderte unzählige Menschenleben.

Grundbegriffe
- Kolonie
- Plantagenwirtschaft
- Monokultur
- Dreieckshandel

Eine Bildquelle auswerten

M1 *Die Landung von Hernán Cortés in Veracruz/Mexiko um 1520 (Wandbild des mexikanischen Malers Diego Rivera aus dem Jahr 1951)*

Das Bild M1 zeigt im Vordergrund in der Bildmitte den spanischen Konquistador Cortés. Er übergibt einem Sklavenhändler Geld. Die etwas verdeckte Frau hinter Cortés ist vermutlich Malinche, die ihren gemeinsamen Sohn auf dem Rücken trägt. Am linken Bildrand unten brandmarken spanische Soldaten einheimische Sklaven ...

M2 *Bildbeschreibung*

So wertest du eine geschichtliche Bildquelle aus

Zeugen der Geschichte sind in vielen Fällen Bilder. Sie überliefern uns Darstellungen von Geschehenem. Wollen wir durch ein Bild etwas aus der Vergangenheit erfahren, müssen wir diese Bildquellen auswerten:

1. Betrachte das Bild mindestens zwei Minuten in Ruhe. Achte dabei getrennt auf Vorder-, Mittel- und Hintergrund.
2. Beschreibe das Bild nun systematisch: Welche Personen sind zu erkennen? Welche Handlungen sind dargestellt?
3. Welche Personen, Gegenstände und Handlungen stehen im Mittelpunkt des Bildes?
4. Finde heraus, wann das dargestellte Ereignis stattgefunden hat.
5. Stelle fest, ob es sich um eine zeitgenössische Darstellung oder um ein später entstandenes Bild handelt. Wenn das Bild später entstanden ist, musst du dich über den Künstler und seine Absichten informieren, zum Beispiel in einem Lexikon.
6. Beschreibe die Stimmung des Bildes im Zusammenhang mit dem dargestellten Ereignis. Welche Meinung hat der Künstler dazu?

Aufgabe

1 Werte M1 nach den Punkten 1.–6. aus und ergänze dabei die Bildbeschreibung in M2.

Mittel- und Südamerika

Unterwegs auf der „Panamericana"

Über zwei Jahre fuhren zwei Globetrotter mit ihrem Wohnmobil auf der „Panamericana", der „Traumstraße Amerikas". Die Reiseroute zeigt die Karte Seite 180 M2. Hier ihre Reisenotizen aus **Lateinamerika**.

I In Mittelamerika

„Bienvenidos en Mexico"
„Willkommen in Mexiko", begrüßt uns der Zollbeamte an der Grenze in spanischer Sprache. Unsere Fahrt geht weiter nach Mexiko-Stadt. Deutlich erkennen wir den rechtwinkligen Grundriss der Riesenstadt. Die „Plaza de las Tres Culturas" („Platz der Drei Kulturen") erinnert daran, dass die Stadt auf eine Gründung der Azteken zurückgeht.

Man merkt sofort, dass Mexiko-Stadt in einem Tal liegt und eine der größten Metropolen der Erde ist. Das Verkehrsaufkommen ist riesig, die Luft ist stickig und es weht kein Lüftchen.

M3 *Mexiko-Stadt – Metropole mit 19 Millionen Einwohnern*

Über den Panamákanal
Auf unserer Fahrt durch den südlichen Teil Mexikos stoßen wir auf die ersten tropischen Regenwälder. Im Bergland von Honduras besuchen wir eine Kaffeeplantage. Dann fahren wir weiter bis zur schmalsten Stelle des Doppelkontinents und überqueren den Panamákanal. Östlich des Panamákanals wird die Fahrt über die „Panamericana" schwierig. Hier beginnen ausgedehnte Sümpfe und ein dichter Dschungel. Wir folgen der Regenwaldpiste von Panamá nach Kolumbien.

Info

Lateinamerika
Mit Lateinamerika bezeichnet man die Länder Mittel- und Südamerikas. Hier spricht man überwiegend Spanisch oder Portugiesisch. Dagegen wird in Nordamerika vorwiegend Englisch gesprochen.

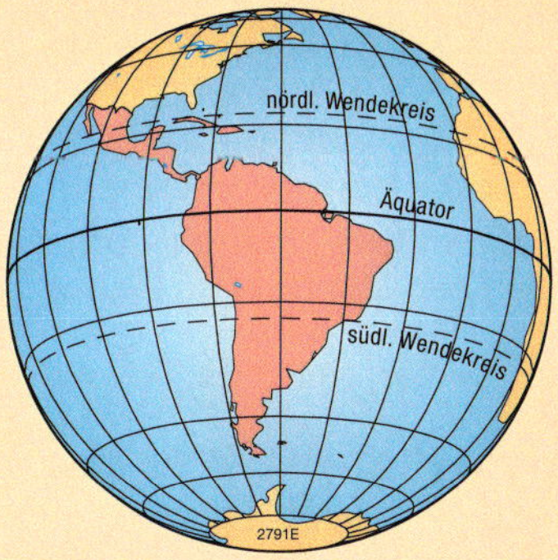

M4 *Bananen und Kaffee aus Mittel- und Südamerika*

Mittel- und Südamerika

Aufgaben

1 Die Bananenaufkleber und das Kaffeeschild (S. 179 M4) verraten die Herkunftsländer. Suche diese im Atlas und ordne die jeweiligen Hauptstädte zu (Atlas, Karten: Mittelamerika – physisch, Südamerika – physisch).

2 Erstelle eine Liste aller Millionenstädte in Mittel- und Südamerika (Atlas, Karten: Vereinigte Staaten/ Mittelamerika – physisch, Südamerika/Mittelamerika – physisch).

3 Welche beiden Meere verbindet der Panamákanal?

4 Lies M5 und beantworte folgende Fragen:
a) Welche Länder sind in Tipp 1 angesprochen?
b) Welche beiden Andenübergänge (Tipp 2) von Chile aus findest du im Atlas? Nenne die Städte, die sie verbinden. Durch welches Meer verläuft die genannte Schiffsreise?
c) Verfolge die Route in Tipp 3 und nenne drei weitere Städte, die an der Strecke liegen.

II Durch die Andenländer

Höllenfahrt in den Anden
Auf dem Weg nach Guayaquil machen wir zum ersten Mal Bekanntschaft mit den kurvenreichen Bergstraßen der Anden und ihren langen, nicht enden wollenden Steigungen. Vom Küstenstreifen am Westfuß der Anden windet sich die staubige Piste ins Hochland hinauf. Nun bestimmt die Gebirgswelt unseren Autofahreralltag. Traumstraße? Weit gefehlt! In den Anden wird das Fahren zum mühevollen unablässigen Kurbeln, Gasgeben und Bremsen. An steilen Wänden lässt die Straße oft nur Platz für einen Wagen. Vorsichtig tasten wir uns durch Haarnadelkurven, immer darauf gefasst, plötzlich die bullige Front eines Lastwagens zu erblicken. Oft schieben wir uns nur eine Fußbreite am Abgrund entlang. Ich habe die Hand am Türgriff, um notfalls rausspringen zu können. Ein Lastwagen kommt uns bedrohlich nahe. Im Vorbeifahren grinst der Fahrer, ein Indio, fröhlich zu uns herunter.

Nach den anstrengenden Bergfahrten in Kolumbien und Ecuador machen wir einen Abstecher nach Guayaquil am Pazifischen Ozean. In Peru kommen wir erneut an den Pazifik. Etwa 1000 km entlang der Küste führt uns der Weg, bis wir die peruanische Hauptstadt Lima erreichen. Hier legen wir eine einwöchige Ruhepause ein.

M1 *Begegnung mit Lkw in den Anden*

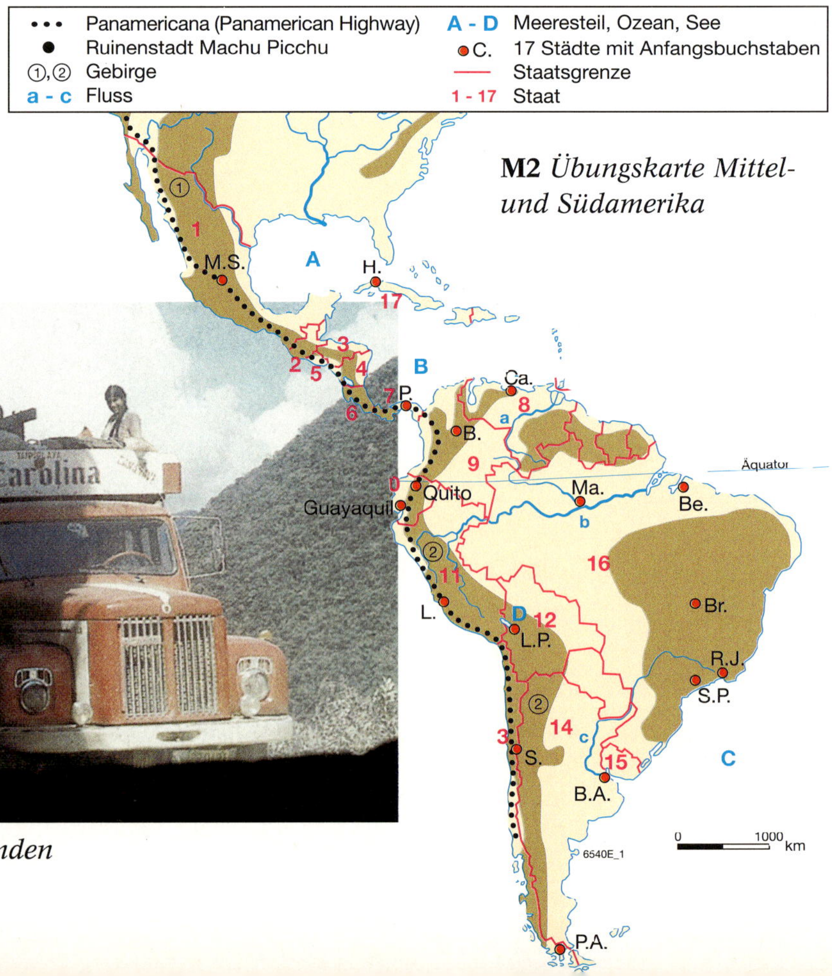

M2 *Übungskarte Mittel- und Südamerika*

M3 *Bei den Uru-Indianern am Titicacasee*

Hochland-Indianer
Kurz vor La Paz treffen wir am Titicacasee auf Hochland-Indianer. Boliviens Hauptstadt liegt 3600 m hoch. Es ist die am höchsten gelegene Großstadt der Erde. Um vom Hochland schneller zur „Panamericana" zurückzukehren, verladen wir in La Paz unser Fahrzeug auf die Eisenbahn. Bei Antofagasta in Chile endet unser Ausflug in das Reich der Inkas.

Küstenwüste
An der Küste im nördlichen Teil Chiles liegt die Wüste Atacama. Dünen wie in der Sahara, Geröllfelder und Trockentäler wechseln sich mit kahlen Bergen ab. Doch plötzlich begegnen wir Maisfeldern, Zuckerrohr, Baumwolle und Obstbäumen - sie gedeihen in Flussoasen.

Bald erreichen wir die chilenische Hauptstadt Santiago, eine der großen Metropolen Lateinamerikas. Die Stadt wirkt sehr europäisch. Das angenehme Klima lädt zum Ausruhen ein. Die Erholung brauchen wir. Schließlich steht uns ja die letzte anstrengende Etappe durch Patagonien bis nach Feuerland bevor.

M4 *In der Wüste Atacama*

Tipp 1:

Abstecher von Quito nach Iquitós in das Amazonastiefland sehr lohnend!

Tipp 2:

Mehrere Übergänge von Chile aus über die Anden nach Argentinien möglich; vor allem im Süden wegen geringer Andenhöhe problemlos. Von Puerto Montt herrliche Schiffsreise nach Punta Arenas an der Magellanstraße.

Tipp 3:

Strecke nach Argentinien nördlich von Santiago über Buenos Aires entlang der Atlantikküste bis nach Feuerland nehmen! Hier besonders interessante Naturparks für See-Elefanten, Seevögel und Pinguine. Regelmäßige Fährverbindung mit Feuerland.

M5 *Tipps von Globetrottern in Südamerika*

Aufgabe

5 Finde die Namen in der Übungskarte M2: Schreibe zunächst die Städte auf, die die beiden Reisenden gesehen haben. Finde dann die Namen der übrigen Eintragungen heraus.

Merke
Die „Panamericana" führt im Westen des Kontinents durch Lateinamerika, das heißt durch die Staaten mit überwiegend spanisch sprechender Bevölkerung Mittel- und Südamerikas.

Grundbegriff
- Lateinamerika

Folgen des Kolonialismus heute

Info

Kolonialismus
Der Begriff „Kolonialismus" bezeichnet die Bildung von Kolonien in Übersee.
Es geht um die Ausdehnung der Herrschaft europäischer Länder auf außereuropäische Gebiete mit dem Ziel, diese wirtschaftlich auszubeuten.

Aufgabe

1 Erläutere den Begriff „Kolonialismus".

M2 *„Die Plünderer der Welt" (amerikanische Karikatur von 1885)*

M1 *Die vielen Bürgerkriege in afrikanischen Staaten sind oft Konflikte zwischen verschiedenen Volksgruppen. Bei den in der Regel willkürlichen Grenzziehungen wurden häufig mehrere Volksgruppen einem Staat zugeordnet. Diese Gruppen waren oft so unterschiedlich und schon seit langer Zeit verfeindet, dass sie sich bekämpften.*

Seit der Entdeckung Amerikas durch Kolumbus im Jahr 1492 haben europäische Staaten immer wieder Länder und Völker in anderen Kontinenten erobert. Dies wird als **Kolonialismus** bezeichnet. Die eroberten Länder wurden zu Kolonien.
Sie wurden oft nur deshalb unterworfen, weil die Eroberer an den Bodenschätzen oder Pflanzen in den fremden Ländern interessiert waren. Das konnten Gold oder Diamanten sein, aber auch Gewürze, Tee, Kaffee, Tabak oder Südfrüchte. Diese Waren wurden preiswert in den Kolonien erbeutet und dann für viel Geld in den Heimatländern verkauft. Die Menschen, die in den Kolonien lebten, hatten meist keine Rechte.
Bis 1914 siedelte mehr als die Hälfte der Menschheit in Kolonien. Erst nach 1945 gaben die europäischen Staaten ihre Kolonien allmählich auf, sodass daraus unabhängige Länder entstanden. Viele dieser Länder leiden bis heute unter den Folgen des Kolonialismus.

M3 *Europäer in anderen Kontinenten*

Die Aufgabe der Kolonien und der Weg in die Selbstständigkeit nach 1945 waren in Afrika mit großen Veränderungen der politischen Grenzen verbunden. 1945 gab es erst vier selbstständige Staaten. Bis 1993 stieg diese Zahl auf 53 an. Religiöse Konflikte und Spannungen unter den verschiedenen Volksgruppen führten immer wieder zu Auseinandersetzungen und Kriegen. Der Kolonialismus hat Afrika schweren Schaden zugefügt. Das zeigt sich in der weitverbreiteten Armut in vielen Ländern.

M4 *Das Ende der Kolonien*

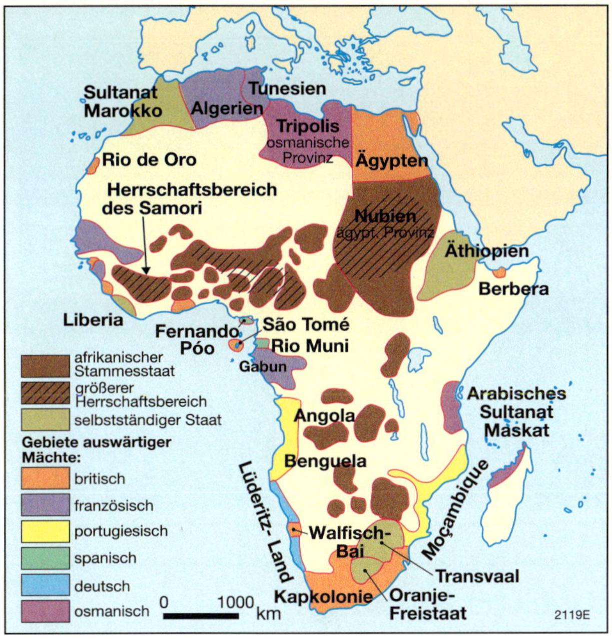

M5 *Afrika vor der Aufteilung durch europäische Mächte 1848*

M6 *Afrika nach der Aufteilung unter den Kolonialmächten 1914*

Quelle 1

Die Kolonien – ausgebeutet und unterdrückt

Die Kolonien wurden ausgebeutet und unterdrückt. Traditionelle Sozial- und Stammesordnungen wurden zerstört und die Völker ihrer eigenen kulturellen und politischen Entwicklungsmöglichkeiten beraubt. Der Raubbau an den natürlichen Ressourcen richtete in vielen Regionen dauerhafte wirtschaftliche und ökologische Schäden an. Der Kolonialismus ist zudem die Ursache für kriegerische Konflikte zwischen den und sogar innerhalb der neuen Staaten. Sie mussten sich in Grenzen einrichten, die von den Kolonialmächten ohne Rücksicht auf die dort wohnenden Volksgruppen gezogen wurden.

(Nach: Encarta Enzyklopädie 2002)

Quelle 2

Uralte Rechnung aufgemacht

Nachdem der Spanier Francisco Pizarro ab 1532 die heutigen Staaten Peru und Bolivien erobert hatte, schafften die Spanier bis zum Jahr 1800 etwa 3840 Tonnen Gold nach Spanien. Die beiden Länder wurden ausgebeutet und haben dann über Jahrhunderte hinweg nur Armut gekannt, obwohl sie reich an Bodenschätzen sind. Der Ingenieur Dante Gumiel hat ausgerechnet, dass Spanien den beiden Staaten dafür die stattliche Summe von 384 Milliarden Dollar schuldet. Er hat die Regierung in Madrid nun aufgefordert, ihre historische Schuld im Namen der Gerechtigkeit zu begleichen.

(Nach: www.weltinderschule.uni-bremen.de)

Aufgaben

2 a) Interpretiere M2 mithilfe von M5 und M6.
b) Erörtere die Aussage: „Heutige Konflikte in vielen Staaten Afrikas gehen auf die koloniale Aufteilung zurück." Nutze auch die Atlaskarten: Afrika – Staaten und Geschichte.

4 Die Quellen 1 und 2 ergänzen sich. Begründe.

5 Bewerte Quelle 2.

Merke
Seit der Entdeckung Amerikas haben europäische Staaten in anderen Kontinenten Kolonien gegründet. Der Kolonialismus endete erst nach 1945.

Grundbegriff
- Kolonialismus

Alles klar?

Welt im Umbruch

1. Fragen für Experten

a) In Mexiko-Stadt gibt es den „Platz der drei Kulturen“. Erkläre diesen Namen.

b) Erkläre den Begriff „Hochkultur“. Nenne auch Beispiele.

c) Machu Picchu ist ein beliebtes Touristenziel. Beschreibe, was man dort besichtigen kann.

d) Berichte über die Situation, die in der Abbildung dargestellt ist.

2. Wer vertrat welche Meinung?

a) Ordne die Namen bei den Buchstaben A–D den Aussagen 1.–4. richtig zu:

1. Die Sonne ist der Mittelpunkt des Weltalls und die Erde dreht sich um die Sonne.
2. Die Sonne ist nur ein winziger Stern in der Milchstraße. Die Milchstraße ist nur eine von 100 Millionen Galaxien im Weltall.
3. Die Erde ist eine Kugel. Sie steht unbeweglich im Mittelpunkt des Weltalls. Die Sonne, der Mond und die Sterne drehen sich auf kreisförmigen Bahnen um die Erde.
4. Die Erde ist eine Scheibe mit Ebenen, Bergen und Tälern, die auf einer Wasseroberfläche schwimmt. Sonne Mond und Sterne drehen sich um die Erde.

b) Der Mathematiker Galileo Galilei zog sich 1632 den Zorn der Kirche zu. Berichte über den Grund und wie sich Galilei dann verhielt.

c) Stelle dar, wie Wissenschaftlerinnen und Wissenschaftler heute die Entstehung des Weltalls erklären.

3. Eine neue Zeit bricht an

Um 1500 beginnt die Neuzeit. Erkläre in diesem Zusammenhang, was die Abbildung darstellt.

4. Reisen von vier „Entdeckern"

a) Verfolge die Reisen der vier „Entdecker" und schreibe zu jeder Route die entdeckten Kontinente auf.

b) Wer von den genannten Seeleuten hat zu seiner Zeit die meisten Kontinente bereist?

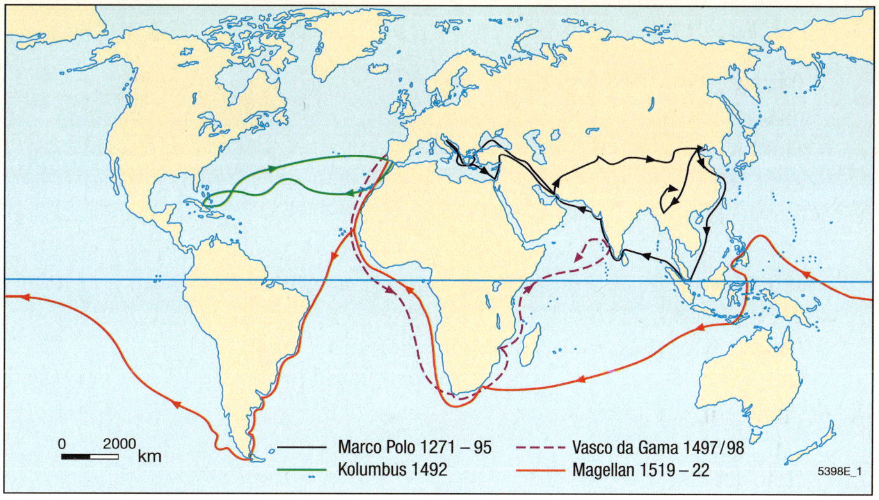

5. Zwei Männer bestimmen das Schicksal von Tenochtitlán

a) Notiere die Namen der Männer in der Abbildung.

b) Berichte über Tenochtitlán.

c) Erkläre, inwiefern sie das Schicksal von Tenochtitlán bestimmten.

6. Der Dreieckshandel

Zeichne die Grafik ab. Schreibe an die Pfeile die Waren, die beim Tauschhandel wichtig waren.

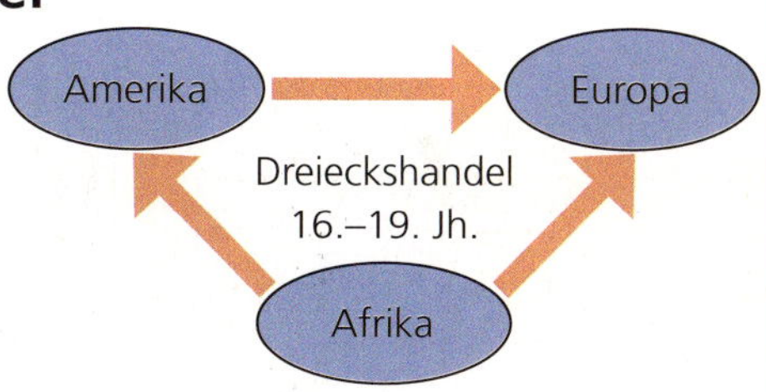

Grundbegriffe
- Humanist
- Renaissance
- Kulturepoche
- Milchstraße (Galaxis)
- Lichtgeschwindigkeit
- Kolumbus
- Indianer
- Neue Welt
- Hochkultur
- Konquistador (Eroberer)
- Kolonie
- Plantagenwirtschaft
- Monokultur
- Dreieckshandel
- Lateinamerika

Vom Absolutismus zur Revolution

„Der Staat bin ich!“

Der Baumeister des Königs

Stützen der Macht

Der Aufbau der französischen Gesellschaft

Die Französische Revolution

Menschenrechte heute

Ein Lernplakat erstellen

Eine geschichtliche Karikatur auswerten

Auswirkungen der Französischen Revolution

M1 *Schloss Versailles bei Paris* ▶
① *Schlafzimmer des Königs*
② *Tiergehege*
③ *Theater und zwei Gartenschlösschen*
④ *Straße nach Paris*

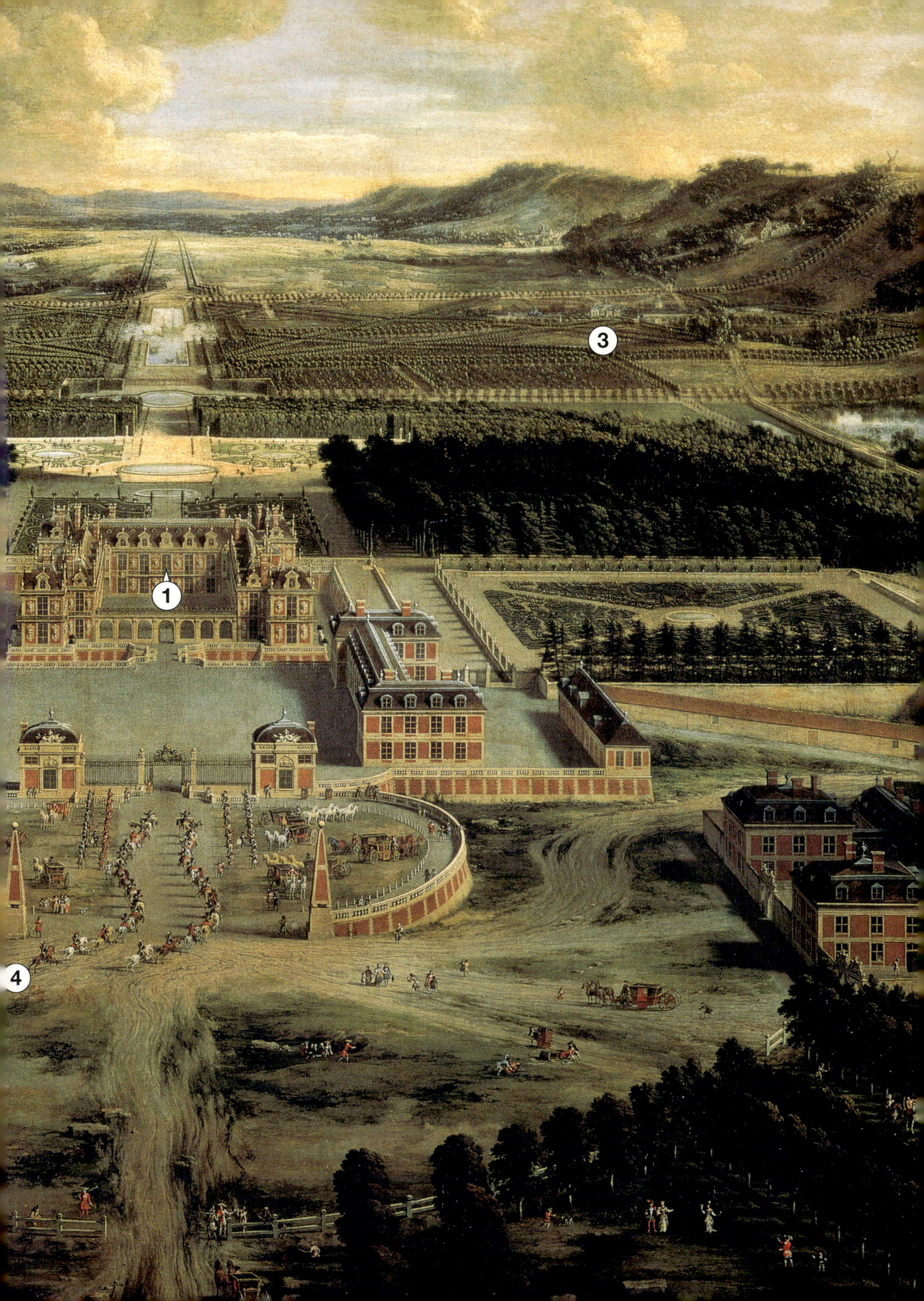
1
3
4

„Der Staat bin ich!"

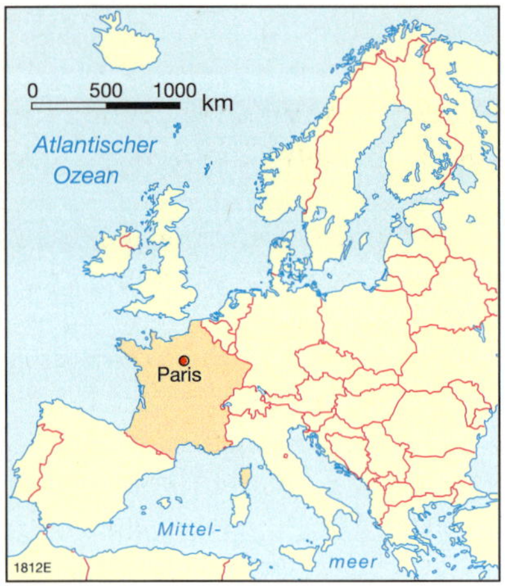

M1 *Lage von Frankreich in Europa*

Versailles – das Zentrum der Macht des Sonnenkönigs

Ludwig XIV. war von 1661 bis 1715 in Frankreich König. Er nannte sich selbst **Sonnenkönig**. Unter seiner Herrschaft wurde Frankreich zum mächtigsten Staat in Europa.

Ludwig XIV. regierte von seinem Schloss Versailles aus. Es liegt etwa 30 Kilometer südwestlich von Paris. Als er 1661 die Regierung übernahm, ließ er als Erstes das Jagdschloss seines Vaters in eine glanzvolle Schlossanlage umbauen. Das Schloss bekam eine 580 m lange Gartenseite mit 1000 Fenstern. Im Park ließ der König Alleen und Wasserstraßen bauen. Es wurden Beete angelegt, die parallel oder strahlenförmig verliefen. Außerdem gab es ein Gehege mit fremden Tieren wie Dromedaren, Elefanten und Tigern. Im Schlosspark befanden sich ein Theater und zwei kleine Gartenschlösschen.

Quelle 1

Die Sonne als Sinnbild der Macht

„Die Sonne ist ohne Zweifel das schönste Sinnbild eines großen Fürsten; sowohl deshalb, weil sie einzig in ihrer Art ist, als auch durch den Glanz, der sie umgibt; durch das Licht, das sie den anderen Gestirnen spendet, die gleichsam ihren Hofstaat bilden; durch die Wohltaten, die sie überall spendet."

(Nach Ludwig XIV.: Memoiren. Übersetzt von Leopold Steinfeld. Basel/Leipzig 1931, S. 137)

M3 *Sonnensymbol am Gitter des Hofes von Versailles*

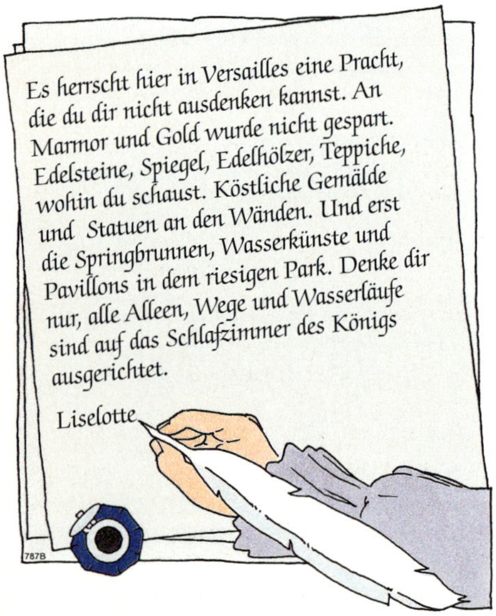

M2 *Möglicher Brief von Liselotte von der Pfalz. Sie war mit dem Bruder von Ludwig XIV. verheiratet. Sie lebte in Versailles und schrieb mehr als 5000 Briefe nach Deutschland, in denen sie das Leben am Hof beschrieb.*

Quelle 2

Der König steht auf

Im Mittelpunkt des Schlosses lag das Schlafzimmer Ludwigs XIV. Hier versammelten sich jeden Morgen die Prinzen und andere hohe Adelige, um dabei zu sein, wenn der König aufstand. Um acht Uhr früh weckte der erste Kammerdiener den König. Ludwig nahm Weihwasser und sprach ein Gebet. Dann kamen einige Minister, die Vorleser, die Apotheker, Ärzte, Offiziere und Kammerdiener. Nachdem der König eine Perücke aufgesetzt hatte, traten die Kirchenfürsten und weitere Adelige ein. Der König zog sein Nachthemd aus und übergab es dem ersten Kammerdiener. Er verlangte sein Taghemd. Dies war der Höhepunkt der Zeremonie: Das Recht, dem König das Hemd zu reichen, stand zunächst dem Bruder des Königs zu; wenn dieser abwesend war, den Söhnen und Enkeln des Königs. War der König angezogen, ging er mit großem Gefolge zur Morgenmesse.

(Nach Theodor Steudel: Der Fürstenstaat. Berlin 1933, S. 1)

M4 *Großer Festsaal im Schloss Versailles (heutiges Bild)*

Aufgaben

1 Ludwig XIV. wird der „Sonnenkönig“ genannt. Erläutere.

2 Du bist Dienerin oder Diener in Versailles. Schreibe einen Bericht über ein großes Fest am Hof.

3 König Ludwig führt einen Fürsten aus dem Deutschen Reich durch die Anlage seines Schlosses. Versetze dich in dessen Lage und berichte über seine Eindrücke.

Die Bedeutung des Schlosses

Versailles war nach 28 Jahren Bauzeit das größte Schloss in Europa. Seine Pracht verherrlichte die Macht des Königs. Vielen Fürsten in Europa diente Schloss Versailles als Vorbild.

4000 Schlossbedienstete versorgten Tag und Nacht den König und seine Gäste. Darunter befanden sich 338 Köche, 125 Sänger, 80 Pagen, zwölf Mantelträger und acht Rasierer allein für den König, 74 Kapläne und 48 Ärzte. Allerdings gab es im Schloss keine einzige Toilette.

Info

Absolutismus

Die Art der Herrschaft, die Ludwig XIV. ausübte, heißt **Absolutismus**. Der Herrscher trifft alle wichtigen Entscheidungen selbst und erlässt alle Gesetze. Niemand darf ihn kritisieren. Er hat alle Macht im Staat. Ludwig sagte von sich selbst: „Der Staat bin ich!“ Er regierte uneingeschränkt, sozusagen absolut.

In fast allen europäischen Staaten des 17. Jahrhunderts gab es diese Staatsform. Der Absolutismus wurde in Frankreich im Jahr 1789 durch die Französische Revolution abgeschafft.

Merke

Ludwig XIV. war ein absolutistischer Herrscher. Er regierte als „Sonnenkönig“ nach dem Wahlspruch „Der Staat bin ich!“ Das Schloss Versailles zeigt die Macht des Königs.

Grundbegriffe
- Sonnenkönig
- Absolutismus

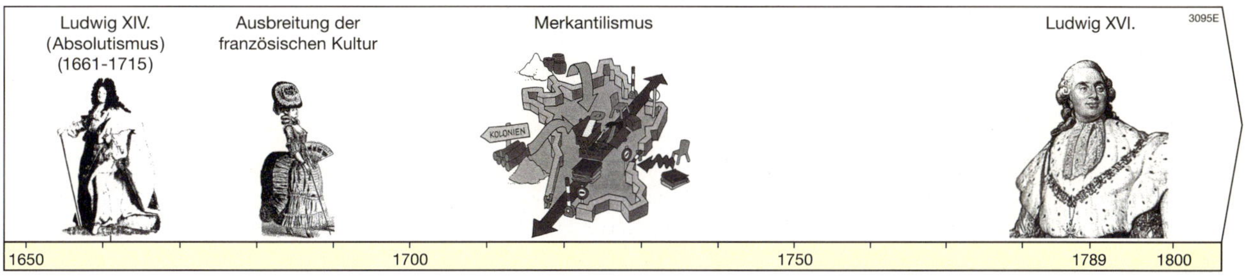

M5 *Zeitleiste*

Der Baumeister des Königs

M1 *Baumeister Vauban*

Aufgaben

1 Erläutere das „Befestigungssystem Vauban" mithilfe von M3 und Seite 191.

2 Beschreibe mithilfe des Atlas kurz die Lage dieser Befestigungsanlagen Vaubans: Arras, Belfort, Besançon, Breisach, Dünkirchen, Freiburg im Breisgau, Hagenau, Homburg/Saar, Luxemburg, Metz, Rochefort, Saarlouis, Straßburg, Verdun.

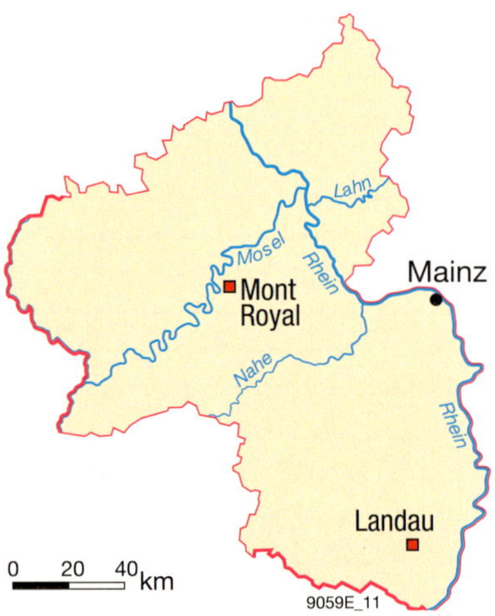

M2 *Vaubans Festungen in Rheinland-Pfalz*

Festungen für den Sonnenkönig

Ludwig XIV. war während seiner Herrschaft stets bestrebt, seinen Machtbereich an den Grenzen abzusichern. Dazu ließ er mehr als 160 **Festungsanlagen** erbauen, umbauen oder ausbauen.

Sie alle waren nach Plänen des genialen Ingenieurs und Baumeisters Sébastien de Vauban (1633–1707) errichtet worden. Vauban gilt bis heute als der größte Festungsbaumeister und als einer der bedeutendsten Architekten in der Militärgeschichte. Auch in Rheinland-Pfalz und den angrenzenden Regionen hat Vauban seine Spuren hinterlassen. Frankreich unternahm unter Ludwig XIV. große Anstrengungen, sein Machtgebiet bis zum Rhein auszudehnen, da dieser eine natürliche Grenze darstellt. So besetzten 1681 französische Truppen die Freie Reichsstadt Straßburg. Der König ließ die Stadt durch Vauban mit weiteren Befestigungsanlagen verstärken.

Auch die Stadt Landau im südlichen Teil von Rheinland-Pfalz stand in absolutistischer Zeit unter französischer Herrschaft. Vauban wurde beauftagt, Landau zu einer der mächtigsten Festungen umzubauen. Nach seinen Plänen wurde 1688 der Grundstein zum Bau der Festung Landau gelegt.

Auch die Festung Mont Royal bei Traben-Trarbach an der Mosel wurde ab 1687 nach Plänen Vaubans erbaut, um die von Frankreich besetzten Gebiete an Mosel und Rhein zu sichern.

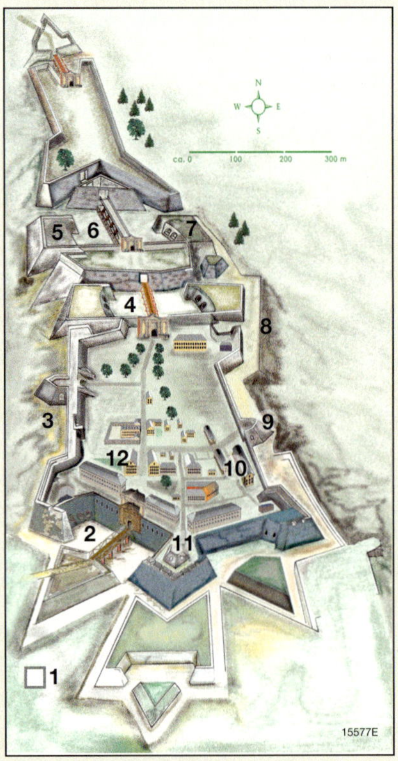

Diese Festung Vaubans umfasste das Gesamtplateau des 240 Meter hohen Berges an der Moselschleife. Die Kernfestung (Abbildung) war 1,6 km lang und bis zu 750 Meter breit. Heute sind nur Ruinen der gesprengten Festung zu sehen.

1. Südwestliches Außenwerk
2. Südwest-Bollwerk
3. Westlicher Bollturm
4. Nordwest-Bollwerk
5. West-Bollwerk
6. Wehrgang
7. Ost-Bollwerk
8. Festungsmauer
9. Ost-Bollturm
10. Kellergewölbe (Kaserne)
11. Mittel-Bollwerk
12. Festungsbrunnen

M3 *Die Festung Mont Royal*

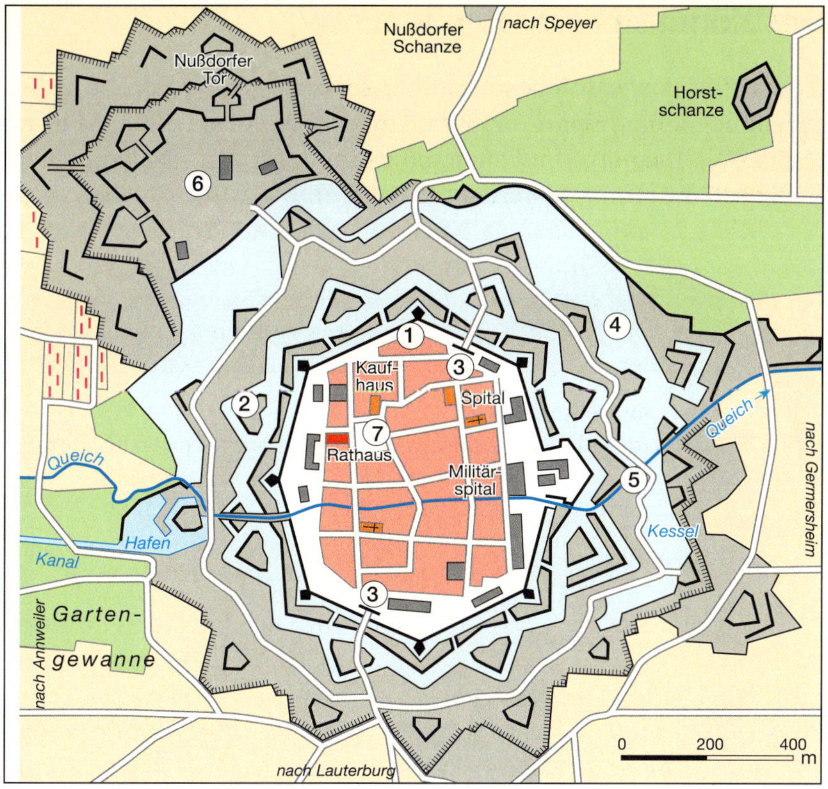

M4 *Die Festung Landau (geplant von Vauban)*

Hauptmauer (1)
Die Hauptmauer bildete ein Achteck. An den Eckpunkten standen zur Verstärkung Türme mit Geschützen.

Vorwerke (2)
Vorgebaute Werke (Bastionen) verstärkten die Hauptmauer. Angreifer konnten von hier aus nach allen Richtungen befeuert werden.

Stadttore (3)
Das „Deutsche Tor" im Norden und das „Französische Tor" im Süden sicherten die Zugänge zur Festung.

Wasser der Queich (4)
Ein System von Schleusen konnte das Wasser der Queich in Überschwemmungskessel leiten und das Vorgelände unbegehbar machen.

Schleuse (5)
Durch das Öffnen der Schleuse konnten die Gräben zwischen der Hauptmauer und den Vorwerken durch ein 2,50 m tiefes, schnell fließendes Wasser geflutet werden.

Fort (6)
Ab 1700 wurde eine Anhöhe im Nordwesten der Stadt durch ein vorgelagertes Fort zusätzlich verstärkt.

Paradeplatz (7)

Den Mittelpunkt der meisten Festungen von Vauban bildete ein großer „Place d´Armes", ein militärischer Paradeplatz. Er liegt in Landau nicht genau im Stadtzentrum, sondern im Nordwesten der Stadt. Der geräumige Platz diente als Exerzierplatz für die Soldaten der Festungsbesatzung. Eine zivile Nutzung durch einen Markt war von der Militärverwaltung untersagt.

Merke
Ludwig der XIV. sicherte seinen Machtbereich und die eroberten Gebiete durch den Bau von zahlreichen Festigungsanlagen. Sie entstanden nach Plänen und unter der Leitung des Baumeisters Sébastien de Vauban.

Grundbegriff
- Festungsanlage

Stützen der Macht

Der König sichert seine Macht

In der Zeit des Absolutismus sorgte der König auf dreifache Weise für die Erhaltung seiner Macht: Die Soldaten setzten seine Politik durch. Die Beamten verwalteten den Staat. Mit den Einnahmen finanzierte der König seine Politik.

Die Beamten

Damit die Entscheidungen des Königs auch in den entfernten Gebieten Frankreichs befolgt werden, entmachtet er den dortigen Adel. Er ersetzt die Adeligen durch zuverlässige Beamte. Es sind gebildete Bürger, die ihm treu ergeben sind. Sie wissen, dass sie sofort entlassen werden, wenn sie die Befehle des Königs nicht richtig ausführen.
Die Beamten treiben die Steuern der Untertanen ein und sind zuständig für die örtliche Verwaltung, die Gerichte, die Polizei, den Straßenbau und die Versorgung der Bevölkerung mit Lebensmitteln.
Durch den Einsatz der Beamten wird ganz Frankreich zentral und einheitlich verwaltet.

Die Soldaten

Ludwig XIV. vergrößert sein Heer von 45 000 auf 400 000 Mann. Damit besitzt er die stärkste Armee in Europa. Wenn ein Krieg beendet ist, werden die Soldaten nicht entlassen, sondern bleiben dem König als **stehendes Heer** erhalten. Dann helfen sie beim Bau des Schlosses, beim Straßenbau und dabei, die Befehle des Königs durchzusetzen.
Ludwig XIV. führt Kriege gegen seine Nachbarn und erobert Gebiete im Osten des Landes. Waffen, Uniformen und Nahrungsmittel für die Soldaten sind sehr teuer. Der Unterhalt der Armee und der Bau von Festungen und Kasernen umfasst etwa ein Drittel der Staatsausgaben.

Die Einnahmen

Der König erhebt Steuern. Die Höhe der Steuerzahlungen richtet sich nach Einkommen und Besitz der Untertanen. Aber der Adel und die Geistlichen müssen kaum Steuern bezahlen. Sie zahlen nur indirekte Steuern als Zuschläge auf einzelne Waren. Diese Steuern werden beim Kauf der Ware (z.B. Salz, Tabak, Seife) mitbezahlt. Um zusätzliche Einnahmen zu ermöglichen, fördert der Staat den Handel. Er entwickelt das System des Merkantilismus.

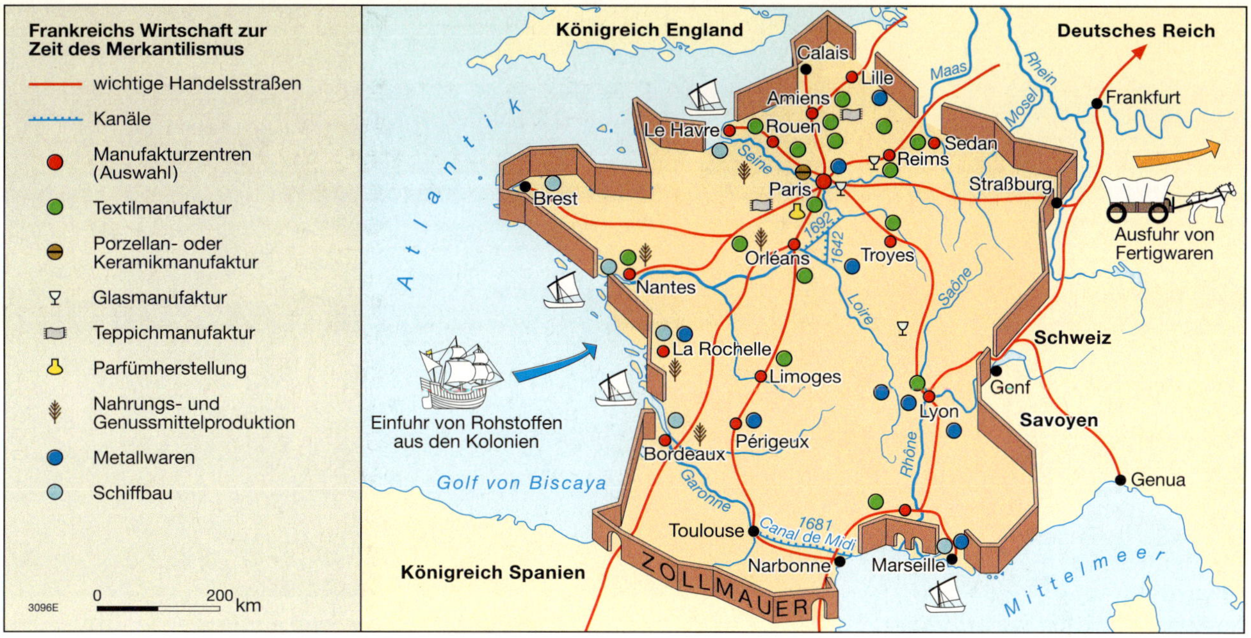

M1 *So funktioniert der Merkantilismus.*

Der Merkantilismus

Finanzminister unter Ludwig XIV. war Colbert (1619–1683). Er entwickelte das System des **Merkantilismus** und unterstützte den Bau von **Manufakturen**. In diesen Betrieben verrichteten Arbeiter nur noch einzelne Handgriffe bei der Herstellung einer Ware. Die Waren konnten so kostengünstiger und schneller hergestellt werden.

Unter Merkantilismus verstehe ich, dass wir günstige Rohstoffe aus unseren Kolonien holen, sie in unseren Manufakturen verarbeiten und die fertigen Waren mit Gewinn im Ausland verkaufen. Damit der Transport möglichst gut klappt, unterhalten wir eine eigene Handelsflotte und fördern den Ausbau von Straßen und Kanälen.

Fertige Waren aus dem Ausland dürfen nicht eingeführt werden. Wir lassen sie nicht ins Land. Sonst würden unsere Fertigwaren keinen Absatz finden und es würde weniger Geld in die Staatskasse kommen.

Unsere Rohstoffe hingegen dürfen nicht ausgeführt werden. Sonst könnten im Ausland daraus Fertigwaren hergestellt werden. Das wollen wir nicht.

Wir führen dieses System in Frankreich ein, weil in der Staatskasse kein Geld mehr ist. Die Steuern können wir nicht erhöhen. Sie sind eigentlich schon zu hoch. Also müssen wir Geld im Ausland verdienen. Der König braucht Geld für den Unterhalt des Heeres, für Kriege, für die Gehälter der Beamten, für kostspielige Bauten wie zum Beispiel Schloss Versailles und für die aufwendige Hofhaltung.

Jean Baptiste Colbert

M2 *Möglicher Brief von Colbert an einen Freund*

Aufgaben

1 In der Zeichnung auf Seite 192 ist der französische König auf besondere Weise dargestellt. Erkläre, was damit gemeint ist.

2 Erläutere mit eigenen Worten die drei Säulen der Macht des Königs.

3 Interpretiere die Karte M1 mithilfe von M2.

Merke
Die Stützen der königlichen Macht waren die Beamten, die Soldaten und die Einnahmen aus den Manufakturen und dem Merkantilismus.

Grundbegriffe
- stehendes Heer
- Merkantilismus
- Manufaktur

Der Aufbau der französischen der Gesellschaft

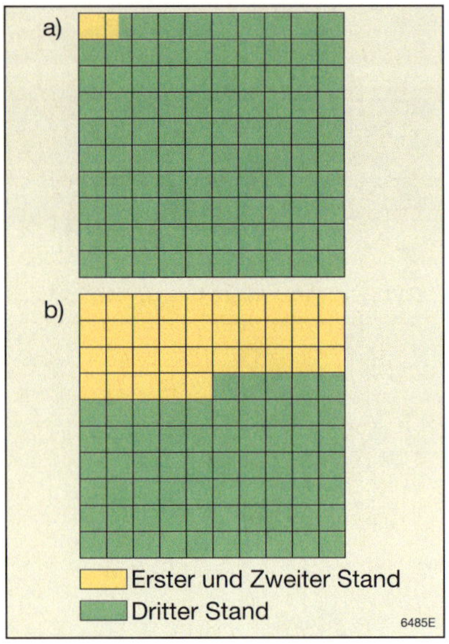

M1 *Anteil der Stände an den Steuerzahlungen (a) und am Grundbesitz (b) um 1780*

M3 *„Austernfrühstück" (Gemälde von Jean François de Troy, 1689–1752)*

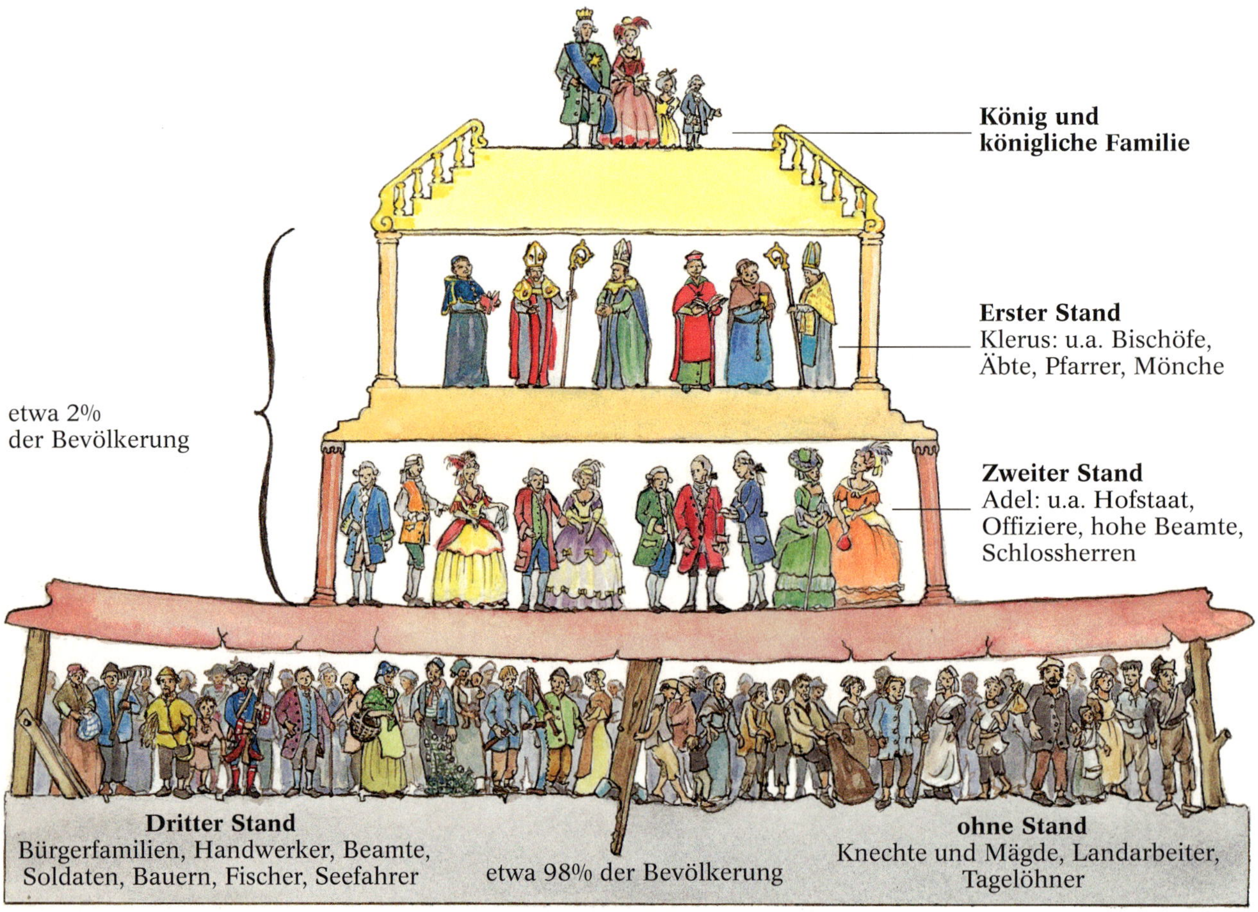

M2 *Aufbau der französischen Gesellschaft um das Jahr 1780*

M4 *„Bauernfamilie beim Essen" (Gemälde von Louis le Nain)*

> … Wir fordern, dass alle Steuern von allen drei Ständen ohne irgendwelche Ausnahmen gezahlt werden. Außerdem wünschen wir das gleiche Gesetz und Recht im ganzen Königreich. Ebenso ist es an der Zeit, alle Abgaben und Dienste der Bauern abzuschaffen …

1348E

M6 *Bauern eines Dorfes schrieben 1789 an den König.*

Bauern hatten es schwer

Um 1780 lebten in Frankreich etwa 25 Millionen Menschen. Sie waren in drei **Stände** eingeteilt. Jeder wurde in einen bestimmten Stand hineingeboren, den er nicht verlassen konnte. Es gab für jeden Stand genaue Vorschriften, wie man sich zu verhalten hatte, welche Kleidung und wie viel Schmuck man tragen durfte.
Dem Adel und den Geistlichen ging es sehr gut. Sie zahlten keine direkten Steuern.

Die Bauern bearbeiteten die Felder ihrer Grundherren. Dafür mussten sie ihnen einen Teil der Ernte abgeben. Zusätzlich zahlten sie Steuern an den König und zehn Prozent ihres Einkommens an die Kirche. Ihnen blieb kaum die Hälfte ihrer Einkünfte zum Leben.

Wegen einer Missernte im Jahr 1788 gab es in ganz Frankreich kaum noch Getreide. Brot wurde knapp. Selbst die Bauern konnten ihren eigenen Bedarf nicht mehr decken. Sie forderten vom König, dass alle drei Stände Steuern zu bezahlen hätten.

Am 10. Oktober 1788 in einem kleinen Dorf südwestlich von Paris: Herr Traban sitzt zusammen mit seiner Frau Mathilde und ihren fünf Kindern am Tisch. Jedes Kind hat eine dünne Scheibe Brot in der Hand. Sie reißen kleine Stücke vom Brot ab und tunken diese in eine Holzschüssel, die auf dem Tisch steht. Darin sind Reste der Milchsuppe, die es am Mittag gab. Die Eltern teilen sich eine Brotscheibe. Herr Traban ist verzweifelt. Seine Frau erwartet ein Kind. Er weiß nicht, ob er seine Familie in Zukunft ernähren kann.

M5 *Auf dem Land – ein Leben in Not*

Aufgaben

1 Beschreibe den Aufbau der französischen Gesellschaft zur Zeit des Absolutismus (M2).

2 a) Beschreibe den Anteil der Stände an der Bevölkerung.
b) Beurteile die unterschiedlichen Steuerzahlungen (M1, M2).

3 Die Kleidung der Menschen gab Aufschluss über die Zugehörigkeit zu ihrem Stand. Erläutere (M3, M4).

4 Die Bauern empfanden ihre Lage als ungerecht. Begründe (M5, M6).

Merke
Die französische Gesellschaft war im Absolutismus in drei Stände gegliedert. Abgaben und Steuern zahlte vor allem der Dritte Stand.

Grundbegriff
- Stand

Die Französische Revolution

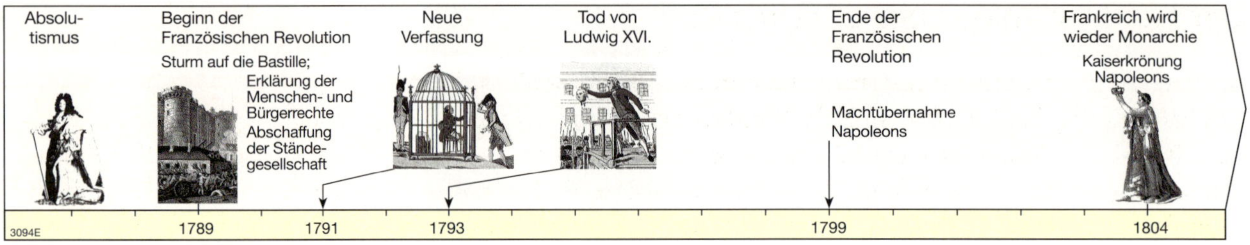

M1 *Zeitleiste zur französischen Revolution*

Aufgabe

1 Beurteile die Verteilung der Staatsausgaben und den Anteil der Staatsschulden im Jahr 1788 (M2).

	Ausgaben in Mio. Livres	Anteil in %
Hof	43	7
Heer	159	25
Rückzahlung von Staatsschulden und Zinsen	261	41
sonstige Ausgaben	171	27

M2 *Staatsausgaben 1788*

Die Kassen sind leer!

Im Jahr 1788 litt der größte Teil der Bevölkerung Frankreichs Hunger und Not. Unwetter und Dürren hatten im Land zu Missernten geführt. König Ludwig XVI. dagegen lebte auf seinem Schloss Versailles bei Paris in Saus und Braus. Das aufwendige Leben am Hof des Königs kostete viel Geld. Hinzu kamen die Ausgaben für den Hofstaat, die königlichen Beamten im Land und das Heer. Die Ausgaben des französischen Staates waren viel höher als die Einnahmen. Der König lieh sich deshalb Geld beim Adel und von reichen Bürgern. Dafür musste er hohe Zinsen zahlen. Die Staatsschulden wuchsen immer mehr an. Frankreich stand kurz vor dem Bankrott.

In dieser schwierigen Situation beriet sich der König mit seinem Finanzminister. Der Minister war der Meinung, dass der Klerus (erster Stand) und der Adel (zweiter Stand) direkt an den König Steuern zahlen sollten. Er empfahl König Ludwig XVI., die **Generalstände** einzuberufen, die von alters her für Steuerfragen zuständig sind. Nur sie konnten die Steuergesetze ändern.

M3 *Eröffnung der Generalstände durch den König (rechts: der Adel; links: die Kirchenvertreter; vorn: Vertreter des dritten Standes)*

Der König wankt, aber er fällt nicht

Im Mai 1789 versammelten sich die Generalstände im Schloss des Königs. Ludwig XVI. hoffte, höhere Steuern durchsetzen zu können. Bevor die Verhandlungen begannen, kam es jedoch zu einem Streit. Es ging darum, wie abgestimmt werden sollte. Bisher hatte jeder Stand nur eine Stimme. Der dritte Stand fühlte sich dadurch betrogen. Nun verlangte er, dass jeder Einzelne der gewählten Abgeordneten eine Stimme abgeben durfte. König Ludwig XVI. lehnte diese Forderung ab.

Die Vertreter des dritten Standes waren empört. Sie verstanden sich als die wahren Vertreter der Bevölkerung Frankreichs. Als sich der dritte Stand nicht durchsetzen konnte, trennte er sich von den übrigen Ständen und erklärte sich zur **Nationalversammlung**. Er beriet sich in einem Tanzsaal des Schlosses, dem sogenannten Ballhaus. Dem dritten Stand schlossen sich zahlreiche Abgeordnete der anderen Stände an. Alle schworen, so lange zusammenzubleiben, bis Frankreich eine **Verfassung** (siehe Seite 201) erhielt.

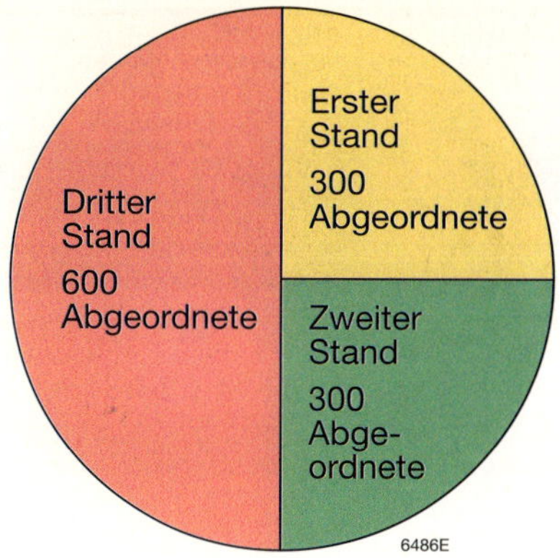

M5 *Zusammensetzung der Generalstände im Mai 1789*

Quelle

Gibt es bald eine neue Herrschafts- und Gesellschaftsordnung?
Das Verhalten des dritten Standes ist eine offene Kampfansage an den König. Vor allem die Forderung nach einer Verfassung bedeutet Zündstoff. Sollte eine Verfassung zustande kommen, wäre natürlich auch der König daran gebunden. Das würde das Ende des Absolutismus bedeuten. Und sollten zudem noch die Vorrechte des Adels abgeschafft werden, so wäre auch die Ständegesellschaft am Ende.

(Nach der Fernsehsendung „Freiheit, Gleichheit, Brüderlichkeit" des Bayerischen Rundfunks vom 18.12.1999)

Aufgaben

2 Erkläre die Forderung des dritten Standes, dass bei Stimmabgabe die Stimme jedes einzelnen Abgeordneten zählt.

3 Erläutere die Aussagen der Quelle über die möglichen Folgen einer neuen Verfassung.

M4 *Die Nationalversammlung legte am 20. Juni 1789 einen Eid, den sogenannten Ballhausschwur, ab.*

Merke
Frankreich stand im Jahr 1788 vor dem Bankrott. Die Generalstände sollten eine Steuererhöhung beschließen. Im Streit um das Abstimmungsverfahren erklärte sich der dritte Stand zur Nationalversammlung. Er forderte für Frankreich eine Verfassung.

Grundbegriffe
- Generalstände
- Nationalversammlung
- Verfassung

M1 *Nach der Erstürmung wurde die Bastille bis auf die Grundmauern niedergerissen.*

„Auf zur Bastille!"

14. Juli 1789: Die Straßen von Paris sind voll von Menschen. Die Leute haben gehört, dass König Ludwig XVI. Soldaten nach Paris schicken will. Sie glauben, dass der König die Nationalversammlung einschüchtern und dadurch seine Macht sichern will.
Vor allem die sogenannten kleinen Leute sind darüber sehr empört. Sie haben dem König vertraut, aber die Versorgung mit Lebensmitteln ist noch schlechter geworden. Die Wut gegen den König und die Anhänger des Absolutismus ist nicht mehr zu bremsen. Mit Gewalt stürmt die Menge die Bastille. Sie befreit die Gefangenen. Dabei gibt es viele Tote.

Info

Bastille
Die Bastille war eine mächtige Festung in Paris. König Ludwig XVI. ließ dort seine politischen Gegner einsperren. Er nutzte die Bastille als Staatsgefängnis. Die Bastille war ein Symbol des Absolutismus, der unumschränkten Herrschaft des Königs.

Aufgaben

1 Berichte über die Ereignisse am 14. Juli 1789 aus der Sicht eines politischen Gefangenen in der Bastille.

2 Für die Bevölkerung war die Bastille ein Symbol für die uneingeschränkte Herrschaft des Königs. Erkläre (Info).

Quelle 1

Bericht des Uhrmachers J.B. Humbert vom Sturm auf die Bastille
Gegen 15.30 Uhr kamen wir an der Bastille an. Jeder von uns gab ungefähr sechs Gewehrschüsse ab. Erst als wir die Kanone zünden wollten, wurde die Zugbrücke heruntergelassen. Die Tür dahinter war verschlossen. Nach etwa zwei Minuten öffnete ein Soldat die Tür von innen. Er fragte uns, was wir wollten. „Übergebt die Bastille!", antworteten ich und die anderen. Da ließ uns der Soldat hinein.

(Nach C.E. Paschold u.a.: Die Französische Revolution. Stuttgart 1989, S. 80)

M2 *Die Kommandanten der Bastille wurden enthauptet und ihre Köpfe der johlenden Menge gezeigt.*

Bauern lehnen sich auf

Die Nachricht von der Erstürmung der Bastille verbreitete sich wie ein Lauffeuer in ganz Frankreich. Die Ereignisse von Paris ermutigten die Bauern, sich gegen die Grundherren und die Kirche aufzulehnen. Ihre Wut über die hohen Steuern und Abgaben war riesig groß. Überall auf dem Land kam es zu Unruhen.

Die Bauern fanden sich zusammen. Sie bewaffneten sich mit Mistgabeln, Sensen, Dreschflegeln und Jagdgewehren. Sie drangen in Klöster und in die Schlösser der Adligen ein. Damit rächten sie sich für die jahrelange Unterdrückung. Tausende von Adelsfamilien flohen ins Ausland, weil sie um ihr Leben fürchteten.

M4 *Bauern verbrennen Urkunden ihrer Grundherren (Bild von 1889).*

M3 *Bauern schlagen mit Dreschflegeln auf verschiedene Standeszeichen des Adels und der Kirche, wie zum Beispiel Orden, Degen, Rüstung, Bischofsstab oder Mitra (Karikatur).*

Aufgaben

3 Warum haben die Bauern die Urkunden ihrer Grundherren verbrannt (M4, Quelle 2)?

4 Werte die Karikatur M3 aus (siehe auch Seite 208).

Quelle 2

Ein Adliger beschwert sich bei der Nationalversammlung über das Verhalten der Bauern

Am 29. Juli 1789 stürmte eine Horde wild gewordener Bauern in mein Schloss. Ich stellte mich vor sie, aber sie warfen mich zu Boden. So etwas hatte ich noch nie erlebt. Ich bekam große Angst. Zum Glück waren meine Frau und meine zwei Kinder nicht im Schloss.

Die Bauern durchsuchten jedes Zimmer. Sie brachen die Schränke auf und durchwühlten die Schubladen. Sie nahmen alle Urkunden mit. Sie haben die Papiere im Wald neben dem Schloss sofort verbrannt. Aber das war den Bauern wohl noch nicht genug. Sie drehten auch meinen Gänsen und Tauben den Hals um.

(Nach W. Markov: Revolution im Zeugenstand. Leipzig 1982, S. 102f)

Merke

Am 14. Juli 1789 wurde die Bastille in Paris gestürmt. Dieses Staatsgefängnis war ein Symbol des Absolutismus. Danach kam es auch auf dem Land zu Unruhen. Die bäuerliche Bevölkerung lehnte sich gegen die Grundherren auf.

Die Französische Revolution

Aufgaben

1 Viele Bauern hofften nach den Beschlüssen vom 5. August 1789 auf ein besseres Leben. Erkläre (Text, Quelle).

2 Welche Menschen- und Bürgerrechte (M1) gelten
a) für den einzelnen Menschen;
b) für die ganze Gesellschaft?

3 Nenne zwei Rechte, die deiner Meinung nach für das Zusammenleben in einer Gesellschaft am wichtigsten sind. Begründe.

4 Was hat sich mit der Verfassung von 1791 an der Machtstellung des Königs verändert (M2, M4)?

5 Prüfe, ob die Verfassung von 1791 mit den Punkten 1 und 3 der Menschen- und Bürgerrechte übereinstimmt (M2, M1).

Hoffnung auf ein besseres Leben

Die Unruhen in den Städten und auf dem Land fanden kein Ende. Die Aufstände der Armen gegen die Reichen waren nicht mehr zu kontrollieren. Die Nationalversammlung musste handeln, damit in ganz Frankreich wieder Ruhe einkehrte. Deshalb schuf sie in der Nacht vom 4. auf den 5. August 1789 alle Vorrechte des Adels ab. Auch der Klerus (die Kirche) musste auf bisherige Rechte verzichten. Die Bauern brauchten zum Beispiel an die Kirche nicht mehr den zehnten Teil ihrer Ernten abzuliefern. Durch die Beschlüsse der Nationalversammlung wurden die Grundlagen der Ständegesellschaft (siehe Seiten 194/195) beseitigt. Eine neue **Gesellschaftsordnung** musste geschaffen werden.

Quelle

Gleiche Rechte und Pflichten

Das alte Frankreich wurde am 5. August 1789 endgültig zu Grabe getragen. Die Bauern waren nicht mehr Leibeigene der Grundherren. Sonderrechte der Adeligen und des Klerus wie zum Beispiel Steuerbefreiungen wurden aufgehoben. Jetzt musste jeder Steuern zahlen. Jeder Staatsbürger sollte zu jedem Amt zugelassen werden, wenn er dazu fähig war.

(Nach P. Sethe: Die großen Tage. Frankfurt a.M. 1953, S. 57f)

M1 *Auszug aus der „Erklärung der Menschen- und Bürgerrechte" von 1789. Sie umfasst 17 Punkte.*

Eine neue Ordnung entsteht

Die Abgeordneten der Nationalversammlung diskutierten lange über die neue Gesellschaftsordnung. Dann entschieden sie, wie die Menschen in Zukunft zusammenleben sollten. Ein wichtiger Teil der neuen Ordnung war die „Erklärung der Menschen- und Bürgerrechte“. Die Rechte wurden am 26. August 1789 verkündet. Sie galten für alle Franzosen, auch für den König.

Die „Erklärung der Menschen- und Bürgerrechte“ war die Grundlage einer neuen Verfassung. In ihr wurde festgelegt, wie Frankreich regiert werden sollte. Die Macht des Königs wurde eingeschränkt. Er konnte nun nicht mehr wie früher allein regieren und herrschen wie er wollte.

M3 *„Der König im Käfig der Verfassung“ (zeitgenössische Karikatur)*

Info

Menschen- und Bürgerrechte

Bereits einige Jahrzehnte vor der Französischen Revolution, in der Zeit der **Aufklärung**, schrieben Gelehrte, dass alle Menschen von Natur aus frei sind und die gleichen Rechte haben. Diese angeborenen und bleibenden Rechte nannten sie **Menschenrechte**. Zu den Menschenrechten zählt auch, dass die Herrschaft in einem Staat beim Volk liegt. Es darf dann keinen Alleinherrscher geben, der seine Macht missbraucht und das Volk unterdrückt.

M4 *So herrschten Frankreichs Könige bis 1791.*

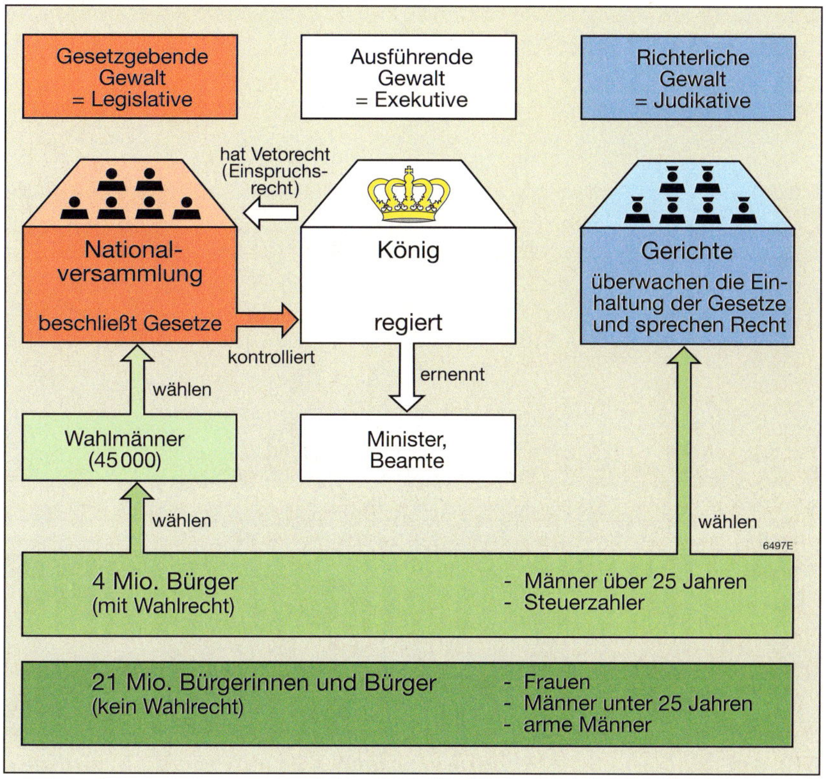

M2 *Frankreichs neue Verfassung von 1791*

Merke

Im Jahr 1789 wurde eine neue Gesellschaftsordnung auf der Grundlage der Erklärung der Menschen- und Bürgerrechte geschaffen. Die neue Verfassung von 1791 schränkte die Macht des Königs ein.

Grundbegriffe

- Gesellschaftsordnung
- Aufklärung
- Menschenrechte

M1 *Frankreich im Jahr 1792*

Frankreich hat keinen König mehr

Ludwig XVI. fühlte sich nicht mehr sicher. Im Juni 1791 floh er mit seiner Gemahlin Marie Antoinette in einer Kutsche. Ihr Ziel war das Ausland. In dem Ort Varennes-en-Argonne wurden der König und die Königin erkannt und nach Paris zurückgebracht. Viele Franzosen betrachteten den Fluchtversuch als Verrat am Vaterland.

Die Fürsten in Europa hatten Angst, dass es auch in ihren Ländern zu einer Revolution kommt. Österreich und Preußen drohten Frankreich mit einem Krieg, falls dort die Monarchie abgeschafft wird. Sie ließen Soldaten an den Grenzen zu Frankreich aufmarschieren. Daraufhin erklärte Frankreich diesen Ländern 1792 den Krieg.

Nun überschlugen sich die Ereignisse. Im August 1792 wurde Ludwig XVI. von aufgebrachten Bürgern gefangengenommen. Die Nationalversammlung setzte den König ab. Frankreich wurde eine Republik. Es war das erste Land in Europa ohne König.

Quelle

Zur Hinrichtung des Königs

Ludwig XVI. hat eine Verschwörung gegen die Republik angezettelt. Er hat Verbindungen mit Fürsten im Ausland aufgenommen. Mit ihrer Hilfe wollte er die Revolution in Frankreich rückgängig machen.
Ein solcher König gefährdet das Glück seines Volkes. Er wird verurteilt. Ludwig muss sterben, weil das Vaterland Frankreich leben soll.

(Nach K.H. Peter (Hrsg.): Reden, die die Welt bewegten. Stuttgart 1959, S. 53f)

Aufgaben

1 Warum wurde König Ludwig XVI. abgesetzt und zum Tode verurteilt (Text, Quelle 1)?

2 a) Beschreibe M2.
b) Stell dir vor, du stehst auf dem Platz. Was würdest du denken oder tun?

3 Nach der Hinrichtung des Königs rief ein Teil der Zuschauer: „Es lebe die Republik!".
Die meisten Menschen gingen jedoch traurig fort.
Warum haben sich die Zuschauer so unterschiedlich verhalten? Nenne mögliche Gründe.

4 In der Quelle nimmt jemand zur Hinrichtung des Königs Stellung. Vermute, welche Gruppe dies gesagt haben könnte und welche nicht.

M2 *Am 21. Januar 1793 wurde Ludwig XVI. mit einer Guillotine (Fallbeil) hingerichtet.*

Die Herrschaft des Schreckens

Nach der Abschaffung des Königtums wurde die Nationalversammlung in **Nationalkonvent** umbenannt. Frankreich war jetzt eine **Republik** und die neu gewählten Abgeordneten erarbeiteten eine neue Verfassung. Einige Abgeordnete des Nationalkonvents nannten sich Jakobiner. Man erkannte sie an einer roten Wollmütze. Der Name stammt von einem ehemaligen Jakobiner-Kloster „Les Jacobins“.

Die Jakobiner wollten Gleichheit und Freiheit um jeden Preis in der Verfassung durchsetzen. Obwohl sie in der Minderheit waren, verstanden es die Wortführer geschickt, unentschiedene Abgeordnete auf ihre Seite zu ziehen. Mit der Unterstützung der „Sansculotten“ – das waren meist einfache Leute und Handwerker – eigneten sich die Jakobiner immer mehr Rechte an und bald regierten sie allein.

Mit radikalen Maßnahmen, Bedrohungen und mit falschen Behauptungen ließen die Jakobiner Aufstände im Land unerbittlich niederschlagen. Eine **Schreckensherrschaft** begann.

Keine Gnade für Andersdenkende

Während der Schreckensherrschaft der Jakobiner wurden Andersdenkende und Kritiker verhaftet und von Revolutionsgerichten zum Tode verurteilt. Die Guillotine stand nicht mehr still. Selbst gemäßigte Jakobiner, wie der Wortführer Georges Danton, mussten sterben.

Vor allem der radikale Jakobiner-Führer Maximilien de Robespierre wurde für die Schreckensherrschaft verantwortlich gemacht, angeklagt und am 28. Juli 1794 öffentlich hingerichtet. Mit seinem Tod endete die Schreckensherrschaft in Frankreich.

M3 *Robespierre*

M4 *Blutbad statt Freiheit*

M5 *Die Jakobinermütze*

Ungefähre Zahl der Opfer von September 1793 bis Juli 1794

16 000	Todesurteile
16 000	Tote in den Gefängnissen
600 000	Verhaftungen

M6 *Opfer der Revolution*

Aufgabe

5 Beurteile die Schreckensherrschaft im Hinblick auf die Forderung nach Gleichheit und Freiheit.

Merke
Mit der Hinrichtung des Königs endete das Königtum und Frankreich wurde eine Republik. Im neu eingesetzten Nationalkonvent übernahmen die Jakobiner die Macht und errichteten eine Schreckensherrschaft.

Grundbegriffe
- Nationalkonvent
- Republik
- Schreckensherrschaft

Menschenrechte heute

Quelle 1

Allgemeine Erklärung der Menschenrechte der Vereinten Nationen (UNO) vom 10. Dezember 1948 (Auszug)

Artikel 3: Jedermann hat das Recht auf Leben, Freiheit und Sicherheit der Person.

Artikel 5: Niemand darf der Folter oder grausamer, unmenschlicher oder erniedrigender Behandlung oder Strafe unterworfen werden.

Artikel 7: Alle Menschen sind vor dem Gesetz gleich.

(Nach Wochenschau, 49. Jg., September 1998, S. 33)

M1 *Menschenrechtsverletzungen in der Welt*

Die Erklärung der Menschen- und Bürgerrechte von 1789 (siehe Seite 200 M1) ist eine der wichtigsten Errungenschaften der Französischen Revolution. 1948 haben die Vereinten Nationen (UNO) auf dieser Grundlage eine „Allgemeine Erklärung der Menschenrechte" verabschiedet. Alle UN-Mitgliedstaaten haben sie unterzeichnet. Doch gilt sie für alle Menschen auf der ganzen Welt?

M2 *Menschenrechte für alle Menschen?*

Info 1

Demokratische Republik Kongo
Kontinent: Afrika
Fläche: 2 345 411 km²
Einwohner: 66,5 Mio.
Hauptstadt: Kinshasa
Geschichte: Die Demokratische Republik Kongo (DR Kongo) hieß bis 1960 Belgisch-Kongo und von 1971 bis 1997 Zaïre. Nicht zu verwechseln mit der westlich gelegenen Republik Kongo. Durch Bürgerkrieg und Korruption ist die Regierung insbesondere im Osten des Landes nicht mehr Herr der Lage. Bodenschätze werden von lokalen Kriegsherren ausgebeutet. Die DR Kongo wird als gescheiterter Staat bezeichnet.

Quelle 2

Mehr als 250 000 Menschen fliehen vor Bürgerkrieg

Massaker, Vergewaltigungen und brutale Überfälle bestimmen den Alltag der Menschen im Osten des Kongos. Tausende Frauen, Männer und Kinder fliehen vor den Kämpfern und Plünderern. Die Lage der Flüchtlinge wird immer verzweifelter. Es fehlt an Lebensmitteln, Trinkwasser und Medikamenten, Decken, Kleidung und Notunterkünften. Die Menschen sind der kühlen Regenzeit schutzlos ausgeliefert. Besonders viele Kinder leiden unter schwerer Bronchitis und Lungenentzündungen. Rund um Goma sind bereits die ersten Menschen an Cholera erkrankt.

(Nach: www.misereor.de)

Quelle 3

Krieg um Rohstoffe

Die Demokratische Republik Kongo, in der einer der erbittertsten Konflikte der Welt tobt, ist ein reiches Land. Es gibt Öl und Diamanten – vor allem aber das Mineral Coltan, das für die Herstellung von Handys benötigt wird. Doch wie in anderen Ländern Afrikas auch fördert dieser Reichtum die Gewalt.

(Nach: sueddeutsche.de vom 19.11.2008)

Quelle 4

Folter und Tötung

Die Menschenrechte werden in Myanmar noch immer massiv verletzt. Die Militärregierung in Naypyidaw kontrolliert das ganze Land. Jeder Widerspruch gegen das Regime wird streng bestraft. Meinungs-, Versammlungs- und Pressefreiheit existieren nicht. Zahlreiche politische Gefangene verbüßen hohe Freiheitsstrafen. Besonders betroffen sind politisch andersdenkende Minderheiten in abgelegenen Gebieten. Hier geht das örtliche Militär nach eigenem Ermessen gegen die Menschen vor, wobei unter anderem Zwangsarbeit, Zwangsumsiedlung, Mord und Folter praktiziert werden. (Nach: Auswärtiges Amt, 25. Mai 2005)

Info 2

Vereinte Nationen (United Nations Organization: UNO)

Die UNO wurde 1945 gegründet; Hauptsitz ist New York. Ihr gehören 185 Staaten an. Die wichtigste Aufgabe ist die Sicherung des Friedens und der Schutz der Menschenrechte.

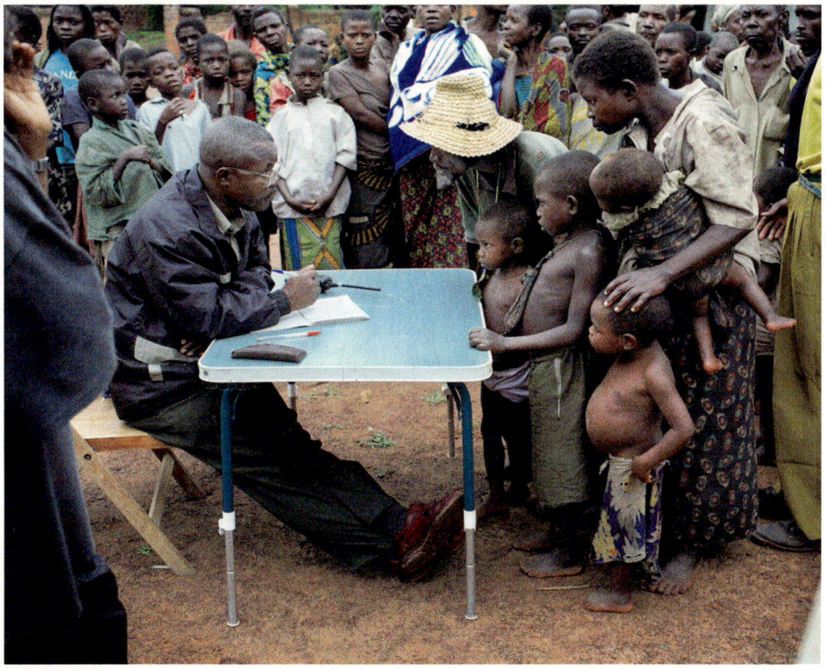

M3 *Ankunft im Flüchtlingslager (DR Kongo)*

Info 3

Myanmar

Kontinent: Asien
Fläche: 676 578 km^2
Einwohner: ca. 53 Millionen
Hauptstadt: Rangun
Geschichte: Myanmar (früher Birma) erlangte 1948 die Unabhängigkeit von Großbritannien. Seit 1962 regiert das Militär.

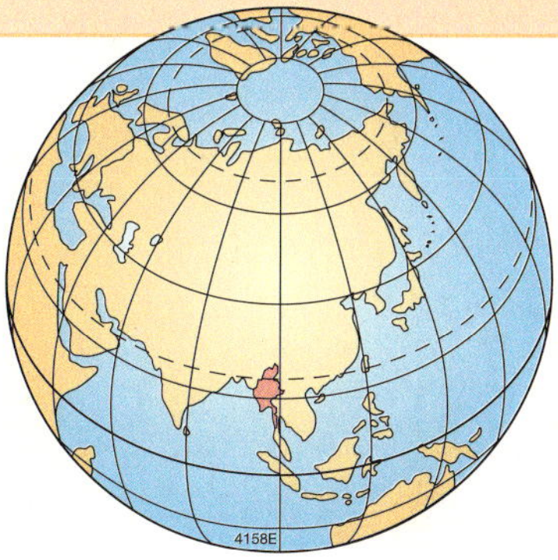

Aufgaben

1 Liste die Menschenrechtsverletzungen stichwortartig auf (M1).

2 Stelle die aktuelle Situation in der DR Kongo dar (Internet).

3 In dem Prospekt eines Reiseveranstalters heißt es: „... weil sich das Land Myanmar aus politischen Gründen fremden Einflüssen nur wenig öffnet, bietet es ein besonders unverfälschtes Bild asiatischen Lebens." Nimm dazu Stellung.

Merke

Die Menschenrechte gehen auf die Französische Revolution zurück. Obwohl diese Rechte in fast allen Staaten der Erde gelten, werden sie immer wieder verletzt.

Ein Lernplakat erstellen

Vor der Revolution

Sehr viele arme Menschen

Wenige reiche Menschen

Ständegesellschaft!
König Ludwig XVI. regiert allein.

Kampfansage an den König

Der dritte Stand erklärt sich zur Nationalversammlung.
Forderung nach einer Verfassung;
Ballhausschwur!

Die Französische REVOLUTION

Die gesellschaftlichen und politischen Verhältnisse wurden mit Gewalt verändert.

Der König ist tot

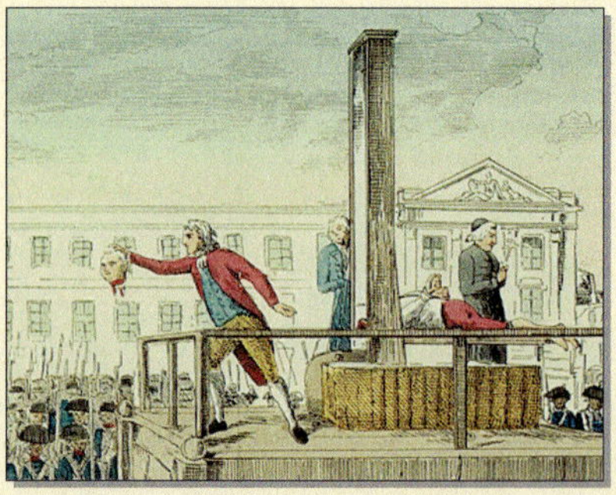

1793: Hinrichtung von König Ludwig XVI.
Ende der Monarchie;
Frankreich wird Republik.

Es lebe der Kaiser!

1799: Napoleon übernimmt die Macht.
Ende der Französischen Revolution.
Napoleon krönt sich 1804 zum Kaiser.

M1 *Die Französische Revolution: Lernplakat einer Schülerin*

Auf zur Bastille!

14. Juli 1789:
Sturm auf die Bastille;
Ausbruch der Revolution

Alle Menschen sind gleich

Ständegesellschaft wird abgeschafft.
26. August 1789: Erklärung der Menschen- und Bürgerrechte.
Neue Verfassung schränkt Macht des Königs ein.

2909E

Wenn eine Klassenarbeit geschrieben wird, …

… kannst du dich mit einem Lernplakat auf die Arbeit gut vorbereiten. Auf einem solchen Plakat stehen die wichtigsten Inhalte eines Themas: Informationen, die du wissen musst.

Schritt für Schritt, dann klappt's am besten

Wenn du ein Lernplakat erstellst, gehst du am besten in den folgenden fünf Schritten vor:

1. Verschaffe dir zunächst einen Überblick über das Thema. Schlage im Schulbuch und in deinem Heft oder deiner Mappe nach.
2. Schreibe Stichwörter und kurze Sätze, die dir zum Thema einfallen, auf Papierstreifen.
3. Gliedere das Thema in Teilthemen. Lege dazu die Papierstreifen zusammen, die inhaltlich zueinander passen.
4. Gib jedem Teilthema eine passende Überschrift. Hier helfen die Überschriften im Schulbuch weiter.
5. Ordne die einzelnen Themen auf einem Karton übersichtlich und sinnvoll an. (Bei der Französischen Revolution bietet sich eine zeitliche Anordnung an). Klebe erst dann die Materialien fest.
6. Hänge das Plakat im Klassenzimmer auf.

Tipps zur Gestaltung des Lernplakats

- Schreibe kurze Überschriften, kurze Sätze und Stichwörter, weil du dir die gut merken kannst.
- Hebe Dinge hervor, die besonders wichtig sind (z.B. Überschriften und Jahreszahlen durch Farbe, eine größere Schrift oder Unterstreichung).
- Ergänze die Stichwörter und Texte unbedingt mit Bildern. Dann behältst du das, was du lernen sollst, viel besser.

Aufgaben

1 Liste auf, was du brauchst, wenn du ein Lernplakat anfertigen willst.

2 Besonders wichtige Dinge werden in M1 hervorgehoben. Nenne Beispiele.

3 Halte mithilfe des Lernplakats (M1) einen kurzen Vortrag zum Thema „Die Französische Revolution".

Merke
Das Lernplakat ist eine Hilfe bei der Vorbereitung auf eine Klassenarbeit.

Gewusst wie

Eine geschichtliche Karikatur auswerten

Aufgaben

1 Beschreibe und erkläre mit eigenen Worten die Karikatur M1.

2 Beschreibe die Belastung einer Bauern- und einer Handwerkerfamilie.

M1 *Karikatur von 1789. Ein Bauer trägt einen Geistlichen und einen Adligen. Tauben und Kaninchen, die der Bauer nicht erlegen durfte, verursachen Ernteschäden. Auf dem Säbel steht „gerötet von Blut“ auf dem Stock „mit Tränen getränkt“.*

So wertest du eine Karikatur aus

1. Beschreibung der dargestellte Situation
Ein großer älterer Mann trägt stark gebückt auf seinem Rücken zwei vornehme Herren über ein Feld. Dabei stützt er sich auf einer Hacke ab. Die beiden Herren achten nicht auf ihren Träger. Zwei Kaninchen und drei Tauben picken Körner auf.

2. Erklärung der dargestellten Situation
Die drei Personen stellen die drei Stände Frankreichs im 18. Jahrhundert dar. Der dunkelblau gekleidete Herr gehört dem ersten Stand an. Das sind Bischöfe, Priester und Mönche. Der Mann mit Hut und Schwert steht für den zweiten Stand, den Adel. Beide Personen werden von einem Bauern getragen. Die große Anzahl der Bauern bildete hauptsächlich den dritten Stand. Zu diesem Stand gehörten ebenfalls die Bürger der Stadt, sowohl die armen Leute als auch reiche Bürger wie Kaufleute und Bankiers. Der dritte Stand hatte weniger Rechte. So durften viele Bauern nicht jagen. Deshalb konnten Kaninchen und Tauben ungestört die Ernte schmälern.

3. Zusammenfassung: Was sagt die Karikatur aus?
Die beiden ersten Stände führen auf Kosten des dritten Standes ein bequemes Leben mit vielen Vorrechten. Ihnen ist es egal, dass große Teile der Bevölkerung unter Armut und Hunger leiden. Der dritte Stand trägt die Last in Frankreich. Bauern und Bürger müssen wesentlich mehr Steuern bezahlen als die Geistlichkeit und der Adel. Wie lange wird der dritte Stand das noch erdulden?

Info

Karikatur
Die Karikatur ist eine künstlerische Darstellung. Sie beschreibt in übertriebener, witziger Form Probleme der Wirklichkeit. Dadurch will sie zum Nachdenken anregen. Der Betrachter muss die Karikatur entschlüsseln.

M2 *Straße in Paris*

Preise im Juni 1789	
1 Laib Brot zu 4 Pfund:	14,5 Sous
0,5 Liter Wein:	5,0 Sous
250 g Fleisch:	5,0 Sous
Miete täglich:	3,0 Sous
Tageslöhne von Handwerkern	
Bauarbeiter:	18,0 Sous
Schreinergeselle:	30,0 Sous
Fabrikarbeiter:	15,0 Sous

M3

. . . Wir fordern, dass alle Steuern von den drei Ständen ohne irgendwelche Ausnahmen gezahlt werden, von jedem Stand gemäß seinen Kräften. Außerdem wünschen wir das gleiche Gesetz und Recht im ganzen Königreich. Es soll rascher und mit weniger Parteilichkeit Recht gesprochen werden. Ebenso ist es an der Zeit, alle Frondienste, welcher Art sie auch sein mögen, zu beseitigen. . .

3955E

M5 *Bauern eines Dorfes in der Nähe von Versailles schrieben 1789 an den König.*

Quelle

Leben auf Kosten anderer?

Als ich einen Teil des Wegs zu Fuß erklomm, gesellte sich eine arme Frau zu mir, die mir erzählte, dass ihr Mann nur einen kleinen Acker, eine Kuh und ein armes Pferd besäße und dass er trotz alldem dem Grundherrn eine Pacht von 42 Pfund Korn sowie drei Hühnern schulde und einem anderen 168 Pfund Hafer, ein Huhn, nicht eingerechnet die schweren Steuern. Sie hatte sieben Kinder, und die Kuhmilch diente dazu, Suppe zu machen. Ich hätte sie auf 60 oder 70 Jahre geschätzt, so gebeugt ging sie und so zerfurcht und von der Arbeit gegerbt war ihr Gesicht. Sie sagte mir, sie sei nur 28 Jahre alt.

(Nach Susanne Petersen: Marktweiber und Amazonen. Köln 1991, S.24)

M4 *Karikatur von 1789: „Das Erwachen des dritten Standes“*

Aufgaben

3 Benenne die Forderungen, die die Bauern an den König stellten (M5).

4 Werte die Karikatur M4 aus. Gehe vor, wie auf der linken Seite beschrieben.

Merke
Eine Karikatur stellt Gegebenheiten übertrieben und witzig dar. Auch in der Geschichte trifft man immer wieder auf Karikaturen.

Auswirkungen der Französischen Revolution

Aufgaben

1 Ermittle mithilfe des Atlas, welche heutigen Staaten Europas im ehemaligen Herrschaftsgebiet Napoleons und seiner Verbündeten liegen.

2 Ergänze den Steckbrief Napoleons M3 mit weiteren Daten und Ereignissen in seinem Lebenslauf (Internet).

3 Noch heute verbindet die „Kaiserstraße" unsere Landeshauptstadt Mainz mit Paris (M1). Erkläre und bestimme den Verlauf der Route (Atlas).

M2 *Das Herrschaftsgebiet Napoleons 1812*

1769: Geburt in Ajaccio auf der Insel Korsika
1779–1789: Ausbildung auf den Militärakademien Brienne und Paris
1793: Rang des Generals
1799: Erster Konsul der französischen Republik
1804: Krönung zum Kaiser
1805: Siegreiche Schlacht bei Austerlitz (heute Tschechien)
ab 1812: Russland-Feldzug
1815: Vernichtende Schlacht bei Waterloo
1821: Tod in der „Verbannung" auf der Atlantik-Insel St. Helena

M3 *Napoleon Bonaparte*

Die Kaiserstraße

Die Kaiserstraße ist der Name des Teilstückes der ehemaligen Bundesstraße 40 zwischen Mainz und Saarbrücken. In Frankreich führt die Kaiserstraße entlang der Route National 3. Der Name „Kaiserstraße" geht in die Napoleonische Zeit und Besetzung der linksrheinischen Gebiete im heutigen Rheinland-Pfalz zurück. Je nach Region und Ort wird die „Kaiserstraße" auch als „Pariser Straße" oder „Mainzer Straße" bezeichnet.

M1 *Verbindungsachse Mainz-Paris*

Der König ist tot – es lebe der Kaiser

Nach der Schreckenherrschaft litt Frankreich noch immer unter Hunger und Armut. Alle Hoffnungen der einfachen Menschen richteten sich auf Napoleon Bonaparte. Der beliebte General kämpfte während der Revolution gegen die Königstreuen. Im Jahr 1799 übernahm Napoleon die Macht und erklärte das Ende der Revolution. 1804 krönte er sich selbst zum Kaiser. Das waren das Ende der Republik und der Anfang einer neuen Monarchie in Frankreich.

M4 *Der Rheinbund*

Napoleon beherrscht Europa – das Heilige Römische Reich Deutscher Nation zerfällt

Mit Siegen über die preußischen und österreichischen Armeen sicherte sich Napoleon die Herrschaft über weite Teile Europas. Mit dem Vordringen seiner Armeen leitete er auch das Ende des Heiligen Römischen Reiches ein. Alle Gebiete links des Rheins wurden von Frankreich besetzt und unter französische Verwaltung gestellt. In den besetzten Gebieten wurde der **Code Civil** (auch „Code Napoléon“ genannt), das französische Zivilrecht und Gesetzbuch, eingeführt. Eine Straßenverbindung verband die Hauptstadt Paris mit Mainz dem Verwaltungssitz des linksrheinischen Departements Mont Tonnère.

Die Fürsten, die ihre linksrheinische Herrschaft verloren, wurden von Napoleon mit rechtsrheinisch gelegenen Gebieten entschädigt. Die Umgestaltung Deutschlands begann. Napoleon unterstützte die Bildung mittelgroßer Staaten, die mächtig genug waren, als Puffer zwischen Frankreich und Österreich sowie Preußen zu dienen. 16 dieser „Pufferstaaten“ schlossen sich 1806 zum sogenannten **Rheinbund** zusammen. Das veranlasste Kaiser Franz II., die deutsche Kaiserkrone niederzulegen.

Napoleon stellte die Rheinbundstaaten unter seinen Schutz. Als Gegenleistung verpflichteten sie sich, im Kriegsfall Soldaten für Napoleon zu stellen. In den Folgejahren traten immer mehr deutsche Staaten dem Rheinbund bei. Nach der der Niederlage Napoleons in der Völkerschlacht bei Leipzig 1813 löste sich der Rheinbund auf.

Info

Code Civil

Der von Napoleon geschaffene Code Civil gilt bis heute als eines der bedeutendsten Gesetzeswerke der Neuzeit. Noch heute ist er in Frankreich weitgehend als „bürgerliches Gesetzbuch“ gültig.

CODE CIVIL
DES
FRANÇAIS.
ÉDITION ORIGINALE ET SEULE OFFICIELLE.
À PARIS,
DE L'IMPRIMERIE DE LA RÉPUBLIQUE.
AN XII. 1804.

Erste Seite der Ausgabe des Code Civil von 1804

Aufgaben

4 Erstelle eine Liste der 16 Staaten, die 1807 zum Rheinbund gehörten (M4).

5 Recherchiere im Internet zum Code Civil und stelle seine Grundzüge in einem Sachtext dar.

Merke

Napoleon Bonaparte erweckte bei vielen Menschen nach der Revolution die Hoffnung auf eine bessere Zeit. Er krönte sich zum Kaiser und vergrößerte sein Machtgebiet in weite Teile Europas hinein. Mit dem Code Cilvil schuf er ein bedeutendes Gesetzeswerk.

Grundbegriffe
- Code Civil
- Rheinbund

Vom Absolutismus zur Revolution

1. Die Ständegesellschaft

a) Übertrage die Abbildung in dein Heft oder deine Mappe und beschrifte sie.
b) Berichte über das Leben der Bauern in Frankreich zur Zeit des Absolutismus.

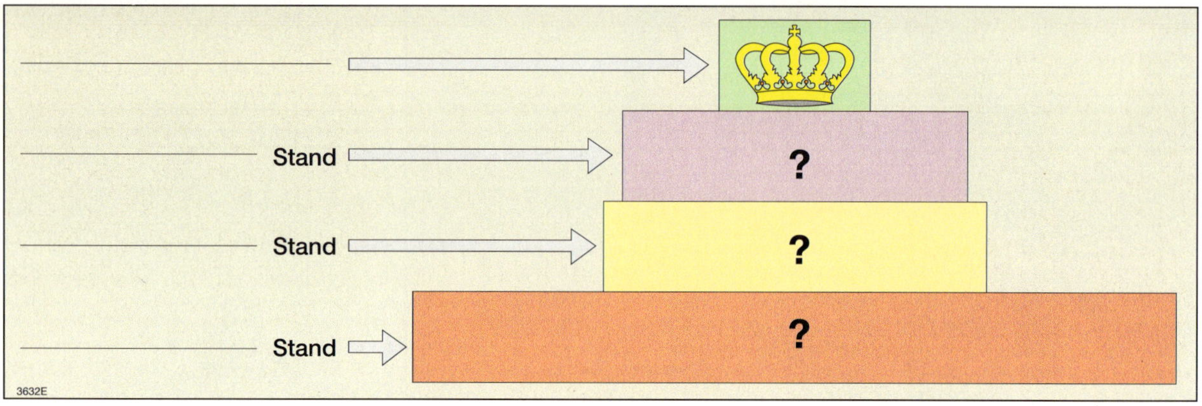

2. Die Stützen der Macht

Schreibe den Lückentext ab und ergänze dabei die Lücken.

Ludwig XIV. sicherte sich seine Macht, indem er sich auf die ..., die ... und die ... stützte. Damit seine Entscheidungen auch in entfernten Gebieten Frankreichs befolgt wurden, ersetzte er dort die Adeligen durch seine ... . Dies waren gebildete Bürger, die ihm treu ergeben waren. Die ... trieben die ... ein und waren zuständig für die ..., die ..., die ..., den ... und die Versorgung der Bevölkerung mit ... .
Seine Armee wandelte Ludwig XIV. in ein ... ... um, das heißt, dass die Soldaten nicht entlassen wurden, wenn ein Krieg beendet war.

3. Was stellt die Abbildung dar?

4. Der Merkantilismus

Erkläre die Wirtschaftsform des Merkantilismus anhand der Abbildung.

5. Die Französische Revolution

Erläutere, wie die Französische Revolution ablief.
Gehe dabei auf die Abbildungen ein.

(a)

(b)

(c)

(d)

(e)

6. Hier fehlt etwas

Schreibe die folgenden Sätze ab und ergänze:

a) Die Bastille wurde gestürmt, weil …

b) Nach dem Sturm auf die Bastille begannen im Land …

c) Die Macht von König Ludwig XVI. wurde durch die Verfassung von 1791 eingeschränkt. Er war nicht mehr …

d) König Ludwig XVI. wurde hingerichtet, weil …

e) In Frankreich übernahm Napoleon Bonaparte im Jahr 1799 die Macht. Er …

f) Der Code Civil, das …, wurde …

g) Die Erklärung der Menschen- und Bürgerrechte aus dem Jahr 1789 …

h) 1948 haben die Vereinten Nationen (UNO) auf dieser Grundlage …

i) Ich finde, dass ein Lernplakat …

Grundbegriffe

- Sonnenkönig
- Absolutismus
- Festungsanlage
- stehendes Heer
- Merkantilismus
- Manufaktur
- Stand
- Generalstände
- Nationalversammlung
- Verfassung
- Gesellschaftsordnung
- Aufklärung
- Menschenrechte
- Nationalkonvent
- Republik
- Schreckensherrschaft
- Code Civil
- Rheinbund

Deutsche und Franzosen – eine bewegte Nachbarschaft

Nachbarn in Kontakt –
Frankreich bei uns

Von Napoleon bis zum Deutschen Reich

Feinde in Weltkriegen

Versöhnung und Partnerschaft

Eine Fahrt nach Frankreich

M1 *Deutsch-französische Freundschaft (Zeichnung von Tomi Ungerer)* ▶

Nachbarn in Kontakt – Frankreich bei uns

M1 *Dialekt: „Möchten Sie Kartoffelsuppe?“ („Voulez vous ...“)*

Von Frankreich geprägt

Man spricht Deutsch, man spricht Französisch – nichts Besonderes für die Menschen, die vor über 200 Jahren (nach 1794) im heutigen Rheinland-Pfalz entlang des linken Rheinufers gelebt haben. Französische Soldaten hatten auf ihren Kriegszügen hier häufig Station gemacht. Die Verständigung mit ihnen hinterließ Spuren in der Alltagssprache, dem Dialekt. Man geht auf dem „Trottoir“ oder holt sein „Portemonnaie“ aus der Tasche. „Mach bloß keine Fissematenten“ sagt mancher hierzulande und meint damit „Mach keinen Unsinn“. Auch in vielen Restaurants und Feinkostläden wird die französische Lebensart gepflegt. Das sogenannte „Savoir Vivre“ (die französische Kunst, das Leben zum Beispiel durch gutes Essen und schmackhafte Getränke zu genießen) ist ein schönes Erbe aus der Zeit, als unser Bundesland noch französisch war.

Aufgaben

1 Gehe auf Spurensuche und befrage Menschen, die sich noch an die Besatzung der Franzosen erinnern. Schreibe die Aussagen auf.

2 Ersetze folgende französische Wörter der Alltagssprache durch deutsche Wörter:
a) Malheur, b) Souffleur,
c) Chaussee, d) Parcours,
e) Chaiselonge, f) Palaver.

M2 *Delikatessengeschäft in Mayen*

M3 *Das Wort „Fissematenten“ leitet sich ab vom französischen „Visitez ma tent“ („Besuchen Sie mein Zelt“). Besorgte Eltern sollen mit dem Satz „Mach keine Fissematenten!“ ihre Töchter vor französischen Soldaten gewarnt haben.*

M4 *Der „Schängel“ ist das Wahrzeichen von Koblenz: ein Junge, der neben dem Rathaus auf den Boden spuckt. Sein Name leitet sich aus dem französischen Vornamen Jean (gesprochen Schang) ab.*

M5 *Teilung des Fränkischen Reiches 843*

M7 *Ein Bild von tiefer Bedeutung? Der französische Staatspräsident und die deutsche Kanzlerin*

Früher Feinde, heute Partner

Die Enkel Karls des Großen teilten im Jahr 843 das Reich der Franken untereinander auf. Im Westen entstand später das Königreich Frankreich, das schon damals zentral von Paris aus regiert wurde. Aus dem östlich anschließenden Gebiet entwickelte sich das Heilige Römische Reich Deutscher Nation. Es war in zahlreiche eigenständige Fürstentümer aufgeteilt. Als sich mit der Revolution in Frankreich 1789 die Ideen von Freiheit und Gleichheit verbreiteten, versuchten die Fürsten, ihre Macht zu behalten. Dieser Machtkampf war geprägt von Krieg und Feindschaft zwischen Deutschen und Franzosen.

Heute sind Frankreich und Deutschland die wichtigsten Partner in Europa. Ihre Regierungen arbeiten eng zusammen. Viele junge Menschen haben schon im Schüleraustausch, auf Ferienreisen oder beim Treffen von Partnerstädten ihr Nachbarland kennengelernt.

Aufgaben

3 Vergleiche M5 mit einer Atlas-Karte der heutigen Staaten Europas. Nenne die Namen der heutigen Staaten.

4 Projekttipp!
Führt mithilfe von M6 eine Umfrage zu Frankreich durch.
Besprecht in der Klasse,
- wie viele Interviews ihr dazu führen wollt.
- in welche Altersgruppen ihr die Befragten einteilen wollt.
- wie ihr eure Ergebnisse auswerten und darstellen wollt.

- Welches Bild von Frankreich kommt dir zuerst in den Sinn?
- Hast du Frankreich schon mal besucht? Wo? Wie lange?
- Würdest du Frankreich gern (noch)mal besuchen?
- Wie sind dir Franzosen begegnet? Wie hast du dich verständigt?
- Welche französischen Produkte kennst du?
- Welche Personen und Ereignisse aus der französischen Geschichte kennst du?
- Kannst du beschreiben, wie in Frankreich die Landschaft aussieht?

M6 *Der Frankreich-Fragebogen*

Quelle

So sehen uns Franzosen

„Als positive Eigenschaften der Deutschen nennen die Franzosen meist Organisationstalent, Disziplin, Ordnung, Sauberkeit, Pünktlichkeit und Umweltbewusstsein. Andererseits gelten wir Deutschen oft als schwerfällig, humorlos und ohne Fantasie."

(Aussage einer Deutschlehrerin, die seit 15 Jahren in Frankreich lebt)

Merke
Das Bundesland Rheinland-Pfalz ist durch die französische Nachbarschaft geprägt.

Von Napoleon bis zum Deutschen Reich

Info

Nationalstaat
vom Lateinischen „natio": „Geburt, Herkunft". Ursprünglich die Gemeinschaft von Menschen gleicher Herkunft, Sprache und Kultur. Der Begriff meint einen Staat, in dem das „Wir-Gefühl" eines Volkes ausgeprägt ist (Gegenteil: Vielvölkerstaat).

Die „Franzosenzeit"

Nach der Französischen Revolution 1789 lag Frankreich fast zwanzig Jahre im Krieg mit seinen europäischen Nachbarn. Viele kleinere Fürstentümer verloren dabei ihre Herrschaft, so auch der Kurfürst von Trier. Der größte Teil des heutigen Rheinland-Pfalz wurde zu französischem Staatsgebiet erklärt.

An der Spitze Frankreichs stand Napoleon Bonaparte. Er hat sich vom einfachen Soldaten zum General hochgearbeitet. In den gegnerischen Armeen der Preußen, Russen und Österreicher wäre das unmöglich gewesen; hier blieben die Offiziersposten den Adeligen vorbehalten. 1804 krönte sich Napoleon zum Kaiser.

Das Ziel zu siegen motivierte die französischen Soldaten. In den besetzten deutschen Gebieten zwang Napoleon junge Männer dazu, für ihn in den Krieg zu ziehen. Bei vielen Deutschen erwachte nun das Gefühl, einer deutschen Nation anzugehören und sich von der Besatzung der Franzosen befreien zu müssen. 1815 war Napoleon besiegt.

1806	1813–1815	1815
Niederlage Preußens gegen Napoleon	Befreiungskriege: Aufstände gegen die französische Besatzung	Endgültige Niederlage Napoleons; Wiener Kongress

M1 *Zeitleiste*

M2 *Napoleon zieht 1806 in Berlin ein.*

M3 *Nahkampf zwischen Preußen und Franzosen 1813 (nachgestellt)*

Quelle 1

Was ist des Deutschen Vaterland?
Ist's Preußenland? Ist's Schwabenland?
Ist's, wo am Rhein die Rebe blüht? Ist's, wo am Belt die Möwe zieht?
O nein, nein, nein! Sein Vaterland muss größer seyn. (...)
Das ist das Deutsche Vaterland, wo Zorn vertilgt den welschen Tand,
wo jeder Franzmann heißet Feind, wo jeder Deutsche heißet Freund,
das soll es seyn! Das ganze Deutschland soll es seyn!

(Ernst Moritz Arndt, 1815)

Aufgabe

1 Erstelle mithilfe des Atlas eine Übersicht der Kriege Napoleons in den Jahren 1805 bis 1815.

Preußen wird Großmacht

1815 veränderten die siegreichen Fürsten auf einem Kongress in Wien die Grenzen in Europa. Preußen gewann dabei wirtschaftlich bedeutende Gebiete hinzu. Militärisch versuchte man, den Rhein als Grenze gegenüber Frankreich zu sichern, und baute Ehrenbreitstein zu Europas stärkster Festung aus. Nach Kriegen gegen Dänemark und Österreich war Preußen zu einer starken Macht aufgestiegen. Den Mittelpunkt der preußischen Gesellschaft bildete das Militär. Es war diszipliniert und dem König treu ergeben.

Aufgaben

2 Vergleiche die beiden Quellentexte:
a) Kläre die Bedeutung der Bezeichnung „Welsch".
b) Welche Stimmung geht von den Texten aus?

3 Die Kaiserkrönung (M5) war für die Franzosen eine Demütigung. Erkläre.

Quelle 2

Die Wacht am Rhein

Es braust ein Ruf wie Donnerhall, wie Schwertgeklirr und Wogenprall: Zum Rhein, zum Rhein, zum deutschen Rhein! Wer will des Stromes Hüter sein? (...) Und ob mein Herz im Tode bricht, wirst du doch drum ein Welscher nicht.
Refrain: Lieb Vaterland magst ruhig sein, lieb Vaterland magst ruhig sein: Fest steht und treu die Wacht, die Wacht am Rhein.

(Max Schneckenburger, 1841)

1817–1828	1870–1871	1871
Ausbau der Festung Ehrenbreitstein in Koblenz zu einem der größten militärischen Bollwerke (14 km Umfang).	Deutsch-französischer Krieg	Gründung des Deutschen Reiches und Krönung des deutschen Kaisers in Paris im Schloss Versailles

M4 *Die Festung Ehrenbreitstein in Koblenz*

M5 *Krönung des deutschen Kaisers in Versailles*

Die Gründung des Deutschen Reiches 1871

Aus den einzelnen deutschen Ländern sollte nach dem Willen des preußischen Ministerpräsidenten Bismarck ein Deutsches Reich, ein **Nationalstaat**, werden. Er provozierte Frankreich zu einer Kriegserklärung. Die vereint kämpfenden Deutschen entschieden den Krieg 1870/71 in kurzer Zeit für sich. Die Franzosen empfanden die anschließende Krönung des deutschen Kaisers Wilhelm I. im Schloss von Versailles als schwere Demütigung.

Merke
Im 19. Jahrhundert entwickelte sich ein deutsches Nationalgefühl, das 1871 zur Gründung des Deutschen Reiches führte.

Grundbegriff
- Nationalstaat

Feinde in Weltkriegen

M1 *Mitteleuropa 1914*

Aufgabe

1 Finde mithilfe des Internets die Inhalte des Vertrages von Versailles heraus.

Hunderttausende Soldaten sterben

Nach dem Krieg von 1870/71 musste Frankreich die Gebiete Elsass und einen Teil von Lothringen abtreten. Viele Franzosen warteten nun auf die Gelegenheit zur Revanche. Der **Revanchismus** war weit verbreitet. Ab 1888 wollte Kaiser Wilhelm II. das Deutsche Reich zur Weltmacht führen. Durch seine Politik brach der **Erste Weltkrieg** aus. Als Verbündeter des Kaisers von Österreich marschierte das deutsche Heer in Frankreich ein. Anders als 1870 gelang der Vormarsch aber nicht. Bei Verdun in der französischen Provinz Lothringen bekämpften sich die Armeen monatelang aus ihren Stellungen heraus. Auf beiden Seiten starben durch den Einsatz moderner Waffentechnik wie Maschinengewehre oder Giftgasgranaten mehr als 700 000 Soldaten.

Nach dem Eintritt der USA in den Krieg musste das Deutsche Reich im November 1918 seine Niederlage erklären. Der Kaiser dankte ab. Im Vertrag von Versaille wurden Deutschland umfangreiche Wiedergutmachungen für den Krieg auferlegt.

1916	1919	1925
Stellungskrieg bei Verdun	Vertrag von Versailles	Vertrag von Locarno

M2 *Zeitleiste*

M3 *Soldatenfriedhof bei Verdun*

M4 *Außenminister Briand und Stresemann 1925*

Info

Revanchismus
Revanchismus ist eine politische Einstellung, die eine Revanche (französisch: Rache) zum Ziel hat. Revanchisten treten nach einer militärischen Niederlage für gewaltsame Vergeltung ein, anstatt Friedensverträge einzuhalten.

Demokraten wollten den Frieden

Aus dem Deutschen Reich war 1918 eine Republik geworden. Das Volk wählte nun die Regierung. Demokratische Politiker wie Außenminister Gustav Stresemann bemühten sich um eine Aussöhnung mit Frankreich. Mit seinem französischen Kollegen Aristide Briand schloss Stresemann 1925 in Locarno einen Vertrag, in dem die deutsche Westgrenze garantiert wurde. Die deutschen Parteien, die die Republik ablehnten, benutzten dagegen den Vertrag von Versailles, um wiederum Vergeltung zu fordern.

Die Herrschaft der Nationalsozialisten

1933 kamen die Nationalsozialisten in Deutschland an die Macht. Sie beseitigten die Demokratie und gingen mit Terrormaßnahmen gegen ihre Gegner vor. Das Ziel des Diktators Hitler lautete Krieg. 1939 brach der **Zweite Weltkrieg** aus. Deutschland überfiel zunächst Polen, 1940 wurde Frankreich erobert. Während die Deutschen die polnische Bevölkerung versklavten, boten sie den Franzosen eine Zusammenarbeit an. In Südfrankreich machte eine französische Regierung von **Kollaborateuren** mit den Nazis gemeinsame Sache.

1940 bildete sich in ganz Frankreich eine Widerstandsbewegung, die **Resistance** (franz.: Widerstand). Die Widerstandsgruppen bekämpften die deutschen Besatzer mit Anschlägen und Sabotage.

Info

Kollaborateur

Der Begriff Kollaborateuer (franz.: Mitarbeiter) bezeichnet denjenigen, der in Kriegszeiten mit dem Feind, zum Beispiel der Besatzungsmacht, zusammenarbeitet.

Aufgaben

2 Erstelle einen Steckbrief zu den beiden Politikern in M4 (Lexikon, Internet).

3 Begründe, warum heute in Frankreich zahlreiche Straßen und Plätze nach Jean Moulin, Charles de Gaulle und anderen Resistance-Kämpfern benannt sind.

4 Nenne mögliche Argumente, mit denen sich ein Kollaborateur nach dem Krieg gerechtfertigt hat.

1933	1940	1945
Adolf Hitler wird zum Reichskanzler ernannt.	Frankreich wird von der deutschen Wehrmacht besetzt.	Deutschland kapituliert. Ende des Zweiten Weltkriegs.

M5 *Angehörige der Resistance*

Die Mitgleider der Resistance versuchten, Kollaborateure ausfindig zu machen und sie mit heimlich an der Haustür angebrachten Schildern zu brandmarken. Manche dieser Schilder zeigten einen Sarg:

ICI HABITE UN
KOLLABORATEUR

M6 *„Hier wohnt ein Kollaborateur"*

Der Widerstand der Franzosen

Frankreichs späterer Präsident de Gaulle rief 1940 das französische Volk in einer Radio-Ansprache dazu auf, den Kampf gegen die deutschen Besatzer nicht aufzugeben. Die Deutschen beantworteten Anschläge der Resistance mit Rachemaßnahmen gegen die Bevölkerung. Jean Moulin führte 1943 die zahlreichen Widerstandsgruppen zu einer starken militärischen Einheit zusammen, die 1944 die Rückeroberung Frankreichs einleitete. 1945 kapitulierte Deutschland. Der Zweite Weltkrieg war in Europa zu Ende.

Merke

In zwei Weltkriegen waren Deutsche und Franzosen Feinde.

Grundbegriffe

- Revanchismus
- Erster Weltkrieg
- Zweiter Weltkrieg
- Kollaborateur
- Resistance

Versöhnung und Partnerschaft

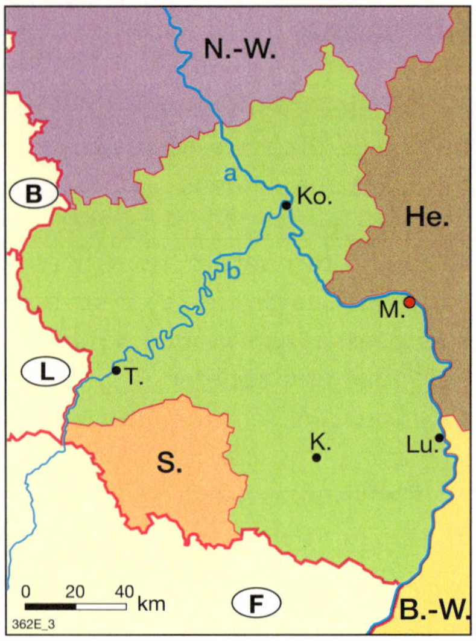

M1 *Das Bundesland Rheinland-Pfalz und seine Nachbarn*

Die Gründung von Rheinland-Pfalz

Das Ziel der Siegermächte des Zweiten Weltkriegs lautete, dass nie wieder ein Krieg von Deutschland ausgehen sollte. Über den Umgang mit den Deutschen und ihre politische Zukunft herrschte aber Uneinigkeit. In den westlichen Besatzungszonen beschloss man zunächst die Gründung von Bundesländern. So entstand am 30.08.1946 auf dem Gebiet der französischen Besatzungszone das Land Rheinland-Pfalz. Die französische Militärregierung berief eine Versammlung von Demokraten ein, die Gesetze ausarbeiten und eine Wahl vorbereiten sollte. 1949 wurde Rheinland-Pfalz Teil der Bundesrepublik Deutschland.

Für die Deutschen ging es in dieser Zeit um das nackte Überleben. Nahrungsmittel waren knapp, die Städte zerstört und viele Familien auseinandergerissen. Die USA unterstützten den Wiederaufbau durch Warenlieferungen und Kredite. Bald verbesserte sich die wirtschaftliche Situation in der Bundesrepublik Deutschland.

1946	1952	1963
Gründung des Bundeslandes Rheinland-Pfalz	Gründung der Europäischen Gemeinschaft für Kohle und Stahl (Montanunion)	Vertrag über die deutsch-französische Zusammenarbeit (Elysée-Vertrag)

M2 *Zeitleiste*

M3 *Das Wappen von Rheinland-Pfalz*

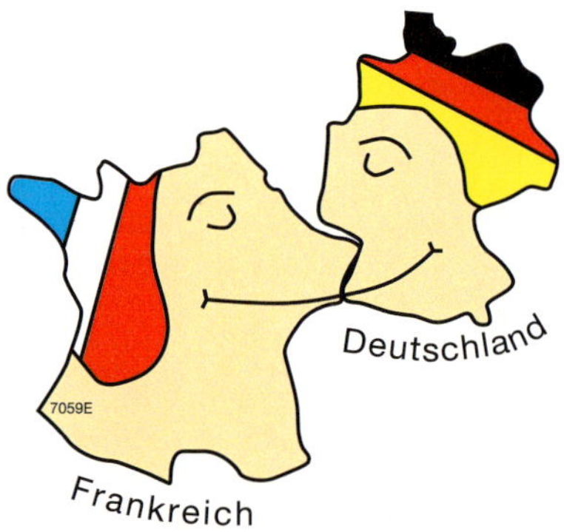

M4 *Deutsch-französische Freundschaft*

Eine erste Begegnung von Bundeskanzler Konrad Adenauer und Charles de Gaulle am 14.09.1958 hatte bereits historische Tragweite.
Am 22.1.1963 schlossen beide Staaten den deutsch-französischen Freundschaftsvertrag, genannt Elysée-Vertrag, weil er im Pariser Elysée-Palast unterzeichnet wurde.

M5 *Schritte zur Aussöhnung zwischen den „Erbfeinden"*

Quelle

„Die Vereinigung der europäischen Nationen erfordert, dass der jahrhundertealte Gegensatz zwischen Frankreich und Deutschland ausgelöscht wird. Das begonnene Werk muss in erster Linie Deutschland und Frankreich erfassen."

(Robert Schuman, französischer Außenminister, 1950)

Aus Feinden werden Freunde

Frankreichs Außenminister Robert Schuman machte 1951 den Vorschlag, die Kohle- und Stahlindustrie in der Montanunion gemeinsam zu entwickeln. Dies war der Grundstein für die heutige Europäische Union.

1963 unterzeichneten Präsident de Gaulle und Kanzler Adenauer den **Elysée-Vertrag**, der eine konkrete Zusammenarbeit der Regierungen vereinbarte: Alle zwei Monate treffen sich die jeweiligen Minister und tauschen sich aus. Kontakte zwischen jungen Deutschen und Franzosen vermittelt das Deutsch-Französische Jugendwerk (DFJW).

M6 *Helmut Kohl (rechts) ist 1984 der erste deutsche Bundeskanzler, der an einer Gedenkfeier für die Opfer der Weltkriege in Verdun teilnimmt. Der Händedruck mit dem französischen Präsidenten François Mitterand ist Zeichen der deutsch-französischen Versöhnung.*

Aufgaben

1 Finde in M1 alle Nachbarn von Rheinland-Pfalz. Bestimme auch die Städte und Flüsse.

2 Informiere dich im Internet und verfasse ein Kurzreferat zu einem dieser Themen:
- Deutsch-Französisches Jugendwerk (DFJW),
- Deutsch-Französische Brigade,
- Fernsehsender „arte".

1989	1992	2000
Dienstantritt der Deutsch-Französischen Brigade	Der Fernsehsender „arte" geht auf Sendung.	Die Deutsch-Französische Hochschule nimmt ihre Arbeit auf.

M7 *Soldaten der Deutsch-Französischen Brigade*

Aufgabe

3 Erstelle mithilfe des Internets oder eines Lexikons zu einer Person dieser Doppelseite einen Lebenslauf: Robert Schuman, Charles de Gaulle, Konrad Adenauer, Helmut Kohl, François Mitterand.

Partner in Europa

Deutsche und Franzosen arbeiten heute in vielen Bereichen zusammen. 1987 haben die Regierungen beider Länder eine gemeinsame Militäreinheit beschlossen, die 1989 ihren Dienst aufnahm. Seitdem waren Deutsche und Franzosen auf dem Balkan (1997) und in Afghanistan (2004) gemeinsam im Einsatz. 1992 ging das deutsch-französische Kulturprogramm „arte" auf Sendung. Ab 2000 studieren Deutsche und Franzosen an der Deutsch-Französischen Hochschule (DFH) in Potsdam und Metz.

Merke
Der Aufbau der Demokratie in Deutschland führte zur Gründung des Bundeslandes Rheinland-Pfalz und zu einer Partnerschaft zwischen Deutschland und Frankreich.

Grundbegriff
- Elysée-Vertrag

Eine Fahrt nach Frankreich

M1 *Logo des Partnerschaftsverbandes Rheinland-Pfalz/ Burgund*

WWW

www.dfjw.org
www.botschaft-frankreich.de
www.partnerschaftsverband.de (Partnerschaftsverband Rheinland-Pfalz-Burgund)

M2 *Nadine und ihre „Gastschwester" – Freundinnen für's Leben*

Wir besuchen unsere Nachbarn

Auf den bisherigen Seiten hast du viel über die Beziehungen zwischen Deutschen und Franzosen in der Vergangenheit erfahren. Jetzt liegt es bei dir, ob du eigene Kontakte nach Frankreich aufbauen möchtest.

Bei der Gemeindeverwaltung kannst du erfragen, ob deine Stadt eine Partnerstadt in Frankreich hat und welche Aktivitäten demnächst geplant sind. Zum Beispiel ist Dijon in der französischen Region Burgund die Partnerstadt von Mainz.

Die Partnerschaft zwischen Rheinland-Pfalz und Burgund (Bourgogne) ist besonders intensiv aufgrund der frühen Entstehung eines Partnerschaftsverbandes. Über 150 Städte und Gemeinden in Rheinland-Pfalz, ungezählte Sport- und Musikvereine sowie Schulen pflegen einen regen Austausch. Der Verband setzt sich auch für die Förderung und Verbreitung der französischen Sprache bei uns ein.

Viele rheinland-pfälzische Schulen pflegen auch gute, freundschaftliche Beziehungen zu einer französischen Partnerschule.

Auch die Möglichkeit des **Schüleraustauschs** wird durch die deutsch-französischen Schulpartnerschaften ermöglicht.

Quelle 1

Ein Jahr in Burgund?

„Obwohl ich schon zwei Jahre in der Schule Französisch hatte, verstand ich in Dijon anfangs kaum ein Wort. Aber die Franzosen haben mich irgendwie verstanden und waren sehr nett.
In der Schule wird auf Pünktlichkeit sehr viel Wert gelegt. Wenn du zwei Minuten zu spät in der Klasse bist, musst du im Anschluss an den Unterricht in einer speziellen Klasse nacharbeiten. Es wird insgesamt viel länger gelernt. Ungewohnt fand ich, dass das Schulgelände umzäunt war und nur mit einer Karte betreten werden konnte.
Ich habe in dem Jahr viel gesehen. Das habe ich meiner Gastfamilie zu verdanken, denn am Wochenende haben wir immer tolle Ausflüge gemacht. Außerdem spreche ich jetzt nahezu fließend Französisch."

(Bericht von Nadine aus Mainz. Sie verbrachte ihr achtes Schuljahr in einer Dijoner Gastfamilie)

Aufgaben

1 Ordne den drei gesuchten Begriffen in M4 die jeweilige Region Frankreichs zu (M5 und Atlas).

2 Fertige ein kleines Wörterbuch auf Französisch an, mit dem du dich vorstellen kannst:
Guten Tag, ich heiße ...:
Bonjour, je m'appelle ...
Ich bin ... Jahre alt.
Ich wohne in ...
usw.

M3 *Ein oft gekauftes „Mitbringsel" ist der Senf aus Dijon, denn er ist eine weltbekannte Delikatesse. Die burgundische Stadt Dijon erhielt im 13. Jahrhundert ein Monopol auf die Senfherstellung. Seit dieser Zeit wird Dijon-Senf nach einer überlieferten Rezeptur aus braunen, fein gemahlenen Senfkörnern hergestellt. Klassischer Dijon-Senf ist scharf.*

FRANKREICH KENNENLERNEN

Dieses schöne, alte Gotteshaus steht in Straßburg. Wie heißt es?

Zu welchem Ereignis in Cannes treffen sich jedes Jahr die Reichen und Berühmten?

Ein edles Getränk hat 150 km südöstlich von Paris seine Heimat. Kennst du es?

M4 *Frankreich-Quiz*

M5 *Übungskarte Frankreich*

Aufgaben

3 Lies den Bericht von Nadine (Quelle). Notiere die Unterschiede zu Deutschland.

4 Ermittle die Namen in der Übungskarte M6 (Atlas).

Merke
Viele Rheinland-Pfälzer pflegen über Gemeinden, Vereine oder Schulen eine Partnerschaft zu ihren französischen Nachbarn.

Grundbegriff
- Schüleraustausch

Industrie-gesellschaft

Die Industrielle Revolution

Das Ruhrgebiet im Wandel

Eine Tabelle auswerten

Industriegebiete in Deutschland

Gestaltung und Zukunft der Arbeitsgesellschaft

Tarifverhandlungen

M1 *Moderne Zeiten (aus einem Film mit Charly Chaplin)* ▶

Aufgaben

1 Erkläre, wie eine Dampfmaschine (M2) funktioniert. (Hinweis: Leihe dir nach Möglichkeit eine Dampfmaschine aus und setze sie in Betrieb.)

2 Die Erfindung der Dampfmaschine war eine Revolution im Bereich der Technik. Erkläre (Quelle).

3 Beschreibe die Entwicklung der Kruppwerke Essen (M3).

4 Vergleiche die Karten M4 und M5 miteinander. Ermittle die Unterschiede. Begründe sie.

Mit Volldampf in eine moderne Zeit

Die Erfindung der Dampfmaschine durch den Engländer James Watt leitete die **Industrielle Revolution** ein. Ihm gelang es im Jahr 1769, die Kraft des Dampfes in Bewegung umzusetzen. Dampfmaschinen wurden zuerst in englischen Fabriken eingesetzt, zum Beispiel in Spinnereien und Webereien. Garne und Stoffe konnten nun in großen Mengen hergestellt werden. Die Massenproduktion setzte sich durch. Das Zeitalter der **Industrialisierung** war angebrochen.

Die Vorteile der Dampfmaschine wurden bald auch in Deutschland genutzt. Im Ruhrgebiet wurden seit 1780 Dampfmaschinen im Bergbau oder bei der Herstellung von Eisen und Stahl eingesetzt. Zahlreiche Unternehmer gründeten hier neue Fabriken. Viele Arbeiterinnen und Arbeiter wurden gebraucht.

Quelle

Bericht aus England 1835

Wir sehen eine Dampfmaschine mit einer Kraft von 100 Pferden. Sie setzt bis zu 50 000 Spindeln in Bewegung. Das Ganze bedienen 750 Arbeiter. Die Maschinen erzeugen so viel Garn wie früher 200 000 Menschen. Ein Arbeiter leistet heute so viel wie früher 266.

(Nach C. Bernoulli: Geschichte der britischen Baumwollmanufactur. Stuttgart 1836, S. 67)

M1 *James Watt (1736–1819), Erfinder der Dampfmaschine*

M2 *So funktioniert eine Dampfmaschine: In einem Ofen (a) wird Feuer gemacht. Das Wasser im Kessel (b) verdampft. Der Wasserdampf wird so in den Zylinder (c) geleitet, dass er den Kolben (d) einmal nach oben und dann wieder nach unten drückt. Diese Bewegung wird durch das Gestänge (e) auf zwei Zahnräder (f) übertragen. Diese treiben ein Schwungrad (g) an. Das Rad ist über einen Lederriemen (h) mit einer Maschine verbunden.*

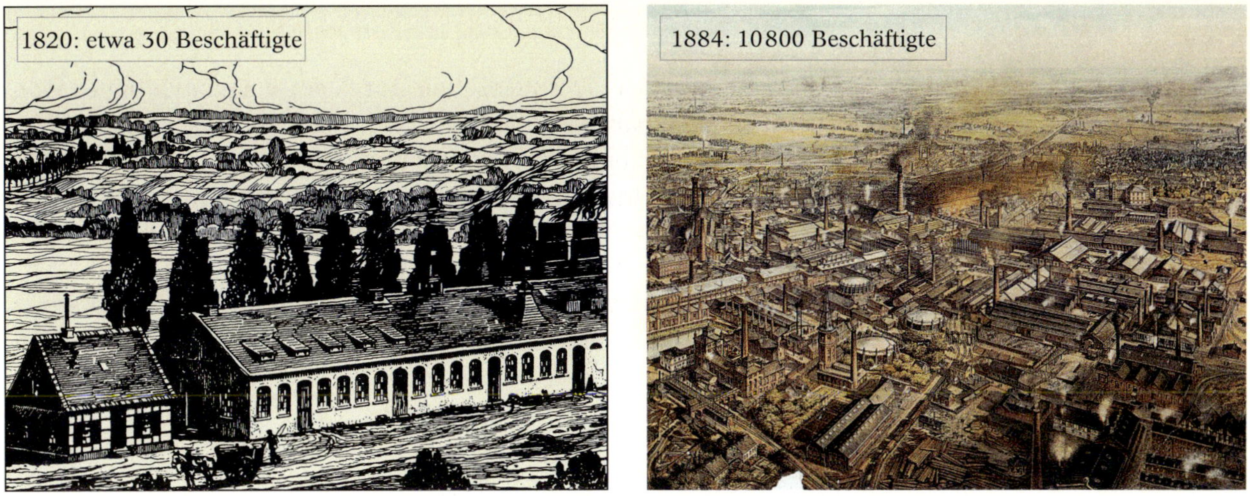

M3 *Entwicklung der Kruppwerke in Essen, in denen Stahl produziert wurde. Der Unternehmer Friedrich Krupp stellte hier im Jahr 1835 die erste Dampfmaschine auf.*

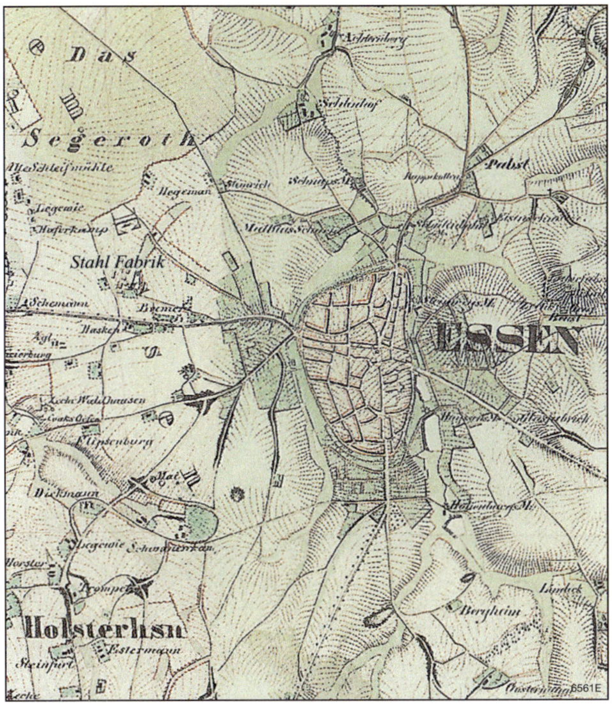

M4 *Essen im Jahr 1842*

M5 *Essen im Jahr 1892*

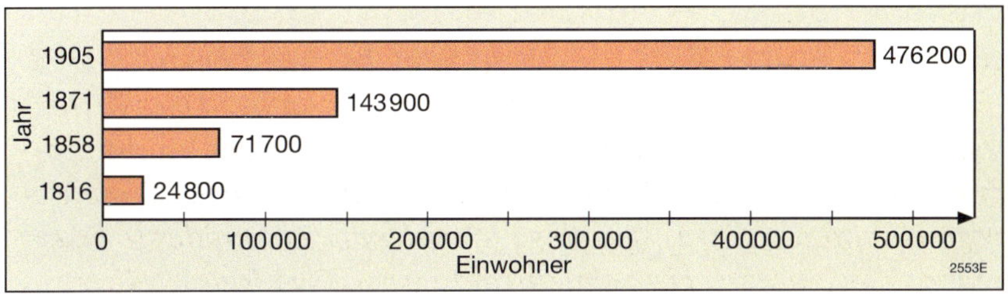

M6 *Bevölkerungsentwicklung in Essen 1816–1905*

Merke
Die Industrielle Revolution begann mit der Dampfmaschine.

Grundbegriffe
- Industrielle Revolution
- Industrialisierung

Quelle 1

Fabrikordnung der Firma Krupp 1838

1. Jeder Arbeiter muss treu und folgsam sein.
2. Er muss durch Fleiß beweisen, dass er die Absicht hat, zum Nutzen der Fabrik zu arbeiten.
3. Wer fünf Minuten zu spät zur Arbeit kommt, verliert einen Viertel Tag.

(Nach C. Jantke: Der vierte Stand. Freiburg 1955, S. 178)

M1 *Der Heulton einer Sirene („Krupp'scher Esel") warnte die Arbeiter: Noch fünf Minuten, dann beginnt die Arbeit.*

Arbeiten statt spielen

Der Lohn eines Arbeiters und seiner Frau reichte oft nicht aus, um eine Familie zu ernähren. Deshalb mussten auch die Kinder arbeiten gehen. **Kinderarbeit** war weit verbreitet. In den Fabriken standen sogar Zehnjährige bis zu zwölf Stunden am Tag an den Maschinen. Gearbeitet wurde mindestens sechs Tage in der Woche, von Montag bis Samstag.

Quelle 2

In einer Baumwollspinnerei um 1850

Die Luft war stickig und heiß. Überall flogen winzige Baumwollteilchen herum. Der Fußboden war mit einer klebrigen Masse aus Öl und Staub überzogen. Man musste sich zwischen den Maschinen durchzwängen. Der Lärm war entsetzlich. Es war dunkel im Raum.

(Nach W. Lautemann, M. Schlenke (Hrsg.): Geschichte in Quellen, Bd. VI. München 1970, S. 156)

M2 *Kind in einer Baumwollspinnerei*

Aufgaben

1 Das Arbeitsleben war streng geregelt. Erläutere am Beispiel der Firma Krupp (Quelle 1, M1).

2 Betrachte M2. Versetze dich in die Lage des Mädchens. Berichte über die Arbeit in der Fabrik (Text, Quelle 2). Beginne so: „Ich bin dreizehn Jahre alt und arbeite in …".

3 Kinder wurden in den Baumwollspinnereien oft krank. Nenne mögliche Gründe (Quelle 2).

4 Begründe, warum in der Streichholzfabrik(M4) so viele Kinder arbeiten (Quelle 3).

5 Vergleiche die Arbeit von Isa mit der von Narsamma (M3, Quelle 3). Nenne Unterschiede.

M3 *Kinderarbeit gibt es überall: Isa (16 Jahre) aus Ulm jobbt neben der Schule, um sich besondere Wünsche zu erfüllen. Narsamma (12 Jahre) arbeitet in Indien zehn Stunden am Tag auf einer Teeplantage.*

Quelle 3

Schulden müssen zurückgezahlt werden

Narsamma lebt in Nordindien. Ihre Eltern sind Landwirte. Sie bauen auf den Feldern Nutzpflanzen zur Selbstversorgung an. Als im letzten Jahr der Regen ausblieb, verdorrte die Ernte. Narsammas Eltern mussten sich Geld leihen, um Reis kaufen zu können.
Von einem Arbeitsvermittler bekamen sie 2000 indische Rupien (umgerechnet etwa 50 Euro). Dafür muss Narsamma auf einer Teeplantage arbeiten. Sie verdient umgerechnet 19 Euro im Monat. Damit werden der Kredit und die sehr hohen Zinsen zurückgezahlt. Schuldknechtschaft nennt man dieses Arbeitsverhältnis.

(Nach einer Sendung des SWR1-Radios vom 10.8.2003)

Info

Kinderarbeit heute

Weltweit arbeiten 250 Millionen Kinder, die erst fünf bis 14 Jahre alt sind. Sie
- knüpfen zum Beispiel Teppiche in Pakistan,
- nähen T-Shirts in Bangladesch,
- stellen Spielzeug in China her oder
- arbeiten in Bergwerken in Kolumbien.

M4 *In einer Streichholzfabrik in Indien*

Merke

Um 1850 arbeiteten in Deutschland in den Fabriken auch Kinder. Die Arbeit war gefährlich und ungesund. Heute gibt es in vielen Ländern noch schwere Kinderarbeit.

Grundbegriff
- Kinderarbeit

M1 *Große Wäsche ohne eine Kochgelegenheit war mühsam.*

Wohnungsnot

Die Hoffnung auf Arbeit und Verdienst lockte um 1850 immer mehr Menschen in die Städte. Die Zahl der Einwohner stieg in kurzer Zeit sehr stark an. In älteren Häusern wurden die Keller und Dachböden zu Mietwohnungen umgebaut. Zusätzlich mussten so schnell wie möglich neue Wohnungen geschaffen werden. Trotzdem herrschte große Wohnungsnot. Es wurden immer höhere Mieten verlangt.

Arbeiter, die gut verdienten, konnten sich eine kleine Wohnung leisten. Andere mussten sich mit nur einem Zimmer begnügen. Manche Familien vermieteten an alleinstehende Arbeiter ein Bett, um ihr Einkommen aufzubessern. Einige Arbeiter teilten sogar ihr Bett mit einem Kollegen, der in einer anderen Schicht arbeitete.
Die neuen Arbeitersiedlungen entstanden in unmittelbarer Nähe der Fabriken. Sie wurden regelrecht „aus dem Boden gestampft“. Wer keine Wohnung oder kein Bett fand, baute sich eine notdürftige Behausung aus Brettern. In diesen Barackensiedlungen wohnten die ganz armen Arbeiter. Andere wiederum hausten in Ställen oder Schuppen.

Aufgabe

1 a) Verdeutlicht euch die Größe der Arbeiterwohnung (M3). Zeichnet dazu mit Kreide einen Grundriss im Schulhof.
b) Sprecht über die Lebensverhältnisse der Familie (M1, M2, M3).

Quelle

„Wohnung zu vermieten!“ – ein Arbeiter berichtet:
Die Wände der Wohnung waren feucht. Zwei kleine Fenster führten in einen schmalen Gang. Kein Sonnenstrahl drang ins Zimmer. Die Kammer hatte gar keine Fenster und war stockdunkel. Ein Kamin im Haus, in den man halb hineinkriechen musste, vertrat die Stelle der Küche.

(Nach W. Emmerich: Proletarische Lebensläufe, Bd. 1. Reinbek 1974, S. 180)

Montag:	Kartoffelsuppe
Dienstag:	Sauerkraut und weiße Bohnen
Mittwoch:	Suppe mit Erbsen
Donnerstag:	Kartoffeln mit roten Rüben
Freitag:	Zwei Heringe mit Kartoffeln
Samstag:	Linsensuppe
Sonntag:	Fleischbrühe vom Knochen und Kartoffeln

M2 *Hauptmahlzeiten einer Arbeiterfamilie*

M3 *24 Quadratmeter für sieben Personen*

M4 *Die Halle der Villa Hügel ist mit einem Thronsaal vergleichbar.*

M6 *Die Villa Hügel wurde 1872–1873 von der Familie Krupp in Essen erbaut. Mit 220 Räumen ist sie eine der prunkvollsten Fabrikantenvillen in Deutschland.*

Wohnungen für Mitarbeiter der Firma

Es gab auch einige Unternehmer, die für ihre Arbeiter eigene Wohnungen bauten. Zum Beispiel vermietete die Firma Krupp an ihre Mitarbeiter 3200 Wohnungen. Die Jahresmiete war günstig; sie betrug für eine Zwei-Zimmer-Wohnung 110 Mark im Jahr. Ein Arbeiter verdiente im Durchschnitt 3,50 Mark am Tag. Hörte ein Arbeiter auf, bei der Firma Krupp zu arbeiten, musste er ausziehen.

M5 *Mehrfamilienhäuser der Firma Krupp. Zu jedem Haus gehörte ein Vorgarten; jede Wohnung hatte einen eigenen Wasseranschluss.*

Aufgaben

2 Begründe, warum die Wohnverhältnisse der Krupp'schen Arbeiter besser waren als die der anderen Arbeiter.

3 Stell dir vor, du wärst ein Arbeiterkind im 19. Jahrhundert und gehst in die Villa Hügel (M4, M6). Schreibe deine Gedanken auf.

Merke
In den Städten war um 1850 die Wohnungsnot groß. Viele Arbeiter und ihre Familien lebten in armen Verhältnissen. Unternehmer konnten sich prachtvolle Wohnungen leisten.

Info

Die soziale Frage
Im 19. Jahrhundert waren die Arbeits- und Lebensbedingungen der Arbeitnehmer schlecht. Die sozialen Probleme (z.B. unzumutbare Arbeitsbedingungen, Massenarmut) blieben lange Zeit ungelöst. Sie werden als soziale Frage bezeichnet.

Gesellschaft im Wandel

Mit der Industrialisierung veränderte sich nicht nur die Arbeitswelt, sondern auch die Gesellschaft. Es entstanden zwei neue gesellschaftliche Gruppen (Klassen): zum einen die Unternehmer (Fabrikanten), zum anderen die Fabrikarbeiterinnen und Fabrikarbeiter.

Die Arbeiterinnen und Arbeiter nannte man **Proletarier**. Sie besaßen fast nichts und hatten in der Regel viele Kinder (lateinisch: proles). Auch waren sie den Fabrikanten schutzlos ausgeliefert. Kein Gesetz regelte ihre Arbeitszeit. Wer krank wurde oder sich in der Fabrik an einer Maschine verletzte und deshalb nicht arbeiten konnte, bekam keinen Lohn. Auch erhielten die Arbeiter im Alter keine Rente und waren deshalb auf die Unterstützung von Familienangehörigen angewiesen.

Aufgabe

1 a) Stelle dar, wodurch der Streik (M1) ausgelöst worden sein könnte.
b) Schreibe auf, was der Arbeiter mit ausgestrecktem Arm zu dem Unternehmer mit Zylinder gesagt haben könnte (Text, Quelle 1).

Quelle 1

Fleißige Arbeit wird nicht belohnt
Der eigentliche Beschwerdepunkt des Arbeiters ist die Unsicherheit darüber, was mit ihm passiert. Der Unternehmer kann dem Arbeiter jederzeit kündigen, ohne dass der etwas dagegen tun kann. Verfällt der Arbeiter dadurch in Armut, so ist er völlig hilflos. Und das, obwohl er die ganze Zeit vorher treu und fleißig gearbeitet hat.

(Nach Otto von Bismarck: Gesammelte Werke, Bd. 12. Berlin 1924, S. 319f)

M1 *„Der Streik": Arbeitnehmer vor dem Haus eines Unternehmers (Gemälde von R. Koehler, 1886)*

Quelle 2

Einigkeit macht stark

Der einzelne Arbeiter ist gegenüber dem Unternehmer machtlos. Die einzige Möglichkeit, seine Lebensbedingungen auf Dauer zu verbessern, ist die Vereinigung mit seinesgleichen. Der Beitritt zu einer **Gewerkschaft** ist lebensnotwendig. Sie stärkt das Gefühl der Zusammengehörigkeit, ohne das kein großes Ziel erreicht werden kann.

(Nach August Bebel: Gewerkschaftsbewegung und politische Parteien. Stuttgart 1900)

Aufgaben

2 Erläutere die Ziele der Arbeiter in der Arbeiterbewegung.

3 Beurteile den Vorschlag von Marx und Engels zur Lösung der sozialen Frage (M2, Quelle 3).

4 Erstelle ein Lernplakat zur Industriellen Revolution (siehe Seiten 206/207).

Bessere Arbeits- und Lebensbedingungen

Die Arbeitnehmer spürten, dass sie ihre Forderungen (z.B. höhere Löhne, kürzere Arbeitszeiten, bessere Arbeitsbedingungen) nur gemeinsam durchsetzen konnten. Im Jahr 1848 gründeten sie die ersten Gewerkschaften. Sie schlossen sich in Arbeitervereinen zusammen.

Auch die Sozialdemokratische Arbeiterpartei (SDAP) setzte sich für die Interessen der Arbeiter ein. Großen Einfluss auf die **Arbeiterbewegung** hatten Karl Marx und Friedrich Engels.

Die soziale Lage der Arbeiter verbesserte sich erst Ende des 19. Jahrhunderts entscheidend. Otto von Bismarck, Kanzler des 1871 gegründeten Deutschen Reiches, sorgte für eine Sozialgesetzgebung: Er führte 1883 die Krankenversicherung für Arbeiter ein, 1884 die Unfallversicherung und 1889 die Invaliditäts- und Altersversicherung. Diese **Sozialgesetze** wurden zum Schutz der Arbeitnehmer gemacht.

M2 *Karl Marx (1818 – 1883) war ein Philosoph und Politiker. Er war davon überzeugt, dass die Proletarier durch die Fabrikanten ausgebeutet werden.*
Er und Friedrich Engels (1820 – 1895) beschrieben, wie die soziale Frage gelöst werden kann (siehe Quelle 3).

Quelle 3

Proletarier aller Länder vereinigt euch!

Die Kommunisten erklären es offen, dass ihre Zwecke nur erreicht werden können durch den gewaltsamen Umsturz der bisherigen Gesellschaftsordnung. Mögen die herrschenden Klassen vor einer Revolution zittern. Die Proletarier haben nichts zu verlieren als ihre Ketten.

(Nach Karl Marx: Das Manifest der Kommunistischen Partei (1848). In: Marx-Engels-Werke, Bd. 4. Berlin 1964, S. 461 – 493)

Merke

Die soziale Frage blieb bis in die zweite Hälfte des 19. Jahrhunderts ungelöst. Sie verbesserte sich entscheidend im Zuge der Arbeiterbewegung und mit der Gründung von Gewerkschaften. Es wurden Sozialgesetze geschaffen.

Grundbegriffe
- Proletarier
- Gewerkschaft
- Arbeiterbewegung
- Sozialgesetz

Das Ruhrgebiet im Wandel

M1 *Das Ruhrgebiet*

M3 *Das alte Ruhrgebiet: Förderturm der Zeche Recklinghausen*

Info

Verdichtungsraum

Ein Verdichtungsraum oder Ballungsraum ist ein Gebiet, in dem besonders viele Menschen auf engem Raum leben. Statistisch spricht man von einem Verdichtungsraum, wenn er eine Fläche von mindestens 100 km² hat und mindestens 100 000 Menschen in ihm wohnen.

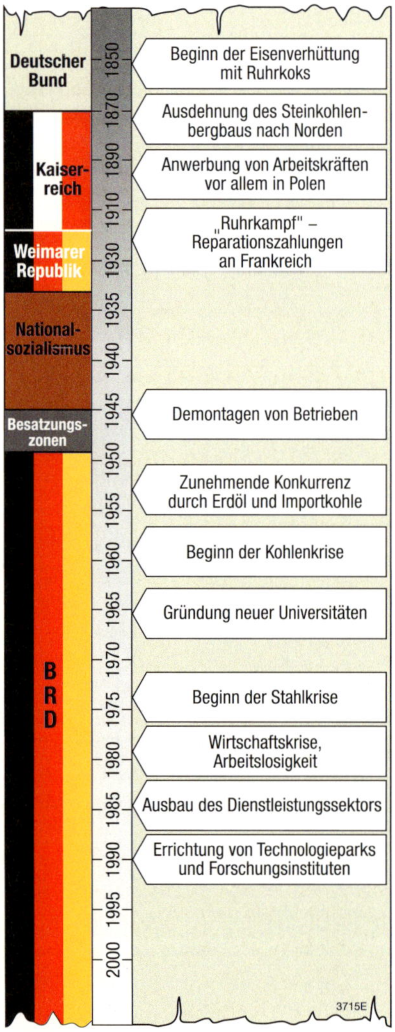

M2 *Zur Geschichte des Ruhrgebiets*

Das Ruhrgebiet – „Kohle, Eisen, Stahl"

Das Ruhrgebiet ist mit einer Fläche von über 4 400 km² und 5,2 Millionen Einwohnern heute der größte **Verdichtungsraum** Deutschlands. Es besteht zum Teil aus zusammengewachsenen Großstädten. Bis in die 1950er Jahre hinein war das Ruhrgebiet von der **Montanindustrie** geprägt: dem Steinkohlenabbau sowie der Eisen- und Stahlindustrie. Bereits Ende der 1950er Jahre führte die **Kohlenkrise** zum großen Sterben vieler **Zechen**. Billige Steinkohlenimporte und die Umstellung auf Erdöl ließen die Förderung von Steinkohle in Deutschland zurückgehen. 1974 kam dann die **Eisen- und Stahlkrise** hinzu. Immer häufiger wurden Gegenstände aus Kunststoffen statt aus Stahl oder Eisen angefertigt. Nun wurden auch viele **Hüttenwerke** geschlossen. Wieder verloren Tausende von Arbeitnehmern ihren Arbeitsplatz. Der Rückzug der Kohle ist bis heute nicht abgeschlossen, die Schließung weiterer Bergwerke steht in den nächsten Jahren noch bevor.

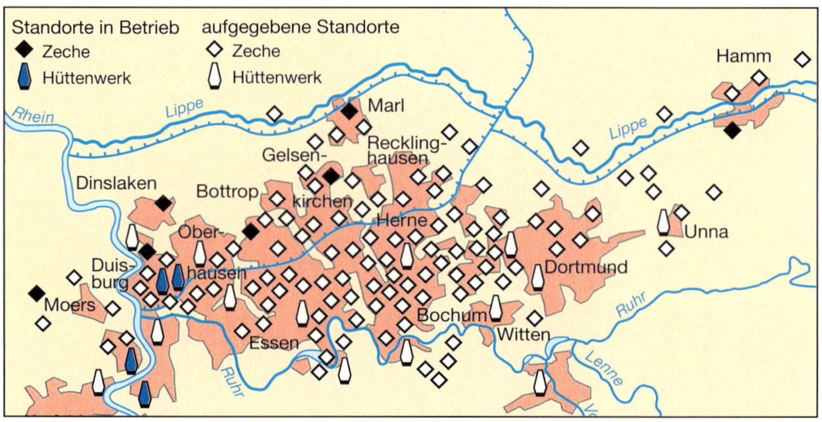

M4 *Zechen und Hüttenwerke (1950 bis heute)*

Der Tetraeder der Stadt Bottrop

Auf der Halde der ehemaligen Zeche Prosper in Bottrop steht wohl die ungewöhnlichste Pyramide im Ruhrgebiet: der Tetraeder. Mit seiner Höhe von 60 Metern oberhalb des 90 Meter hohen Haldengipfels ist es ein sehr beeindruckendes Bauwerk. 200 Stufen führen zu einer Aussichtsplattform. Von hier aus hat man einen guten Blick über das Ruhrgebiet.

M5 *Das neue Ruhrgebiet*

Von den in Deutschland verbrauchten Kohlen stammen:

	aus dem Inland	aus dem Ausland
1970	86	11
1980	66	11
1990	62	12
2000	40	26
2005	30	42
2007	22	46

M7 *Steinkohlenverbrauch in Deutschland*
(Angaben in Millionen Tonnen Steinkohleneinheiten (SKE); SKE sind ein Maß für Energie)

„Kohle machen ohne Kohle"

Seit etwa 50 Jahren vollzieht sich im Ruhrgebiet ein tiefgreifender **Strukturwandel**. 1961 bekam das Ruhrgebiet seine erste Universität. Heute verfügt die Region über das dichteste Hochschulnetz in ganz Europa. Viele große Unternehmen Deutschlands haben ihren Sitz im Ruhrgebiet. Sie setzen neue Schwerpunkte in den Bereichen Umwelttechnologie, Informations- und Kommunikationstechnologie, Gesundheitswirtschaft und Energiewirtschaft. So kaufte beispielsweise die Firma Mannesmann andere Firmen auf, um nicht allein von der Produktion hochwertiger Rohre abhängig zu sein. Das Unternehmen stieg 1967 in die Maschinenbau-, 1987 in die Automobilzulieferungs- und 1990 in die Telekommunikationssparte ein. In kurzer Zeit entwickelte sich Mannesmann unter dem Markennamen „D2" zu einem erfolgreichen Medienkonzern. Im Jahr 2000 kaufte die britische Firma Vodafone Mannesmann auf. So entstand einer der weltweit größten Konzerne der Telekommunikation.

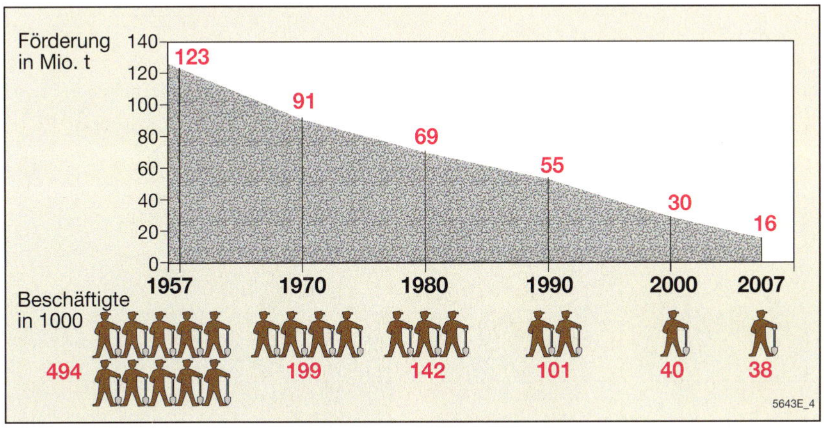

M6 *„Talfahrt" der Steinkohle im Ruhrgebiet*

Aufgaben

1 a) Ermittle die Zahl der aufgegebenen Zechen und Hüttenwerke in M4.
b) Nenne Gründe, warum Zechen schließen mussten.

2 Zeige den Zusammenhang zwischen der Entwicklung der Beschäftigten, des Steinkohlenverbrauchs und der Steinkohlenförderung auf (M6, M7).

3 Im Ruhrgebiet findet ein Strukturwandel statt. Erläutere (M1–M7).

Merke
Das Ruhrgebiet war bis in die 1960er Jahre durch die Montanindustrie geprägt. Es durchläuft einen Strukturwandel.

Grundbegriffe
- Verdichtungsraum
- Montanindustrie
- Kohlenkrise
- Zeche
- Eisen- und Stahlkrise
- Hüttenwerk
- Strukturwandel

Das Ruhrgebiet im Wandel

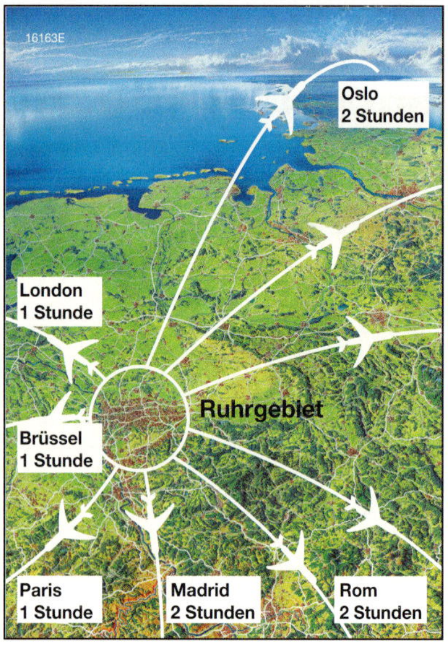

M1 *Erreichbarkeit des Ruhrgebiets mit dem Flugzeug*

Attraktiv für Bewohner und Touristen

Das Ruhrgebiet liegt zentral in Mitteleuropa und ist über Fernstraßen, Eisenbahnverbindungen und die Flughäfen in Köln und Düsseldorf schnell zu erreichen. Dies sind gute Voraussetzungen für kulturelle Großveranstaltungen. Innerhalb von drei Stunden können 60 Millionen Menschen in das Ruhrgebiet kommen.

Nahezu jedes Wochenende finden Rockkonzerte in den verschiedenen Veranstaltungsorten statt. Millionen von Zuschauern besuchten die Musicals „Starlight Express" in Bochum oder „Mamma Mia" in Essen. Von der Industriegeschichte bis zur modernen Kunst gibt es für jeden Museumsbesucher Interessantes zu entdecken, beispielsweise im Wassermuseum „Aquarius" in Mühlheim in einem über 100 Jahre alten Wasserturm. Ebenfalls attraktiv sind die Ausflugsziele an Flüssen und Seen sowie die Revierparks und andere Freizeitparks wie zum Beispiel der „Movie Park" in Bottrop-Kirchhellen. Das Ruhrgebiet verfügt inzwischen über eine hohe **Lebensqualität**.

UMBAU DER EMSCHER

Früher flossen fast alle Abwässer der Industriebetriebe und Städte ungeklärt in die Emscher, die sich dadurch in einen giftigen und übel riechenden Fluss verwandelte. In einem europaweit einmaligen Projekt sollen die Emscher und ihre Nebenflüsse bis 2020 von der Quelle südöstlich von Dortmund bei Holzwickede bis zur Mündung in den Rhein bei Dinslaken umgestaltet und renaturiert werden.
Es entstehen neue Kläranlagen. Außerdem wird parallel zum Fluss in bis zu 40 Meter Tiefe ein gesonderter Abwasserkanal gebaut.
Durch **Renaturierung** sollen entlang der Emscher Auenlandschaften entstehen. Weitere Baumaßnahmen sind Hochwasserrückhaltebecken, die Überschwemmungen entlang der Ufer verhindern, sowie der „Phoenix See" in Dortmund. Hier wird Wohn-, Arbeits- und Freizeitraum um einen neu angelegten See geschaffen.
Die Emscher-Genossenschaft investiert etwa 4,4 Milliarden Euro in dieses Projekt. Neben einer Verbesserung der Lebensqualität entstehen auch Arbeitsplätze. Man rechnet in Nordrhein-Westfalen bis 2015 durchschnittlich mit etwa 3400 neuen Arbeitsplätzen pro Jahr. Bereits heute besuchen jährlich 500000 Menschen den Emscher-Landschaftspark. Ab 2010 soll kein Bewohner des nördlichen Ruhrgebietes mehr als 15 Minuten Fußweg vom Park entfernt wohnen.

M2 *Das neue Emschertal*

Aufgaben

1 Beschreibe mithilfe des Atlas den Verlauf der Emscher.

2 Fertige anhand des Atlas eine Kartenskizze des Ruhrgebiets an. Trage die in M6 genannten Standorte ein.

M3 *Abwasserkanal Emscher*

M4 *Renaturierter Flusslauf*

Der Ruhrpilot – staufrei durch den Verdichtungsraum

Im Ruhrgebiet zeigen sich täglich die Grenzen der Belastbarkeit der Verkehrsnetze. Gut sechs Millionen Menschen pendeln täglich zwischen Dortmund, Duisburg und dem Umland im Ruhrgebiet. Abhilfe soll der Ruhrpilot schaffen. Hochmoderne Technik sowie die Koordinierung und Synchronisierung des öffentlichen Personennahverkehrs sowie des Fern- und Individualverkehrs helfen dem Verkehrsteilnehmer, das Straßennetz optimal zu nutzen. Der Ruhrpilot soll als Entscheidungsgrundlage dienen, ob die Fahrt besser mit dem Auto oder den öffentlichen Verkehrsmitteln angetreten werden kann, und darüber hinaus angeben, wie lange die Fahrt mit den gewählten Verkehrsmitteln dauern wird. Dieser Verkehrsinformationsdienst wird kostenfrei bereitgestellt.

Verkehrsprognosen lassen sich um 30 bis 60 Minuten vorhersagen. Service und Datenpakete können kostenpflichtig zu Navigationssystemen, Laptops oder Handys gesendet werden.

M5

Route der Industriekultur

Auf einem etwa 400 Kilometer langen Rundkurs durch das Ruhrgebiet kann man seit 1999 die 150-jährige Vergangenheit des Reviers erschließen. Der Start ist an der Zeche und Kokerei Zollverein, dem Wahrzeichen des alten und neuen Ruhrgebietes in Essen. Nächster Halt ist das Deutsche Bergbau-Museum in Bochum, das größte Bergbaumuseum der Welt. Besondere Attraktion ist ein 2,5 Kilometer langes Anschauungsbergwerk. Wer Chemie erleben möchte, kann dies tun bei der Infracor GmbH in Marl. Hier werden die Werkstore für Führungen geöffnet, um den Weg vom Ausgangs- zum Endprodukt riechen, fühlen und verstehen zu können. Danach geht es weiter zum größten Binnenhafen der Welt in Duisburg. Nun begeben wir uns in den Westen des Ruhrgebiets zur ehemaligen Zeche Maximilian in Hamm. Hier steht im Maximilianpark „der größte Elefant der Welt", eine begehbare Plastik. Schließlich endet unsere Route bei der Deutschen Arbeitsschutzausstellung (DASA) in Dortmund. Das Motto lautet „Mensch, Arbeit, Technik". Hier werden Arbeitswelten vom Webstuhl über Flugsimulation bis zum Notebook dargestellt und können ausprobiert werden.

◁ *Das Wahrzeichen des Maximilianparks in Hamm-Uentrop. Die gesamte Anlage des Parks ist heute ein überregional bedeutendes Zentrum für Kultur, Naherholung und Sport.*

M6

Aufgaben

3 Informiere dich mithilfe des Internets genauer über eines der vorgestellten Projekte in M2–M6. Berichte in einem Schülervortrag darüber.

4 Das Emschertal-Projekt ist ein Beitrag zur Steigerung der Lebensqualität im Ruhrgebiet (M2). Begründe diese Aussage anhand einzelner Beispiele.

Merke
Das Ruhrgebiet kann von 60 Mio. Menschen in wenigen Stunden erreicht werden.

Grundbegriffe
- Lebensqualität
- Renaturierung

Das Ruhrgebiet im Wandel

Sponge Bob in Bottrop

Im März 2005 eröffnete der Bottroper Film- und Erlebnispark seine Tore unter neuen Besitzern.
Auf etwa 50 Hektar Fläche erwartet den Besucher „Hollywood zum Anfassen“ – ein Filmpark, kombiniert mit Fahrgeschäften, Restaurants, Shows und Unterhaltung. Der animierte Kinofilm „Ice Age“ ist zum Beispiel die Grundlage für ein Wasserfahrgeschäft, und Sponge Bob (Schwammkopf) aus einer erfolgreichen amerikanischen Serie ist Filmheld in einem neuartigen 4D-Kino. Hier wurden die Sitze mit Luft, Wasser und Vibrationen ausgestattet. Comic-Figuren wie Tom und Jerry sind beliebte Foto-Objekte. In einem Flugsimulator können die Besucher eine Zeitreise unternehmen.

„Herr Kowalski, sind Sie schon lange im Movie Park Germany als Elektriker beschäftigt?“
„Nein, ich habe bis 1997 in einem Stahlwerk in Oberhausen als Schmelzer gearbeitet. Nach meiner Entlassung wurde ich zum Starkstromelektriker umgeschult. Zum Glück habe ich bald darauf hier in dem neuen Film- und Freizeitpark einen Arbeitsplatz gefunden.“
„Gefällt Ihnen Ihre Arbeit?“
„Ja, sie ist sehr interessant und gleichzeitig sehr schwierig. Sie glauben gar nicht, mit wie viel Technik hier alles vollgestopft ist.“
„Haben Sie keine Angst vor erneuter Arbeitslosigkeit?“
„Nein, gar nicht. Mein Arbeitsplatz ist sicher, weil die Menschen auch in Zukunft mehr Freizeit haben werden. Der Park wird ausgebaut wegen der ständig zunehmenden Zahl von Besuchern.
Dann werden eher noch mehr Arbeitskräfte eingestellt werden statt welche entlassen.“

M2 *Interview mit einem Angestellten des Movie Parks*

Aufgaben

1 Mit dem Ruhrgebiet verbindet man heute nicht mehr in erster Linie Eisen und Stahl. Liste andere Einrichtungen auf.

2 a) Erläutere, wie sich die Arbeit von Herrn Kowalski verändert hat (M2).
b) Beurteile die Sicherheit seines Arbeitsplatzes.

Die „Zeche“ in Bochum war früher ein Bergwerk und ist heute eine bekannte Diskothek. Hier finden auch Konzerte und Ausstellungen statt.

Auf einer ehemaligen Bergbauhalde in Bottrop befindet sich die mit 640 Metern längste Schneehalle der Welt. Hier kann man an 365 Tagen im Jahr Ski laufen, egal, bei welchem Wetter. Nicht mehr zehn Stunden Auto fahren, um eine Stunde Ski zu laufen, eher umgekehrt!

M1 *Das Ruhrgebiet heute – ein vielfältiges Angebot*

Eine Tabelle auswerten

Stadt	Einwohner 1970	Einwohner 2009	Zunahme (+) oder Abnahme (-) der Bevölkerung
Essen	715 000	580 000	–
Dortmund	640 000	584 000	
Duisburg	455 000	494 000	
Bochum	356 000	379 000	
Gelsenkirchen	332 000	262 000	

M3 *Die größten Städte im Ruhrgebiet*

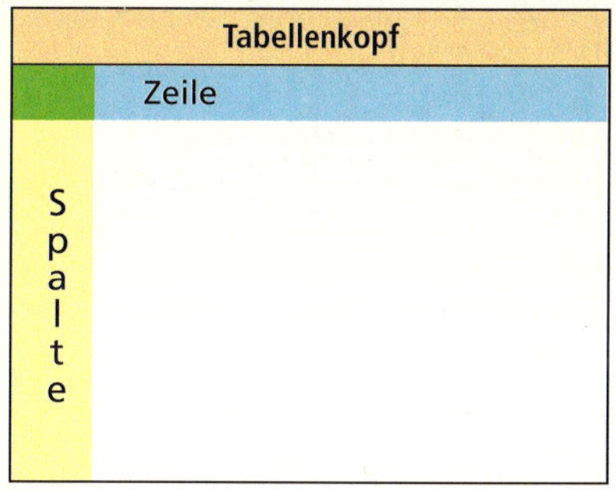

M4 *Aufbau einer Tabelle*

Aufgabe

3 Ergänze die letzte Spalte in M3.

Schritt für Schritt, dann klappt's am besten

Tabellen enthalten oft viele Zahlen und sind nicht leicht zu verstehen. Deshalb gehst du am besten in folgenden Schritten vor, wenn du eine Tabelle auswertest.

1. Schritt: Nenne das ***Thema*** der Tabelle.
Die Über- oder Unterschrift gibt an, um was es in der Tabelle geht.
Die Angaben im Tabellenkopf geben weitere Hinweise zum Thema.
Schlage Begriffe und Abkürzungen, die du nicht kennst, im Lexikon nach.
(In M3 zum Beispiel liest du in der Unterschrift: Die größten Städte im Ruhrgebiet. Im Tabellenkopf steht: Stadt, Einwohner 1970 und Einwohner 2009. Es geht also um das Thema: Die Einwohnerzahlen der größten Städte im Ruhrgebiet.)

1. Schritt: die Überschrift

2. Schritt: Werte die ***Zeilen*** aus.
Die Zeilen werden von links nach rechts gelesen. Beginne mit der obersten Zeile.
(In M3 zum Beispiel steht ganz links der Name der Stadt Essen. Rechts daneben stehen die Einwohnerzahlen von Essen für das Jahr 1970 und das Jahr 2009. So liest du in der obersten Zeile: Essen hatte im Jahr 1970 die Zahl von 715 000 Einwohnern und im Jahr 2009 580 000 Einwohner.)

2. Schritt: die Zeilen

3. Schritt: Werte die ***Spalten*** aus.
Die Spalten werden von oben nach unten gelesen. Jede Spalte wird für sich gelesen. Stelle fest, was die Zahlen aussagen.
(In M3 zum Beispiel liest du für das Jahr 1970: In Essen lebten 715 000 Einwohner, in Dortmund 640 000, in Duisburg 455 000, in Bochum 356 000 und in Gelsenkirchen 332 000 Einwohner. Du stellst fest, dass von diesen Städten damals in Essen die meisten Menschen lebten und in Gelsenkirchen die wenigsten. Heute ist die Reihenfolge eine andere.)

3. Schritt: die Spalten

4. Schritt: Fasse die ***Ergebnisse*** zusammen.
(Hier zum Beispiel kannst du sagen: In Essen, Dortmund und Gelsenkirchen ist die Zahl der Einwohner vom Jahr 1970 bis zum Jahr 2009 zurückgegangen. In Duisburg und Bochum ist die Zahl der Einwohner angestiegen. Die kleinste der fünf angegebenen Städte war immer Gelsenkirchen.)

4. Schritt: das Ergebnis

Industriegebiete in Deutschland

Aufgaben

1 Erläutere den Begriff „Standortfaktoren“ (M2).

2 Stralsund, Rostock, Wismar, Lübeck, Hamburg, Bremerhaven.

a) Ermittle, welche Industrie an allen Standorten vertreten ist (Atlas).

b) Nenne den dafür ausschlaggebenden Standortfaktor.

Industrieansiedlung hat bestimmte Gründe

Das Ruhrgebiet ist nur eines der Industriegebiete in Deutschland. Die Industriegebiete sind nicht zufällig entstanden, sondern wurden von ganz bestimmten **Standortfaktoren** geprägt. Für die Entstehung der ersten Industriegebiete waren die wichtigsten Standortfaktoren die Vorkommen von Rohstoffen wie zum Beispiel Kohle und Eisenerz. Diese liegen im Ruhrgebiet, im Saarland und im Gebiet um Halle-Leipzig.

Neben den Vorkommen von Bodenschätzen war auch schon in früheren Zeiten die Verkehrslage ein wichtiger Standortfaktor.

Heute werden zunehmend andere Standortfaktoren wichtiger: gut ausgebildete Arbeitskräfte, Energiekosten, die Nähe von Absatzmärkten und auch staatliche Hilfen wie Subventionen (Geldzahlungen) oder Steuererleichterungen.

M1 *Bodenschätze und Industriegebiete in Deutschland*

Info

Standortfaktoren

Als Standortfaktoren bezeichnet man die Gründe, die dafür oder dagegen sprechen, einen Betrieb an einem bestimmten Standort zu bauen. Dieselben Standortfaktoren können für verschiedene Betriebe einen ganz unterschiedlichen Stellenwert haben. So ist Kohle für eine Kokerei (Betrieb zur Erzeugung von Koks) ein wichtiger Standortfaktor. Für ein Fuhrunternehmen dagegen ist eine gute Verkehrslage ein wichtiger Standortfaktor.
Standortfaktoren sind zum Beispiel:
- Vorhandensein von Arbeitskräften,
- Ausbildungsstand der Arbeitskräfte,
- Anschluss an Autobahnen, Bahnlinien, Wasserstraßen, Flughafen,
- Entfernung zu den Rohstoffen,
- Entfernung zu den Absatzmärkten,
- günstige und sichere Energieversorgung,
- Unterstützung durch staatliche Subventionen (z. B. Erlassung von Steuern).

Merke

Die Entstehung von Industrien ist von Standortfaktoren abhängig. Die ersten Industriegebiete entstanden dort, wo Rohstoffe vorhanden waren. Heute werden zunehmend andere Standortfaktoren wichtig.

Grundbegriff
- Standortfaktor

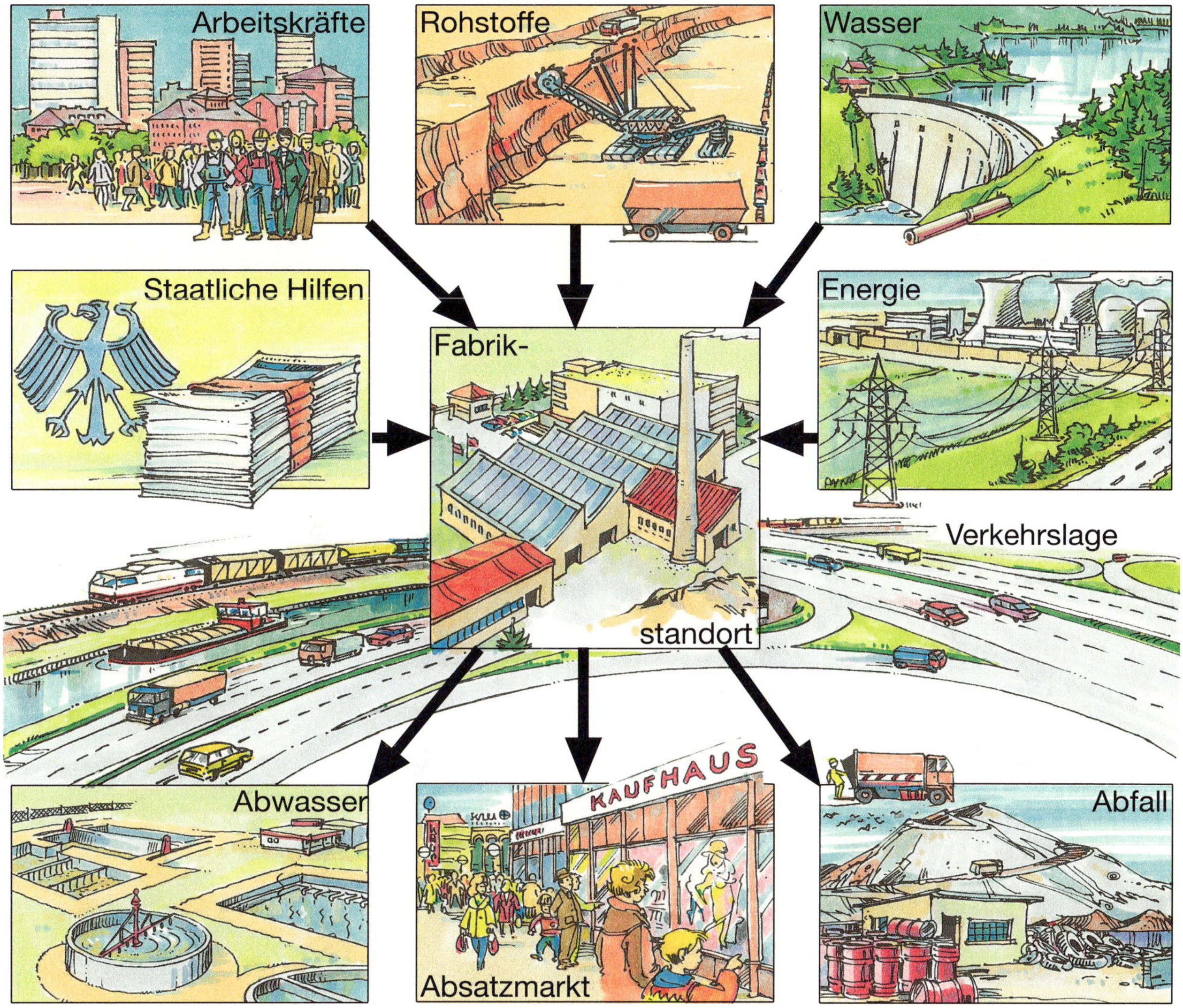

M2 *Standortfaktoren der Industrie*

Gestaltung und Zukunft der Arbeitsgesellschaft

M1 *Demonstration von Arbeitslosen in Berlin*

Immer mehr Reiche, immer mehr Arme

In Deutschland leben immer mehr Menschen im Wohlstand. So hat sich die Zahl derjenigen, die pro Monat mindestens 5000 Euro netto verdienen, in den letzten zehn Jahren versechsfacht. Gleichzeitig verlieren immer mehr Menschen ihren Arbeitsplatz und müssen sich finanziell einschränken. Junge Leute finden oft keine Lehrstelle. Immer mehr Menschen führen ein Leben am **Existenzminimum**.

Wissenschaftlerinnen und Wissenschaftler befürchten, dass sich Deutschland zu einer **Zweidrittelgesellschaft** entwickelt. Das heißt: Zwei Drittel der Bevölkerung verfügen über regelmäßige Einkommen und können Vermögen bilden. Ein Drittel der Bevölkerung ist arm und lebt von staatlicher Unterstützung.

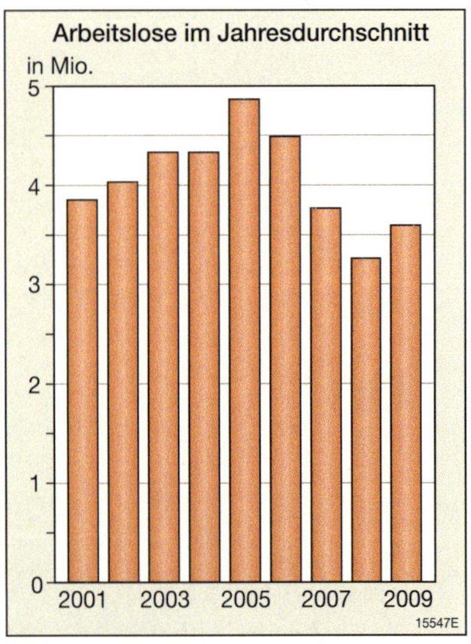

M2 *Zahl der Arbeitslosen in Deutschland*

M3 *Auf einem Empfang*

M4 *„Die im Dunkeln sieht man nicht!"*

Info

Armut
Eine eindeutige Definition von Armut gibt es nicht. Menschen, die in Deutschland heute als arm bezeichnet werden, gelten es nicht in einigen anderen Regionen der Erde und galten es auch nicht in früheren Zeiten. Das Einkommen ist ein Maßstab für Armut. Wer weniger als 50 Prozent des Durchschnittseinkommens verdient (in Deutschland 600 Euro im Monat), gilt als „arm".

Wenn sie eine Lehrstelle fände, meint Lisa, dann hätte sie wieder Spaß an Aerobic, dann könnte sie Geld sparen und später den Autoführerschein machen. Im Moment hat sie „einfach zu gar nichts Lust". Der Moment dauert schon fast sechs Monate.
Die 16-Jährige hat zweiunddreißig Bewerbungen geschrieben und losgeschickt: „Hiermit bewerbe ich mich um einen Ausbildungsplatz", als Informatikkauffrau, Arzthelferin ... Sie hat sich auch in Leipzig beworben, einer Stadt, die 30 km weit weg von ihrem Heimatort liegt; dort könnte sie bei einer Tante während der Ausbildung kostenlos wohnen. Bisher hat Lisa auf ihre Bewerbungen nur Absagen erhalten. Den Satz „Für Ihren weiteren Lebensweg wünschen wir Ihnen alles Gute." kennt sie schon auswendig.

M5 *Lisa – kein Einzelfall!*

Aufgaben

1 Erläutere die Textüberschrift „Immer mehr Reiche – immer mehr Arme".

2 Beschreibe die Entwicklung der Arbeitslosigkeit in Deutschland (M2).

3 Die größte Ungerechtigkeit in Deutschland ist die Arbeitslosigkeit. Nimm Stellung zu dieser Aussage.

4 Werte die Karikatur M4 aus.

M6 *Auf einem Wochenmarkt*

Merke
In Deutschland leben immer mehr Reiche und immer mehr Arme. Das Land entwickelt sich in Richtung einer Zweidrittelgesellschaft. Arbeitslosigkeit und Lehrstellenmangel sind hoch.

Grundbegriffe
- Existenzminimum
- Zweidrittelgesellschaft

Quelle

Aus dem Grundgesetz

(1) Die Bundesrepublik Deutschland ist ein demokratischer und sozialer Bundesstaat.

(GG Artikel 20: Verfassungsgrundsätze)

Deutschland – ein Sozialstaat

Deutschland ist ein Sozialstaat. Dies ist im Grundgesetz festgelegt. Dadurch übernimmt der Staat die soziale Grundsicherung seiner Bürgerinnen und Bürger. Nach dem Zweiten Weltkrieg haben die Regierungen – auf der Grundlage der Errungenschaften seit Mitte des 19. Jahrhunderts – das soziale Netz in Deutschland weiter ausgebaut. Heute schützen die Leistungen der gesetzlichen Sozialversicherung jeden Einzelnen vor einem Teil des Risikos, arm zu werden. Darüber hinaus bietet der Staat durch weitere Leistungen zusätzliche Sicherheit: zum Beispiel durch das Kindergeld, BAföG, Wohngeld oder Sozialhilfe. Dadurch werden große soziale Härten in unserer Gesellschaft vermindert.

Einer für alle, alle für einen

Die gesetzliche Krankenversicherung (GKV) ist eine wichtige Säule im System der sozialen Sicherung. Es ist eine Pflichtversicherung für alle Arbeitnehmer bis zu einem bestimmten Einkommen sowie für Rentner, Arbeitslose, Auszubildende und Studenten. Das grundlegende Prinzip ist die **Solidargemeinschaft**. Die Mitglieder zahlen jeden Monat Beiträge, die von der Höhe des Einkommens abhängig sind. Der Beitragssatz liegt etwa bei 15 Prozent. Wer wenig verdient, zahlt niedrigere Beiträge als derjenige, der mehr verdient. Wird ein Mitglied krank, zahlt die Kasse die Arzt- oder Krankenhauskosten – und zwar unabhängig davon, wie hoch die Kosten sind. So wird denjenigen, die Hilfe brauchen, durch die Mithilfe der Gemeinschaft aller geholfen.

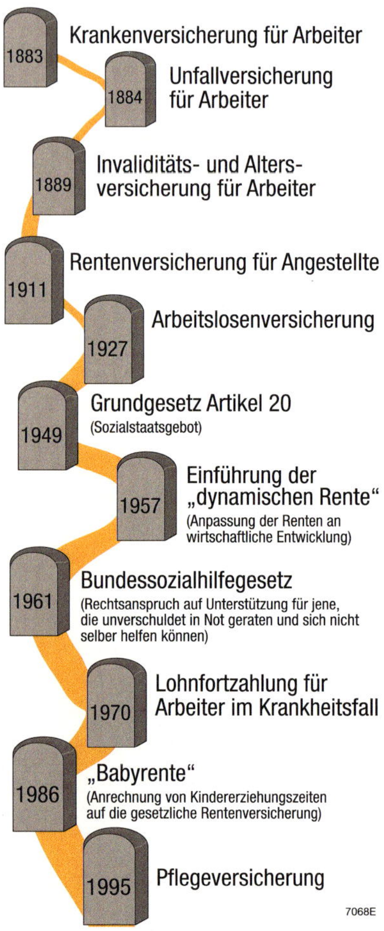

M1 *„Meilensteine" der sozialen Sicherung in Deutschland*

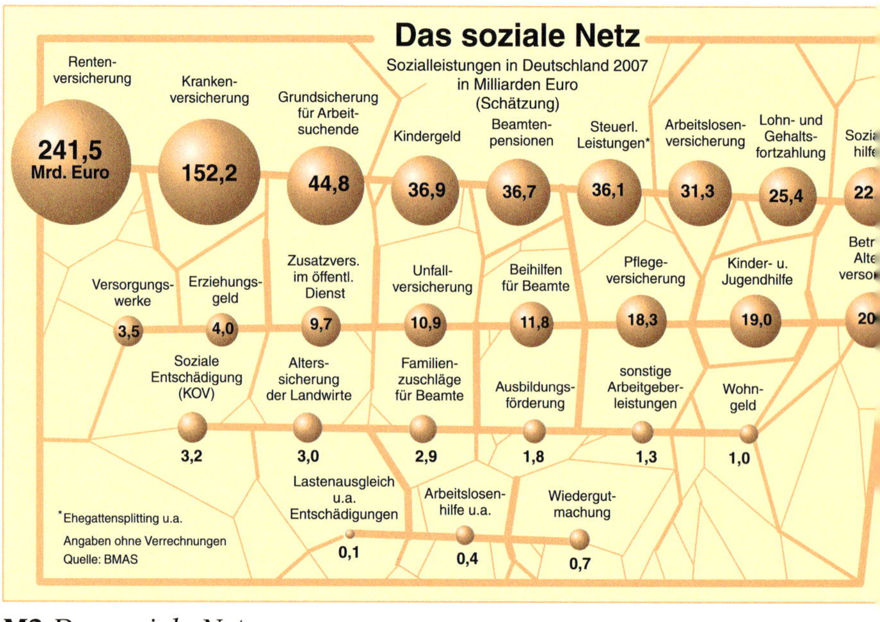

M2 *Das soziale Netz*

M3 *Armutsrisiken*

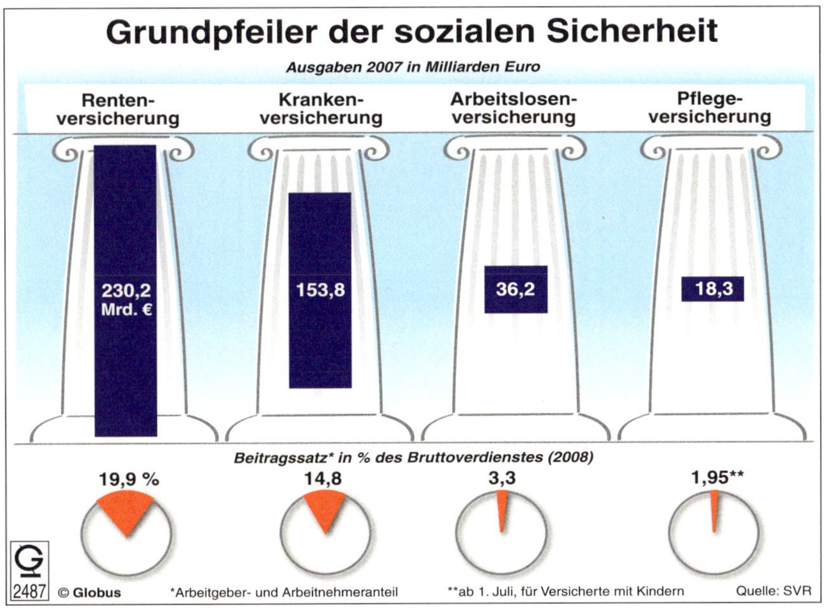

M4 *Die Grundpfeiler der sozialen Sicherheit*

Aufgaben

1 Du musst eine Blinddarmoperation durchführen lassen. Erläutere an diesem Beispiel die Vorteile einer Krankenversicherung.

2 Welche drei „Meilensteine“ (M1) sind deiner Meinung nach die wichtigsten? Begründe deine Wahl.

3 Beurteile die Armutsrisiken in den Bildern a–c in M3.

4 Die verschiedenen Leistungen des Sozialstaats sollen verhindern, dass die Kluft zwischen Arm und Reich wächst und damit die Möglichkeit sozialer Konflikte zunimmt. Begründe.

Merke

Deutschland ist ein Sozialstaat. Dies ist im Grundgesetz festgelegt. Die Solidargemeinschaft der Versicherten sorgt für Hilfe in Notlagen.

Grundbegriff

- Solidargemeinschaft

Tarifverhandlungen

M1 *Arbeitnehmer und Arbeitgeber*

Ein **Tarifvertrag** wird gekündigt. Die Gewerkschaft und der Arbeitgeberverband müssen neu verhandeln. Das läuft dann meistens so ab: Die Gewerkschaft als Vertretung der Arbeitnehmer legt ihre Forderungen vor. Der Arbeitgeberverband lehnt sie ab mit der Begründung, sie seien zu hoch. Die Gewerkschaftsmitglieder drohen mit Streik.
Um das zu verstehen, muss man die Spielregeln kennen: Ein Tarif ist ein Preis für ein spezielles Gut oder eine bestimmte Leistung. Der Tariflohn kann zum Beispiel bei 15,00 € pro Stunde liegen. Das heißt, dass ein Arbeitnehmer eine Stunde lang eine bestimmte Leistung erbringt; dafür erhält er 15,00 €. Die Tariflöhne werden zwischen Vertretern der Arbeitnehmer und Arbeitgeber ausgehandelt. Ziel der Tarifverhandlung ist der Abschluss eines Tarifvertrages. Er gilt für alle Arbeitnehmer, die gewerkschaftlich organisiert sind. Ist der Tarifvertrag abgeschlossen, gilt die Friedenspflicht, das heißt, es darf nicht gestreikt werden.

M2 *Ein neuer Tarifvertrag*

Info

Arbeitskampf
Der **Arbeitskampf** ist eine Kampfmaßnahme, mit der Arbeitnehmer versuchen, ihre Forderungen durchzusetzen. Während die Arbeitnehmer den Streik als Mittel eines Arbeitskampfes einsetzen, können die Arbeitgeber mit Aussperrungen antworten.

Streik
Ein Streik ist eine Maßnahme des Arbeitskampfes, bei der Arbeitnehmer durch eine organisierte Arbeitsniederlegung ihre Forderungen gegenüber den Arbeitgebern durchzusetzen versuchen. Streiks werden von den Gewerkschaften organisiert.

Aussperrung
Eine Aussperrung ist ein Kampfmittel des Arbeitgebers gegen die Arbeitnehmer. Sie werden aus dem Betrieb ausgesperrt, sie werden daran gehindert zu arbeiten und erhalten keinen Lohn mehr. Aussperrungen sind die Reaktionen auf zuvor begonnene Streiks.

Quelle 1

Metaller weiten Warnstreiks aus
Frankfurt/Mannheim. Mit einer ersten Welle von Warnstreiks hat die Gewerkschaft IG Metall gestern den Tarifkonflikt in der Metall- und Elektroindustrie verschärft. Mehr als 13 500 Beschäftigte legten nach Ablauf der Friedenspflicht in zahlreichen Bundesländern ihre Arbeit nieder, wie die Gewerkschaft mitteilte.
Die Arbeitgeber wollen die Arbeitszeit von 35 auf 40 Stunden erhöhen, ohne dafür zusätzlichen Lohn zu bezahlen. Für die Gewerkschaften ist dies eine ungeheuere Provokation. Gewerkschaftsvertreter drohen mit einem flächendeckenden Streik. (Nach: AP-Meldung vom 30. Januar 2004)

M3 *Konflikt um die Arbeitszeit*

M4 *Warnstreik*

Quelle 2

Regeln im Arbeitskampf

Wenn sich die Tarifpartner in einem Tarifkonflikt nicht einigen können, steht ein Arbeitskampf bevor. Er kann jedoch durch eine Schlichtung vermieden werden. Dazu bilden Arbeitgeber- und Arbeitnehmervertreter freiwillig einen Schlichtungsausschuss. Er besteht aus einem unparteiischen Vorsitzenden, dem Schlichter und der gleichen Zahl von Arbeitnehmern und Arbeitgebern.

Der Schlichtungsausschusses spricht eine Empfehlung aus. Wird sie nicht angenommen, kann die Gewerkschaft nach einer Urabstimmung zum Streik aufrufen. In der Urabstimmung müssen 75 Prozent der Gewerkschaftsmitglieder dem Streik zustimmen, damit er durchgeführt werden kann. Die Arbeitgeber können eine Aussperrung beschließen.

(Nach Hilde Kammer, Elisabet Bartsch: Jugendlexikon Politik. Reinbek 2004)

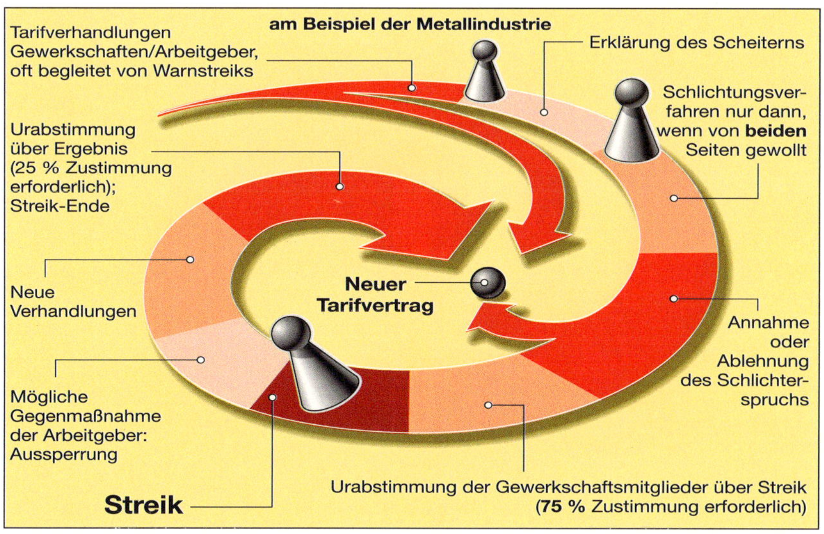

M5 *Spielregeln für den Arbeitskampf*

Aufgaben

1 Werte M1 aus.

2 Erläutere M3 mithilfe von Quelle 1 und M4.

3 Stelle dar, zu welchem Punkt in M5 Quelle 1 passt.

4 Schreibe einen Text über den Ablauf einer Tarifverhandlung mit folgenden Begriffen: Tarifverhandlung, Forderungen, Arbeitgeber, Gewerkschaft, Streik, Aussperrung, Schlichtungsausschuss, Friedenspflicht.

Merke

Tarifverträge werden zwischen Gewerkschaften und Arbeitgebervertretern ausgehandelt und abgeschlossen. Bei einem Arbeitskampf sind Streiks und Aussperrungen möglich.

Grundbegriffe
- Arbeitskampf
- Streik
- Aussperrung
- Tarifvertrag
- Friedenspflicht

Industriegesellschaft

1. Revolution mit Schattenseiten

a) Berichte über die abgebildeten Personen bzw. die abgebildete Situation.

b) Erkläre, warum man die Industrielle Revolution als Revolution mit Schattenseiten bezeichnen kann.

2. Sonja berichtet

Schildere aus der Sicht des abgebildeten Mädchens das Leben zur Zeit der Industriellen Revolution. Gehe dabei auf die Arbeitsbedingungen und die Lebensbedingungen zu Hause ein.

3. Das alte und das neue Ruhrgebiet

a) Erkläre, was auf den Abbildungen dargestellt ist.

b) Begründe, inwiefern die Abbildungen den Wandel des Ruhrgebiets zeigen.

c) Das Ruhrgebiet ist ein Verdichtungsraum. Erkläre.

d) Überlege dir Logos für die alten und neuen Industrien im Ruhrgebiet und stelle den Strukturwandel unter Verwendung der Logos zeichnerisch dar.

4. Auf den Standort kommt es an

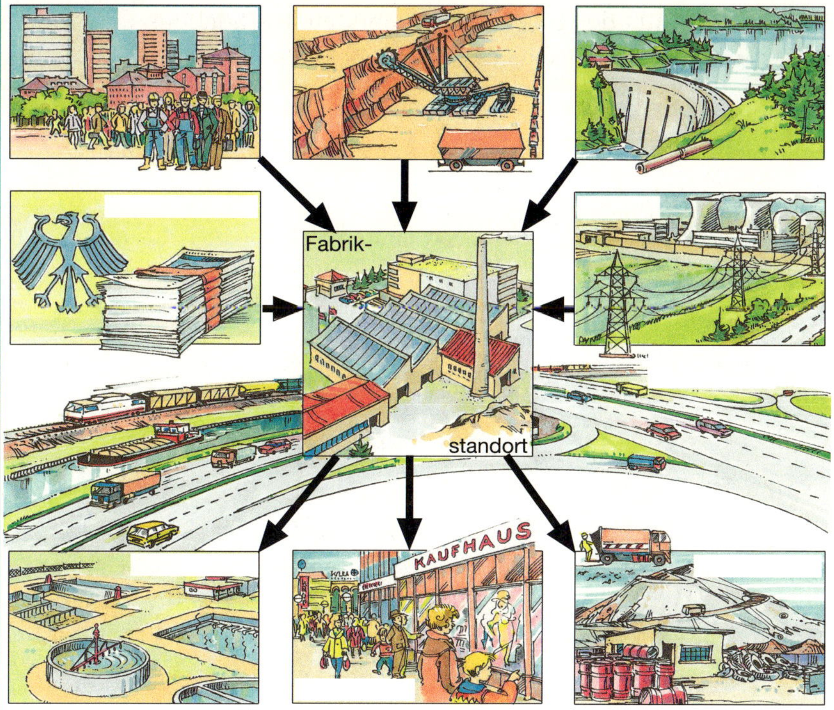

a) Zeichne selbst eine Skizze nach der Vorlage links und schreibe die Namen der Standortfaktoren hinein.

b) Notiere, welche Standortfaktoren für die Entwicklung der Montanindustrie im Ruhrgebiet wichtig waren.

c) Führe die Standortfaktoren auf, die heute für die Ansiedlung von neuen Industrien im Ruhrgebiet wichtig sind.

5. Deutschland – ein Sozialstaat

a) Erkläre, wie das „soziale Netz“ jeden Einzelnen vor einem Teil des Risikos schützt, arm zu werden.

b) Erläutere das Prinzip der Solidargemeinschaft.

c) Schildere ein Beispiel für ein Armutsrisiko.

d) Das Sozialsystem steht auf vier Grundpfeilern (siehe Abbildung). Erkläre jeden der Pfeiler.

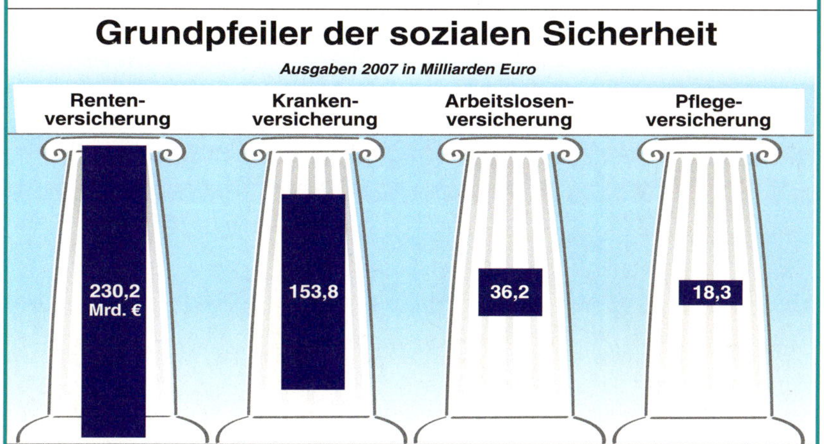

Grundbegriffe
- Industrielle Revolution
- Industrialisierung
- Kinderarbeit
- Proletarier
- Gewerkschaft
- Arbeiterbewegung
- Sozialgesetz
- Verdichtungsraum
- Montanindustrie
- Kohlenkrise
- Zeche
- Eisen- und Stahlkrise
- Hüttenwerk
- Strukturwandel
- Lebensqualität
- Renaturierung
- Standortfaktor
- Existenzminimum
- Zweidrittelgesellschaft
- Solidargemeinschaft
- Arbeitskampf
- Streik
- Aussperrung
- Tarifvertrag
- Friedenspflicht

Die große Wanderung

Aussiedler kommen nach Deutschland

Arbeiten in der Fremde

Rückkehr nach Hause

Berlin – größte türkische Stadt außerhalb der Türkei

Auswanderung in die USA

Probleme und Notwendigkeit der Eingliederung

Wege für ein friedfertiges Zusammenleben

Beitrag der Schule zur Integration

Rassismus – nicht bei uns!

Ein Interview führen

M1 *Wandbild an einem Haus in Guatemala, nahe der Grenze zu Honduras. Davor steht ein Flüchtling aus Honduras.* ▶

Aussiedler kommen nach Deutschland

ehemalige Sowjetunion	2 195 946
Polen	712 040
Rumänien	282 629
ehemalige Tschechoslowakei	9 904
sonstige Länder (z.B. Bulgarien, Ungarn, ehemaliges Jugoslawien)	12 584
Insgesamt	3 213 103

M1 *Rund 3,2 Millionen Aussiedler sind zwischen 1984 und 2007 nach Deutschland gekommen.*

Deutschland – alte Heimat, neue Heimat

Im 18. Jahrhundert warb die russische Zarin Katharina II. Bauern- und Handwerkerfamilien aus Deutschland an. Auswanderer ließen sich damals in unbesiedelten Gebieten des Russischen Reiches nieder. Noch heute leben zwei Millionen Nachkommen dieser Auswanderer in Russland und seinen Nachbarstaaten. Viele davon wandern wieder nach Deutschland zurück. Diese **Aussiedler** sind nach unseren Gesetzen deutsche Volkszugehörige.

Quelle

Erklärung von Katharina II. 1763 (Auszug)

Unter den Einwanderern werden Leute sein, die nicht vermögend sind. Solche Leute bekommen das Reisegeld bezahlt. Und ich verspreche allen fruchtbares Land. Hier muss niemand Steuern zahlen.

(Nach R.S. Baur u.a.: Die unbekannten Deutschen. Baltmannsweiler 1999, S. 13)

Aufgaben

1 Erläutere, warum deutsche Bauern und ihre Familien im 18. Jahrhundert ausgewandert sind (Quelle).

2 a) Ermittle die Herkunftsländer der Aussiedler (M2, Atlas).
b) Bestimme, welche Länder früher zur Sowjetunion gehörten.

M3 *In Karaganda*

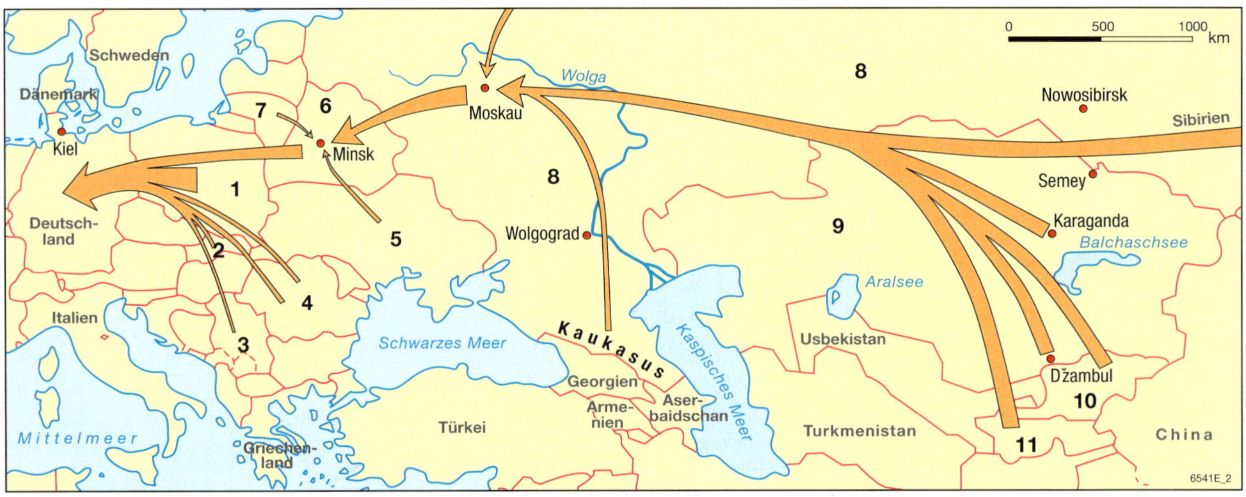

M2 *Herkunftsländer der Aussiedler*

M4 *Swetlana Gerlatowa und ihre Mutter wohnen heute in diesem Neubau. Frau Gerlatowa verdient 1900 Euro im Monat und konnte eine Vier-Zimmer-Wohnung mieten. Ihre Tochter hat ein eigenes Zimmer.*

(Mehrere Gründe konnten genannt werden.)

• Mit der Familie leben (Familienzusammenführung)	45 %
• In Freiheit leben	41 %
• In Deutschland leben	41 %
• Finanziell besseres Leben	53 %
• Armut im Herkunftsland	22 %

M7 *Wanderungsgründe von Aussiedlern heute (Befragung von 1100 Menschen)*

Swetlana Gerlatowa, 15 Jahre

„Bevor ich nach Deutschland kam, war ich nachmittags oft allein. Die Kinder aus der Nachbarschaft haben nicht gern mit mir gespielt, weil meine Mutter Deutsche ist. Hier ist das ganz anders. Lisa, meine beste Freundin, hilft mir sogar bei den Hausaufgaben. Vor allem in Englisch habe ich große Schwierigkeiten. Dieses Fach habe ich in der Schule in Kasachstan nicht gehabt. Später möchte ich Verkäuferin werden."

M5

Sonja Gerlatowa, 40 Jahre, kam 1997 mit ihrer Tochter nach Deutschland. Sie ist alleinerziehende Mutter.

„In Karaganda hatten wir eine Drei-Zimmer-Wohnung in einem Mehrfamilienhaus. Nebenan im Supermarkt habe ich eingekauft, wenn ich abends um 18 Uhr von der Arbeit nach Hause kam. Oft habe ich nicht bekommen, was ich kaufen wollte.
Früher war ich Näherin. Jetzt arbeite ich in einem Zulieferbetrieb von VW von abends 10 Uhr bis morgens 6 Uhr. Nachmittags habe ich jetzt mehr Zeit für meine Tochter. Meine Schwester und ihre Familie leben auch in Deutschland."

M6

Aufgaben

3 Versetze dich in die Rolle von Swetlana Gerlatowa aus Kasachstan und schreibe einen Brief an deine Großeltern in Kasachstan. Schreibe, wie sich euer Leben verändert hat (M3–M6).

4 a) Informiere dich im Lexikon oder Internet über Spätaussiedler.
b) Erkläre vor diesem Hintergrund die Daten in M1.

Merke
Im 18. Jahrhundert wanderten Deutsche in das Russische Reich aus. Einige Nachkommen dieser Auswanderer ziehen heute wieder nach Deutschland um. Sie sind Aussiedler und nach unseren Gesetzen Deutsche.

Grundbegriff
• Aussiedler

Arbeiten in der Fremde

M1 *Zeichnung von Naci Yavuz*

Arbeitskräfte gesucht!

Nach 1950, in der Zeit nach dem Zweiten Weltkrieg (1939–1945), wuchs die Wirtschaft in Deutschland sehr schnell. Überall fehlten Arbeitskräfte, vor allem im Bergbau und auf dem Bau. Deshalb entschied die deutsche Regierung, Arbeiter im Ausland anzuwerben.
Herr Ali Öztürk berichtet: „Ich bin in einem Dorf in der Türkei aufgewachsen. Als Kind musste ich auf dem Bauernhof meiner Eltern mithelfen. Dann lernte ich Sema kennen. Wir heirateten bald. Ihr Bruder erzählte mir, dass in Deutschland **ausländische Arbeitnehmer** gesucht werden. Er arbeitete als Kellner in München und verdiente gut. Der Gedanke, endlich Geld zu verdienen, ließ mich nicht mehr los. Im Jahr 1962, drei Wochen nach unserer Hochzeit, zog ich allein nach Bochum. Dort arbeitete ich als Bergmann. Ich verdiente damals umgerechnet 550 Euro im Monat. So viel verdienten meine Eltern nicht in einem Jahr. Dann bekam ich eine Stelle bei Siemens in Mainz. Ich konnte mir eine eigene Wohnung leisten und holte meine Frau nach."

Quelle 1

Wie sich der türkische Arbeiter in einem fremden Land verhalten soll

Die deutschen Arbeitgeber wissen, dass wir Türken fleißig sind. Arbeitet daher wie Bienen, seid wachsam und lernt schnell, was ihr noch nicht wisst. Beginnt die Arbeit pünktlich. Lasst euch nicht krankschreiben, wenn es nicht unbedingt notwendig ist. Seid nicht grob und laut zu eurem Vorarbeiter und dem Arbeitgeber.

(Nach: Türkische Anstalt für Arbeit und Arbeitsvermittlung 1963)

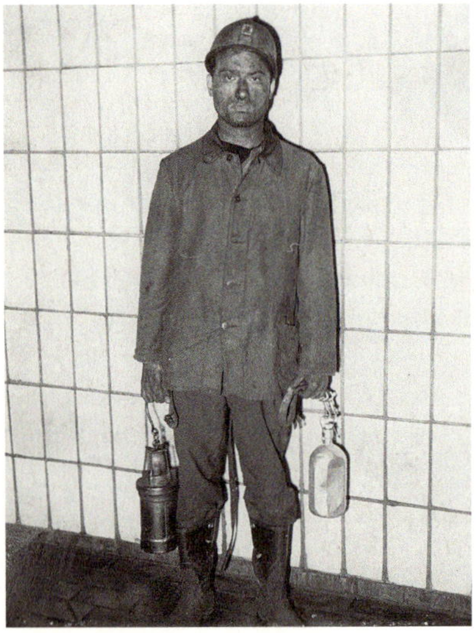

M2 *Ali Öztürk 1963*

M3 *Hier wohnte Herr Öztürk von 1962 bis 1968.*

M4 *Ausländische Frauen und Männer arbeiten in vielen Bereichen.*

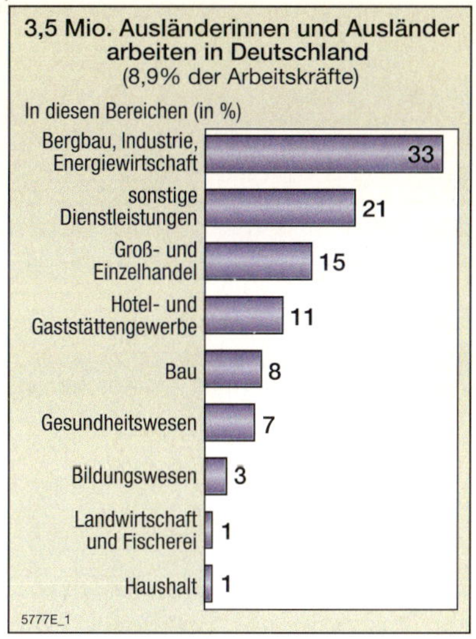

M5 *Zahl der ausländischen Arbeitnehmerinnen und Arbeitnehmer nach Bereichen*

Quelle 2

6,7 Millionen Bürgerinnen und Bürger mit ausländischem Pass

Im Jahr 2008 lebten in Deutschland rund 6,7 Mio. Menschen, die nur einen ausländischen Pass hatten. Das waren knapp 0,3 Prozent weniger als im Jahr 2007. Am stärksten abgenommen hat dabei nach Angaben des Statistischen Bundesamtes die Bevölkerung mit türkischem Pass: Mit 1,7 Millionen lag ihre Zahl Ende 2008 um 25 200 unter der des Vorjahres (–1,5 %). Dieser Rückgang geht zum großen Teil auf Einbürgerungen türkischer Staatsangehöriger zurück. Türkische Staatsangehörige stellen weiterhin mit rund einem Viertel die größte Gruppe der Ausländer in Deutschland.

(Nach: Handelsblatt vom 23.03.2009)

Quelle 3

Was würde passieren, wenn plötzlich alle ausländischen Arbeitnehmer Deutschland verlassen?

- Auf zahlreichen Baustellen wird nicht mehr gearbeitet. Es fehlen Arbeitskräfte.
- In allen deutschen Autofabriken stehen die Fließbänder still. Bis auf weiteres werden keine Autos mehr produziert.
- Auf den Bürgersteigen quellen die Mülltonnen über, weil sie nur noch alle sechs Wochen geleert werden.
- In vielen Hotels müssen die Gäste ihre Betten selbst machen.
- In den Krankenhäusern fehlen zahlreiche Fachärzte. Es gibt lange Wartezeiten für Operationen.
- In Deutschland müssen Lehrerinnen und Lehrer umgeschult werden. An manchen Schulen ist die Zahl der Schülerinnen und Schüler um die Hälfte zurückgegangen.

(Nach PZ, Extra 1, Bonn)

Aufgaben

1 Erläutere, warum Herr Öztürk 1962 die Türkei verlassen hat (M1, M2, Text).

2 a) Beschreibe die Fotos Ⓐ bis Ⓔ in M4.
b) Ordne sie den einzelnen Bereichen in M6 zu.

3 Schildere die Folgen, wenn alle ausländischen Arbeitnehmer auf einmal Deutschland verlassen würden (Quelle 3).

Merke
In Deutschland sind zwei Millionen ausländische Arbeitnehmer beschäftigt, die meisten davon in der Industrie. Verließen diese Arbeitnehmer Deutschland, hätte dies schwerwiegende Folgen für die Wirtschaft.

Grundbegriff
- ausländischer Arbeitnehmer

Rückkehr nach Hause

M1 *Lage von Incesu in der Türkei*

Aufgaben

1 Beschreibe die Wohnverhältnisse der Menschen, die früher im Ausland gearbeitet haben (M2, M3, Quelle 2).

2 Die Arbeitsbelastung der Frauen und Männer in Incesu erscheint unterschiedlich. Erläutere (Text, Quelle 1).

3 Ermittle die Namen in M6 mithilfe des Atlas (Karte: Südosteuropa/Türkei – physisch).

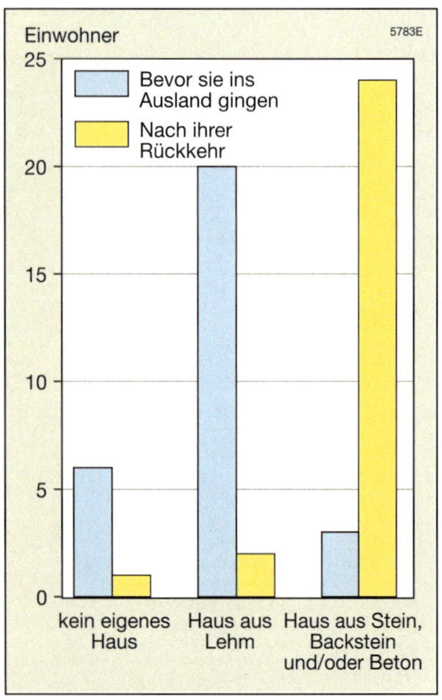

M2 *Wohnverhältnisse der Einwohner von Incesu, die früher im Ausland gearbeitet haben*

M3 *Das neue Haus von Ali und Sema Öztürk*

Incesu – die Heimat von Ali und Sema Öztürk

Herr Öztürk (57) und seine Frau (52) leben seit drei Jahren wieder in Incesu in der Türkei. Sie sind in ihre Heimat zurückgekehrt. In Deutschland haben sie sparsam gelebt. Von ihren Ersparnissen haben sie in Incesu ein Grundstück gekauft und ein Haus gebaut. Das hat umgerechnet 30 000 Euro gekostet. Außerdem hat Herr Öztürk das Teehaus im Ort gekauft.

Frau Öztürk arbeitet auf dem Bauernhof ihrer Schwiegereltern, die über 80 Jahre alt sind. Wie die anderen Frauen muss Frau Öztürk hart arbeiten. Sie erledigt den gesamten Haushalt und ist auch für alle Feldarbeiten zuständig. Frau Öztürk pflanzt Gemüse, sät Getreide aus, lockert den Boden mit der Harke und bringt die Ernte ein. Nur wenn die Arbeit besonders schwer ist, hilft ihr Mann mit. Herr Öztürk betreibt nun das Teehaus. Das ist der wichtigste Treffpunkt der Männer im Dorf. Sie verbringen dort die meiste Zeit des Tages und tauschen Neuigkeiten aus. Frauen betreten das Teehaus in der Regel nicht. Frauen und Männer verbringen ihre Freizeit meist getrennt.

Quelle 1

Zur Stellung der Frau in der Familie

Obwohl die Frau zum Lebensunterhalt der Familie einen großen Beitrag leistet, ist ihr Mitspracherecht in der Familie gering. Der Vater oder – in seiner Vertretung – der älteste Sohn ist das Familienoberhaupt. Das durch die Landwirtschaft erwirtschaftete Geld wird von ihm verwaltet. Er ist für das Ansehen seiner Familie und für den Verkauf der landwirtschaftlichen Erzeugnisse verantwortlich.

(Nach: Informationen zur politischen Bildung, Nr. 277/2002, S. 32)

M4 *Vor dem Teehaus*

M5 *Feldarbeit*

Quelle 2

„In Incesu leben etwa 1700 Menschen. Davon haben 150 Männer und Frauen früher im Ausland gearbeitet. Sie haben fast alle ein Auto. Die Wohnungen der Familien sind modern eingerichtet. Sie haben Kühlschränke, Waschmaschinen, Fernseher, Computer und Videogeräte. Einige der ehemaligen ausländischen Arbeitnehmer haben sich einen Traktor gekauft, weil sie eine Landwirtschaft betreiben."

(Nach M. Bilir: Das Dorf Incesu. Essen 1997; aktualisiert)

Merke

Einige ausländische Arbeitnehmer, die in Deutschland gearbeitet haben, kehren in ihre Heimatländer zurück. Sie bauen sich mithilfe ihrer Ersparnisse eine neue wirtschaftliche Existenz auf.

M6 *Übungskarte Türkei*

Berlin – größte türkische Stadt außerhalb der Türkei

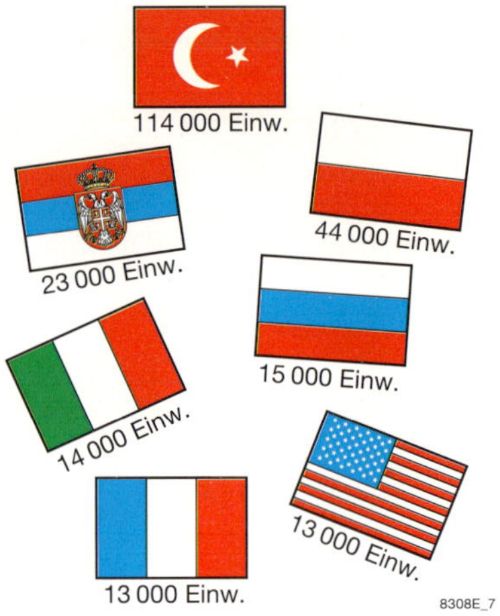

M1 *Bevölkerungsreichste Ausländergruppen in Berlin (2009)*

Berlin – weltoffen

Berlin, die Hauptstadt Deutschlands, ist eine weltoffene Stadt mit einer bunten Völkervielfalt. Hier leben 470 000 Ausländer aus über 180 Staaten der Erde. Etwa 114 000 Menschen sind türkischer Herkunft. Damit ist Berlin die größte türkische Stadt außerhalb der Türkei. Allein im Stadtteil Kreuzberg wohnen 28 000 Türkinnen und Türken.

M2 *In Berlin-Kreuzberg (Nähe Kottbusser Tor)*

Quelle 1

Klein Istanbul mitten in Berlin

Wer heute in der Umgebung des Kottbusser Tors einkaufen geht, findet zahlreiche türkische Geschäfte: Frisöre, Lebensmittelhändler, Autoreparatur-Werkstätten, Bäcker, Reisebüros, Anwaltskanzleien, Restaurants und Cafés. Fast jeder dritte türkische Einwohner ist auch in Berlin geboren. Viele von ihnen sprechen den Berliner Dialekt. Wie auf den Märkten Istanbuls geht es rund um den U-Bahnhof Kottbusser Tor zu: Dicht an dicht stehen die türkischen Marktstände. Da gibt es „Ekmek“, das türkische Weißbrot, „Pide“, das runde Fladenbrot, und „Simit“, die mit Sesam bestreuten Kringel. Stoffballen und Teppiche liegen aus. Vor allem: Es darf und soll um den Preis gefeilscht werden.Türkische Restaurants erfreuen sich auch vieler deutscher Gäste. Beliebt ist „Sis Kebab Yoghurtlu“; das ist Hammel mit Joghurt.

Ganz in der Nähe wurde eine neue prächtige Moschee gebaut. Sie liegt direkt an einer Hauptverkehrsstraße, und nicht wie bisher üblich auf einem Kreuzberger Hinterhof. (Nach: „Die Welt“ vom 27.9.1996, ergänzt)

Aufgaben

1 Bestimme die Staaten, aus denen die ausländischen Mitbürgerinnen und Mitbürger in M1 stammen.

2 Stelle dar, warum man Berlin auch als weltoffene Stadt bezeichnet (M1, Text).

3 Überprüfe die Aussage: „Kreuzberg ist Klein Istanbul“ (M2, Quelle 1).

4 a) Emre und Yildiz Kuruca sind einerseits Türken, andererseits Berliner (M3). Erläutere und nimm dazu Stellung.
b) Emre und Yildiz Kuruca könnten einen deutschen Pass beantragen. Erörtere, welche Gründe dafür und welche dagegen sprechen.

Das ist die Familie von Emre Kuruca und seiner Ehefrau Yildiz. Emre und Yildiz gehören zu den Türken, die 1957 als „Gastarbeiter" nach Berlin kamen. Die beiden leben seither in Kreuzberg und haben zwei erwachsene Söhne, Yussuf und Gökhan. Yussuf ist mit Ayshe verheiratet und hat bereits drei Kinder: die siebenjährige Ayla, den fünfzehnjährigen Murat und die dreizehnjährige Keziban.
Emre und Yildiz Kuruca haben nach über fünfzig Jahren in Deutschland keinen deutschen Pass (den haben nur die Söhne), aber eine unbefristete Aufenthaltserlaubnis. Emre und Yildiz sind also „Ausländer", die in Berlin leben.
Kreuzberg ist ihre neue Heimat geworden. Emre arbeitet seit vielen Jahren beim Nachbarschaftsverein Kotti e.V. Er ist davon überzeugt, dass sich die meisten eingewanderten Türkinnen und Türken sehr wohl fühlen in dem Stadtteil, den sie in Berlin mitgestalten.

M3 *Drei Generationen türkischer Berlinerinnen und Berliner*

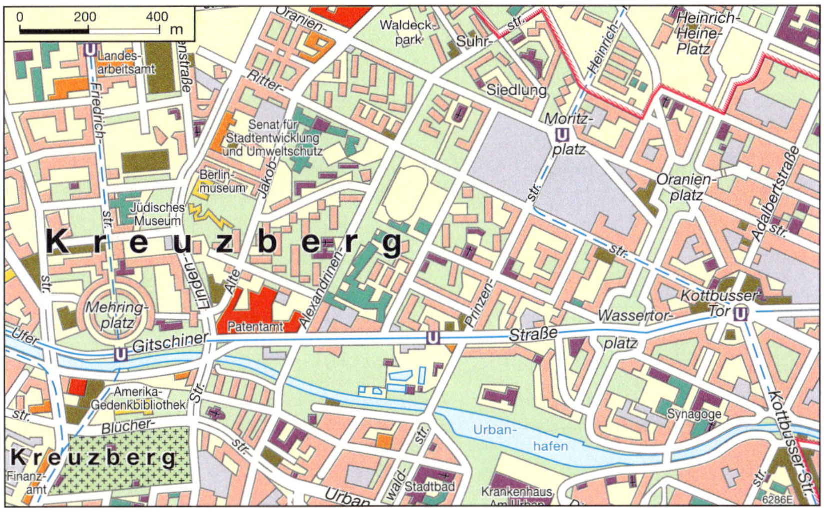

M4 *Stadtplanausschnitt Berlin-Kreuzberg*

Aufgaben

5 Bestimme in M4 den Standort von M2 sowie den in der Quelle 1 genannten Platz und die Straße.

6 Untersuche, welche Probleme in Kreuzberg zwischen deutscher und türkischer Bevölkerung auftreten können (Quelle 2).

Quelle 2

Stellungnahme des Berliner Stadtplaners Ümit Bayam

„Für uns ist die Planung und Gestaltung einer Stadt mit vielen verschiedenen Volksgruppen eine schwierige Aufgabe. Aber sie kann bewältigt werden. Dazu müssen alle Menschen dieser Stadt lernen, die Verschiedenheit der Lebens- und Wohnweisen anderer Volksgruppen zu verstehen und sie zu schätzen. Die Vielfältigkeit von Menschen und Lebensweisen macht unsere Stadt und ihre Stadtteile viel interessanter."

(Nach: R. Amman und B. v. Neumann-Cosel (Hrsg.): Berlin – eine Stadt im Zeichen der Migration. Berlin 1997)

Merke
In Berlin leben 470 000 Ausländer aus fast allen Staaten der Erde.
Die deutsche Hauptstadt ist auch die größte „türkische Stadt" außerhalb der Türkei mit etwa 114 000 Menschen türkischer Abstammung. Insbesondere im Stadtteil Kreuzberg wohnen viele Türkinnen und Türken. Das Zusammenleben zwischen den Nationalitäten bringt auch Probleme mit sich.

Auswanderung in die USA

M1 *Deutsche Auswanderer auf dem Weg nach Amerika (um 1850)*

Aufgabe

1 Nenne Gründe, warum so viele Deutsche im 19. Jahrhundert in die USA ausgewandert sind.

Im 19. Jahrhundert wanderten über fünf Millionen Deutsche nach Übersee aus. Die **Auswanderer** gingen nach Australien, Brasilien und Argentinien, vor allem aber in die USA. Deutschland war ein Auswandererland.
Die Menschen verließen ihre Heimat, weil in Deutschland große Armut herrschte. Die Bevölkerung war von 25 Millionen im Jahr 1800 auf 56 Millionen im Jahr 1900 angewachsen. Weder im Handwerk noch in der Industrie gab es genügend Arbeitsplätze.

M3 *Auf nach Amerika!*

Jetzt ist die Zeit und Stunde da,
wir ziehen nach Amerika;
der Wagen steht schon vor der Tür,
mit Weib und Kindern ziehen wir.

Und als wir kamen nach Baltimore,
da streckten wir die Händ' empor
und riefen laut: Viktoria!
Jetzt sind wir in Amerika.

Amerika, du schönes Land,
du bist der ganzen Welt bekannt,
da wächst der Klee drei Ellen hoch,
da gibt es Brot und Fleisch genug.

M2 *Verse eines unbekannten Dichters um 1850*

Quelle 1

Anzeige des US-Staates Virginia am 11. November 1869 in einer deutschen Zeitung

Der US-Staat Virginia liegt am Atlantischen Ozean. Das Klima ist gut für den Anbau von Nutzpflanzen. Virginia sucht vor allem Siedler, die Ackerbau treiben. Fruchtbares Farmland wird zu einem günstigen Preis angeboten. In der Nähe des Staates Virginia liegen die größten Städte Amerikas. Dort kann man alle landwirtschaftlichen Produkte zu den höchsten Preisen verkaufen. Dadurch wird den **Einwanderern** eine Zukunft ohne Geldsorgen geboten. Auch aus anderen Gebieten der USA sind in den vergangenen vier Jahren 25 000 Farmer zugewandert. Das zeigt, dass es sich hier gut leben lässt.

(Nach I. Schöberl: Amerikanische Einwandererwerbung in Deutschland 1845–1914. Stuttgart 1990, S. 178)

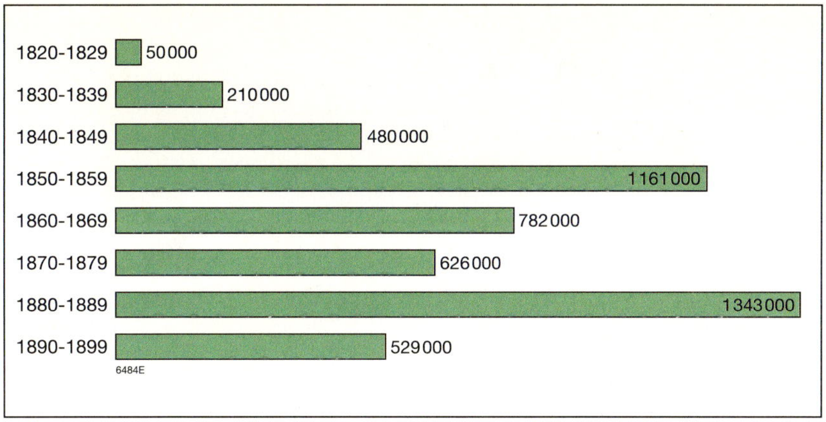

M4 *Im 19. Jahrhundert verließen viele Deutsche ihre Heimat.*

M6 *Deutsche Ortsnamen bei St. Louis (USA)*

Quelle 2

Aus Briefen von Auswanderern an ihre Verwandten in Deutschland

„Hier gibt es am Tag dreimal Fleisch. Das Brot ist so weiß wie bei euch die schönsten Kuchen. Ihr in Deutschland müsst arbeiten und eure Kartoffeln ohne Fleisch und Salz essen. Ihr müsst den Verdienst den Herren geben. Amerika aber ist ein freies Land. Man zahlt wenig Steuern. Hier ist der Himmel und bei euch die Hölle."

(Peter Horn aus Balkhausen, Kreis Darmstadt-Dieburg 1830)

„Als das Haus fertig war, schlug ich den Busch nieder. Ich wurde Holzhauer. Die Axt fraß den Wald. Ich machte eine Masse Brennholz. Ich brauchte damit viele Jahre nicht sparen. Ich legte das Haus frei. Ich schob den Wald zurück. Jahr für Jahr tat ich das. Wenn's ging, rodete ich die Stämme aus. Saßen sie zu fest, ließ ich sie stehen. So pflanzte und säte ich um die Stubben rum. Das sah bunt aus. Aber was das nachher für Korn gab, das glaubst du nicht. Halme wie dickes Rohr."

(Jürnjakob Swehn aus Glaisin, Kreis Ludwigslust, um 1870)

M5 *Farm deutscher Auswanderer im US-Staat Washington*

Aufgaben

2 Stell dir vor, du bist 1870 mit deiner Familie in die USA ausgewandert. Deine Eltern haben sich als Farmer niedergelassen. Schreibe einen Brief an deine Freundin/deinen Freund in Deutschland. Erzähle ihr/ihm von deinem neuen Leben (Quelle 1, Quelle 2, M5).

3 Lokalisiere, aus welchen Gebieten Deutschlands die Einwanderer im Raum St. Louis stammen (M6, Atlas).

Merke

Im 19. Jahrhundert wanderten fünf Millionen Deutsche nach Übersee aus. Viele von ihnen gingen in die USA. Zahlreiche Auswanderer hofften, dort ein besseres Leben führen zu können. Den meisten von Ihnen gelang es auch.

Grundbegriffe
- Auswanderer
- Einwanderer

Probleme und Notwendigkeit der Eingliederung

M1 *Plakat von Christine Peter aus einem Schülerwettbewerb*

„Als wir in Hannover am Hauptbahnhof ankamen, fühlte ich mich wie in einer anderen Welt. So viele Häuser, knallige Lichter, Autos und hektische Menschen! Das gab es in unserem kleinen Dorf im Taurusgebirge in der Türkei nicht. Obwohl ich kein Wort Deutsch konnte, musste ich schon eine Woche später in eine deutsche Schule. Ihr könnt euch gar nicht vorstellen, wie schrecklich das war!"

Birsen Alici, 14 Jahre, geboren in der Türkei

„Ich hatte große Schwierigkeiten, als ich 1964 nach Deutschland kam, um hier zu arbeiten. Ich sprach nur ein paar Worte Deutsch: ‚Guten Tag', ‚Danke' und ‚Bitte'. Ob am Arbeitsplatz, beim Einkaufen oder in der Straßenbahn: ich verstand die Leute nicht. Und ich konnte nicht sagen, was ich wollte. Ich verständigte mich mit Händen und Füßen. Beim Einwohnermeldeamt, beim Arbeitsamt oder beim Finanzamt brauchte ich einen Dolmetscher. Er hat mir beim Ausfüllen der Formulare geholfen."

Felipe, 58 Jahre, Spanier

„Meine Frau und ich arbeiten Schicht. Nur einmal im Monat haben wir am Wochenende zusammen frei. Wir verbringen die Freizeit dann natürlich mit unseren Kindern, um die wir uns sonst kaum kümmern können. Wir haben wenige Freunde und Bekannte. Das ist in meinem Heimatland anders. Dort verbringen befreundete Familien ihre Freizeit oft miteinander. Sie sitzen zusammen und plaudern stundenlang. Mir fehlt diese Art zu leben."

Memed Akkaya, 45 Jahre, Türke

M2 *Frauen im Deutschunterricht*

Aufgaben

1 Erläutere, welche Schwierigkeiten Ausländer haben, die in Deutschland leben.

2 Betrachte M1 bis M4. Erörtere, was einer Integration dient und was sie verhindert.

3 Diskutiert folgende Vorurteile:
- Türkische Männer sind Machos.
- Ausländer nehmen Deutschen die Arbeit weg.
- Ausländer wollen sich nicht integrieren.

4 Wohn-Gettos behindern die Integration ausländischer Mitbürger in die deutsche Gesellschaft. Erkläre.

5 Erkläre, warum sich Hasret Tuc in seinem Gedicht selbst als „heimatloser Fremder" bezeichnet (M4).

6 Werte das Bild auf Seite 252/253 aus: Erläutere die Einzelheiten, die das Wandbild zeigt (das Wurzelwerk an den Schuhsohlen, die Sonne usw.).

„Nix verstehen"

Menschen, die ihre Heimat verlassen, um in einem fremden Land für längere Zeit oder für immer zu leben und zu arbeiten, haben es nicht leicht. In der Schule, am Arbeitsplatz, im Wohnumfeld oder in der Freizeit ist vieles neu und ungewohnt. Immer spielt die Sprache eine Hauptrolle. Nur wer die neue Sprache versteht und sich ausdrücken kann, ist fit für den Einkauf, kann Behördengänge selbstständig erledigen, Kontakte knüpfen und am öffentlichen Leben teilnehmen. Auch die Unterschiede in der Kultur verlangen Verständnis und Umstellung. Je nach ihrer Herkunft haben Menschen verschiedene Lebensgewohnheiten und Umgangsformen, kleiden sich anders und feiern andere Feste. Weil jedes Volk eine eigene Kultur hat, kommt es manchmal zu gegenseitigen Missverständnissen oder gar Vorurteilen.

Gemeinsames Ziel muss daher die **Integration** unserer ausländischen Mitbürgerinnen und Mitbürger sein. Damit ist aber keine völlige Anpassung gemeint. Wichtig ist es, vor allem einer zunächst fremden Kultur aufgeschlossen zu begegnen und Verständnis zu entwickeln.

Sich zu integrieren ist besonders schwer für Ausländerinnen und Ausländer in einem **Getto**. So wird ein Wohngebiet bezeichnet, in dem viele Menschen gleicher Nationalität leben. Eigene Geschäfte und eigene Kneipen entstehen, zu Hause läuft das Fernsehprogramm aus dem Herkunftsland. Die Landsleute bleiben unter sich. Sie sehen oft keine Veranlassung, Sprachkurse zu besuchen, und interessieren sich kaum für das neue Land. Integrationsbemühungen sollten sowohl Fremde als auch Einheimische leisten!

Ein Ausländer bin ich
in Deutschland,
ein Fremder in der Heimat,
die so weit weg ist.
Geboren bin ich in Deutschland.
Sehnsucht habe ich nach
meiner Heimat.
Ich liege wie ein Tourist am Strand,
in der Stadt, aus der meine Eltern
stammen.
Bin doch ein Fremder in der
Heimat.
Die Wellen singen meine
Sehnsucht.
Sonne und Meer ziehen mich an
wie ein Magnet.
Meine Heimat – ich kenne sie
nur aus den Ferien.
Doch keine kann sich mit ihr
messen.
In Deutschland nennt man mich
Ausländer.
In der Türkei, in Italien oder
sonstwo nennt man mich Deutsch-
länder.
So bin ich weder ICH noch ein
Deutscher.
So bin ich ein Niemand, ein
heimatloser Fremder.

M4 *Gedicht von Hasret Tuc*

M3 *Moschee und Kirche in enger Nachbarschaft*

Merke
Menschen, die in ein anderes Land gezogen sind, haben viele Probleme zu bewältigen. Für eine gelungene Integration ist die Kenntnis der Sprache des Gastlandes eine wichtige Voraussetzung.

Grundbegriffe
- Integration
- Getto

Probleme und Notwendigkeit der Eingliederung

M1 *Neriman mit ihren Freundinnen auf dem Schulhof*

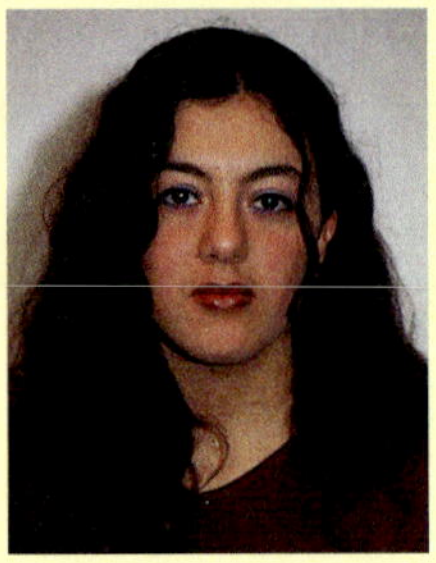

„Meine Eltern leben seit 25 Jahren in Deutschland. Sie sagen, dass sie mich so erziehen wollen wie in der Türkei. Meiner Meinung nach sind meine Eltern sehr streng zu mir. Abends muss ich zum Beispiel spätestens um 18 Uhr zu Hause sein, auch wenn mich eine Freundin zu ihrer Geburtstagsparty eingeladen hat. Ich darf ins Kino gehen, aber nicht in eine Disko. Würde mich mein Vater allein mit einem Jungen sehen, dürfte ich bestimmt ein ganzes Jahr lang nicht mehr weggehen. Wenn wir heute eine mehrtägige Klassenfahrt machen, kann ich mitfahren. Aber beim ersten Mal gab es bei uns zu Hause ein richtiges Theater."

M2 *Neriman (15 Jahre) wurde in Deutschland geboren.*

Leben zwischen oder in zwei Welten

Viele ausländische Kinder und Jugendliche sind in Deutschland geboren. Sie haben hier einen deutschen Kindergarten besucht und gehen in eine deutsche Schule. Obwohl sie Deutsch längst besser sprechen und schreiben als die Muttersprache ihrer Eltern, haben sic cs schwer. Dies trifft vor allem für die türkischen Kinder und Jugendlichen zu. Bei uns in Deutschland sind sie „die Türken". Wenn sie in den Ferien mit ihren Eltern in die Türkei reisen, werden sie dort von den eigenen Landsleuten „Deutsche" genannt. Sie wissen nicht so recht, was sie eigentlich sind: Deutsche oder Türken.

Aufgaben

1 a) Erläutere, wie Neriman von ihren Eltern erzogen wird (M2).
b) Liste auf, was sie ihrer Tochter erlauben und was nicht.
c) Vergleiche Nerimans mit deiner Situation.

2 Nenne Gründe, warum Nerimans Vater zunächst dagegen war, dass sie die Klassenfahrt mitmachte (M4).

3 Neriman möchte in die Disko. Ihr Vater erlaubt das nicht. Versetze dich in die Lage der beiden und formuliere mögliche Argumente (M7).

M3 *Neriman mit ihrer Familie*

„Eigentlich habe ich meiner Tochter die erste Klassenfahrt gegönnt. Aber Neriman hatte vorher noch nie außerhalb der Familie geschlafen. Ich kannte auch die Lehrerinnen und Lehrer kaum. Ich wünschte mir, die deutschen Lehrer wären so streng mit den Schülerinnen und Schülern wie bei uns in der Türkei. Hier in Deutschland werden die Jugendlichen freier erzogen. Aber meine Tochter soll vor der Ehe noch keinen Freund haben und schon gar keine sexuellen Beziehungen. Schließlich möchte ich sie in der Türkei verheiraten."

(Vater von Neriman)

M4 *Streitpunkt Klassenfahrt*

Eine getrennte Erziehung von Mädchen und Jungen an den Schulen wünschen nur wenige türkische Eltern.
Dennoch sehen viele bestimmte Bereiche des Unterrichts als problematisch an. Zu nennen sind hier der gemeinsame Sport- und Schwimmunterricht, vor allem aber die in hiesigen Schulen üblichen Klassenfahrten. Klassenfahrten mit Übernachtungen finden in der Türkei kaum statt. Sie sind den meisten der hier lebenden türkischen Erwachsenen unbekannt. Die Eltern befürchten, dass unkontrollierte Situationen entstehen könnten, wenn Jungen und Mädchen unter einem Dach wohnen.

M5 *Hintergrund*

Oberster Grundsatz der Erziehung ist der Gehorsam gegenüber dem Vater als Oberhaupt der Familie. Die Ehre der Familie nicht zu beschädigen, ist Aufgabe und Hauptverpflichtung der Frauen und Mädchen.
Für ein Mädchen kann das bedeuten, dass es das Haus nur zum Schulbesuch verlassen darf. Diese strikte Form der Erziehung ist noch anzutreffen.
Doch viele türkische Eltern erziehen ihre Kinder nicht mehr so streng. Sie erlauben ihnen, sich mit ihren Klassenkameraden in der Freizeit zu treffen.

M6 *Erziehung im Wandel*

M7 *In der Disko*

„In Deutschland ist alles frei. Vor allem die Sexualität, also beisammen zu sitzen, sich miteinander zu vergnügen, zu lachen, zu spielen. Alles das ist hier sehr frei. Unsere Bräuche und Sitten erlauben das nicht. Wir sind Muslime. Nun bekommen unsere Kinder Lust, wie Deutsche zu leben. Beispielsweise ist es im Islam verboten, Schweinefleisch zu essen. Jetzt sehen unsere Kinder, dass die deutschen, die italienischen, die griechischen Kinder Schweinefleisch essen. Sie sehen es und werden neugierig. Sie essen selbst Schweinefleisch."

M8 *Elternmeinung*

Merke
Vor allem türkische Kinder und Jugendliche leben in Deutschland oft „zwischen zwei Welten", das heißt, sie sehen weder Deutschland noch die Türkei als wirkliche Heimat an.

Wege für ein friedfertiges Zusammenleben

Artikel 16a Asylrecht

(1) Politisch Verfolgte genießen Asylrecht.

Nur Ausländer, die von einem Gericht als politisch Verfolgte anerkannt werden, dürfen eine Arbeit annehmen oder eine Ausbildung aufnehmen. Sie haben im Bedarfsfall Anspruch auf Sprachkurse, Wohngeld und Ausbildungsbeihilfe.

M1 *Aus dem Grundgesetz*

M3 *Karikatur*

Aufgaben

1 Welche Rechte hat jemand, der in Deutschland Asyl bekommen hat (M1)? Erläutere.

2 „Das Boot ist voll". Erörtere diese Aussage (M3).

3 Nenne wichtige Ziele des Zuwanderungsgesetzes vom 1.1.2005 (M2).

Ziel Deutschland

Im Jahr 1992 stellten über 430 000 Menschen aus dem Ausland einen Antrag auf Asyl in Deutschland. Seit diesem Rekordjahr ist die Zahl der Anträge stetig gesunken, weil das **Asylrecht** verschärft wurde. Im Jahr 2008 wollten 28 000 Ausländerinnen und Ausländer als Asylberechtigte anerkannt werden. 5 900 von ihnen haben bereits Folgeanträge gestellt. Die meisten Asylbewerberinnen und -bewerber kamen aus dem Irak (Rang 1), der Türkei (Rang 2) und aus dem Kosovo (Rang 3).

Die Menschen hoffen, über den Weg des Asylverfahrens eine Aufenthaltserlaubnis, Arbeitsmöglichkeiten und staatliche Sozialleistungen in Deutschland zu erhalten.

Ziel des Asylverfahrens ist es, schnell und zuverlässig zu erkennen, wer tatsächlich Schutz benötigt, und herauszufinden, wer sich zu Unrecht auf das Asylrecht beruft.

Aufenthalt: Das Gesetz unterscheidet zwischen Aufenthaltserlaubnis (befristet) und Niederlassungserlaubnis (unbefristet).

Sicherheit: Ausgewiesen wird, wer zum Beispiel den Terrorismus unterstützt.

Integration: Zuwanderer müssen die deutsche Sprache lernen, die Verfassung kennen und Gesetze befolgen. Sie erhalten Zugang zu allen gesellschaftlichen Bereichen. Ein kommunales Wahlrecht haben aber bis jetzt (2005) nur EU-Bürgerinnen und Bürger.

Familie: Ehegatten und Kinder bis zum 18. Lebensjahr können unter bestimmten Voraussetzungen nachziehen.

Arbeitserlaubnis: Maßstab sind die Erfordernisse der deutschen Wirtschaft. Der Anwerbestopp für Hilfsarbeiter/innen wird beibehalten.

Europäische Union: Alle Staatsangehörigen können sich auf dem Gebiet der Mitgliedstaaten frei bewegen.

M2 *Seit dem 1. Januar 2005 ist ein neues Zuwanderungsgesetz in Kraft.*

M4 *Miroslav Klose, Kevin Kuranyi, Pjotr Trochowski und Lukas Podolski*

Wer stürmt für Deutschland?

Die in M4 abgebildeten vier Fussballspieler sind in Vereinen der deutschen Bundesliga.

An ihren Namen lässt sich leicht erkennen, dass ihre Familien nicht aus Deutschland stammen. Alle vier Spieler wurden tatsächlich im Ausland geboren und haben ausländische Eltern. In der deutschen Nationalmannschaft sind sie nur spielberechtigt, weil sie einen deutschen Pass und damit die deutsche **Staatsbürgerschaft** besitzen. Auch für Spitzensportler gilt das **Staatsangehörigkeitsrecht**, dessen Neufassung seit Januar 2000 in Kraft ist.

Aufgabe

4 Wer bekommt die deutsche Staatsangehörigkeit?
- Ali Ö. wohnt und arbeitet seit sieben Jahren in Augsburg.
- Olgas Eltern stammen aus Russland. Sie ist in Deutschland geboren. Morgen feiert sie ihren 16. Geburtstag.
- Felipes deutsche Ehefrau Conny erwartet ein Kind.

Merke
Die Zahl der Asylbewerber in Deutschland ist zurückgegangen, weil das Asylrecht verschärft wurde.

Grundbegriffe
- Asylrecht
- Staatsbürgerschaft
- Staatsangehörigkeitsrecht

Abstammung von deutschen Eltern

Ein Kind, bei dem mindestens ein Elternteil deutscher Staatsbürger ist, erhält mit der Geburt die deutsche Staatsangehörigkeit.

Geburt in Deutschland

Ein Kind ausländischer Eltern, die dauerhaft in Deutschland leben, erhält mit der Geburt die deutsche Staatsangehörigkeit und außerdem meist die Staatsangehörigkeit der Eltern (doppelte Staatsbürgerschaft).

Zwischen dem 18. und dem 23. Geburtstag muss es sich für eine der beiden Staatsbürgerschaften entscheiden.

Einbürgerung

Nachträglicher Erwerb der deutschen Staatsbürgerschaft auf Antrag. Voraussetzungen dafür sind unter anderem:

mindestens 8 Jahre Aufenthalt in Deutschland, Bekenntnis zum Grundgesetz, gesicherter Familienunterhalt, ausreichende Deutschkenntnisse, Straflosigkeit, Aufgabe der bisherigen Staatsangehörigkeit.

ZAHLENBILDER
130 385

M5 *Wie wird man Deutsche oder Deutscher?*

Projekt

Beitrag der Schule zur Integration

Integrationshilfen ...

In bestimmten Gegenden, meist in Ballungsräumen mit viel Industrie, gibt es Schulen, die einen hohen Ausländeranteil haben. In manchen Klassen sitzen heute schon mehr ausländische Schüler als deutsche. Es ist dann besonders wichtig, dass in solchen Schulen viel dafür getan wird, das Verständnis zwischen Deutschen und Ausländern, aber auch zwischen Ausländern aus verschiedenen Herkunftsländern zu fördern. Das kann zum Beispiel in Form von Schülerreferaten über verschiedene Herkunftsländer oder in Projekten realisiert werden. Denn wer seine Mitschülerinnen und Mitschüler besser kennt, der kann auch mehr Verständnis für sie entwickeln.

Farid (17)
Am besten gefällt mir, dass ich noch ein Jahr länger die Schule besuchen darf. So kann ich vielleicht meinen qualifizierenden Hauptschulabschluss erreichen und habe dadurch bessere Berufschancen. Gut ist auch, dass ich eine Prüfung in meiner Muttersprache Arabisch ablegen kann. Vielleicht kann ich ja irgendwann nach Bagdad zurückkehren, und dann ist es vorteilhaft, wenn ich eine Prüfung vorweisen kann.

Ebru (15)
Ich bin Türkin und in Deutschland geboren. Meine Muttersprache spreche ich nur noch im Urlaub in der Türkei. Früher besuchte ich den islamischen Religionsunterricht an der Schule, doch mittlerweile ist mir der Ethikunterricht lieber. Ich lebe wie deutsche Jugendliche auch, habe deutsche Freunde und bin mir noch nicht sicher, wo ich später leben möchte.

Daniela (15)
Obwohl wir zu Hause Kroatisch sprechen, verstehe ich schon ganz gut Deutsch. Im Unterricht kann ich mich verständigen. Leider fällt mir das Schreiben noch schwer. Dafür besuche ich den zweistündigen Kurs „Deutsch für Ausländer". Dort kann ich in einer kleineren Gruppe noch intensiv üben. Den Kurs „Kroatisch" habe ich zusätzlich gewählt, weil meine Familie vielleicht bald nach Kroatien zurückkehren wird.

Alia (15)
Ich bin seit zwei Jahren in Deutschland. Trotzdem spreche ich die Sprache noch nicht perfekt. Deswegen besuche ich drei Stunden in der Woche den Kurs „Deutsch als Zweitsprache". Damit ich meine Muttersprache Arabisch nicht verlerne, besuche ich zusätzlich nachmittags den „muttersprachlichen Ergänzungsunterricht". Ich möchte auf jeden Fall Apothekerin werden und dafür werde ich lernen, lernen, lernen.

M1 *Ausländische Schüler einer neunten Klasse*

... und Völkerverständigung

Neben den zusätzlichen Bildungsangeboten für ausländische Schüler gibt es eine Vielzahl von Möglichkeiten, einander besser kennenzulernen und zu verstehen:

Patenschaften:
Schüler der höheren Jahrgangsstufen betreuen jüngere, ausländische Kinder als Paten. Sie helfen ihnen, sich in der Schule zurechtzufinden.

Gastschüler in der eigenen Klasse:
Eine Woche lang tauschen deutsche und ausländische Schüler Wohnung und Familie. So erleben sie einen anderen Lebensstil „live“.

Sprachlos in der City:
Schüler versuchen, einen Nachmittag ohne Sprache auszukommen. Sie kaufen ein, erkundigen sich nach einer Adresse oder besuchen eine Gaststätte – wie Fremde, wenn sie sich ohne Deutschkenntnisse zurechtfinden müssen.

Neues „Wörterbuch des Unmenschen“:
Schüler sammeln Begriffe und Formulierungen, die Ausländer ausgrenzen und diskriminieren, um sie in einem „Wörterbuch des Unmenschen“ zu dokumentieren.

Multikulturelle Feiertage:
Mindestens ein Jahr lang feiert die Schule zusammen mit den Schülern ausländischer Herkunft deren Feiertage.

Video-Tagebuch:
Deutsche und türkische Schüler beschreiben ihren Alltag zu Hause und in der Freizeit. Für diese Dokumentation lassen sich die Rollen auch tauschen.

Anders wohnen:
Zwei Klassenräume werden zu Wohnzimmern. Einen Raum richten deutsche Schüler so ein, wie sie sich ein türkisches Wohnzimmer vorstellen, während türkische Schüler deutschen Wohnstil rekonstruieren.

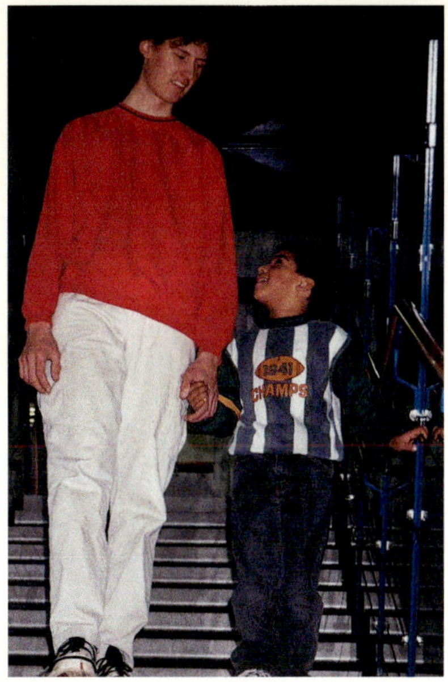

M3 *Patenschaft*

M2 *Vorbereitung auf einen „Tag der offenen Tür“*

Aufgaben

1 a) Ermittelt an eurer Schule die Zahl der ausländischen Schülerinnen und Schüler, die Herkunftsländer, die zusätzlichen Unterrichtsangebote.
b) Erstellt mit den Ergebnissen eine Statistik in Form eines Schaubildes.

2 Stellt die Ideen auf dieser Seite allen Schülern eurer Schule vor.
a) Ergänzt die Liste mit weiteren Vorschlägen.
b) Findet mithilfe eines Fragebogens heraus, welche Ideen am besten ankommen und schreibt eine Hitliste auf.
c) Verwirklicht eine der Ideen.

Rassismus – nicht bei uns!

Info

Rassismus

Rassisten behaupten, es gäbe Menschen verschiedener Rassen, die einen unterschiedlichen Wert besitzen.

Wissenschaftler bezeichnen die Einteilung der Menschen in Rassen als falsch. Forschungen haben ergeben, dass es mit Ausnahme der Hautfärbung keine Erbanlagen gibt, die nur in einer bestimmten Menschengruppe vorkommen.

Quelle 1

Rassismus in Fußballstadien

Fußballstadien sind nicht gerade Orte, an denen Frieden und Völkerverständigung eingeübt werden. Rassismus wird in so mancher Kurve als zum guten Ton gehörig empfunden. Souleyman Sané bekam das zu spüren: Als er als einer der ersten afrikanischstämmigen Spieler in der Bundesliga spielte, wurde er mit Bananen beworfen.

Auf der Internetseite des Fußballmagazins „11 Freunde" spricht er nun im Interview über seine Erfahrungen und warum er immer noch im Ruhrgebiet wohnt. „Bleib hier und kämpfe! Weglaufen bringt nichts", erinnert sich Sané an den Rat eines Leidensgenossen. Und den habe er befolgt: Rassistische Rufe von den Tribünen habe er als Anreiz gewertet, möglichst bald ein Tor zu erzielen.

(Nach: ZEIT ONLINE vom 5. Dezember 2007)

Rassismus bei uns?

Bis heute ist bei vielen die Einstellung gegenüber Menschen aus anderen Ländern von Überheblichkeit geprägt. Viele Vorurteile fallen uns gar nicht auf, weil sie zum Alltag gehören. Ein süßer kleiner Diener wurde zum Markenzeichen für Schokolade: der Sarotti-Mohr. Leckere Naschereien nennen wir Negerküsse und Mohrenköpfe. Was hier noch harmlos erscheint, verwandelt sich bei anderen Gelegenheiten in völlige Ablehnung oder sogar Hass.

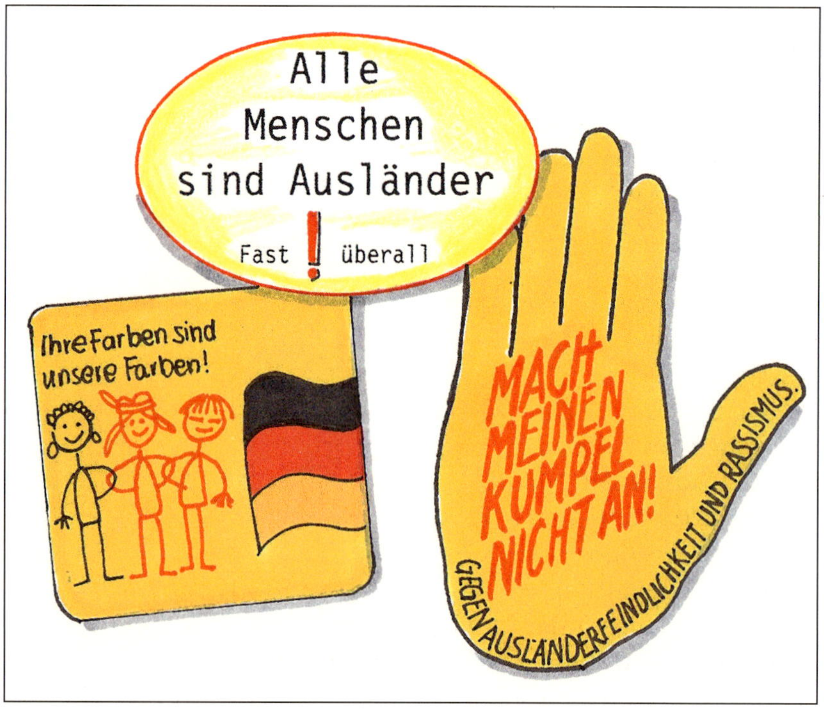

M1 *Aufkleber gegen Rassismus*

Aufgaben

1 Lies Quelle 1 und beschreibe das Verhalten der Zuschauer beim Fußballspiel.
a) Schreibe mögliche Gründe auf für dieses Verhalten.
b) Beurteile das Verhalten von Sané.

2 Betrachte die Aufkleber in M1.
a) Was sollen sie aussagen?
b) Gegen welche Haltung wenden sie sich?

3 Entwerft in Gruppenarbeit gemeinsam einen Aufkleber gegen Rassismus.

Quelle 2

Gegen jede Diskriminierung

„Ich und meine Mitspieler wollen klarmachen, dass wir gegen Diskriminierung in jeder Form sind. Wir haben die letzten drei Wochen gesehen, wie Fußball die Menschen zusammenbringen kann, um gemeinsam die Spiele zu genießen – unabhängig von Religion, Nationalität und Hautfarbe. Bitte machen Sie bei der Aktion ‚Unite Against Racism' mit."

Beide Kapitäne trugen eine Armbinde mit „Unite against Racism"-Logos.

(Nach: Welt online vom 25. Juni 2008)

Vereint gegen Rassismus

Der Kapitän der deutschen Fußballnationalmannschaft bei der EM 2008, Michael Ballack, hat im Kampf der Europäischen Fußball-Union (UEFA) gegen den **Rassismus** eine entscheidende Rolle gespielt. Wie alle Spielführer der vier im Halbfinale stehenden Teams hatte Ballack vor der Partie gegen die Türkei eine Erklärung gegen den Rassismus verlesen. Beim Abspielen der Nationalhymnen wurden Plakate mit der Aufschrift „Unite against Racism" präsentiert.

Aufgabe

4 Erörtere, ob eine Sportveranstaltung der richtige Platz ist, um auf die Rassismusproblematik aufmerksam zu machen.

Zivilcourage zeigen

Wenn du siehst, wie Menschen mit anderer Hautfarbe bedroht oder angegriffen werden, kannst du helfen, indem du deine Angst überwindest und **Zivilcourage** zeigst. Beachte folgende Punkte:

1. Hole Hilfe. Alarmiere zum Beispiel den Busfahrer, schreie auf der Straße „Feuer". Rufe die Polizei mit deinem Handy.
2. Suche Solidarität. Sprich andere Zuschauer an und bitte um Unterstützung.
3. Verunsichere den Täter. Beschreibe laut schreiend seine Handlung und fordere Unterlassung („Der schlägt die Frau. Die blutet schon. Hören Sie auf.")
4. Halte zum Opfer. Nimm Blickkontakt zum Opfer auf und spricht es an („Ich helfe Ihnen").
5. Wende gegenüber dem Täter keine Gewalt an. Fasse den Täter nicht an. Benutze keine Waffe.
6. Provoziere den Täter nicht. Duze ihn nicht. Kritisiere sein Verhalten, aber werte ihn nicht persönlich ab.
7. Merke dir Gesicht, Kleidung und Fluchtweg des Täters. Erstatte bei der Polizei Anzeige.

Merke

Rassismus ist eine Lehre. Sie behauptet, es gäbe Menschen verschiedener Rassen, die einen unterschiedlichen Wert besitzen. Diese Einteilung ist jedoch falsch. Mit Ausnahme der Hautfärbung gibt es keine Erbanlagen, die nur in einer bestimmten Menschengruppe vorkommen. Mit Zivilcourage kann man sich gegen Rassismus zur Wehr setzen.

Grundbegriffe
- Rassismus
- Zivilcourage

Gewusst wie

Ein Interview führen

Warum verlassen Menschen ihre Heimat?

Hinter jeder ausländischen Mitbürgerin und jedem ausländischen Mitbürger, die hier in Deutschland leben und arbeiten oder die Schule besuchen, steckt ein persönliches Schicksal. Viele haben ihre Heimat und die Familie nicht gezielt verlassen und nicht freiwillig alles Vertraute und Gewohnte aufgegeben. Die persönlichen Gründe für den Aufbruch in ein fremdes Land können völlig unterschiedlich sein. Informationen erhält man in einem Interview.

A: Interviewpartner finden

Nachbarn, Arbeitskolleginnen und -kollegen der Eltern, Mitschülerinnen/ Mitschüler und deren Eltern oder Großeltern, Besitzer und Mitarbeiter in Restaurants, Geschäften, Imbissbuden

B: Fragen überlegen

C: Interview durchführen

1. *vertrauensvolle Atmosphäre schaffen*
   - Gründe für das Interview erklären
   - nicht aufdringlich, sondern verständnisvoll reagieren
   - Privatsphäre respektieren

2. *Interviewtechnik anwenden*
   - Interviewpartner/in ermuntern
   - Nachfragen, aber nicht nachhaken
   - Stichworte aufgreifen
   - die wichtigsten Antworten und Ergebnisse am Schluss noch einmal zusammenfassen

D: Auswerten

1. *einzeln*

- persönliche Gründe: Familie, Träume, ...
- wirtschaftliche Gründe: Einkommen, Arbeitsplatz, Versorgung, ...
- politische Gründe: Vertreibung, Verfolgung, Unterdrückung, ...
- andere Gründe: Dürre, Überschwemmung, attraktiver Arbeitsplatz, ...

2. *in der Gruppe/Klasse*

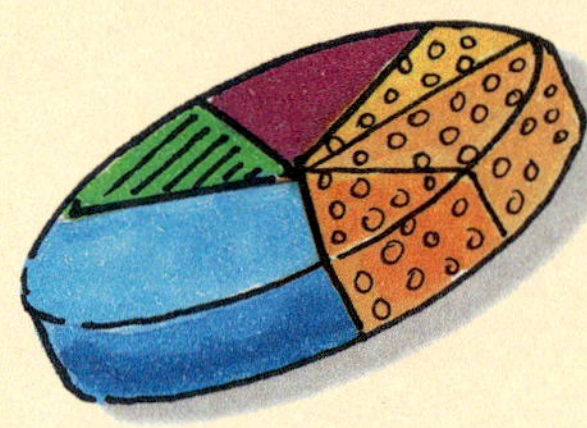

Migration weltweit

Seit es Menschen auf der Erde gibt, ziehen immer wieder Einzelne oder Gruppen in andere Regionen. Sie hoffen, hier bessere Lebensbedingungen als in ihrer Heimat vorzufinden.

In den letzten Jahrzehnten hat die weltweite Migration ein bisher nie gekanntes Ausmaß angenommen. Man nimmt an, dass sich gegenwärtig über 175 Millionen Menschen fern ihrer Heimat aufhalten.

Quelle

Über 1000 Flüchtlinge aus Nordafrika auf der Insel Lampedusa eingetroffen

Am Mittwochmorgen wurde ein Boot mit 40 Personen an Bord, darunter sieben Frauen, gerettet. Das Boot war sieben Seemeilen südlich von Lampedusa zwischen Tunesien und Sizilien in Not geraten. Fünf weitere Flüchtlinge, die sich an Teilen eines gesunkenen Bootes festhielten, konnten ebenfalls in Sicherheit gebracht werden. Insgesamt wurden zwölf Flüchtlingsboote aufgegriffen. Im Auffanglager der 20 Quadratkilometer großen Insel befinden sich über 1500 Flüchtlinge. Eine Luftbrücke wurde organisiert, um die Migranten in andere Auffanglager auf Sizilien zu bringen.

(Nach: Neue Züricher Zeitung online vom 8. Oktober 2008)

Aufgaben

1 Formuliere Fragen für das Interview (S. 274, Sprechblase).

2 a) Sucht Interviewpartner/innen und führt Interviews durch.
b) Legt für die Auswertung eine Tabelle an:
Geburtsland, Geburtsort, ... Jahre in Deutschland, Gründe, Erwartungen, Probleme, Rückkehr geplant?
c) Stellt die unterschiedlichen Gründe für die Migration in einem Diagramm dar (S. 274 unten).

3 Informiere dich in M1 und M2 sowie auf Seite 255 in M5, M6 und M7 über die jeweiligen Gründe für das Verlassen der Heimat.

4 Erörtere, ob du deine Heimat zur Ausbildung oder für einen Job verlassen würdest.

„In unserem Heimatort in Kasachstan gab es einen Supermarkt, in dem ich einkaufte. Das hat etwa zwei Stunden gedauert, denn ich musste mich in langen Schlangen anstellen. Ich wusste aber nie, ob das, was ich kaufen wollte, noch vorrätig war, wenn ich an der Reihe war. Es gab einfach zu wenig Lebensmittel. Mein Mann ist Russe. Auch er ist froh, dass wir jetzt in Deutschland wohnen."

(Alla Gurbunowa, 45 Jahre, in Russland geborene Deutsche, seit 1995 in Lüneburg)

M1 *Alla Gurbunowa*

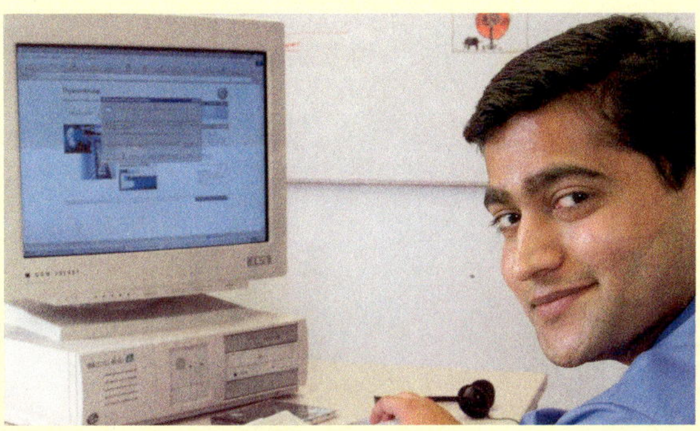

„Zu Hause in Chennai (Madras) suchte ich im Internet nach einem neuen Job. Vor allem Internet-Seiten, die die Begriffe ‚job' und ‚search' enthielten, interessierten mich. Auf solchen Seiten beschreiben IT-Firmen, welche Mitarbeiter sie suchen. Die einen sitzen vielleicht in Deutschland oder den USA, die anderen in Korea oder Indien. Ich bewarb mich als Experte für Software der Firma Oracle. Wenig später hatte ich ein Angebot aus München. Ich arbeite, wo ich gebraucht werde und viel Geld verdienen kann."

(Prabu Ekambaram, 25 Jahre, Computerspezialist aus Indien)

M2 *Indischer Software-Experte bei der Firma Thyssen-Krupp-Engineering*

Die große Wanderung

1. Alte Heimat – neue Heimat

a) Notiere, warum Menschen im 18. Jahrhundert ins Russische Reich auswanderten.

b) Stelle die Gründe zusammen, die Aussiedler bewegen, wieder in Deutschland zu leben.

c) Berichte mithilfe der Abbildungen über das Thema „alte Heimat – neue Heimat".

d) Notiere, wie du dazu beitragen kannst, dass die Kinder von Aussiedlern und ausländischen Mitbürgern besser integriert werden können.

ehemaliges Russisches Reich → **Bundesrepublik Deutschland**

Swetlana Gerlatowa, 15 Jahre

2. Tagebuch einer Reise

Swetlana Gerlatowa hat während ihrer Reise von Karaganda in Kasachstan nach Deutschland ein Tagebuch geführt.
Sie beschreibt darin die Landschaften und Städte, durch die ihre Reise führt, ihre Gefühle, die sie beim Verlassen ihrer Heimat empfindet, und ihre bangen Erwartungen.
Versetze dich in ihre Lage und schreibe die Tagebucheinträge. Recherchiere notwendige Informationen im Internet und im Atlas.

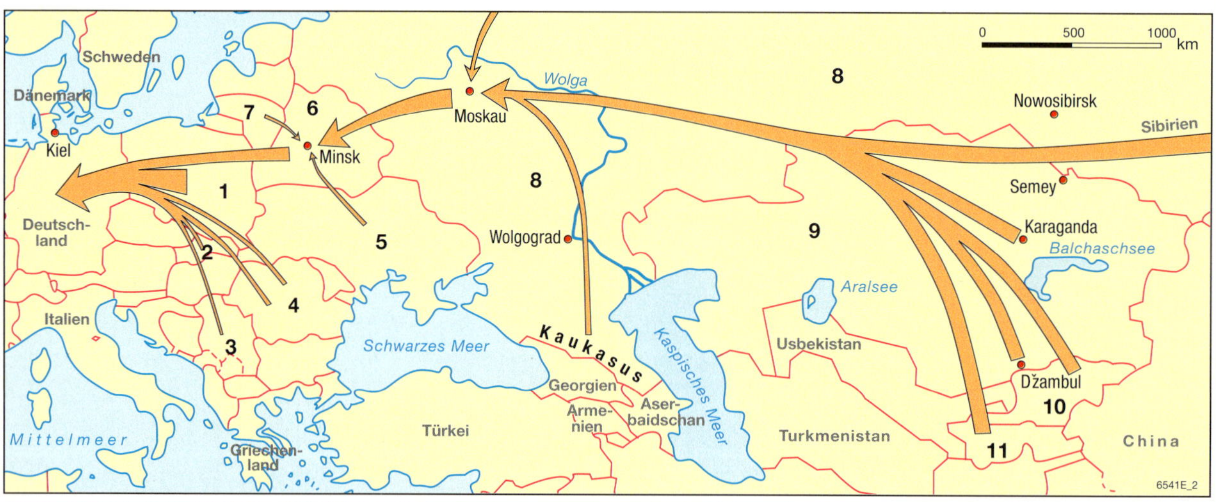

3. Ein Interview mit Prabu Ekambaram aus Indien

Schreibe ein Interview mit Prabu Ekambaram. Notiere dazu die Fragen und die Antworten.

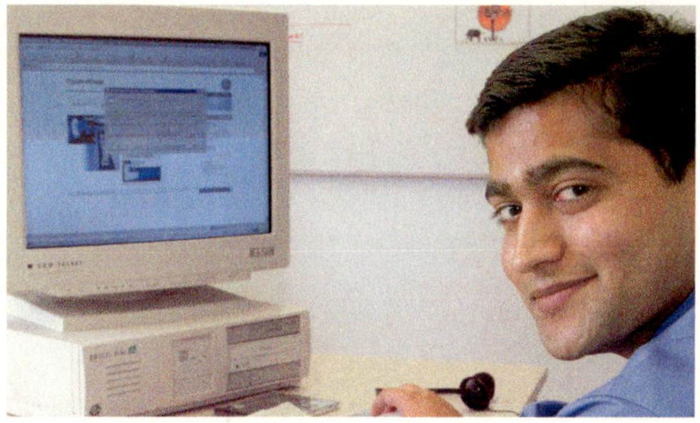

4. Rätsel

Ordne die Aussagen und Begriffe so untereinander an, dass ihre Anfangsbuchstaben ein Lösungswort ergeben.
Tipp: Schreibe die Begriffe und Sätze auf Papierstreifen, markiere die Anfangsbuchstaben farbig und lege die Sätze untereinander, bis du das Lösungswort gefunden hast.

Neue Mitschüler werden integriert.
Nationalitäten bringen Vielfalt.
Rechte gibt es für alle.
Gefragt ist Zivilcourage.
Toleranz
Eingliederung bedeutet Überwindung.
Aussiedler sind deutsche Volkszugehörige.
Türen auf für mehr Völkerverständigung!
Ohne Verständnis ist kein Miteinander möglich.
Integrationshilfen
Informationen über Herkunftsländer schaffen Verständnis.

5. Berlin, eine weltoffene Stadt

Berlins Stadtplaner Ümit Bayam sagt: „Die Vielfältigkeit von Menschen und Lebensweisen macht unsere Stadt Berlin und ihre Stadtteile viel interessanter.“
Erläutere.

Grundbegriff
- Aussiedler
- ausländischer Arbeitnehmer
- Auswanderer
- Einwanderer
- Integration
- Getto
- Asylrecht
- Staatsbürgerschaft
- Staatsangehörigkeitsrecht
- Rassismus
- Zivilcourage

Medienkonsum – bewusst

- **Im Zeitalter der Massenmedien**
- **Probleme und Folgen des Medienkonsums**
- **Umfrage zum Medienverhalten**
- **Regionalzeitungen**
- **Massenmedium Internet – Chancen und Gefahren**

M1 *LAN-Party mit Hunderten von Teilnehmern. Der Veranstalter stellt ein Netzwerk zur Verfügung, mit dem die Computer der Teilnehmer verbunden werden. In Spielen sind taktisches und strategisches Geschick gefordert.* ▶

Billys
ASUS
Norton
D50
D49

Im Zeitalter der Massenmedien

M1 *Die „Medien-Generation“*

1452	Buchdruck
1650	Zeitung
1861	Telefon
1895	Film
1906	Rundfunk
1920	Fernsehen
1958	Mobil-Telefon
1964	FAX
1971	PC
1983	CD-Player
1991	Internet
1992	CD-ROM
1999	WAP-Handy (Versenden von E-Mails, Abruf von Informationen aus dem Internet)
2002	UMTS (Bilder, Grafiken, Videos können von Handy zu Handy geschickt werden.)
2003	Handy zum Spielen und Musik hören

M2 *Erfindungen (Auswahl)*

Im Griff der Medien

Es gibt Menschen, die noch ohne Fernsehen aufgewachsen sind. 1953 besaßen nicht einmal 1000 Bundesbürgerinnen und Bundesbürger einen Fernsehapparat. In der Anfangszeit des Fernsehens wurde nur ein einziges Programm angeboten. Die Sendezeit war beschränkt auf die Abendstunden. Zu den übrigen Tageszeiten oder in der Nacht wurden keine Sendungen ausgestrahlt. Wie haben die Menschen damals ihre Freizeit verbracht?

Wir sind es gewohnt, jederzeit, überall und vielfältig informiert und unterhalten zu werden. Über fünf Stunden verbringen wir im Durchschnitt täglich mit **Medien** aller Art. Vor allem das Fernsehen spielt dabei eine wichtige Rolle. In vielen Haushalten gibt es mehrere Fernsehgeräte. Kinder und Jugendliche besitzen schon oft ihren eigenen Fernseher. Das Unterhaltungs- und Informationsangebot ist riesig. Mehr als 30 Programme können rund um die Uhr empfangen werden. Neben dem Fernsehen liefern uns noch eine Reihe anderer Medien ständig riesige Datenmengen zur Information oder Unterhaltung. Es ist kein Problem mehr, immer und überall Nachrichten zu empfangen und selbst erreichbar zu sein.

Aber es wird immer schwieriger, in einem Überangebot an Informationen die Übersicht zu behalten und nach eigenen Bedürfnissen auszuwählen. Das gilt besonders für das Internet, das wie kein anderes Medium zuvor mit großer Geschwindigkeit alle Lebensbereiche erfasst.

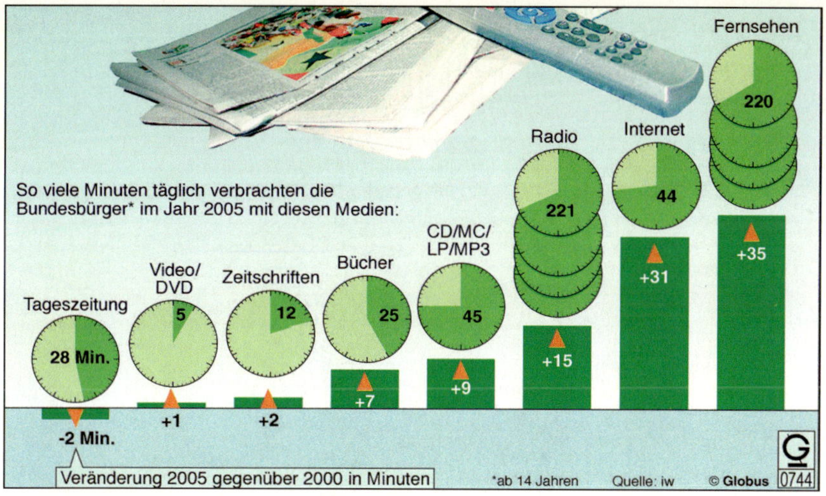

M3 *Mediennutzung*

Info

Massenmedien

Medien, die durch technische Vervielfältigung einer breiten Masse von Menschen zugänglich gemacht werden, nennt man Massenmedien. Ein wesentlicher Aspekt von Massenmedien ist die Inanspruchnahme technischer Hilfsmittel, über die eine große, unpersönliche Verbreitung vereinfacht wird.

Zu den Massenmedien zählen:

- die Printmedien (Druckerzeugnisse: Zeitungen und Zeitschriften, Bücher)
- die elektronischen Medien (Hörfunk, Fernsehen, Film, Schallplatten, Kassetten, Video, CD-Rom, DVD)
- das Internet („world wide web")

In demokratischen Staaten wird dem Journalismus in den Massenmedien die Aufgabe zugeordnet, zur Meinungsbildung der Bevölkerung beizutragen, sowie Kontrolle und Kritik auszuüben.

M4 *Verlieren andere Medien an Attraktivität für die Jugendlichen?*

Aufgaben

1 Gestalte eine Collage mit Medien deiner Wahl.

2 a) Erstelle eine Übersicht mit kleinen Bildern zur Entwicklung der Medien seit deiner Geburt (M2).
b) Erläutere, was sich durch diese Medien im Einzelnen für das Leben der Menschen verändert hat.

3 Liste Vor- und Nachteile der einzelnen Medien auf.

4 Werte M3 aus: Beschreibe die Abbildung und nenne mögliche Gründe für die Zahlen.

5 Erstelle ein Säulendiagramm zum Zeitaufwand bei der Mediennutzung der Bundesbürger (M3).

6 Betrachte das Bild auf Seite 278/279. Erörtere die Chancen und Risiken einer solchen Veranstaltung.

Merke

Wir leben im Zeitalter der Massenmedien. Gedruckte und elektronische Medien sorgen für einen weltweiten Austausch von Information, Unterhaltung und Werbung.

Grundbegriffe

- Medien
- Massenmedien

Probleme und Folgen des Medienkonsums

M1 *Comic*

Ist Fernsehen schädlich?

Quelle 1

Fernsehen verschlechtert einer Studie zufolge die schulischen Leistungen und macht schweigsam. Das hat eine Freiburger Forschergruppe bei einer Untersuchung von 100 Kindern sowie Jugendlichen im Alter von 11 und 15 Jahren herausgefunden. Die besonders häufig fernsehenden Kinder und Jugendlichen zeigten demnach in Deutsch und in den Fremdsprachen schlechtere Leistungen. Gleichzeitig hatten die Vielseher nur etwa halb so viele Kontakte mit Freunden wie weniger oft fernsehende Teilnehmer an der Untersuchung. Auffällig war auch, dass sich Vielseher durch die Schule überdurchschnittlich belastet fühlten.

(Nach: Münchner Merkur vom 12.12.2003)

Quelle 2

„Es gibt Zuschauer, die jede Distanz vergessen. Wenn in der ‚Lindenstraße' einer stirbt oder auszieht, dann bekommen wir Briefe, ob man in die Wohnung einziehen kann und wie teuer die Miete ist."

(Filmregisseur Hans Geißendörfer)

Quelle 3

In der Psychologie herrscht Übereinstimmung darüber, dass gefilmte Gewalt bei Kindern und Jugendlichen aggressives Verhalten fördern und verstärken kann; dies trifft jedoch nicht für jedes Kind bzw. jeden Jugendlichen und für jedes Lebensalter zu. Wissenschaftliche Studien belegen aber sowohl länger- als auch kurzfristige Einflüsse des Fernsehens auf die Entwicklung aggressiven Verhaltens bei Kindern und Jugendlichen.

(Nach: Wochenschau II, Nr. 1, S. 12)

Aufgaben

1 Formuliere einen passenden Text für die letzte Sprechblase in M1.

2 Erläutere die Auswirkungen des Fernsehens (Quellen 1–3).

3 a) Führe über das Wochenende ein Medien-Tagebuch. Notiere, wann und wie lange du welches Medium nutzt.
b) Berechne den Zeitaufwand für Medien im Vergleich zu deiner gesamten Freizeit.

4 Gestalte eine Seite zu deinem Medienkonsum: Zeichne dich oder klebe ein Foto von dir auf. Zeichne darum herum Sprechblasen, in die du Aussagen über dein Medienverhalten schreibst.

5 Entwerft mithilfe der Anregungen auf Seite 283 einen Fragebogen zum Medienverhalten und führt eine Umfrage durch.

Umfrage zum Medienverhalten

Wie gehe ich mit Medien um?

Hast du schon einmal über dein Medienverhalten nachgedacht? Bist du ein Fernsehfan oder sitzt du lieber am Computer? Liest du auch Zeitung? Die Untersuchung der eigenen Mediengewohnheiten und der anschließende Vergleich mit denen der Mitschülerinnen und Mitschüler machen dir dein Verhalten bewusst.

So erstellt ihr einen Fragebogen

1. Kopfzeile
Für die Auswertung sind Alter und Geschlecht der befragten Person wichtig. Auf den Namen kann verzichtet werden, weil ehrliche Antworten dann oft leichter fallen.

2. Fragenkatalog
Anregungen für Fragen liefern die Zitate in M2.
Weitere Vorschläge: Fragt nach der Medienausstattung der Haushalte, nach Lieblingssendern und Lieblingssendungen, nach Fernsehzeiten, nach der Dauer des Medienkonsums, nach bestimmten Gewohnheiten, nach der Meinung zu einem fernsehfreien Tag …

3. Gestaltung der Fragen und Antworten

- Offene Fragen, z.B.: Welche Artikel in der Tageszeitung liest du?
  Individuelle Antwort, z.B.: Ich lese selten Zeitung, höchstens mal die Nachrichten aus aller Welt oder den Sportteil.
- Mehrfach-Auswahl-Antworten: ☐ oft ☐ manchmal ☐ selten ☐ nie
- Alternativ-Fragen: JA / NEIN
- Punktbewertung: 5 ------ 4 ------ 3 ------ 2 ------ 1 ------ 0 (5 = sehr interessant, 0 = total langweilig)

4. Auswertung

- Auszählen mit Strichliste
- Umrechnen in Prozentsätze
- Grafische Darstellung: Säulendiagramm, Kreisdiagramm
- Zusammenfassender Text

5. Zusammenfassung

a) Wie wird das eigene Medienverhalten eingeschätzt: Schwerpunkte, Vorlieben, Gewohnheiten?
b) Vergleich mit anderen: Durchschnitt in der Gruppe, in der Klasse; Gemeinsamkeiten, Abweichungen, Gegensätzliches
c) Frage nach typischem Medienverhalten:
typisch Mädchen – typisch Junge
typisch Jugendliche – typisch Erwachsene
typisch Medienfan – typisch Medienmuffel
d) Ergebnis: Medien spielen in meinem Leben eine … Rolle. Mein Medienverhalten ist typisch für …, unterscheidet sich … . Ich habe dieses Ergebnis erwartet/nicht erwartet. Ich finde mein Medienverhalten …

„Nach der Schule bin ich k.o.! Zur Entspannung eine Daily Soap, das ist genau das Richtige“.

„Wer fernsieht, weiß Bescheid. Ohne Fernsehen kannst du in der Clique nicht mitreden.“

„Wenn ich zu Hause bin, läuft die Kiste. Gewohnheitssache. Nebenbei mache ich oft was anderes.“

„Mit Musik geht alles besser. Morgens lasse ich mich schon mit coolem Sound wecken.“

„Endlich habe ich meinen eigenen PC. Die dauernde Streiterei, wer an den Computer darf, ging mir ganz schön auf die Nerven.“

M2 *Typische Aussagen?*

Merke
Zu viel Medienkonsum kann sich negativ auf die Schulleistungen, die Interessen und das Verhalten gegenüber Mitmenschen auswirken. Besonders für das Fernsehen gilt: Entscheidend für die Auswirkungen sind vor allem das Alter des Fernseh-Konsumenten und die Dauer des Umgangs mit diesem Medium. Es ist deshalb sinnvoll, die eigenen Mediengewohnheiten kritisch unter die Lupe zu nehmen.

Vertiefung

Regionalzeitungen

Den ersten Teil einer Zeitung mit den überregionalen Informationen nennt man Mantel. Bei den übrigen Teilen der Zeitung spricht man von Büchern. Diese haben unterschiedliche Schwerpunkte, wie beispielsweise Politik, Wirtschaft, Service, Lokales oder Sport.

M1 *Die Teile einer Zeitung*

M3 *Schüleraktion im Rahmen eines Zeitungsprojektes*

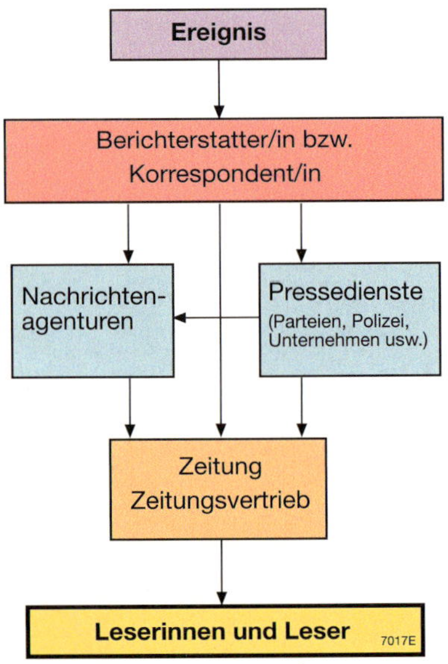

M2 *Vom Ereignis zum Zeitungsleser*

Zeitungen sind die ältesten Massenmedien. Am 1. Juli 1650 erschien in Leipzig die erste Tageszeitung der Welt. Der Name lautete „Einkommende Zeitungen". Sie erschienen in sechs Ausgaben pro Woche. Der Begriff „Zeitung" stammt aus der Sprache des Mittelalters und wurde ursprünglich mit „Nachricht" gleichgesetzt.
Heute versteht man unter Zeitung ein regelmäßig erscheinendes Druckerzeugnis mit aktuellem Inhalt. Man unterscheidet zwischen überregionalen und regionalen Tageszeitungen. Besonders die Regionalzeitungen sind für viele Menschen als Informationsquelle wichtig. Sie füllen die Lücke zu den überregionalen Berichterstattungen der großen Zeitungen sowie anderer Massenmedien. Regionalzeitungen sehen ihre Aufgabe darin, neben welt- und deutschlandweiten Ereignissen Informationen aus der Umgebung zu verbreiten und an der Meinungsbildung mitzuwirken. Sie bieten oft die einzige Möglichkeit, sich über das Geschehen vor Ort zu informieren.
Im Lokalteil finden sich „hard-news" (Polizeiberichte, Diebstähle, Unfälle usw.) und „soft-news" (Feste, Feiern usw.). Hier findet man Informationen über Menschen in Stadt und Land, das politische Geschehen (Gemeinderat, Stadtrat, Kreistag), über das Vereinsgeschehen und Service-Elemente (Veranstaltungstermine, Beratung usw.). Vor allem wegen der Informationen über den Sport vor Ort sind Regionalzeitungen sehr beliebt. In Leserbriefen finden sich oft unterschiedliche Meinungen der Leserinnen und Leser zu regionalen Themen.
Auch die Kleinanzeigen spielen in der Regionalzeitung eine große Rolle. Aus ihnen erfährt man beispielsweise, wo Wohnungen zu vermieten sind oder wer ein günstiges Fahrrad abzugeben hat.

M4 *Regionalzeitungen – Informationen aus deinem Ort*

Tipps

Lokalredaktionen stellen Klassensätze von Tageszeitungen zur Verfügung oder informieren Schulklassen über ihre Arbeit. Ebenso gibt es gemeinsame Projekte: z. B. SCHULZ (Schule und Zeitung).

M5 *Regionalzeitung und zwei ihrer zwölf Lokalausgaben*

In Deutschland existiert in beinahe jedem Kreis mindestens eine regionale Zeitung. Zurzeit gibt es 334 Regionalzeitungen mit einer Gesamtauflage von knapp 15 Mio. Exemplaren täglich. Regionalzeitungen haben oft für verschiedene Orte eigene lokale Ausgaben mit eigenem Namen. Gemeinsam sind diesen Zeitungen der Mantel und bestimmte Bücher (siehe M1). Nur der Lokalteil wird von eigenen Redaktionen vor Ort erstellt.

M6 *Regionalzeitungen in Deutschland*

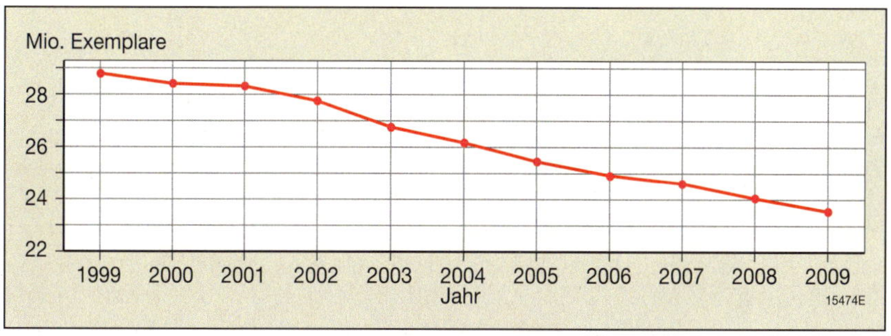

M7 *Entwicklung der Auflage deutscher Tageszeitungen*

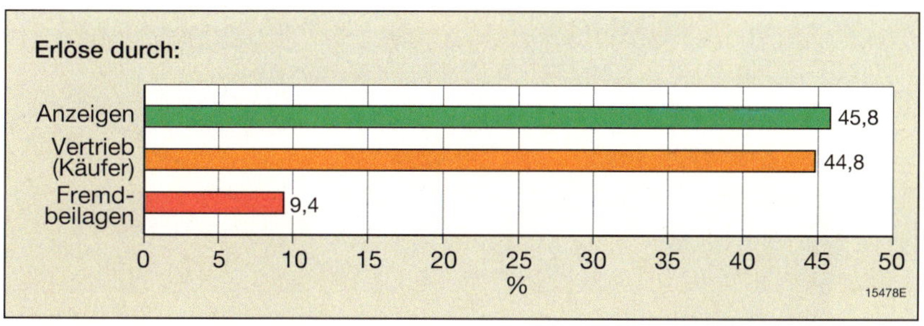

M8 *Erlöse der Abonnenten-Zeitungen in Deutschland*

Aufgaben

1 a) Untersuche eine Regionalzeitung mit Lokalteil und erstelle eine Tabelle, in der du Informationen der einzelnen Bücher einträgst.
b) Markiere dann in der Tabelle die Informationen, die du nur in einer Regionalzeitung findest.

2 a) Notiere, welche Vorteile es hat, wenn es in einem Ort zumindest eine Regionalzeitung gibt.
b) „Es ist immer besser, wenn es an einem Ort mindestens zwei Regionalzeitungen gibt!“ Nimm zu dieser Aussage Stellung.

3 Untersuche M7. Stelle Vermutungen über die Gründe der dargestellten Entwicklung an. Nutze dazu auch Seite 281 M3.

4 Du bist Zeitungsredakteur bei deiner Heimatzeitung. Verfasse einen längeren Kommentar zu einem lokalen Problem.

Merke
Regionalzeitungen informieren in großen Teilen über die Geschehnisse vor Ort. Sie bieten Informationen, die man in anderen Medien nicht findet. Sie tragen zur Meinungsbildung bei.

Massenmedium Internet – Chancen und Gefahren

Tipps für sicheres Surfen

1. Achte auf die Uhr – im Internet vergisst man schnell die Zeit.
2. Schreibe dir vor einer Web-Recherche passende Begriffe auf, nach denen du suchen möchtest.
3. Achte auf das Impressum (Autor und Postanschrift) einer Internetseite.
4. Gib niemals deinen Namen, deine Telefonnummer oder deine (Mail-) Adresse bekannt, wenn du nicht genau weißt, mit wem du Kontakt hast.
5. Sprich mit deinen Eltern oder deinen Lehrern, wenn dir etwas komisch vorkommt.

Aufgaben

1 Stelle in einer Tabelle dar, wie Anja, Stefan und Cornelia das Internet nutzen und welche Vorteile oder Gefahren du darin siehst.

2 Beschreibe deinen Tagesablauf und deine Internetnutzung in einem zusammenhängenden Text und erörtere dabei auch, was deine Eltern zu deiner Internetnutzung sagen.

3 Nenne weitere Nutzungsmöglichkeiten des Internets: Stelle dar, wie deine Eltern das Internet nutzen und in welchen Berufen einem das Internet begegnet.

4 Lies dir die Internetseite www.bmbf.de/de/298.php durch und erkläre, warum die Bundesregierung das Internet für „unverzichtbar" hält.

5 a) Lies die Quellen 1–3 und nimm Stellung.
b) Informiere dich über weitere Gefahren im Internet (www.klicksafe.de) und schreibe einen Text.

Internet – Spaß oder Gefahr?

Nach der Schule mal eben chatten, online die neuesten Hits hören oder Videos anschauen: 94,8 Prozent der Jugendlichen in Niedersachsen verfügen zu Hause über einen Zugang in das World Wide Web, auch Internet genannt, und nutzen diesen zum Teil mehr als zehn Stunden in der Woche:

„Ich finde es gut, nach der Schule mal eben meinen Freunden berichten zu können, was heute so war! Danach geht es mir nach einem stressigen Schultag schon viel besser. Nur manchmal vergesse ich während des Chattens meine Hausaufgaben", berichtet Anja (15 Jahre) und beeilt sich, anschließend schnell zum Schwimmtraining zu kommen. Stefan (auch 15 Jahre) interessiert sich im Internet vor allem für Onlinespiele: „Nach der Schule spiele ich erstmal zwei Stunden online ein Rollenspiel. Danach lade ich mir meistens Musikstücke runter und chatte mit meinen Freunden. Meine Mutter sagt immer, ich soll mal meine Hausaufgaben machen oder rausgehen, aber in der virtuellen Welt des Internets gefällt es mir viel besser!" Ganz anders sieht das Cornelia (17 Jahre): „Pro Woche sitze ich bestimmt vier bis sechs Stunden am Computer, um meine Hausaufgaben zu machen. Das sieht dann auch viel ordentlicher aus und ich kann aktuelle Zahlen und Bilder über eine Suchmaschine aus dem Internet raussuchen und direkt in meine Hausaufgaben einbauen. Meine Eltern finden das gut und meine Noten sind auch prima. Abends treffe ich mich dann noch mit Freunden oder gehe zum Sport."

M1 *Faszination Internet*

Die Internetnutzung nimmt zu

2009 nutzten über 46 Millionen der Deutschen über 14 Jahren das Internet. Das sind knapp 70 Prozent der Bundesbürgerinnen und -bürger. Es surften 14 Prozent mehr männliche als weibliche Nutzer.

Insgesamt ist die Online-Nutzung in allen Altersbereichen angestiegen, vor allem aber bei den ältern Menschen. 50 Prozent der über 50-Jährigen surfen inzwischen im Internet. Die Internetnutzung der Altersgruppe zwischen 14 und 29 Jahren liegt bei rund 95 Prozent, die zwischen 30 und 49 Jahren bei rund 85 Prozent.

Im Vergleich der Bundesländer ist die Internetnutzung in Berlin am höchsten und im Saarland am niedrigsten. Rheinland-Pfalz nimmt eine mittlere Position ein.

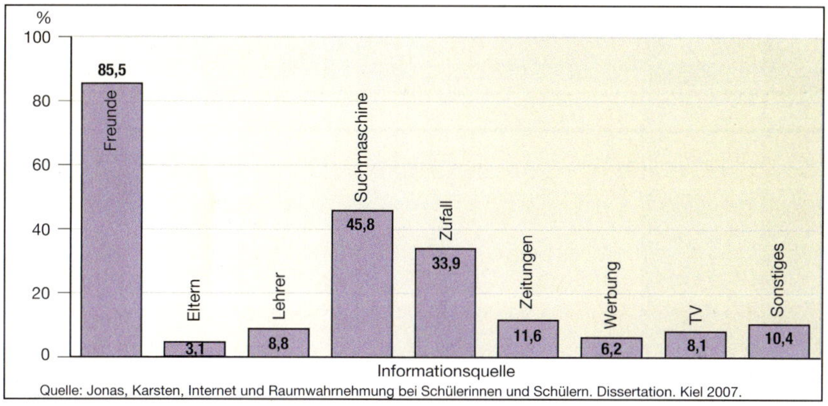

M2 *So orientieren sich Jugendliche im Internet.*

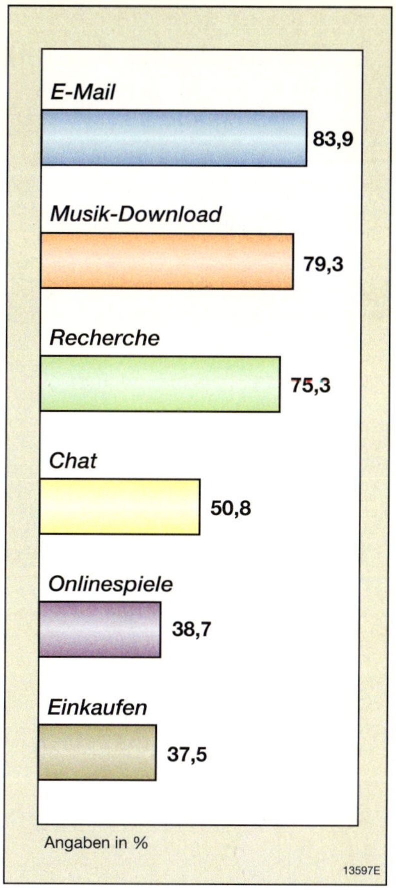

M3 *So nutzen Jugendliche das Internet.*

Quelle 1

Mobbing im Internet

Die Täter agieren im Verborgenen, und sie kennen keine Skrupel. Immer häufiger kommt es im Internet zu Verleumdung und Schikane.

(Nach: Fokus Online, 14.06.2008. www.focus.de)

Quelle 2

Rechtsextremismus im Internet

Rechtsextreme Gruppen und Personen nutzen das Internet, um rassistische Hetze und neonazistische Propaganda zu verbreiten.

(Nach: Jugendschutz, www.jugendschutz.net)

Quelle 3

Gewaltvideo im Internet

Polizei sucht Handyfilmer: Ein Gewaltvideo im Internet mit einer Prügelszene beschäftigt die Memminger Polizei. Auf dem etwa einminütigen Video, das den Beamten seit August 2007 vorliegt, wird in Memmingen ein Mann zusammengeschlagen und getreten.

(Nach: Merkur Online, www.merkur-online.de/regionen)

Aufgabe

6 Erläutere M2 und vergleiche mit deinen eigenen Gewohnheiten.

Merke

Das Internet bietet eine Vielzahl von Möglichkeiten zum Surfen, Spielen und Arbeiten. Es kann aber auch missbräuchlich eingesetzt werden. Gib daher niemals deinen Namen, deine Telefonnummer oder Mailadresse bekannt, wenn du nicht genau weißt, mit wem du Kontakt hast.

Alles klar?

Medienkonsum – bewusst

1. Die deutsche Familie?

Beschreibe und deute die Karikatur.

2. Das Internet

Übertrage die Zeitleiste in deine Mappe oder dein Heft und trage die genannten Erfindungen richtig ein.

PC
BUCHDRUCK
TELEFON
INTERNET
FILM
ZEITUNG
RUNDFUNK
FERNSEHEN
MOBIL-TELEFON
UMTS

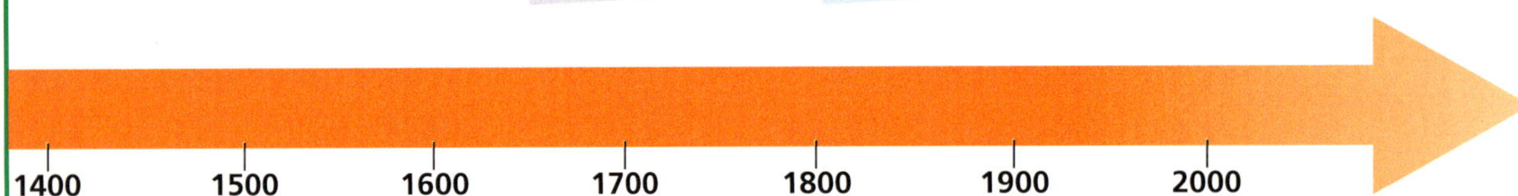

3. Das Internet

a) Nenne die Vor- und Nachteile zwischen einem gedruckten Buch und einem Buch im Internet.

b) Entwirf einen Internet-Führerschein für die Nutzung des Internets zur Recherche zu einem Unterrichtsthema. Notiere dazu Aufgaben zu Dingen, die man beherrschen sollte, wenn man im Internet surft und danach die Informationen auswertet.

4. Aus der Medienwelt

Bringe die Buchstaben in die richtige Reihenfolge und erläutere den Stellenwert der Begriffe in der Medienwelt.

(1) SEFEHERRN
(2) ITUZENG
(3) MESENMASENDI
(4) TUNGTERUNHAL
(5) BUWERNG
(6) ERINTNET
(7) FORTIOMAINNEN

5. Tipps zum kritischen Umgang mit Medien

Formuliere die Tipps zum kritischen Umgang mit Medien. Vervollständige dazu die Sätze in den Sprechblasen.

6. Kennst du dich aus? – Aufgaben für Experten

a) Erkläre die Begriffe „Medien“ und „Massenmedien“.
b) Notiere die drei meist genutzten Medien der Bundesbürger 2005.
c) Erkläre, welche Medien seit 2000 für die Bundesbürger immer wichtiger werden.
d) Zähle Printmedien und elektronische Medien auf.
e) Nenne Beispiele dafür, wie das Internet missbräuchlich eingesetzt werden kann.
f) Man sagt, die Massenmedien üben ein „Wächteramt“ aus. Überlege und schreibe auf, was damit gemeint sein kann.

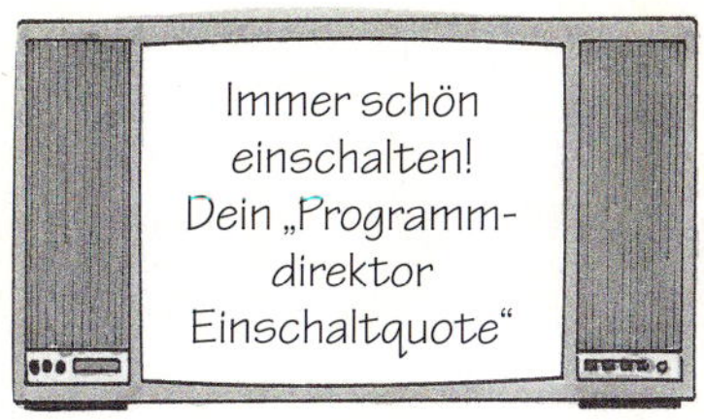

7. Zeitung – immer aktuell

Übertrage das Schema in deine Mappe oder dein Heft und fülle es aus.

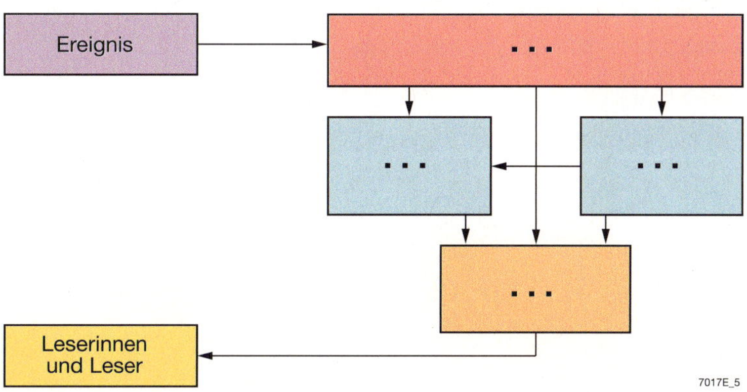

Grundbegriffe
- Medien
- Massenmedien

Viele Wünsche – reicht das Geld?

Bedürfnisse und ihre Befriedigung

Schuldenfalle Handy

Einkaufen im Supermarkt

M1 *Das CentrO Oberhausen ist das größte Einkaufs- und Freizeitzentrum Europas. Auf 83 Hektar Fläche gibt es*
- *mehr als 200 Geschäfte,*
- *über 60 Restaurants und Cafés,*
- *ein Kino,*
- *einen Freizeitpark,*
- *ein Sea Life Aquarium,*
- *ein Musicaltheater,*
- *ein Hotel und*
- *ein Fitnesscenter.*

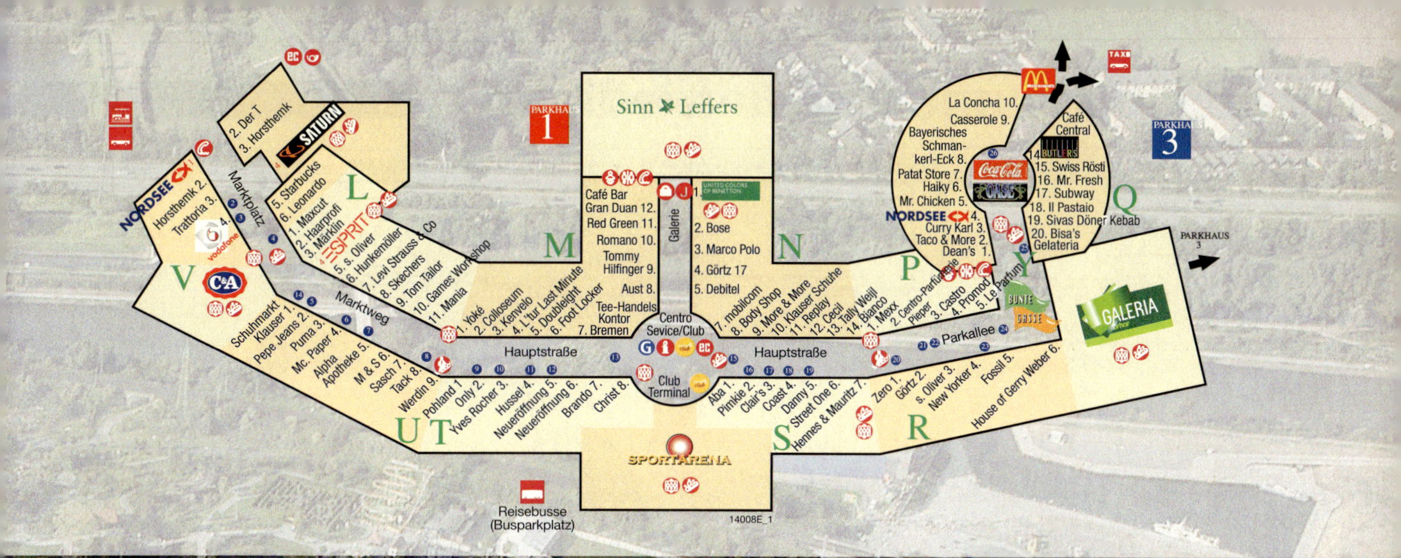

Sinn Leffers
PARKHAUS 1
PARKHAUS 3
SATURN
2. Der T
3. Horsthemk
NORDSEE
Horsthemk 2.
Trattoria 3.
Marktplatz
Marktweg
5. Starbucks
6. Leonardo
1. Maxcut
2. Haarprofi
3. Märklin
ESPRIT
5. s. Oliver
6. Hunkemöller
7. Levi Strauss & Co
8. Skechers
9. Tom Tailor
10. Games Workshop
11. Mania
1. Yoké
2. Colloseum
3. Kenvelo
4. L'tur Last Minute
5. Doubleight
6. Foot Locker
7. Bremen
Café Bar
Gran Duan 12.
Red Green 11.
Romano 10.
Tommy Hilfiger 9.
Aust 8.
Tee-Handels Kontor
Galerie
Centro Sevice/Club
Club Terminal
1. United Colors of Benetton
2. Bose
3. Marco Polo
4. Görtz 17
5. Debitel
6. mobilcom
7. mobilcom
8. Body Shop
9. More & More
10. Klauser Schuhe
11. Replay
12. Cecil
13. Tally Weijl
14. Bianco
1. Mexx
2. Centro-Parfümerie
Pieper
3. Castro
4. Promod
5. Le Parfum
Parkallee
Hauptstraße
Hauptstraße
Schuhmarkt
Klauser 1.
Pepe Jeans 2.
Puma 3.
Mc. Paper 4.
Alpha
Apotheke 5.
M & S 6.
Sasch 7.
Tack 8.
Werdin 9.
Polland 1.
Only 2.
Yves Rocher 3.
Hussel 4.
Neueröffnung 5.
Neueröffnung 6.
Brando 7.
Christ 8.
Aba 1.
Pinkie 2.
Claire's 3.
Coast 4.
Danny 5.
Street One 6.
Hennes & Mauritz 7.
Zero 1.
Görtz 2.
s. Oliver 3.
New Yorker 4.
Fossil 5.
House of Gerry Weber 6.
La Concha 10.
Casserole 9.
Bayerisches Schmankerl-Eck 8.
Patat Store 7.
Haiky 6.
Mr. Chicken 5.
NORDSEE 4.
Curry Karl 3.
Taco & More 2.
Dean's 1.
Café Central
15. Swiss Rösti
16. Mr. Fresh
17. Subway
18. Il Pastaio
19. Sivas Döner Kebab
20. Bisa's Gelateria
Coca-Cola
GALERIA
SPORTARENA
Reisebusse (Busparkplatz)
L
M
N
P
Q
R
S
T
U
V
14008E_1

Bedürfnisse und ihre Befriedigung

M1 *Jugendliche haben viele verschiedene Wünsche.*

Moritz hat Wünsche

Moritz möchte heute mit seiner Freundin Ronja ins Kino gehen und sie hinterher noch zu einem Eis einladen. Von seinem Taschengeld hat er noch 8 €. Sein Opa hat ihm 4 € geschenkt. Er würde im Kino gern noch eine Tüte Popcorn kaufen. Aber dazu reicht wahrscheinlich das Geld nicht.

Es ist immer das Gleiche!

So wie Moritz geht es fast jedem von uns. Oft sind unsere Bedürfnisse größer als die vorhandenen Mittel, um diese zu befriedigen. Moritz bekommt Taschengeld und auch sein Opa unterstützt ihn gelegentlich. Wenn du erwachsen bist, bekommst du meistens nichts geschenkt und musst selbst Geld verdienen, um deine Wünsche zu befriedigen.

Quelle

Wonach du sehnlichst ausgeschaut,
es wurde dir beschieden.
Du triumphierst und jubelst laut:
Jetzt hab ich endlich Frieden.
Ach Freundchen, werde nicht so wild,
bezähme deine Zunge.
Ein jeder Wunsch, wird er erfüllt,
kriegt augenblicklich Junge.
(Wilhelm Busch)

M2 *Ein erfüllter Wunsch*

M3 *Bedürfnisbefriedigung in reichen Ländern: Wohnen, Essen*

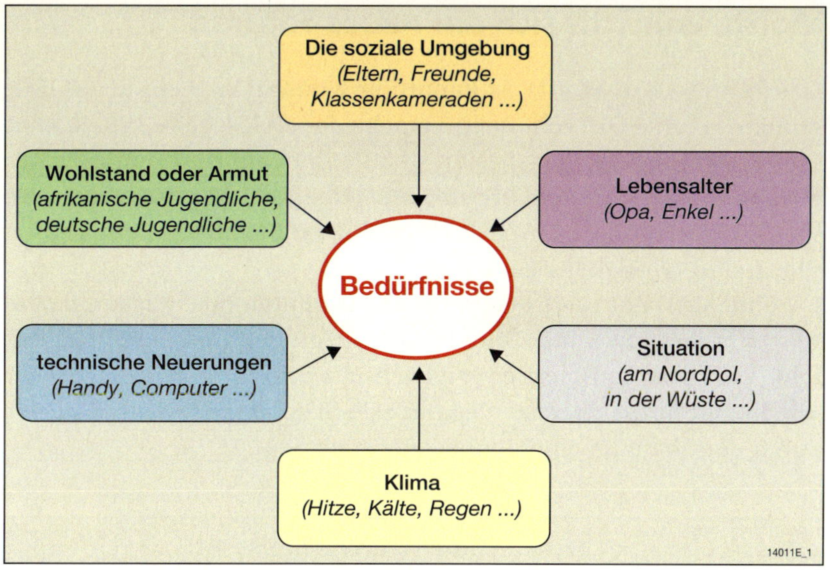

M4 *Was Bedürfnisse beeinflusst*

Arten von Bedürfnissen

Wir alle haben Wünsche, die wir uns erfüllen möchten. Solche Wünsche bezeichnet man in der Wirtschaft als **Bedürfnisse**. Die wichtigsten Bedürfnisse sind die **Grundbedürfnisse**. Sie müssen erfüllt werden, damit wir überleben können. Dazu gehören Nahrung, Kleidung, Wohnung und Sicherheit. Darüber hinaus haben wir Bedürfnisse, die dazu dienen, das Leben angenehmer und bequemer zu machen. Dies sind die **Luxusbedürfnisse**. Dazu gehören zum Beispiel Süßigkeiten und Jeans einer bestimmten Marke. Nicht zu vernachlässigen sind unsere **sozialen Bedürfnisse**. Sie sind oft auch mit viel Geld nicht zu erfüllen. Dazu gehören die Bedürfnisse nach Zuneigung, Freundschaft, Liebe, Glück und Anerkennung. Wir alle haben zumindest gelegentlich das Bedürfnis, Musik zu hören, einen Film anzuschauen oder ein bestimmtes Buch zu lesen. Diese Bedürfnisse, sich zu unterhalten und sich zu bilden, nennt man **Kulturbedürfnisse**.

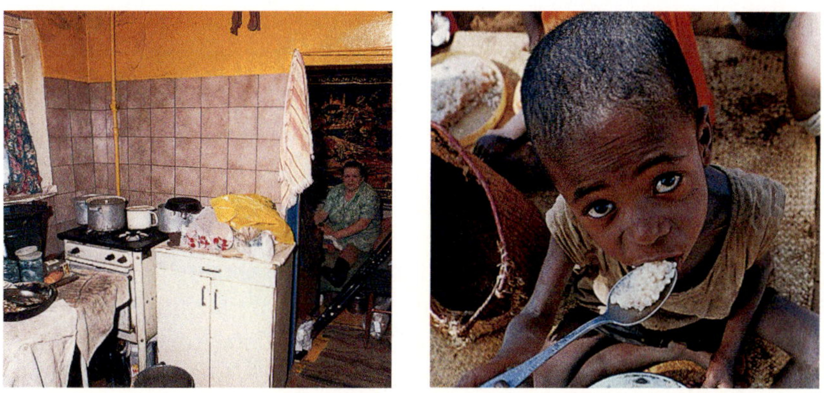

M5 *Bedürfnisbefriedigung in armen Ländern: Wohnen, Essen*

Aufgaben

1 Gib bei den Bedürfnissen der Jugendlichen in M1 jeweils an, zu welcher Art von Bedürfnissen sie gehören.

2 Sortiere die verschiedenen Arten von Bedürfnissen nach ihrer Dringlichkeit und erstelle ein Schaubild.

3 a) Notiere fünf Beispiele für Bedürfnisse von Jugendlichen in den armen Ländern der Erde.
b) Notiere fünf Beispiele für Bedürfnisse von Jugendlichen reicher Eltern.
c) Schreibe mindestens drei Bedürfnisse auf, zu deren Erfüllung kein Geld nötig ist.

4 Werte das Gedicht (M2) aus.

5 Bedürfnisse sind von verschiedenen Einflüssen abhängig (M4).
a) Schreibe zu jedem genannten Einfluss drei Beispiele auf.
b) Überprüfe, ob es noch weitere Einflüsse gibt.

Merke
Wünsche, die wir uns erfüllen möchten, nennt man in der Wirtschaft Bedürfnisse. Sie hängen von verschiedenen Einflüssen ab.

Grundbegriffe
- Bedürfnis
- Grundbedürfnis
- Luxusbedürfnis
- soziales Bedürfnis
- Kulturbedürfnis

Bedürfnisse und ihre Befriedigung

Info

Güter
In der Wirtschaft werden die Dinge, mit denen man sich seine Bedürfnisse erfüllt, Güter genannt.
Freie Güter stehen kostenlos zur Verfügung, wie die Luft zum Atmen.
Sind Güter nicht unbegrenzt vorhanden, also knapp, müssen sie bezahlt werden. Man bezeichnet sie als **Wirtschaftsgüter**.

Moritz wünscht sich ein neues Fahrrad

Das Fahrrad von Moritz ist kaputt; er wünscht sich ein neues. Mit seinem Freund Ole geht er in verschiedene Geschäfte und schaut sich Fahrräder an. Am besten gefällt ihm ein bestimmtes rotes Mountainbike. Das möchte er gern haben. In der nächsten Zeit spart er eisern und wünscht sich auch zum Geburtstag von seinen Eltern und Großeltern Geld für das Rad.

Schließlich hat er das Geld für das Mountainbike zusammengespart. Er geht mit seiner Mutter in das Geschäft und kauft sich das Rad. Zu Hause probiert er es gleich aus und freut sich riesig. Mit seinen Eltern plant er für das nächste Wochenende eine Radtour durch den Wald an einen nahe gelegenen See.

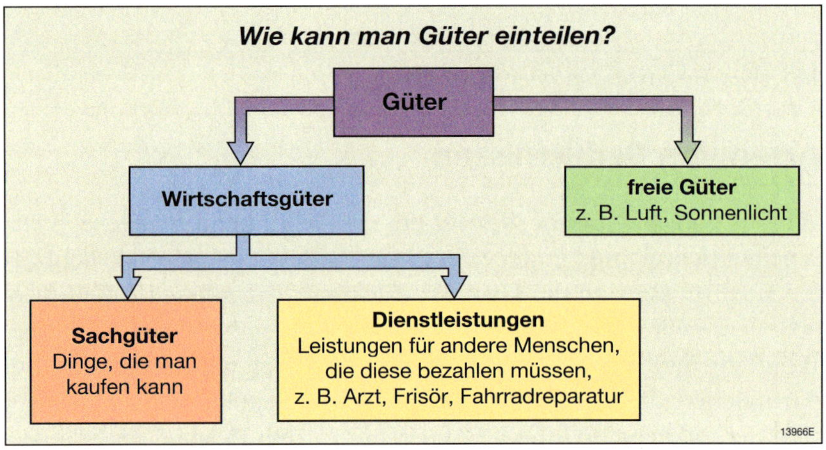

M1 *Die Arten von Gütern*

Bedürfnisse, Bedarf, Nachfrage und Angebot

Ein Bedürfnis ist ein Wunsch. Der **Bedarf** ist ein Wunsch, den man sich mit Geld erfüllen kann. Der Bedarf wird zur **Nachfrage**, wenn man kauft, was man sich wünscht, zum Beispiel ein Mountainbike. Der Nachfrage steht ein **Angebot** gegenüber. Das sind die Güter, die zu verkaufen sind, in diesem Fall Mountainbikes. Angebot und Nachfrage sind in erster Linie dafür ausschlaggebend, wie hoch der Preis ist, das heißt, wie viele Anbieter es gibt und wie stark die Nachfrage ist.

Moritz' Geschichte aus der Sicht der Wirtschaft

Moritz wünscht sich ein Mountainbike. Er hat ein Bedürfnis. Er spart und will sich das Rad kaufen. Aus dem Bedürfnis entsteht ein Bedarf. Er geht in das Geschäft und kauft aus dem Angebot an Fahrrädern das Mountainbike. Er hat also eine Nachfrage nach einem Wirtschaftsgut, in diesem Fall nach einem Mountainbike.

Aufgaben

1 Erläutere den Unterschied zwischen freien Gütern und Wirtschaftsgütern.

2 Nenne drei Beispiele für freie Güter.

3 Freie Güter gibt es immer weniger. Prüfe die Aussage.

4 Ordne die Güter in M3 den verschiedenen Güterarten zu.

5 Notiere, welche Dienstleistungen sich in einem Brötchen verstecken.

M2 *Auch das sind Güter.*

Freie Güter

In Deutschland gibt es nicht mehr viele Güter, die man als „freie Güter“ bezeichnen kann. Zwar ist die Luft zum Atmen frei, aber Firmen, die die Luft verschmutzen, müssen dafür bezahlen. Die Reinhaltung der Luft kostet viel Geld. Wasser steht in Flüssen, Seen und im Meer frei zur Verfügung und kann zum Baden und Trinken umsonst benutzt werden. Aber nur in wenigen Regionen ist dies ohne Gefahr für unsere Gesundheit möglich. Für das Wasser aus dem Wasserhahn muss man bezahlen, ebenfalls für das Abwasser. Am Strand und in manchen Seen muss man beim Baden Eintritt bezahlen. Naturschönheiten wie Bergwälder, Seen und Moore sind in Gefahr. Viele Tiere sind bereits ausgestorben. Jeder von uns sollte sich in der Natur so verhalten, dass es diese freien Güter auch in Zukunft gibt.

Merke
Güter sind Dinge, mit denen man sich seine Bedürfnisse erfüllt. Es gibt freie Güter und Wirtschaftsgüter.

Grundbegriffe
- freies Gut
- Wirtschaftsgut
- Bedarf
- Nachfrage
- Angebot

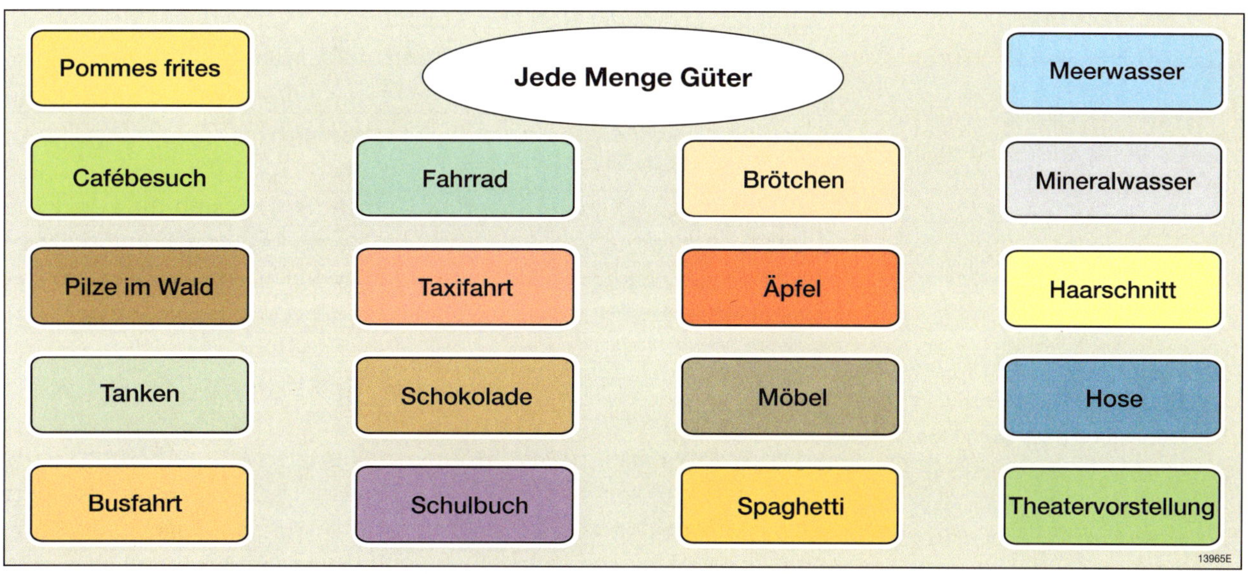

M3 *Beispiele für Güter*

Schuldenfalle Handy

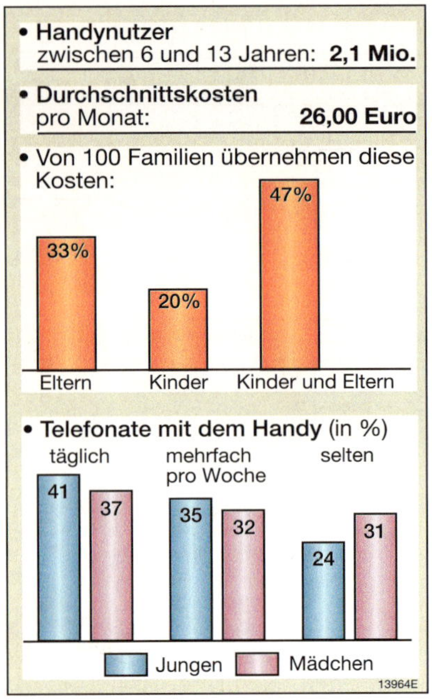

M1 *Handynutzung von Kindern und Jugendlichen in Deutschland*

Info

Verbraucherzentralen
Die Verbraucherzentralen in Deutschland engagieren sich für den Schutz der Verbraucher. Sie unterhalten Beratungsstellen in vielen Städten. (www.verbraucherzentrale-niedersachsen.de; www.checked4you.de)

SOS statt SMS

Als die Handyrechnung kommt, ist Ceyda sauer. Sie soll knapp 100 Euro für den letzten Monat bezahlen. Auch ihr Bruder Karim ärgert sich, denn das Guthaben seiner Prepaid-Karte ist dauernd aufgebraucht. Beide können sich das nicht erklären, denn sie achten stets darauf, keine teuren Dienste zu nutzen und nicht auf Flirt-SMS reinzufallen.

Mithilfe der Verbraucherberatung und einem Einzelverbindungsnachweis finden sie heraus, was die hohen Kosten verursacht. Ceyda hat viele Dauertelefonate mit ihrer Freundin geführt. Die Kosten dafür gingen über die Inklusiv-Minuten ihres Vertrages hinaus. Karim hat beim Herunterladen von Klingeltönen ein Klingelton-Abo abgeschlossen. Dadurch wird sein Telefonkonto monatlich belastet – egal ob ein Guthaben darauf ist oder nicht. Sobald seine Karte wieder ein Guthaben ausweist, wird es sofort wieder abgebucht, um das Telefonkonto auszugleichen.

Ceyda und Karim haben rechtzeitig die Fehler bemerkt und konnten sie abstellen. Vielen anderen gelingt dies nicht. Sie geraten durch das Handy in die Schuldenfalle. Handyschulden von über 1000 Euro sind keine Seltenheit.

Kostenfaktor Handy

Kinder und Jugendliche sind eine wichtige Konsumentengruppe. 2008 verfügten die Sechs- bis 13-Jährigen über rund 2,6 Millionen Euro. Daher werden sie heftig umworben. Allerdings interessieren sich rund 66 Prozent der Jugendlichen nicht für Geldangelegenheiten. So wissen viele Handynutzer nicht, was eine SMS oder eine Telefonminute kostet. Jeder zehnte Jugendliche ist verschuldet. Minderjährige verschulden sich in der Regel bei Freunden und Verwandten, die Volljährigen auch bei Banken, Kaufhäusern und Telefondienstleistern.

Bestimmte Handy-Dienste sind sehr teuer. Dazu gehören Premium-SMS (bis zu 6 €) oder 0137-, 0190- oder 0900-Nummern (bis zu 30 Euro pro Minute).

M2 *Premium-SMS und Co.*

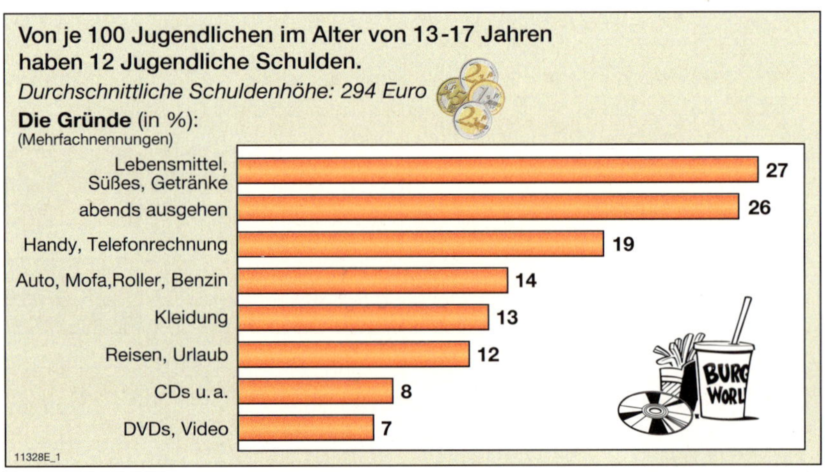

M3 *Umfrage zu den Schulden der Jugendlichen in Deutschland*

Die unseriösen Maschen der Anbieter

Viele Anbieter versuchen, den Jugendlichen auf einen Schlag Geld aus der Tasche zu ziehen. So sind Fälle bekannt, in denen ein jugendlicher Handybesitzer einen Witz per Premium-SMS bestellen wollte und danach jeden Tag einen Witz zugeschickt bekam. Der Schreck kam mit der Handyrechnung. Ein weiterer Trick unseriöser Anbieter ist es, das Herunterladen der Klingeltöne und Bildschirmlogos über eine 0900-Nummer laufen zu lassen; bezahlt werden dabei bis zu 2,90 Euro pro Minute. Bei Bestellungen eines Klingeltons über eine 0900-Nummer werden die Anrufer häufig durch Ansagen und zahlreiche geforderte Eingaben hingehalten. Und hinter unaufgeforderten Kurznachrichten verbergen sich oft Abonnements. Wer darauf antwortet, erhält eine weitere SMS. „Willkommen im Hot Chat!“, kann es dann darin heißen; danach folgt ein schwer verständlicher Kurztext: „75 ct. je SMS bei Abn. mind. 75 Stk. Info Datensch. + AGB“. Außerdem wird noch eine Internet-Adresse angegeben. Die Kürzel sagen: Der Handybesitzer hat durch die unvorsichtige Antwort-SMS ein Abonnement über 75 weitere SMS bestellt, die jeweils 75 Cent kosten. Der Gesamtbetrag beläuft sich somit auf 56,25 Euro.

Tipps zum kostenbewussten Telefonieren

- Bei Angeboten, die per SMS bezahlt werden sollen, genau auf den Endpreis achten!
- Nicht an „Chats“ oder „Flirts“ per SMS teilnehmen!
- Nicht auf SMS oder Kurzanrufe von Unbekannten antworten!
- Beim Beantworten von SMS auf die Nummer schauen: Fünfstellige Premium-SMS-Nummern oder bestimmte andere Nummern (siehe M2) meiden!
- Möglichst eine Prepaid-Karte nutzen!

	Vertrag A	**Vertrag B**	**Prepaid**
Grundgebühr	9,95 €/Monat	15,95 €/Monat	keine
Gesprächskosten	nach Verbrauch	Inklusiv 50 Gesprächsminuten	nach Verbrauch
Mobilnetze	0,29 €/Minute	0,29 €/Minute	0,39 €/Minute
Festnetz	0,39 €/Minute	0,29 €/Minute	0,49 €/Minute
Taktung	60/10	60/10	60/60
SMS	0,19 €/Stück	0,19 €/Stück	0,29 €/Stück
MMS	0,89 €/Stück	0,89 €/Stück	0,99 €/Stück
Mailbox	0,29 €/Anruf	0,29 €/Anruf	0,39 €/Anruf
Laufzeit	24 Monate	24 Monate	–

M4 *Zusammensetzung der Handy-Kosten (Beispiele)*

Aufgaben

1 Beschreibe M3 und nenne die Hauptursachen für die Verschuldung Jugendlicher.

2 Macht eine Umfrage zum Besitz und zur Nutzung von Handys in eurer Klasse.
Stellt die Ergebnisse grafisch dar. Ermittelt den Anteil derer, die ihre Handykosten kennen, und stellt ihn ebenfalls in einer Grafik dar.

3 Ermittelt anonym die durchschnittliche Höhe des Taschengeldes in eurer Klasse. Berechnet, wie lange ihr damit brauchen würdet, um Schulden in der in M3 genannten Höhe abzutragen.

4 Vergleiche die Tarife in M4 und wähle den günstigsten aus. Gehe davon aus, monatlich 20 Minuten zu telefonieren und 30 SMS zu verschicken.

5 Erstelle einen Zeitungsbericht über die Verschuldung Jugendlicher und die Möglichkeiten, der Schuldenfalle zu entgehen.

Merke
Jeder zwölfte Jugendliche in Deutschland hat Schulden. Hierbei spielen die Kosten für das Handy eine wichtige Rolle. Verbraucherzentralen raten zu einer kostenbewussten Handynutzung.

Einkaufen im Supermarkt

Quelle

Von dem, was wir kaufen wollen, kann der Handel nicht leben. Und er lebt auch nicht davon – sondern er lebt von dem, was er uns zusätzlich andreht.

(Nach Wolfgang Menge: Der verkaufte Käufer. Wien 1971)

M2 *Die Parkplätze am Supermarkt sind kostenlos und lassen sich bequem mit dem Einkaufswagen erreichen.*

Info

Warenpräsentation
Aufgabe einer geschickten **Warenpräsentation** und Platzierung ist es, den Kunden außer zu seinen geplanten Käufen zu **Spontankäufen** anzuregen.

Verkaufsstrategie
Überlegungen und Maßnahmen, wie die Kunden am besten zum Kaufen von Waren verlockt werden, nennt man **Verkaufsstrategien**.

Der Supermarkt – eine Einkaufsfalle?

Bei der Präsentation der Waren im Supermarkt wird kaum etwas dem Zufall überlassen: Der Kunde soll sich – laut moderner Verkaufsstrategie – „wie ein Gast in einem Erlebnispark fühlen“. Supermärkte sind so eingerichtet, dass sie uns verführen, mehr zu kaufen, als wir eigentlich wollen.

- Es gibt Geschäfte, die uns vom Eingang bis zur Kasse durch verwinkelte Gänge führen, damit wir möglichst viele Waren kaufen.
- Regelmäßig benötigte Produkte sind im ganzen Supermarkt verstreut. Sie werden öfter umgeräumt. Der Kunde muss sie immer wieder neu suchen.
- Großflächige Plakate mit billigen Sonderangeboten am Eingang sollen den Käufer ins Geschäft locken.

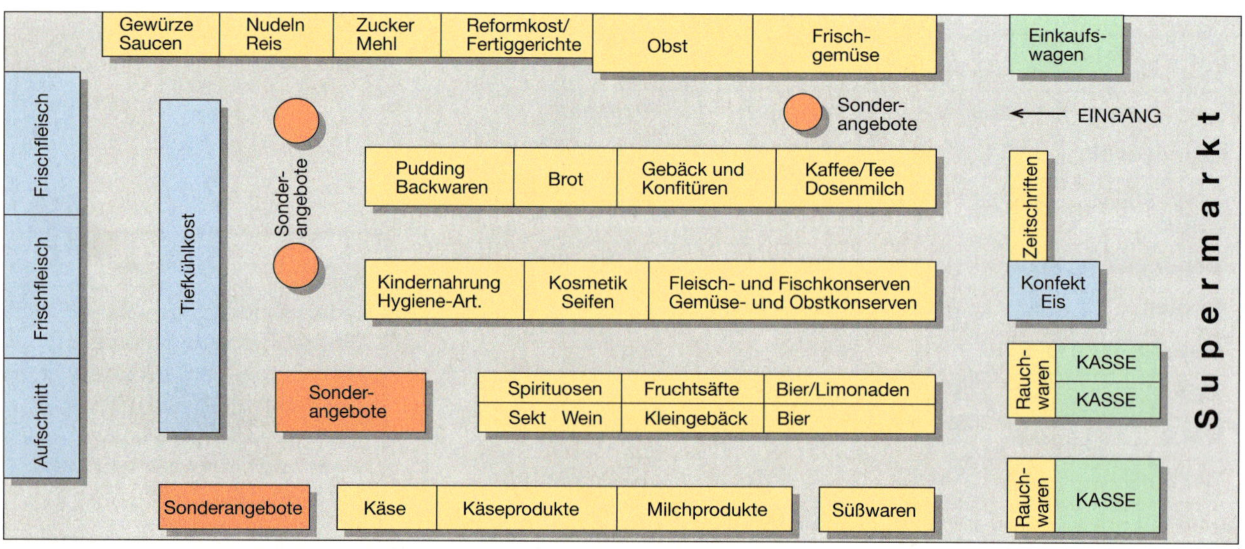

M1 *Grundriss eines Supermarkts*

- Weiche Musik ohne Gesang soll den Kunden in die richtige Einkaufsstimmung versetzen.
- Teure Markenartikel und Waren mit großer Gewinnspanne liegen in den Regalen meist griffbereit in Augenhöhe. Manchmal werden sie vor Spiegeln aufgestellt. Dadurch erscheinen sie heller und freundlicher als die anderen Artikel.
- Körbe oder Paletten mit Angeboten, die nicht nur für den Kunden, sondern von der Gewinnspanne her auch für den Händler interessant sind, bremsen den Weg durch den Supermarkt (Stopper).
- Waren, deren Verfallsdatum bald abläuft, müssen rasch verkauft werden. Sie stehen daher immer vorn im Regal, die frischen dahinter.
- Sonderangebote werden in verkaufsschwachen Regalzonen platziert, um den Kunden bei seinem Einkauf im Supermarkt auch dorthin zu lenken.
- Groß- und Familienpackungen winken mit einem erhofften Preisvorteil. (Aber nicht alle Sonderangebote sind besonders günstig!)

1. Informiere dich über Verkaufsstrategien.
2. Kontrolliere dein Verbraucherverhalten.
3. Plane deinen Einkauf, indem du einen Einkaufszettel schreibst und dich daran hältst.
4. Informiere dich über Haltbarkeit, Verarbeitung, Umtauschrecht.
5. Vergleiche die Preise. Bei Lebensmitteln ist das nicht einfach, weil du die Beträge auf vergleichbare Einheiten, zum Beispiel 100 Gramm, umrechnen musst.

M3 *Tipps gegen Tricks*

Aufgabe

1 Sieh dich in einem Supermarkt um und nimm Stellung zu folgenden Punkten:

a) Wo stehen die Sonderangebote?

b) Vergleiche die Preise gleicher Produkte unterschiedlicher Hersteller und stelle den jeweiligen Standort in den Regalen fest.

c) Welche Produkte findest du in der Kassenzone? Überlege warum.

d) Beobachte, welchen Weg Kunden im Supermarkt nehmen und ob sie einen Einkaufszettel benutzen.

Merke

Supermärkte sind so eingerichtet, dass sie uns verführen, mehr zu kaufen, als wir eigentlich wollen. Eine geschickte Warenpräsentation soll zu mehr Spontankäufen führen.

Grundbegriffe

- Warenpräsentation
- Spontankauf
- Verkaufsstrategie

Reck-Zone

Über 170 cm, wird vom Kunden schlechter angenommen. Hier stehen billige, leichte Waren.

Sicht-Zone

Beste Verkaufszone zwischen 130 cm und 170 cm. Hier stehen die teuersten Artikel.

Griff-Zone

Der Regalbereich von 80 cm bis 130 cm ist die zweitbeste „Verkaufszone". Etwas preiswerter.

Bück-Zone

Bis zu 80 cm. Hier stehen große, schwere – und billige Waren. Schnäppchen-Zone, Blick lohnt sich.

M4 *Die Einteilung der Regale im Supermarkt*

Viele Wünsche – reicht das Geld?

1. Verkaufsstrategien im Supermarkt

Notiere in einer Tabelle: Name der Zone und Waren, die in der jeweiligen Zone einsortiert sind.

...-Zone

...-Zone

...-Zone

...-Zone

2. Verführungstricks im Supermarkt

Das Gespenst kennt die Verführungstricks in den Geschäften. Kennst du sie auch? Schreibe sie auf.

3. Viele Begriffe – kennst du dich aus?

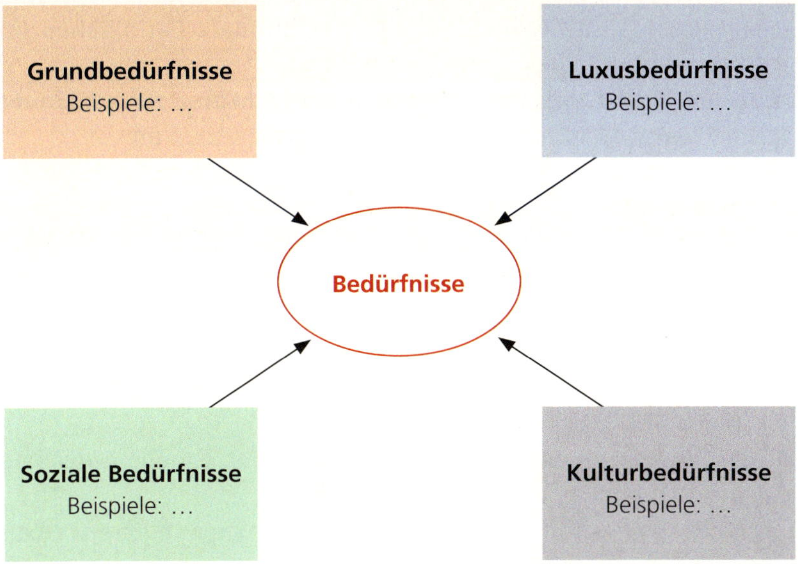

a) Übertrage die Skizze in deine Mappe oder dein Heft und notiere jeweils Beispiele.

b) Erkläre die folgenden Begriffe: Bedürfnis, Bedarf, Nachfrage, Angebot.

c) Bedürfnisse hängen von verschiedenen Einflüssen ab. Erkläre.

4. Ein neues Handy

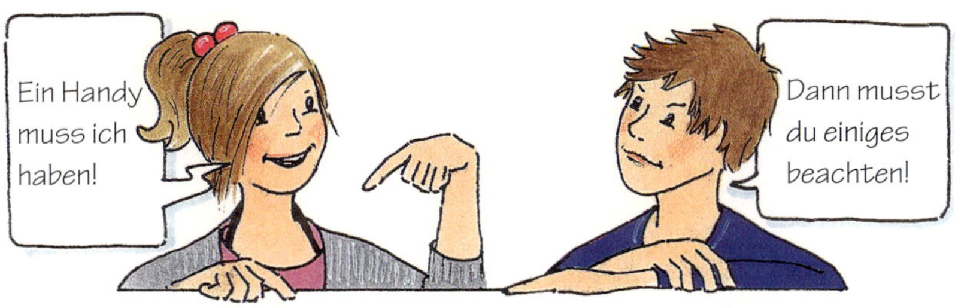

Überlege, wie das Gespräch zwischen den beiden Jugendlichen verlaufen könnte. Notiere das Gespräch.
Du kannst auch eine Bildergeschichte zeichnen.

5. Güter

Übertrage das Schema in deine Mappe oder dein Heft und fülle es aus.

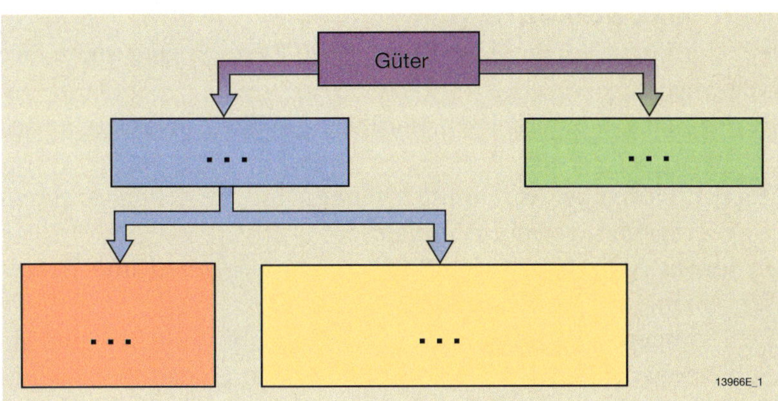

Grundbegriffe
- Bedürfnis
- Grundbedürfnis
- Luxusbedürfnis
- soziales Bedürfnis
- Kulturbedürfnis
- freies Gut
- Wirtschaftsgut
- Bedarf
- Nachfrage
- Angebot
- Warenpräsentation
- Spontankauf
- Verkaufsstrategie

Arbeitsmethoden aus dem Band 1

Eine GL-Mappe anlegen

Eine GL-Mappe schafft Ordnung.

1. Verwende eine DIN-A4-Mappe sowie gelochte, karierte Blätter. Schreibe mit Füller, zeichne mit Bleistift, male Farbflächen mit Holzfarbstiften aus.
2. Lege ein Inhaltsverzeichnis mit den Überschriften zu den Hauptthemen und zu den einzelnen Unterrichtsstunden an.
3. Gestalte zu jedem Hauptthema ein Deckblatt. Füge Arbeitsblätter und Kopien ein.
4. Lass auf jedem Arbeitsblatt am linken Rand fünf Kästchen frei, am oberen und unteren Rand vier Kästchen. Überschrift unterstreichen, Datum einfügen, sorgfältig schreiben.

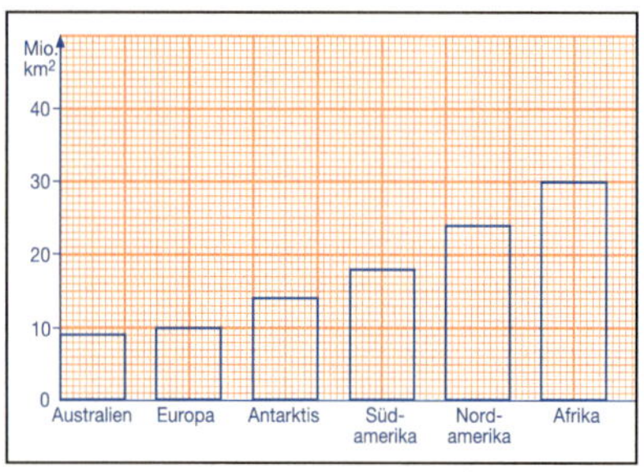

Ein Stabdiagramm zeichnen

Ein Stabdiagramm macht Zahlen, die in einer Tabelle aufgelistet sind, anschaulicher.

1. Zeichne zwei Linien im rechten Winkel. Trage auf der senkrechten Linie die Werte der Tabelle ein.
2. Trage auf der waagerechten Linie die Stäbe in der richtigen Länge ein.
3. Gib dem Diagramm eine Unterschrift.

Eine Kartenskizze zeichnen

Eine Kartenskizze ist die einfache Darstellung eines Raumes. Sie hilft, sich die Lage von Städten, Flüssen und Gebirgen einzuprägen.

1. Zeichne den Umriss. Hilfslinien erleichtern die Arbeit.
2. Lege die Auswahl der Flüsse, Städte usw. fest und zeichne sie ein.
3. Beschrifte mit Zahlen und Buchstaben, erstelle eine Namensliste.
4. Male Gebirge, Tiefland, Städte und Flüsse mit Farben aus.
5. Lege eine Legende an und gib der Skizze eine Unterschrift.

Es stinkt zum Himmel!

Auf einem Bauernhof mit Massentierhaltung leben die Schweine zusammengepfercht. Diese Art, die Tiere zu halten, ist unnatürlich. Für die Schweine ist das nur Stress. Sie beißen einander in die Ohren und in die Schwänze.
Schweine sind empfindliche Tiere. Sie werden leicht krank.

Einen Text auswerten

Ein Text informiert über einen Sachverhalt. Er ist oft lang und schwer zu verstehen.

1. Text aufmerksam durchlesen, unbekannte Wörter im Lexikon nachschlagen.
2. Text in sinnvolle Abschnitte gliedern und für jeden Abschnitt eine Zwischenüberschrift finden.
3. In jedem Abschnitt einige Schlüsselwörter finden und herausschreiben.
4. Den ganzen Text mithilfe der Zwischenüberschriften und der Schlüsselwörter Abschnitt für Abschnitt zu einer Inhaltsangabe zusammenfassen.

Ein Bild auswerten

Ein Bild veranschaulicht einen Sachverhalt.

1. Orientierung
   Beantworte folgende Fragen: Wo ist das Bild aufgenommen? Was zeigt es? Atlas, Lexikon, Internet können helfen.
2. Beschreibung
   Beschreibe die Einzelheiten auf dem Bild. Ordne nach Vordergrund, Mittelgrund, Hintergrund oder nach Inhalten (Häuser, Landschaft).
3. Erklärung
   Stelle Zusammenhänge zwischen den Einzelheiten her.
4. Zeichnung
   Fertige eine Skizze des Bildes mit den wichtigsten Einzelheiten an.

Eine Wandzeitung gestalten

Auf einer Wandzeitung können Informationen über ein Land oder über einen Sachverhalt dargestellt werden.

1. Thema auswählen.
2. Material beschaffen: Fotos, Karten, Texte, Zeichnungen.
3. Einzelthemen festlegen und an Arbeitsgruppen verteilen.
4. Wandzeitung gestalten: Auf Übersichtlichkeit achten, Überfrachtung vermeiden. Themen sollen gut erkennbar sein.

Einen Quellentext untersuchen

Ein Quellentext ermöglicht die Überprüfung und Einordnung geschichtlicher Ereignisse.

Lies den Text langsam und mehrmals durch. Suche unbekannte Wörter im Lexikon.

Beantworte dann die fünf W-Fragen:

1. Was für eine Quelle ist es (Urkunde, Gesetz, Bericht)?
2. Wer hat sie geschrieben?
3. Wann wurde sie geschrieben?
4. Was berichtet sie?
5. Wie wird berichtet?

Quelle 1

Die Räuber der Welt

Als Räuber der Welt durchwühlen die Römer nun auch das Meer, nachdem sich ihren Verwüstungen kein Land mehr bietet. Stehlen, Morden, Rauben bezeichnen sie als „Herrschaft". Unsere Kinder werden zum Sklavendienst herangezogen.

(Nach Tacitus (98 n. Chr.): Rede eines britannischen, von den Römern besiegten Fürsten.
In: B.von Borries: Römische Republik. Weltstaat ohne Frieden und Freiheit. Stuttgart 1980, S. 27)

Einen Bildbrief schreiben

Ein Bildbrief enthält keinen Text, sondern lauter kleine Bilder, die eine Geschichte ergeben. Er eignet sich zur Verständigung von Menschen, die nicht dieselbe Sprache sprechen.

1. Überlegen und Entscheiden, worüber mit verschiedenen Bildern berichtet werden soll (Familiensituation, Alltag).
2. Bildzeichen so einfach wie möglich gestalten, damit sie leicht für andere zu verstehen sind.
   Bilder nach Themenbereichen zusammenstellen.
   Die eigene Person auf den Bildern verdeutlichen.
   Zahlenangaben machen die Bilder leichter lesbar.
   Es ist wichtig, den Brief sorgfältig und sauber zu zeichnen.

Absolutismus (Seite 189)
Regierungsform, in der ein Herrscher die alleinige Macht hat.

Aggression (Seite154)
Verhaltensweise, bei der ein Lebewesen ein anderes bedroht oder angreift.

Angebot (Seite 294)
Die Menge von Gütern und Dienstleistungen, die auf dem Markt angeboten wird.

Arbeiterbewegung (Seite 235)
Organisierte Versuche der Arbeiter zur Verbesserung ihrer Lebensbedingungen. Die Verelendung der Arbeiter durch die Industrialisierung im 19. Jahrhundert führte zu Protestaktionen und zu Zusammenschlüssen der Arbeiter. In Deutschland entwickelten sich ab 1868 die Gewerkschaften.

Arbeitskampf (Seite 248)
Zulässige Kampfmaßnahme von Arbeitnehmern oder Arbeitgebern zur Durchsetzung oder Abwehr von Forderungen in Bezug auf Vergütungen und sonstige Arbeitsbedingungen.

Asylrecht (Seite 268)
Das Asylrecht legt fest, dass Ausländer eine längere Aufenthaltserlaubnis gewährt bekommen, wenn sie in ihren Heimatländern politisch verfolgt werden und ihr Leben bedroht ist.

Atmosphäre (Seite 124)
Fachbegriff für die Lufthülle, die die Erde umgibt. Die Atmosphäre besteht aus verschiedenen Gasen und ist in mehreren Schichten aufgebaut.

Aufklärung (Seite 201)
Eine Bewegung in Europa gegen den → Absolutismus. Die Aufklärer hielten alle Menschen von Natur aus für vernunftbegabt. Sie kämpften mit Büchern und Zeitungen gegen Vorurteile und religiöse Vorschriften.

ausländischer Arbeitnehmer (Seite 256)
Jemand, der aus seinem Heimatland weggezogen ist, um im Ausland zu wohnen und zu arbeiten. Meist kommen ausländische Arbeitnehmer aus Ländern, in denen die Verdienstmöglichkeiten gering sind.

Aussiedler (Seite 254)
Person (bzw. dessen Vorfahren), die einst Deutschland verlassen hat und die wieder zurückgezogen ist. Sie besitzt die deutsche Staatsangehörigkeit oder Volkszugehörigkeit. Viele der Aussiedler lebten früher in osteuropäischen Ländern.

Aussperrung (Seite 248)
Die Aussperrung ist ein Kampfmittel des Arbeitgebers gegen → Gewerkschaften und Arbeitnehmer im → Arbeitskampf. Die Arbeitnehmer werden in diesem Fall vom Arbeitgeber gehindert, ihrer Arbeit nachzugehen. Der Arbeitgeber zahlt dann keinen Lohn.

Auswanderer (Seite 262)
Mensch, der in ein anderes Land umzieht, um dort zu wohnen und zu arbeiten. Im 19. Jahrhundert sind Millionen von Europäern z. B. nach Amerika ausgewandert.

Ballungsraum (Seite 74)
(auch Verdichtungsraum genannt). Gebiet, in dem besonders viele Menschen auf engem Raum leben. Hier gibt es viele Arbeitsplätze und ein gut ausgebautes Verkehrsnetz.

Basalt (Seite 69)
Dunkles, oft schwarzes und sehr hartes vulkanisches Gestein.

Bedarf (Seite 294)
Der Wunsch nach der Beschaffung von Gütern zur Befriedigung von → Bedürfnissen.

Bedürfnis (Seite 293)
Jeder Mensch hat Anliegen und Wünsche. Diese nennt man in der Wirtschaft Bedürfnisse.

Bims (Seite 69)
Poröses (löcheriges), weiches Gestein, das beim Austritt von → Lava entstanden ist. Bimsstein ist ein Baustoff. Er ist leicht und isoliert gut gegen Wärme und Kälte.

Bodenversiegelung (Seite 102)
Fachleute bezeichnen das Asphaltieren und Betonieren von Flächen als Bodenversiegelung. Dabei wird der natürliche Boden z. B. durch Gebäude, Straßen, Plätze zugebaut.

Burg (Seite 30)
Im Mittelalter wohnten die → Ritter auf Burgen. Die Burgen dienten auch zur Verteidigung und zum Schutz der Bewohner. In Kriegszeiten fanden die abhängigen Bauern dort Zuflucht und Sicherheit

Bürger (Seite 19)
Bewohner einer Stadt im → Mittelalter, der Stadtrecht genoss. Freie Bürger waren etwa 69 % der Einwohner einer Stadt

Bürgerinitiative (Seite 51)
Eine Bürgerinitiative ist der spontane, meist lockere Zusammenschluss von Bürgerinnen und Bürgern zur Durchsetzung ihrer Interessen. Die meisten Bürgerinitiativen setzen sich für bessere Umweltbedingungen ein oder wenden sich gegen Verkehrsplanungen. Betroffene Bürgerinnen und Bürger haben auf diese Weise in unserer Demokratie die Möglichkeit, wichtige Entscheidungen, z. B. der Stadt- und Verkehrsplanung, zu beeinflussen.

Code Civil (Seite 211)
Gesetzeswerk, das zur Zeit Napoleons Ende des 18./Anfang des 19. Jahrhunderts in Frankreich und seinen besetzten Gebieten gültig war. Große Teile des Code Civil sind im heutigen französischen „Bürgerlichen Gesetzbuch" enthalten.

Containerschiff (Seite 44)
Schiff, das Container transportiert. Ein Container ist ein genormter Großbehälter für den Transport von → Stückgut.

Datumsgrenze (Seite 115)
Linie des Datumswechsels, die in etwa dem Verlauf des 180. Längengrades folgt. Bei deren Überschreiten ändert sich das Datum um einen Tag.

Deeskalation (Seite157)
Bezeichnung für den stufenweisen Abbau von Gewalt während eines → Konflikts.

Dreieckshandel (Seite 176)
Handel, der sich vom 16. bis 19. Jahrhundert zwischen europäischen Staaten, den → Kolonien in Amerika und Gebieten Afrikas entwickelte. Die Europäer bezogen aus ihren amerikanischen Kolonien Nutzpflanzen und Bodenschätze. Als Arbeitssklaven setzten sie in ihren Kolonien Menschen aus Afrika ein. Die Sklaven aus Afrika tauschten die Europäer gegen billige Waren (Stoffe, Waffen und Alkohol) ein.

Dreifelderwirtschaft (Seite 16)
Eine im → Mittelalter entwickelte Art der Landwirtschaft zur Steigerung der Erträge. Im jährlichen Wechsel wird ein Drittel des Bodens mit Wintergetreide bepflanzt, ein Drittel mit Sommergetreide und das letzte Drittel bleibt unbebaut (brach) bzw. wird als Weide genutzt, damit sich der Boden erholen kann.

Durchbruchstal (Seite 63)
Flusstal, das durch ein Gebirge führt. Der Fluss ist älter als das Gebirge, das sich langsam gehoben hat, während sich der Fluss in das Gestein eingeschnitten hat.

Durchgangsregion (Seite 64)
Gebiet, das von vielen Völkern zu verschiedenen Zeiten durchquert wurde.

Einwanderer (Seite 262)
Person, die aus einem anderen Land einreist und dauerhaft im Zielland wohnt und arbeitet.

Eisen- und Stahlkrise (Seite 236)
Krise der Eisen- und Stahlindustrie in Deutschland in den 1970er Jahren. Gründe für die Krise waren ein weltweites Überangebot von Eisen und Stahl sowie ein Rückgang der Nachfrage nach Eisen- und Stahlprodukten in Deutschland. Es mussten → Hüttenwerke stillgelegt werden. Tausende von Arbeitnehmern wurden entlassen.

Eiszeit (Seite 101)
Abschnitt der Erdgeschichte, in dem es durch weltweiten Rückgang der Temperaturen zum Vorrücken von Gletschern im Norden Europas und in den Hochgebirgen kam. Die letzte Eiszeit endete vor etwa 10 000 Jahren.

Elysée-Vertrag (Seite 222)
Vertrag, der die Zusammenarbeit zwischen den Regierungen von Frankreich und Deutschland regelt. Er wurde 1963 von Präsident Charles de Gaulle und Bundeskanzler Konrad Adenauer unterzeichnet.

Emissionshandel (Seite 139)
Im → Kyoto-Protokoll wurde für einzelne Industriestaaten festgelegt, wie viel Treibhausgase entstehen dürfen. Dafür erhält der Staat entsprechende Emissionsrechte. Wenn er weniger Treibhausgase ausstößt, als ihm zugebilligt wurden, kann er die überschüssigen Emissionsrechte verkaufen, etwa an ein Land, das zu viele Emissionen verursacht. Diese Art von Handel mit Verschmutzungsrechten erfolgt auch innerhalb der Staaten; hier können etwa einzelne Industriebetriebe oder Kraftwerke mit den zugeteilten Emissionsrechten handeln.

Epizentrum (Seite 88)
Das Epizentrum ist der Punkt auf der Erdoberfläche, der genau über dem Herd eines → Erdbebens liegt. An diesem Ort treten die größten Erschütterungen auf.

erdäußere Kraft (Seite 96)
(auch exogene Kraft genannt) Kraft, die von außen auf die Erde einwirkt, wie Wasser, Wind und Eis. Erdäußere Kräfte gestalten zusammen mit → erdinneren Kräften die Erdoberfläche.

Erdbeben (Seite 84)
Erschütterung der Erdoberfläche, die durch Kräfte im Erdinneren verursacht wird. Erdbeben entstehen meist durch die ruckartige Verschiebung der Erdplatten. (→ Plattentektonik)

erdinnere Kraft (Seite 96)
(auch endogene Kraft genannt) Kraft, die von innen auf die Erde einwirkt. Zu den erdinneren Kräften gehören Verschiebungen der Erdplatten, → Vulkanausbrüche und → Erdbeben. Sie gestalten zusammen mit den → erdäußeren Kräften die Erdoberfläche.

Erdkern (Seite 86)
Das Erdinnere ist aus mehreren Schalen aufgebaut, wobei der Erdkern im Zentrum des Erdinneren liegt. Man unterscheidet einen äußeren und inneren Kern.

Erdkruste (Seite 86)
Äußere Schale der Erde. Sie ist zwischen 15 km (ozeanische Kruste) und 50 km (kontinentale Kruste) dick.

Erdmantel (Seite 86)
Zwischen → Erdkruste und → Erdkern gelegene Schale des Erdkörpers. Es wird zwischen einem oberen und einem unteren Erdmantel unterschieden. Die Grenze liegt bei 700 km Tiefe.

Erdrotation (Seite 114)
Drehung der Erde um sich selbst (einmal in 24 Stunden).

Erosion (Seite 96)
Die Abtragung von Boden und Gestein durch fließendes Wasser, Eis oder Wind.

Erster Weltkrieg (Seite 220)
→ Weltkrieg.

Eskalation (Seite156)
Bezeichnung für die stufenweise Steigerung eines → Konflikts. Die beiden Konfliktparteien verschärfen dabei die Auseinandersetzung von der sachlichen Auseinandersetzung bis zur Anwendung von → Gewalt z. B. durch Beschimpfung oder Bedrohung. Man spricht auch von → Gewaltspirale.

Existenzminimum (Seite 244)
Notwendiges Vorhandensein von Nahrung, Kleidung, Wohnung, Geld usw., um ein menschenwürdiges Leben führen zu können.

Export (Seite 45)
Die Ausfuhr von Waren in ein anderes Land. (→ Import)

Fachwerkhaus (Seite 14)
Haus, dessen Grundgerüst aus Holz ist. Die Zwischenräume werden mit lehmverschmiertem Flechtwerk oder Ziegeln ausgefüllt.

Faltengebirge (Seite 97)
Gebirge (z. B. Alpen, Himalaya, Anden), die durch Auffaltung entstanden sind, weil vor allem durch seitlichen Druck ursprünglich waagerecht liegende Gesteinsschichten aufgewölbt und verschoben wurden. (→ Plattentektonik)

Festungsanlage (Seite 190)
Festungsanlagen dienten in früheren Zeiten zur Verteidigung von Gebieten und Städten. Sie bestanden u. a. aus Burgen, Mauern, Wällen und Wassergräben.

Findling (Seite 100)
Gesteinsblock, der von Gletschern der → Eiszeit zum Teil über eine weite Strecke transportiert wurde. Die Findlinge Norddeutschlands stammen aus Nordeuropa.

Fixpunkt (Seite 129)
Der Fixpunkt (fester Punkt) ist bei der Anfertigung von Skalen (Teilstriche einer Anzeigefläche) ein bestimmter Ausgangswert.

Flächennutzungsplan (FNP) (Seite 50)
Im Flächennutzungsplan stellt eine Gemeinde die Nutzung ihres Gebietes in Grundzügen dar: z. B. wo Wohngebiete, wo Gewerbe und Industrie, wo Erholungsgebiete angelegt werden. Entsprechend dem Flächennutzungsplan werden anschließend von der Gemeinde Bebauungspläne erstellt.

Flussbegradigung (Seite 104)
Durchstechen von → Mäandern zur Begradigung von Flüssen. Gleichzeitig wird das Flussbett vertieft. Dadurch werden Überschwemmungen verhindert und eine Schifffahrt möglich. Jahre später stellen sich oft negative Folgen ein.

Französische Revolution (Seite 196)
Zeitraum in Frankreich von 1789–1799, in dem Republikaner die Monarchie stürzten. Die Französische Revolution begann am 14. Juli 1789 mit dem “Sturm auf die Bastille”, dem Pariser Staatsgefängnis.

freies Gut (Seite 294)
Ein Gut, das unbegrenzt vorhanden ist und daher kostenlos ist, wie z. B. die Luft zum Atmen oder Sonnenstrahlen.

Friedenspflicht (Seite 248)
Verbot von → Arbeitskämpfen während des Bestehens eines geltenden → Tarifvertrags.

Generalstände (Seite 196)
Im französischen → Absolutismus die Versammlung der Vertreter des Adels, der Geistlichkeit und des dritten Standes aus allen Gebieten Frankreichs. Wollte der König z. B. neue Steuern erheben, musste er die Generalstände einberufen.

Gesellschaftsordnung (Seite 200)
Dieser Begriff bezeichnet ein allgemeingültiges politisches Regelwerk, welches das Zusammenleben einer Bevölkerung in einem Staat bestimmt und ordnet. Die Gesellschaftsordnung ist in der → Verfassung eines Staates festgeschrieben. Unsere Gesellschaftsordnung ist z. B. die freiheitliche Demokratie.

Getto (Seite 265)
Unter einem Getto versteht man ein Stadtviertel, in dem freiwillig oder erzwungen Angehörige einer bestimmten Bevölkerungsgruppe wohnen.

Gewalt (Seite154)
Gewalt ist die Anwendung von Zwang. Man versteht darunter ein zwangsweises Einwirken auf den Willen des Opfers. Die Gewalteinwirkung kann den Willen des Opfers völlig ausschalten, z. B. wenn der Täter sein Opfer niederschlägt.

Gewaltspirale (Seite156)
Bezeichnung für die Steigerung eines → Konflikts von der sachlichen Auseinandersetzung bis zur Anwendung von → Gewalt z. B. durch Beschimpfung oder Bedrohung. Man spricht auch von → Eskalation der Gewalt.

Gewerkschaft (Seite 235)
Zusammenschluss von Arbeitnehmern, um bestimmte wirtschaftliche und soziale Ziele (z. B. höhere Löhne, kürzere Arbeitszeiten, bessere Arbeitsbedingungen) gegenüber den Arbeitgebern durchzusetzen.

glaziale Serie (Seite 101)
Abfolge von typischen Landschaften, die in → Eiszeiten durch die Gletscher geschaffen wurden. Dazu gehören Grundmoräne, Endmoräne, Sander, Urstromtal.

Gleithang (Seite 62)
Flaches Ufer eines Flusses in einem → Mäander, an dem der Fluss Material ablagert. Er liegt dem → Prallhang gegenüber.

gotischer Stil (Seite 8)
Die Gotik dauerte von etwa 1130 bis zum Anfang des 16. Jahrhunderts. Besonders bedeutend sind die Leistungen der Gotik im Bereich des Kirchenbaus. Kennzeichen gotischer Kirchen sind Spitzbögen, hoch aufragende Türme, eine reiche Verzierung der Fassaden und große Buntglasfenster.

Grundbedürfnis (Seite 293)
Mindestbedarf, den ein Mensch zum Leben braucht. Die wichtigsten Grundbedürfnisse sind Nahrung, Trinkwasser, Kleidung und Unterkunft sowie Bildung, Arbeit und ärztliche Versorgung.

Grunddaseinsfunktion (Seite 40)
(auch Daseinsgrundfunktion genannt). Dieser Begriff bezeichnet die Mindestanforderungen an das Leben in der Gesellschaft: wohnen, arbeiten, sich versorgen, sich bilden, sich erholen (nach anderen Definitionen zusätzlich: am Verkehr teilnehmen, kommunizieren).

Grundherrschaft (Seite 15)
Ein Grundherr ist Herrscher über ein landwirtschaftlich genutztes Gebiet und die darauf lebenden und arbeitenden Menschen. Im → Mittelalter gaben die meist adeligen Grundherren, aber auch Klöster, Land zur Bewirtschaftung an abhängige Bauern und forderten von ihnen Abgaben und Arbeitsleistungen.

Hanse (Seite 46)
Die Hanse ist ein Zusammenschluss von Kaufleuten im → Mittelalter, die sich gegenseitig Schutz und Beistand gewährten. Hansestädte, wie z. B. Lübeck, Rostock, Hamburg und Bremen, führen die Bezeichnung „Hansestadt“ noch heute in ihrem Namen.

Heiliges Römisches Reich
(Seiten 12, 211, 217)
Bezeichnung für den Herrschaftsbereich der römisch-deutschen Kaiser vom Mittelalter bis zum Jahr 1806. Im späten 15. Jahrhundert erhielt dieses Reich den Zusatz „Deutscher Nation“.

Hochkultur (Seite 172)
Eine besonders weit entwickelte Kultur nennt man Hochkultur. Kennzeichen einer Hochkultur sind Arbeitsteilung und in der Regel die Entwicklung einer Schrift. Vor etwa 3000 Jahren entstanden in Amerika die indianischen Hochkulturen.

Höhenburg (Seite 34)
→ Burg, die meistens oberhalb von Ortschaften liegt und aufgrund ihrer Lage sehr gut zu verteidigen ist.

Humanist (Seite 164)
Anhänger des Humanismus (von lateinisch „humanum“: „menschlich“). Der Humanismus war eine geistige Haltung im 15. und 16. Jahrhundert. Sie forderte die freie Entfaltung der Persönlichkeit durch umfassende Bildung.

Hüttenwerk (Seite 236)
Industrieanlage mit Hochöfen, in der Erze (z. B. Eisenerz) geschmolzen und dadurch Metalle (z. B. Eisen) gewonnen werden. Die Metalle werden teilweise weiterverarbeitet (z. B. in einem Stahlwerk zu Stahl).

Minilexikon

Import (Seite 45)
Die Einfuhr von Waren aus einem anderen Land. (→ Export)

Industrialisierung (Seite 228)
Aufkommen und Ausbreitung der Industrie, besonders durch technische Neuerungen und Erfindungen.

Industrielle Revolution (Seite 228)
Einschneidende wirtschaftliche und gesellschaftliche Umwälzung, die Mitte des 18. Jahrhunderts ausgelöst wurde durch die in England einsetzende → Industrialisierung. Auslöser war die Erfindung der Dampfmaschine (1769).

Integration (Seite 265)
Menschen, die in ein fremdes Land gezogen sind, haben oft Probleme bei der Eingliederung, d.h. der Integration, in die Gesellschaft. Eine wichtige Voraussetzung für eine erfolgreiche Integration ist die Kenntnis der Sprache des Gastlandes.

Investor (Seite 51)
(auch Kapitalanleger). Ein Investor finanziert Projekte (z. B. den Bau eines Einkaufszentrums), von denen er sich einen Gewinn verspricht.

Jahreszeit (Seite 117)
Einteilung des Jahres in vier Zeitabschnitte (Frühling, Sommer, Herbst, Winter), die durch die Umdrehung der Erde um die Sonne im Laufe eines Jahres in unseren Breiten bedingt sind.

Karl der Große (Seite 10)
König des Frankenreiches, der im Jahr 800 in Rom zum Kaiser gekrönt wurde. Er herrschte über ein Reich, das viele Länder des heutigen Europas umfasste. Er machte sich sehr um das Christentum verdient. Nachfahren von ihm teilten das Reich auf.

Kinderarbeit (Seite 230)
Es ist typisch für viele Entwicklungsländer, dass Kinder unter 14 Jahren arbeiten müssen, um den Lebensunterhalt ihrer Familie zu sichern.

Klima (Seite 126)
Das Zusammenwirken von Temperatur, Niederschlag, Bewölkung, Wind und Luftdruck über einen Zeitraum von mindestens 30 Jahren. Die langjährigen Durchschnittswerte der Temperaturen und Niederschläge werden im → Klimadiagramm dargestellt.

Klimadiagramm (Seite 126)
Zeichnerische Darstellung von → Temperaturen und → Niederschlägen eines Ortes. Es werden die Durchschnittstemperatur und der durchschnittliche Niederschlag je Monat und Jahr in °C und mm gezeichnet.

Klimazone (Seite 130)
Die Erde ist aufgrund der unterschiedlichen großräumigen Temperatur- und Niederschlagsverhältnisse in Klimazonen eingeteilt. Gebiete mit gleichem Klima bilden eine Klimazone. Die Klimazonen heißen Polarzone, Subpolarzone, gemäßigte Zone, Subtropen, Tropen.

Kloster (Seite 28)
529 n.Chr. wurde das erste Kloster in Europa gegründet. Die Mönche konnten lesen und schreiben. Sie übernahmen die ärztliche Versorgung, pflegten ältere Menschen und gaben Nahrungsmittel an die Armen.

Kohlenkrise (Seite 236)
Rückgang des Absatzes von Steinkohle Ende der 1950er Jahre, weil Erdöl preiswerter angeboten wurde. Daraufhin wurden Zechen stillgelegt und Bergleute entlassen. Die Steinkohlenförderung wurde gedrosselt.

Kollaborateur (Seite 221)
(franz.: „Mitarbeiter") Der Begriff bezeichnet eine Person, die in Kriegszeiten mit dem Feind, z. B. der Besatzungsmacht, zusammenarbeitet. So gab es während des Zweiten Weltkriegs in Südfrankreich eine Regierung, die mit den deutschen Nationalsozialisten zusammenarbeitete.

Kolonialismus (Seite 182)
Staatlich gesteuerte Politik zur Unterdrükkung und Ausbeutung abhängiger Völker bzw. Länder.

Kolonie (Seite 176)
Gebiet, das sich im Besitz eines anderen Staates befindet. Im 16. Jahrhundert machten Spanien und Portugal Teile Mittel- und Südamerikas zu Kolonien.

Kolumbus (Seite 168)
Christoph Kolumbus (1451–1506) war ein italienischer Seefahrer, der im Auftrag Spaniens einen kürzeren Seeweg nach Indien suchte. Dabei entdeckte er Mittelamerika. Die Menschen dort nannte er Indianer.

Kondensation (Seite 122)
Als Kondensation bezeichnet man den Übergang des Wasserdampfes vom gasförmigen in den flüssigen Zustand. Dabei bilden sich in der → Atmosphäre Nebel und Wolken.

Konflikt (Seite154)
Bei einem Konflikt treffen gegensätzliche Interessen aufeinander und es kommt daher oft zum Streit. Es ist sinnvoll, Konflikte friedlich zu lösen.

Konquistador (Eroberer) (Seite 175)
Bezeichnung für die spanischen und portugiesischen Eroberer in Mittel- und Südamerika im 16. Jahrhundert. (→ Kolonie)

Kulturbedürfnis (Seite 293)
Menschliches → Bedürfnis, das sich auf den kulturellen Bereich (z. B. Unterhaltung, Bildung) bezieht, wie z. B. das Bedürfnis Musik zu hören, ins Kino zu gehen oder ein Buch zu lesen.

Kulturepoche (Seite 165)
Ein längerer geschichtlicher Abschnitt mit grundlegenden Gemeinsamkeiten in der Kultur (z. B. Kunst, Architektur), wie z. B. die Kulturepoche der Renaissance.

Kulturlandschaft (Seite 67)
Die vom Menschen durch seine wirtschaftliche Tätigkeit, Siedlungen und Verkehrsentwicklungen geprägte Landschaft.

Kulturpflanze (Seite 58)
Eine Pflanze, die vom Menschen „unter Kultur genommen" wird, also planmäßig angebaut und oft auch durch Züchtung verändert wird. Sie stammt von einer Wildpflanze ab.

Kyoto-Protokoll (Seite 138)
Vereinbarung vieler Industriestaaten 1997 auf einer Konferenz in der japanischen Stadt Kyoto, den Ausstoß von Treibhausgasen (Kohlenstoffdioxid) bis zum Jahr 2012 weltweit zu senken.

Landesentwicklungsprogramm (Seite 79)
Ein Landesentwicklungsprogramm wird aufgestellt, um eine Region planmäßig wirtschaftlich zu entwickeln, z. B. kann es dazu dienen, Arbeitsplätze zu erhalten.

Lateinamerika (Seite 179)
Kulturerdteil, der Mittel- und Südamerika umfasst. Es dominieren die spanische und portugiesische Sprache. Die Kultur ist geprägt von der Vermischung indianischer und spanisch-portugiesischer Elemente.

Lava (Seite 90)
Bei einem → Vulkanausbruch ausströmender, glutflüssiger, meist über 1000 °C heißer Gesteinsbrei, der an der Erdoberfläche erkaltet und erstarrt. So lange sich der Gesteinsbrei im Erdinneren befindet, nennt man ihn → Magma.

Lebensqualität (Seite 238)
Im Allgemeinen bezeichnet die Lebensqualität den Grad des Wohlbefindens eines Menschen. Um die Lebensqualität in einer Region zu messen, betrachtet man Faktoren wie z. B. Bildungsmöglichkeiten, Berufschancen, kulturelle Einrichtungen.

Lehen (Seite 27)
Lehen (Nutzungsrechte) bildeten die Grundlage der gesellschaftlichen Ordnung des → Mittelalters. Der König (Lehnsherr) verlieh seinen Gefolgsmännern Grundbesitz und Ämter als Lehen. Dafür schuldete der Lehnsmann seinem Lehnsherrn lebenslange Treue, Rat und Hilfe sowie Gefolgschaft im Krieg.

Leibeigener (Höriger) (Seite 15)
Die meisten Bauern im → Mittelalter gehörten einem Grundherrn. Ohne Erlaubnis des Herrn durften sie weder heiraten noch wegziehen. Der Grundherr konnte sein Land verkaufen oder der Kirche schenken. Die Bauern gehörten dann ihrem neuen Herrn. Deshalb nennt man sie Leibeigene oder auch Hörige.

Lichtgeschwindigkeit (Seite 167)
Aufgrund der unvorstellbar großen Entfernungen im Weltall werden diese mithilfe der Lichtgeschwindigkeit gemessen. Ein Lichtjahr ist die Strecke, die das Licht in einem Jahr zurücklegt. Eine Lichtsekunde entspricht 300 000 km. Für ein Lichtjahr ergibt sich folgende Berechnung: 300 000 km x 60 x 60 x 24 x 365 = 9,5 Billionen km.

Link-Liste (Seite 112)
Die im Internet von einer → Suchmaschine zu einem eingegebenen Begriff angezeigte Liste mit den Adressen oder Links. Die Link-Liste ist meist sehr lang.

Luftdruck (Seite 124)
Luftsäule über jedem Punkt der Erdoberfläche. Die Kraft, mit der die Luftsäule auf die Erdoberfläche drückt, ist der Luftdruck (gemessen in Hektopascal: hPa).

Luxusbedürfnis (Seite 293)
Über die → Grundbedürfnisse hinaus haben Menschen sogenannte Luxusbedürfnisse. Diese sind nicht lebensnotwendig, machen aber vieles schöner oder bequemer, wie z. B. das → Bedürfnis nach Süßigkeiten, Schmuck oder Computerspielen.

Maar (Seite 68)
Einsenkung, die durch eine vulkanische Explosion entstanden ist. Solche runden vulkanischen Explosionstrichter gibt es z. B. in der Eifel und in der Schwäbischen Alb. Maare haben sich häufig mit Wasser gefüllt (Maarseen).

Mäander (Seite 62)
Schlinge, die Bäche und Flüsse bei mäßiger Fließgeschwindigkeit ausbilden können. Typisch für einen Mäander sind → Prallhang und → Gleithang.

Magma (Seite 86)
Gashaltiger, glutflüssiger Gesteinsbrei im Erdinneren. Sobald er an die Erdoberfläche tritt, nennt man ihn → Lava.

Manufaktur (Seite 193)
Vorläufer der heutigen Fabriken. Trotz Arbeitsteilung wurde noch vieles in Handarbeit erledigt, sodass die Manufaktur eine Übergangsform vom Handwerk zur Fabrik darstellt.

Markt (Seite 23)
Der Markt war im → Mittelalter neben der Mauer das besondere Kennzeichen einer Stadt. Das Recht, einen Markt abzuhalten, war die Voraussetzung für einen wirtschaftlichen Aufstieg der Stadt. Auf dem städtischen Markt kauften und verkauften die Menschen Waren der Handwerker der Stadt, landwirtschaftliche Güter aus der Umgebung und Fernhandelsgüter.

Marktordnung (Seite 23)
Vorschriften für die Durchführung eines Marktes. Festgelegt waren im → Mittelalter oft der Preis und die Qualität der Waren. Es hatte Marktfriede zu herrschen. So war das Tragen von Waffen verboten. Wer dagegen verstieß, musste hohe Geldstrafen bezahlen.

Massengut (Seite 44)
Gut, das in großen Mengen und ohne besondere Verpackung befördert wird, wie z. B. Kohle, Erz, Kies, Getreide. (→ Stückgut)

Massenmedien (Seite 281)
So werden diejenigen → Medien bezeichnet, die einen besonders großen und weit verstreuten Personenkreis erreichen.

Mechanisierung (Seite 58)
Ersatz der menschlichen Arbeitskraft durch Maschinen, z. B. Traktoren in der Landwirtschaft.

Medien (Seite 280)
Zur Verbreitung und zum Austausch von Informationen benutzt man Medien: Bücher, Zeitungen, Rundfunk- und Fernsehsendungen, Filme, CDs usw. Mithilfe moderner Medien, z. B. dem Computer, wird der Austausch von Informationen immer schneller.

Menschenrechte (Seite 201)
Rechte, die jedem Mensch zustehen, z. B. das Recht auf Leben, Unverletzlichkeit der Person, Freiheit, Eigentum, Religionsausübung.

Merkantilismus (Seite 193)
Wirtschaftsform des → Absolutismus in Frankreich. Seine Merkmale sind:
→ Import von billigen Rohstoffen und
→ Export von teuren Fertigwaren.

Metropole (Seite 48)
Bezeichnung für eine weltweit bedeutende Stadt. Hier konzentrieren sich u. a. Industrie, Geschäfte, Banken, Versicherungen und kulturelle Einrichtungen (Theater, Museen).

Metropol-Region (Seite 76)
Man spricht von einer Metropol-Region, wenn aus einer oder mehreren Großstädten ein Raum entstanden ist, der dicht besiedelt und bebaut ist. Eine Metropol-Region gilt als Motor der gesellschaftlichen und wirtschaftlichen Entwicklung.

Milchstraße (Galaxis) (Seite 167)
So wird eine Anhäufung von Sternen im Weltall (Sternenhaufen) genannt. Es gibt etwa 100 Milliarden Milchstraßen. Ein anderer Name für Milchstraße ist Galaxis.

Mineralquelle (Seite 69)
In der Eifel entstanden neben den Vulkanen Mineralquellen. Kalte Mineralquellen können für die Mineralwasserindustrie genutzt werden, warme werden in Kurorten als Heilwasser in Thermalquellen gebraucht.

Mittelalter (Seite 8)
Als Mittelalter bezeichnen wir die europäische Geschichte von 500 bis 1500 nach Christus. Allerdings gibt es auch andere Einteilungen. Die Zeit vor dem Mittelalter nennt man Altertum oder Antike, die Zeit danach Neuzeit.

Modell (Seite 42)
Vereinfachte, allgemeingültige Darstellung eines Sachverhaltes.

Mond (Seite 110)
Allgemein ist ein Mond ein Himmelskörper, der einen Planeten auf einer Umlaufbahn umkreist. „Unser" Mond begleitet die Erde auf ihrem Weg um die Sonne.

Monokultur (Seite 176)
Eine langjährige einseitige Nutzung einer bestimmten Fläche durch eine → Kulturpflanze, z. B. Mais.

Montanindustrie (Seite 236)
Zusammenfassende Bezeichnung für die Eisen- und Stahlindustrie sowie für den Steinkohlenbergbau (mit angeschlossenen Kokereien und Brikettfabriken).

Nachfrage (Seite 294)
Die Nachfrage bezeichnet den Bedarf nach einer Ware oder einer Dienstleistung.

Nationalkonvent (Seite 203)
Nach der Abschaffung des → Absolutismus in Frankreich wurde aus der → Nationalversammlung der Nationalkonvent.

Nationalpark (Seite 67)
Nationalparks sind große Gebiete mit besonders schönen oder seltenen Naturlandschaften. Es gelten Schutzbestimmungen, um die hier lebenden Tiere und Pflanzen in ihren Lebensräumen zu erhalten. Die Schutzbestimmungen sind in den verschiedenen Staaten allerdings sehr unterschiedlich. In den USA werden die Parks durch den regen Touristenverkehr in ihrem Zustand verändert.

Nationalstaat (Seite 219)
Staat, dessen Bevölkerung ganz oder überwiegend zur selben Nation gehört.

Nationalversammlung (Seite 197)
Eine gewählte Volksvertretung, die zu außergewöhnlichen Zwecken einberufen wird, z. B. zur Erstellung einer Verfassung. In Frankreich ging 1789 aus den → Generalständen die erste Nationalversammlung hervor. Die erste deutsche Nationalversammlung war die Frankfurter Nationalversammlung (1848/49).

natürlicher Treibhauseffekt (Seite 136)
→ Treibhauseffekt

Naturereignis (Seite 84)
Naturereignisse sind z. B. → Vulkanausbrüche, → Erdbeben, Wirbelstürme und Überschwemmungen. Wenn ihre Auswirkungen für die Menschen und die Wirtschaft eines Landes verheerend sind, werden sie zu einer → Naturkatastrophe.

Naturkatastrophe (Seite 84)
→ Naturereignis, das vielen Menschen Schaden zufügt, wie z. B. ein → Erdbeben, ein → Vulkanausbruch, ein Wirbelsturm, eine Überschwemmung oder Dürre. Wenn große Zerstörungen und Menschenleben zu beklagen sind, wird das Naturereignis zur Naturkatastrophe.

Neue Welt (Seite 170)
Bezeichnung für die Gebiete in Nord- und Südamerika, die nach der Entdeckung durch → Kolumbus bekannt wurden.

Niederschlag (Seite 122)
Bezeichnung für das aus der → Atmosphäre auf die Erdoberfläche gelangende Wasser in flüssigem oder festem Zustand. Man unterscheidet zwischen z. B. Regen, Schnee, Hagel, Graupel, Tau.

Ozonloch (Seite 135)
Man spricht von einem Ozonloch, wenn die → Ozonschicht teilweise zerstört und so dünn geworden ist, dass ein größerer Teil der UV-Strahlung bis zur Erdoberfläche gelangt.

Ozonschicht (Seite 134)
Schicht der → Atmosphäre in einer Höhe von 18 bis 50 km. Hier kommt das Gas Ozon (O_3) in höchster Konzentration vor. Die Ozonschicht schützt die Erde vor der gefährlichen ultravioletten Strahlung der Sonne. Der Mensch zerstört die Ozonschicht z. B. durch Flugzeugabgase und die Verwendung von Kühlmitteln.

Pendler (Seite 76)
Berufstätiger, der seinen Arbeitsplatz nicht an seinem Wohnort hat. Er muss täglich zwischen Wohn- und Arbeitsort hin- und herfahren; er pendelt.

Pfalz (Seite 10)
Im Reich → Karls des Großen gab es keine Hauptstadt. Der Herrscher reiste mit seinem Hofstaat durch sein Herrschaftsgebiet. In den Pfalzen ließ er sich für einige Wochen nieder. Sie lagen über das ganze Herrschaftsgebiet verstreut. Es waren zumeist gut befestige große Höfe mit Kirche, Wohngebäuden und Ställen.

Planet (Seite 110)
Bezeichnung für einen Himmelskörper, der sich auf einer Umlaufbahn um die Sonne bewegt. Er leuchtet nicht selbst, sondern nur im Licht der Sonne. Unsere Sonne hat acht Planeten.

Plantagenwirtschaft (Seite 176)
Wirtschaftsform mit landwirtschaftlichen Großbetrieben in den heißen Gebieten der Erde. Die Plantagen haben sich auf den Anbau von einer → Kulturpflanze (Zuckerrohr, Kaffee, Tee, Kautschuk, Bananen) spezialisiert.

Plattentektonik (Seite 87)
Lehre über den Aufbau der Gesteinshülle der Erde, die aus der → Erdkruste und dem festen oberen Teil des → Erdmantels besteht. Die feste Hülle der Erde ist in einzelne Platten zerbrochen, die sich auf dem zähflüssigen Teil des Erdmantels bewegen. An den Plattenrändern kommt es häufig zu → Erdbeben und → Vulkanausbrüchen.

Polder (Seite 103)
Fläche hinter einem Flussufer, die bei Hochwasser als Überschwemmungsland dient.
Auch Begriff für eingedeichtes, neu gewonnenes Marschland an der Nordseeküste.

Prallhang (Seite 62)
Teil des Flussufers, an den die Flussströmung „prallt" und die Uferböschung unterspült. Der Prallhang am Fluss ist immer steil. Er liegt dem → Gleithang gegenüber.

Proletarier (Seite 234)
Zur Zeit der → Industriellen Revolution waren die Proletarier die Arbeiter in den Fabriken. Dort wurden sie in einer bis dahin unbekannten Weise ausgebeutet. Die Arbeitszeit betrug bis zu 18 Stunden am Tag ohne Arbeitsruhe an Sonn- und Feiertagen. Diese Missstände führten zur Gründung von → Gewerkschaften bzw. zur Entstehung der → Arbeiterbewegung.

Rassismus (Seite 273)
Wenn einer Menschengruppe Eigenschaften unterstellt werden, die sie abwerten, das heißt als minderwertig einstufen, spricht man von Rassismus.

Region (Seite 56)
Im erweiterten Sinn ein allgemeiner Begriff zur Kennzeichnung eines bestimmten Ausschnittes auf der Erdoberfläche.

Renaissance (Seite 164)
(französisch: „Wiedergeburt") Unterstützt durch die Geisteshaltung der → Humanisten entwickelte sich um 1420 dieser Zeitabschnitt der Kultur. Die Renaissance löste sich von der kirchlich-religiösen Bevormundung im → Mittelalter. Der einzelne Mensch rückte in den Mittelpunkt von Malerei, Dichtkunst und wissenschaftlicher Forschung.

Renaturierung (Seite 238)
Rückführung von → Kulturlandschaften in einen naturnahen Zustand.

Republik (Seite 203)
Staatsform, in der das Volk die Möglichkeit hat, politischen Einfluss zu nehmen, z. B. durch Wahlen.

Resistance (Seite 221)
(französisch: „Widerstand") 1940 im Zweiten Weltkrieg bildete sich in Frankreich eine Widerstandsbewegung gegen die deutschen Nationalsozialisten, die Resistance. Die Widerstandsgruppen bekämpften die deutschen Besatzer mit Anschlägen und Sabotage.

Revanchismus (Seite 220)
(französisch: „Rache") Revanchismus ist eine politische Einstellung, die eine Revanche zum Ziel hat. Revanchisten treten nach einer militärischen Niederlage für gewaltsame Vergeltung anstatt für ein friedliches Zusammenleben ein.

Rheinbund (Seite 211)
Auf Initiative Napoleons traten 1806 mehrere kleine Staaten aus dem Heiligen Römischen Reich Deutscher Nation aus und schlossen sich zum Rheinbund zusammen. Dieser bildete eine Art Puffer zwischen Frankreich, Österreich und Preußen und ging ein Militärbündnis mit Frankreich ein. Der Rheinbund löste sich nach der Niederlage Napoleons 1813 auf.

Richterskala (Seite 88)
Messskala, die bei einem → Erdbeben die Stärke der Erschütterungen misst. Sie ist nach ihrem Erfinder benannt, dem Amerikaner Charles Francis Richter.

Ritter (Seite 30)
Ritter waren die mittelalterlichen Berufskrieger zu Pferde. Sie gehörten zum Adel.

Rolle (Seite146)
In seinem Leben nimmt jeder Mensch viele verschiedene Rollen ein (z. B. Tochter, Schülerin, Mitglied im Sportverein, Freundin ...). An diese Rollen gibt es von den anderen Menschen viele Verhaltenserwartungen, denen der Rolleninhaber mehr oder weniger stark nachkommt. Die Verhaltensmuster erlernen die Menschen im Laufe ihres Lebens.

Schichtvulkan (Seite 91)
Meist kegelförmiger Vulkan mit steilen Flanken. Er besteht aus abwechselnden Lava- und Ascheschichten (z. B. Ätna).

Schildvulkan (Seite 91)
Vulkan mit flach gewölbten, weit auslaufenden Flanken. Er entsteht durch Ausströmen dünnflüssiger Lava (z. B. Mauna Loa, Hawaii).

Schreckensherrschaft (Seite 203)
Zeitspanne in der Französischen Revolution von Juni 1793 bis Juli 1794, in der brutaler Terror herrschte. Anführer war Maximilien de Robespierre, der später selbst dem Terror zum Opfer fiel. Viele Menschen wurden hingerichtet, weil sie unter dem Verdacht standen, Gegner der Revolution zu sein.

Schüleraustausch (Seite 224)
Eine Schulpartnerschaft, oft verbunden mit einem Schüleraustausch, dient der gegenseitigen Verständigung und dem Austausch unterschiedlicher kultureller Werte.

Solidargemeinschaft (Seite 246)
Bezeichnung für eine größere Gruppe von Menschen, deren Mitglieder sich solidarisch verhalten, d.h. füreinander einstehen, wie z. B. bei der Krankenversicherung.

Sonderkultur (Seite 58)
→ Kulturpflanze, die mit einem hohen Aufwand an Arbeitskraft und Geld angebaut wird. Zu den Sonderkulturen gehören Wein, Hopfen, Spargel, Tabak, Obst und Gemüse.

Sonnenkönig (Seite 188)
Beiname Ludwig XIV. von Frankreich.

Sonnensystem (Seite 110)
Eine Sonne mit ihren → Planeten und deren Trabanten (→ Monde) bilden ein Sonnensystem. Unser Sonnensystem umfasst die Sonne sowie acht Planeten und den Zwergplanet Pluto mit ihren Monden.

soziales Bedürfnis (Seite 293)
Ein → Bedürfnis, das im Allgemeinen nicht käuflich ist, sondern auf zwischenmenschlichen Beziehungen beruht, wie z. B. das Bedürfnis nach Zuneigung, Freundschaft, Liebe, Glück und Anerkennung.

Sozialgesetz (Seite 235)
Die Sozialgesetze wurden gegen Ende des 19. Jahrhunderts zum Schutz der Arbeitnehmer gemacht: Krankenversicherung, Unfallversicherung, Invaliditäts- und Altersversicherung. Dadurch verbesserte sich die soziale Lage der Arbeiter. Heute beinhaltet die Sozialversicherung die gesetzliche Krankenversicherung, die Arbeitslosenversicherung, die gesetzliche Rentenversicherung und die gesetzliche Unfallversicherung.

Spontankauf (Seite 298)
Ein nicht geplanter Kauf in einem Geschäft. Durch eine geschickte → Warenpräsentation sollen die Kunden vom Händler zu Spontankäufen angeregt werden.

Staatsangehörigkeitsrecht (Seite 269)
Das Staatsangehörigkeitsrecht legt fest, wer die deutsche → Staatsbürgerschaft erhält.

Staatsbürgerschaft (Seite 269)
Staatsbürgerschaft ist die offizielle Mitgliedschaft in einem Staat. Gesetze legen den Erwerb und Verlust seiner Staatsbürgerschaft sowie die damit verbundenen Rechte und Pflichten fest. Zu den Rechten gehört z. B. das Wahlrecht, zu den Pflichten die Wehrpflicht.

Stadtgründung (Seite 18)
Anlage einer Stadt durch einen Landesherrn im → Mittelalter.

Stadtsanierung (Seite 24)
Maßnahmen, die dazu beitragen, städtebauliche Missstände zu beseitigen: z. B. überalterte und schadhafte Bausubstanz, schlechte Wohnungsausstattung sowie Verkehrsprobleme infolge enger und winkliger Straßenführung.

Stand (Seite 195)
Zur Zeit des → Absolutismus gab es drei Stände: Adel, Kirche und Bauern/Bürger. Man wurde in einen Stand hineingeboren und konnte ihn nicht wechseln. Rechte und Pflichten der Menschen waren an den Stand gebunden.

Standortfaktor (Seite 242)
Grund für die Ansiedlung eines Betriebes: z. B. die Nähe zu Rohstoffen, viele und gut ausgebildete Arbeitskräfte, ein großer Absatzmarkt, gute Verkehrsanbindung. Bei Industrieansiedlungen treffen meist mehrere Standortfaktoren zusammen.

stehendes Heer (Seite 192)
Soldaten in einem stehenden Heer sind Berufssoldaten. Sie dienen nicht nur in Kriegszeiten, sondern stehen auch in Friedenszeiten zur Verfügung.

Stern (Sonne) (Seite 110)
Ein Stern (auch Sonne genannt) ist eine glühende Gaskugel, die ihr Licht in den Weltraum strahlt.

Streik (Seite 248)
Streik ist eine Maßnahme des → Arbeitskampfes, bei der Arbeitnehmer durch eine organisierte Arbeitsniederlegung bestimmte Forderungen gegenüber den Arbeitgebern durchsetzen wollen. Der Streik ist ein wichtiges gesetzlich zulässiges Mittel des Arbeitskampfes.

Strukturwandel (Seite 237)
Die Industrie eines Landes durchläuft einen Strukturwandel, wenn einzelne, bisher wichtige Industrien an Bedeutung verlieren und gleichzeitig andere oder neue Wirtschaftszweige (z. B. Dienstleistungen) an Bedeutung gewinnen.

Stückgut (Seite 44)
Gut, das einzeln transportiert wird oder vor dem Transport in Container, Fässer, Ballen, Säcke oder Kisten verpackt wird. (→ Massengut)

Suchmaschine (Seite 112)
Eine Suchmaschine (z. B. Google, Yahoo) erleichtert das Auffinden von Informationen zu einem bestimmten Thema im Internet.

Tarifvertrag (Seite 248)
Vertrag zwischen Arbeitgebern und → Gewerkschaft. Inhalte von Tarifverträgen sind z. B. Arbeitsentgelte, Arbeitszeit, Urlaub, Kündigung und Mehrarbeit.

Temperatur (Seite 121)
Die Temperatur gibt den Wärmezustand der Luft oder eines anderen Stoffes an. Sie wird bei uns in Grad Celsius (°C) gemessen.

Thermoskop (Seite 128)
Das Thermoskop ist der Vorläufer des heutigen Thermometers. Erstmals wurde das Thermoskop im 16. Jahrhundert erwähnt. Eine genauere Temperaturmessung war aber mit diesem Gerät noch nicht möglich.

Ton (Seite 70)
Ton entsteht durch die Ablagerung feinster Schwebeteilchen in stehenden Gewässern, z. B. in abgeschlossenen Meeresbecken. Reiner Ton ist weißlich. Durch Humus- und Eisenbeimengen ist er grau und rötlich gefärbt. Er wird als Grundstoff für die Herstellung keramischer Produkte verwendet.

Treibhauseffekt (Seiten 136, 137)
Der natürliche Treibhauseffekt verhindert, dass sich die Erde zu stark abkühlt. Die → Atmosphäre lässt die Strahlung der Sonne zur Erde durch. Die von der Erde zurückgestrahlte Wärme wird von der Atmosphäre jedoch zurückgehalten wie beim Glasdach eines Treibhauses und wiederum zur Erde zurückgeworfen. Der Treibhauseffekt wird vom Menschen dadurch verstärkt, dass z. B. bei Verbrennungsvorgängen Kohlenstoffdioxid in die Atmosphäre entweicht (zusätzlicher Treibhauseffekt). Die Folge kann eine weltweite Zunahme der → Temperaturen auf der Erde sein.

Treibhausgas (Seite 136)
Spurengas (z. B. CO_2, FCKW, N_2O, O_3) in der → Atmosphäre, das die Sonnenstrahlung weitgehend ungehindert auf die Erde durchlässt, aber eine Rückstrahlung in den Weltraum verhindert und die Strahlung zur Erde zurückwirft.

Trogtal (Seite 101)
Ein von einem Gletscher ausgehobeltes Gebirgstal, das heute eine Trog- oder U-Form zeigt.

Tsunami (Seite 92)
Extrem starke Welle von großer Energie und Zerstörungskraft, die am Meeresboden durch Vulkanausbruch oder Erdbeben ausgelöst wird.

Turnier (Seite 32)
Kampfspiel der Ritter im → Mittelalter. Dort übte man für den Ernstfall.

Umland (Seite 76)
Das Umland ist das Gebiet um eine Stadt. Von hier aus fahren viele Menschen jeden Morgen in die Stadt, um zu arbeiten, einzukaufen oder zur Schule zu gehen. Man spricht daher auch vom Einzugsgebiet einer Stadt. Je größer eine Stadt ist, umso größer ist auch das Umland.

Vasall (Seite 27)
Im → Mittelalter ein Abhängiger oder auch Lehnsmann, der seinem Lehnsherrn untergeordnet war.

Vegetationszone (Seite 133)
Ein sich gürtelartig um die Erde ziehendes Gebiet, das sich durch eine bestimmte Pflanzenbedeckung (Vegetation) auszeichnet. Die Vegetationszonen sind den → Klimazonen angepasst.

Verdichtungsraum (Seite 236)
→ Ballungsraum

Verfassung (Seite 197)
Die Verfassung ist die rechtliche Grundordnung eines Staates. Sie hat Vorrang vor allen anderen Gesetzen und ist nur schwer zu ändern. In demokratischen Staaten geht die verfassungsgebende Gewalt vom Volk aus. Die Verfassung Deutschlands heißt Grundgesetz.

Verkaufsstrategie (Seite 298)
Ineinander greifende Maßnahmen, die dazu führen sollen, von einer Ware möglichst viel zu verkaufen.

Verwitterung (Seite 96)
Gesteine werden durch den Einfluss von Wasser, Kälte und Hitze zersetzt und zerkleinert. Dies nennt man Verwitterung.

Vulkanausbruch (Seite 84)
Der Austritt von Magma, Asche, Gesteinsbrocken und Gasen aus einem Vulkan.

Warenpräsentation (Seite 298)
Die Art, wie Waren in einem Geschäft ausgestellt werden, damit möglichst viele Menschen sie kaufen.

Weltall (Seite 110)
Der gesamte Raum, in dem sich alle für uns fassbaren räumlichen und zeitlichen Vorgänge abspielen.

Weltkrieg (Seite 220)
Ein Krieg, an dem zahlreiche Staaten beteiligt sind. Weltkriege waren die beiden großen Kriege des 20. Jahrhunderts, der Erste Weltkrieg (1914–1918) und der Zweite Weltkrieg (1939–1945). Der Zweite Weltkrieg war der verheerendste Krieg der Geschichte, wobei die Kriegsschauplätze von Europa auf andere Kontinente und Weltmeere übergriffen.

Wendekreis (Seite 117)
Wendekreise nennt man die beiden Breitenkreise der Erde, über denen die Sonne ein Mal im Jahr senkrecht steht, danach scheinbar „wendet" und sich wieder dem Äquator nähert. Der nördliche Wendekreis liegt auf 23,5° nördlicher Breite und der südliche Wendekreis auf 23,5° südlicher Breite. Im Bereich zwischen den beiden Wendekreisen steht die Sonne zwei Mal im Jahr senkrecht.

Wetter (Seite 120)
Darunter versteht man das Zusammenwirken von Temperatur, Luftdruck, Wind, Bewölkung und Niederschlag zu einem bestimmten Zeitpunkt an einem bestimmten Ort.

Wetterelement (Seite 120)
Baustein des Wetters. Zu den Wetterelementen zählt man Temperatur, Luftdruck, Niederschlag, Wind, Bewölkung. Durch Zusammenwirken und gegenseitige Beeinflussung entsteht das → Wetter.

Wind (Seite 125)
Wind ist die Bewegung der Luft in der → Atmosphäre. Er entsteht durch Luftdruckunterschiede. Die Luft fließt immer vom Hoch zum Tief.

Winzergenossenschaft (Seite 61)
Eine Winzergenossenschaft ist ein Zusammenschluss von Winzern. In den Gebäuden der Winzergenossenschaft werden die Trauben gekeltert, der Most zu Wein vergoren, weiterverarbeitet und der Verkauf organisiert.

Wirtschaftsgut (Seite 294)
Ein Gut, das im Gegensatz zum → freien Gut nicht unbegrenzt vorhanden ist (also knapp ist) und daher käuflich erworben werden muss.

Zeche (Seite 236)
Ausdruck für Steinkohlenbergwerk. Eine Zeche besteht aus der Gesamtheit der Anlagen unter und über Tage, die der Förderung und Aufbereitung von Steinkohle dienen.

Zeitzone (Seite 114)
Aus praktischen Gründen ist die Erde in 24 Haupt-Zeitzonen eingeteilt. In einer Zeitzone gilt dieselbe Uhrzeit. Von Zone zu Zone verändert sich die Zeit um eine Stunde.

Zenit (Seite 117)
Gedachter Himmelspunkt, der sich senkrecht über einem Punkt auf der Erde befindet. Zwischen den beiden → Wendekreisen steht die Sonne zweimal im Jahr im Zenit, d.h. ihre Strahlen treffen senkrecht auf die Erdoberfläche.

Zivilcourage (Seite 273)
Bezeichnung für den Mut, seine Überzeugung ohne Rücksicht auf mögliche Nachteile gegenüber Obrigkeiten, Vorgesetzten oder in der Öffentlichkeit zu vertreten.

Zollburg (Seite 35)
Zollburgen wurden im → Mittelalter an Handelswegen und Grenzen errichtet. Wollte man die Grenze passieren, so musste man an den Burgherrn einen Zoll bezahlen.

Zunft (Seite 22)
In den Städten des → Mittelalters schlossen sich die Handwerker des gleichen Berufes zu einer Zunft zusammen. Sie unterstützten sich gegenseitig im Alter und in Notzeiten. Die Zunft regelte die Ausbildung, die Höhe der Löhne und setzte den Preis sowie die Menge der herzustellenden Waren fest.

zusätzlicher Treibhauseffekt (Seite 137)
→ Treibhauseffekt

Zweidrittelgesellschaft (Seite 244)
Gesellschaft, in der zwei Drittel der Bevölkerung über ein regelmäßiges Einkommen verfügen, während das andere Drittel verarmt.

Zweiter Weltkrieg (Seite 221)
→ Weltkrieg

Zwingburg (Seite 35)
Eine Zwingburg war eine besonders gut geschützte → Burg im → Mittelalter. Sie wurde vor allem von Herrschern errichtet, die ihren Untertanen nicht trauten.

Zeitleisten aus den Bänden 1 und 2

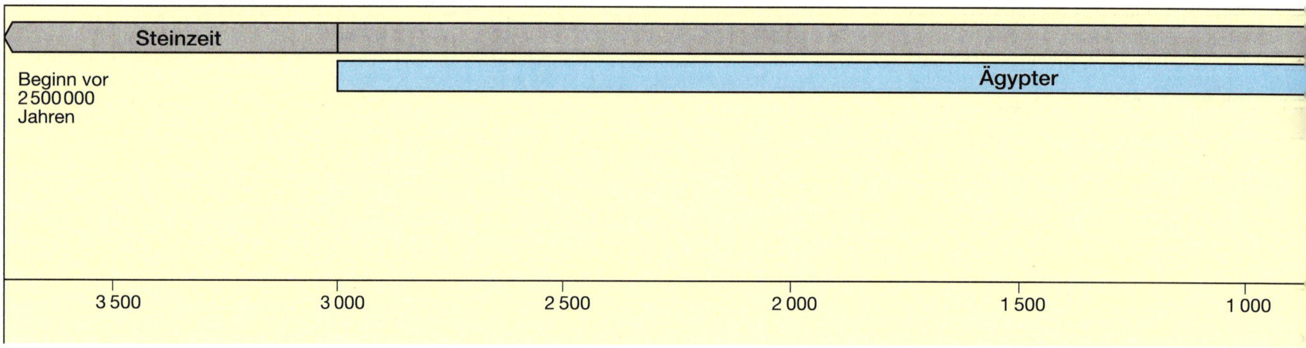

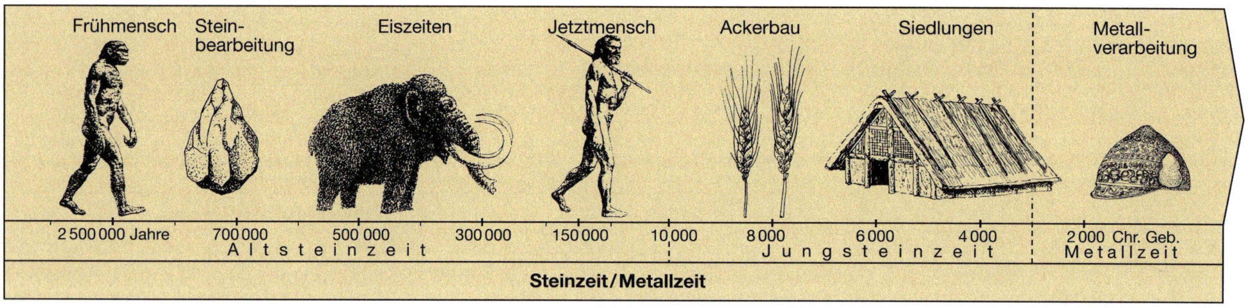

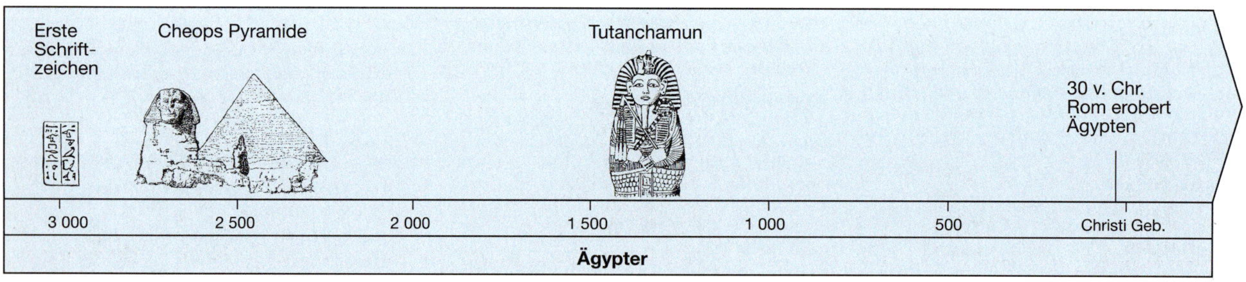

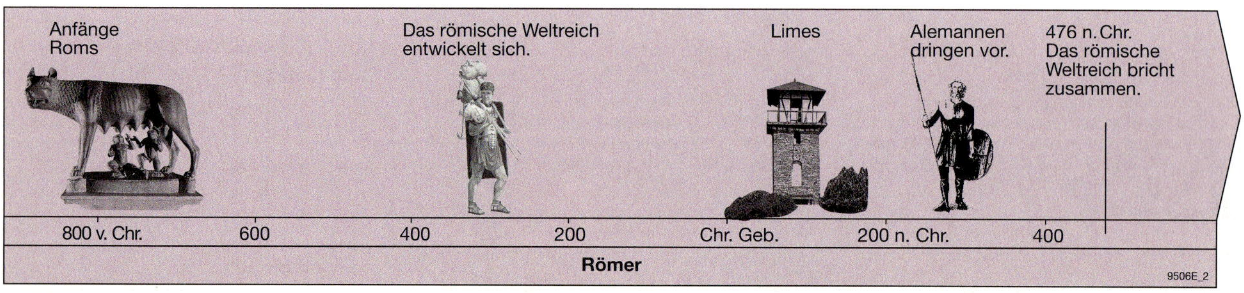

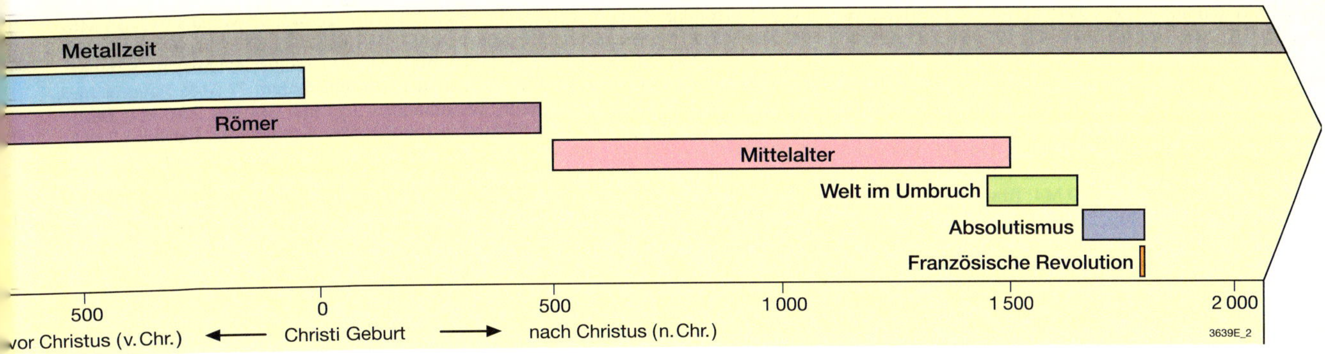

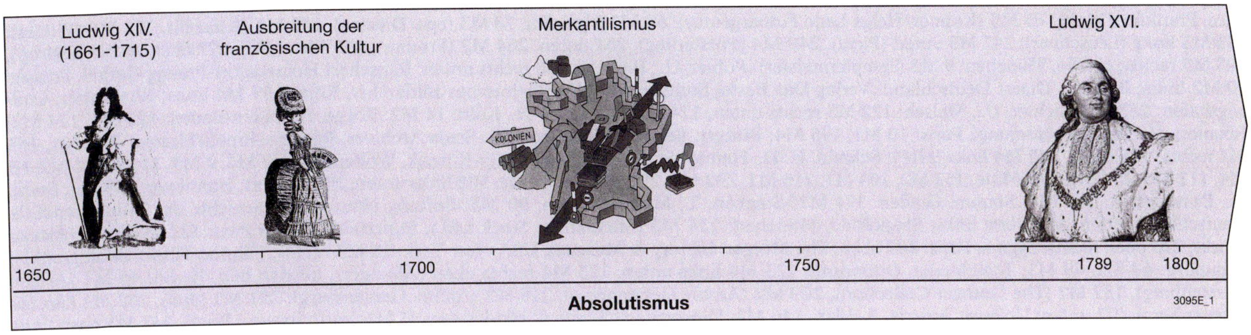

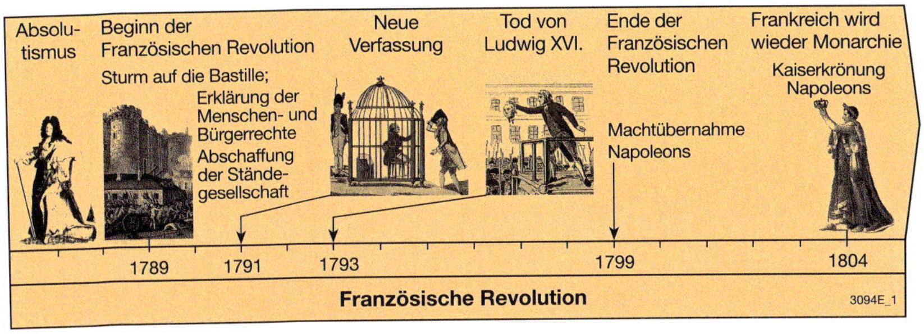

Wie lange dauert ein Jahrhundert?

Ein Jahrhundert ist ein Zeitraum von 100 Jahren.

Hier einige Beispiele:
Das 4. Jahrhundert n.Chr. dauerte von 301 bis 400 n.Chr.
Das 4. Jahrhundert v.Chr. dauerte von 400 bis 301 v.Chr.

Hilfreiche Sätze

Karten

Das ist eine Karte.

Es ist eine physische Karte.
Es ist eine thematische Karte.
Die Kartenüberschrift heißt … .
Sie zeigt … (Deutschland/Europa/…).
Das Thema der Karte ist … (Landwirtschaft/Fremdenverkehr/…).

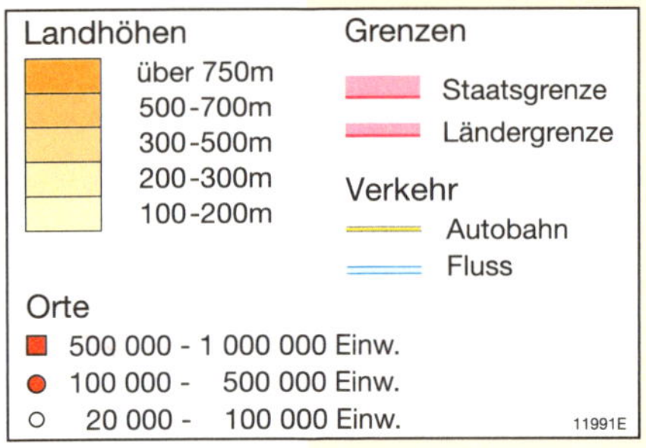

Das ist eine Legende.

Die Farben Grün, Gelb, Braun zeigen die Landhöhen.
Das Gebiet auf der Karte liegt … (tief/hoch/…).
Die Landschaft ist …(flach/hügelig/gebirgig/…).
Die roten und weißen Punkte sind Städte.
Sie liegen … (verstreut/gebündelt/wie an einer Perlenschnur aufgereiht/…).
Die roten Linien sind Grenzen.
Die blauen Linien sind Flüsse.
(Die Stadt liegt am Rhein.)

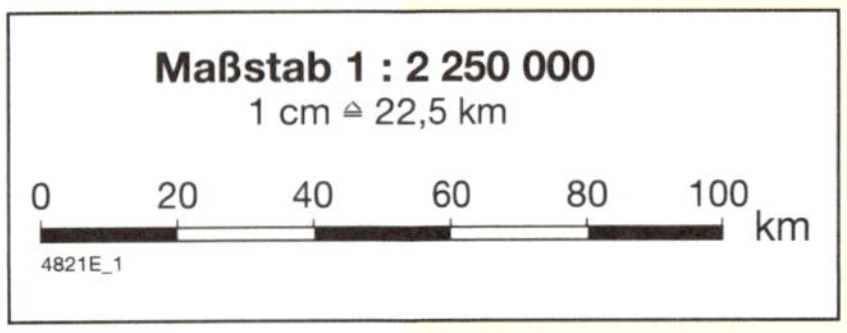

Das ist ein Maßstab.

Mit Hilfe der Maßstabsleiste kann man Entfernungen ermitteln.
Die Stadt liegt etwa 20 Kilometer südlich von Mainz.

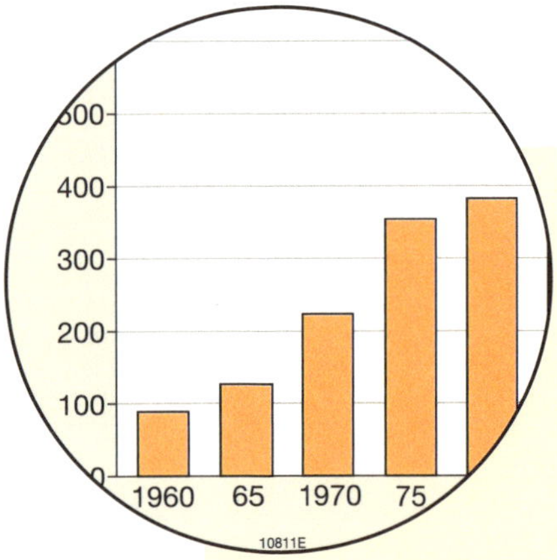

Grafiken

Das ist eine Grafik.

Es handelt sich um ein … (Stabdiagramm/…).
Die Überschrift lautet: … .
Die Stäbe zeigen … (die Kontinente/die Besucherzahlen/…).
Die Länge der Stäbe zeigt … (die Größe der Kontinente/Höhe der Besucherzahlen/…).
Es ist Folgendes festzustellen: … (Der größte Kontinent ist …/der Monat mit den wenigsten Besuchern ist …).
Die Entwicklung hat … (zugenommen/abgenommen/ist etwa gleich geblieben/…).